दिव्य भगवद्गीता
आत्मा से परमात्मा तक

दिव्य भगवद्गीता
आत्मा से परमात्मा तक

अशोक अग्रवाल

प्रभात पेपरबैक्स
www.prabhatbooks.com

प्रकाशक
प्रभात पेपरबैक्स
4/19 आसफ अली रोड, नई दिल्ली–110002
फोन : 23289777 • हेल्पलाइन नं. : 7827007777
इ–मेल : prabhatbooks@gmail.com ❖ वेब ठिकाना : www.prabhatbooks.com

संस्करण
प्रथम, 2019

मूल्य
पाँच सौ रुपए

अ.मा.पु.स. 978-93-5322-163-8

मुद्रक
आर–टेक ऑफसेट प्रिंटर्स, दिल्ली

★

DIVYA BHAGWADGITA *Atma Se Parmatma Tak*
by Shri Ashok Agrawal

Published by **PRABHAT PAPERBACKS**
4/19 Asaf Ali Road, New Delhi-110002

ISBN 978-93-5322-163-8

₹500.00

प्राक्कथन

कहा जाता है कि ईश्वर की इच्छा के बिना किसी पेड़ का एक पत्ता भी नहीं हिलता। विचार तो मेरा किसी अन्य विषय पर लिखने का था, किंतु अनायास ही अंत:करण में यह प्रेरणा हुई कि सर्वप्रथम मैं प्रभु के चरणों में ही समर्पित हो भगवद्गीता पर कुछ लिखूँ, जो जीवात्मा को विषाद, संत्रास एवं संशय के भवसागर से निकालकर परमात्मा की शरणागति प्राप्ति तक की स्थिति सुलभ कराते हुए शाश्वत परम आनंद में प्रवेश दिला सके। विगत सहस्त्रों वर्षों से पद्मनाभ परमेश्वर के श्रीमुख से नि:सृत गीता विश्वमानस पटल को अपनी अमृतमयी आभा से देदीप्यामान करती रही है। इसमें व्यक्त दर्शन व नीति ज्ञान की अलौकिकता इतनी अद्भुत है कि यूरोप-अमेरिका के भी अनेकानेक विद्वानों ने यह अनुभव किया कि एक सामान्य मानव के लिए ऐसा शास्त्र सँजोना संभव ही प्रतीत नहीं होता। इसके अतुलनीय महत्त्व के कारण विश्व की 75 विदेशी भाषाओं सहित लगभग 82 भाषाओं में इसका रूपांतरण हो चुका है तथा सहस्त्रों टीकाएँ इस पर लिखी जा चुकी हैं। तो फिर इस एक और टीका की आवश्यकता ही क्यों हुई? क्योंकि यह भी सत्य है कि मनोगत विचार कभी भी सहज रूप से व्यक्त नहीं हो पाते। भाषा कभी भी विचारों की गहनता व मंतव्य को शब्दों में नहीं सँजो पाती और जब स्वयं परमात्मा ही बोलते हैं तो उनकी वाणी की गहनता तथा उसमें निहित गूढ़ भावों को अपने बुद्धि-विवेक से ग्राह्य कर पाना विदुषियों-मनीषियों के लिए भी सहज संभव नहीं हो पाता। संस्कृत भाषा में कहे गए गीता के श्लोक के भावार्थ एवं निहितार्थ भी अत्यंत गुह्य एवं दिव्य हैं। जिन-जिन विद्वानों के मन में त्रिगुणमयी प्रकृति के गुणों से जन्य जैसा भाव उनके अंत:करण व बुद्धि में रहा, उसके अनुरूप ही उन्होंने गीता को अपने शब्दों में सँजोकर अपनी-अपनी कृतियों में उड़ेल दिया है। इसीलिए गीता में भगवान् श्रीकृष्ण का एक निश्चित मत होते हुए भी भिन्न-भिन्न विद्वानों की कृतियों में नाना प्रकार से मतों की विभिन्नता दिखाई पड़ती है जो कि स्वाभाविक ही है। भगवदगीता में भगवान् श्रीकृष्ण के द्वारा दिए गए उपदेशों में जो सारगर्भित निश्चित मत अंतर्निहित है, उसी को स्वरूप देने

का एक तुच्छ प्रयास इस प्रस्तुति में किया गया है।

प्रस्तुत कृति को तीन खंडों में विभक्त किया गया है। प्रथम खंड 'प्रवेशिका' है, जिसमें गीता की वर्तमान परिप्रेक्ष्य में प्रासंगिकता तथा मानव जाति के आध्यात्मिक उत्कर्ष के लिए आवश्यक निहित संकेतों का सूक्ष्म उल्लेख करने के साथ ही विश्व में गीता तथा भारतीय पुरातनकालीन समृद्ध अध्यात्म दर्शन, ज्ञान-विज्ञान आदि का समस्त मानव-जाति के विकास में दिए गए अमूल्य योगदान का संक्षिप्त वर्णन किया गया है, साथ ही इसमें एक उपनिषदीय वृत्तांत के द्वारा गीता में वर्णित गुह्यतम ब्रह्मज्ञान की अलौकिकता को दरशाने का प्रयास किया गया है। द्वितीय खंड में भगवत्गीता के मूल स्वरूप की; प्रथम अध्याय से अठारह अध्यायों की; सरल व सहज दृष्टांतों के साथ मीमांसा प्रस्तुत की गई है, जिसमें भगवान् श्रीकृष्ण के कथन "क्लैब्यं मा स्म गमः पार्थ" (गीता 2.3) से प्रारंभ हो "सर्वधर्मान्परित्यज्य मामेकं शरणं व्रज" (गीता 18.66) तक की यह दिव्य यात्रा निर्बाध गतिमान रहती हुई; जीव को दुःख, विषाद, संशय की स्थिति से निकालकर; परमानंद प्राप्ति के चरमोत्कर्ष तक पहुँचा देती है। इस दिव्य आत्मिक यात्रा के पथ पर कई पड़ाव हैं जैसे जीव व आत्मा का स्वरूप बोध; कर्मयोग; समत्व बुद्धि योग; संन्यास योग; चित्तवृत्ति का निरोध; भक्तियोग; पुरुष-प्रकृति व चेतना की अद्वैतता; पुरुषोत्तम योग; दैवी-आसुरी संपद के आयाम; अटल श्रद्धा-विश्वास तथा त्याग भाव से परमशरणागति की उपलब्धि आदि। तृतीय खंड में, गीता में निहित कुछ दिव्य रहस्यों को सूक्ष्म में लिया गया है, जिन्हें भगवान् श्रीकृष्ण ने अर्जुन की जिज्ञासाओं के समाधान के लिए प्रस्तुत किया है। सत्य तो यह है कि गीता में उद्घाटित दिव्य रहस्यों का कोई अंत नहीं है, अपितु उनका विस्तार इतना अनंत व अकथनीय है कि लौकिक व्याख्याएँ उन्हें कोई उपशम प्रदान ही नहीं कर सकतीं। अर्जुन एवं भगवान् श्रीकृष्ण के मध्य संवाद के रूप में गीता मूलतः आत्मा-परमात्मा के मध्य हुआ ऐसा दिव्य संवाद है जो एकपक्षीय कथन नहीं है, अपितु जीव के मन में जो भी जिज्ञासाएँ हो सकती हैं, वे अर्जुन के प्रश्नों के रूप में व्यक्त हुई हैं तथा श्रीकृष्ण द्वारा मात्र उनका निराकरण ही नहीं किया गया है, बल्कि जो अर्जुन ने नहीं पूछा ऐसे अलौकिक रहस्यों को भी श्रीकृष्ण ने स्वयं बताया, क्योंकि यदि परमात्मा ही न कहें तो भला परम अलौकिक रहस्यों को अन्य कौन बता सकता है। इसीलिए गीता का अध्ययन प्रत्येक मनुष्य के लिए अत्यंत विशिष्ट महत्त्व रखता है। भगवत्गीता पर लिखी गई यह प्रस्तुति यदि आत्मा को परमात्मा से मिलन को सुलभ कराने में लेश मात्र भी उपयुक्त हो सकी तो यह सुधी पाठकों का मुझ पर बड़ा आभार होगा··

—अशोक अग्रवाल

अनुक्रम

प्रथम खंड

द्वितीय खंड

प्रथम खंड

ॐ

श्री गणेशाय नमः

ॐ नमो भगवते वासुदेवाय।

प्रवेशिका

विषय प्रवेश

आनंद की प्राप्ति ही मानव जीवन का लक्ष्य है। इस आनंद की प्राप्ति के लिए वह ही नहीं, सृष्टि के सभी चराचर भूत-प्राणी, पशु-पक्षी, कीट-पतंग, अंडज-पिंडज-जलज लालायित रहते हैं। इसकी प्राप्ति कैसे हो तथा यह आनंद है क्या? तैत्तिरीयोपनिषद् में बताया गया, "आनंदों ब्रह्मेति व्यजानात्" (तैत्ति.उप. 3.6) कि "ब्रह्म ही आनंद है। इसे निश्चयपूर्वक जानो।" ब्रह्मसूत्र कहता है, "आनंदमयोऽभ्यासात्" (1.1.12) कि परब्रह्म के लिए 'आनंद' व आनंदमय शब्द प्रयुक्त हुए हैं। तैत्तिरीयोपनिषद् पुनः कहता है, "यद्वै तत्सुकृतं रसौ वै सः, रसँह्येवायं लबध्वाऽऽनंदी भवति, को ह्येवान्यात्कः प्राण्याद् यदेष आकाश आनंदो न स्यात्। एष ह्येवानंदयति" (तैत्ति.उप.2.7) कि "वह परमात्मा ही आनंदमय व रसस्वरूप हैं, जिसे पाकर जीव आनंदयुक्त हो जाता है। यदि सर्वत्र आकाश की भाँति व्याप्त आनंद-स्वरूप परमात्मा नहीं होता तो कौन सा प्राणी जीवित रह चैतन्य क्रिया कर सकता था!" इसीलिए तो एक नवजात शिशु जन्म लेते ही रोने लगता है। उसका यह रूदन वस्तुतः उसके माँ के गर्भ में हुए असह्य दुःख व पीड़ा के कष्ट को भूलकर आनंद की चाह की चेष्टा है। प्रारंभ से ही प्रत्येक जीव सुख तथा आनंद की खोज में लगा रहता है तथा भौतिक साधनों, धन-ऐश्वर्य, कामिनी और कंचन की चकाचौंध में वह आनंदमयी स्थिति को इस प्रकार चाहता है कि उसके आनंद व सुखों का कभी भी अंत न हो, किंतु ये समस्त साधन तो स्वयं नश्वर व सीमाओं में बँधे हुए हैं। वे भला किसी को अखंड, अनंत व असीम आनंद कैसे प्रदान कर सकते हैं? भले ही विज्ञान एवं तकनीकी में लगातार हो रही प्रगति ने मनुष्य के समक्ष उसकी सुविधाओं के लिए नभ-जल-थल में आवागमन के साधनों, स्वास्थ्य-उपकरणों, संचार-साधनों तथा दिन-प्रतिदिन उपयोग के संसाधनों का ढेर लगा दिया है, फिर भी उसका मन अशांत व अतृप्त ही रहता है। जितना वह भोग-विलास में डूबता है उतना ही वह अतृप्त, दुःखी

व असंतोषी होता जाता है। जीव की यह पिपासा स्वयं यह इंगित कर रही है कि जीवन का कोई आदि कारण कोई ऐसा परम प्रेमस्वरूप आनंद तत्त्व अवश्य है, जिससे वह अपने अज्ञान एवं मोह के कारण अनभिज्ञ है। गीता में भगवान् श्रीकृष्ण इस रहस्य का उद्घाटन करते हुए कहते हैं कि जीव उनका अर्थात् परमात्मा का सनातन अंश है तथा वे ही अपने एक अंश मात्र से संपूर्ण ब्रह्मांड में व्याप्त होकर उसका सृजन, धारण, पालन व संहार करते हैं। आनंद, सुख तथा परम प्रेम के धाम तथा मूल कारण वे परमात्मा ही हैं, जिनसे विलग होकर आज का मानव अपने मूल आनंदस्वरूप को भूल, भौतिक माया जाल में फँस, दुःखी तथा अतृप्त बना नश्वर चीजों में ही आनंद की खोज में भटक रहा है। विज्ञान के छात्र भले ही अखंड आनंद की भावना को कोरा इंद्रजाल सिद्ध करने के लिए कितने भी तर्कों का जाल क्यों न बुनें, किंतु परमात्मा की अष्टधा मूल प्रकृति से आवृत्त, उनके स्वयं के शरीर में स्थित परब्रह्म के अंश, आत्मा रूपी चैतन्यता के अव्यक्त स्वरूप को स्थूल व व्यक्त रूप में वे समझ नहीं सकते। ईश्वर तथा जीव के बीच मोह, अज्ञान, अहंकार, काम–क्रोध, लोभ–वासनाओं के चूने-पत्थर की बनी एक दीवार खड़ी है। तर्क जीव को दीवार तक तो ले जा सकते हैं, किंतु यदि वास्तव में आनंद को पाना है तो उसे इस दीवार को लाँघकर आनंद–स्वरूप परमात्मा को प्राप्त करना होगा। जिसने भी सांसारिक सुखों में आनंद की खोज की, उसकी स्थिति उस मृग के समान हुई, जो कस्तूरी की सुगंध की खोज में वन–वन भटकता है, किंतु उसे वह नहीं मिलती, क्योंकि कस्तूरी तो उसकी स्वयं उसकी नाभि में होती है। जब तक जीव अपने आदिमूल से स्वयं को नहीं जोड़ता; उसकी प्राप्ति की साधना में चेष्टारत नहीं होता; तब तक उसका अनादि काल से चल रहा भटकाव ऐसे ही चलता रहेगा। इसीलिए भगवान् श्रीकृष्ण गीता में स्वयं इस रहस्य को बताते हुए कहते हैं, "उस अविनाशी, निराकार ब्रह्म ज्योति की, अमृत की, शाश्वत धर्म की और उस अखंड एकरस आनंद की चरम स्थिति तथा आश्रय मैं ही हूँ" (गीता 14.27)। मानव जीवन की यह विडंबना ही है कि जीव आनंदस्वरूप परमात्मा का शाश्वत अंश होते हुए भी माया व मोह के भ्रम में फँसकर; अपने को ईश्वर से विलग मान; आनंद और सुख के लिए आतुर हुआ भटकता है तथा अपने दुःखों को समाप्त करना चाहता है। इस भटकाव को दूर करने का उपाय भी श्रीकृष्ण ने बताया, "अनित्यमसुखं लोकमिमं प्राप्य भजस्व माम्" (गीता 9.33) कि "सुखरहित क्षणभंगुर, किंतु दुर्लभ मनुष्य योनि को पाकर मेरी प्रेमाभक्ति में ही स्वयं को लगाओ।"

सत्य तथा असत्य में सदा से झगड़ा है। सत्य का अनुयायी विपत्ति एवं घोर संकट आने पर भी सत्य को त्यागकर असत्य को अपनाने के लिए तैयार नहीं होता। अत्याचारी व पापी शक्तियाँ सत्यनिष्ठ मनुष्य को अपने स्वार्थ के मार्ग में बाधा बने देख उन्हें समाप्त कर देना चाहती हैं। अन्यायी अपने विरोधियों के विरुद्ध दमनात्मक बल प्रयोग करता है, परंतु

वह विरोध न करनेवालों पर हाथ नहीं चलाता। जो लोग अधर्म अभ्युत्थान के समय अन्याय या अत्याचार के विरोध से बचते हुए उदासीन रहते हैं, वे पापी शक्तियों के दमनात्मक उत्पीड़न से बचने के लिए ऐसा करते हैं तथा इस प्रकार वे स्वयं भी अत्याचारी एवं पापी शक्तियों को अप्रत्यक्ष रूप से उदासीन होकर सहयोग ही प्रदान करते हैं। उत्पीड़न सर्वत्र सत्य पर डटनेवालों का ही होता है। सत्यनिष्ठ मनुष्य पर होनेवाला आक्रमण ऊपर से देखने में किसी एक मनुष्य पर होता दिखने पर भी वह किसी मनुष्य विशेष पर नहीं होता, अपितु वह आक्रमण उस व्यक्ति के अपनाए गए सत्य की रक्षा के सिद्धांत पर होता है, जो कि समस्त सत्यप्रिय समाज के हित के लिए होता है। "अहिंसा परमो धर्मः धर्म हिंसा तथैव चः" कि "अहिंसा परम धर्म है, किंतु धर्म की रक्षा के लिए हिंसा करना उससे भी बड़ा धर्म है।" इसीलिए सभ्य समाज के विवेकशील लोगों का यह परम दायित्व है कि वे परस्पर संगठित होकर अन्याय व अत्याचार का विरोध करें। अत्याचार का साहसपूर्ण सक्रिय विरोध ही दुष्टों का दमन है तथा अत्याचार से उत्पीड़ितों की सहायता ही साधुपरित्राण है। अन्याय, पाप, अत्याचार के प्रति उदासीनता को आध्यात्मिकता के रंग में रँगना उचित नहीं है, क्योंकि उदासीन रहने से अत्याचारियों को बड़ा भारी समर्थन मिल जाता है। यह मनुष्य समाज की पतितावस्था है कि अन्याय व अत्याचार को देख मनुष्य का मन चाहता तो है कि दुष्कृत्य न हों पर दुष्कृत्यों व अत्याचारों को होता देखकर, उनका विरोध व मर्दन करने के स्थान पर वह उदासीन होकर चुप रह जाता है। अहिंसा व आध्यात्मिकता की ओट में मनुष्य अपने कर्तव्य से बच नहीं सकता। दूसरों को उनके उचित अधिकारों से वंचित न करना ही 'सत्य' व धर्म है तथा इस सत्य व धर्म के मार्ग पर चलना ही ईश्वर-प्रेम है। सद्कर्मों का नेतृत्व तो सदैव परमात्मा स्वयं करते हैं, जो सब के घट में बैठे हैं। परमात्मा सद्मार्ग पर चलने वाले पुरुषार्थियों के हृदय में शुभ व सात्त्विक विचारों के रूप में प्रकट होते हैं। सज्जन न तो किसी पर अत्याचार सहते हैं तथा न ही कभी दूसरों पर करते हैं। अर्जुन भी परंपराओं व रूढ़ियों में व्याप्त धारणाओं में फँस विषाद से ग्रस्त हो जाता है। वह कौरव पक्ष में खड़े स्वजनों को देख युद्ध से विमुख हो जाता है। वह भूल जाता है कि उसके अधर्मी पक्ष को नष्ट न कर; उदासीनता दिखाने से; समाज में अनाचार व अन्याय का प्रभुत्व हो जाएगा। इसीलिए भगवान् श्रीकृष्ण उसे धर्म युद्ध से च्युत होने पर, नपुंसकता को प्राप्त न होकर, हृदय की क्षुद्र दुर्बलता को त्यागकर, कर्तव्य के निर्वहन का उपदेश देते हैं। इस सत्य-असत्य के युद्ध में एक दृष्टा महापुरुष के रूप में श्रीकृष्ण, गीता के उपदेशों द्वारा; अर्जुन को निमित्त बनाकर; मानव जाति को अत्याचार, अन्याय व अधर्म का सक्रिय रूप से विरोध करने की प्रेरणा देते हैं। हर समय व हर जगह तो श्रीकृष्ण उपस्थित नहीं रहेंगे; इसलिए सत्य की रक्षा करने के लिए दैवी संपद प्रधान लोगों को कमर कसनी ही पड़ेगी। यह आयाम वस्तुतः वह पृष्ठभूमि है, जिसे लेकर गीता का संवाद आरंभ हुआ।

श्रीकृष्ण की ऐतिहासिकता

मनुष्य का मन सहसा किसी पर विश्वास नहीं करता। वह कहता है कि श्रीकृष्ण कौन हैं? गीता में ऐसा क्या है, जो हम इसको महत्त्वपूर्ण मानें? वस्तुतः हम अपनी इच्छा ही चलाते हैं। हम स्वयं को बुद्धिमान समझकर अपने शास्त्रों व सद्गुरु के वचनों पर विश्वास नहीं करना चाहते। भारतीय पुरातत्त्व विभाग के शोधों में द्वारिका नगरी के मिले अवशेषों की खोज में श्रीकृष्ण के द्वारा गुजरात राज्य के समुद्र तट पर बसाई गई नगरी पाई गई है, जिसकी जब कार्बन डेटिंग की गई तो यह अवशेष कम-से-कम 10,000 से 12,000 वर्ष पुराने माने गए, जिसका वर्णन सुप्रसिद्ध पुरातत्त्ववेत्ता डॉ. एस.आर. राव ने अपनी पुस्तक 'The Lost City of Dwarika' में किया है। यह पुरातत्त्व खोज भगवान् श्रीकृष्ण की ऐतिहासिकता को निर्विवाद रूप से स्थापित करती हुई एक स्थूल साक्ष्य विश्व के समक्ष प्रस्तुत करती है, जिससे श्रीकृष्ण को काल्पनिक बतानेवाले विद्वानों के माथे पर बल पड़ जाते हैं। न केवल मथुरा-वृंदावन के कुंजों में भगवान् श्रीकृष्ण साक्षात् अपनी उपस्थिति आज भी अनुभूत कराते हैं, अपितु हजारों वर्षों से भारतवर्ष के मानस के कण-कण में व्याप्त मिलते हैं। श्रीकृष्ण भारतीय मानस की आस्था, विश्वास व श्रद्धा के प्रतीक हैं। श्रीकृष्ण भारत के पुरातन इतिहास पुरुष ही नहीं, बल्कि इससे भी कहीं अधिक दिव्य व महान् हैं। शास्त्र कहते हैं—

कृषिर्भूवाचकः शब्दो 'ण' निर्वृतिवाचकः।
तथोरैक्यं परं ब्रह्म 'कृष्ण' इत्यभिधीयते॥

'कृष्' शब्द सत्तावाचक है और 'ण' आनंद वाचक। इन सत् (चित) और आनंद का ऐक्य 'कृष्ण' परब्रह्म है। श्रीकृष्ण को जानना है तो गीता को जानना पड़ेगा। भगवान् श्रीकृष्ण ने गीता में स्वयं को अनेक स्थानों पर 'प्रथम पुरुष' में संबोधित करते हुए स्वयं कहा है—**"विश्टभ्याहमिदं कृत्स्नमेकांषेन स्थितो जगत्" (गीता 10.42)**

"मैं तो अपने एक अंश मात्र से संपूर्ण ब्रह्मांड में व्याप्त होकर इसको धारण करता हूँ।" बीज में छिपे वृक्ष के समान ही संपूर्ण विश्व सत् चित आनंदस्वरूप श्रीकृष्ण में अंतर्निहित है। समस्त विश्व ब्रह्म की आत्मरति, आत्मक्रीड़ा, आत्ममिथुन, निजलीला, निज रसास्वादन है। ब्रह्मरूप से, परमात्म रूप से तथा भगवान् शब्द से एक ही पुरुषोत्तम का बोध होता है। जैमिनीय पूर्वकांड में भगवान् यज्ञरूप हैं, उत्तरकांड में 'ब्रह्म' हैं तथा श्रीमद्भागवत पुराण में अवतारी दिव्य परब्रह्म परमात्मा श्रीकृष्ण हैं। परमात्मा मन, वाणी तथा बुद्धि के विषय नहीं हैं। मन-वाणी परमात्मा तक पहुँचने की अनंत चेष्टाएँ करने पर भी नहीं पहुँच पाते, परंतु श्रद्धा व विश्वास से मनुष्य सहज ही उन तक पहुँच जाते हैं। जो कृष्ण अनंत ब्रह्मांड को अपने एक अंश में धारण करते हैं, वे ही महान् प्रभु अपने भक्त के छोटे से हृदय में समा जाते हैं। जैसे समुद्र में लंगर डाल देने पर जहाज समुद्र की

तरंगों के थपेड़ों से डगमगाता नहीं है, वैसे ही जो मनुष्य ईश्वर पर दृढ विश्वास रखता है, परमात्मा स्वयं उसकी देखभाल अपने हाथों में ले लेते हैं। यहाँ यह प्रश्न होता है, "भगवान् सर्वव्याप्त, सर्वज्ञ व सर्वशक्तिमान हैं, वे सबकुछ करने में समर्थ हैं, वे बिना अवतार लिये ही अपनी शक्ति से, अपने संकल्प मात्र से सबकुछ कर सकते हैं, तो उन्हें अव्यक्त, निर्गुण स्वरूप से व्यक्त सगुण रूप में प्रादुर्भाव या अवतार लेने की क्या आवश्यकता है ?" इसी को भगवान् श्रीकृष्ण स्वयं कहते हैं, "जन्म कर्म च मे दिव्यम" (गीता 4.9) कि उनके जन्म लेने का रहस्य अलौकिक एवं दिव्य है। वे अवतार लिये बिना भी सबकुछ कर सकते हैं तथा आदिकाल से करते आ रहे हैं, परंतु संसार पर विशेष दया करके अपने दर्शन, स्पर्श तथा लीलाओं के द्वारा लोगों के उद्धार तथा अपने प्रिय भक्तों को अपनी अलौकिकता की लौकिक झलक दिखाने के लिए वे शरीर का आधार लेकर निराकार अव्यक्त रूप से साकार रूप में प्रकट होते हैं। ईश्वर का परिचय भला कौन दे सकता है! ब्रह्मा आदि देवता, ऋषि-मुनि भी उनकी दिव्य महिमा व लीला को समझ नहीं पाते। ईश्वर ही स्वयं अपने संबंध में कुछ बता सकते हैं। इसीलिए जनमानस के संदेहों को दूर करने के लिए भगवान् श्रीकृष्ण गीता में स्वयं के रहस्य को उद्घाटित करते हैं—"नाहं प्रकाशः सर्वस्य योगमायासमावृतः" (गीता 7.25) अर्थात् "अपनी योगमाया से छिपा हुआ सबको प्रत्यक्ष नहीं होता हूँ।" वे स्वयं ही जिस पर कृपा करें, वही उन्हें विदित कर सकता है, दूसरा नहीं—"सो जानई जेहि देहु जनाई।" जो उनको तत्त्व से जान लेते हैं, वे ही तत्त्वदर्शी उनके संबंध में बता सकते हैं, अन्य कोई नहीं।

वर्तमान परिप्रेक्ष्य में गीता की प्रासंगिकता

प्रत्येक जीवात्मा में दिव्यता की अपार एवं अनंत संभावनाएँ हैं तथा उसके मन में श्रद्धा का अपार भंडार भरा है, किंतु किस प्रकार आत्मा अपने आदिमूल परमात्मा तक पहुँचे, यह जीव उसे नहीं जानता। गीता वस्तुतः आत्मा रूपी अर्जुन तथा परमात्मा श्रीकृष्ण के मध्य वह अमृत-संवाद है, जो आत्मा के परमात्मा से मिलन के रहस्यों को उद्घाटित करती हुई, आनंदमयी परमधाम की प्राप्ति की मात्र विधि ही नहीं बताती; अपितु जीव को उसके वास्तविक स्वरूप से भी परिचय कराती हुई; उसे कालजयी शाश्वत परम सत्ता के सायुज्य में खड़ा कर देती है। गीता न केवल अध्यात्म ज्ञान एवं नीति शास्त्र की अनुपम गाथा है, अपितु गूढ़ एवं गुह्य ब्रह्मविद्या तथा आत्मा के परमात्मा से योग की विद्या का भी निचोड़ है, जो शाश्वत परमात्म सत्ता से जीवात्मा का साक्षात्कार कराती है। गीता एक सामान्य व्यक्ति के मन में आनेवाले संशय व विषाद की स्थिति से प्रारंभ हो, दिव्य ज्ञान की शनैः-शनैः परतें खोलते हुए उसको यह संदेश देती है कि वह अपनी दिनचर्या के निर्वहन तथा जीविकोपार्जन के साथ-साथ किस प्रकार आत्मज्ञान के पथ पर अग्रसर

हो स्वयं का आध्यात्मिक विकास व परमात्मा का दिव्य सायुज्य प्राप्त कर सकता है। गीता बताती है कि कैसे व्यक्ति अपने चारों ओर व्याप्त प्रचलित रूढ़ियों तथा अनेकानेक संप्रदायों के फैलाए भ्रमजाल में से सत्य तथा असत्य को जान सकता है। गीता के ज्ञान से वह जान सकता है कि उसकी वास्तविक पहचान क्या है। उसका शरीर तथा पंचभूत तत्त्वों से निर्मित यह समस्त प्रकृति नश्वर एवं असत्य हैं, किंतु उसके अंदर व्याप्त चेतन तत्त्व एक आत्मा है, जो परमपिता परमेश्वर का ही एक अंश है। उसके न जाने अभी तक कितने जन्म हो चुके हैं, किंतु वह अतृप्त, अशांत हो, जिस सुख और आनंद को ढूँढ़ रहा है, वह उसे सांसारिक विषयों व वस्तुओं में नहीं मिलेगा, क्योंकि न केवल उसका शरीर, रिश्ते-नाते, सगे-संबंधी नश्वर हैं, अपितु संसार की सभी भौतिक वस्तुएँ, धन-संपदा भी नश्वर व नष्टप्राय हैं। सत्य है तो मात्र इतना कि उसकी आत्मा परमात्मा का अंश होने के कारण सत्य, सनातन, शाश्वत, कभी भी नष्ट न होनेवाली है तथा अपने मूल-स्रोत परमात्मा से मिलने के लिए बेचैन व आतुर है, क्योंकि परमात्मा ही आनंद का सागर हैं। वे ही आनंद के धाम सत्चिदानंद, परमानंद हैं। इसलिए जो सुख व आनंद वह संसार में ढूँढ़ रहा है वह स्वयं नश्वर होने के कारण, उसको अंत न होनेवाला, नष्ट न होनेवाला आनंद नहीं दे सकता। यदि उसे आनंद प्राप्त ही करना है तो उसे परमात्मा की प्राप्ति का साधन अपनाना होगा, जिस पर चलकर वह परमात्मा से एकीकार हो सके।

भगवान् श्रीकृष्ण गीता में बताते हैं कि जीव क्या है, उसका स्वरूप क्या है, उसके जीवन का उद्देश्य क्या है तथा उस उद्देश्य को प्राप्त करने के लिए वांछित आचरण क्या है? शाश्वत आनंद एवं सुख की प्राप्ति के लिए जीव को स्वयं के स्वरूप, स्वयं के जीवन का उद्देश्य समझने तथा उस उद्देश्य की पूर्ति के लिए जिस आचरण की आवश्यकता है, वही आचरण उसके कर्म का पथ प्रशस्त करता हुआ कर्मयोग की भूमि तैयार करता है। जब जीव समभाव तथा समदर्शिता को अपने आचरण में ढालते हुए; परहित तथा मानव कल्याण के लिए; कर्म करने को उन्मुख होता है तो भौतिक इच्छाएँ शनैः-शनैः कम होती जाती हैं, क्योंकि जब तक जीव के चित्त की तरंगें असंयमित एवं उन्मुक्त हैं, तब तक परमात्मा का साक्षात्कार संभव नहीं। यह भौतिक जगत् परमात्मा की अष्टधा मूल अपरा शक्ति का क्षणिक प्राकट्य है, जिसमें स्थूल पंचतत्त्व (पृथ्वी, जल, अग्नि, वायु तथा आकाश) तथा तीन सूक्ष्म तत्त्व (मन, बुद्धि तथा अहंकार) हैं तथा दूसरी परा शक्ति है, जिससे प्रत्येक जीव तथा संसार को चैतन्यता एवं गतिशीलता प्राप्त होती है। आधुनिक विश्व के भौतिकशास्त्री एवं दर्शन-ज्ञान-विज्ञान के विद्वानों को मात्र पंचस्थूल तत्त्व-पृथ्वी, जल, अग्नि, वायु तथा आकाश तथा उनके इंद्रिय-विषय शब्द, स्पर्श, रूप, रस तथा गंध ही समझ में आते हैं। इसलिए वे भारतीय अध्यात्म के वास्तविक स्वरूप व तत्त्व ज्ञान के मर्म को समझ नहीं पाते। गीता में भगवान् श्रीकृष्ण जीव को परमात्मा का

स्वरूप, उनकी महिमा व उनकी विभूतियों को तत्त्व से बताते ही नहीं, बल्कि संसारियों के संशय के निवारण के लिए अपना साक्षात् दिव्य विश्वस्वरूप भी अर्जुन के समक्ष प्रस्तुत कर देते हैं, क्योंकि विश्वास के बिना कोई भी साधना सफल नहीं हो सकती तथा विश्वास ही जीव की आत्मोन्नति की कुंजी है। भगवान् श्रीकृष्ण ने गीता में स्पष्ट संकेत दिया है कि अज्ञानी, श्रद्धाहीन तथा संशयीजन नाश को प्राप्त होते हैं। इनमें से संशयात्मा को न तो इस लोक में और न ही परलोक में सुख की प्राप्ति होती है (गीता 4.40)। जीवों के संशयों का निवारण करने के लिए उन्होंने सत्य को साक्षात् प्रत्यक्ष कर दिया, जिससे जीव को इस सत्य का आभास हो सके कि सृष्टि की प्रत्येक वस्तु व कण में परम दिव्य सत्ता ही सर्वत्र व्याप्त है तथा वह अपने मन व बुद्धि को माया-जनित भ्रमों से समेट कर अपने अंतर्जगत् में परमात्मा के प्रति अनन्य भक्ति व प्रेम के भाव को जाग्रत् कर, परम मुक्ति के शाश्वत आनंदधाम की ओर अग्रसर हो सके। गीता जीव तथा परमात्मा के परस्पर अंतर्संबंधों को परिलक्षित करती है। भगवान् श्रीकृष्ण इस नश्वर संसार की तुलना ऐसे अश्वत्थ वृक्ष से करते हैं, जिसकी शाखाएँ प्रकृतिजन्य सत-रज-तम गुणों से पोषित हो नीचे-ऊपर सर्वत्र फैली हैं तथा जिसमें विषयजन्य वासनाओं के अंकुर फूटे हुए हैं, जिनकी जड़ें ऊपर तथा तने-शाखाएँ नीचे हैं। जीव को चाहिए कि वह स्वयं के प्रकृति के स्वामी होने के मिथ्या अहंकार, मोह, आसक्ति, सुख-दुःख के द्वंद्व को जीतकर वैराग्य रूपी तलवार से इस अश्वत्थ वृक्ष रूपी मायाजाल को काट डाले। जीव जब तक अपने शुद्ध स्वरूप आत्मा तथा सर्वनियंता परमेश्वर को अलग-अलग मानता रहता है, तब तक वह जीवन-मृत्यु के चक्र में अविरल रूप से भटकता रहता है तथा जब वह अपने को उससे अभिन्न अनुभव करता है तो उसे परम अमृत तत्त्व की प्राप्ति हो जाती है। इस संसार में क्लेश व दुःखों का मूल कारण जीव का यह अज्ञान ही है। गीता इस अज्ञान को नाश करने का सार्वभौमिक तथा सार्वकालिक उपाय बताती है।

कई बार प्रश्न उठता है कि गीता में कर्म, ज्ञान तथा भक्ति के तीन भिन्न मार्गों का समन्वय क्यों किया गया तथा कर्मयोगियों, ज्ञानयोगियों तथा भक्तियोगियों की पृथक्-पृथक् रीतियों के ऊपर जाकर 'यही रास्ता उचित है' वाली उनकी हठधर्मिता, एकांगिता तथा सांप्रदायिक कट्टरता को दूर क्यों हटाया गया? श्रीकृष्ण ने गीता में स्पष्ट किया है कि जीव परमात्मा का ही शाश्वत क्षुद्र अंश है तथा वह सच्चिदानंद परमात्मा रूपी सिंधु का मात्र एक बूँद भर है। इस बिंदु में सिंधु के समस्त गुण निहित हैं। बिंदु सिंधु रूप बनना चाहता है, पर वह बिंदु रूपी जीव अनंत सिंधु रूपी सच्चिदानंद कैसे बने? वह लघु है, किंतु महान् पद प्राप्त करना चाहता है। इस महान् पद की स्थिति को ब्रह्म सायुज्य कहते हैं। इस सायुज्य की प्राप्ति के लिए कर्म, ज्ञान तथा भक्ति इनमें से किसी एक से काम नहीं चल सकता। इसीलिए भगवान् श्रीकृष्ण गीता में स्वयं कहते हैं—

"मत्कर्मकृन्मत्परमो मद्भक्तः संङ्गवर्जितः।
निर्वैरः सर्वभूतेषु यः स मामेति पाण्डव॥" (गीता 11.55)

कि प्रथम जो 'मत्कर्मकृत', "मेरे लिए निमित्त बनकर कर्म करता है", तथा कर्म करता हुआ 'संङ्गवर्जित' अर्थात् अनासक्त रहता है अर्थात् एक शब्द में जो कर्मयोगी है, पुनः जो 'निर्वैरः सर्वभूतेषु'-समस्त प्राणियों के प्रति समान दृष्टि रखता हुआ राग-द्वेष से रहित है; सर्वत्र एकत्व के दर्शन करता; किसी से भी शत्रु भाव नहीं रखता हुआ; सबके प्रति मैत्री व करुणा (एकत्वमनुपश्चयति) का भाव रखता है, जो कि दूसरे शब्दों में 'ज्ञानयोगी' है और 'मत्परमो मद्भक्तः' अर्थात् जो परमात्मा के लिए यज्ञ, जप, तप, चिंतन करता हुआ उन्हें ही अपना परम लक्ष्य तथा एकमात्र पद मानता हुआ, मन-वचन-कर्म से उनके प्रति अनन्य भाव से समर्पित है, जो कि दूसरे शब्दों में 'भक्तियोगी' है—एकमात्र वही भगवान् को प्राप्त कर सकता है। भगवान् का भक्त केवल भावनामय ही नहीं, अपितु क्रियाशील, ज्ञानी एवं आराधक-सबकुछ है। इस प्रकार श्री गीता में अद्भुत कौशल के साथ कर्म-ज्ञान-भक्ति की त्रिवेणी की अविरल अमृतधारा बह रही है। ये तीनों मार्ग एक ही केंद्र की ओर जाते हैं तथा वह है परमतत्त्व की प्राप्ति, जहाँ आत्मा का परमात्मा से योग होता है। इसीलिए गीता को योग शास्त्र भी कहा जाता है।

गीता के विषय में आमजनों में यह भ्रांति फैली हुई है कि गीता के अध्ययन से संन्यास भाव उत्पन्न होने के कारण यह बुढ़ापे में ही अध्ययन योग्य है, किंतु भगवान् श्रीकृष्ण ने इस भ्रांति का भी निराकरण करते हुए कहा, "जो पुरुष जीवन के अंतकाल में मेरा स्मरण करता हुआ अपने शरीर का त्याग करता है, वह मेरे साक्षात् स्वरूप को प्राप्त होता है, इसमें कुछ भी संशय नहीं" (गीता 8.5)। अंतिम समय में ईश्वर-स्मरण का अकाट्य महत्त्व है, किंतु इससे कोई यह न समझ ले कि अंतिम समय में ईश्वर का नाम लेने से ही काम चल जाएगा, क्योंकि जो भाव व चिंतन जन्म भर मन में रहता है, वह मरण-काल में भी छूटता नहीं। ऐसी स्थिति प्राप्त करने की भी श्रीकृष्ण ने कला बताई, "जीव को चाहिए कि वह सतत परमात्मा का चिंतन करते हुए कर्म करे" (गीता 8.7)। ईश्वर-परायण भाव को स्थिर रखने के लिए जन्म भर अभ्यास करना चाहिए। इसके लिए कर्मों को छोड़ नहीं देना चाहिए, बल्कि स्वभावजन्य स्वकर्म के अनुसार जो कर्म प्राप्त होते जाएँ, उन्हें हर भगवत भक्त को, निष्काम बुद्धि से करते रहना चाहिए, क्योंकि जीवन अल्प और अनित्य है, न जाने कौन सा पल इस जीवन का अंतिम पल हो। गीता तो जीव को जीवन जीने की कला और कर्म करने का कौशल बताती है। गीता में कर्म, ज्ञान तथा भक्ति का जो अद्भुत समन्वय हुआ, है वह विश्व के किसी भी धर्मशास्त्र में इतने स्पष्ट रूप से व्यक्त नहीं हुआ है। इसीलिए श्रीमद्गीता में सभी शास्त्र अंतर्भूत व समाहित हैं। सभी धर्मों का सार, सभी शास्त्रों का निष्कर्ष, गीता में अंतर्निहित है। इसीलिए एक वाक्य

में हम गीता को समस्त मानव जाति को परमात्मा द्वारा प्रदत्त ज्ञान, कर्म व भक्ति का अक्षय अमृत कह सकते हैं। इसी आशय से कहा गया है, "गीता सुगीता कर्तव्या किमन्यैः शास्त्रविस्त्रीय" कि "गीता का ही सुंदर रीति से गान करना चाहिए, अन्य शास्त्रों के विस्तार में पड़ने से भला क्या लाभ?"

विश्व सभ्यता में भारत व गीता का महत्त्व

भारतीय संस्कृति व सभ्यता विश्व की इतनी प्राचीनतम धरोहर है कि विश्व तो क्या स्वयं भारत के लोग भी इसके कतिपय महत्त्वपूर्ण पुरातन तथ्यों को नहीं जानते, जैसा कि एक वृत्तांत है 'दसराज्ञ युद्ध' या 'दस राजाओं के युद्ध' का, जिसका उल्लेख ऋग्वेद के सातवें मंडल में 7;18, 7;33, 7;83 : 4–8 में मिलता है। इस युद्ध में एक ओर भारत नामक समुदाय था; जिसका नेतृत्व तृत्सु नामक वंश के राजा सुदास कर रहे थे; तथा जिसके प्रेरक ऋर्षि वशिष्ठ थे। राजा सुदास का राज्य भारत के पश्चिम में रवि नदी से पांचाल तक (वर्तमान नाम रूहेलखंड) तक फैला था। युद्ध में दूसरी ओर सरस्वती नदी के किनारे बसा राजा पुरू तथा उनके मित्र राजाओं का समुदाय था, जिसमें अलीन वंश, अनु वंश, भृगु वंश, भालन वंश, द्रुह्यु वंश, मत्स्य राज्य, परसु वंश, तथा पनी के स्किथी के राजाओं ने भाग लिया था; जिसके सलाहकार ऋर्षि विश्वामित्र थे। इस युद्ध में राजा सुदास के पक्ष की जीत हुई थी। इस 'दसराज्ञ युद्ध' के तथ्यों को तोड़-मरोड़कर; पूर्वग्रहों से ग्रसित हो मार्क्सवादी तथा पश्चिमी जगत् के कतिपय इतिहासकारों ने विगत 150 वर्षों से 'आर्यों का भारत पर हमला' (Aryan Invasion Theory) थ्योरी प्रतिपादित कर यह भ्रम फैलाया है कि 1500 BCE के लगभग आर्यों ने भारत पर आक्रमण किया और द्रविड़ों को परास्त कर यहीं बस गए। इस थ्योरी को वामदेव शास्त्री (David Frawley) ने अपनी कृति 'द मिथ ऑफ द आर्यन इनवेजन ऑफ इंडिया' (The Myth of the Aryan Invasion of India) में खारिज कर 'दसराज्ञ युद्ध' का काल 3700 BCE का बताया है। इतिहासकार पी.एल. भार्गव ने अपने कृतियों में इस युद्ध का काल 3100 BCE के लगभग बताया है तथा अपनी पुस्तक 'इंडिया इन द वैदिक एज' (India in the Vedic Age : A History of Aryan Expansion in India) में ऋग्वैदिक काल का नक्शा खींचा है "राजा सुदास, जो पुरू-भारत वंश का उत्तराधिकारी था, ने दक्षिण पूर्व के सप्तसिंधु प्रदेश में अपना साम्राज्य स्थापित किया था। उसकी राजधानी संभवतः सरस्वती नदी के किनारे थी, जो 1900 BCE के लगभग धरती की टेक्टोनिक (Tectonic) क्रियाशीलता के कारण सूख गई। इस नदी के किनारे अनेक नगरों के पुरातत्त्व अवशेष आज भी विद्यमान हैं, जिनमें से राजा सुदास की राजधानी के अवशेष की संभावना भी व्यक्त की गई है। पुरातन शास्त्रों व ग्रंथों में वर्णित तथ्य

'मध्यपूर्व' के संबंध में पुरातत्त्व खोजों में पाए गए साक्ष्यों से स्थापित हो चुके हैं, किंतु वैदिक काल के पुरातन तथ्यों के विषय में पुरातत्त्व वैज्ञानिकों के द्वारा नवीन तकनीकी का प्रयोग करके प्राचीन काल के गुह्य रहस्यों पर शोध कार्य अभी भी चल रहा है।

इतिहासकार आशुतोष कुलकर्णी ने अपने शोध (Proving the Out-of-India-Theory 5) में कहा है कि ऋषि विश्वामित्र लंबे समय से पुरूओं तथा पांचालों के राजवंश से जुड़े थे, जो भारत कहलाते थे तथा राजा सुदास भी स्वयं 'भारत' वंश का था। ऋग्वेद का श्लोक (3.53); जो स्वयं विश्वामित्र के द्वारा रचित हुआ; में उल्लेख है कि विश्वामित्र राजा सुदास की प्रशंसा करते हैं तथा बताते हैं कि विश्वामित्र की मदद से राजा सुदास ने सिंधु नदी पार कर वहाँ एक बड़ा यज्ञ किया। बृहद् देवता के अनुसार, वशिष्ठ भी वहाँ उपस्थित थे तथा विश्वामित्र के साथ-साथ जमदग्नि भी वहाँ मौजूद थे। वहाँ जमदग्नि तथा वशिष्ठ के पुत्र शक्ति के बीच कोई विवाद हो गया, जिसके कारण विश्वामित्र ने वशिष्ठ के सौ पुत्रों को शक्ति सहित मार डाला। सुदास के पूर्वज इक्ष्वाकु वंश के थे, जो अयोध्या में अवध साम्राज्य के राजा थे तथा वशिष्ठ के वंशज उनके पुरोहित थे। उक्त विवाद के पश्चात्, विश्वामित्र तथा राजा सुदास के संबंध बिगड़ गए तथा विश्वामित्र ने सुदास के विरुद्ध जाकर दस राजाओं का समूह गठित कर राजा सुदास पर आक्रमण किया। तदोपरांत हुए युद्ध के वर्णन में ऋग्वेद के 7.18, 7.19, 7.33. श्लोक में वशिष्ठ ने राजा सुदास की वीरता की स्वाभाविक तौर पर प्रशंसा की है। इस युद्ध में पख्ता (Pakhta Rig Ved 7.18), भालन (Bhalan Rig Ved 7.18.7), अलीन (Alina Rig Ved 7.18.7), विषानिन (Vishanin 7.18.7), शिवि (Shivi Rig Ved 7.18.7), तुर्वासा (Turvasa Rig Ved 7.18.6), मत्स्य (Matsya Rig Ved 7. 18.6), भृगु (Bhirugu Rig Ved 7.18.6), द्रुह्यु (Druhyu Rig Ved 7.18.6), वैकर्ण (Vaikarnas Rig Ved 7.18.11-21 in number), अनु (Anu Rig Ved 7.18.13), प्रृथु (Pruthu which include Kavi Chayamana Rig Ved 7.18.8) आदि ने 10 राजाओं का समूह बनाकर यमुना नदी के किनारे राजा सुदास से युद्ध किया। राजा सुदास ने राजा भेद के साथ यक्ष, शिगरूख, तथा अजा (Rig Ved 7.18.19) के साथ युद्ध कर उन्हें हराया। इसके अतिरिक्त अन्य शत्रुओं यथा युद्धयामधी (Yudhyamadhi Rig Ved 7.18.) तथा त्रुसनज (Trushnaj Rig Ved 7.33.5) के साथ भी परशुनी नदी के किनारे सुदास ने (Rig Ved 7.18.8) युद्ध कर उन्हें हराया। इस युद्ध में 6666 योद्धा मारे गए तथा राजा सुदास विजयी हुए (Rig Ved 7.18.14)। इस युद्ध को के.एफ. जेल्डनर तथा एच.पी. शिमड (K.F. Geldner & H.P Schmid) ने भी (Heras Institute Of Indian History and Culture, Bombay) के इंडिका (Indica) नामक Journal (VI,17,1980, 41-47) में ऋग्वेद (7.18.5-

10) के संबंध में उल्लेखित किया है। 2016 में 'एंथ्रोपोलोजिकल सर्वे ऑफ इंडिया' के वैज्ञानिक डॉ. ए.आर. सांख्यान (वरिष्ठ वैज्ञानिक ए.एस.आई.) के नेतृत्व में टीम को विंध्याचल पर्वत; होसंगाबाद से 40 किमी दूर; बुधनी तहसील में; नकटी तलाई के इलाके में एक बड़ी गुफा की चट्टानों में बनी रॉक पेंटिंग मिली, जो डेढ़ फुट लंबी तथा चार फुट चौड़ी है। डॉ. ए.आर. सांख्यान (वैज्ञानिक ए.एस.आई) ने कहा है, "नकटी तलाई की गुफा में मिली पेंटिंग हजारों वर्ष पुरानी है। इस पेटिंग में 'दसराज्ञ युद्ध' के चित्र दरशाए गए हैं।" मार्क्सवादी तथा पश्चिम के कतिपय इतिहासकारों ने; पूर्वग्रहों से ग्रसित हो, इन ऐतिहासिक घटनाओं को तोड़-मरोड़ कर प्रस्तुत किया। प्रारंभ में राजा सुदास के साथ विश्वामित्र की मदद से सिंधु नदी पार करने को तथा बृहद-यज्ञ कार्य को आर्यों की आक्रमण थ्योरी (Aryan Invasion Theory—AIT) का प्रोपेगेंडा (Propaganda) करनेवालों ने प्रयोग कर भ्रमजाल फैलाया तथा कहा कि आर्य पश्चिम से सिंधु पार कर पूर्वी भारत में आए, जबकि राजा सुदास का राज्य उत्तर पांचाल क्षेत्र में गंगा नदी तथा सरस्वती नदी के बीच में फैला था तथा सिंधु नदी पूर्व से पार करके पश्चिम की ओर भी तो जा सकते हैं! यह भी उल्लेखनीय है कि इन राजाओं में अलीन आधुनिक अफगानिस्तान के नूरिस्तान क्षेत्र से पूर्वोत्तर में रहते थे और अनु राजाओं का राज्य परूष्णी (रावी) नदी के किंनारे बसा था। भालन राजा बोलन दर्रे के क्षेत्र में रहते थे। द्रुह्य गांधार प्रदेश के निवासी तथा महाभारत के पात्र शकुनि व गांधारी के पूर्वज थे। मत्स्य राजा पांडवों में नकुल-सहदेव के मामा शल्य के पूर्वज थे। पुरू राज्य भी सरस्वती नदी के किनारे बसा था। राजा सुदास इक्ष्वाकु वंशजों के राजा थे। वे रामायणकालीन अवध राज्य के राजा दशरथ के पूर्वज थे। रामायण काल से पहले राजा भरत थे, जिनके नाम पर हमारे देश का नाम 'भारत' पड़ा है। इन्हीं राजा भरत की सोलहवीं पीढ़ी में राजा सुदास का जन्म हुआ था। भगवान् राम से संबंधित होने से; अध्यात्मिक महत्त्व के कारण; रामायण काल तथा भगवान् कृष्ण के कारण महाभारत काल तो भारतवर्ष में चर्चा का विषय रहा, किंतु दुर्भाग्य से उससे भी पुराने 'दसराज्ञ युद्ध' को कालांतर में लोग भूल गए, जबकि इसका घटना काल रामायण काल से भी पुरातन है। 'दसराज्ञ युद्ध' भारत के वैदिक काल का है, जिसका उल्लेख ऋग्वेद के सातवें मंडल में है, जबकि 'रामायण' का उल्लेख वेदों के अंत में है तथा महाभारत काल वैदिक काल के बाद का घटना क्रम है। इसलिए भारतीयों के लिए 'रामायण' तथा 'महाभारत' से भी पुराना 'दसराज्ञ युद्ध' ग्रंथ है, जो भारत के पुरातन इतिहास को दरशाता है। जब हम इन तीनों ग्रंथों का अवलोकन करते हैं तो भारत के पुरातन इतिहास में आए परिवर्तन के दौर स्पष्ट रूप से दिखते हैं। 'दसराज्ञ युद्ध'; भारत के उत्तर-मध्य क्षेत्र में पुरू-भारत वंश के द्वारा साम्राज्य विस्तार को स्पष्ट करता है, जिसका प्रभाव भारत तथा उसके समीपवर्ती राष्ट्रों, विशेषकर पर्सिया में पड़ा, जो

इतना महत्त्वपूर्ण था कि ऋग्वेद में भी तत्कालीन सामाजिक व्यवस्था को लक्षित करने के लिए उल्लिखित किया गया। रामायण कालीन भारत में साम्राज्य का विस्तार गंगा नदी के बेसिन से परे भारतीय उपमहाद्वीप व श्रीलंका तक दिखता है तथा महाभारत काल में भारतीय सभ्यता का विस्तार प्राचीन भारत के चारों कोनों उत्तर-पूर्व-पश्चिम-दक्षिण तक दिखता है, जिसका स्वरूप वर्तमान अठारहवीं-उन्नीसवीं शताब्दी तक मुगलों व अंग्रेजों के आगमन तक भारतीय उपमहाद्वीप में भारतवर्ष के मानचित्र में विद्यमान मिलता है। वैदिक कालीन 'दसराज्ञ युद्ध'; जो रामायणकालीन रामसेतु के निर्माण (17,65,000 वर्ष लगभग) से सैकड़ों वर्ष पूर्व हुआ था; के समय से ही भारत की विभिन्न जातियों के लोग तत्कालीन पर्शिया (वर्तमान ईरान) से होते हुए मिस्त्र, रोम, ग्रीक, लेटिन अमेरिका तथा अफ्रीका में फैल गए तथा कालांतर में वहीं बस गए। वैज्ञानिकों तथा पुरातत्त्ववेत्ताओं की खोजों में यह दावा किया गया है कि उनके द्वारा ऐसे पर्याप्त साक्ष्य पाए गए हैं, जो यह प्रमाणित करते हैं कि विश्व की प्राचीनतम मानवीय बसावट भारतीय उपमहाद्वीप में पाई गई है, जो लगभग 20 लाख वर्ष पहले झारखंड प्रांत के घाटसिला क्षेत्र तथा उड़ीसा प्रांत के मयूरभंज क्षेत्र में स्वर्णरिखा नदी के किनारे 30 मील लंबे क्षेत्र में फैली पाई गई है तथा यह मानवीय बसावट संभवत: विश्व में अभी तक खोजों में पाई गई अन्य सभी सभ्यताओं के अवशेषों में अनोखी एवं विशिष्ट है, जिसमें लगभग 20 लाख वर्षों से लेकर 5000 BC तक मानवीय बसावट की निरंतर मौजूदगी के प्रत्यक्ष साक्ष्य पाए गए हैं, जो न केवल पुरातत्त्व खोजों में पाए गए हड़प्पा, मोहनजोदाड़ो, सिंधु घाटी में पाए गए पुरातत्त्व अवशेषों से भी प्राचीन भारत में विकसित हुई मानवीय सभ्यता के स्थूल साक्ष्यों को विश्व के विद्वानों के समक्ष न केवल विशिष्ट रूप से प्रस्तुत करती है, अपितु इसको पूर्वी अफ्रीका में पाई गई अलदोबाई (Aldovai Yorge); फ्रांस में पाई गई सोम्मे घाटी (Somme Valley), इंग्लैंड की स्टोनहेंज (Stonehenge) तथा मध्य प्रदेश (भारत) की नर्मदा बेसिन में पाई गई मानवीय बसावटों आदि से भी अधिक विशिष्ट बनाती है। प्रसिद्ध मानवविज्ञान शास्त्री एस. चक्रवर्ती ने दावा किया है, "स्वर्णरिखा के समीप पाई गईं मानवीय बसावटों का अस्तित्व बिना किसी व्यवधान के निरंतरता से पाया गया है, जो भारत में पाई गईं अन्य मानवीय बसावटों से भी अलग विशिष्ट प्रकार की हैं।" इस प्रकार उक्त पुरातत्त्व खोज सिंधु घाटी, हड़प्पा, मोहनजोदाड़ो में पाई गई लगभग 5000 वर्ष पूर्व के पुरातत्त्व अवशेषों से भी लगभग 20 लाख वर्ष पुरानी मानव-सभ्यता का जीता-जागता प्रमाण प्रस्तुत करती है तथा भारत-श्रीलंका के मध्य मानव निर्मित रामसेतु के 17 लाख वर्ष पूर्व के होने के सत्य को स्वयमेव पुष्ट करती है। दक्षिण जर्मनी में पाई गई 'Lowen mensch' (Lion-man अर्थात् नृसिंह) की प्राचीन मूर्ति ने विश्व के समस्त वैज्ञानिकों का पुरातत्त्ववेताओं को आश्चर्य में डाल दिया। हाथी दाँत से बनी, शेर के सिर और

मनुष्य के शरीरवाली यह विशाल मूर्ति, आश्चर्यजनक रूप से लगभग 32,000 वर्ष पुरानी है। यह (Stadel Cave in Hohlenstein Mountain also called hohlenstein-stadel cave in Lonetal (Lone Valley) of the Swabian Alps) स्वेबियन एल्पस की लोन वैली में स्टेडल गुफा में पाई गई है। उक्त मूर्ति आश्चर्यजनक रूप से इस गुफा के द्वार से ठीक 20 मीटर दूरी पर उस स्थान में 1.20 मीटर गहराई में दबी मिली, जहाँ दिन व रात्रि के मिलन के होने का विश्वास किया जाता है। यह मूर्ति भारत के पुराणों में वर्णित भगवान् विष्णु के नरसिंह अवतार के वृत्तांत से अक्षरश: मेल खाती है, जिसमें भगवान् श्रीविष्णु ने अपने भक्त प्रह्लाद की रक्षा के लिए; राक्षस हिरण्यकश्यप का वध करने के लिए; शरीर का आधा भाग शेर तथा शरीर के नीचे का आधा हिस्सा मानव का, धारण कर नृसिंह अवतार लिया था। इसी प्रकार रूस के वोल्गा क्षेत्र के प्राचीन स्टांया-मैना गाँव में खुदाई में पाई गई भगवान् विष्णु की मूर्ति मिलने से पुरातन रूस की प्राचीनता का उद्भव भी प्रश्नों के घेरे में आ गया है। रूस की वोल्गा घाटी का उलयानोव्स्क क्षेत्र का स्टांया-मैना (Staraya (old) Maina) ग्राम 1700 वर्षों से घनी आबादी का क्षेत्र रहा है, जो कीव (Kiev), जिसे रूसी संस्कृति का पुरातन उद्गम-स्थल माना जाता है, से भी पुराना है। यहाँ खुदाई में भगवान् विष्णु की पुरातन मूर्ति खोजनेवाले विद्वान् पुरातत्त्व शास्त्री डॉ. एलेक्जेंडर कोझेबिन, यल्यनोव्स्क स्टेट यूनिवर्सिटी (Dr. Alexander Kozhevin, Ulyanovsk State University, Archaeology Department) में पुरातत्त्व विभाग के रीडर हैं तथा उन्होंने विष्णु भगवान् की मूर्ति के अतिरिक्त पुरातन कालीन सिक्कों, अँगूठियों, अस्त्रों के अवशेषों आदि की भी विगत सात वर्षों से स्टांया-मैना क्षेत्र में पुरातत्त्व खुदाई में खोज की है।

पाश्चात्य विद्वानों ने आज से 3500 वर्ष पूर्व जो सभ्यताएँ अस्तित्व में थीं, उन्हीं को प्राचीन सभ्यताएँ मानकर मानव इतिहास व संस्कृतियों का विश्लेषण किया है। धरती के पश्चिमी छोर पर रोम, ग्रीस तथा मिस्त्र देश व मध्य अमेरिका (Central America) में मैक्सिको में माया, एजटेक तथा इंका (Maya, Aztec & Inca) सभ्यताओं के नाम लिये जाते हैं तो पूर्वी छोर पर चीन का नाम लिया जाता है। मध्य में स्थित भारत की चर्चा भर कर यह कह दिया जाता है कि आर्य, मध्य एशिया (Central Asia) से भारत आए थे तथा आर्य व अनार्य (द्रविड़) का मुद्दा उठा कर भारतीय समाज व सभ्यता में विघटन के प्रयास किए, क्योंकि भारत के पुरातन समृद्ध इतिहास, संस्कृत भाषा के अनूठे वेद-उपनिषद् तथा गीता को जानने से उनके साहित्य, समाज तथा धर्म के सारे मापदंड बौने साबित होने लगते हैं। वे नहीं चाहते कि पुरातन विश्व-गुरु 'भारत' का अद्भुत सत्य दुनिया के सामने आए। भारत का दुनिया भर की पुरातन सभ्यताओं से गहरा संबंध व रिश्ता रहा है। मेसोपोटेमिया (Messopotamia) की सभ्यता (3300 BC- 2000

BC); जो सुमेरिया के नाम से भी जानी जाती है; वह इराक, सीरिया, तुर्की, ईरान के वर्तमान क्षेत्र की दजला (टिगरिस-Tigris) तथा फुरात (इयुफ्रेटिस-Euphrates) नदियों के मध्य फैली थी, जिसका विकास फारस की खाड़ी के उत्तर तक था। यहाँ तुर्क, कुर्द, यजीदी, सबाईन, हित्ती आदि सभी जातियाँ भारत के ऋषि ययाति, भृगु, अत्रि के वंश की मानी गई हैं। सुमेरिया वासियों का सिंधु घाटी के लोगों से घनिष्ठ संबंध था। इतिहासकार लैंगडन (John Langdon) के अनुसार मोहनजोदाड़ो-सिंधु घाटी के लोगों की लिपि, मुद्राएँ और मुहरें, सुमेरी लिपि व मुहरों से एकदम मिलती हैं। चूने-मिट्टी के बरतन, मूर्तियों, शृंगारदान की बनावट भी समान है। हिंदू संस्कृति पर आधारित यह सभ्यता 2000 BC के पूर्व ही समाप्त हो गई। इसके पतन के पश्चात् बेबिलोनिया (2000-400 BC) सभ्यता अस्तित्व में आई, जिसका केंद्र बेबिलोन था। इसके प्रसिद्ध सम्राट् हम्मुराबी (हाबुचंद-Hammurabi) ने प्राचीन कानून व दंड व्यवस्था स्थापित की। दजला नदी के ऊपरी हिस्से में असीरिया (1450-500 BC) साम्राज्य था, जहाँ के निवासी सूर्यपूजक थे। वहाँ के शासक स्वयं को सूर्य का वंशज मानते थे। आयुर्वेद, अथर्ववेद, अष्टांग तथा चरक संहिता यहाँ प्रचार में थी। बाद में यह साम्राज्य फारस के हवरामी वंश (Hawrami Ethnic Group) के शासकों के अधीन आ गया। ईरान (2000-2500 BC) को प्राचीन काल में फारस कहा जाता था। यहाँ का मूल धर्म वैदिक धर्म ही था, लेकिन बाद में जरथुस्त्र [Zarathustra-1700-1500 BC] द्वारा वेदों पर आधारित पारसी धर्म की शुरुआत की गई। जरथुस्त्र को अंगिरा, बृहस्पति आदि ऋषियों का समकालीन माना जाता है। वे ईरानी आर्यों के स्पीतमा (Spitma) कुटुंब के पौरूश्स्प (Pourushaspa) के पुत्र थे। पारसियों का धर्मग्रंथ 'जेंड एवेस्ता (Zend Avesta) है, जो ऋग्वैदिक संस्कृति की ही एक पुरातन शाखा अवेस्ता भाषा में लिखा गया है। मिस्त्र (इजिप्ट, 3500 BC) की पुरातन सभ्यता नील नदी के किनारे, उत्तर में भूमध्य सागर, उत्तर-पूर्व में गाजा पट्टी व इजराईल (Israel), पूर्व में लाल सागर, पश्चिम में लीबिया तथा दक्षिण में सूडान तक फैली थी। यहाँ के पिरामिड तथा स्फिन्क्स इस सभ्यता के साक्षी हैं। मिस्त्र से भारत के गहरे पुरातन संबंध थे। फराओ शासकों (Pharaoh) के लंबे शासन काल से पूर्व यहाँ यदुवंशियों के गजपत, भूपद, अधिपद नाम के तीन भाइयों का राज था। आपसी वैमनस्य के कारण गजपद ने मिस्त्र छोड़कर अफगानिस्तान के पास गजपदनगर बसाया था। भारतीय व मिस्त्र की भाषाओं में अनेक शब्द तथा उनके अर्थ समान हैं, जैसे शिव-सेव, श्वेत-सेतु, शरद-सरदी, ईश्वरी-ईसिस, क्षेत्र-खेत आदि। मिस्त्र के पुरोहितों की वेशभूषा भी भारत के पुरोहितों के समान है। उनकी मूर्तियों में वैष्णवी तिलक लगा हुआ मिलता है। ऐलोरा की गुफा तथा इजिप्ट की एक गुफा में पाई गई नक्काशी में आश्चर्यजनक समानता है। यूनानी (ग्रीक-2700 BC)

सभ्यता तथा भारत के संबंध तो अत्यंत पुरातन हैं। फ्रैंचठी गुफा (Franchthi Cave overlooking the Argolic Gulf) के अवशेष 7250 BCE के बताए जाते हैं। यहाँ के प्रसिद्ध कवि होमर ने 8 वीं ईसा शताब्दी में 'ओडिसी'(Odyssey) नामक महाकाव्य लिखा था, जिससे पता चलता है कि आयुर्वेद की "दैव व्यपाश्रय" पद्धति वहाँ प्रचलित थी। होमर की दूसरी कृति 'इलियाड' (Illiad) में भारतीय शल्य चिकित्सा के उपयोग का भी वर्णन है। वहाँ के डॉ. रॉयल ने अपनी कृति 'सिविलाइजेशन इन इंडिया' में लिखा है, "विश्व की प्रथम चिकित्सा प्रणाली के लिए हम हिंदुओं के ऋणी हैं।" डोरोथिया चैंपलिन (Dorothea Champlin) ने लिखा है, "भारतीय आयुर्वेद के शरीर विज्ञान में कोई भी विदेशी शब्द नहीं है, जबकि पाश्चात्य शरीर विज्ञान पर भारत की छाप स्पष्ट दिखाई देती है।" सर में मस्तिष्क के ऊपर के भाग को आयुर्वेद में संस्कृत भाषा में ' शिरोब्रह्म' कहते हैं। वह ग्रीस और रोम भाषा में 'सेरेब्रम' हो गया है। वैसे ही मस्तिष्क के पीछे का भाग 'शिरोविलोम', 'सेरिबैलम' और 'हृद'-'हार्ट' हो गए हैं। इतिहासकार मोनियर विलियम्स (Sir Monier Williams) ने स्पष्ट लिखा है कि यूरोप के दार्शनिक प्लूटो (Pluto) व गणितज्ञ पाइथागोरस (Pythogoras) दोनों भारत के सब तरह से ऋणी हैं। पाइथागोरस के नाम से प्रसिद्ध ज्यामिति का प्रमेय वास्तव में भारत के बोधायन शुल्ब सूत्र में पुरातन काल से विद्यमान है। रोमन सम्भ्यता (800-500 BC); जिसका विस्तार भूमध्य-सागर (Mediterranean Sea) के आसपास था; पर मिस्त्र, भारत व यूनान का प्रभाव था। भारतीय पंचांग के आधार पर ही रोमनों ने अपना खुद का एक कैलेंडर बनाया। रोम साम्राज्य का पूरे यूरोप में फैल जाने के कारण रोम की सभ्यता का प्रभाव सारे यूरोप पर पड़ा। कई इतिहासकारों के अनुसार, बहुत से भारतीय ही हजारों वर्ष पूर्व ईरान-इराक-तुर्की होते हुए यूरोप के अनेक देशों में फैल गए तथा धीरे-धीरे वहीं बस गए। ईसा की प्रथम तीन शताब्दियों में भारत का जिन यूरोपीय देशों के साथ समुद्री व्यापार चला, उनमें रोम प्रमुख था, जो कि कोयंबटूर तथा मदुराई से मिले रोम के सिक्कों से सिद्ध होता है। प्राचीन 'माया', 'एजटेक' (Aztec) तथा 'इंका' (Inca) सभ्यताएँ दक्षिणी अमेरिकी महाद्वीप के ग्वाटेमाला (Guatemala), मैक्सिको, होंडुरास (Honduras) तथा यूकाटन (Yucatan) प्रायद्वीप में विकसित हुईं। वहाँ के निवासियों में प्रचलित नाम 'मेक्सिका' (Mexica) या 'मत्सलियापान' के आधार पर ही मध्य अमेरिका (Mesoamerica) को मैक्सिको कहते हैं। स्पेनिश आक्रमण के समय यहाँ माया सभ्यता थी। ये प्राचीन टोल्टेक (Toltec) (शाब्दिक अर्थ 'दक्ष कारीगर') और उसके बाद की विस्तृत एजटेक (Aztec) सभ्यता के उत्तराधिकारी थे। यहाँ के शहरों के खँडहरों में सिंधु घाटी की सभ्यता के समान, ज्यामितीय नमूनों पर बने नगरों के खँडहर आज भी मिलते हैं। भारत के समान ही प्रचलित परंपराओं का उल्लेख बर्नार्डिनो

(Bernardino de Sahagun) ने अपनी कृति 'Florentine Codex: General History of the Things of New Spain' में किया है। इस इलाके में 10,000 BC से पूर्व ही बसावट शुरू होने के प्रमाण मिले हैं। वीरा (Vera) का संस्कृत में शाब्दिक अर्थ योद्धा या शक्तिशाली पुरुष, लेटिन के कोचा (Cocha), अन्डिन का कोचिला/कोक्लिया (Cochila/Cochlea) का शाब्दिक अर्थ सागर का जीव (Sea Snail) होता है। अतः विरोचा (Virochana) का अभिप्राय उस जीव से हुआ, जो समुद्र से आए। इसीलिए एजटेक, माया सम्भ्यताओं में देवताओं के लिए इंगित शब्द 'विरोचना' (Virochana) का तात्पर्य है कि विरोचना तथा अन्य देवता वहाँ समुद्रमार्ग से जहाजों से आए, जो भले ही प्रथम दृष्टया बेतुका लगे, किंतु कम-से-कम दो हजार वर्ष पूर्व उत्तर अमेरिका में लोगों के जहाजों से आने की संभावना से इनकार नहीं किया जा सकता। 'Cocha' शब्द भी संस्कृत के 'कोष' शब्द से उद्भूत है जैसे 'शब्दकोश'। (Virocha) 'विरोचा' का अभिप्राय ऐसे नायक से है, जो बल तथा बुद्धि का भंडार हो, जिसे पर्सिया तथा ग्रीक में सूर्य-देव (Sun-God) के लिए प्रयोग किया गया। ग्वाटेमाला (Guatemala) को 'केतुमाला' (Ketumala) से महाभारत तथा विष्णुपुराण में उल्लिखित किया गया है तथा पृथ्वी को सप्तद्वीपों में विभक्त करते हुए प्राचीन भारत के अतिरिक्त पर्सिया, भारतीय उपमहाद्वीप, पूर्वदक्षिण एशिया का उल्लेख किया गया है। ग्वाटेमाला पुरातन माया सभ्यता का हिस्सा रहा, जो इस सभ्यता के पुरातन भारतीय अंतर्संबंधों को इंगित करता है। उरुग्वे (Uruguay) संस्कृत भाषा के शब्द 'यूरूडा' (Uruda) से उद्भूत है, जिसका अभिप्राय है—सर्पों की पूजा करनेवाले। भारतीय पौराणिक गाथाओं में 'नागलोक' (भौगोलिक दृष्टि से सर्पों-नागों का क्षेत्र) को 'पाताल लोक' भी कहा गया है, जो दक्षिणी गोलार्द्ध (Southern Hemisphere) का क्षेत्र है। इसी प्रकार यराग्वे (Paraguay) शब्द भी 'अपरा गया' (Apara gaya) से उद्भूत है, जहाँ गया (Gaya) शब्द असुर राजा 'गयासुर' द्वारा शासित 'गया' जाति से लिया गया है। माया सभ्यता के प्राचीन भारत से संबंध के विषय में अनेकानेक पुष्ट पुरातत्त्व साक्ष्य उपलब्ध हैं। एक पुरातत्त्व खोज का उल्लेख एस.जी. मोरले ने अपनी कृति 'द एन्सियन्ट माया' में किया है, जिसमें गवाटेमाला के पीयड्रास नीग्रास में पाई गई हजारों वर्ष पुरानी शिल्प वास्तुकला के शिलाखंड का वर्णन है, जिसमें भारत के लाखों वर्ष पूर्व के रामायणकालीन ऋषि वाल्मीकि कृत 'रामायण' में वर्णित रामदरबार का चित्र अंकित किया गया है, जिसको उक्त पुस्तक के पैनल नं. 3 की प्लेट 69 पृष्ठ 343 में वर्णित किया गया है। (S G Morley's Book The Anicient Maya Page 343, Panel No. 3 of Temple 0-13 a t Piedras Negras, Guatamala which is reporoduced as Plate 69)। पीयड्रास नीग्रास (Piedras Negras) ग्वाटेमाला में

पाई गई उपरोक्त वास्तुकला के हजारों वर्ष पुराने शिलाखंड में रामायण कालीन भगवान् राम के रामदरबार का चित्र खींचा गया है, जिसमें भगवान् श्रीराम राजसिंहासन पर बैठे हैं तथा उनके तीनों भाई उनके सिंहासन के पास खड़े हैं। यह शिल्पकला माया सभ्यता की बहुमूल्य धरोहर मानी जाती है, जो भारत का माया सभ्यता से स्पष्ट संबंध स्थापित करती है तथा मैक्सिको व भारत के मध्य स्थापित कम-से-कम आठवीं शताब्दी से पहले के गहरे संबंधों को स्वत: पुष्ट रूप से प्रमाणित करती है। इसी प्रकार एस.जी मोरले ने अपने पुरातत्त्व खोजों में पाई गई दूसरी पुरातत्त्विक पाषाण शिल्पकला (No. 12 Plate No 18, Page 61) का उल्लेख किया है, जो देवी की अत्यंत सुंदर अष्टभुजा मूर्ति है, जो ठीक वैसी ही है जैसी, देवी के अष्टभुजा स्वरूप की भारत में पुरातन काल से पूजा की जाती रही है। ऐसे विशिष्ट देवी-स्वरूप की आकृति विश्व के किसी भी अन्य सभ्यता या धार्मिक परंपरा में कहीं भी नहीं पाई जाती है। जहाँ ये दोनों पुरातात्विक शिल्प मिले हैं, वह स्थान 'पीयड्रास नीग्रास' (Piedras Negras) है, जिसका यह नाम मूलत: भारतीय व अमेरिकन बोलचाल के उच्चारण की भिन्नता के कारण संस्कृत के 'प्रियदर्ष नागराज' (Priyadarsh Nagraj) का अपभ्रंश प्रतीत होता है। इसी प्रकार मैक्सिको का राजसी 'आजटेक' कुल को जब स्पेनियार्ड (Spaniard) ने जीता तो मैक्सिको का 'एजटेक' (Aztec) कुल को अष्टक (Eight) कहा जाता था, जो भारत में पुरातन वैदिक काल से मौजूद रहा था। ऐसे अनेकों उदाहरण हैं, जो प्रशांत सागर के क्षेत्रों को प्राचीन दक्षिण-पूर्व एशिया के भारतीय उपमहाद्वीप से जोड़ते हैं तथा भारतीयों के बेरिंग स्ट्रेट से अलास्का (Bering Strait via Alaska) होते हुए भारतीय उपमहाद्वीप से 12,000-15,000 वर्ष पूर्व अमेरिका पहुँचने के पर्याप्त साक्ष्य पुरातत्त्ववेत्ताओं को अपनी खोजों में प्राप्त हो रहे हैं। भारतीय राजाओं के द्वारा अरब तथा यूरोपीय देशों को अपने बड़े जहाजी बेड़ों द्वारा भारतीय उत्पादों को व्यापार हेतु भेजा जाता था। वास्को डि गामा भारत के लिए समुद्री रास्ता ढूँढ़ता-ढूँढ़ता अपने जहाज को पुर्तगाल से दक्षिण अफ्रीका ले गया था, किंतु उसे भारत पहुँचने के सामुद्रिक रास्ते का अनुमान न हो सका। वहाँ उसे गुजरात प्रांत का एक व्यापारी मिला, जिससे उसने भारत का सामुद्रिक रास्ता बताने का आग्रह किया, तब वह गुजराती व्यापारी अपने जहाजी बेड़े के साथ वास्को-डि-गामा को गोवा के पास लेकर आया था। इसी प्रकार भारत के लिए सामुद्रिक रास्ते की खोज में निकले कोलंबस के अमेरिका पहुँचने से हजारों वर्ष पूर्व भारतीय संस्कृति व परंपराएँ वहाँ पहुँच गई थीं। ग्लिन डेनियल ने अपनी पुस्तक 'द फर्स्ट सिविलाइजेशन' में लिखा है कि 'सन् 1519 से 1533, इन 15 वर्षों में पश्चिमी दुनिया ने मैक्सिको की एजटेक, युकोटन व ग्वाटिमाला की माया तथा पेरू की इंका सभ्यताओं को खोजा और नष्ट कर दिया' (Glyn Daniel's book 'The First Civilization'-"Within 15 years between 1519 to 1533, the western world discovered and brutally destroyed three civilizations, the Aztecs of Mexico, Maya of Yuacatan and Guatemala and Inca of Peru"))। जबकि भारत ने विश्व भर की समस्त प्रचलित सभ्यताओं को अपनी समृद्ध सांस्कृतिक और दार्शनिक सोच एवं अपने ज्ञान-विज्ञान के द्वारा विस्तार दिया। राजेंद्र चोल की मलाया की जीत, महानाविक बुद्धगुप्त की कहानी, भारतीय संतों व बौद्ध दार्शनिकों के कंबोडिया, अन्नम, बाली, जावा, सुमात्रा, बोर्नियो, जापान, कोरिया, मंगोलिया तथा चीन पर पड़े प्रभाव भारतीय दर्शन एवं संस्कृति की अक्षुण्ण धरोहर का ठोस प्रमाण हैं। भारतीय साहित्य, वेदों, पुराणों आदि के विस्तृत अध्ययन के उपरांत सर विलियम्स जोन्स ने लिखा कि "हिंदुओं के प्रभाव; जिसे यदि विस्तार में दृष्टांतों के साथ समझाया जाए तो न जाने कितने महाखंडों को लिखना पड़ेगा; को सरसरी तार पर देखा जाए तो उनका प्राचीन पर्सियनों, इथोपियनों, मिस्त्रवासियों, फोनेशियनों, ग्रीकों, टुस्कन वासियों, सेथियन वासियों, गोथ, सेल्ट, चीनियों, जापानियों तथा पेरू वासियों के साथ एक गहरा अमिट पारस्परिक स्नेहपूर्ण संबंध व आचार-व्यवहार परिलक्षित होता है।"(Sir William Jones, Asiatic Researches, Volume I, Page 426)। इसी प्रकार, अमेरिकन इतिहासकारों ने भी अपनी खोजों में पाया कि भारतीयों ने ही अमेरिकी महाद्वीप पर सबसे पहले बस्तियाँ बनाईं। अमेरिका के रेड इंडियन वहाँ के आदि निवासी माने जाते हैं, जिनसे क्रिस्टोफर कोलंबस की भारत के समुद्री मार्ग की सन् 1492 AD में खोज के समय भेंट हुई थी तथा यहीं से उत्तर अमेरिका में विभिन्न यूरोपीय समुदायों का आगमन शुरू हुआ था, किंतु हिंदू संस्कृति वहाँ पर आज से हजारों वर्ष पहले पहुँच गई थी। माना जाता है कि यहाँ हुई बसावट महाभारत काल में प्रारंभ हुई थी। अमेरिकन महाद्वीप के बोलीविया (Bolivia) डजो वर्तमान में पेरू तथा चिली देश हैंढ में हिंदुओं ने प्राचीनकाल में अपनी बस्तियाँ बनाईं। यहाँ के प्राचीन मंदिरों के द्वार पर विरोचन, सूर्यद्वार, चंद्रद्वार, नाग शिल्प आदि हिंदू भवनों-मंदिरों के ही समान पाए जाते हैं। संयुक्त राज्य अमेरिका की अधिकारिक सेना में नेटिव अमेरिकनों की 45 वीं मिलिट्री इनफैंट्री डिविजन का चिह्न एक पीले रंग का 'स्वास्तिक' था, जिसे द्वितीय विश्वयुद्ध में नाजी घटना के बाद बदलकर 'गरुड़' का चिह्न कर दिया गया। विश्व की एक अन्य पुरातन

Sir William Jones Writer, "of the cursory observations on the Hindus, which it world require volume to expand and illustrate, this is the result, that they had an immemorial affinity with the old Persions, Ethopians and Egyptions, the Phoenicians, Greeks and Tuscans, the Seythians, or Goths and Celts, the Chinese, Japanese and Peruvions" (Asiatic Researches Volume I, Page 426)

सभ्यता, 'चीनी' 2700 BC की सभ्यता है जो 'हॉन चीन' कही गई। यहाँ झियो वंश (2070 BCE) का प्रथम बार शासन शुरू हुआ। फिर बाद में 221 BCE में झाऊ वंश के शासन का विवरण मिलता है। दक्षिण पूर्व एशिया में भारत का प्रभाव कंबोडिया, वियतनाम, मलेशिया, इंडोनेशिया, फिलिपिंस, थाईलैंड आदि तक फैला। कंबोडिया में आज भी हजारों प्राचीन हिंदू तथा बौद्ध मंदिर हैं तथा अंकोरवाट का विष्णु मंदिर 1000 वर्ष से भी अधिक पुराना है। वियतनाम का इतिहास 2700 वर्ष पुराना है। इसका पुराना नाम चंपा था तथा यहाँ के लोग चाम 'शैव' थे। चीनी, इतिहासकार फन-हु-ता (380-413 ई) ने चंपा के प्रसिद्ध सम्राट् भद्रवर्मन का उल्लेख किया है। सिंगापुर का पहले नाम 'सिंहपुर' था तथा 'मलेशिया' का नाम संस्कृत शब्द 'मलय' से पड़ा है, जिसका अर्थ होता है 'पहाड़ों की भूमि'। उत्तर मलेशिया में बुजांग घाटी तथा मरबाक के समुद्री किनारे के पास अनेकों पुरातन हिंदू व बौद्ध मंदिर आज भी हैं। भारत की संस्कृति एवं सभ्यता विश्व की प्राचीनतम तथा समृद्धशाली संस्कृति है। वैदिक मंत्रों का सत्य अर्थ बतानेवाले ऐतरेय (ऋग्वेद) तथा गोपथ ब्राह्मण (अथर्ववेद) में लिखा है कि सूर्य न कभी अस्त होता है, न कभी उदय ही होता है, वह सदैव बना रहता है, परंतु जब पृथ्वी से छिप जाता है, तब रात्रि हो जाती है और जब पृथ्वी से आड़ समाप्त हो जाती है, तब दिन हो जाता है (Dr. Malton Hang's translation of Aitareya Brahmana, Vol. 2, P. 243)। इसी प्रकार वेदों में धुव प्रदेश में होनेवाले छः-छः मास के दिन-रात का भी वर्णन है। पृथ्वी पर ऐसी कोई जगह नहीं बची थी, जिसका परिज्ञान प्राचीन काल में भारतीयों को न रहा हो। ऐसे में जो ये कहे कि खगोल विज्ञान के सभी सूक्ष्म-से-सूक्ष्म आविष्कार पुरातन भारतीयों ने नहीं किए तो वे अज्ञानी महामूर्ख ही कहलाएँगे। भारतीय खगोलशास्त्र 'सूर्यसंहिता' के अनुसार हमारा भौतिक ब्रह्मांड; जिसमें हमारी पृथ्वी का सौर मंडल शामिल है; की अवधि सीमित है तथा यह कल्पों के चक्र के रूप में प्रकट होता है। यह कल्प ब्रह्मा का एक दिन है, जिसमें भारतीय मान्यता के अनुसार चतुर्युग-सत्य-त्रेता, द्वापर तथा कलयुग हैं। सूर्यसिद्धांत (1.33; 12.35) के अनुसार हम पृथ्वी वासियों का एक वर्ष देवताओं के एक-दिन, रात के बराबर है अर्थात् हमारे 360 वर्ष देवताओं के एक वर्ष के बराबर हैं। युगों की कालगणना देवताओं के वर्ष के आधार पर इस प्रकार है—सत्ययुग-4000 वर्ष; त्रेतायुग-3000 वर्ष, द्वापर-2000 वर्ष तथा कलयुग-1000 वर्ष। इस प्रकार देवताओं के 10,000 वर्ष मनुष्यों के 10,000× 360+=36,00,000 वर्षों के बराबर हैं। अमेरिकन स्पेस एजेंसी NASA के उपग्रह से भारत-श्रीलंका के मध्य पोक स्ट्रेट (PALK STRAIT) में मानव निर्मित c.18 mi (30km) लंबा रामसेतु (जिसे उन्होंने एडम-ब्रिज कहा) पाया गया है, जो 17,65,000 वर्ष पूर्व बनाया गया था, जो रामायणकालीन है। इसे भगवान् राम के द्वारा हनुमान, नल-

नील आदि वानरों की सहायता से; श्रीलंका के राजा रावण के द्वारा सीता–अपहरण करने के कारण; वानर सेना को आक्रमण हेतु लंका ले जाने के लिए बनाया गया था। यह आँकड़ा रामायण में दिए विवरण से पूर्णतया मिलता है। उक्त घटना के समय त्रेतायुग का लगभग 1/10 भाग रावण के जन्म, तपस्या व उससे पहले का, बीत चुका था। यदि हम सूर्यसंहिता में दिए कालगणना से इसे देखें तो पाएँगे कि त्रेतायुग (3000–300=2700×360 + द्वापर युग 2000×360+कलयुग (आज तक लगभग 5000 वर्ष बीत चुके हैं)। 5,00 0=9,72,000+7,20,000+5188=16,97,000 वर्ष, जबकि रामसेतु की वैज्ञानिक विधि से की गई गणना के अनुसार इसकी आयु की लगभग 17 लाख से 17.50 लाख वर्ष अनुमानित की गई है। इस प्रकार रामसेतु की आयु की काल गणना तथा भारतीय पुरातन शास्त्र सूर्यसंहिता के अनुसार की गई काल गणना में अद्भुत व आश्चर्यजनक साम्य है, जो विश्व इतिहासकारों के समक्ष उनकी काल्पनिक पाषाण युग के काल की विश्वसनीयता को स्वतः निराधार साबित कर देता है। ब्रह्मा की दिन–रात्रि की काल गणना का जो आधार लिया गया है उसे भगवान् श्रीकृष्ण ने गीता में स्वयं स्पष्ट रूप से उल्लिखित किया है—

"सस्त्रयुगपर्यंतमहर्यद्ब्रह्मणो विदुः।
रात्रिं युगसस्त्रांतां तेऽहोरात्रविदो जनाः॥" (गीता 8.17)

कि "मानवीय गणना के अनुसार एक हजार युग मिलकर ब्रह्मा का एक दिन बनता है और इतनी ही बड़ी ब्रह्म की रात्रि भी होती है।" इस प्रकार ये चारों युग एक सहस्त्र चक्र कर लेने पर ब्रह्मा के एक दिन के तुल्य होते हैं तथा इतने ही वर्षों की उनकी एक रात्रि होती है। ब्रह्मा की आयु ऐसे एक सौ वर्ष है। ब्रह्मा के ये 100 वर्ष गणना के अनुसार पृथ्वी के 31,10,40,00,00,00,000 वर्ष के तुल्य हैं। ब्रह्मांड परिवर्तनशील है। ब्रह्मा व उनकी सृष्टि भी उसका मात्र एक अंग हैं। इसीलिए ये आश्चर्यजनक गणना आधुनिक काल के पाश्चात्य भौतिक शास्त्रियों को अविश्वसनीय लगती है तथा वे मानव संस्कृति को मात्र विगत कुछ हजारों वर्ष पुराना मानने लगते हैं। इसीलिए संस्कृत भाषा के शब्द प्राचीन ग्रीक, लेटिन तथा रोमन भाषा में मिलते हैं तथा वहाँ मिले शिलाखंडों, मूर्तियों आदि पर वैदिक कालीन भारतीय संस्कृति तथा गीता के आध्यात्मिक ज्ञान का पर्याप्त प्रभाव स्पष्ट रूप से दिखाई देता है। इसीलिए अठारहवीं शताब्दी के विद्वान् सर विलियम जोन्स (Sir William Jones, 1746-1794) ने संस्कृत भाषा का ग्रीक तथा लेटिन भाषा, यहाँ तक की पुरातन गोथिक तथा सेल्टिक (Gothic and Celtic) भाषा के साथ तुलनात्मक विश्लेषण करने पर पाया कि संस्कृत भाषा; इसकी चाहे जो भी प्राचीनता हो; की संरचना अद्भुत है। यह ग्रीक से ज्यादा श्रेष्ठ तथा लेटिन से ज्यादा समृद्ध, तथा दोनों से ज्यादा सुसंस्कृत है, फिर भी दोनों से इसकी गहन साम्यता है। क्रिया के मूल तथा

व्याकरण की भिन्नता, दोनों ही में, जो सामंजस्य है, वह दुर्घटनावश नहीं हो सकता। इसकी संरचना इतनी मजबूत है कि कोई भी भाषा-वैज्ञानिक इन तीनों का परीक्षण; बिना यह विश्वास करे कि उनका एक ही जन्म स्रोत (जो शायद अब विद्यमान नहीं है) है, नहीं कर सकता। इसी से प्रतीत होता है कि गोथिक, सेल्टिक तथा संस्कृत का मूल एक ही है तथा पुरातन पर्सियन भाषा भी इसी परिवार की है।[R1] संस्कृत भाषा के ग्रीक तथा रोमन भाषाओं से भी पुरातन गोथिक एवं सेल्टिक भाषाओं पर पड़े प्रभाव के दृष्टिगत; उपरोक्त प्रमाणित साक्ष्यों से; यह अवश्य ही स्पष्ट हो जाता है कि संपूर्ण विश्व संस्कृति के विकास के आदिकाल में संस्कृत भाषा की गहन व अद्वितीय भूमिका रही है। इसीलिए मिस्त्र, रोम, ग्रीक व लेटिन अमेरिकी सभ्यताओं से जुड़े स्थलों पर की गई खुदाई आदि में पाए गए पुरातत्त्व अवशेषों, शिलाखंडों, मूर्तियों आदि पर वैदिक कालीन भारतीय संस्कृति तथा गीता के आध्यात्मिक ज्ञान के पर्याप्त प्रभाव स्पष्ट रूप से दिखाई देते हैं। विश्व के प्रबुद्ध विद्वानों द्वारा 'दसराज्ञ युद्ध', रामायण काल तथा महाभारत काल की प्राचीन ऐतिहासिकता तथा उसके अध्यात्म-दर्शन को नकारने के लिए भगवान् राम तथा भगवान् कृष्ण की ऐतिहासिकता तथा उनके अस्तित्व पर ही विवाद पैदा किया जाता रहा है। भारतीय उपमहाद्वीप से इतर मध्य एशिया, यूरोप तथा अमेरिका की सांस्कृतिक विरासतों के प्रमाण विगत तीन-चार हजार वर्षों से अधिक पुराने नहीं हैं। ऐसे में वे भारत के लाखों वर्षों पुरानी समृद्ध पुरातन विरासत तथा उसके अध्यात्म, दर्शन, ज्ञान-विज्ञान, गणित आदि में विश्व को दिए गए योगदान को झुठलाने व नगण्य करने का प्रयास करते हैं, किंतु वे इस प्रमाणित पुरातात्विक साक्ष्यों से युक्त सत्य का कोई जवाब नहीं दे पाते कि यदि पाँच हजार वर्ष पूर्व पाषाण युग था तो हड़प्पा, मोहनजोदाड़ो आदि में मिली 5000 वर्ष पुरानी सभ्यताओं के पाए गए अवशेषों में आधुनिक नगरों से भी श्रेष्ठ नगरीय सभ्यता कैसे प्रादुर्भाव में आई? कैसी प्राकृतिक घटनाएँ घटीं, जिनसे ये अत्यंत विकसित सभ्यताएँ धरती के आँचल में समा गईं? जब मात्र 5000 वर्ष पूर्व के अवशेषों के संबंध में वे कुछ स्पष्ट नहीं कर पाए हैं तो दसराज्ञ युद्ध, रामायणकालीन 17.65 लाख वर्ष पुराने

R1 : "The Sanskrit language, whatever be its antiquity, is of a wonderful structure; more perfect than the Greek, more copious than the Latin, and more exquisitely refined than either, yet bearing to both of them a stronger affinity, both in the roots of verbs and the forms of grammar, than could possibly have been produced by accidents so strong indeed that no philologer could examine them all three, without believing them to have sprung from some common source, which, perhaps, no longer exists. There is a similar reason, though not quite so forcible, for supposing that both the Gothic and the Celtic, though blended with a very different idiom, had the same origin with the Sanskrit; and the old Persian might be added to the same family."(Sir William Jones)

रामसेतु तथा भगवान् राम से जुड़े स्थल जैसे अयोध्या, चित्रकूट में नदी के किनारे स्फटिक शिला पर श्री राम के पद्चिह्न, बिहार के गया में बालू की नदी, पंचवटी में आज भी खड़े पाँच वृक्ष, रामेश्वरम के शिवलिंग की स्थापना, लंका में रामायणकालीन पात्रों के चिह्न; जो आज भी लाखों वर्षों बाद उपलब्ध हैं; को कैसे स्पष्ट करेंगे? श्री हनुमानजी द्वारा हिमालय से ले जाई गई संजीवनी बूटी के पहाड़ की वनस्पत-संपदा आज भी श्रीलंका में पाई जानेवाली वनस्पतियों से भिन्न है। इसकी वनस्पति शास्त्रियों द्वारा किए गए शोधों में भी पुष्टि हो चुकी है। इन भौतिक रूप से उपलब्ध साक्ष्यों का ये इतिहासकार कोई जवाब नहीं दे पाते। इसी प्रकार पांडवों के भ्रमण काल से जुड़े महाभारतकालीन स्थलों के अवशेष भी उत्तर भारत में यत्र-तत्र फैले हैं तथा कुरुक्षेत्र में अर्जुन के द्वारा भीष्म को शर-शय्या पर गिरने के पश्चात्; प्यास लगने पर; उनकी प्यास बुझाने के लिए, धरती पर बाण अनुसंधान कर प्रकट की गई बाण-गंगा आज भी विद्यमान है तथा इसके जल की विशेषताएँ गंगाजल के ही समान हैं। भारतीय पुरातत्त्व विभाग द्वारा द्वारिका में समुद्र में पाई गई द्वारिका नगरी के अवशेषों का लगभग 10,000 से 12,000 वर्ष पुराना होना सिद्ध हो चुका हैं। इन्हीं शोधों के आधार पर भारतीय पुरातत्त्व विभाग के पुरोधा डॉ. एस.आर. राव (Dr. S.R. Rao, 1922-2013) ने स्पष्ट रूप से मत दिया है कि भारतीय धर्मशास्त्रों में वर्णित गाथाओं को काल्पनिक बता कर और अधिक अनदेखा नहीं किया जा सकता। रामसेतु तथा द्वारिका नगरी के प्रमाण, भगवान् राम तथा भगवान् कृष्ण की ऐतिहासिकता को स्वयं सिद्ध करते हैं। जैसे-जैसे विज्ञान पुरातन काल की घटनाओं के प्रामाणिक साक्ष्यों की खोजों तथा शोधों के लिए अपनी तकनीकों को विकसित करता जाएगा, वैसे-वैसे भारतीय संस्कृति की समृद्ध विरासत स्वतः स्पष्ट और प्रामाणिक रूप से सिद्ध होती जाएगी। भारत में आए ग्रीक यात्री मेगास्थनीज (Megasthenes 302-398 BC) ने भी अपने लेखों में श्रीकृष्ण, मथुरा आदि का उल्लेख किया है।[R2]

R2 : "According to Arrian, Diodorus, and Strabo, Megasthenes described an Indian tribe called Sourasenoi, who especially worshiped Herakles in their land and this land had two cities, Methora and Kleisobora, and a navigable river, the Jobares. As was common in the ancient period, the Greeks sometimes, described foreign Gods in terms of their own activities, and there is little doubt that the Sourasenoi refers to Shurasenas, a branch of the Yadu dynasty to which Krishna belonged; Herakles to Krishna or Hari-Krishna; Methora to Mathura, where Krishna was born; Kleisobora to Krishnapura, meaning the city of Krishna", and the Jobares to the Yamuna, the famous river in the Krishna story. Quintus Curthus also mentions that when Alexander the great confronted Porus, Porus's soldiers were carrying an image of Herakles in their vanguard" (Krishna, source book, Edwin Francis Bryant, Oxford University Press, US 2007.)

मेगास्थनीज के द्वारा 302–398 BC के दौरान भारत भ्रमण के संबंध में लिखे गए विवरण के लिए एडविन फ्रेंसिस ब्रियान्ट (Edwin Francis Bryant) लिखते हैं कि अरियन, डायोडोरस तथ स्ट्रेबो के अनुसार, मेगास्थनीज ने भारत में सोरासेनोई जाति का वर्णन किया है, जो अपनी भूमि में हेराक्लीस (श्रीकृष्ण या हरे कृष्ण) की पूजा किया करते थे तथा उस भू-क्षेत्र में दो नगर थे, मेथोरा अर्थात् मथुरा और क्लि्सबोरा अर्थात् कृष्ण नगर, तथा आने-जाने के लिए जोबारेस (यमुना) नदी थी। पुरातन काल में सामान्य रूप से; विशेषकर ग्रीक लोग; विदेशी भूमि में पूजे जानेवाले देवताओं को अपने देश के देवताओं के नाम से पुकारते थे और इसमें कतई संदेह नहीं है कि सोरासेनोई जाति का अर्थ शूरसेना था, जो यदुवंशी जाति थी, जिसमें श्रीकृष्ण का जन्म हुआ था, तथा जोबारेस से अभिप्राय यमुना नदी से है। नदी के किनारे की श्रीकृष्ण-गाथाएँ विख्यात हैं। क्विंटस कर्टियस ने भी उल्लेख किया है कि जब सिकंदर महान् ने पोरस के साथ युद्ध किया था, तो पोरस की सेना के सैनिक हेराक्लीस की तसवीरें लिये हुए थे। फाहियान (405–411 AD), ह्वेनसांग (630–645 AD) आदि चीनी यात्री तो काफी बाद में भारत आए। मेगास्थिनिज के लेखों से स्पष्ट है कि भारत में श्रीकृष्ण की पूजा आज से 2300 वर्ष पूर्व भी हो रही थी। द्वारिका नगरी के अवशेषों तथा वहाँ मिली 32,000 वर्ष पुरानी विष्णु भगवान् की मूर्ति के उपरांत भगवान् श्रीकृष्ण की ऐतिहासिकता पर संदेह करना निर्मूल है। चीन में मिले पुरातात्विक साक्ष्यों के आधार पर वहाँ पाई गई मानवीय बसावट लगभग साढ़े बाईस लाख (22.5 लाख) साल पुरानी है तथा झोऊ कोऊ दियन गुफा से मिले अवशेष 3 से 5.5 लाख वर्ष पुराने हैं। इसी से स्पष्ट हो जाता है कि रामसेतु[R3] लगभग 17 लाख वर्ष पुरातन होना अप्रत्याशित नहीं है। भारत के मध्य प्रदेश के भीमबटेका में पाए गए 25,000 वर्ष पुराने शैलचित्र, नर्मदा नदी की खुदाई तथा मेहरगढ़, हड़प्पा, मोहनजोदाड़ो तथा द्वारिका शहर के समुद्र में पाए गए अवशेष लगभग 10,000 से 12,000 वर्ष पुराने हैं। उल्लेखनीय है कि द्वारिका श्रीमद्भगवदगीता के कारक श्रीभगवान् कृष्ण द्वारा ही मथुरा से वहाँ जाकर बसाई गई थी, जहाँ पर कुसुस्थली (Kususthali) नाम की पूर्ण रूप से विकसित; आधुनिक शहरों की तकनीकी से भी

R3 : Newer and more logical. The 17,65,000 years of age that Shri Ram Ji and the proof that humans are far older (tens of millions of years older) than that fake dates that are fortunately being discarded (The Africa Theory has already been disproven). This is far more logical than the likes of what current "experts" and "indologists" say and preach. NASA, archaeology, epigraphy, astronomy and Dharmic texts have just proven that Ramsethu is more than 17,65,000 years old and humans have existed for tens of millions of years. The Dashrajna conflict took place far before the purported date.

उन्नत श्रेणी की; बसावट मिली थी तथा उड़नेवाले विमानों की एक वर्कशॉप भी मिली है, जिसका वर्णन 'भगवतपुराण' में साल्व प्रदेश के एक राजा के उड़ानयंत्र 'सौभ विमान' (Saubh-Vimana) के रूप में मिलता है। नवीन पुरातत्त्व अनुसंधानों से रामसेतु का लगभग 17 लाख वर्ष पुराना होना तथा मानव सभ्यता का विकास लाखों वर्ष पूर्व होना साबित हो गया है। सौभाग्यवश पुरोधाओं द्वारा 'अफ्रीका सिद्धांत' को भी नए शोधों के प्रकाश में नकार दिया गया है। आधुनिक विद्वानों तथा भारतीय पुरातनता के शोधकर्ताओं के द्वारा जो तर्क दिए जाते रहे हैं, उन्हें नवीन भौतिक साक्ष्यों यथा नासा के द्वारा किए गए शोधों, पुरातत्त्व वेत्ताओं द्वारा की गई खोजों तथा दिए गए विवरणों से नकार दिया गया है। यह स्पष्ट सिद्ध हो चुका है कि रामसेतु 17 लाख वर्ष से भी अधिक पुराना है एवं मानव जाति का इतिहास लाखों वर्ष पुराना है तथा 'दसराज्ञ युद्ध' कतिपय विद्वानों द्वारा वार्णित काल से भी कहीं अधिक पुराना व रामायणकाल से पूर्व का है। इसी परिप्रेक्ष्य में भारत के 'हिंदू' न्यूजपेपर ने भी यह स्वीकार किया है कि 2001 में 'गल्फ ऑफ कोम्बे' (Gulf of Combay) में ऐतिहासिक मैरीन पुरातत्त्व खोज में हड़प्पा से मिलते-जुलते अवशेषों की खोज से द्वारिका की कल्पना एक सत्य साबित हुई है। द्वारिका में हुई खुदाई में महाभारतकालीन भगवान् विष्णु की प्रतिमा समुद्र तल से मिली। अलवर्ट जे. एडमंडस (Albert J. Edmunds) ने अपनी पुस्तक 'बौद्ध एवं क्रिश्चियन गोसपेल्स' (Buddhist & Christian Gospels) में लिखा कि 'स्ट्राबो (Strabo-Greek geographar) ने एशिया; विशेषकर भारत; को पवित्र संस्कारों को पोषित करनेवाली वह सभ्यता माना, जहाँ हरक्यूलेस तथा बेकस को पूरब का राजा माना जाता था, जहाँ बेबिलोन तथा मिस्त्र के पुरातन धर्मों का उद्भव हुआ, यहाँ तक कि ग्रीक तथा रोमन लोग भी बेकस तथा मिथरेश सिद्धांत के लिए पूरब के ही ऋणी थे।' स्टेफन नैप (Stephen Knapp in 'Vedic Culture is the Parent of Humanity') ने अपने शोधों के उपरांत यह निष्कर्ष निकाला कि पुरातन काल में रोमन, ग्रीक, वेविलोन तथा मिस्त्र सभ्यताओं में प्रयुक्त नाम 'Bacchus' का अर्थ बकेश या त्र्यंकेश है, जो भगवान् शिव के लिए प्रयोग किया जाता है, तथा Hercules का तात्पर्य हरी-कुलीश या हरि कृष्ण से था, जिन्हें पश्चिम में पूरब के देवताओं के लिए जाना जाता था, चूँकि बेबिलोन तथा मिस्त्र की पुरातन धर्म परंपरा का उद्भव एशिया; विशेषकर भारत; में हुआ था तथा समान प्रकार की धर्म परंपरा का ग्रीक तथा रोमनों द्वारा भी अनुसरण किया गया, जहाँ बेकस (शिव) तथा मिथरेश (सूर्य) की उपासना की जाती थी। तो यह स्वतः ही प्रत्यक्ष था कि समस्त विश्व में वैदिक धर्म का ही प्रभाव या प्रभुत्व था। इसका कारण यह भी था कि जिन देवी-देवताओं की उपासना अन्यत्र हो रही थी, वे सब मूलतः भारत के वैदिक कालीन देवी-देवताओं से ही उद्भूत थे, जिससे यह विश्वास के साथ कहा जा सकता है

कि वैदिक संस्कृति ही पुरातन विश्व की एकता या समस्त मानव जाति का मूल जनक थी। भारतीय दर्शन में 'वसुधैव कुटुंबकम्'; अर्थात् 'समस्त विश्व एक ही परिवार' है; का आदर्श ही सनातन धर्म का मूल संस्कार है, जो भारत में वैदिक उपनिषदों और साहित्य में पुरातन काल से विद्यमान रहा है। सर आइसेक टेलर ने भी विल ड्यूरंट (Will Durant-Historaian & Philosoper) के विचारों से समानता रखते हुए कहा कि 'एडीलंग, जो तुलनात्मक दर्शन के जनक रहे हैं, ने भी सभ्यता का उद्भव कश्मीर की वादियों में मानते हुए उसकी तुलना स्वर्ग से की है। हम एडीलंग के विचारों के लिए ऋणी हैं, जो इतने व्यापक रूप से व्याप्त हैं कि पूरब ही मानव जाति का मूल उद्भव स्थान है तथा पश्चिम में पूरब के लोग ही; चाहे वे आज आईबेरियन हों या सेल्टस; आकर बस गए (Sir Issac Taylor in The Origin of the Aryans)। बी.सी. चोपड़ा, जो ब्रिटिश प्रशासन में पुरातत्त्व के सहायक महानिदेशक थे; ने लिखा है कि मैं मानवजाति के उद्भव के उस सिद्धांत पर गहराई से नहीं जाना चाहता, जो पुरातत्त्व की नाना विवेचनाओं से प्रेरित है, अपितु मैं यह स्पष्ट करना आवश्यक समझता हूँ कि भारतीय सभ्यता का इतिहास ज्ञान से प्रारंभ होता है, न कि आदमजात बर्बरता से। जो ज्ञान की अक्षुण्ण गंगा वहाँ संरक्षित रही है, उसने मानव जीवन के समस्त इतिहास को सभी परीक्षणों में खरा पाया है। मानव जाति का समस्त इतिहास चाहे वनमानुषों का काल हो या पाषाण, नवपाषाण, कांस्य या लौह युग का तथ्यों के साथ उल्लेख किया गया हो, किंतु आज के युग में जब विज्ञान ने महान् उपलब्धियाँ अर्जित कर ली हैं, तब भी वनमानुष किसी भी प्रकार मानव जाति को उत्पन्न नहीं कर सकते, क्योंकि प्रत्यक्ष रूप से ये दोनों ही भिन्न-भिन्न जाति व नस्ल के हैं। आधुनिक पुरातत्त्व खोजों ने यह साबित कर दिया है कि इस प्रकार के युगों या कालों के अस्तित्व का कोई अर्थ नहीं है, क्योंकि विभिन्न सांस्कृतिक काल भिन्न-भिन्न क्षेत्रों में पाए जाते हैं तथा कभी-कभी एक ही भौगोलिक क्षेत्र में ये भिन्न संस्कृतियाँ एक साथ एक ही काल में विद्यमान पाई जाती हैं, जिनका कोई तर्क-सम्मत कारण मानव-उद्भव के सिद्धांत के अंतर्गत समझाया नहीं जा सकता। इसलिए पुरातत्त्ववेत्ताओं द्वारा पाषाण आदि युगों या वन-मानुषों का मानवों में परिवर्तन होने के सिद्धांतों को नकारते हुए यह कहा जा सकता है कि वैदिक संस्कृति के पुरातन ऐतिहासिक तथ्यों के आधार पर यह सत्य प्रमाणित हो चुका है कि भारत ही वह केंद्र था, जहाँ से समृद्ध बौद्धिक, वैदिक संस्कृति का समस्त विश्व में प्रसार हुआ तथा वह ही मानव जाति की आध्यात्मिक विरासत का मूल उद्भव सूत्र है। गोडफ्रे हिगिन्स (Godfrey Hinggins) ने भी इसी सत्य की पुष्टि अपनी कृति 'सेल्टिक ड्रयूड्स' में करते हुए कहा, "भारतीय उपमहाद्वीप ही वह देश है, जहाँ अन्य देशों की तुलना में सर्वप्रथम मानव जाति का निवास रहा तथा वहाँ के निवासियों में वे समस्त प्रवृत्तियाँ या

गुण विद्यमान थे, जो प्रलयकारी बाढ़ से पूर्व मानव जाति के आदि मानवों में उपस्थित थे, जो भारतीय उपमहाद्वीप के निवासियों में, अन्य देशों की तुलना में, सर्वाधिक उत्कृष्ट रूप से पाए गए जिसके यत्र-तत्र अनगिनत प्रमाण बिखरे पड़े हैं, भले ही किन्हीं धर्मों के धर्मगुरुओं द्वारा इस सत्य को ढाँकने के कितने भी निरर्थक प्रयास किए जाएँ" (Godfrey Higgins, book "The Celtic Druids", Page 61)। भारतीय पुरातत्त्व वेत्ता डॉ. एस.आर. राव (1922-2013) ने भारतीय राष्ट्रीय ओसीयनोग्राफी संस्थान (National Institute of Oceanography of India) की टीम के साथ द्वारका, हडप्पा तथा लोथार में हुई पुरातत्त्व खोजों के उपरांत यह साबित कर दिया है कि 'भारतीय धर्मशास्त्रों में वर्णित गाथाएँ काल्पनिक न होकर एक सच्चाई हैं।' आनुवंशिक अनुसंधानों में डी. एन.ए. शोध (DNA Researches) में भारतीय उपमहाद्वीप के लोगों के अधिकांशत: एमटीडीएनए हेपलोग्रुप्स (mtDNA Haplogroups) में एम, (M) आर (R) तथा यू (U) है, जहाँ यू के पूर्व वंशज आर पाए गए हैं। आनुवंशिक विज्ञान के विद्वान् स्टीफेन ओपनहीमर (Stephen Oppenheimer) का विश्वास है कि भारत ही यूरेशियन एमटीडीएनए हेपलोग्रुपस (Eurasian mtDNA) का मूल जनक है तथा मानव जाति के मध्य एशिया, मध्य-पूर्व तथा यूरोप में पाए गए डी.एन.ए. शोधों में उनका मूल आनुवंशिक स्रोत दक्षिण एशिया (भारतीय उपमहाद्वीप) से विगत 50,000-1,00,000 वर्षों में जनित हुआ है। स्पष्ट है कि आर्य कोई जाति नहीं थी, जो मध्य एशिया से भारतीय उपमहाद्वीप में आई हो, अपितु आर्य-आक्रमण की यह कथा (AIT) की थ्योरी का प्रतिपादन किया जाना समस्त विश्व को भारत की समृद्ध सांस्कृतिक, दार्शनिक व आध्यात्मिक धरोहरों से अनजान रख अपने निहित स्वार्थों के लिए, भारतीय शास्त्रों के तथ्यों से अनावश्यक छेड़-छाड़ कर, स्वयं को श्रेष्ठ साबित करने का एक कुचक्र है, जो लगभग 150 वर्ष पूर्व रचा गया था तथा जिसकी सत्यता नवीन शोधों के द्वारा धीरे-धीरे प्रकट हो रही है। कतिपय पश्चिमी जगत् के विद्वानों, इतिहासकारों तथा दार्शनिकों द्वारा गीता, वेदों, उपनिषदों को संस्कृत भाषा की अनूठी धरोहरों के रूप में स्वीकारा तो गया और उनके महत्त्व को भी स्वीकार किया गया, किंतु उन्होंने भारतीय पुरातन शास्त्रों को हेरा-फेरी तथा अनेकानेक युक्तियों से इस प्रकार प्रस्तुत करने का प्रयास किया कि जैसे भारतीय सिद्धांत चर्च एवं क्रिस्चेनियटी के सिद्धांतों से प्रभावित रहे हों। उन्हें भारतीय पुरातन शास्त्रों में मानव समाज की अत्यंत समृद्ध व परिष्कृत धरोहरें स्पष्ट दिखाई दीं, किंतु पश्चिम को भी अत्यंत परिष्कृत सिद्धांतों से युक्त दिखाने के लिए 'आर्य' सभ्यता व आर्य नस्ल को भारतीय पुरातत्त्व इतिहास में स्थापित कर उसके अपने साथ संबंध स्थापित करने के प्रयास किए गए, जबकि श्रीमद्‌भगवतगीता में भगवान् श्रीकृष्ण ने अर्जुन से कहा है, "अनार्यजुष्टम"(गीता 2.2) कि "अनार्य अर्थात् अज्ञानता को प्राप्त न

होओ, अपितु आर्य बनो।" स्पष्ट है कि आर्य तथा अनार्य मनुष्य की एक बौद्धिक स्थिति है, न कि कोई नस्ल, जो मध्य एशिया से चलकर भारत आई हो। आर्य एक संस्कृत शब्द है, जिसका अर्थ है ज्ञान व सत्य मार्ग पर दृढतापूर्वक आरूढ़ होना तथा जो उसके विपरीत आचरण करे वह अनार्य है। यदि आर्य व अनार्य कोई नस्ल या जाति होती तो गीता में इन शब्दों का प्रयोग उपरोक्त अर्थ में कभी नहीं किया गया होता। गीता तथा वेद-उपनिषदों का परिष्कृत ज्ञान-भंडार इतना अद्वितीय है कि क्रिस्टेनियटी को वे सनातन हिंदू संस्कृति के अनुसरणकर्ता के रूप में स्वीकार नहीं कर सकते थे। इसलिए उन्होंने वैदिक ज्ञान में इस प्रकार हेरा-फेरी व कलाबाजी की कि वे ये दिखा सकें कि वे 'वे अन्य से श्रेष्ठ' 'Holier than thou' हैं।' इसीलिए कई विद्वानों ने पूर्वग्रहों से ग्रस्त होकर यह सिद्ध करने का प्रयास किया कि विश्व की समस्त पुरातन संस्कृतियाँ क्रिस्टेनियटी का ही अंग थीं। पश्चिमी इंडोलॉजी का संपूर्ण साहित्य उक्त मानसिकता का जीता-जागता उदाहरण है। स्वयं को श्रेष्ठ व उत्कृष्ट परंपरा से संबद्ध दिखाने के लिए पश्चिमी विद्वानों ने पुरातन ग्रीक, रोमन, माया, इंका, एजटेक आदि सभ्यताओं के श्रेष्ठ जीवन-मूल्य सिद्धांतों व ज्ञान को अपनी सुविधा के अनुसार तोड़-मरोड़कर बौद्धिक कलाकारी के द्वारा; अपने से संबंधित दिखाने का प्रयास किया तथा यही उन्होंने गीता सहित अन्य पुरातन संस्कृत शास्त्रों के साथ भी किया। राजीव मल्होत्रा तथा अरविंदन नीलकंदन ने अपनी कृति ब्रेकिंग इंडिया-वेस्टर्न इन्टरवेन्शंस इन द्रविडियन ऐंड दलित फॉल्टलाइन्स, (Breaking India-Western Interventions in Dravidian and Dalit Faultlines) तथा रामास्वामी कृष्णनन ने अपनी कृति, 'इनवेडिंग द सेक्रेड' (Invading the Sacred) द्वारा तथ्यों के साथ यह स्पष्ट रूप से यह सिद्ध करने का प्रयास किया है कि किस प्रकार निहित स्वार्थवश पश्चिमी विद्वानों ने भारत के प्रति दुर्भावना से प्रेरित होकर; भारतीय इतिहास के साथ अत्यंत गंभीर प्रकृति की छेड़छाड़ की है। भारत में सेवारत इंग्लैंड की ईस्ट इंडिया कंपनी के तैनात एक अधिकारी लॉर्ड मैकाले (Lord Macaulay) ने 02 फरवरी, 1835 को ब्रिटिश संसद् में दिए संबोधन में यह स्पष्ट स्वीकार किया कि मैंने भारत के सभी भागों व क्षेत्रों का विस्तृत भ्रमण किया तथा मुझे कहीं भी कोई ऐसा व्यक्ति नहीं मिला, जो भीख माँगता हो। यहाँ के लोगों का उच्च नैतिक चरित्र, उच्च श्रेणी की मानसिक क्षमता व कार्यशैली को देखकर ऐसा लगता है कि हम इस देश को तब तक नहीं जीत सकते हैं, जब तक कि हम इसकी अत्यंत समृद्ध आध्यात्मिक तथा सांस्कृतिक धरोहरों को नष्ट न कर दें। इसलिए मैं इस सदन में प्रस्ताव रखता हूँ कि भारत की पुरानी शैक्षिक व्यवस्था बदल दी जाए तथा सांस्कृतिक धरोहरें भ्रष्ट कर दी जाएँ, जिससे भारतीय यह सोचें कि विदेशी संस्कृति व अंग्रेजी भाषा ही उत्तम व अच्छी है तथा उनकी अपनी भाषा तथा शिक्षा से अंग्रेजी सभ्यता महान् है। तभी वे अपने आत्मगौरव व संस्कृति

को छोड़ सकेंगे तथा तभी यह देश वास्तव में हमारे अधीन हो सकेगा।[R4] अंग्रेजों ने धीरे-धीरे इसी मानसिकता से कार्य करते हुए भारत के पुरातन गौरवशाली इतिहास को विश्व पटल पर धुँधला कर दिया। अंग्रेजों ने भारत के इतिहास व समृद्ध सांस्कृतिक परंपराओं को गलत ढंग से तोड़ा-मरोड़ा तथा कतिपय भारतीय विद्वानों व राजनीतिक व्यक्तियों के साथ मिल कर; षड्यंत्र कर; भारतीयों को दीन-हीन दिखाने का प्रयास किया। दुर्भाग्यवश 1947 में भारत की स्वतंत्रता के बाद भी; क्षुद्र राजनैतिक कारणों से; भारत के पुरातन समृद्ध संस्कृति, ज्ञान, विज्ञान व इतिहास को भारतीय आम मानस के समक्ष सच्चे अर्थों में प्रस्तुत नहीं किया गया।

अगर हम दुनिया का इतिहास देखें तो पाएँगे कि सभ्यता का निर्माण उन महान् ऋषिओं और वैज्ञानिकों के हाथों से हुआ है, जो स्वयं विचार करने का सामर्थ्य रखते हैं, जो देश और काल की सीमा में प्रवेश गहनता से करते हैं, उनके रहस्यों का पता लगाते हैं और इस तरह से प्राप्त ज्ञान का उपयोग लोककल्याण के लिए करते हैं। महान् ग्रीक विद्वान् अरस्तु ने अपने शिष्य अलेक्जेंडर से भारत में युद्ध के लिए 326 BC में जाते समय कहा था कि यदि संभव हो सके तो वह उसके लिए भारत से 'गीता' तथा गीता के तत्त्ववेत्ता विद्वान् किसी संन्यासी को साथ लेकर आए। सहस्त्रों वर्ष पूर्व से ही गीता की प्रसिद्धि समस्त विश्व में सूर्य के प्रकाश की तरह ही विद्यमान थी। कालांतर में विश्वपटल पर होते राजनैतिक एवं सांस्कृतिक परिवर्तनों के दौर में लोग अपने तक ही सीमित होते गए। सत्रहवीं शताब्दी में ईस्ट इंडिया कंपनी तथा फ्रेंच, डच एवं पुर्तगालियों के भारत आगमन से पूर्व संस्कृत एवं अन्य भारतीय भाषाएँ पश्चिमी जगत् में कौतूहल का विषय थीं। 17 वीं शताब्दी में मुगल बादशाह शाहजहाँ के पुत्र दारा शिकोह ने 1657 में गीता का पर्सियन भाषा में अनुवाद किया। 1658 में औरंगजेब ने शाहजहाँ को बंदी बना लिया तथा 1659 में दारा शिकोह को लाहौर में कैद कर उसे दिल्ली की सड़कों पर, लोहे की बेड़ियों में बाँधकर, घुमाया तथा मार डाला। दारा शिकोह के अनुवाद की एक प्रति एक फ्रेंच यात्री फ्रेंकोईस बरनियर

R4 : "I have travelled across the length and breadth of India and I have not seen one person who is a beggar, who is a thief. Such wealth, I have seen in this country, such high moral values, people of such caliber that I do not think we would ever conquer this country, unless we break the very backbone of this nation, which is her spiritual and cultural heritage and therefore, I propose that we replace her old and ancient education system, her culture, for the Indians think that all that is foreign and English is good and greater than their own. They will lose their self-esteem, their native culture and they will become what we want them, a truly dominated nation." [Lord Macaulay's address to the British Parliament on 02nd Feb 1935]

(Francois Bernier) द्वारा फ्रांस लाई गई, जिसका एक फ्रेंच विद्वान् ने लेटिन में लगभग एक सौ वर्ष बाद अनुवाद किया। दारा शिकोह के गीता के इस पर्सियन अनुवाद में अब्राहम एच. एनक्विटल ड्रयूपेरॉन (A braham Hyacinthe Anquetil Duperron, 1731-1805), जो Zend-Avesta नाम की प्रसिद्ध पर्सियन कृति के अनुवादक थे, ने रुचि दिखाई तथा उसे पर्सियन से लेटिन भाषा में अनुवादित किया जो 'Oupnekhat' नाम से 1801-02CE में प्रकाशित हुई तथा प्रसिद्ध जर्मन विद्वान् शोपेनहावर (Schopenhauer, 1788-1860) के ध्यानाकर्षण का बिंदु बनी। इन अनुवादों में संस्कृत भाषा के कई शब्द ज्यों-के-त्यों लिखे गए थे। शोपेनहावर ने छांदोग्योपोनिषद् व गीता को अपनी कृति (The World as Will and Representation) में मुख्य आधार बनाया। उसने लिखा, "गीता व उपनिषद् मानव जाति के उत्कृष्ट कोटि के ज्ञान हैं, जो साधारण मानव की विचार-शक्ति के परे हैं। इनका अध्ययन मेरी आत्मा को अत्यधिक आनंदित व प्रेरित करनेवाला और आत्मा व हृदय को पवित्रता से पूरित करनेवाला है। संपूर्ण विश्व में इससे अधिक हितकर अध्ययन किसी का नहीं है, जिसने मुझे जीवन की शांति को प्राप्त करा दिया है तथा मेरी मृत्यु को भी अनंत शांति प्रदान करेगा।"[R5] शोपेनहावर चर्च व ईसाई संप्रदाय की इस मानसिकता को भलीभाँति जानते थे कि वे भारतीय अध्यात्म दर्शन को कभी भी अपने धर्म का मूलाधार नहीं मानेंगे। इसलिए उन्होंने कहा कि "मानव जाति का आदि ज्ञान गेलिली (Galilee) की घटनाओं से क्षीण नहीं हो जाएगा। इसके विपरीत, भारतीय ज्ञान की प्रभा यूरोप को झकझोर देगी तथा हमारे चिंतन की धारा को परिवर्तित कर उसे जानने व सीखने के लिए बाध्य कर देगी, क्योंकि इसकी सार्वभौमिकता तथा व्यवहारिकता किसी भी आधुनिक धर्म संप्रदाय या पंथ के लिए प्रासंगिक है।"[R6] भाषाविद् सर विलियम जोन्स (Sir William Jones) ने अनुसंधानों में संस्कृत भाषा

R5 : "The Upanishads are the production of the higher human wisdom and I consider them almost super human in conception. The study of the Upanishads has been a source of great inspiration and means of comfort to my soul. From every sentence of the Upanishads deep, original and sublime thoughts arise, and the whole is pervaded by a higher and holy and earnest spirit. In the whole world here is no study so beneficial and so elevating as that of the Upanishads. The Upanishads have been the solace of my life and will be the solace of my death" [Schopenhauer in his book, "The World as Will and Representation]

R6 : "The primitive wisdom of the human race will never be pushed aside by the events of Galilee. On the contrary, Indian wisdom will never by pushed upon Europe, and produce a thorough change in our knowing and thinking." (Schopenhauer)

में ही ग्रीक, लेटिन तथा उनके पुरातन रूप गोथिक तथा सेल्टिक का उद्भव माना है। पुरातन पर्सियन भाषा का भी उद्भव उन्होंने संस्कृत को ही माना। विलियम जोन्स ने 'एशियाटिक सोसाइटी' की 1784 में स्थापना की, किंतु दुर्भाग्यवश 47 वर्ष की आयु में ही कलकत्ता में उनकी मृत्यु हो गई। इस सोसाइटी के एक अन्य सदस्य सर चार्ल्स विलकिन्स (1785)(Charles Wilkins) ने गीता का अंग्रेजी अनुवाद कर यूरोप में 'भगवत्गीता' सुलभ करा दी। अमेरिका में राल्फ एमर्सन (1802-1823) (Ralph Emerson) ने सर विलिकिन्स की अनुवादित 'गीता' के आधार पर Celestial Love, Woodnotes, तथा Brahma आदि कविताएँ लिखीं, जिनमें उसने आत्मा-परमात्मा के दिव्य संबंध को स्वीकार करते हुए कहा कि आत्मा का जन्म नहीं होता, यह मरती नहीं तथा इसकी पुन: उत्पत्ति नहीं होती। उसने कहा कि आत्मा तो अजन्मी तथा अनंत है, जिसे मारा नहीं जा सकता। राल्फ वोल्डो एमर्सन ने कहा, "मैं एक अद्भुत दिन के लिए श्रीमद्भागवत गीता का ऋणी हूँ। यह सब पुस्तकों में प्रथम पुस्तक है। यह ऐसी है जैसे कोई साम्राज्य हमसे बात कर रहा है। यह कोई क्षुद्र या व्यर्थ वस्तु नहीं है, बल्कि विशाल विहंगम, सतत रूप से पुरातन विद्वता की एक ऐसी आवाज है, जो दूसरे युग तथा वातावरण में झाँकती है। यह उन समस्त प्रश्नों का समाधन देती है, जो हमें सदैव उलझाए रहते हैं।"[R7] हेनरी डेविड थोरूऊ (Henry David Thoreau, 1817-1862) ने वेदों को ज्ञान का सर्वोत्तम साधन स्वीकारते हुए, वेदों के अमृतसार से स्वयं के अत्यंत उच्चतम व पवित्र स्थिति को प्राप्त होना बताया। वाल्ट विटमैन (Walt Whitman; 1819-1892), जॉन एड्म्स (John Adams), बेन्जामिन फ्रैंकलिन (Benjamin Franklin) ने गीता से प्रभावित हो पुनर्जन्म के सिद्धांत को स्वीकार किया। पॉल गोगैं (Paul Gauguin) ने पाइथागोरस को भारतीय गणित से प्रेरित बताया। रिचर्ड बाक (Richard Bach) ने अपने उपन्यास 'Jonathan Livingston Seagull' में कर्म तथा पुनर्जन्म का सिद्धांत स्वीकार किया। नोबेल पुरस्कार विजेता आइसेक बेषेविस (Issac Bashevis) ने अपनी कहानियों में आत्मा की शाश्वतता वर्णित की। सन 1945 में स्वामी प्रभानंद तथा क्रिस्टोफर आईशरवुड (Christopher Isherwood) की लिखी 'गीता' की दस लाख से अधिक प्रतियाँ धड़ाधड़ बिक गईं। इसके प्राक्कथन में एल्डस हक्सले(Aldous Huxley) ने स्पष्ट

R7 : "I owed a magnificent day to the Bhagvad Gita. It was the first of books; it was as if an Empire spoke to us, nothing small or unworthy, but large, serene, consistent, the voice of an old intelligence which in another age and climate had pondered and thus disposed of the same questions that exercise us" (Ralph Waldo Emerson (1803-1882) Journals, RWE, VII.241-42 and VII.511)

संदेश दिया कि गीता विश्व साहित्य में स्पष्ट बोधता में सर्वोत्तम आदिकाल से प्रचलित वह दर्शन ज्ञान है, जो अभी तक मानव संस्कृति ने सँजोया है, जो मात्र भारतीय ही नहीं, अपितु संपूर्ण मानव जाति की धरोहर है।[R8] जर्मन दार्शनिक फ्रेडरिक शेलिंग (Friedrich Schelling, 1775-1854) के ऊपर भी गीता तथा उपनिषदों का गहरा प्रभाव रहा। फ्रेडरिक ने शोपेनहावर से भी बढ़कर उपनिषदों के सार तत्त्व का वर्णन किया तथा उसके शिष्य मैक्स मुलर ने उपनिषदों का अनुवाद किया। मुलर संस्कृत भाषा का अध्ययन करने इंग्लैंड गया तथा ईस्ट इंडिया कंपनी के अधिकार में आई संस्कृत पुस्तकों तक पहुँचकर उन्हें समझा तथा ऑक्सफोर्ड में कार्यरत रह कर, इस क्षेत्र में गहराई से कार्य किया तथा यूरोप में भारतीय संस्कृति व दर्शन का प्रसिद्ध वेत्ता बन बैठा। मैक्स मुलर ने जब उपनिषदों का अनुवाद किया तो प्लूटो के लेखों में गीता तथा उपनिषदों का प्रभाव स्पष्ट रूप से परिलक्षित होने से वह भी आश्चर्यचकित रह गया। प्लूटो के पूर्वज सुकरात (Socrates 469-399 BC) के विचारों में भी गीता व उपनिषदों की गहरी छाप थी। उस समय एक घटना अत्यंत प्रसिद्ध थी कि सुकरात ने एथेंस की गलियों में घूमते हुए एक भारतीय साधु से दिव्य परमतत्त्व (Absolute) तथा जीव (The Human) के संबंध के विषय में ज्ञान प्राप्त किया था। तत्कालिक ग्रीक विद्वानों ने पुनर्जन्म सिद्धांत को स्वीकार किया था, जो भारतीय अध्यात्म दर्शन से प्रेरित था। इ.जे. उर्विक (E.J.Urwick) ने प्लूटो की महान् कृति 'रिपब्लिक'(Republic) की अपनी व्याख्या में सुकरात-प्लूटो के दर्शन तथा पुरातन भारतीय अध्यात्म के सिद्धांतों की अंतर-संबंधता पर स्पष्ट विवेचन प्रस्तुत किया है। मुलर के वारिस पॉलड्यूसन (Paul Deussen 1854-1919) ने कहा कि वेदांत तथा उपनिषदों तथा शंकरभाष्य की टीकाएँ प्लूटो तथा कांट के ज्ञान-दर्शन से तुलना में श्रेष्ठ हैं।[R9] ब्रिटिशर्स द्वारा स्थापित एशियाटिक सोसाइटी (Asiatic Society) तथा वॉरेन हेस्टिग्ंस ने उन्नीसवीं शताब्दी में भारतीय उपनिषदों, गीता आदि पर बृहद् स्तर पर कार्य किया। पाइथागोरस (580/572-500/480 BC) आदि शताब्दियों पहले से भारतीय वेद-वेदांत, गीता, उपनिषदों आदि के संपर्क में थे, लेकिन प्लूटो (429-347 BC) के लेखों में पहली बार गीता तथा उपनिषदों का प्रभाव स्पष्ट रूप से उभरा। सर चार्ल्स इलियट (Sir Charles Elliott) ने इसी क्रम में इसको विश्व के उन इतिहासकारों की असफलता बताया, जिन्होंने भारत के दर्शन व अध्यात्म ज्ञान के

R8 : The Gita is one of the clearest and most comprehensive summaries of the perennial philosophy ever to have been made. Hence its enduring value, not only for Indians but for all mankind" (Aldous Huxley).

R9 : "On the tree of wisdom there is no fairer flower than Upanishads and no finer fruit than the Vedanta philosophy." (Paul Deussen 1854-1919)

पुरातन काल से चले आ रहे महत्त्व का सम्यक् मूल्यांकन नहीं किया। "उन यूरोपियन इतिहासकारों ने गत दो शताब्दियों के अपने आक्रमण अभियानों से प्राप्त लूटों को तो शानदार बताया, किंतु भारत की समृद्धि तथा बौद्धिक संपदा की अतुल्यता को नहीं सराहा।" मैक्स मुलर ने लिखा कि वैदिक धर्म के विकास को बाह्य प्रभावों से अक्षुण्ण माना, जिसे कई शताब्दियों तक अन्य धर्म सप्रंदायों में नहीं पाया गया। प्राचीन भारत; विशेषकर वैदिक भारत; में हमने पाया कि एक पौधा अपने देश की मिट्टी में उगा, वहीं के वातावरण में पला[R10] (India : What Can it Teach Us?, Page 134-5)। अमेरिकन प्रोफेसर जे.बी. प्रैट (J.B. Pratt) ने वैदिक आचरण को स्वयं ऊर्जा प्राप्त कर अपने आपको सतत नवीन बनाता हुआ माना (Why Religions Die, 1932, Pg. 17-18)। जर्मन दर्शनविद् फ्रेडरिच वॉन श्लीगो (Friedrich von Schlegel 1772-1929) अपनी कृति 'Superiority of Hindu Philosophy' में लिखते हैं कि यूरोप के विद्वानों का ऊँचा-से-ऊँचा दर्शन, नीति, आदर्श या तर्क; जैसा की ग्रीक दार्शनिकों ने बताया है; भारतीय दर्शन, नीति, साहित्य व तर्क-मीमांसा के समक्ष ऐसा है जैसे कि दोपहर के चमचमाते सूर्य के दिव्य प्रकाश की चकाचौंध में दीये का प्रकाश।[R11] ब्रिटिश इतिहासकार टोएनबी (Arnold Toynbee) ने लिखा कि आज भी हम विश्व इतिहास के परिवर्तन के दौर से गुजर रहे हैं, लेकिन शुरुआत से ही प्रतीत हो रहा है कि पश्चिम की शुरुआत का भारत में पटाक्षेप होगा। यदि यह अंत नहीं है तो मानव जाति का स्वयं विनाश हो जाएगा। वर्तमान में पश्चिमी तकनीकी से भौतिक सोपान पर विश्व एक हो गया है, लेकिन पश्चिमी तकनीकी ने दूरियाँ समाप्त कर दी हैं तथा लोगों को विनाशकारी हथियारों से सुसज्जित कर उन्हें एक-दूसरे के बहुत समीप लाकर खड़ा कर दिया है जबकि वे एक-दूसरे को भलीभाँति समझ भी नहीं सके हैं। यह मानव इतिहास का अत्यंत भयानक पल है, जिसमें मानव जाति के उद्धार के लिए भारतीय जीवन मूल्य को अपनाना ही एक मात्र उपाय है, क्योंकि उसी सोच एवं भावना पर चलने से मानव जाति के लिए एक परिवार के रूप में रहना संभव है।

R10 : "The Vedic religion was the only one of the development of which took place, without only extraneous influences, and could be watched through a longer series of centuries than any other religion. In India alone and more particularly in Vedic India, we see a plant entirely grown on native soil, and entirely nurtured by native air." (Maxmuller India What Can it Teach Us?, Page no. 134-5)

R11 : "Even the loftiest philosophy of the Europeans, the idealism of reason, as it is set forth by Greek Philosophers, appears, in comparison with the abundant light and vigor of oriental idealism, like a feeble Promethean spark in the full flood of heavenly glory of noonday sun" (Schlegel on his work on Indian Language, Literature and Philosophy)

इस परमाणु युग में विनाश से बचने का यही विकल्प है।[R12] (Toynbee, 30 Aug, 1969 on Shri Ramkrishna and his Unique Message)। इसीलिए विश्व में लगातार हो रहे पुरातत्त्व अनुसंधानों में पाए जा रहे नए तथ्यों व खोजों के आधार पर विश्व के इतिहास को पुनः लिखने तथा विश्लेषित करने की माँग हो रही है, क्योंकि हाल ही में लगभग 30,000 वर्ष पुराने पिरामिड मिलने से स्पष्ट हो गया है कि गिजा (इजिप्ट) के 'गेट पिरामिड' सबसे बड़े तथा सबसे पुराने पिरामिड नहीं हैं। अफ्रीका के दक्षिणी हिस्सों में भी 2 लाख वर्ष पुरानी बसावटों तथा सोने की खानों का जोहानसबर्ग (Johannesburg) तथा विटवाटरसरैंड (Witwatersrand) के आसपास पता लगा है। विश्व की समस्त जाति-संप्रदायों के मनीषीगण व पुरातत्त्ववेत्ता मानव जाति का पुरातत्त्व इतिहास खोजने में लगे हैं तथा उन्हें पुरातन मान्यताओं के सच को जानने के लिए प्रमाणिक स्थूल साक्ष्य चाहिए। प्रकृति के पचंतत्त्वों से बनी, यह दृष्टिगोचर होनेवाली, सृष्टि मूलतः नश्वर है। इसीलिए आधुनिक युग के मनीषीगणों की खोजों में वे विगत 4-5 हजार वर्षों से परे अतीत में नहीं झाँक पाते। ऐसे में भारत-श्रीलंका के मध्य मिले 'रामसेतु' की उपग्रहजनित तसवीरें तथा उसके तथ्य उन्हें चौंका डालते हैं कि क्या 17 लाख वर्ष पूर्व मानव निर्मित सेतु भी सागर की लहरों के प्रबल वेग में इतनी लंबी अवधि के लिए टिक सकता है? क्या द्वारिका की 10,000 से 12,000 वर्ष से अधिक पुरानी बसावट के अवशेष समुद्र से मिल सकते हैं? दस राजाओं के युद्ध से संबंधित पेंटिंग व उसके पुरातत्त्व अवशेषों के भौतिक साक्ष्य वस्तुतः रामायण काल से भी पुरातन होने के कारण भारतीय सभ्यता व संस्कृति की प्राचीनता को स्वतः प्रमाणित करते हैं। पुरातन सभ्यताओं तथा उनकी प्राचीनता का विषय अत्यंत विशद व विशाल है। हाल ही में ऑस्ट्रेलियन नेशनल यूनिवर्सिटी के शोधकर्ता वैज्ञानिकों की टीम ने पृथ्वी पर प्राणियों के उद्भव की प्रक्रिया के संबंध में गहन शोध कार्य किए, जिनमें इस

R12: Today we are still living in this transitional chapter of the world history, but already becoming clear that a chapter which had a Western beginning will have to have an Indian ending if us not to end in the self-destruction of the human race. In the present age, the world has united on the material plane by Western technology. But this Western skill has not only annihilated distance, it has armed the people of the world with the weapons of devastating power at the time when they have been brought to point-blank range of each other without yet having learnt to know and love each other. At this, supremely dangerous moment in human history, the only way of salvation for mankind is an Indian way. Here we have the attitude and spirit that can make it possible for human race to grow together into a single family, and in the Atomic age, this is the only alternative of destroying themselves (Toynbee , Aug 30,1969, on 'Ramakrishna and his unique message').

यूनिवर्सिटी के सहायक प्रोफेसर जोषेन जे. ब्रोक्स (Jochen J. Brocks) ने प्राचीन अवसादी चट्टानों को पीस कर पाउडर बनाया तथा प्राचीन जीवाणुओं के अणुओं को निकालकर विश्लेषण किया तो यह पता चला कि प्राणियों कि पैदाइश की प्रक्रिया लगभग 65 करोड़ साल पहले शुरू हुई थी। महाभारत युग के समय काल को लेकर विद्वानों में काफी मतभेद रहे हैं तथा अधिकांश विशेषज्ञ मानते हैं कि गीता 3102 BC में युद्ध से पहले कही गई अर्थात् बुद्ध से 2500 वर्ष पहले तथा जीसस से 3000 वर्ष पहले। यह क्रोनोलोगी पुलकेसिन-II के द्वारा एहोल (Aihole) में लिखवाए गए शिलापट-स्तंभ के आधार पर निर्धारित की गई है, जो खगोलीय पद्धति में नक्षत्रों की स्थिति को दरशाता है, जिसमें 25,920 वर्ष पूर्व शुरू हुए Astronomical Year को आधार माना गया है तथा जिसे 'Precession of the Eqninoxes' के नाम से जाना जाता है, किंतु श्रीकृष्ण द्वारा बसाई गई द्वारिका के समीपस्थ समुद्र में मिले अवशेष पुरातत्त्व वेत्ताओं के अनुसार 10,000 से 12,000 वर्ष पुराने हैं। स्पष्ट है कि खगोलीय पद्धति के अनुसार गीता को मात्र 3102 BC के लगभग का मानना पर्याप्त नहीं है, क्योंकि 120 वर्ष में होरोस्कोप के सभी ग्रह अपना एक चक्र पूरा कर लेते हैं तथा 360 वर्ष में खगोलीय तथ्यों के अनुसार नक्षत्रों की स्थिति की पुनरावृत्ति होती रहती है। इसलिए खगोलीय घटनाओं को आधार मान कर कालखंड का निर्णय करना उचित प्रतीत नहीं होता। रामेश्वरम में शिवलिंग की स्थापना तथा पॉक स्ट्रेट में बने रामसेतु का अस्तित्व महज एक संयोग नहीं है, अपितु ये मानवजाति के लिए भगवान् श्रीराम के द्वारा जान-बूझकर छोड़े गए कुछ ऐसे स्थूल एवं भौतिक साक्ष्य हैं, जिनसे भौतिकशास्त्री व इतिहासकार श्रीराम की ऐतिहासिकता को मात्र कल्पना या कहानी या मिथक बताकर हवा में न उड़ा दें तथा सूर्यसंहिता आदि पुरातन ग्रंथों में वर्णित चतुर्युग गणना को गंभीरता से लेकर ही सृष्टि की कालगणना करें। ब्रिटिश अर्थशास्त्री एंगस मेडिसन (Angus Maddison) ने प्रथम AD से 2003 AD तक विश्व के सकल घरेलू उत्पादों (GDP) का सर्वे किया तो पाया कि संपूर्ण विश्व में भारत की जीडीपी प्रथम ए.डी. से 1500AD तक प्रथम स्थान पर रही तथा 1500 AD के उपरांत चीन नंबर एक पर तथा भारत नंबर दो पर रहा था। 1800 AD तक भारत तथा चीन विश्व के सबसे बड़े सकल उत्पादक आय में सर्वोच्च रहे तथा यूरोप तथा अमेरिका; औद्योगिक क्रांति एवं उपनिवेशवाद के द्वारा एशिया-अफ्रीका-दक्षिण अमेरिका में किए गए आर्थिक दोहन के बाद; आर्थिक रूप से समृद्ध हुए। उल्लेखनीय है कि 1500 शताब्दी तक भारत आर्थिक रूप से विश्व में उत्कृष्ट रहा, किंतु 1526 में मुगलों के भारत पर आक्रमण के पश्चात् वह चीन के बाद दूसरे स्थान पर आ गया तथा 17 वीं-18वीं शताब्दी में यूरोपीय आक्रमणों तथा ब्रिटिश उपनिवेश बनने के बाद भारत की आर्थिक स्थिति और कमजोर

हो गई। स्पष्ट है कि मुगलों तथा ब्रिटिश आक्रांताओं के द्वारा भारत के सामाजिक, आध्यात्मिक व आर्थिक स्वरूप को छिन्न-भिन्न करने के कारण ही विगत कुछ शताब्दियों में भारत विश्व के आर्थिक, वैज्ञानिक एवं तकनीकी प्रगति के मानचित्र में पिछड़ गया तथा 17वीं-18वीं शताब्दी की औद्योगिक क्रांति के अनुरूप विदेशी आक्रांताओं के अधीन रहने के कारण समुचित तकनीकी विकास के क्षेत्र में प्रगति नहीं कर पाया। दर्शनशास्त्री एवं शोधकर्ता एडवर्ड पोकोके ने अपनी पुस्तक 'इंडिया इन ग्रीस' (Edward Pococke 'India in Greece or, Truth in Mythology, Page 251) में लिखा है कि सर विलियम जोन्स ने निष्कर्ष निकाला था कि पुरातन पर्सियानों, इथोपियिनो और मिस्त्रवादियों, फाइनिसियनों, ग्रीकों, टस्कनवासियों, स्काईथियन समुदाय या गोथों तथा सेल्टवासियों या चीनियों, जापानियों तथा पेरूवासियों से भी कहीं अधिक पुरातन हिंदुओं की सभ्यता व संस्कृति रही है। पोकोके ने शोधों के उपरांत यह अभिमत दिया कि आज संपूर्ण ग्रीक समाज, चाहे सिविल हो या सैन्य, सभी मूल रूप से एशियाई तथा विशिष्ट रूप से भारतीय मूल का ही है। मैं साक्ष्यों के साथ दरशा सकता हूँ कि भारतीय मूल्य, संस्कृति, सभ्यता व भाषा का ग्रीक क्षेत्रों में उपनिवेशिक प्रभुत्व रहा तथा जो राजकुल भारत या पश्चिम भारत में कालांतर में विलुप्त हो गए, उनकी उपस्थिति पुनः ग्रीस में पाई गई, जहाँ उन्हीं राजकुलों ने ट्रॉय के मैदानों में युद्ध लड़े। चूँकि ग्रीस को समस्त यूरोपीय संस्कृति का मूल उद्‌भव माना जाता है तथा ग्रीस की संस्कृति मूलतः भारतीय संस्कृति को ही परिलक्षित करती है, इसलिए हम निश्चित रूप से कह सकते हैं कि यूरोप की ईसा-पूर्व-कालीन संस्कृति पूर्णतः वैदिक ही थी। एडवर्ड पोकोके के शोधों के निष्कर्षों की पुष्टि विल डूरन्ट ने भी की, जिन्होंने मानव सभ्यता के विकास पर अपनी पत्नी एरियल (Ariel) के साथ स्टोरी ऑफ सिविलाईजेशन के ग्यारह खंड लिखे। (11-Volumes of 'The Story of Civilization': Will Durant) विल डूरन्ट ने लिखा कि भारत मानव जाति का मातृ स्थान है तथा संस्कृत भाषा समस्त यूरोपीय भाषाओं की जननी है। भारत ही हमारे दर्शनविज्ञान, गणित, वैचारिकी, स्वराज्य, गणतंत्र आदि मूल्य जो क्रिश्चियनिटी में गुँथे हुए हैं, उनका जनक है। वास्तव में भारतीयता ही मूलतः हम सभी की सभी प्रकार से जननी व उद्‌भव का मूल हैं। इसी को पी.एन. ओक ने अपनी पुस्तक वर्ल्ड वैदिक हैरिटेज (P.N. Oak's Book -World Vedic Heritage) में दिखाया। अपने विस्तृत शोधों के आधार ओक ने यह स्पष्ट किया कि आज हमें जो भारतीय इतिहास दिखाई देता वह वास्तविक भारतीय नहीं है, अपितु भारत में आए विदेशी आक्रांताओं तथा उपनिवेशवादियों द्वारा अपने स्वार्थ सिद्ध करने के लिए प्रस्तुत किया हुआ पक्षपात पूर्ण और विकृत इतिहास है। श्री ओक ने कहा कि ईसाई धर्म मूलतः एक वैदिक धर्म था, जो भगवान् श्रीकृष्ण को मानता था

और उसका असली नाम ChrisnNity या Krishna-Neety था, जिसका अर्थ है कृष्ण द्वारा प्रदर्शित मार्ग या कृष्ण न्याय। उनके अनुसार जीसस 13-30 वर्ष की आयु में साधुओं से कृष्ण-नीति या गीता का ज्ञान अर्जन करने भारत आए थे। श्री ओक ने ये साक्ष्य भी दिए हैं कि ईसाई-धर्म से पहले वैदिक देवताओं जैसे विष्णु, शिव, राम, कृष्ण और हनुमान के मंदिर हर धर्म में बहुतायत में पाए जाते थे। प्राचीन लेखकों जैसे मेगस्थनीज, स्ट्रेबों और हैरोडोरस की कृतियों में भी इसके पर्याप्त साक्ष्य मिलते हैं। इन लेखकों के नाम भी वैदिक-मूल के हैं। मेगास्थनीज (मेगा+स्थन+ईश-Mega+stha+ees) अर्थात् बादलों के क्षेत्र का ईश्वर और हेरोडोरस (हरि+दूतस-Hari+dootus) का अर्थ है, ईश्वर या हरि का दूत।

इस विश्लेषण से यह अवश्य सत्य प्रतीत होगा कि भारतीय उपमहाद्वीप में सभ्यता का विकास-काल लाखों वर्ष पुराना है तथा रामायणकालीन, 'दसराज्ञ युद्ध' तथा महाभारतकालीन स्थलों का अस्तित्व आज भी भारतीय उपमहाद्वीप के संबंधित क्षेत्रों में विद्यमान है। चाहे वे पुरातत्त्व के साक्ष्य हों, या संस्कृत भाषा की पुरातन उत्कृष्टता के साक्ष्य हों, चाहे DNA के शोध हों, चाहे विश्व की आर्थिक विकास की GDP का सर्वे हो, चाहे अध्यात्म या सांस्कृतिक विरासत के साक्ष्य हों, उन सभी पुष्ट भौतिक साक्ष्यों का अध्ययन इस स्वयमेव स्थापित सच को झूठ से वैसे ही पृथक् कर देता है जैसे हंस नीर को क्षीर से पृथक् कर देता है तथा साक्षात् रूप में सत्य प्रकट हो जाता है। विश्व के कतिपय पूर्वाग्रहों से ग्रसित इतिहासकारों तथा साहित्यकारों को ये पुष्ट भौतिक साक्ष्य विस्मय में डालते रहे हैं। इसी से यह कहना सुसंगत होगा कि विश्व की समस्त पुरातन सभ्यताओं पर गीता के दर्शन तथा भारतीय भाषा-संस्कृति की गहरी छाप रही है। न तो गीता में धर्म का कोई नाम दिया गया है, न ही वेदों-उपनिषदों में। इन अमूल्य कृतियों में तो धर्म को मानवता के कल्याण, सब जीवों के लिए समभाव से उनके उत्थान के लिए निष्काम भाव से परिस्थितिजन्य औचित्य के अनुसार किए गए कर्म का निर्वहन बताया गया है, जो किसी को क्षति न पहुँचाए, अपितु उसके हितों को प्रोत्साहित करे। नि:स्वार्थ, निष्काम भाव से 'सर्वजन हिताय सर्वजन सुखाय' व 'वसुधैव कुटुंबकम्' के आदर्श को मानते हुए अपने कर्म को परमात्मा के प्रति अनन्य श्रद्धा भाव से समर्पण करना, यही मानव जाति का स्वाभाविक धर्म है। इसीलिए इसे 'सनातन धर्म' कहा गया है। सहस्त्रों वर्षों से; जैसा कि ऊपर किए गए विवेचन से स्वत: स्पष्ट है; भारत भूमंडल के समस्त भागों में अपने इस पुरातन धर्म, संस्कृति व दर्शन के साथ विश्व मानस पटल पर अपनी गहरी छाप के साथ विश्व गुरु के अपने दायित्व का निर्वहन करता रहा है। गीता के अमृत-दर्शन को ही सृष्टि के प्रारंभ में परमपिता परमात्मा ने 'इमं विवस्वते योग' (गीता 4.1)—कहते हुए विवस्वत सूर्य से

कहा कि सूर्य ने मनु तथा मनु ने इक्ष्वाकु से कहा, जो कालांतर में श्रुति-स्मृति परंपरा के रूप में वेद-उपनिषदों-सूत्रों द्वारा प्रवाहित होता रहा तथा जिसमें कुछ समय के साथ-कतिपय विकार व रूढ़ियाँ आ जाने के कारण पुनः भगवान् श्रीकृष्ण ने 'भगवत्गीता' के रूप में अर्जुन को कहा। द्वापर युग के अंतिम चरण में लगभग 5000 वर्ष पहले जब 'गीता' कही गई, उस समय वर्तमान काल के कथित धर्म-संप्रदाय-मजहब आस्तित्व में नहीं थे। गीता का धर्म तो सहज, स्वाभाविक व सनातन है। गीता ने तो यही स्पष्ट किया है कि ईश्वर एक है तथा सभी प्राणी उस ईश्वर का ही सनातन अंश हैं (गीता 15.7), तो फिर परस्पर यह भेदभाव व मतभेद कैसा? गीता भारत की अमर अक्षुण्ण शाश्वत सनातन परंपरा का अमूल्य अमृत बीज है, जिसको हृदय में रोप कर ही न केवल मानव का, अपितु संपूर्ण मानवता का कल्याण संभव है।

गीता : परमगुह्य ब्रह्मविद्या

साधारणतया मनुष्य का ज्ञान स्थायी (Static) नहीं होता, अपितु वह उत्तरोत्तर बढ़ता ही रहता है, किंतु उसकी पराकाष्ठा तब होती है, जब उसको अन्य कुछ जानना शेष नहीं रहता। किंतु यदि इस ज्ञान का प्रयोग समय, परिस्थिति व आवश्यकता के अनुरूप नहीं किया जाए या किसी अनधिकारी द्वारा इसका दुरुपयोग किया गया तो इससे बड़ा अनर्थ भी हो सकता है। इसी से ऐसे ज्ञान को गुह्य एवं गोपनीय बताया गया है। भगवान् श्रीकृष्ण ने इस विद्या को 'परम गुह्य', ब्रह्मविद्या, 'राज विद्या', 'राजगुह्य' की श्रेणी से सम्मानित करते हुए इसे अनाधिकारी या जो उनमें द्वेष रखते हैं, उनको इस गोपनीय ज्ञान को न देने के लिए कहा, क्योंकि गीता में प्रतिपादित ज्ञान से जिस वस्तु का साक्षात्कार होता है, वही परमार्थ है, वही वास्तविक परम सत्ता है तथा उसका ज्ञान ही असाधारण कोटि में गिना जा सकता है। यह ब्रह्म विद्या कितनी विलक्षण वस्तु है, इसका आभास छांदोग्य उपनिषद् की एक कथा वृत्तांत से समझा जा सकता है। महर्षि हरिद्रुम के पुत्र गौतम के गुरुकुल में देश के कोने-कोने से सैकड़ों विद्यार्थी शिक्षा ग्रहण करने आते थे। तत्समय शिक्षा निशुल्क थी। स्थानीय राजा या गृहस्थ लोग गुरुकुल में अन्न-वस्त्र की सहायता करते थे। एक दिन गौतम ऋषि के आश्रम में एक दस-बारह वर्ष का ओजस्वी बालक आया तथा उनके समीप जा साँष्टांग प्रणाम कर बोला, "गुरुदेव! मैं आपके गुरुकुल में विद्या ग्रहण करने आया हूँ। मेरी माँ ने मुझे आपके पास भेजा है, परंतु मेरा अभी तक यज्ञोपवीत संस्कार नहीं हुआ है। मैं आपकी शरण में हूँ। मुझे स्वीकार कीजिए।" विनम्र, भोले-भाले, किंतु तेजस्वी बालक के ओज भरे स्वर सुनकर, अपने अन्य विद्यार्थियों की ओर देखने के पश्चात् ऋषि गौतम ने मृदु स्वर में पूछा, "वत्स! बहुत अच्छा किया, जो यहाँ विद्या सीखने के लिए आए! तुम्हारे पिता नहीं हैं क्या? मैं तुम्हें

अवश्य विद्या सिखाऊँगा।' बालक विनम्र स्वर में बोला, "गुरुदेव! मैंने अपने पिताजी को नहीं देखा है और न ही मैं उनका नाम जानता हूँ।" उस बालक का उत्तर सुनकर अन्य शिष्यगण आपस में कानाफूसी व व्यंग्य करने लगे। कुछ ने ऋषि गौतम से आपत्ति भी की। ऋषि गौतम शिष्यों से बोले, "जिस छात्र का कोई पिता नहीं होता है, उसका गुरु ही उसका पिता होता है। मुझे ही इसका यज्ञोपवीत कराना चाहिए। जो बालक ऐसे हैं, जिनके पिता नहीं है, उन्हें भी मैं सहर्ष अपने आश्रम में लेने को तैयार हूँ। तुम उन्हें ला सकते हो।" फिर ऋषि गौतम उस बालक की ओर दया भाव से देखते हुए बोले, "बेटा! अब तुम जाओ और अपनी माँ से पिताजी का नाम तथा अपना गोत्र पूछकर शीघ्र आ जाओ। तुम्हारे उपनयन-संस्कार में तुम्हारे पिता के नाम व गोत्र की आवश्यकता पड़ेगी। इसीलिए तुम्हें यह कष्ट दे रहा हूँ।" तेजस्वी बालक गुरुदेव के चरणों में प्रणाम कर चला गया। दूसरे दिन ही प्रात:काल शिष्य मंडली के शिक्षण हेतु बैठे गौतम के पास आकर चरण स्पर्श कर उस बालक ने गौतम को बताया, "गुरुदेव! माता से पूछकर आया हूँ। माँ ने कहा है कि मेरे पिता का नाम उन्हें भी नहीं पता, वे अपनी युवावस्था में अनेक साधु-संतों की सेवा में लगी रहती थीं। उन्हीं दिनों उन्हें गर्भ भी रह गया। यदि माता के नाम-गोत्र से यज्ञोपवीत संस्कार हो सकता है तो उनका नाम बता दूँ। अब आपकी जो आज्ञा हो।" गौतम ने कहा, "वत्स! तुम्हारे जैसे सत्यनिष्ठ और निर्भीक बालक की भूरि-भूरि प्रशंसा करनी चाहिए।" फिर बालक को बैठने का इशारा करते हुए गौतम बोले, "बेटा, मैं तुम्हारा नाम सत्यकाम रखता हूँ। मैं तुम्हें शिष्य-रूप में अंगीकार कर सारी विद्याएँ सिखाऊँगा।" यज्ञोपवीत संस्कार हेतु तत्काल सब सामग्री एकत्रित कर, शुभ मुहूर्त में सत्यकाम का उपनयन संस्कार किया गया। गौतम की पत्नी ने उसे मुंज-मेखला पहनाई तथा गौतम ने उसकी शिक्षा शुरू कर दी। पाँचवें दिन गौतम ने सत्यकाम को सभी शिष्यों के सम्मुख एक काम सौंपा कि "वत्स! मेरे पास इस समय चार सौ गौएँ हैं। इनको यहाँ ठीक से खाने-पीने को नहीं मिलता। बहुत सी बूढ़ी व बेकार भी हो गई हैं। मैं चाहता हूँ कि तुम इन सबको साथ लेकर सुदूर वन में चले जाओ और वहीं रहकर इन्हें चराओ। जिस दिन इनकी संख्या चार सौ से बढ़कर एक सहस्त्र हो जाए, उसी दिन लौटकर आने पर तुम्हारा स्वागत किया जाएगा। बोलो, तुम्हें स्वीकार है न ?" सत्यकाम ने प्रसन्नतापूर्वक गुरु का आभार व्यक्त कर गौओं के साथ वनमार्ग को प्रस्थान किया तथा ऐसे सुंदर वन का मार्ग पकड़ा, जिसमें गौओं के लिए चारा, जल और छाया की अनेक सुविधाएँ थीं। सभी गायों-बछड़ों को प्यार से थपथपाते, चूमते हुए वन में पहुँचा। मार्ग में जिधर वह चलता, उसी ओर सारा झुंड उमड़ पड़ता। इस प्रकार चलते-चलते वह ऐसे सुंदर, सघन, हरे-भरे प्रदेश में पहुँच गया, जिसकी लालसा में वह वन के लिए चला था। कोसों तक सपाट मैदान, लंबी-लंबी उगी हरी घास, सघन छायादार वृक्षों की कतारें और निर्मल जल

से भरी बावलियाँ। सत्यकाम ने स्वयं के लिए एक छोटी सी झोंपड़ी बनाई तथा गौ-सेवा में लीन हो गया। एक-एक कर दिन-पर-दिन बीतते गए। वन की प्राकृतिक सुविधाओं में पल कर, जो आश्रम से आते समय निरी बछियाँ थीं, वे तीन-चार वर्षों में ही दो-दो, तीन-तीन बछड़ों की माँ बन गईं। बूढ़ी गाएँ भी युवा सी हो गईं। चार सौ गौओं की संख्या सत्यकाम के अनजाने में ही सहस्त्र से अधिक हो चुकी थी। एक दिन प्रात:काल सत्यकाम सूर्य को अर्ध्य दे रहा था कि पीछे खड़े हुए बैलों की भीड़ में से मनुष्य की सी आवाज आई 'सत्यकाम!' सत्यकाम चार-पाँच वर्षों बाद किसी मानव स्वर को सुन चौंक गया। उसने पीछे देखा तो एक बलवान वृषभ आगे बढ़कर उसे ताक रहा था। सत्यकाम ने पूछा, "भगवन्! क्या आज्ञा है, ?" वृषभ ने कहा, "वत्स! अब हमारी संख्या एक सहस्त्र हो रही है। अब हमें आचार्य के पास ले चलो। अपनी अटूट सेवा से तुम ब्रह्मज्ञान के अधिकारी बन चुके हो। मेरी ओर देखो, मैं तुम्हें ब्रह्मज्ञान के एक पाद (अंश) का उपदेश कर रहा हूँ।" सत्यकाम ने हाथ जोड़कर आदरपूर्वक कहा, "भगवन! आपके उपदेश को प्राप्त कर मेरा जीवन सफल हो जाएगा।" वृषभ ने सत्यकाम को ब्रह्मज्ञान के एक अंश का उपदेश देने के बाद कहा, "वत्स! इस अंश का नाम 'प्रकाशवान' है। अगला उपदेश तुम्हें स्वयं अग्निदेव देंगे।" इतना कहने के बाद वृषभ का मानवीय स्वर बंद हो गया और वह साधारण वृषभ की भाँति भीड़ में जा जुगाली करने लगा। ब्रह्मज्ञान के एक अंश को ग्रहण करने के बाद सत्यकाम का हृदय अलौकिक संतोष व शांति से भर गया तथा उसका ललाट तेज से दीप्तिमान हो उठा। दूसरे दिन प्रात:काल, वह गौओं को लेकर गुरुकुल की ओर चल पड़ा। सूर्यास्त के समय एक सुरम्य प्रदेश में डेरा डाल अग्नि प्रज्वलित करके हवन करने बैठ गया। पहली आहुति डालते ही यज्ञाग्नि की ज्वाला से अग्निदेव प्रकट हो बोले, "वत्स सत्यकाम! तुम ब्रह्मज्ञान के पूर्ण अधिकारी हो चुके हो। मैं तुम्हें द्वितीय पाद, जिसका नाम 'अनंतवान' है, का उपदेश दूँगा। अगला उपदेश तुम्हें हंस देगा।" सत्यकाम ने कहा, "भगवन! आपके उपदेश से मेरा जीवन धन्य हो जाएगा।" अग्निदेव सत्यकाम को ब्रह्मज्ञान के द्वितीय अंश का उपदेश देकर वहीं अंर्तधान हो गए। सत्यकाम की लौकिक कामनाएँ अग्निदेव के उपदेश के पश्चात् विलीन हो गईं। वह रातभर उपदेश का मनन-चिंतन करते हुए दूसरे दिन प्रात:काल गौओं को लेकर आगे बढ़ा व संध्या समय सुंदर व सुरम्य सरोवर देखकर उसके किनारे ठहर गया। गौओं के लिए निवास की व्यवस्था करने के बाद पिछले दिन की तरह यज्ञाग्नि को जलाकर साधना में लीन हो गया। इतने में ही पूर्व दिशा से एक सुंदर हंस ऊपर से उड़ता हुआ आया और सत्यकाम के समीप जाकर बोला, "सत्यकाम! तुम्हारी साधना से प्रसन्न होकर मैं तुम्हें ब्रह्मज्ञान के तृतीय पाद का उपदेश करने आया हूँ। इसका नाम 'ज्योतिष्मान' है। इसके बाद का उपदेश तुम्हें एक जलकुक्कुट देगा। हंस

सत्यकाम को ब्रह्मज्ञान के ज्योतिष्मान अंश का उपदेश देकर वही अंतर्धान हो गया। सत्यकाम का मुखमंडल व शरीर तेज की अनुपम आभा से भर गया। रात्रि भर वह ज्योतिष्मान ब्रह्म की आराधना में लीन रहा तथा अगले दिन प्रातःकाल गुरुकुल के मार्ग में आगे बढ़ गया। संध्या समय बावली के समीप विशाल वट वृक्ष के नीचे गौओं की व्यवस्था कर; यज्ञाग्नि प्रज्वलित कर; आहुति देने लगा। उसी समय एक जलमुरगी आकर खड़ी हो गई और प्यार भरे स्वर में बोली, "वत्स सत्यकाम! तुम्हारी साधना अब पूर्ण हो गई है। इसीलिए तुम्हें वृषभ रूपी वासुदेव ने, साक्षात् अग्निदेव ने तथा हंस रूपधारी सूर्य ने ब्रह्मज्ञान के तीन चरणों का उपदेश किया है। अब मैं तुम्हें ब्रह्मज्ञान के अंतिम पाद, 'आयतवान्' का उपदेश करूँगी।" तदोपरांत सत्यकाम को ब्रह्मज्ञान का उपदेश दे जलमुरगी अंतर्धान हो गई। रात भर मनन-चिंतन करता हुआ सत्यकाम प्रातः ही गौओं को लेकर गुरु के आश्रम पहुँच गया। गौओं की लंबी भीड़ देख गौतम ऋषि व समस्त आश्रमवासी प्रसन्नता से भर गए। सत्यकाम ने गौतम के चरणों में प्रणाम किया, गुरुपत्नी के चरण छुए और गौओं को गौशाला में व्यवस्थित कर गुरु के समक्ष उपस्थित हो गया। सत्यकाम का तेजस्वी शरीर ब्रह्मवर्चस की अनुपम आभा से दीप्त था। ललाट पर चंद्रमा सी मनोहर छटा थी। गौतम ने प्रेम से उसे पास बैठाया तथा सभी हालचाल पूछा। सत्यकाम से सारा वृत्तांत सुन गौतम ने सम्मान भरे स्वर में कहा, "वत्स! तुम्हारी सत्य की साधना ने ही तुम्हें अनुपम ज्ञानरत्न प्रदान किए हैं। वही परम तत्त्व है। अब तुम्हारे लिए चराचर जगत् में कोई भी वस्तु अज्ञेय नहीं है।" गीता में इसी गोपनीय व गुह्य ब्रह्मज्ञान का पूर्ण एवं व्यावहारिक उपदेश स्वयं श्रीपद्मनाभ परमपिता वासुदेव श्रीकृष्ण ने किया, जिससे प्राणीमात्र का उत्थान हो सके। गीता अन्य वेदों व उपनिषदों के समान ब्रह्मविद्या तो है ही, इसमें सांख्ययोग, राजयोग, भक्तिभोग व कर्मयोग का अद्भुत सामंजस्य स्थापित कर शाश्वत सत्य का जो स्वरूप प्रस्तुत किया गया है, वह अन्य शास्त्रों में परिलक्षित नहीं होता। इसीलिए 'प्रस्थानत्रयी' में गीता का समावेश किया गया है। यद्यपि उपनिषदों में वेदों का सार निहित है, तो भी उनके कहनेवाले ऋषि अनेक हैं, जिससे उपनिषदों के विचार कतिपय परिस्थितिजन्य स्थितियों को लेकर विषयजनित हैं। अतः वे कहीं-कहीं संकीर्ण व परस्पर विरोधी हो गए हैं। इसी से उपनिषदों के साथ-साथ उनकी एकवाक्यता करनेवाले वेदांत सूत्रों की भी प्रस्थानत्रयी में गणना की गई, परंतु उपनिषदों तथा वेदांत सूत्रों, इन दोनों की अपेक्षा यदि गीता में कुछ अधिकता नहीं होती, तो प्रस्थानत्रयी में गीता को सम्मिलित करने का कोई कारण नहीं था। उपनिषदों में संन्यास मार्ग पर अधिक झुकाव है एवं साथ ही ज्ञानमार्ग का ही विशेषतः प्रतिपादन है। गीता में इस ज्ञान के साथ भक्तियुक्त कर्मयोग पर विशेष महत्त्व दिया गया है तथा यही विशिष्टता न केवल गीता की अपूर्वता सिद्ध करती है, अपितु प्रस्थानत्रयी के तीनों अंगों

की सार्थकता भी स्पष्ट करती है। श्रीकृष्ण ने सृष्टि के आदिकाल में जो गुह्य ब्रह्मज्ञान सूर्य से कहा तथा सूर्य से जो ज्ञान की गंगा, मनु, इक्ष्वाकु तथा ऋषियों-मुनियों की श्रुति-स्मृति परंपरा में हमारे वेदों, वेदांतों, उपनिषदों, स्मृतियों तथा सूत्रों में पुरातन काल से प्रवाहित रही, उसी के मूल-सार तत्त्व को 'गीता' के रूप में पुनः भगवान् कृष्ण ने अर्जुन के समक्ष प्रस्तुत किया है। विगत हजारों वर्षों में संसार में आई अनेकों सभ्यताओं ने अपने को विभिन्न धार्मिक मान्यताओं, विश्वासों, परंपराओं, नामों व पूजा-साधना की विधियों से जोड़ा है। आज भी विश्व में नाना प्रकार के संप्रदाय, विभिन्न मान्यताओं तथा परंपराओं की दुहाई देकर अपने को दूसरे धर्म-संप्रदाओं से श्रेष्ठतर सिद्ध करने का प्रयास कर रहे हैं। समाज व देशों में धार्मिक आधार पर वैमनस्य व वाद-विवाद, दिन-प्रतिदिन गहराता जा रहा है। अपने-अपने धर्म के प्रसार एवं विस्तार की अंधी होड़ लगी है कि उनका आचरण किस स्तर का है ? धार्मिकता क्या है ? धर्म का प्रकार एवं स्वरूप क्या है ? हर तरफ मात्र अंधी बहसें हो रही हैं। धर्मगुरुओं, धर्मप्रचारकों व बुद्धिजीवियों के द्वारा अपने-अपने तर्कों के समर्थन में नाना प्रकार के साक्ष्य गढ़े जा रहे हैं। ऐसी विषम स्थिति में गीता संपूर्ण विश्व एवं मानवजाति के समक्ष चिरकाल से व्याप्त सत्य के शाश्वत एवं निर्विवाद स्वरूप को सामने लाकर खड़ा कर देती है। गीता ने धर्म को कोई नाम नहीं दिया। गीता के अनुसार ईश्वर को चाहे जिस नाम से पुकारो वह एक है। समस्त ब्रह्मांड का नियंता, पालनकर्ता व संहारकर्ता मात्र एक है; भले ही विभिन्न धर्म या संप्रदायों के अनुसरणकर्ता उस ईश्वर को जिस नाम व रूप से विचारें। विभिन्न धर्म-संप्रदाय या मतों के पृथक्-पृथक् ईश्वर विद्यमान नहीं हैं। इसीलिए गीता मानव जाति को शाश्वत आनंद व सुख के धाम परमपिता परमेश्वर की प्राप्ति तथा आध्यात्मिक उन्नति का सार्वभौमिक व सर्वकालिक उपाय बताती है। जो श्रीकृष्ण ने गीता में हजारों वर्ष पूर्व कहा वही कालांतर में बुद्ध, महावीर, ईसा, मोहम्मद हजरत, जरथूस्त्र, नानक आदि पुरोधाओं ने कहा कि धर्म व्यक्तिमूलक है। जो एक मनुष्य के लिए श्रेष्ठ है, वह हो सकता है दूसरों के लिए श्रेष्ठ न हो। इसीलिए स्वभाव से प्राप्त स्वधर्म का अनुसरण ही कल्याणदायक है तथा दूसरे के धर्म का अनुसरण भयावह। प्रत्येक मनुष्य को अपने पूर्वजन्मों के कर्मों के अनुरूप ही स्वभाव, संस्कार व स्वकर्म आदि मिलते हैं। उसकी जीवन यात्रा भी उसी के अनुरूप शुरू होती है। आत्मसाक्षात्कार एवं परम मोक्ष की दिव्य स्थिति प्रत्येक मानव के लिए विशिष्ट व पृथक् होती है। इसीलिए किसी का भी अनुसरण घातक हो सकता है। जैसे शरीर का शोधन व उपचार विविध औषधियों के द्वारा होता है, वैसे ही आत्मा का भजन द्वारा होता है। इसीलिए भगवत-भजन का प्रारंभ ही आत्म-शोधन है। गीता की सार्वभौमिकता, सर्वव्याप्तता, उसके प्रभाव, संस्कार, निःसंदेह संपूर्ण मानव जाति के उद्धार के लिए अद्भुत मानव जीवन-दर्शन तथा जीवनीशैली हैं, जो विगत हजारों वर्षों में

देश-काल की सीमाओं को लाँघकर संपूर्ण विश्व की अनूठी व अद्‌भुत बौद्धिक संपदा बन गए हैं। गीता से ज्ञान-विज्ञान, अध्यात्म, प्रेम, भक्ति, समभाव तथा मानव जाति के कल्याण व उत्थान की चरम पराकाष्ठा की प्राप्ति होती है। गीता हमें उन प्रश्नों का उत्तर प्रस्तुत करती है, जिनसे आज का मानव संशय व दुविधा में घिरा हुआ है। वह हमें बताती है कि नकारात्कता मनुष्य की वृत्ति पर क्यों हावी हो जाती है? क्यों हमारा आचार-व्यवहार वैसा नहीं रहता, जो सुसभ्य समाज में अपेक्षित होता है, कैसे हम अपने जीवन के खोखलेपन को दूर कर सार्थकता पूर्ण जीवन जी सकते हैं, संसार के समस्त धर्मों तथा संप्रदायों का सार्वभौमिक शाश्वत सत्य क्या है, क्या सांसारिक साधनों से कभी अंत न होनेवाला तथा अनवरत मिलनेवाला सुख या आनंद प्राप्त हो सकता है। जो भगवान् श्रीकृष्ण के दिखाए पथ पर चलता है, उसे गीता परम तत्त्व के गूढ़ रहस्य को सुझाती है तथा बताती है कि कोई भी मनुष्य परमात्म-प्राप्ति से कम पर आंनदित नहीं हो सकता। जब वह परम ही प्रकट हो, वह परम ही अपनी कृपा वर्षा से उसे आप्लावित कर दे, तभी संतृप्ति होगी, तभी संतोष होगा, तभी मन के अंदर चल रहा रूदन बंद होगा, तभी जीव पहली बार हँसेगा तथा तभी उसका जीवन एक सुंदर पुष्प की भाँति खिलकर उसे सुगंध से भर देगा।

□

द्वितीय खंड

ॐ

श्री गुरवे नमः श्री परमात्मने नमः

अथ श्रीमद्भगवत्गीता प्रथम अध्याय

अथ प्रथमोऽध्यायः

मोह ही विषाद का मूल

धृतराष्ट्र उवाच

धर्मक्षेत्रे कुरुक्षेत्रे समवेता युयुत्सवः।
मामकाः पाण्डवाश्चैव किमकुर्वत सञ्जय॥ 1॥

धृतराष्ट्र ने पूछा, "हे संजय! धर्मक्षेत्र, कुरुक्षेत्र में युद्ध की इच्छा से एकत्रित हुए मेरे तथा पांडु के पुत्रों ने क्या किया?"

गीता के प्रथम श्लोक में प्रयुक्त प्रथम शब्द 'धर्मक्षेत्रे कुरुक्षेत्रे' का प्रयोग अत्यंत सारगर्भित एवं विशिष्ट है। वस्तुतः धर्म कोई पूजा-उपासना पद्धति नहीं, बल्कि सम्यक् रूप से परिस्थिति विशेष में जो कर्म मानव जाति एवं सृष्टि के चराचर भूतादिकों के लिए हितकारी एवं कल्याणमयी हो वही कर्म तथा प्रवृत्ति दैवी संपद है तथा वही धर्म का आचरण है, किंतु जब कोई कर्म या प्रवृत्ति अपने स्वार्थजनित हितों की पूर्ति के लिए मानव जाति एवं सृष्टि के लिए अकल्याणकारी बन जाए तो वह कर्म या प्रवृत्ति आसुरी वृत्ति बन आसुरी संपद का प्रतीक बन जाती है। पुरातन काल से मानव तन के अंत:करण में उक्त दैवीय एवं आसुरी प्रवृत्तियों का संघर्ष ही उसके अंतराल में घटित होनेवाला महायुद्ध है। जब अंतर्मन में सात्त्विक ऊर्जा का प्रसार रहता है तो यह शरीर धर्मक्षेत्र बन जाता है तथा जब तामसिक प्रवृत्तियों का बाहुल्य हो जाता है तो यही शरीर कुरुक्षेत्र बन जाता है। प्रकृति की त्रिगुणमयी माया से आवृत्त मनुष्य कर्म करने को तत्पर होता है तथा उसकी प्रकृति एवं स्वभाव में जो वृत्ति प्रधानता रखती है, उसी के अनुसार वह जिस कर्म को करने को अग्रसर होता है वही कर्म वह कर लेता है। जब 'सर्वभूत हिताय:' भाव से वह अपने कर्मों को परमार्थ के लिए; परमात्मा के परायण हो; करता है तो उस जीव का शरीर धर्मक्षेत्र बन जाता है तथा जब वह अपने स्वार्थ के लिए नाना विकारों से ग्रसित हो कर्म करता है तो वह कुरुक्षेत्र बन जाता है।

युद्ध प्रारंभ होने से पूर्व कौरव पक्ष के राजा धृतराष्ट्र के मन में संशय से भरी हुई

जिज्ञासा है कि युद्धभूमि में क्या हुआ? संशय इसलिए है कि यह युद्ध धर्मयुद्ध है और धर्मक्षेत्र कुरुक्षेत्र में लड़ा जा रहा है। उसके मन को कहीं यह भाव कचोट रहा है कि भले ही उसकी सेना में, भीष्म, द्रोण, कर्ण जैसे अजेय योद्धा हैं तथा ग्यारह अक्षौहिरणी सेना है, इसके पश्चात् भी उसका पक्ष अन्याय का पक्ष है, क्योंकि हस्तिनापुर का वास्तविक राजा तो पांडु था, जो अपने विवाह के उपरांत वन प्रवास के लिए जाने से पूर्व अपने बड़े भाई धृतराष्ट्र को, जो कि जन्मांध था, अपना प्रतिनिधि बनाकर गया था; वहाँ का राजा नहीं। अंधा व्यक्ति राजा नहीं हो सकता, क्योंकि उसके कंधे पर राज्य की सुरक्षा, न्याय-पालन तथा राज्य संचालन का महती दायित्व होता है। इसी कारण पांडु को हस्तिनापुर का राजा बनाया गया था। वन प्रवास के दौरान पांडु के कुंती एवं माद्री दो पत्नियों से युधिष्ठिर, भीम, अर्जुन, नकुल एवं सहदेव नाम के पाँच पुत्र हुए तथा वन में ही पांडु की मृत्यु हो गई, किंतु धृतराष्ट्र पांडु के प्रतिनिधि के तौर पर राज्य करने के स्थान पर हस्तिनापुर का राजा बन बैठा तथा अपनी अन्यायपूर्ण महत्त्वाकांक्षा को पूर्ण करने के लिए उसने अपने पुत्र दुर्योधन को हस्तिनापुर का राजा बना दिया। प्रत्येक जीव स्वयं को ही सही समझता है, किंतु सत्य से तो वह अनजान नहीं होता है। यही धृतराष्ट्र के अंतर्मन में चल रहे संशय का कारण था, क्योंकि वह जानता था कि युद्ध में जब भी सत्य और धर्म दाँव पर लगा हो तो विजय सदैव धर्म की होती है। इस युद्ध में तो स्वयं श्रीकृष्ण उपस्थित थे तो भला क्या अधर्म, अनीति व अन्याय की विजय हो पाना संभव था?

कौरव पक्ष के महान् योद्धा जैसे पितामह भीष्म, आचार्य द्रोणाचार्य, सूर्यपुत्र कर्ण अपने व्यक्तिगत जीवन में आदर्श पुरुष थे, किंतु धर्म-अधर्म के मध्य हो रहे इस न्याय युद्ध में उन्होंने धर्म, न्याय व सत्य का पक्ष लेने के स्थान पर; कतिपय अहंकार जनित कारणों से; दृष्ट दुर्योधन का पक्ष लिया। इसलिए धर्म युद्ध में अधर्म का साथ देनेवाले वीरों का भी पतन निश्चित ही था।

कुरुक्षेत्र भारत की राजधानी दिल्ली से 160 कि.मी. उत्तर की ओर स्थित परम पवित्र स्थान है, जहाँ महाभारत का युद्ध हुआ था तथा जहाँ श्रीकृष्ण ने अर्जुन को गीता के उपदेश दिए थे। कुरुवंश के राजा कुरु ने हल से कष्टपूर्वक इस मैदान को जोता था। इसीलिए इसको कुरु का क्षेत्र (या खेत) कहते हैं। देवों के राजा 'इंद्र' ने राजा कुरु को जब यह वरदान दिया कि इस क्षेत्र में जो लोग युद्ध करते हुए मरेंगे उन्हें स्वर्ग की प्राप्ति होगी, तब राजा कुरु ने इस क्षेत्र में हल चलाना छोड़ दिया तथा यह क्षेत्र कुरुक्षेत्र के नाम से प्रसिद्ध हुआ। भारत के पवित्रतम सरोवरों में से 'ब्रह्म सरोवर' व 'सन्निहित सरोवर' यहाँ स्थित हैं। विश्वास है कि ब्रह्माजी ने यहीं ब्रह्म सरोवर की उत्पत्ति की तथा यहीं से सृष्टि का सृजन प्रारंभ किया था। आस्था है कि महाराज मनु ने पवित्र ग्रंथ मनुस्मृति का सृजन भी कुरुक्षेत्र में ही किया। इस ब्रह्म कुंड का क्षेत्र (3600×1500 फीट) है और

इसके बीच में महादेव मंदिर तथा बीच के द्वीप में 'चंद्रकूप' है। ब्रह्म कुंड के निकट ही सन्निहित कुंड है, जिसका क्षेत्र (500m × 150 m) है और यहाँ सात सरस्वती नदियों का मिलन होता है। ऐसा विश्वास किया जाता है कि सूर्यग्रहण व चंद्रग्रहण के अवसर पर इन कुंडों में स्नान करने का फल 'अश्वमेध यज्ञ' के समान होता है। यहाँ 'भीष्म कुंड' व 'बाण गंगा' भी हैं, जहाँ अर्जुन ने भीष्म के 'शरशय्या' (बाणों की शैया) पर लेटने के बाद उनकी प्यास शांत करने के लिए अपने बाण से गंगाजी को प्रकट किया था।

द्रोण महर्षि भरद्वाज के पुत्र थे तथा परशुरामजी से ब्रह्मशस्त्र आदि दिव्य अस्त्रों तथा युद्धनीति का ज्ञान प्राप्त किया था। महर्षि शरद्वान की कन्या कृपि से इनका विवाह हुआ तथा इन्हीं से इनका पुत्र अश्वत्थामा उत्पन्न हुआ था। पांचाल नरेश द्रुपद इनके गुरुभाई तथा बालसखा थे। आर्थिक रूप से कमजोर होने पर ये एक बार द्रुपद के यहाँ गए तो द्रुपद ने इनका अपमान किया तो ये अपनी पत्नी कृपि के भाई कृपाचार्य के यहाँ हस्तिनापुर आ गए। भीष्म ने द्रोण के युद्ध-विद्या-कौशल को जानकर इन्हें कौरवों-पांडवों की शिक्षा के लिए नियुक्त किया। शिक्षा समाप्त होने पर द्रोणाचार्य ने गुरुदक्षिणा के रूप में द्रुपद को बंदी बनाकर लाने की आज्ञा दी। पांडवों में अर्जुन के द्वारा द्रुपद को रस्सियों से बाँधकर लाने पर, द्रोण ने द्रुपद का आधा राज्य लेकर उसे छोड़ दिया। पितामह भीष्म राजा शांतनु तथा गंगाजी के पुत्र तथा 'द्यो' नामक वसु के अवतार थे। इनका नाम देवदत्त था तथा उनके पिता शांतनु ने सत्यवती के रूप पर मोहित होने पर सत्यवती से विवाह करना चाहा, किंतु सत्यवती ने शर्त रखी कि उसका पुत्र ही राजसिंहासन का अधिकारी बनेगा तो भीष्म ने आजीवन अविवाहित रहने की तथा राजपाट त्यागने की भीषण प्रतिज्ञा की थी। इसी से इनका नाम भीष्म प्रसिद्ध हुआ। पिता शांतनु ने प्रसन्न होकर इन्हें इच्छा-मृत्यु का वरदान दिया था, जिसके कारण बिना भीष्म की इच्छा के उनकी मृत्यु नहीं हो सकती थी। पूर्वजन्म में राजा सगर के अश्वमेध यज्ञ के घोड़े को; इंद्र के कहने पर; आठ वसुओं में से आठवें वसु 'द्यो' ने कपट से कपिल महर्षि के आश्रम में बाँध दिया था, जिसको छुड़ाने आए राजा सगर के 99 हजार पुत्रों ने घोड़े को वहाँ बँधा देखकर कपिल से दुर्वचन कहे तो कपिल ऋषि ने क्रोध से सभी 99 हजार पुत्रों को जला दिया तथा वास्तविकता पता लगने पर आठों वसुओं को भी श्राप दिया। सात वसुओं की मुक्ति तो गंगाजी ने करा दी थी, पर आठवें वसु भीष्म के रूप में शापित जीवन जी रहे थे। कर्ण पूर्व जन्म में 'दंबोद्भव' नामक असुर था, जिसने 'सूर्यदेव' का घोर तप कर यह वरदान प्राप्त कर लिया था कि उसे सौ कवच प्राप्त हों तथा इन कवचों को केवल वही व्यक्ति भेद सके, जिसने एक हजार वर्ष तक तप किया हो तथा कवच भेदते ही उसकी मृत्यु हो जाए।

वरदान मिलते ही उसने चारों तरफ अत्याचार व हाहाकार मचा दिया। उसके अत्यधिक पापों से त्रस्त होकर प्रजापति दक्ष की पुत्री मूर्ति; जिसका विवाह ब्रह्मा के

मानस पुत्रों में एक 'धर्म' के साथ हुआ था; ने भगवान् विष्णु की घोर तपस्या कर उनसे सस्त्र कवचों को अंत करने का वरदान माँगा। भगवान् विष्णु ने उसे वर दिया कि वे स्वयं सस्त्र कवचधारी दंबोद्भव का अंत करेंगे, जिसका माध्यम मूर्ति ही बनेगी। कालांतर में मूर्ति ने नर-नारायण नाम के दो जुड़वाँ बच्चों को जन्म दिया। नारायण ने तपस्या की तथा नर ने दंबोद्भव के 999 सुरक्षा कवच काट डाले। जब एक कवच रह गया तो दंबोद्भव भाग कर सूर्यलोक में छिप गया। नर-नारायण के द्वारा सूर्यदेव से उसे माँगने पर सूर्य ने शरणागत की रक्षा के भाव से उसे देने से मना कर दिया, जिससे क्रोध कर नर ने सूर्य तथा दंबोद्भव को शाप दिया कि अगले जन्म में दोनों को अपनी करनी का दंड भोगना पड़ेगा। यही असुर द्वापर युग में सूर्य के अंश से कुंती की कौमार्यावस्था में उसी सुरक्षा कवच के साथ उत्पन्न हुआ तथा कर्ण के नाम से प्रसिद्ध हुआ। गंगापुत्र भीष्म तथा कर्ण दोनों पूर्वजन्म से शापित व अन्याय के पोषक होने के कारण महाभारत के युद्ध में अधर्म के पक्ष कौरवों तथा दुर्योधन के सहायक बने तथा अंत में मृत्यु को प्राप्त हुए। महाभारत युद्ध के प्रथम दिन पांडवों की सात व कौरवों की ग्यारह अक्षौहिणी सेना जब व्यूहबद्ध कुरुक्षेत्र के मैदान में युद्ध हेतु तत्पर थी, उस समय युद्ध के आरंभ से पूर्व श्रीकृष्ण ने अर्जुन को जिस गीता का उपदेश दिया, उसका वर्णन महर्षि व्यास ने महाभारत ग्रंथ के भीष्मपर्व के 25 वें अध्याय से 42 वें अध्याय तक किया है। व्यासजी ने कुरुवंशी सम्राट् धृतराष्ट्र; जो जन्म से ही अंधे थे; से कहा कि "राजन, इस महायुद्ध को देखने के लिए मैं तुम्हें दिव्य दृष्टि प्रदान करना चाहता हूँ, जिससे तुम अपने निवास स्थान से ही युद्ध को प्रत्यक्ष रूप से देख सकते हो।" इस पर धृतराष्ट्र ने कहा कि वह इस महायुद्ध में होनेवाले विनाश व अपने कुलक्षय को प्रत्यक्ष नहीं देखना चाहते तथा श्री व्यास से अनुरोध किया कि उनके स्थान पर उनके रथ के सारथी 'संजय' को दिव्य दृष्टि प्रदान करें, जिससे वह संजय से युद्ध का वृत्तांत सुन सकें। श्री व्यास ने धृतराष्ट्र के अनुरोध को स्वीकार करके अपनी दिव्य शक्ति द्वारा संजय को युद्ध समाप्ति तक के लिए दिव्य-दृष्टि प्रदान कर दी। इसीलिए गीता के प्रारंभ में धृतराष्ट्र उवाच आया है, जिसमें धृतराष्ट्र ने पूछा, "हे संजय! इस धर्मक्षेत्र कुरुक्षेत्र में मेरे व मेरे कनिष्ठ भ्राता पांडु के पुत्रों ने, जो युद्ध की इच्छा से एकत्रित हुए हैं, क्या किया?"

सञ्जय उवाच

दृष्ट्वा तु पाण्डवानीकं व्यूढं दुर्योधनस्तदा।
आचार्यमुपसङ्गम्य राजा वचनमब्रवीत्॥ 2॥

संजय ने कहा, "हे राजन! पांडु पुत्रों की सेना की व्यूहरचना देखकर दुर्योधन आचार्य (द्रोण) के पास जाकर उक्त वचन बोला।"

चूँकि युद्ध का प्रथम दिन था, पांडवों व कौरवों दोनों पक्षों की सेना कुरुक्षेत्र के मैदान में युद्ध हेतु खड़ी थी। कौरवों के पक्ष में ग्यारह अक्षौहिणी सेना थी तथा पांडवों के पक्ष में सात अक्षौहिणी सेना थी। इसलिए पांडवों ने प्रथम दिन अपनी सेना की कम संख्या देखकर 'वज्र-व्यूह' की रचना की थी। युद्ध से पूर्व दुर्योधन ने शकुनि के साथ षड्यंत्र कर पांडवों के मामा शल्य, जो नकुल व सहदेव की माता माद्री के सगे भ्राता थे, को दिग्भ्रमित कर धोखे से उनसे कौरवों के पक्ष में युद्ध करने का वचन ले लिया था। शल्य के पास दो अक्षौहिणी सेना थी, जो यदि पांडव पक्ष के साथ रहती तो पांडव व कौरव दोनों की तरफ नौ-नौ अक्षौहिणी सेना रहती, किंतु कौरवों की कुटिल चाल वश पांडव पक्ष के पास सात अक्षौहिणी सेना ही रही। फिर भी दुर्योधन का मन संशय से भरा हुआ है और वह सेना का सेनापतित्व कर रहे भीष्म पितामह के पास न जाकर अपने आचार्य द्रोण के पास पांडवों की व्यूह रचना के संबंध में यथा आवश्यक विचार करने जाता है। आचार्य द्रोण ने आचार्य परशुराम से शस्त्रविद्या प्राप्त की थी तथा कालांतर में भीष्म के अनुरोध पर पांडु के पाँचों पुत्रों-युधिष्ठिर, भीम, अर्जुन, नकुल, सहदेव तथा धृतराष्ट्र के एक सौ पुत्रों-दुर्योधन, दुःशासन आदि को अस्त्र-शस्त्र की विद्या दी थी। यद्यपि आचार्य द्रोण को पांडव ही प्रिय थे तथा उनमें भी अर्जुन अपनी विशिष्ट प्रतिभाओं व मृदु व्यवहार के कारण उन्हें विशेष प्रिय था, फिर भी द्रोण, कौरवों से प्राप्त राजसी सुखों को त्याग नहीं सके। इसलिए 'द्रोण' का चरित्र 'द्वैत' के आचरण का प्रतीक है, जो सत्य व असत्य, न्याय व अन्याय के अंतर को समझते तो हैं, किंतु दूषित ऊर्जा से ग्रस्त दुर्योधन के मोह को नहीं छोड़ पाते हैं। सांसारिक सुखों का येन-केन-प्रकारेण संग्रह करते हुए, उनके मोह से ग्रस्त दुर्योधन भी स्वयं नकारात्मक ऊर्जा का केंद्र बन चुका था। इसीलिए धर्म के आधार से व्यूहरचित पांडव सेना को देखकर दूषित मानसिकता वाला दुर्योधन 'द्वैत' के प्रतीक आचार्य द्रोण के पास जाकर कहता है—

पश्यैतां पाण्डुपुत्राणामाचार्य महतीं चमूम्।
व्यूढां द्रुपदपुत्रेण तव शिष्येण धीमता॥ 3॥

"हे आचार्य। पांडुपुत्रों की इस बड़ी सेना को देखिए, जिसकी व्यूह-रचना आपके गुरुभाई द्रुपद के पुत्र (धृष्टद्युम्न) ने बड़ी विद्वता से की है।"

आचार्य द्रोण तथा पांडवों के ससुर द्रुपद (द्रौपदी के पिता) दोनों ने ही महर्षि परशुराम से शिक्षा ग्रहण की थी। शिक्षा ग्रहण करने के बाद द्रुपद अपने राज्य पांचाल का राजा बन गया (यह देश वर्तमान रोहिलखंड में बरेली (उ.प्र.) का क्षेत्र है) तथा आचार्य द्रोण निर्धन ब्राह्मण ही रह गए। द्रुपद के द्रोण की सहायता न करने पर उनका आपस में वैमनस्य हो गया, जिसका बदला लेने के लिए द्रुपद ने एक महान् यज्ञ का

अनुष्ठान किया, जिसमें अग्नि से धृष्टद्युम्न तथा द्रौपदी उत्पन्न हुए। स्वयंवर में उबलते तेल की कढ़ाई में ऊपर घूमते हुए यंत्र में बनी मछली की आँख को अर्जुन ने अपने पहले बाण से भेद कर द्रौपदी को स्वयंवर में जीता जो कौरव पक्ष के विनाश का कारण बना तथा धृष्टद्युम्न उसके शत्रु बन चुके गुरुशिष्य द्रोण की मृत्यु का कारण बना। धृष्टद्युम्न सात्त्विक सत्ता की शाश्वतता का प्रतीक है जो असाध्य लक्ष्य को भी साधने की दृढता व अटलता का नायक है।

अत्र शूरा महेश्वासा भीमार्जुनसमा युधि।
युयुधानो विराटश्च द्रुपदश्च महारथः॥ 4॥
धृष्टकेतुश्चेकितानः काशिराजश्च वीर्यवान्।
पुरुजित्कुंतिभोजश्च शैब्यश्च नरपुङ्गवः॥ 5॥
युधामन्युश्च विक्रान्त उत्तमौजाश्च वीर्यवान्।
सौभद्रो द्रौपदेयाश्च सर्व एव महारथाः॥ 6॥

"दुर्योधन पांडव सेना का विस्तार द्रोण को बताते हुए कहता है कि इस युद्ध में महा शूरवीर, महा धनुर्धर भीम और अर्जुन के समान ही युयुधान (सात्यिकी), विराट् और द्रुपद, धृष्टकेतु, चेकितान और वीर्यवान महायोद्धा काशिराज, पुरूजित, कुंतिभोज और शक्तिशाली शैब्य, विक्रांत एवं अत्यंत पराक्रमी युधामन्यु, अत्यंत वीर्यवान उत्तमौज, द्रौपदी के पाँच महारथी पुत्र व महारथी सुभद्रा पुत्र हैं।"

इस महायुद्ध में कौरव पक्ष के भीष्म, द्रोण, कर्ण, अश्वत्थामा जैसे युद्ध कला में महारत अर्जित किए अनेक महान् महारथी थे, तब भी दुर्योधन के मन में वकोदर भीम व अर्जुन को लेकर विशेष संशय था। इसीलिए पांडव पक्ष के अन्य योद्धाओं की तुलना भीम व अर्जुन से करता हुआ वह उन्हें भी उनके ही तुल्य बताता है। दस सहस्त्र (दस हजार) धनुर्धारी योद्धाओं के साथ अकेले युद्ध करनेवाले योद्धा को 'महारथी' कहा जाता था। इसी प्रकार 'रथी' व 'अतिरथी' श्रेणी के योद्धाओं का वर्णन भी महर्षि व्यास ने महाभारत ग्रंथ के उद्योग पर्व के आठ अध्यायों (164 से 171 तक) में किया है। धृष्टकेतु, चेदीनरेश शिशुपाल का पुत्र है। शिशुपाल के दुष्कृत्यों के कारण श्रीकृष्ण को पांडवों द्वारा आयोजित 'राजसूय यज्ञ' के दौरान अपने सुदर्शन चक्र से उसका वध करना पड़ा था। तब से उसका पुत्र धृष्टकेतु पांडव पक्ष में आ गया था। पांडवों की माता कुंती के पिता राजा कुंतिभोज के पुत्र पुरूजित कुंतिभोज हैं। युधामन्यु और उत्तमौज, दोनों द्रौपदी पक्ष के पांचाल वीर हैं। चेकितान यदुवंशी शूरवीर था। शैब्य, शिवी देश की शिवी जनजाति के शूरवीर राजा थे। सुभद्रा पुत्र अभिमन्यु महान् वीर व महारथी था तथा द्रौपदी के पाँचों पुत्र भी महारथी थे।

अस्माकं तु विशिष्टा ये तान्निबोध द्विजोत्तम।
नायका मम सैन्यस्य संज्ञार्थं तान्ब्रवीमि ते॥ 7॥

"हे द्विजश्रेष्ठ! हे ब्राह्मणश्रेष्ठ! आपके संज्ञान के लिए अब हमारी सेना में जो प्रधान वीर हैं, उन्हें भी जान लें।"

यद्यपि द्रोणाचार्य ने युद्ध के दोनों पक्षों, पांडवों व कौरवों को शस्त्र-शिक्षा व युद्ध कौशल की शिक्षा दी थी, फिर भी युद्ध भूमि में अपने प्रमुख वीर सेनापति को द्विजोत्तम संबोधित करना युद्ध की स्थिति में अनुकूल नहीं है, क्योंकि द्विजोत्तम या श्रेष्ठ ब्राह्मण का बाहरी युद्ध से क्या लेना-देना है। महर्षि व्यास रचित श्रीमद्गीता के आध्यात्मिक पक्ष की ओर उक्त द्विजोत्तम संबोधन एक संकेत है, क्योंकि यह संबोधन सूक्ष्म स्तर पर गीता में मानव की सत-रज-तम प्रवृत्तियों के संघर्ष में वस्तुतः दैविक व आसुरी प्रवृत्तियों के मध्य युद्ध का परिचायक है, चूँकि द्रोण धर्म-अधर्म के इस युद्ध में इस तथ्य से भलीभाँति भिज्ञ थे कि पांडव पक्ष धर्म की रक्षा के लिए युद्ध कर रहा है तथा कौरव पक्ष अधर्म-अन्याय का पक्षधर है, जिसकी ओर से उन्हें अपने प्रिय पांडव शिष्यों, विशेषकर अर्जुन के विरुद्ध युद्ध करना पड़ रहा है। उनकी यही मन:स्थिति उनका द्वैत है।

भवान्भीष्मश्च कर्णश्च कृपश्च समितिञ्जयः।
अश्वत्थामा विकर्णश्च सौमदत्तिस्तथैव च॥ 1.8॥

"कौरव सेना में स्वयं आप, भीष्म, कर्ण, कृपाचार्य जो सदैव संग्राम में विजयी रहे हैं, तथा विकर्ण, अश्वत्थामा तथा सोमदत्त का पुत्र भूरिश्रवा हैं।"

अश्वत्थामा आचार्य द्रोण का पुत्र है। जिस प्रकार द्रोण स्वयं 'द्वैत' का प्रतिबिंब हैं, उसी प्रकार अश्वत्थामा भी अधर्मपूरित आसक्ति से पूर्ण था। आचार्य-पुत्र होते हुए भी तामसिक मनोवृत्ति ही उसकी मन:संपत्ति है। इसीलिए महाभारत युद्ध के समाप्ति पर्व पर मरणशील दुर्योधन को अश्वत्थामा वचन देता है कि रात में समस्त पांडवों को शयनावस्था में मार डालेगा तथा पांडवों के वंश का नाश कर देगा। अतः रात्रि के समय पांडव पक्ष के शिविर में अनाधिकृत प्रवेश कर, पांडवों के समरूप दिखाई देनेवाले द्रौपदी के पाँचों पुत्रों की और द्रौपदी के भाई धृष्टद्युम्न की हत्या कर देता है तथा अर्जुन-सुभद्रा पुत्र अभिमन्यु की पत्नी उत्तरा के गर्भस्थ शिशु की हत्या के लिए ब्रह्मास्त्र का प्रयोग करता है। इस प्रकार जहाँ द्रोणाचार्य के सेनापतित्व में कौरव पक्ष ने छल से अर्जुन को सुशर्मा से युद्ध हेतु; परिस्थितियाँ बनाकर; प्रोत्साहित करते हुए; युद्ध क्षेत्र कुरुक्षेत्र से दूर भेजा तथा उसी दिन चक्रव्यूह की रचना कर; अभिमन्यु की युद्ध के नियमों की पूर्ण अवहेलना कर हत्या की; वहीं अश्वत्थामा का कृत्य भी क्रूरता व पाशविकता से पूर्ण था, जिसके कारण श्रीकृष्ण के शापवश, माथे में स्थित मणि को

भीम द्वारा निकालने के बाद, आज भी माथे से निकलते मवाद के कारण वह मृत्यु की याचना करता हुआ विश्व भर में भटक रहा है। कौरवों के राजगुरु कृपाचार्य, जिनकी बहन कृपि से आचार्य द्रोण का विवाह हुआ था, वह भी महारथी वीर थे। विकर्ण, धृतराष्ट्र के सौ पुत्रों में तीसरा तथा दुर्योधन का छोटा भाई है। भूरिश्रवा वहिका नाम की जनजाति के राजा सोमदत्त का पुत्र है।

अन्ये च बहवः शूरा मदर्थे त्यक्तजीविताः।
नानाशस्त्रप्रहरणाः सर्वे युद्धविशारदाः॥ 9॥

"इसके अतिरिक्त अन्य बहुत से शूरवीर योद्धा अनेकों शस्त्रों से सुसज्जित हैं, जो युद्ध में मेरे लिए अपने प्राणों को त्यागने के लिए उद्यत हैं।"

अन्य अनेक ऐसे वीर हैं, जिनका दुर्योधन ने नाम नहीं लिया जैसे दुर्योधन की बहन दुःशाला का पति जयद्रथ जो अत्यंत कुटिल व दुष्ट स्वभाव का था तथा पांडवों के वनवास काल में द्रौपदी के साथ बलपूर्वक व्याभिचार की चेष्टा करने के कारण भीम ने उसके सिर पर पाँच चोटियाँ बनाकर उसे इसलिए जीवित छोड़ दिया था कि वह उनकी चचेरी बहन का पति है, किंतु जयद्रथ ने अपने कुकृत्य को अनदेखा कर पांडवों के द्वारा दिए गए उक्त जीवनदान को अपना अपमान समझा तथा महादेव की घोर तपस्या कर अर्जुन को छोड़कर अन्य चारों पांडवों को एक दिन के लिए युद्ध में परास्त करने का वरदान प्राप्त कर लिया, जिसके कारण अर्जुन की अनुपस्थिति में चारों पांडवों को जयद्रथ ने चक्रव्यूह के प्रथम द्वार पर ही रोक दिया तथा अभिमन्यु चक्रव्यूह भेदन कर अंदर अकेला ही फँस गया।

अपर्याप्तं तदस्माकं बलं भीष्माभिरक्षितम्।
पर्याप्तं त्विदमेतेषां बलं भीमाभिरक्षितम्॥ 10॥

"भीष्म द्वारा रक्षित हमारा असीम सैन्यबल, भीम के द्वारा रक्षित सीमित सैन्यबल को पराजित करने के लिए पर्याप्त है।"

इस प्रकार दुर्योधन ने पांडव पक्ष के तो पंद्रह–बीस शूरवीरों के नाम व बल का उल्लेख किया, किंतु अपने पक्ष के कुछ ही वीरों के नाम गिनाए। अंत में कह दिया कि भीष्म द्वारा रक्षित हमारा असीमित सैन्यबल पांडवों को जीतने के लिए पर्याप्त है। दुर्योधन को; सात्त्विक सत्ता के पंद्रह–बीस गुणों का वर्णन करने के बाद भी; भीष्म की अटल भ्रम से रक्षित, तामसिक विकारों से भरी सत्ता असीम दृष्टिगोचर होती है, क्योंकि दुराचार, पाप, अहंकार ऐसे विकार हैं जो अनंत व अजर हैं। इसीलिए तो गोस्वामी तुलसीदास द्वारा रचित रामचरितमानस में लंका में श्रीराम के द्वारा अहंकारी रावण पक्ष के अनेकों वीरों

यथा कुंभकरण, मेघनाथ आदि के संहार के पश्चात् भी रावण जिस राक्षस सैन्यबल के साथ श्रीराम से अंत में युद्ध करने आता है, उसे अपार बताया गया है। मानव के मन के अंतर में भी जो बहिर्मुखी प्रवृत्तियाँ विद्यमान रहती हैं, वह संयम के अभाव में अपार व अनंत होती हैं।

अयनेषु च सर्वेषु यथाभागमवस्थिताः।
भीष्ममेवाभिरक्षन्तु भवन्तः सर्व एव हि॥ 11॥

"इसीलिए यह आवश्यक है कि सभी योद्धा अपने-अपने मोरचों पर स्थित रहते हुए सभी दिशाओं से भीष्म की सहायता करें। जब तक भीष्म सुरक्षित हैं तब तक कौरव सेना अजेय है।"

दुर्योधन की रणनीति थी कि पांडवों के विरुद्ध पितामह भीष्म तथा आचार्य द्रोण पूर्ण संकल्प के साथ युद्ध करें। भीष्म स्वयं ही अजेय योद्धा थे। उन्हें समस्त प्रकार के दिव्यास्त्रों की प्रयोग विधि का ज्ञान था तथा सभी प्रकार के युद्ध में सैन्य व्यूह बनाने व भेदने की कला में वे दक्ष थे। यही स्थिति आचार्य द्रोण की भी थी। प्रथम दिन पांडवों के द्वारा 'वज्र' व्यूह की रचना की गई थी, जिसके अग्रभाग में पांडव पक्ष के योद्धा भीम तैनात थे। पांडव सेना का सेनापतित्व धृष्टद्युम्न कर रहे थे। दुर्योधन का मत था कि यदि भीष्म सुरक्षित रहते हुए युद्ध करते रहते हैं तो वे पांडव पक्ष के वीरों व सेना के लिए पर्याप्त हैं। इसलिए वह द्रोण सहित अपनी सेना के सभी वीरों को प्रोत्साहित करते हुए उन्हें भीष्म द्वारा रचित व्यूह के अनुसार निश्चित किए गए स्थानों पर तैनात रहते हुए ही भीष्म की चारों दिशा से रक्षा करने को कहता है।

स्थूल दृष्टि से दुर्योधन द्वारा भीष्म की जिस बाह्य स्थिति का विवेचन किया गया है वह तथ्यपरक है, किंतु क्या कारण है कि भीष्म के अजेय महारथी योद्धा होते हुए भी, दुर्योधन अपनी सेना के वीरों को भीष्म की चारों तरफ से रक्षा करने हेतु निर्देशित कर रहा है ? जिस भ्रम के अस्तित्व के कारण अविद्या का आवरण छाया हुआ है, यदि वह भ्रम ही समाप्त हो जाए तो माया के आवरण से संरक्षित अविद्या का अस्तित्व भी स्वतः ही समाप्त हो जाएगा। भीष्म को 'इच्छा मृत्यु' का वरदान प्राप्त था अर्थात् स्वयं मृत्यु की इच्छा करने पर ही उनकी मृत्यु हो सकती थी। इसीलिए भीष्म अर्जुन के बाणों की शय्या पर लेटे हुए भी, युद्ध के समाप्त होने के पश्चात् भी जीवित रहते हैं। जहाँ इच्छा है, वहाँ माया भी है, क्योंकि शरीर का जन्म ही अतृप्त इच्छापूर्ति का कारण है। इच्छा है तो माया है और माया है तो भ्रम है। इच्छा सदैव अपार व अनंत होती है। उसकी कोई आयु या सीमा नहीं होती। बृहदारण्यक उपनिषद् (4/4/6) में उल्लेखित है, "योऽकामो निष्काम आप्तकाम आत्मकामो न तस्य प्राणा उत्क्रामंति, ब्रह्मैव सन्ब्रह्माप्येति" अर्थात्

"जो समस्त इच्छा-कामना को त्यागकर आत्मस्वरूप में स्थिर हो जाता है, उसका विनाश नहीं होता। वह अनंत इच्छाओं पर विजय पाते हुए ब्रह्म में आत्मसात् हो जाता है।" परमात्मा की प्राप्ति के साथ ही सभी इच्छाओं की भी पूर्ति हो जाती है। जब जिसको पाना था, उसे ही पा लिया तो अब किस की इच्छा ? वस्तुतः सारी इच्छाएँ भी ईश्वर प्राप्ति के साथ ही सिमट कर शांत हो जाती हैं। इच्छा शांत होते ही भ्रम का भी अंत हो जाता है। इसीलिए जब तक भ्रम है, तब तक अनंत अजेय इच्छाएँ भी हैं, क्योंकि इच्छाओं को तो कभी जीता ही नहीं जा सकता। इसीलिए जब तक इच्छा-मृत्यु के वरदान से सज्जित भीष्म हैं, तब तक भीष्म से रक्षित कौरव सेना जीतने के लिए कठिन है।

तस्य संजनयन्हर्षं कुरुवृद्धः पितामहः।
सिंहनादं विनद्योच्चैः शङ्खं दध्मौ प्रतापवान्॥ 12॥

"कौरव सेना के प्रधान सेनापति व प्रतापशाली वृद्ध कुरुवंशी पितामह भीष्म ने सिंह की भाँति गर्जना करनेवाला अपना शंख बजाया, जिसके उच्च स्वर से दुर्योधन का हृदय हर्ष से भर गया।"

उस समय युद्ध प्रारंभ करने की परंपरा में अपने पक्ष के वीरों व सैन्यबलों को युद्ध के लिए सजग रहने तथा विरोधी पक्ष को युद्ध के लिए तैयार होने के लिए प्रमुख योद्धाओं द्वारा शंखनाद किया जाता था। उसी व्यवस्था के अंतर्गत कौरव सेना के प्रधान सेनापति होने के कारण भीष्म ने शंखनाद किया, जो दोनों पक्षों के बलवानों की भी प्रारंभिक दशा वर्णित करता है। सिंहनाद की तरह का भीष्म के द्वारा किया जानेवाला शंखनाद 'भयंकरता' एवं 'भयावहता' का प्रतीक है। वस्तुतः भय का अस्तित्व अविद्या, सांसारिकता व माया-मोह के पाश में बँधी सत्ता के लिए होता है, न कि परमात्मा की सत्ता के लिए। परमात्मा तो ऐसी सत्ता है, जो भय के आवरण का नाश कर आनंद का साक्षात्कार करा देती है, किंतु भीष्म पितामह का शंखनाद कैसी भय की सत्ता की उद्‌घोषणा कर रहा है। यह कैसा शंखनाद है जो सिंह की गर्जना की भाँति अभयारण्य के पशुओं में भय की सिहरन उत्पन्न कर देता है। जो पात्र जैसे गुणों से आवृत्त होगा वह वैसी ही उद्‌घोषणा भी करेगा। इसीलिए भीष्म का शंखनाद भय के आवरण को अधिक सघन करता हुआ भ्रम-जनित सत्ता के आवरण को और गहरा करने का ही तो प्रयास है।

ततः शङ्खाश्च भेर्यश्च पणवानकगोमुखाः।
सहसैवाभ्यहन्यन्त स शब्दस्तुमुलोऽभवत्॥ 13॥

"कौरव पक्ष की ओर से तदंतर अनेकानेक शंख, ढोल, नगाड़े, भेरी, मृदंग, श्रृंग अचानक ही बज उठे। उन सभी का सामूहिक स्वर अत्यंत भयावह व कोलाहलपूर्ण था।

इन बाजों के नाद से चारों दिशाएँ गूँज उठीं।"

इस प्रकार भीष्म के भंयकर शंखनाद के उपरांत कौरव पक्ष के वीरों द्वारा भी अपने-अपने शंखों व बाजों से नाद किया गया, जिसने भीष्म के भयंकर नाद की भयावहता को और भी बढ़ा दिया। भीष्म ने भय की जिस सत्ता की उद्घोषणा की, उसी भ्रम की सत्ता का संचार करने के अतिरिक्त कौरव पक्ष की और कोई घोषणा नहीं है। तामसिक प्रवृत्तियों व माया-मोह के अंधकार से पूर्ण कौरव पक्ष के पास भय के प्रसार के अतिरिक्त अन्य कोई संदेश है भी तो नहीं।

ततः श्वेतैर्हयैर्युक्ते महति स्यन्दने स्थितौ।
माधवः पाण्डवश्चैव दिव्यौ शङ्खौ प्रदध्मतुः॥ 14॥

"प्रत्युत्तर में, तदंतर श्वेत घोड़ों से जुते विशाल रथ पर आसीन माधव श्रीकृष्ण तथा पांडव अर्जुन ने भी अपने-अपने दिव्य शंखों से दिव्य शंखनाद किया।"

कौरव पक्ष के द्वारा किए गए शंखनाद व सामूहिक कोलाहल के प्रत्युत्तर में पांडव पक्ष की तरफ से यह सूचना देने के लिए कि उनका पक्ष भी पूर्णरूप से तैयार है, शंख बजाए गए। श्वेत अश्वों से युक्त विशाल रथ पर आरूढ़ पद्मनाभ श्रीकृष्ण तथा पांडुपुत्र अर्जुन ने अपने दिव्य अर्थात् अलौकिक शंखों को बजाया। "श्वेतैर्हयैर्युक्ते'-'श्वेत अश्वों से युक्त' (श्वेत प्रतीक है निर्मलता और सात्त्विकता का जहाँ लेशमात्र भी कोई विकार न हो); 'महति स्यन्दने'-'महान रथ'-युद्ध से पूर्व श्रीकृष्ण के आवाहन पर अग्निदेव द्वारा यह दिव्य रथ प्रस्तुत किया गया था। उक्त रथ पर आरूढ़ माधव श्रीकृष्ण तथा अर्जुन ने भी दिव्य शंख बजाए। यहाँ शंखों को दिव्य (दिव्यौ) बताया गया है। दिव्य का अर्थ है जो इस लोक का न हो अर्थात् अलौकिक जो इस मृत्यु लोक की सीमाओं और सांसारिक विकारों से परे हो। इसीलिए इस शंख से जो घोषणा होगी, वह भी सांसारिक बंधनों और माया-मोह के जाल से परे दिव्यता का अनुभव करानेवाली ही होगी और इस लोक से परे परब्रह्म परमात्मा में प्रवेश सुलभ करा देगी।

पाञ्चजन्यं हृषिकेशो देवदत्तं धनंजयः।
पौंड्रं दध्मौ महाशङ्खं भीमकर्मा वृकोदरः॥ 15॥

"हृषिकेश भगवान् श्रीकृष्ण ने अपना 'पाञ्चजन्य' शंख बजाया। धनंजय अर्जुन ने 'देवदत्त' नामक अपना शंख बजाया। वृकोदर भीम ने 'पौंड्र' नामक भीषण शंख बजाया।"

श्रीकृष्ण के लिए यहाँ हृषिकेश शब्द का प्रयोग किया गया है, क्योंकि वे ही प्राणियों के हृदय के ज्ञाता एवं समस्त इंद्रियों के स्वामी हैं। समस्त जीवों में स्थित दिव्य

चेतना रूपी आत्मा हृषिकेश श्रीकृष्ण का अंश है। समस्त जीवों की इंद्रियाँ भी उन्हीं का एक अंश मात्र हैं। उन्होंने जो दिव्य शंख बजाया वह 'पाञ्चजन्य' है जो जीव की पाँचों ज्ञानेंद्रियों से आवृत्त उनकी इंद्रियों को इस प्रकार निर्देशित करता है कि जीव माया चक्र तोड़कर परमात्मा की गति प्राप्त कर ले। पाञ्चजन्य शंख का नाद कर वह समस्त जगत् के जीवों को धर्म एवं सत्य की जीत को स्थापित कर कौरवों के भयनाद से मुक्त करके; अपनी शरण प्रदान करने की उद्घोषणा करते हैं, जिससे जीव लौकिकता को छोड़कर समस्त संशय व विषाद से मुक्त होकर पारलौकिक दिव्यता की अनुभूति कर सकें। अर्जुन के लिए 'धनंजय' नाम का प्रयोग हुआ है। वास्तव में एक धन तो बाह्य है, जिससे प्राणीमात्र के जीवन निर्वाह की अनेकानेक आवश्यकताएँ पूरी होने की व्यवस्था होती है, किंतु इससे परे 'आत्मिक धन' है। जो व्यक्ति इस 'आत्मिक धन' पर विजय प्राप्त कर लेता है, उसके अंत:करण में दैवी-संपदा बाहुल्य प्राप्त कर जीव को परमगति की प्राप्ति करा देती है। यही स्थिति अर्जुन की है, जिसने अपने अनुराग से दैवी संपद के बाहुल्य से स्वयं को ईश्वर को अर्पित कर दिया है तथा उसका शंख 'देवदत्त' समस्त जीवों में दैवी-संपद के आधिपत्य की घोषणा है। अर्जुन के बड़े भाई वृकोदर या बड़ी उदरवाले; अतिमानवीय कर्म करनेवाले; भीम ने 'पौंड्र' नामक महाशंख बजाया। बाल्यकाल में जब गुरुकुल में पांडवों व कौरवों की गुरु द्रोण के यहाँ शिक्षा चल रही थी, तब भी दुर्योधन व दु:शासन ने भीम को मारने के लिए मामा शकुनि की प्रेरणा से योजना बनाई थी। भीम को भूख अधिक लगती थी तथा उसे खीर अत्यंत प्रिय थी। अत: विकराल विष मिलाकर दुर्योधन ने; कपटपूर्ण आचरण के द्वारा; भीम को खीर खिला दी तथा बेहोश भीम को नदी में डाल दिया। भीम गिरते हुए पानी के तल पर पहुँचा तथा उसे कई विषैले सर्पों/नागों ने काटा, किंतु भीम पर खीर में मिले विकराल विष के कारण; विषैले सर्पों/नागों के काटने का प्रभाव नहीं हुआ, बल्कि वह होश में आ गया। ऐसी स्थिति देखकर नाग उसे नागराज के सम्मुख ले गए। भीम से परिचय पूछा तो पता लगा कि नागराज की रिश्ते की बहन कुंती, भीम की माँ है तो उन्होंने स्नेहवश भीम को एक ऐसा मधुर पेय पिलाया, जिससे भीम में एक सहस्त्र हाथियों का बल आ गया तथा भीम को नागराज ने सुरक्षित उसकी माँ कुंती के पास भेज दिया। उसके पश्चात् भीम का नाम वृकोदर के रूप में प्रसिद्ध हो गया, क्योंकि जैसे वे अधिक मात्रा में भोजन करते हैं, उसी प्रकार अतिमानवीय कार्य भी करते हैं, जैसे हिडिंब का वध करना।

अनन्तविजयं राजा कुन्तीपुत्रो युधिष्ठिरः।
नकुलः सहदेवश्च सुघोषमणिपुष्पकौ॥ 16॥

"कुंती पुत्र राजा युधिष्ठिर ने अपना 'अनंतविजय' नामक शंख बजाया, नकुल ने

'सुघोष' नामक शंख बजाया तथा सहदेव ने 'मणिपुष्पक' नामक शंख बजाया।"

युधिष्ठिर का अर्थ है जो युद्ध में चलायमान नहीं होता, अर्थात् स्थिर रहता है। 'युद्ध:स्थिर:स:' अर्थात् युधिष्ठिर वह है, जो विषम परिस्थितियों में भी अपनी इंद्रियों पर संयम बनाए रखता है तथा इंद्रियों के विषम संघर्ष में भी जिसकी मन:स्थिति स्थिर बनी रहती है। इसलिए युधिष्ठिर का नाम 'धर्मराज' भी है। जो व्यक्ति इंद्रियों के संवेगों को नियंत्रित कर धर्म-पथ पर अचल बना रहता है, वही ईश्वर प्राप्ति के मार्ग पर अनंत विजय की ओर अग्रसर होता है। इसीलिए युधिष्ठिर का शंखनाद इस महायुद्ध में पांडव-पक्ष की ओर से धर्म की अनंत विजय की घोषणा है। युधिष्ठिर के पिता राजा पांडु की दो पत्नियाँ कुंती व माद्री थीं। राजा कुंतिभोज की पुत्री कुंती जब कुमारी अवस्था में थी, तब राजा कुंतिभोज के यहाँ महर्षि दुर्वासा आए। कुंतिभोज ने महर्षि की सेवा-सुश्रुषा का कार्य कुंती को सौंपा। कुंती ने ऋषि की बड़े मनोयोग से सेवा की। प्रस्थान करते समय प्रसन्न होकर महर्षि ने कुंती को एक मंत्र बताकर वरदान दिया कि इस मंत्र के द्वारा वह किसी भी देवता का पुत्र प्राप्ति हेतु आवाहन कर सकती है। ऋषि दुर्वासा के चले जाने के पश्चात् कुमारी कुंती ने मंत्र की शुद्धता व प्रमाणिकता की जाँच करने के लिए अबोध रूप से सूर्यदेव का आवाहन किया। सूर्यदेव प्रकट हो गए तो कुंती ने कौमार्यावस्था में ही पुत्र होने की कल्पना से; लोक-लाज के भय से घबरा कर; सूर्यदेव से वापस जाने का अनुरोध किया तो सूर्यदेव ने कहा कि मंत्र के कारण उनका आवाहन निष्फल नहीं हो सकता। फलस्वरूप कर्ण का जन्म हुआ, जिसे सूर्यदेव ने अभेद्य कवच जन्म से ही प्रदान किया। यही कर्ण पूर्वजन्म में दंबोद्भव नामक राक्षस था, जिसका वर्णन पूर्व में किया गया है। लोक-लाज के कारण कुंती ने कर्ण को नदी में बहा दिया। यही सूर्यपुत्र आगे चलकर 'राधेय कर्ण' के नाम से विख्यात हुआ। कुंती का विवाह राजा पांडु से हो गया। विवाह की प्रथम रात्रि को ही मद्रदेश के द्वारा आक्रमण करने के कारण पांडु को युद्ध करने जाना पड़ा था। पांडु द्वारा मद्रदेश पर विजय प्राप्त करने के उपरांत मद्रदेश के राजा ने अपनी पुत्री राजकुमारी माद्री को राजा पांडु को भेंट कर दिया। राजा पांडु माद्री के साथ वापस लौटे तथा वैवाहिक जीवन व्यतीत करने लगे। एक बार पांडु वन विहार के लिए, अपने बड़े भाई धृतराष्ट; जो जन्मांध होने के कारण राजा नहीं बन सका था; को अपना प्रतिनिधि बनाकर वन चले गए। वन में शिकार करते हुए प्रणय-अवस्था में एक हिरन-हिरनी का जोड़ा; प्रारब्धवश; पांडु के बाण से घायल हो गया। वास्तविकता में हिरन-हिरनी ऋषि किंदम व उनकी पत्नी थे, जो मृग-मृगी का शरीर बदल कर रतिक्रिया कर रहे थे। घायल होने पर मृत्यु से पूर्व ऋषि किंदम अपने वास्तविक रूप में आ गए तथा पांडु को श्राप दिया कि जब भी वह रति कर्म करेंगे, उनकी मृत्यु हो जाएगी। इस श्राप के कारण पांडु ने कुंती व माद्री के साथ शारीरिक संबंध नहीं बनाए। कुंती ने पांडु

को दुर्वासा के मंत्र वरदान के बारे में बताया तो राजा पांडु के अनुरोध पर कुंती ने प्रथम मंत्र से धर्मराज का आवाहन किया, जिनके वरदान से युधिष्ठिर का जन्म हुआ। कुंती ने दूसरी बार पवनदेव का आवाहान किया तो वृकोदर भीम का जन्म हुआ तथा तीसरी बार देवों के राजा 'इंद्र' का आवाहन किया तो अर्जुन का जन्म हुआ। माद्री को भी पांडु को मिले श्राप के कारण संतान नहीं हो सकती थी। इसीलिए पांडु के अनुरोध पर कुंती ने माद्री को ऋषि दुर्वासा का मंत्र बताया तो माद्री ने अश्विनी कुमारों का आवाहन किया, जिनके वरदान से माद्री को नकुल व सहदेव दो पुत्ररत्नों की प्राप्ति हुई। वन गमन काल में ही एक दिन; प्रारब्धवश; माद्री ने काम से पीड़ित हो पांडु के साथ संसर्ग किया, जिसके कारण ऋषि किंदम के श्रापवश पांडु की वन में ही मृत्यु हो गई। माद्री अपनी भूल का पश्चात्ताप करते हुए पांडु के साथ ही सती हो गई। कुंती पाँचों पुत्रों को लेकर हस्तिनापुर आ गई। पांडु की मृत्यु हो जाने के कारण धृतराष्ट्र अपने को वास्तविक राजा समझने लगा। धृतराष्ट्र की पत्नी गांधारी के प्रसव का समय हो गया, किंतु किसी संतान का जन्म नहीं हुआ तो महर्षि व्यास ने गर्भ से लोथड़ा निकालकर 100 भागों में बाँटा तो थोड़ा सा अंश और बच गया। महर्षि व्यास ने मंत्र प्रक्रिया के द्वारा 100 पुत्रों तथा अवशिष्ट थोड़े अंश से पुत्री को जन्म दिलाया। यही 100 पुत्र दुर्योधन, दुःशासन, विकर्ण आदि बने तो पुत्री दुःशाला बनी, जिसका विवाह जयद्रथ से हुआ था। धृतराष्ट्र के द्वारा अपने पुत्र दुर्योधन को युवराज बनाने के प्रयास हुए, किंतु भीष्म के हस्तक्षेप के कारण युधिष्ठिर को युवराज बनाया गया। प्रजा में युधिष्ठिर अत्यंत लोकप्रिय थे। इसलिए दुर्योधन ने शकुनि के साथ षड्यंत्र कर पांडवों को एक स्थानीय उत्सव में भाग लेने के बहाने वारणावर्त भिजवाया, जहाँ उसने पांडवों के रहने के लिए लाख (एक अत्यंत ज्वलनशील पदार्थ) से बने एक घर (लाक्षागृह) का निर्माण कराया। श्रीकृष्ण की प्रेरणा से इस लाक्षागृह में विदुर के द्वारा त्वरित गति से एक सुरंग बनाई गई तथा पांडवों को षड्यंत्र की जानकारी दे दी गई। योजनानुसार दुर्योधन-शकुनि के इशारे पर लाक्षागृह में आग लगा दी गई। लाख की वजह से लाक्षागृह का महल तुरंत जल गया, किंतु पांडव चुपचाप सुरंग से सुरक्षित निकल वन में चले गए। जनमानस में यही संदेश गया कि पांडव जलकर समाप्त हो गए हैं। कुछ समय बाद पांचाल में द्रौपदी के स्वंयवर में अर्जुन द्वारा स्वंयवर जीतने पर लोगों को वास्तविकता पता चली। धृतराष्ट्र, दुर्योधन व समस्त कौरव पक्ष पांडवों को राज्य सौंपने तथा युधिष्ठिर को राजा बनाने के विरोध में रहे, जिसके कारण भीष्म व विदुर की सलाह पर राज्य का विभाजन हो गया। हस्तिनापुर का युवराज दुर्योधन बन गया था। दूसरे ऊसर-पथरीले भाग पर श्रीकृष्ण की प्रेरणा व सहायता से पांडवों ने इंद्रप्रस्थ का निर्माण किया। पांडवों ने दिग्विजय कर राजसूय यज्ञ का अनुष्ठान किया, जिसमें आए दुर्योधन, कर्ण, शकुनि आदि ने देवताओं के वास्तुशिल्पी विश्वकर्मा द्वारा इंद्रप्रस्थ में निर्मित भव्य

महल को देखा। महल की वास्तुकला अतुलनीय होने के कारण दुर्योधन के जल व थल का भेद नहीं समझने पर; द्रौपदी के द्वारा हुए उपहास से क्षुब्ध हो; उसने पांडवों को हस्तिनापुर में द्यूत-क्रीड़ा हेतु आमंत्रित किया तथा छल-कपट द्वारा शकुनि ने युधिष्ठिर को द्यूत-क्रीड़ा में हरा पांडवों का राज्य, धन, स्वयं सभी पांडवों तथा द्रौपदी को जीत लिया। कौरवों ने द्रौपदी को दरबार में बुला, अपमानित कर, उसका चीर-हरण कर, नग्न करने का प्रयत्न किया, किंतु श्रीकृष्ण की कृपा से चीर-हरण संभव नहीं हो सका। विवाद होने पर, दुर्योधन के उकसाने पर, पांडवों को 12 वर्ष का वनवास व एक वर्ष का अज्ञातवास पूर्ण करने पर राज्य लौटाने का निर्णय हुआ। पांडवों के द्वारा 12 वर्ष का वनवास तथा राजा विराट् के यहाँ एक वर्ष का अज्ञातवास पूरा करने पर भी दुर्योधन ने राज्य वापस करने से इनकार कर दिया। शांति प्रस्ताव पर पाँच गाँव भी देने को सहमत न होने पर पांडवों को; कौरवों के अन्याय को समाप्त करने के लिए युद्ध का निर्णय लेना पड़ा, जिसके फलस्वरूप ही दोनों पक्ष के योद्धा यहाँ इस महायुद्ध में अपने सैन्यबलों के साथ उपस्थित हैं।

इसलिए युधिष्ठिर समान व्यक्ति जो युद्ध की स्थिति में भी विचलित नहीं होता और धर्म-मार्ग पर स्थिर रहता है, उसको ही बाहरी व आंतरिक युद्ध में शाश्वत व अनंत विजय मिलती है जो जीव को परमात्मा में ही स्थिति दिलाती है।

सत्यपालन के नियम रूपी 'नकुल' ने 'सुघोष' नामक शंख बजाया। जब जीव सत्य पक्ष का नियमपूर्वक अनुगमन करता है तो उसकी प्रत्येक घोषणा सुघोष होती है, जो शुभ का प्रसार करती है तथा अशुभ का दमन करती जाती है। युधिष्ठिर जैसे धर्मप्रज्ञ तथा नकुल जैसे सत्य नियमप्रिय की संगति के कारण 'सहदेव' रूपी सत्संगी ने 'मणिपुष्पक' नामक शंख बजाया। जब जीव की प्रत्येक श्वास में प्रभु का नाम ही रहे तथा उसका ध्यान व चिंतन प्रभु में ही रत रहे तो आंतरिक स्थिति पुष्प के समान कोमल हो जाती है। स्थूल रूप में 'मणि' कठोर होती है, किंतु हृदयमणि भगवान् के सत्संग में पुष्प सी कोमल हो जाती है। यही सहदेव की इस युद्ध में घोषणा तथा आश्वासन है।

काश्यश्च परमेष्वासः शिखण्डी च महारथः।
धृष्टद्युम्नो विराटश्च सात्यकिश्चापराजितः॥ 17॥

"श्रेष्ठ धनुर्धर काशिराज और महारथी शिखंडी तथा धृष्टद्युम्न व राजा विराट् और अजेय सात्यिकी,"

'काश्यश्च' अर्थात् 'काशी रूपी', परमेश्वास—परम+ईश+वास अर्थात् जब जीव अपनी समस्त तृष्णाओं व इच्छाओं को समेटकर, मन को संयमित कर ईश्वर की ओर उन्मुख हो जाता है तो उसे परमात्मा का अनंत वास मिल जाता है। चाहे स्थूल रूप में

काशीनरेश भले ही निपुण धुर्नधारी रहे हों; शिखंडी ऐसा महारथी योद्धा है जो शिखा रूपी लक्ष्य की प्राप्ति के लिए अपने प्रारब्धजन्य संस्कारों के उद्वेगों को संयमित करते हुए सदैव लक्ष्य की प्राप्ति हेतु तत्पर रहता है। वह ही भीष्म रूपी भ्रम के घने जाल की माया, जो ऋषियों-मुनियों को भी दिग्भ्रमित करनेवाली है; के मायाजाल को काट पाता है। इसलिए इस युद्ध में महारथी शिखंडनी भीष्म पितामह की मृत्यु का कारण बनती है। शिखंडी महाभारत का एक ऐसा विशिष्ट पात्र है जो पूर्वजन्म में काशीराज की ज्येष्ठ पुत्री अंबा थी। उसकी दो बहनें अंबिका तथा अंबालिका थीं। विवाह योग्य होने पर राजा काशीराज ने अपनी तीनों पुत्रियों अंबा, अंबिका तथा अंबालिका का स्वयंवर आयोजित किया। हस्तिनापुर राज्य के संरक्षक भीष्म ने अपने भाई राजा विचित्रवीर्य के विवाह के लिए स्वयंवर में उपस्थित सभी राजाओं को चुनौती दी और इन तीनों कन्याओं का हरण कर हस्तिनापुर ले गए। अंबा ने बताया कि वह राजा शाल्व से प्रेम करती है तो भीष्म ने अंबा को शाल्व के पास भेजा, किंतु शाल्व ने भीष्म के द्वारा हरण करने के कारण उसे तिरस्कृत कर दिया। अंबा ने भीष्म से कहा कि वे उससे विवाह करें। आजीवन अविवाहित रहने की प्रतिज्ञा के कारण भीष्म ने विवाह के लिए मना कर दिया। प्रतिशोध की ज्वाला में जल रही अंबा ने भगवान् शंकर का घोर तप कर भीष्म की मृत्यु का कारण बनने का वरदान प्राप्त किया, जिसके फलस्वरूप उसने राजा द्रपुद के यहाँ शिखंडनी के रूप में जन्म लिया तथा युद्ध में अर्जुन की ढाल बन भीष्म की मृत्यु का कारण बनी। पांचाल नरेश द्रुपद ने द्रोण के वध के लिए एक पुत्र व अर्जुन के समान महान् धुनर्धारी दामाद प्राप्ति के लिए विवाह हेतु पुत्री प्राप्ति के लिए महान् यज्ञ किया, जिसके फलस्वरूप यज्ञ की अग्नि से एक पुरुष व युवती का उद्भव हुआ। पुरुष का नाम धृष्टद्युम्न था, जो पांडव सेना का प्रधान सेनापति है तथा यज्ञ से उत्पन्न वह युवती ही 'द्रौपदी' है, जिसके स्वयंवर में लक्ष्यभेदन कर अर्जुन ने उसे जीता तथा वह पांडवों की पत्नी बनी। इसीलिए आचार्य द्रोण रूपी जीव; जो 'द्वैत' का बिंब हैं; उनका विनाश दृढ मन-संकल्प शक्तिवाला धृष्टद्युम्न ही करता है। विराट् नगर का राजा 'विराट' प्रकृति में दैवी संपदा का प्रसार है, जिसके यहाँ पांडवरूपी दैव संपदा आश्रय ग्रहण करती है।

द्रुपदो द्रौपदेयाश्च सर्वशः पृथिवीपते।
सौभद्रश्च महाबाहुः शङ्खान्दध्मुः पृथक्पृथक्॥ 1.18॥

"पांचाल नरेश 'द्रुपद', जो प्रकृति के पंचतत्त्वों पर अपने अचल पद द्वारा विजय प्राप्त कर लेते हैं, तथा यज्ञसैनी द्रौपदी के पांडवों से उत्पन्न पाँच पुत्र अर्थात् दैव संपदा के पाँच गुण-सहृदयता, वात्सल्य, लावण्य, सौम्यता तथा समता भी महारथी हैं, जिन्होंने

अपनी इंद्रियों को जीतकर संयमित कर लिया है।"

सुभद्रा पुत्र सौभद्र या अभिमन्यु महाबाहु महारथी है, जो दैवी संपदा के विस्तार में निर्भय रत रहता है तथा कामनाओं, इच्छाओं, तृष्णाओं के चक्रव्यूह का भेदन कर दैवी संपदा को निर्भयतापूर्वक संचारित कर देता है। संजय दिव्य दृष्टि से दृष्टिपात करते हुए धृतराष्ट्र से कहता है, "राजन, इन सब विभूतियों ने भी अपने-अपने शंख बजाए।" जो विभूति जिस दैवी संपद का प्रतिबिंब है, शंखनाद उसके उसी गुण के प्रसार व संवर्द्धन की घोषणा है।

स घोषो धार्तराष्ट्राणां हृदयानि व्यदारयत्।
नभश्च पृथिवीं चैव तुमुलो व्यनुनादयन्॥ 19॥

"पांडव पक्ष के अनेकानेक महायोद्धाओं द्वारा किए गए शंखनाद से आकाश व पृथ्वी गूँज गए तथा धृतराष्ट्र पुत्रों के हृदय विदीर्ण हो गए।"

यद्यपि कौरवों की सेना की संख्या व आकार पांडव सेना के आकार से अधिक था तथा शंखनाद कौरव पक्ष के योद्धाओं ने भी किया था, किंतु हृदय विदीर्ण हुए कौरव पक्ष के। दुर्योधन तथा उसके भाइयों की लौकिक वासनाओं, अन्याय, दुष्पाप, छल, कपट का भयानक भय भले ही प्रथमदृष्टया कितना भी अजेय प्रतीत क्यों न हो, लेकिन अंततः सार्वभौमिक शाश्वतता व सात्विक शक्तियाँ समस्त नकारात्मक ऊर्जा-पुंजों का विनाश कर सत्य एवं धर्म की स्थापना कर ही देती हैं। पद्मनाभ श्रीकृष्ण वासुदेव का पाञ्चजन्य शंख का नाद वस्तुतः पांडव पक्ष की ओर से यही आश्वासन है।

अथ व्यवस्थितान् दृष्ट्वा धार्तराष्ट्रान्कपिध्वजः।
प्रवृत्ते शस्त्रसंपाते धनुरुद्यम्य पाण्डवः॥ 20॥
अर्जुन उवाज
हृषिकेशं तदा वाक्यमिदमाह महीपते।
सेनयोरुभयोर्मध्ये रथं स्थापय मेऽच्युत॥ 21॥

"तत्पश्चात् धृतराष्ट्र के पुत्रों को युद्ध व्यूह में व्यवस्थित हुए देखकर, ऐसे विशाल रथ जिस पर कपि ध्वज लहरा रही है, पर आरूढ़ अर्जुन अपने शस्त्रों को व्यवस्थित करता हुआ, अपने धनुष गांडीव पर बाण को साधने की मुद्रा में आकर, हृषिकेश (भगवान् श्रीकृष्ण जो सबके हृदय के ज्ञाता हैं) से बोला, 'हे अच्युत, आप मेरे रथ को दोनों सेनाओं के मध्य में खड़ा कर दीजिए।'

अर्जुन के दिव्य रथ पर जो कपिध्वजा लहरा रही थी, उस पर स्वयं श्रीहनुमान उपस्थित थे। श्रीहनुमान ने जो श्रीराम के अनन्य भक्त हैं, त्रेतायुग में राम-रावण युद्ध में

राम के धर्म पक्ष का सहयोग किया था; उनको सीताजी ने उनकी कर्तव्यनिष्ठा व भक्तिभाव के कारण अमर होने का वरदान दिया। हनुमानजी का जन्म पवनदेव की कृपा से माता अंजनी व पिता केसरी के यहाँ हुआ था। इस कारण हनुमानजी में पवनदेव की शक्तियों के अतिरिक्त देवताओं के वरदान से प्राप्त विशिष्ट दिव्य शक्तियाँ भी समाहित थीं। पांडव भीम भी पवनदेव की कृपा से कुंती को जन्मा था। इस कारण भीम भी अति बली योद्धा था। वनगमन के दौरान हनुमानजी की भीम से भेंट हुई थी तथा उन्होंने भीम को महायुद्ध में सहयोग देने का वचन दिया था। इसलिए पांडवों के आवाहन पर हनुमानजी अर्जुन के रथ की ध्वजा पर विराजमान हैं। इसलिए संजय ने धृतराष्ट्र को युद्धभूमि का विवरण बताते समय अर्जुन के रथ की ध्वजा को 'कपिध्वज' कहा है। श्रीकृष्ण भगवान् स्वयं मानवरूप में रथ पर सारथी के रूप में उपस्थित हैं। पद्मनाभ कृष्ण ने ही त्रेतायुग में राम के रूप में मानव अवतार लिया था तथा हनुमानजी श्रीराम के दिव्य अवतार के अनन्य भक्त हैं। भक्ति के महात्म्य व सात्त्विक शक्तियों के प्रतीक के रूप में अर्जुन के रथ पर श्रीकृष्ण के मंतव्य के अनुरूप ही श्री हनुमानजी रथ की ध्वजा पर विराजमान हो पांडवों के धर्म के पक्ष को सबल कर रहे हैं। अर्जुन श्रीकृष्ण का संपूर्ण रूप से समर्पित भक्त था। श्रीकृष्ण ने युद्ध में अस्त्र न उठाने की प्रतिज्ञा की थी। इसीलिए अर्जुन के निश्छल प्रेमपूर्ण अनुरोध पर श्रीकृष्ण अर्जुन के रथ के सारथी बने थे तथा उनका नाम पार्थसारथी के रूप में भी प्रसिद्ध हुआ। यद्यपि संपूर्ण सृष्टि में परब्रह्म परमेश्वर के अतिरिक्त अन्य कोई शाश्वत सत्ता नहीं है, फिर भी परमेश्वर अपने भक्त की सेवा को सदैव तत्पर रहते हैं। इसीलिए अर्जुन श्रीकृष्ण भगवान् को, जो 'सारथी' हैं, 'अच्युत' कहकर निवेदन करता है कि वे उसके रथ को पांडव व कौरव सेना के मध्य खड़ा कर दें।

यावदेतान्निरीक्षेऽहं योद्धुकामानवस्थितान्।
कैर्मया सह योद्धव्यमस्मिन्रणसमुद्यमे॥ 22॥

"अर्जुन ने श्रीकृष्ण के समक्ष अपने रथ को दोनों सेनाओं के मध्य खड़ा करने की इच्छा प्रकट करते हुए कहा कि मैं इस महायुद्ध में युद्ध की कामना से एकत्रित हुए वीरों व योद्धाओं का एक बार निरीक्षण करना चाहता हूँ कि इस युद्ध में मुझे किस-किस से युद्ध करना है।"

ईश्वर को समर्पित भक्त का मन रागद्वेष से कहीं दूर अनुरागपूरित भक्ति के धरातल पर टिका होता है तथा इंद्रियाँ पूर्ण रूप से संयमित रहती हैं, किंतु स्थूल रूप से भौतिक धरातल पर जीव यह जानना चाहता है कि उसे किन-किन विकारों की कौन-कौन सी शक्तियों से संघर्ष करना है, जिससे वह उसी के अनुरूप सम्यक् प्रत्युत्तर दे सके।

योत्स्यमानानवेक्षेऽहं य एतेऽत्र समागताः।
धार्तराष्ट्रस्य दुर्बुद्धेर्युद्धे प्रियचिकीर्षवः॥ 23॥

"धृतराष्ट्र के दुर्बुद्धि पुत्र दुर्योधन की मंगल की कामना लेकर युद्ध में आए हुए वीरों को मैं देखना चाहता हूँ।"

धृतराष्ट्र के दुर्बुद्धि पुत्र से आशय है कि कौरव पक्ष पूर्णतया धृष्टता से पोषित राजा का पक्ष है। छल-कपट का व्यवहार कर पांडवों के राज्य को हड़प लेने के बाद भी पांडव पक्ष के द्वारा किए गए शांति प्रयासों को भी दुराचारी दुर्योधन ने अहंकारवश ठुकरा दिया, जिसके कारण युद्ध की विकट स्थिति अनिवार्य हो गई। दुर्योधन को मोह रूपी आवरण ने ढककर उसकी बुद्धि व चेतना को भ्रष्ट कर दिया है, फिर भी उसको सत्परामर्श न देकर दुर्योधन के पक्ष के योद्धा उसकी मंगल कामना लेकर युद्ध के लिए प्रवृत्त हुए हैं। ऐसी दुर्बुद्धिपूर्ण प्रकृतिवाली मोहमयी शक्तियों को देखने हेतु अर्जुन आतुर है।

सञ्जय उवाच

एवमुक्तो हृषिकेशो गुडाकेशेन भारत।
सेनयोरुभयोर्मध्ये स्थापयित्वा रथोत्तमम्॥ 24॥

"संजय ने राजा धृतराष्ट्र से कहा, 'हे भरत के वंशज! गुडाकेश (अर्जुन) के द्वारा इस प्रकार संबोधित किए जाने पर हृषिकेश भगवान् श्रीकृष्ण ने उस उत्तम रथ को दोनों पक्षों की सेना के मध्य लाकर खड़ा कर दिया।'

अर्जुन को गुडाकेश से संबोधित किया गया है। वस्तुतः 'गुडाका' का अर्थ है 'निद्रा' और जो निद्रा को जीत लेता है वह है 'गुडाकेश'। निद्रा का तात्पर्य यहाँ अज्ञान रूपी अंधकार से भी है, चूँकि अर्जुन को श्रीकृष्ण अपना सखा व मित्र मानते थे, इसीलिए यह विश्वास किया जाता है कि अर्जुन ने अपने भक्त-भाव पूरित अनुराग से अज्ञान रूपी निद्रा को जीत लिया था। इसलिए तो अर्जुन को सोते-जागते श्रीकृष्ण का ही ध्यान रहता था। श्रीकृष्ण के लिए 'हृषिकेश' का संबोधन हुआ है। महाभारत के शांतिपर्व (341.47) में हृषिकेश शब्द से तात्पर्य उससे है, जो अपनी अनेकानेक विभूतियों के प्रकाश से जगत् को हर्षित करता है। नारदपंचरात्र (5.8.17) में हृशीक-इंद्रियाँ और ईश अर्थात् स्वामी- इस प्रकार 'हृषिकेश' शब्द का अर्थ 'इंद्रियों के स्वामी' से निरूपित किया गया है। उत्तम रथ का तात्पर्य भी बहुमूल्य रत्नों से जड़ित स्वर्ण निर्मित रथ से न होकर शरीर रूपी रथ से है, जिस पर आरूढ़ गुडाकेश अर्जुन 'जीव' है, जिसकी इंद्रियों की डोर हृषिकेश भगवान् श्रीकृष्ण के हाथ में है। इस प्रकार जैसे सारथी रथ को उसमें जुते घोड़ों की लगाम या डोर से नियंत्रित करता है, वैसे ही अज्ञान रूपी निद्रा को त्यागे हुए जीव की आत्मा की बागडोर हृदय के ज्ञाता व इंद्रियों के स्वामी श्रीकृष्ण भगवान् के हाथ में है।

भीष्मद्रोणप्रमुखतः सर्वेषां च महीक्षिताम्।
उवाच पार्थ पश्यैतान्समवेतान्कुरूनिति॥ 25॥

"सर्वहृदयज्ञाता श्रीकृष्ण ने दोनों पक्षों के सैन्यबलों के मध्य रथ खड़ा करके, सेना के प्रमुख योद्धा भीष्म, द्रोण तथा पृथ्वी पर अधिकार जमाए बैठे सभी राजाओं के सम्मुख कहा, "पार्थ, इन एकत्रित हुए सभी कौरवों को देखो।"

राजाओं के लिए 'महीक्षिताम्' संबोधन प्रयुक्त किया गया है, जिसका अर्थ है, 'धरा पर अधिकार कर बैठे हुए समस्त नृपगण।' वस्तुतः मूलतः यह धरा मानव शरीर है तथा इस पर भ्रम व द्वेष; मुख्य रूप से; तथा अनेकानेक अन्य इंद्रियजनित विकार अपना अधिकार जमाए बैठे हैं। ऐसे में जब अनुरागपूरित होकर जीव शरीर की लगाम परमात्मा को सौंप देता है, तभी वह कल्याण पथगामी होता है।

तत्रापश्यत्स्थितान्पार्थः पितृनथ पितामहान्।
आचार्यान्मातुलान्भ्रातृन्पुत्रान्पौत्रान्सखींस्तथा॥ 26॥
श्वशुरान्सुहृदश्चैव सेनयोरुभयोरपि।
तान्समीक्ष्य स कौंतेयः सर्वान्बन्धूनवस्थितान्॥ 27॥
कृपया परयाऽऽविष्टो विषीदन्निदमब्रवीत्।
अर्जुन उवाच
दृष्ट्वेमं स्वजनं कृष्ण युयुत्सुं समुपस्थितम्॥ 28॥
सीदन्ति मम गात्राणि मुखं च परिशुष्यति।
वेपथुश्च शरीरे मे रोमहर्षश्च जायते॥ 29॥

"वहाँ (युद्ध भूमि पर) अर्जुन ने दोनों ही पक्षों की सेना में अपने पितरों (चाचा-ताऊओं को), पितामहों, गुरुओं, मामाओं, भाइयों, पुत्रों, पौत्रों, सखाओं, ससुरों व सुहृदयजनों को देखा। अर्जुन ने भगवान् श्रीकृष्ण से कहा कि "हे कृष्ण! युद्ध करने की इच्छा से यहाँ एकत्रित हुए समस्त स्वजनों को देखकर मेरे शरीर के अंग शिथिल हो रहे हैं, मुँह सूख रहा है, शरीर में कँपकँपी से रोएँ खड़े हो गए हैं।"

अर्जुन ने जब दोनों पक्षों की सेना पर दृष्टिपात किया तो अपने पिता तुल्य भूरिश्रवा, पितामह भीष्म, द्रोण, कृपाचार्य, जैसे गुरुजन (भीष्म से भी अर्जुन ने शास्त्रविद्या व नीति विद्या प्राप्त की थी), शल्य व शकुनि जैसे मामाओं, अपने चारों भाई, ताऊ धृतराष्ट्र के पुत्र दुर्योधन समेत सौ कौरव भाई, अभिमन्यु , लक्ष्मण आदि पुत्रों, अश्वत्थामा जैसे गुरुपुत्रों, कृतवर्मा जैसे सुहृदयजनों को, द्रुपद जैसे ससुरों आदि विभिन्न श्रेणियों में अपने सगे-संबंधियों-मित्रों-शुभचिंतकों को देखा तो उसका मर्म करुणा से भर गया और वह बड़े विषाद से भगवान् श्रीकृष्ण से अपनी मनःस्थिति बताने लगा।

गांडीवं स्त्रंसते हस्तात्त्वक्चैव परिदह्यते।
न च शक्नोम्यवस्थातुं भ्रमतीव च मे मनः॥ 30॥
निमित्तानि च पश्यामि विपरीतानि केशव।
न च श्रेयोऽनुपश्यामि हत्वा स्वजनमाहवे॥ 31॥
न काङ्क्षे विजयं कृष्ण न च राज्यं सुखानि च।
किं नो राज्येन गोविन्द किं भोगैर्जीवितेन वा॥ 32॥

"हाथ से मेरा गांडीव धनुष छूट सा रहा है, शरीर में ज्वाला-सा दाह प्रतीत हो रहा है। अब मैं खड़ा होने में भी स्वयं को असमर्थ महसूस कर रहा हूँ। मेरा मन भ्रमित होकर घूम सा रहा है।"

"हे केशव! इस महायुद्ध का निमित्त अर्थात् कारण भी विपरीत ही प्रतीत हो रहा है। इस युद्ध में अपने ही कुलजनों का विनाश करके अपने कुल का कोई कल्याण होता हुआ भी नहीं दिखता।"

"हे कृष्ण! न तो मुझे विजय की आकांक्षा है और न ही राज्य प्राप्ति से मिलनेवाले सुखों की इच्छा और आकांक्षा। हे गोविंद! मुझे युद्ध में विजय प्राप्त कर न तो राज्य, न किसी भोग-विलास की और न ही जीवन की कोई लालसा है। इनका प्रयोजन ही क्यों?"

अर्जुन को ऐसा प्रतीत हो रहा है कि इस महायुद्ध में पांडव व कौरव दोनों ही पक्षों में उसके अपने परिजन, मित्र, बंधु, सखा ही तो युद्ध के लिए खड़े हैं। यदि वह अपने परिजनों व स्वजनों का ही विनाश कर देगा तो भला युद्ध जीतने से मिलनेवाले सुख व राज्य का वह क्या करेगा। उस स्थिति में उन उपलब्धियों से भला क्या प्रयोजन सिद्ध होगा। इसलिए वह भगवान् श्रीकृष्ण को 'गोविंद' भी कहकर संबोधित कर रहा है। गोविंद का अर्थ गौपालक या गौओं के सेवक से नहीं है, अपितु गोविंद का अर्थ ऐसी सत्ता से है, जिसने अपनी इंद्रियों को संयमित कर उन्हें जीत लिया हो और जितेंद्रिय बन गया हो। भौतिक संसार का प्राणी अपनी इंद्रियों की विभिन्न आकांक्षाओं की संतुष्टि चाहता है और यह भी कामना करता है कि परमेश्वर भी उसके ऐंद्रिक सुखों की पूर्ति में सहायक हो, किंतु ऐसा होता नहीं। जो व्यक्ति परमेश्वर की अनुकूलता चाहता है, उसको अपनी सभी इंद्रियों को और स्वयं को परमात्मा को अनन्य भाव से समर्पित करना होता है। यहाँ पर अपने परिजनों और स्वजनों के प्रति प्रगाढ़ आकर्षण व स्नेह अर्जुन की वेदना का कारण है, क्योंकि हर व्यक्ति अपने वैभव व ऐश्वर्य के भोग में अपने स्वजन व परिजनों का भी साथ चाहता है।

येषामर्थे काङ्क्षितं नो राज्यं भोगाः सुखानि च।
त इमेऽवस्थिता युद्धे प्राणांस्त्यक्त्वा धनानि च॥ 33॥

वस्तुतः अपने जिन परिजनों और स्वजनों के लिए मनुष्य राज्य की, भोगों की,

सुखों की आकांक्षा करता है, वे ही सब लोग जब अपने प्राणों को दाँव पर लगाकर युद्धभूमि में युद्ध करने के लिए तत्पर हैं, युद्ध के लिए प्राणों का मोह छोड़कर डटे हैं तो यदि वही नहीं रहेंगे तो फिर ऐसे राज्य, भोग और सुखों का भला क्या प्रयोजन? इस युद्ध में जिन्हें मार कर विजय प्राप्त करनी है वह, कौन हैं?

आचार्याः पितरः पुत्रास्तथैव च पितामहाः।
मातुलाः श्चशुराः पौत्राः श्यालाः सम्बन्धिनस्तथा॥ 1.34॥
एतान्न हन्तुमिच्छामि घ्नतोऽपि मधुसूदन।
अपि त्रैलोक्यराज्यस्य हेतोः किं नु महीकृते॥ 1.35॥
निहत्य धार्तराष्ट्रान्नः का प्रीतिः स्याज्जनार्दन।
पापमेवाश्रयेदस्मान्हत्वैतानाततायिनः॥ 1.36॥

"आचार्य, गुरुजन, पितृ तुल्य ताऊ, चाचा, पुत्र और पितामह, मामा, ससुर, पौत्र, साले व अन्य संबंधीगण ही इस युद्ध में हैं। हे मधुसूदन! ये सब मेरे परिजन व स्वजन भले ही मुझे मार डालें, परंतु मुझे इनका वध करके तीनों लोकों के राज्य की भी आकांक्षा नहीं है तो भला इस पृथ्वी के इस छोटे से राज्य हस्तिनापुर का तो कहना ही क्या है? हे जनार्दन! धृतराष्ट्र के इन पुत्रों का वध करके भला हमें क्या हर्ष होगा? यद्यपि धृतराष्ट्र के पुत्रों के द्वारा आततायी के समतुल्य पापकर्म किए गए हैं, फिर भी हमें इनका विनाश करने से पाप की प्राप्ति ही तो होगी।"

आततायी वह सत्ता या स्थिति है, जो तुच्छ सुखों की प्राप्ति के लिए अनीति का मार्ग अपनाता है। हमारे शास्त्रों में आततायी को स्पष्ट रूप से परिभाषित भी किया गया है। वसिष्ठ स्मृति (3.16) में स्पष्ट किया गया है, 'अग्निदो गरदश्चैव शस्त्रपाणिर्धनापहः, क्षेत्र दाराहश्चैव शडेते ह्याततायिनः' अर्थात् जो दुष्ट घर जलाने के लिए चेष्टारत है, जो विष देने का प्रयत्न करता है, जो हाथ में हथियार लेकर शारीरिक क्षति पहुँचाने और मारने के लिए उद्यत है, जो धन या संपत्ति बलात लूटने को प्रयासरत है तथा जो स्त्री व खेत का हरण करता है, ऐसा दुष्ट प्राणी आततायी है। मनुस्मृति में भी ऐसे आततायी को बिना किसी संकोच के मार डालने की अनुमति दी गई है और बताया गया है कि ऐसे दुष्टों को मारने पर कोई पाप नहीं लगता, किंतु अर्जुन यहाँ इतना भावविह्वल हो गया है कि वह धृतराष्ट्र पुत्रों को आततायी तो कहता है फिर भी श्रीकृष्ण को अपना यह निर्णय सुनाता है कि उनको मारने से उसे पाप ही लगेगा। प्रकृति का भी स्वयंभू नियम है कि अपनी धन-संपत्ति, स्त्री व प्राणों की रक्षा करना प्रत्येक व्यक्ति का कर्तव्य है तथा आत्मरक्षा हेतु की गई चेष्टाएँ पाप की श्रेणी में नहीं आतीं। धृतराष्ट्र पुत्रों दुर्योधन, शकुनि आदि ने छल-कपट से; युधिष्ठिर के निष्पाप आचरण का अनीतिपूर्वक लाभ उठाते हुए पांडवों का धन

एवं राज्य हड़प लिया था तथा उनकी स्त्री के मानमर्दन का पूर्ण प्रयास किया था। उन्होंने पांडवों के साथ भी दास तुल्य व्यवहार किया, भीम को विष देकर तथा लाक्षागृह में पांडव व कुंती के प्राण लेने का पूर्ण प्रयास किया था। कौरवों ने पांडवों के वनवास काल में उन्हें क्षति पहुँचाने तथा उनके अज्ञातवास का भेदन करने के लिए अपने गुप्तचर तंत्र के साथ साम-दाम-दंड-भेद की नीति अपना कर पांडवों को प्रताड़ित किया था। कौरवों के लिए अर्जुन द्वारा 'आततायी' शब्द पूर्ण सार्थक है, तथापि अर्जुन अपनी सज्जनता के कारण उनके विनाश में शास्त्रसम्मत दृष्टिकोण के विपरीत 'पाप' ही देखता है। अर्जुन अभी तक सुखों की पराकाष्ठा त्रिलोकी की विजय में निहित देखता है। उसे अभी तक इस तथ्य का ज्ञान नहीं है कि त्रिलोकों पर विजय तथा उनकी प्राप्ति के सुख से आगे भी चिदानंद सच्चिदानंद की स्थिति है।

तस्मान्नार्हा वयं हन्तुं धार्तराष्ट्रान्स्वबान्धवान्।
स्वजनं हि कथं हत्वा सुखिनः स्याम माधव॥ 1.37॥

"हमारा धृतराष्ट्र के पुत्रों, जो हमारे बांधव ही हैं, के प्राणों का हनन करना श्रेयस्कर नहीं है, क्योंकि हे माधव! स्वजनों को मारकर हम भी भला किस प्रकार सुखी व प्रसन्न हो सकेंगे।"

यद्यपि अर्जुन धृतराष्ट्र पुत्रों को आततायी मानता है, फिर भी अज्ञान रूपी मोह के कारण वह अपनी आसाक्ति पर विजय प्राप्त नहीं कर पा रहा है। अनुरागपूरित अर्जुन को शारीरिक रिश्तों का बोध कमजोर कर रहा है। वह यह नहीं समझ पा रहा है कि जब शरीर ही नश्वर है तो शरीर से जुड़े रिश्ते कहाँ तक शाश्वत होंगे? मोह रूपी अज्ञान ही जीव को शारीरिक रिश्तों-संबंधों के फेर में बाँधकर, माया रूपी चक्र में फँसाकर, जन्म-जन्म तक भटकाता रहता है।

यद्यप्येते न पश्यन्ति लोभोपहतचेतसः।
कुलक्षयकृतं दोषं मित्रद्रोहे च पातकम्॥ 38॥

"यद्यपि राज्य के मोह-लोभ से वशीभूत हुए भ्रष्ट आचरण वाले ये स्वजन अभी भी कुल के क्षय व मित्र-द्रोह के दारूण पाप को नहीं समझ-देख पा रहे हैं।"

अर्जुन के अनुसार कौरव पक्ष राज्य-सत्ता के मोह में चूर होकर इस विनाशक युद्ध में अपने कुलक्षय व मित्र-द्रोह के घोर पाप को समझने में असमर्थ हो गया है।

कथं न ज्ञेयमस्माभिः पापादस्मान्निवर्तितुम्।
कुलक्षयकृतं दोषं प्रपश्यद्भिर्जनार्दन॥ 39॥

"हे जनार्दन! कुल के क्षय से उत्पन्न होनेवाले दोषों को हम लोग तो समझ ही रहे हैं, परिजन-स्वजन के विनष्ट होने से जनित भयंकर स्थिति का अपराध हम तो देख ही सकते हैं, तो फिर ऐसे विनाश हेतु हम ही क्यों प्रवृत्त हों?"

अर्जुन का तात्पर्य यह है कि कौरव पक्ष; राज्य के लोभ से बुद्धि भ्रष्ट हो जाने के कारण; इस महायुद्ध से होनेवाले कुल के विनाश तथा कुल क्षय से जनित होनेवाले दोषों को नहीं समझ पा रहा है, किंतु उन जैसे बुद्धिमान लोगों को दुष्टों के जाल में पड़कर स्वयं दुष्ट नहीं हो जाना चाहिए।

कुलक्षये प्रणश्यन्ति कुलधर्माः सनातनाः।
धर्मे नष्टे कुलं कृत्स्नमधर्मोऽभिभवत्युत॥ 40॥

"कुल के क्षय हो जाने के फलस्वरूप सनातन कुलधर्मों का भी विनाश हो जाता है, क्योंकि कुल क्षय से नष्ट हुए धर्म को कुल का नाश अभिभूत कर लेता है। फलतः धर्म का भी क्षय हो जाता है।"

अर्जुन का मंतव्य था कि इस महायुद्ध में पितामह, पितर, मामा, चाचा, ताऊ से लेकर पुत्र, पौत्र, ससुर, साले, सभी किसी-न-किसी पक्ष में सम्मिलित होकर युद्ध के लिए तत्पर हैं। यदि युद्ध होगा तो उनका विनाश भी होगा। ऐसी स्थिति में कुल में पीढ़ी-दर-पीढ़ी चली आ रही परंपराओं का भी लोप हो जाएगा, क्योंकि वंश के वृद्धजन ही आनेवाली पीढ़ियों को क्रमशः अपनी परंपराओं से दीक्षित कराते रहते हैं तथा नई पीढ़ियाँ शनैः-शनैः अपने कुल की परंपराओं तथा संस्कारों में पारंगत हो उन्हें कुल परंपरा में बढ़ाती रहती हैं। इस युद्ध में पूर्व के पितामहों व पितरों की तथा पश्चात् के पुत्र और पौत्रों की सभी पीढ़ियों के युद्ध में सम्मिलित होने के कारण कुल की पूर्व से चली आ रही परंपराओं का भी क्षय हो जाएगा।

अधर्माभिभवात्कृष्ण प्रदुष्यन्ति कुलस्त्रियः।
स्त्रीषु दुष्टासु वार्ष्णेय जायते वर्णसङ्करः॥ 41॥

"हे कृष्ण! कुल की स्त्रियाँ भी अधर्म के प्रमुख हो जाने से दूषित हो जाती हैं। वृष्णिवंशी स्त्रियों के सतीत्व का पतन हो जाने से वर्णसंकर हो जाता है।"

अर्जुन की दृष्टि सीमित तथा विचार संकीर्ण था। वह समझता है कि कुल के सभी परिजनों के इस युद्ध में शामिल होने से कुल का विनाश आसन्न है, जिसके कारण दुष्ट-पापी लोगों द्वारा बलात स्त्रियों को अधिकार में लेकर उनको दूषित कर दिया जाएगा, जिससे आनेवाली पीढ़ियाँ भ्रष्ट हो जाएँगी। अभी तक वह वर्णसंकर का वास्तविक अर्थ नहीं समझता है, जिसे श्रीकृष्ण उसे आगे समझाएँगे।

सङ्करो नरकायैव कुलघ्नानां कुलस्य च।
पतन्ति पितरो ह्येषां लुप्तपिण्डोदकक्रियाः ॥ 42 ॥

"वर्णसंकर के कारण उत्पन्न हुए अवांछित संतति प्रसार से निश्चय ही परिवार की कुल मर्यादा, संस्कार व परंपरा के नष्ट हो जाने के कारण नारकीय जीवन उत्पन्न होगा, क्योंकि पिंडदान की परंपरा भी खंडित व लुप्त हो जाएगी जिससे कुल के पितरों का भी पतन होगा।"

कुल में पितरों की मृत्यु के बाद उनकी संतानों के द्वारा अपने पितरों की आत्मा को पिंडदान-तर्पण इत्यादि दिया जाता है, जिससे पितरों की आत्मा प्रेतलोक या प्रेतयोनि में न भटके, बल्कि उन्हें शांति मिले तथा वह मुक्तिमार्ग पर अग्रसर हो, किंतु इस महायुद्ध में हुए विनाश के कारण अधिकांश योद्धाओं के परिजनों का ही विनाश हो जाएगा तो उनके पिंडदान-तर्पण न होने से उनको एवं उनके पितरों को नारकीय जीवन भोगना होगा।

दोषैरेतैः कुलघ्नानां वर्णसङ्करकारकैः।
उत्साद्यन्ते जातिधर्माः कुलधर्माश्च शाश्वताः ॥ 43 ॥

"वर्णसंकर उत्पन्न होने के कारण कुल वंश और कुलघातियों का कुलधर्म तथा जाति धर्म दूषित और नष्ट हो जाएगा, क्योंकि सनातन कुलधर्म व जातिधर्म का विनाश हो जाएगा।"

अर्जुन अभी तक कुल धर्म व जातिधर्म को ही सनातन धर्म मानता है तथा कुल की स्त्रियों के दूषित होने को वर्णसंकर समझता है। आगे श्रीकृष्ण बताएँगे कि कुलधर्म, जातिधर्म, पिंडोदक क्रिया या वर्णसंकर का वास्तविक स्वरूप क्या है।

उत्सन्नकुलधर्माणां मनुष्याणां जनार्दन।
नरकेऽनियतं वासो भवतीत्यनुशुश्रुम ॥ 44 ॥

"हे जनार्दन! इस प्रकार जिन मनुष्यों के कुलधर्म का नाश हो जाता है, उनको अनंत काल तक नारकीय जीवन बिताना होता है। केवल कुलधर्म ही नष्ट नहीं होता, अपितु शाश्वत धर्म भी नष्ट-भ्रष्ट हो जाता है, ऐसा मत प्रचलित है।"

अर्जुन अपने इस मत को आचार्यों-विद्वानों से जो सुना है उस पर आधारित करता है कि मानव समाज के कल्याण के लिए उत्तरदायी राजपुरुषों व नायकों द्वारा भी जब कुल-वंश-परंपराओं को विनष्ट करने के लिए महायुद्ध रूपी विनाश का अनुगमन किया जाएगा तो समाज की स्थापित परंपराएँ व रूढ़ियाँ स्वतः कमजोर होकर क्षीण हो जाएँगी, जिससे सामाजिक अव्यवस्था फैल जाएगी। अभी तक अर्जुन की दृष्टि में वर्णाश्रम

पद्धति, पिंडोदक क्रिया, स्त्रियों का वर्णसंकर होना ही वास्तविक सत्य एवं सनातन धर्म है, जिसे श्रीकृष्ण आगे जाकर वास्तविक स्वरूप में स्पष्ट करेंगे।

अहो बत महत्पापं कर्तुं व्यवसिता वयम्।
यद्राज्यसुखलोभेन हन्तुं स्वजनमुद्यताः ॥ 45 ॥

"ओह! कितने आश्चर्य का विषय है कि हम लोग इतने विद्वान् होकर भी इतने अहम् सत्य को न देख, पाप करने को उद्यत हुए हैं। राज्य व सुख के लोभ से अपने कुल के विनाश के लिए हम ही कुल-हंता बनने को उद्यत हैं।"

अभी तक अर्जुन स्वयं को श्रीकृष्ण से ज्यादा ज्ञानी समझ रहा है। अपने तर्कों को आचार्यों के प्रचलित मतों से समर्थन देते हुए वह कहता है कि इस युद्ध में कुल-क्षय के कारण समाज में अव्यवस्था का प्रसार हो जाएगा व सनातन धर्म भ्रष्ट हो जाएगा। वह अभी तक श्रीकृष्ण के वास्तविक स्वरूप से अनभिज्ञ होने के कारण समाज में प्रचलित रूढ़ियों को ही सनातन धर्म समझ रहा है।

यदि मामप्रतीकारमशस्त्रं शस्त्रपाणयः।
धार्तराष्ट्रा रणे हन्युस्तन्मे क्षेमतरं भवेत्॥ 46 ॥

"यदि मुझको बिना शस्त्र धारण करे तथा प्रतिरोध न करने पर भी धृतराष्ट्र के शस्त्रधारी पुत्र युद्धभूमि में मार डालें, तो भी वह मेरे लिए श्रेयस्कर ही होगा।"

अर्जुन महान् धनुर्धर तथा महान् योद्धा था, किंतु युद्ध भूमि में अपने परिजनों तथा संबंधियों को देख उसका हृदय इस प्रकार भावावेग से भर गया कि वह धृतराष्ट्र पुत्रों को आततायी मानते हुए भी कुलक्षय को आसन्न देख कुलधर्म नष्ट होने, स्त्रियों के वर्णसंकर होने, पिंडदान आदि कर्मकांडों को सनातन धर्म समझ निःशस्त्र होकर अपनी मृत्यु को भी गले लगाने को तैयार हो गया, ताकि इतिहास इस तथ्य का साक्षी रहे कि अर्जुन कितना विवेकशील था, जिसने अपने प्राणों की आहुति देकर भी महायुद्ध से सनातन धर्म की रक्षा की।

सञ्जय उवाच

एवमुक्त्वार्जुनः सङ्ख्ये रथोपस्थ उपाविशत्।
विसृज्य सशरं चापं शोकसंविग्नमानसः॥ 47 ॥

"संजय बोले, 'राजन्! अर्जुन इस प्रकार कहकर, अपने धनुष बाण को रथ पर नीचे रख शोक संतप्त होता हुआ रथ के पिछले भाग में बैठ गया।"

ॐ तत्सदिति श्रीमद्भागवदगीतासूपनिषत्सु ब्रह्मविधायाँ योगशास्त्रे।
श्रीकृष्णार्जुन संवादेऽर्जुनविषादयोगो नाम प्रथमोऽध्याय: ॥ 1 ॥

अतएव श्रीमद्भागवदगीता उपनिषद् के ब्रह्ममविद्यांतर्ग योग शास्त्र में श्रीकृष्ण-अर्जुन के संवाद में 'अर्जुनविषादयोग' नामक प्रथम अध्याय पूर्ण हुआ।

अमृत सार

धर्म और अधर्म के इस महायुद्ध में एक पक्ष में सात्त्विक दैवी संपत्ति प्रधान शक्तियाँ हैं तथा दूसरे पक्ष में आसुरी प्रवृत्ति-जन्य शक्तियाँ हैं। दोनों ही मानव प्रकृति के दो पक्ष हैं। दैवी-संपदा-प्रधान बनकर यह इष्ट की ओर उन्मुख हो जाती हैं और धर्म-मार्ग से परमात्मा की प्राप्ति का निमित्त बनती हैं। दूसरी ओर प्रकृतिजन्य विषय वासनाओं के राग-द्वेष प्रधान होने के कारण शक्तियाँ आसुरी-संपद प्रधान बन जाती हैं तथा जीव को पतन की ओर ले जाती हैं। इसलिए यह शरीर ही युद्ध क्षेत्र है, जिसमें दो प्रवृत्तियाँ, धर्म तथा कुरु प्रबल हैं। सांकेतिक रूप में दोनों पक्षों की सेना का आकार व योद्धाओं का विवरण आया है। कहा जाता है कि इस महायुद्ध के समय ब्रह्मांड की दैवीय शक्तियाँ पांडव पक्ष में प्रवेश कर गई थीं तथा आसुरी शक्तियाँ कौरव पक्ष में प्रवेश कर गई थीं। शाश्वत परब्रह्म के द्वारा प्रदत्त ज्ञानबोध के दिग्दर्शन में ही आसुरी संपद का अंत निश्चित होता है।

जीव को 'किंकर्तव्यविमूढ़' स्थिति से बाहर तो आना ही पड़ता है। कुरुक्षेत्र में खड़ी सेनाओं के निरीक्षण में अर्जुन को अपने परिजन, गुरुजन, संबंधीगण ही दिखाई देते हैं। अर्जुन विमनस्क होकर ब्रह्मज्ञान की बातें बताने लगता है। वह वृद्ध पितामह भीष्म, गुरु द्रोण, गुरुपुत्र अश्वत्थामा, मामा, भाई, पुत्र, पौत्र-इन सबको मात्र छोटे से हस्तिनापुर राज्य के लिए मार कर कुलक्षय को देखने लगता है। इस महापाप के भय से उसका मन दुखित व क्षुब्ध होने लगा। बड़ा भारी संकट था, एक ओर स्वजन और दूसरी ओर क्षात्र धर्म। अर्जुन को लग रहा था कि जैसे वह एक बड़ी मशीन के पाटों में फँस गया हो। वह किंकर्तव्यविमूढ़ होकर रथ पर असहाय सा बैठ गया। ऐसा ही मोह युधिष्ठिर को युद्ध में मारे गए अपने परिजनों के विलाप को देखते समय भी हुआ। उसके उस मोह को दूर करने का 'करूँ या न करूँ' वृत्तांत महाभारत के 'शांतिपर्व' में दिया गया है। ऐसी संशय स्थिति के अनेक प्रसंग भारतीय पौराणिक गाथाओं में भी हैं तथा पश्चिमी जगत् के साहित्य में भी। नाटककार विलियम शेक्सपीयर के नाटक 'हेमलेट' में प्राचीन डेनमार्क के राजपुत्र हेमलेट के चाचा ने, हेमलेट के पिता को मार, स्वयं राजा बन, हेमलेट की माँ से शादी कर ली। हेमलेट इसी मानसिक द्वंद्व

में कि पिता के हत्यारे चाचा को मार कर या माता को पुनः विधवा बनाए या चाचा को न मारे, अपना मानसिक संतुलन खो बैठता है। इसी तरह का प्रसंग शेक्सपीयर (William Shakeshpeare) के 'कोरियोलेनस' (Coriolanus) नाटक में भी है। रोम में कोरियोलेनस नामक एक वीर सरदार था, जिसे नगरवासियों ने अपमानित कर निकाल दिया। तब वह रोम के शत्रुओं से जा मिला तथा उनको वचन दिया कि उनका साथ कभी नहीं छोड़ेगा। कुछ काल पश्चात् कोरियोलेनस ने शत्रुओं के साथ मिल रोम पर आक्रमण कर दिया तथा विजय के समीप पहुँच गया। जब रोम नगर की स्त्रियों ने उसकी माता व पत्नी को उसके सम्मुख खड़ा कर मातृभूमि के प्रति कर्तव्यों की दुहाई दी, तो उसे अपने शत्रुओं को दिए वचन को भंग करना पड़ा। महाभारत के वन पर्व में प्रसंग है कि कोई ब्राह्मण क्रोध से एक पतिव्रता स्त्री को भस्म कर डालना चाहता था, किंतु यत्न करने पर भी उसके प्रयास सफल नहीं हुए तो वह उसी पतिव्रता स्त्री की शरण में आ गया। उस स्त्री ने उस ब्राह्मण को धर्म का बोध कराने के लिए एक व्याध के पास भेजा जो मांस बेचा करता था, किंतु अपने माता-पिता का बहुत भक्त था। व्याध के व्यवसाय को देख ब्राह्मण को बड़ा क्षोभ हुआ तो व्याध ने उसे समझाया, "जीवो जीवस्य जीवनम्" अर्थात् इस जगत् में एक जीव दूसरे का भोजन है। आपातकालीन स्थिति में तो "प्राणस्यान्नमिंद सर्वं" नियम मनुस्मृति (5.28) में भी स्पष्ट है। यदि सब लोग हिंसा त्याग दें तो क्षात्र धर्म शेष न रहेगा। यदि क्षात्र धर्म नष्ट हो जाए तो प्रजा व निर्बलों की रक्षा कैसे होगी? अर्जुन यह कह चुका है कि धृतराष्ट्र पुत्र आततायी हैं, तो भला दुष्टों-दुराचारियों के विनाश में कैसा क्षोभ, पर वह रूढ़ियों में अपना बचाव ढूँढ़ने लगा कि कुलधर्म ही सनातन धर्म है। युद्ध से वर्णसंकर होगा, कुल की स्त्रियाँ दूषित हो जाएँगी, पिंडोदक-क्रिया लोप हो जाएगी और स्वयं उसे कुलघाती बन नरकगामी होना पड़ेगा। एक ओर संशय से घिरा कौरव सम्राट् धृतराष्ट्र है, जो अपने पक्ष में भीष्म, द्रोण, कर्ण जैसे महान् योद्धाओं तथा ग्यारह अक्षौहिणी सेना होने के बाद भी व्याकुल है, क्योंकि जिस व्यक्ति के पास जितनी भौतिक सुख-संपदा तथा सैन्य बल होता है, उसे उन सबके छिन जाने का भय उतना ही अधिक होता है। दूसरी तरफ अर्जुन भी युद्ध-भूमि में अपने गुरुजनों, स्वजनों, मित्रों तथा कुलवंशियों को देखकर संशय तथा विषाद से आवृत्त हो जाता है। धृतराष्ट्र का संशय स्वार्थ प्रेरित होने के कारण तामसिक है, किंतु अर्जुन का संशय व विषाद अपने स्वजनों को इस महायुद्ध में विनाश की ओर उन्मुख देखकर, उन्हें युद्ध से बचाने के लिए अपने प्राणों की आहुति तक देने को तैयार हो जाने के कारण, निःस्वार्थ से प्रेरित है। अतः उसकी व्यथा उसके सात्त्विक चरित्र व उदारता की द्योतक है। इस अध्याय की समाप्ति पर "विसृज्य सशरं चापं शोकसंविग्नमानसः" शब्दों में अर्जुन के विषाद की रेखाएँ गहराई

लिये अंकित हो जाती हैं, जो उसे गांडीव व तुषीर को नीचे रखने को विवश कर देती हैं। ऐसे संशय व विषाद से ग्रस्त जीव को पलायन की अवस्था से जागृति की अवस्था की ओर प्रयाण करने की प्रेरणा ही गीता का वह संदेश है जो विषाद को परमानंद की अनुभूति में परिवर्तित कर देता है।

□

अथ द्वितीयऽध्याय:

मैं कौन ? जीव व कर्म का स्वरूप

दर्पण भले ही कितना भी स्वच्छ क्यों न हो, परंतु यदि उस पर संशय की धूल की परत जम जाए तो वास्तविक छवि स्पष्ट नहीं हो पाती। इसी प्रकार अनुरागपूरित अर्जुन के हृदय में जो संशय परिलक्षित हो रहा है, वह भी वस्तुत: किसी पथिक की पथ-प्राप्ति की ओर अग्रसर होने में उत्पन्न हुआ पारिवारिक मोह रूपी मायाजाल है। प्रारंभ में जो पथ बड़ा सरल प्रतीत होता है, उस पर अग्रसर होने पर जब माया-मोह के जाल आने लगते हैं तो पथिक क्षोभ से भर जाता है। इसीलिए प्रत्येक जीवात्मा की परमात्मा की प्राप्ति से पूर्व वाली मनोदशा वस्तुतः गीता की प्रवेशिका है। अर्जुन के कुतर्क वस्तुत: सद्गुरु के द्वारा दिए गए ज्ञान प्रकाश से पूर्व का अंधकार, रूढ़ियाँ व कुरीतियाँ हैं, जिनका निवारण सद्गुरु की ज्ञानवाणी ही करती है। इन्हीं भ्रमजनित रूढ़ियों व कुरीतियों के जाल में फँसकर मनुष्य भिन्न-भिन्न धर्म-संप्रदायों, गुटों, सिद्धांतों, नियमों, जातियों व परंपराओं की रचना कर डालता है। ये संप्रदाय तथा कुरीतियाँ महाभारतकाल में भी थीं तथा आज भी भिन्न-भिन्न स्वरूपों में विद्यमान हैं।

सञ्जय उवाच

तं तथा कृपयाऽविष्टमश्रुपूर्णाकुलेक्षणम्।
विषीदन्तमिदं वाक्यमुवाच मधुसूदनः ॥ 1 ॥

"संजय ने कहा, 'अर्जुन को इस प्रकार करुणा से व्याप्त व अश्रुपूरित नेत्रों से, विषाद युक्त हो, व्याकुल देखकर भगवान् श्रीकृष्ण मधूसूदन, जिन्होंने मधु नामक दैत्य का विनाश किया था, ने कहा—

श्री भगवानुवाच

कुतस्त्वा कश्मलमिदं विषमे समुपस्थितम्।
अनार्यजुष्टमस्वर्ग्यमकीर्तिकरमर्जुन ॥ 2 ॥

"श्रीभगवान् ने कहा, 'अर्जुन! इस विषम स्थल पर यह शोक व मोह रूपी अज्ञान तुम्हारे मन में कहाँ से आया? तुम्हारा यह आचरण अनार्य की भाँति है, जो उच्च लोकों की प्राप्ति नहीं कराएगा, अपितु अपयश का कारण बनेगा।'"

अर्जुन के प्रश्न पर श्रीकृष्ण 'कुत' शब्द द्वारा अपना आश्चर्य प्रकट करते हैं। 'विषम स्थल' पर जब दोनों पक्ष युद्ध के लिए तत्पर खड़े हैं तो अर्जुन का ऐसी परिस्थिति के विपरीत आचरण अनार्य के तुल्य था। विवेकशील ज्ञानवान पुरुष की स्थिति 'आर्य' की स्थिति होती है तथा इसके प्रतिकूल व्यवहार 'अनार्य' की मनःस्थिति है। ऐसी स्थिति में न तो संभावित वीर पुरुषों के द्वारा कभी ऐसा आचरण किया गया है और न ही यह स्वर्ग प्रदान करनेवाला है। इस लोक में ऐसे आचरण का पुरुष कभी कीर्ति-यश का भागी नहीं होगा। जो व्यक्ति अज्ञानियों की तरह व्यवहार करे उसे 'अनार्य' कहा जाता है। 'आर्य' व 'अनार्य' शब्द व्यक्ति की विवेकशीलता का परिचायक हैं न कि कोई जाति विशेष जैसा कि विश्व के कतिपय विद्वानों ने धारणा बना रखी है। इसलिए इस श्लोक में भगवान् श्रीकृष्ण ने अर्जुन के आचरण के प्रति 'अनार्यजुष्टम', 'अस्वर्ग्यम' तथा 'अकीर्तिकरम' शब्दों का प्रयोग किया है।

क्लैब्यं मा स्म गमः पार्थ नैतत्त्वय्युपपद्यते।
क्षुद्रं हृदयदौर्बल्यं त्यक्त्वोत्तिष्ठ परंतप॥ 3॥

"हे परंतप! तू नपुंसकता को न प्राप्त कर, क्योंकि यह तेरे योग्य नहीं है। इसलिए हृदय की क्षुद्र दुर्बलता का परित्याग कर, आसक्तियों को त्यागकर, युद्ध के लिए कमर कस।"

आखिर श्रीकृष्ण अर्जुन को 'अनार्य' व 'नपुंसक' क्यों कह रहे हैं? क्यों अर्जुन का आचरण दुष्कीर्तिकारक है? क्यों अर्जुन के तर्कों को क्षुद्र हार्दिक दुर्बलता कहा गया है? ऐसा कहा गया है, क्योंकि अर्जुन का युद्ध से विमुख होने का कारण उसमें सात्त्विक तत्त्व की बहुलता प्रतीत नहीं होती, अपितु ऐसा प्रतीत होता है कि तामसिक शक्तियों के अंधकार में उसका आर्यत्व कहीं खो गया है। सत्य-गुण प्रधान व्यक्ति तो प्रत्येक स्थिति में, चाहे वह सुख हो या दुःख, प्रलय हो या सृजन, किसी भी स्थिति में अपने हृदय को विचलित नहीं होने देता, लेकिन अर्जुन तो विषाद और करुणा का बहाना लेकर बैठ गया। वह युद्ध में सुसज्जित होकर आक्रमणकारियों का विनाश करने आया था तथा इस क्रम में युद्ध के प्रारंभ से पूर्व, युद्ध के मैदान में, दोनों सेनाओं के मध्य रथ को खड़ा करवाने का उद्देश्य भी शत्रु पक्ष की शक्ति का आकलन ही तो था। फिर विषाद व रूदन की स्थिति क्यों? इसलिए श्रीकृष्ण कहते हैं इस विषम स्थल में अज्ञानी व अनार्य की भाँति ऐसा रूदन क्यों? दुराचारियों, अन्यायियों से संघर्ष कर उनको समाप्त करने की जगह

अर्जुन उनमें अपने परिजन, गुरुजन का चेहरा देख रहा है। उसमें उनके लिए करुणा व दया का भाव प्रबल हो रहा है। यदि गाय अपने बछड़े को बचाने के लिए सिंह के समक्ष आ जाए तो क्या बछड़ा बच जाएगा! सिंह गाय की भाँति बछड़े का भी शिकार कर ही लेगा। प्रजाजनों को दुराचारियों के अन्याय से मुक्ति दिलाने की जगह अर्जुन प्रलाप कर रहा है कि धृतराष्ट्र के सशस्त्र पुत्र उसे निहत्था मार भी डालें तो उसे हर्ष होगा। "अहिंसा परमो धर्म: धर्म हिंसा तथैव च:"—मानव के लिए अहिंसा ही परम धर्म है, परंतु धर्म की रक्षा व न्याय की स्थापना के लिए आततायियों के विरुद्ध हिंसा का प्रयोग न केवल शास्त्रसम्मत है, अपितु प्रत्येक व्यक्ति, विशेषकर क्षत्रिय के लिए, और राजा के लिए तो और भी अधिक यह अभीष्ट है कि वह बलपूर्वक आततायी सत्ता का दमन करके प्रजा को न्याय व धर्म से रक्षित सत्ता प्रदान करे। बौद्ध एवं जैन धर्म की अहिंसा के सिद्धांतों को सही परिप्रेक्ष्य में न समझ; उन महापुरुषों के दर्शन सिद्धांतों के तत्त्व का अनुकरण न कर; मात्र उनके सिद्धांतों का शाब्दिक अर्थ ग्राह्य कर आततायियों के विरुद्ध भी आत्मरक्षा हेतु हिंसा का प्रयोग वर्जित करने में भारत का जनमानस ऐसा डूबा कि सदियों उसे प्रतिकार न करने के कारण विदेशियों का गुलाम रहना पड़ा तथा अपने आत्मगौरव, सांस्कृतिक मूल्यों, भाषा, संस्कृति से हाथ धोना पड़ा। अहिंसा बाहरी रूप से आततायियों के समक्ष समर्पण की नीति नहीं है। 'शठे शाठयम् समाचरेत्'—दुष्ट के साथ उसके व्यवहार के अनुकूल व्यवहार हमारी शास्त्रसम्मत नीति है तथा आंतरिक स्तर पर अहिंसा हमारी इंद्रियों को संयमित करता है। तो फिर अर्जुन जो एक महान् धनुर्धारी, दिव्यास्त्रों से सुसज्जित, पाशुपतास्त्रधारी था युद्ध से पलायन कर क्या जनसामान्य में उपहास का पात्र बन अपयश का भागी नहीं बनेगा? क्या संसार यह कहकर नहीं हँसेगा कि कौरव सेना व योद्धाओं को देख अर्जुन कायरों की भाँति युद्ध से भाग गया? इसलिए भगवान् उससे यही तो कहेंगे कि "नैतत्त्वय्युपपद्यते"—"ऐसा आचरण तुझको शोभा नहीं देता;" "क्लैब्यं मा स्म: गम: पार्थ"—"हे अर्जुन कायरता, नपुंसकता को प्राप्त मत हो;" "क्षुद्रं हृदयदौर्बल्यं त्यक्त्वोत्तिष्ठ"—"हृदय की क्षुद्र दुर्बलता कि ये मेरे स्वजन हैं, मित्र हैं, गुरुजन हैं, इनको मैं कैसे मारूँ; को त्यागकर अपने कर्तव्य पालन के लिए आततायियों का विनाश कर।" जो मानसिक स्थिति एक सामान्य व्यक्ति की होती है वही स्थिति अर्जुन की भी है। सूक्ष्म आंतरिक जगत् में परमात्मा की प्राप्ति तो हर व्यक्ति करना चाहता है, किंतु साधना के मार्ग पर जब उसे ऐसा प्रतीत होता है कि उसे अपने सांसारिक सुखों, नातों-रिश्तों के प्रति अपनी आसक्ति को त्यागना पड़ेगा तो वह संकोच व संशय में पड़ अपने कर्तव्य पथ से विमुख हो जाता है। तब सद्गुरु ही उसकी चेतना जाग्रत् कर उसे ईश्वर-प्राप्ति का सद्मार्ग दिखाता है। यहाँ श्रीकृष्ण ने भी अपने प्रथम वाक्य 'क्लैब्यं मा स्म: गम: पार्थ' से अर्जुन को झकझोरा है।

अर्जुन उवाच

कथं भीष्ममहं संख्ये द्रोणं च मधुसूदन।
इषुभिः प्रतियोत्स्यामि पूजार्हावरिसूदन॥ 4॥

"अर्जुन ने कहा, 'हे मधुसूदन! भीष्म व द्रोण जैसे पूज्यनीय विभूतियों के विरुद्ध मैं भला किस प्रकार उलटकर अपने बाणों का प्रहार कर पाऊँगा?'"

बचपन से ही भीष्म ने अर्जुन को, जो उनका पौत्र था, बड़ा ही स्नेह दिया था तथा द्रोणाचार्य से अर्जुन ने शस्त्रों की शिक्षा-दीक्षा ली थी। इसलिए ये दोनों अर्जुन के लिए पूज्यनीय थे। अर्जुन अपनी मन:स्थिति में चल रहे द्वंद्व को बताता हुआ श्रीकृष्ण से अपने आदर भाव को ढाल बनाते हुए, कतराते हुए कहता है कि पूज्यनीयों के विरुद्ध वह किस प्रकार अपने गांडीव से प्रतिकार कर पाएगा। अर्जुन यहाँ श्रीकृष्ण को 'मधुसूदन' तथा 'अरिसूदन' कहकर संबोधित करता है, क्योंकि श्रीकृष्ण ने मधु सदृश अनेकों राक्षसों तथा अत्याचारी, क्रूर व हिंसक शत्रुओं का विनाश किया था, किंतु पितामह भीष्म तथा गुरु द्रोण को वह आदरणीय व पूज्यनीय मानने के कारण उन्हें युद्ध में मारना उचित नहीं समझता।

गुरूनहत्वा हि महानुभावान्श्रे यो भोक्तुं भैक्ष्यमपीह लोके।
हत्वार्थकामांस्तु गुरूनिहैव भुञ्जीय भोगान् रुधिरप्रदिग्धान्॥ 5॥

"ऐसे महापुरुषों, महान् गुरुजनों को मारने की अपेक्षा निश्चय ही इस संसार में भिक्षा माँगकर जीवन-यापन करना श्रेयस्कर होगा, क्योंकि भले ही ये महापुरुष सांसारिक सुखार्जन के लिए युद्ध हेतु उद्यत हैं, तब भी उनका संहार करके मुझे उनके रक्तरंजित भोग ही तो भोगने पड़ेंगे।"

शास्त्रों में ऐसे गुरु को निंदाजनक व त्याज्य माना गया है, जो लोभी हो, विवेकशून्य हो तथा विषय-वासनाओं के भोग में रत रहता हो, तब भी भीष्म व द्रोण अन्याय व अधर्म के प्रतीक दुर्योधन; जो स्वयं आततायी, निरंकुश एवं स्वार्थ-लोलुप राजपुत्र था; के पक्ष में खड़े थे। इसीलिए अर्जुन कह रहा है कि वह सांसारिक मोह-व्यसनों के लोभी-लोलुप हो गए हैं। महाभारत युद्ध के प्रारंभ से पूर्व जब पांडव भीष्म पितामह, आचार्य द्रोण, मामा शल्य का आशीर्वाद लेने गए थे तो तीनों ने कौरव पक्ष की ओर से लड़ने के लिए अपने-अपने तर्क दिए थे। महा. छी.अ. 43 श्लो. 35.50,76 में उल्लेख आया है कि

अर्थस्य पुरुषों दासों, दासस्तवर्थो न कस्यचित्।
इति सत्यं महाराज! बद्धोऽस्म्यर्थेन कौरवै॥

"हे युधिष्ठिर, चूँकि मनुष्य धन का दास है तथा धन किसी का दास नहीं है,

इसीलिए कौरवों ने मुझे धन का दास बनाकर बाँध रखा है।" भीष्म व द्रोण के आचरण को त्याज्य देखते हुए भी, अर्जुन अपने विषाद व व्याकुलता में ही अधीर बना हुआ है। 'रूधिरप्रदिग्धान्' अर्थात् 'रक्त से रंजित' का भी अर्जुन का अपना तर्क है कि युद्ध के उपरांत बच्चों की चीखें, स्त्रियों का दारूण-रूदन, अन्याय व शमन का तांडव, यही स्थिति दृष्टिगोचर होती है। अन्यमनस्क अर्जुन यह नहीं देख पा रहा है कि कौरव पक्ष का हर योद्धा चाहे भीष्म हो या द्रोण, वे सभी अन्याय व अधर्म के पोषण व रक्षण में लगे हैं, तथा वे पूजनीय न होकर त्याज्य हैं। उनके विनाश से समाज में न्याय व धर्म की स्थापना होगी, न कि शोक-संताप की। संसार में बहुधा लोग यही चाहते हैं कि पारिवारिक स्नेह व संबंध भी यथावत बने रहें तथा मोक्ष प्राप्ति भी हो जाए, किंतु साधक के लिए साधनापथ पर चलना अभीष्ट है न कि शरीरयापन के लिए भिक्षा में मिले अन्न से उदर की पूर्ति। संसारी पुरुष अपनी भौतिकतावादी बुद्धि के कारण अध्यात्म के दिव्य प्रकाश को देख नहीं पाते। अर्जुन भी स्वजनों को ही सच मानकर उनके प्रति अपनी आसक्ति से इतना ग्रस्त हो गया है कि वह मात्र संसार के भौतिक सुखों को ही देख पा रहा है। उसे अध्यात्म तथा आत्म-मुक्ति का कोई आभास नहीं होता है। वह तो यह समझ रहा है कि श्रीकृष्ण उसे भौतिक सुख—'राज्य की प्राप्ति' के लिए युद्ध करने को प्रेरित कर रहे हैं। वह श्रीकृष्ण के आत्म-मुक्ति के ज्ञान प्रकाश को देख नहीं पा रहा है।

न चैतद्विद्मः कतरन्नो गरीयो
यद्वा जयेम यदि वा नो जयेयुः।
यानेव हत्वा न जिजीविषाम
स्तेऽवस्थिताः प्रमुखे धार्तराष्ट्राः॥ 6॥

"हम यह भी नहीं जानते कि हमारे लिए श्रेष्ठ क्या है, क्योंकि युद्ध में हम जीतें या कौरव, दोनों ही स्थितियों में हम क्यों जीना चाहेंगे। युद्ध में कौरवों के प्राणों का हनन करके हम क्यों जीना चाहेंगे, भले ही धृतराष्ट्र के पुत्र युद्ध हेतु तत्पर होकर सामने खड़े हैं।"

अर्जुन अपनी दुविधा बताता है कि प्रथम तो इस युद्ध का परिणाम किसके पक्ष में जाएगा, कौन जीतेगा कौन हारेगा, निश्चित ज्ञात नहीं हो सकता है। यदि हम जीतते हैं तो भी उनको मारकर जीतना श्रेष्ठता प्रतीत नहीं होती। अर्जुन युद्ध के परिणाम का अनुमान लगाना चाह रहा है। वह सोच रहा कि व्यर्थ इतना रक्तपात क्यों किया जाए, भले ही धृतराष्ट्र के पुत्र युद्ध के लिए तत्पर होकर युद्ध भूमि में डटे हों। अर्जुन के कर्म के परिणाम की इसी अभिलाषा के संबंध में श्रीकृष्ण आगे बताते हैं कि मात्र कर्म करना मनुष्य के अधिकार में है, उसके परिणाम की इच्छा या आशा करना उसके वश में नहीं है।

कार्पण्यदोषोपहतस्वभावः
पृच्छामि त्वां धर्मसंमूढचेताः।
यच्छ्रेयः स्यान्निश्चितं ब्रूहि तन्मे
शिष्यस्तेऽहं शाधि मां त्वां प्रपन्नम्॥ 7॥

"अर्जुन कहता है कि वह अपने हृदय की क्षुद्र दुर्बलताओं के कारण अपने कर्तव्य बोध से भटक गया है। वह धैर्यहीन होकर व्याकुल व विषादयुक्त हो रहा है। इसलिए वह शिष्य के रूप में श्रीकृष्ण के शरणागत है, जिससे वे उसे उपदेश देकर उस उचित सद्मार्ग पर प्रशस्त करें, जो उसके लिए हितकर व श्रेयस्कर हो।"

अर्जुन का स्वयं को 'कार्पण्यदोष' से 'उपहत स्वभाव' कहने के दो अर्थ हैं। एक तो कार्पण्यदोष उस कृपणता को कहा जाता है, जब अत्यधिक धनी व समृद्ध व्यक्ति अपने धन के प्रति अत्यधिक लोभ के कारण उसे दान-पुण्य या भौतिक भोगों में खर्च न करने के कारण कृपण या कंजूस कहलाता है। दूसरा कृपण उस मूर्ख को कहा जाता है, जो विषय भोगों में ही जीवन व्यर्थ कर प्रभु भक्ति से परमात्म तत्त्व को विदित न कर इस मानव योनि का सदुपयोग नहीं कर पाता। बृहद्. उपनिषद् में उल्लेख है, "यो वा एतदक्षरं गार्ग्यविदित्वास्माँल्लोकात्प्रैति स कृपणः" (बृ. उप. 3.8.10) कि याज्ञवल्क्य ने गार्गी से कहा, "इस शाश्वत अक्षर ब्रह्म को बिना विदित करे ही जो भी इस लोक से मर कर जाता है, वह कृपण है", किंतु अर्जुन का 'कार्पण्य' न तो धनजनित कंजूसी है और न ही भोगों में आसक्ति, क्योंकि वह कह चुका है कि गुरुजनों, स्वजनों का विनाश करके उसे विजय, राजसुख आदि की कोई भी आकांक्षा नहीं है तथा समस्त धरा का शत्रुविहीन निष्कंटक राज्य तो क्या, स्वजनों को मार कर वह त्रिलोकी का राज्य भी नहीं चाहता। अर्जुन की यह बात कर्तव्य-निर्वहन के दायित्व से पलायन के रूप में प्रकट हो रही है। इसीलिए भगवान् श्रीकृष्ण ने 'क्लैब्यं मा स्म गमः' कि 'नपुंसकता को प्राप्त न हो' कहकर अर्जुन को कर्तव्यविमूढ़ता की क्षुद्र मानसिक स्थिति से बाहर आने के लिए झकझोरा है। इसी के कारण अर्जुन स्वयं को 'धर्मसम्मूढचेताः' कह यह भाव प्रकट करता है कि एक ओर आततायियों से त्रस्त प्रजाजनों की रक्षा करने का क्षत्रिय जनित धर्म है तो दूसरी तरफ प्रियजनों के विनाश से बचकर संन्यास व भिक्षावृत्ति ग्रहण करना; तो इसमें से श्रेयस्कर क्या है? अर्जुन कहता है कि 'यच्छ्रेयः स्यान्निश्चितं ब्रूहि तन्मे'- कि "मैं तो निर्णय करने में किंकर्तव्यविमूढ़ हूँ। आप ही बताएँ कि मेरे लिए कौन सा विकल्प श्रेयस्कर है?" यह कहकर कि "शिष्यस्तेऽहं"- "मैं आपका शिष्य हूँ" तथा "शाधि माँ त्वां प्रपन्नम्"-कि, "मैं मात्र शिष्य ही नहीं हूँ, आपकी शरण में भी हूँ", अर्जुन भगवान् श्रीकृष्ण के समक्ष समर्पण करता है। अर्जुन अपने को विभिन्न शस्त्रों के संधान में पारंगत समझता था। वह श्रीकृष्ण को भी अपने ही तुल्य देख रहा है। उसे प्रतीत होता है कि उसके दिए गए

तर्कों के आगे भला ज्ञान की कौन सी स्थिति होगी? फिर भी अर्जुन भक्त था। अनुराग से उसका हृदय भरा था। इसलिए सद्गुरु के समक्ष शिष्य की भाँति समर्पण करता है। अपने तर्कों को कायरता के दोष से ग्रसित स्वभाववाला व धर्म के विषय में चित्त के सर्वथा मोहित हो जाने के कारण कल्याण का पथ देख पाने में असमर्थ बताता हुआ वह श्रीकृष्ण से उसे धर्मपथ दिखाने का अनुरोध करता है। लेकिन अभी भी अर्जुन भगवान् श्रीकृष्ण की 'पूर्ण शरणागति' में नहीं आया है, क्योंकि आगे अर्जुन कहता है—

न हि प्रपश्यामि ममापनुद्या
द्यच्छोकमुच्छोषणमिन्द्रियाणाम्।
अवाप्य भूमावसपत्नमृद्धम्
राज्यं सुराणामपि चाधिपत्यम्॥ 8॥

"चाहे धरा पर धनधान्य संपन्न, शत्रुविहीन राज्य की प्राप्ति हो या स्वर्ग के देवताओं के अधिपति इंद्र का ही पद क्यों न प्राप्त हो, मुझे कोई ऐसा साधन पर्याप्त दृष्टिगोचर नहीं होता जो मेरी इंद्रियों के संताप तथा शोक को दूर कर समाप्त कर सके।"

धरती के सुखी, समृद्धशाली और निष्कंटक राज्य की प्राप्ति और देवेंद्र के पद की प्राप्ति से भी कोई ऐसा उपाय सुलभ नहीं हो रहा है, जो उसके इंद्रिय जनित शोक को समाप्त कर सके। प्रत्येक व्यक्ति अपने पक्ष में वही तर्क रखता है, जो उसे सही दृष्टिगोचर होते हैं, लेकिन वह नहीं जानता कि उसकी दृष्टि से परे असीमित सत्ता वाला सत्य है। यही अर्जुन कर रहा है। वह तो सोच रहा है कि उसके इन तर्कों के आगे ज्ञान व बुद्धि से श्रीकृष्ण क्या बताएँगे। आगे सोचकर भला श्रीकृष्ण क्या कहेंगे? सत्य के उद्घाटन की स्थिति उसे परिलक्षित भी तो नहीं हो पा रही है।

सञ्जय उवाच

एवमुक्त्वा हृषिकेशं गुडाकेशः परंतप।
न योत्स्य इति गोविन्दमुक्त्वा तूष्णीं बभूव ह॥ 9॥

"संजय ने कहा, 'इस प्रकार कथन के उपरांत परंतप अर्थात् अर्जुन, जो अपने शत्रुओं को जीत लेने में अक्षम है, ने हृषिकेश श्रीकृष्ण से कहा कि—'हे गोविंद! मैं युद्ध नहीं करूँगा' और मौन हो गया।'"

वस्तुतः अर्जुन कुलनाश, पिंडोदक क्रिया व स्त्रियों के वर्णसंकर होने के संकीर्ण भाव से इतना आह्लादित हो गया कि उसने श्रीकृष्ण के पूर्व में किए गए निवेदन पर भी ध्यान नहीं दिया। श्रीकृष्ण का मंतव्य जानने-समझने से पूर्व ही अर्जुन ने कह दिया 'न योत्स्य'—'मैं युद्ध नहीं करूँगा' और 'तूष्णीं बभूव ह' अर्थात् 'चुप हो गया।' श्लोक

2.7 में 'त्वां प्रपन्नम्' कहकर यद्यपि अर्जुन ने यह तो अवश्य कहा कि वह अब श्रीकृष्ण की शरण में है, किंतु अभी तक उसने श्रीकृष्ण की पूर्ण रूप से शरणागति ग्रहण नहीं की है। उसके मन में अभी भी यह संशय है कि श्रीकृष्ण उससे युद्ध करने के लिए कहेंगे। इसलिए वह श्लोक 2.8 में यह कहता है कि पृथ्वी का निष्कंटक और अप्रतिम राज्य या स्वर्गलोक के देवेंद्र की पदवी भी उसे अपने प्रियजनों के इस विनाशकारी युद्ध में नष्ट होने से प्राप्त होनेवाले दु:खों को दूर करने के लिए पर्याप्त नहीं है। इसलिए वह युद्ध नहीं करेगा। शिष्य को तो अपने सद्‌गुरू की शरण में जाने के पश्चात् यह विश्वास रखना चाहिए कि गुरु तो शिष्य के लिए जो भी विकल्प श्रेयस्कर होगा, स्वयं उसको बताएगा, किंतु अर्जुन ने अभी अपनी शरणागत अवस्था की पूरी बागडोर श्रीकृष्ण को नहीं सौंपी है। "शिष्यस्तेऽहं शाधि माँ त्वां प्रपन्नम्" कि "मैं आपका शिष्य हूँ, आपका शरणागत हूँ, मुझे उपदेश दीजिए" कहकर भी 'युद्ध नहीं करूँगा', उसने ऐसा अपना अभिमत भी गुरु के उपदेशात्मक वचनों को सुनने से पूर्व ही दे दिया है।

तमुवाच हृषिकेशः प्रहसन्निव भारत।
सेनयोरुभयोर्मध्ये विषीदन्तमिदं वचः ॥ 10 ॥

"हे भारतवंशी (धृतराष्ट्र)! 'तदोपरांत हृषिकेश भगवान् श्रीकृष्ण ने दोनों सेनाओं के मध्य उस विषादग्रस्त अर्जुन से हँसते हुए ये वचन कहे।"

श्रीकृष्ण के हँसने का संदर्भ है, क्योंकि जब सद्‌गुणी तथा तत्त्वदर्शी विदुजन देखते हैं कि उनके शिष्य अपनी चेष्टाओं तथा व्यवहार को कुतर्कों के माध्यम से उचित सिद्ध करने का प्रयास कर रहे हैं तो उनके मुख पर हास्य भरी मुसकान का आना स्वाभाविक है। यहाँ तो सद्‌गुरु स्वयं पद्‌मनाभ परमपिता परमेश्वर हैं। शरणागत भक्त और मित्रवत् शिष्य अर्जुन को ऐसी विषम परिस्थिति में देखकर, उसके सारे विषादों व उलझनों को, मानवता के कल्याण के निमित्त दूर करने के लिए, श्रीकृष्ण अपनी दिव्य वाणी में अर्जुन को संबोधित करने जा रहे हैं।

श्री भगवानुवाच

अशोच्यानन्वशोचस्त्वं प्रज्ञावादांश्च भाषसे।
गतासूनगतासूंश्च नानुशोचन्ति पण्डिताः ॥ 11 ॥

"अर्जुन जो लोग शोक के योग्य नहीं हैं, उनके लिए तू शोक करता है और विद्वान् पंडितों की सी बातें करता है, किंतु तू विद्वान् है नहीं, क्योंकि जो विद्वान् होते हैं, ज्ञाता होते हैं, वे न तो जीवित के लिए शोक करते हैं और न ही मृत के लिए। तेरे पांडित्यपूर्ण वचन मात्र भावनाओं के उद्वेग हैं।"

श्रीकृष्ण कहते हैं, "तू कर्मच्युत हो गया है। अपने पांडित्य का दिखावा करते हुए अपने परिजनों के प्रति प्रेम व आसक्ति के वश होकर तू अपने वीरोचित दायित्वों को भूल गया है। तू भूल गया है कि जीवात्मा मानव देह में पैदा हुई है तो मरेगी भी।" अर्जुन की इस स्थिति पर हँसते हुए श्रीकृष्ण उसे सावधान करते हैं।

न त्वेवाहं जातु नासं न त्वं नेमे जनाधिपाः।
न चैव न भविष्यामः सर्वे वयमतः परम्॥ 12॥

"निश्चित ही किसी भी पल ऐसा कभी नहीं है कि मैं न रहा हूँ, न ही ऐसा है कि तुम न रहे हो या ये सब राजागण पहले कभी न रहे हों या वे भविष्य में भी न रहेंगे।"

अर्जुन कहता है कि वह 'पूज्यजनों को कैसे मारे'? किंचित उपहासपूर्वक श्रीकृष्ण अर्जुन के इस कथन को मात्र एक छलावा कहते हैं, क्योंकि आत्मा सनातन है। इसलिए चाहे वे स्वयं हों या अर्जुन या युद्धक्षेत्र में उपस्थित समस्त राजागण, वे सभी हर काल में अस्तित्व में थे तथा आगे भी रहेंगे।

देहिनोऽस्मिन्यथा देहे कौमारं यौवनं जरा।
देहान्तरप्राप्तिर्धीरस्तत्र न मुह्यति॥ 13॥

"जिस प्रकार यह देह जिसमें यह आत्मा स्थित है वह भी बाल्यावस्था, तरुणावस्था, यौवनावस्था से होती हुई वृद्धावस्था को प्राप्त होती है, उसी प्रकार आत्मा भी एक देह को बदलकर दूसरी देह प्राप्त करती है।"

इसलिए ज्ञानी लोग देह परिवर्तन की प्रक्रिया में किसी प्रकार का मोह या आसक्ति नहीं रखते हैं। परिवर्तन सृष्टि का शाश्वत एवं अटल नियम है। प्रत्येक प्राणी की देह; जिसमें आत्मा निवास करती है; वह जन्म, बाल्यावस्था, तरुणावस्था से रूपांतरित होती हुई वृद्धावस्था को प्राप्त हो अंत में मृत्यु को प्राप्त होती है। आत्मा एक देह को त्याग दूसरी देह धारण करती है। आत्मा के देह-परिवर्तन को विषाद के रूप में देखना अज्ञानता है। इसलिए भीष्म, द्रोण या दोनों पक्षों में उपस्थित नाना संबंधीगणों के अंत को देखना कोई शोक का कारण नहीं है। प्रत्येक जीव की आत्मा मृत्यु के पश्चात् दूसरी देह धारण करती है, लेकिन वह दूसरी देह कौन सी होगी यह तथ्य उसके कर्मों के अनुसार निश्चित होता है, जिसे श्रीकृष्ण आगे बताएँगे। श्रीकृष्ण आगे यह भी बताएँगे कि देह परिवर्तन व सृष्टि का प्रारंभ तथा उसमें होनेवाले सतत परिवर्तन को एक चक्र की भाँति समझा जा सकता है, किंतु इसका तात्पर्य यह कदापि नहीं है कि सृष्टि के जनक परमब्रह्म भी उसी परिवर्तन के सूत्र में बँधे हैं। परमब्रह्म परमेश्वर इस ब्रह्मांड को मात्र अपने एक अंश में धारण करते हैं। इसका रहस्योद्घाटन परमप्रभु श्रीकृष्ण आगे दसवें-ग्यारहवें अध्याय में करेंगे।

मात्रास्पर्शास्तु कौंतेय शीतोष्णसुखदुःखदाः।
आगमापायिनोऽनित्यास्तांस्तितिक्षस्व भारत॥ 14॥

"हे कौंतेय! शीत, ग्रीष्म, सुख, दुःख से उत्पन्न होनेवाले आवेग इंद्रियों के स्पर्श मात्र से जनित होने के कारण अनित्य व नश्वर हैं। हे भारतवंशी अर्जुन! इंद्रियबोध से उत्पन्न होनेवाले ऐसे नश्वर संवेगों को तू अचल भाव से सहन करने का प्रयत्न कर।"

परस्पर विरोधात्मक स्थितियों, जैसे अति सुख या अति दुःख, अधिक गरमी या सर्दी, ऐसे आवेगों का आना-जाना व महसूस होना उस स्थिति में होता है, जब प्राणी अपनी इंद्रियों की आवश्यकताओं के अनुसार चलता है, जबकि जो प्राणी अपनी इंद्रियों को वश में कर परमात्मा को समर्पित हो जाता है, वह ऐसे सुख-दुःख से दूर एक अचल, नित्य परमानंद की स्थिति में पहुँच जाता है, जहाँ इंद्रियों के विकारों से उत्पन्न रोगों से उसकी आत्मा नहीं दुखती। इसीलिए श्रीकृष्ण अर्जुन को बोध प्रकाश देते हुए कहते हैं कि इंद्रियों के स्पर्श-विषय की स्थिति से ऊपर उठकर वह अपनी इंद्रियों को संयमित करे, जिससे परमात्मा के सान्निध्य में वह परमानंद की अनुभूति कर सके।

यं हि न व्यथयन्त्येते पुरुषं पुरुषर्षभ।
समदुःखसुखं धीरं सोऽमृतत्वाय कल्पते॥ 15॥

"हे पुरुषश्रेष्ठ अर्जुन! दुःख एवं सुख की स्थिति में अधीर नहीं होनेवाला, अपितु सम बने रहनेवाले धीरशाली पुरुष को इंद्रियजनित व विषयजनित विकारों के संयोग व्यथित नहीं कर पाते तथा वह मृत्यु से भी परे अमृत तत्त्व की प्राप्ति की स्थिति को प्राप्त कर लेता है।"

अर्जुन अभी तक पृथ्वी पर निष्कंटक राज्य प्राप्ति या देवताओं के स्वर्ग तुल्य सुख को ही युद्ध के परिणाम की उपलब्धि समझ रहा था। अब श्रीकृष्ण उसे बताते हैं कि इंद्रियजनित विकारों के संघर्ष को यदि वह अपने संयम से जीत ले तो उसे अमृत तत्त्व की प्राप्ति होगी। बाह्य पदार्थों व इंद्रियों के संयोग से होनेवाले शीत-ऊष्ण, सुख-दुःख आदि विकारों को सत्य व नित्य मान कर आत्मा पर अध्यारोपित करना ही जीव के दुःख का कारण है। जब जीव को बोध हो जाता है कि ये सारे विकार प्रकृतिजनित हैं तथा आत्मा न तो इसमें लिप्त है और न ही इन विकारों की कर्ता है तो वह अनंत की पथयात्रा में प्रवेश कर जाता है, जहाँ न कोई मृत्यु है और न कोई जीवन। इससे परे वहाँ सिर्फ आनंद है, ब्रह्मानंद की अमृतधारा है। जीवन-मृत्यु से परे सांसारिक विषय वासनाओं से दूर अनासक्त पुरुष कर्मयोगी बन अनंतलोक में प्रवेश कर जाता है।

नासतो विद्यते भावो नाभावो विद्यते सतः।
उभयोरपि दृष्टोऽन्तस्त्वनयोस्तत्त्वदर्शिभिः॥ 16॥

"सत्य का परीक्षण कर उसका बोध व दर्शन कर लेनेवाले तत्त्वदर्शियों के द्वारा; परीक्षणोपरांत; यह सिद्धांत प्रतिपादित किया गया है कि असत अर्थात् भौतिकता का कभी कोई अस्तित्व ही नहीं था और न ही सत्य कभी परिवर्तित ही होता है।"

सत्य की सत्ता शाश्वत है, वह सदैव रहती है सदैव सब जगह विद्यमान है। कभी भी, कहीं भी सत् का कोई अभाव नहीं है तथा भौतिकता असत है। असत का कभी कहीं कोई अस्तित्व नहीं है। जैसे मकड़ी स्वयं ही अपने बुने जाल में फँस जाती है, वैसे ही मनुष्य ने सब बंधन; कि यह मेरे गुरुजन हैं, परिजन हैं, वृद्धजन हैं इसलिए पूज्यनीय हैं, स्वयं निर्मित किए हैं व स्वयं ही उनमें उलझ गया है। मनुष्य न शरीर है, न मन, न बुद्धि, और न ही अहंकार। वह मात्र शुद्ध चैतन्य स्वरूप आत्मा है। आत्मा ही चैतन्य रूप में इस सृष्टि का आधार है। सृष्टि तो मात्र इसकी अभिव्यक्ति है। इसीलिए सृष्टि अनित्य और असत है तथा आत्मा ही सत्य व शाश्वत है। इसीलिए वह ही सृष्टि के सृजन का कारण है। श्रीकृष्ण यहाँ वही सत्य उद्घाटित कर रहे हैं जो तत्त्वदर्शियों द्वारा सदैव उद्घोषित किया जाता है। आगे श्रीकृष्ण अर्जुन को यह भी बताएँगे कि किस प्रकार उन्होंने सृष्टि के आदि में यह सत्य व तत्त्व ज्ञान की ब्रह्मविद्या सूर्य को दी थी।

अविनाशि तु तद्विद्धि येन सर्वमिदं ततम्।
विनाशमव्ययस्यास्य न कश्चित् कर्तुमर्हति॥ 17॥

"लेकिन तुम उसे ही अविनाशी जानो जो इस शरीर में आत्मतत्त्व के रूप में विद्यमान है। अव्यक्त आत्म तत्त्व का नाश करने में कोई भी सक्षम नहीं है।"

श्रीकृष्ण आत्मा के अविनाशी स्वरूप की उद्घोषणा करते हुए कहते हैं, "न कश्चित्कर्तुमर्हति" कि "इसका विनाश करने में कोई भी समर्थ नहीं है।" समस्त सृष्टि एवं ब्रह्मांड में व्याप्त आत्मतत्त्व ही पूर्ण रूप से सत् तत्त्व है। इसलिए सत् और आत्मा का नष्ट हो पाना असंभव है। जिस प्रकार परब्रह्म की सत्ता एवं अस्तित्व शाश्वत एवं सनातन है उसी प्रकार उसकी अंश 'आत्मा' भी 'येन सर्वमिदम् ततम्' अर्थात् "संपूर्ण जगत् में व्याप्त रहते हुए भी विनाश से परे है।"

अन्तवन्त इमे देहा नित्यस्योक्ताः शरीरिणः।
अनाशिनोऽप्रमेयस्य तस्माद्युध्यस्व भारत॥ 18॥

"देहधारी मनुष्य की आत्मा नित्य है। इसका स्वरूप मापा नहीं जा सकता तथा उसका कभी नाश नहीं हो सकता, किंतु आत्मा ने जो शरीर धारण किया है अर्थात् आत्मा

का जो भौतिक स्वरूप है, उसका अंत तो अवश्य होगा।"

आत्मा 'सत' तत्त्व होने के कारण अविनाशी है तथा मानव शरीर असत होने के कारण निश्चित ही अंत को प्राप्त होगा। आत्मा के अप्रेमय या मापे न जा पाने की बात भी कही गई है। उपनिषदों में आत्मा के आकार के बारे में श्लोक है, "कैशाग्रशत शताशं साद्दशात्मक:, जीव: सूक्ष्मस्वरूपोऽयं संख्यातीतो हि चित्कण" कि यदि बाल के अग्रभाग को सौ भागों में विभक्त किया जाए तथा फिर प्रत्येक भाग को एक सौ भागों में बाँटा जाए तो आत्मा का माप बाल के अग्रभाग के दस हजारवें अंश के तुल्य है। इसी कथन को श्वेताश्वतर उपनिषद् (5.9) में भी स्पष्ट किया गया है। आत्मा का माप भौतिक स्वरूप से आँखों से दृष्टिगोचर हो सकनेवाले परमाणुओं से कहीं अधिक सूक्ष्म है। आधुनिक वैज्ञानिकों ने आत्मा के अस्तित्व के परीक्षण के बहुआयामी प्रयोग किए हैं। मृत्युशय्या पर अंतिम क्षणों में एक व्यक्ति को शीशे के बंद मजबूत चेंबर में रखकर देखने पर पाया गया कि जैसे ही व्यक्ति की मृत्यु हुई वैसे ही शीशे का चैंबर टूट गया अर्थात् कोई अदृश्य ऊर्जा या आत्मा उस व्यक्ति के चेतनाहीन होते ही चेंबर को तोड़कर बाहर निकल गई। आत्मा सागर के समान है। जिस प्रकार विशाल सागर में अनेक बुलबुले व तरंगें उत्पन्न होती रहती हैं, फिर भी वे सागर में लय रहती हैं, उसी प्रकार संपूर्ण ब्रह्मांड में आत्मा की चेतना है। आत्मा के इस स्वरूप का चित्रण ब्रह्दारण्यकोपनिषद् के 'चतुर्थ ब्राह्मण' में याज्ञवल्क्य-ऊशस्त संवाद में भी विशद रूप से किया गया है। इसीलिए उपनिषदों में कहा गया है—

'शुद्धोमुक्त: सदैवात्मा न वै बध्येत क्वर्हिचित।
बन्धमोक्षों मनस्संस्थौ तस्मिन्छान्ते प्रषाम्यति॥

आत्मा तो शुद्ध और मुक्त रूप ही है। वह कभी किसी बंधन को प्राप्त नहीं होती। बंधन और मोक्ष तो मन के धर्म हैं। मन के शांत होने से कोई बंधन नहीं रहता। मोक्ष का नाम भी नहीं रहता। आत्मा में मन को लय करने से सारा जगत् लयमयी हो जाता है। अत: देह असत है तथा नाशवान है। देह का नश्वर स्वरूप वस्तुत: जीव के संस्कारों का आधार बनता है और संस्कारों के अनुरूप ही उसके मन की स्थिति दृष्टिगत होती है। इसीलिए मन के शांत हो जाने पर मन का सर्वथा अचल हो जाना, विकारों का निरोध हो जाना और संस्कारों को समाहित कर मन का आत्मा में लय हो जाना ही मुक्ति हेतु कर्मयोग साधना है। देहधारी तो अर्जुन भी था। पांडव पक्ष व कौरव पक्ष दोनों में दोनों तरफ चाहे योद्धा, महारथी रूप में हों चाहे सैन्यबल के रूप में, हैं तो सब शरीरधारी ही। इसीलिए श्रीकृष्ण अर्जुन से कहते हैं कि इन शरीरों में व्याप्त आत्माएँ शाश्वत हैं, उनका विनाश नहीं होगा तथा शरीर नष्टप्राय है। इसीलिए उनका विनाश होने से कोई रोक नहीं सकता। इसलिए इस प्रकार का

व्यर्थ आलाप मत कर कि कुल नष्ट हो जाएगा, पूज्यनीय या बंधुओं का विनाश हो जाएगा, क्योंकि प्रत्येक देहधारी का विनाश होना निश्चित है, किंतु उनकी आत्मा अविनाशी है।

य एनं वेत्ति हन्तारं यश्चैनं मन्यते हतम्।
उभौ तौ न विजानीतो नायं हन्ति न हन्यते॥ 19॥

"जो यह मानता है कि वह आत्मा को मारता है या वह जो आत्मा को नश्वर या मरा हुआ समझता है, वे दोनों ही आत्मा के स्वरूप को नहीं जानते, क्योंकि न तो कोई आत्मा को मारता है और न आत्मा मारी ही जाती है।"

आत्मा की अविनाशता व शाश्वतता सिद्ध है। जो शाश्वत है उसका अस्तित्व समाप्त नहीं हो सकता। आत्मा ही संपूर्ण ब्रह्मांड में बिना किसी आरंभ या अंत के सदैव व्याप्त है। कोई भी शक्ति या तत्त्व इस ब्रह्मांड में नहीं है जो अपरिवर्तनीय को परिवर्तित कर दे। उपनिषदों में स्पष्ट है कि यदि कोई समस्त सृष्टि का विनाश कर दे या स्वयं विनाश को प्राप्त हो जाए, किंतु यदि वह स्वयं के स्वार्थ या इच्छा के लिए नहीं, बल्कि जगत् कल्याण के लिए ऐसा कर्म करता है तो वह न तो सृष्टि का हंता है और न ही वह अधोगति को प्राप्त करता है। आत्मा नित्य एवं स्वयं अकर्ता है। आत्मा कुछ नहीं करती। प्रकृतिजन्य क्रीड़ा में काल से सब कसे हुए हैं। कठोपनिषद् (2.18.19) में भी कहा गया है कि काल की यह क्रीड़ा 'मारने व मरने' की लौकिक संज्ञाएँ मात्र हैं।

न जायते म्रियते वा कदाचि
न्नायं भूत्वा भविता वा न भूयः।
अजो नित्यः शाश्वतोऽयं पुराणो
न हन्यते हन्यमाने शरीरे॥ 20॥

"किसी भी काल या परिस्थिति में आत्मा न तो जन्म लेती है, न उसकी मृत्यु होती है। वह तो सदैव अजन्मी, नित्य, पुरातन एवं शाश्वत है। उसका न तो कोई आरंभ है और न कोई अंत। शरीर मरता है, किंतु आत्मा नहीं मरती।"

वेदाविनाशिनं नित्यं य एनमजमव्ययम्।
कथं स पुरुषः पार्थ कं घातयति हन्ति कम्॥ 21॥

"हे पार्थ! जो मनुष्य इस आत्मा को नाशरहित, अजन्मा, शाश्वत और अव्यक्त जानता है, वह भला किसी को कैसे मार सकता है या मरवा ही सकता है?"

अविनाशी शाश्वत आत्मा का विनाश संभव नहीं है और अजन्मा कभी जन्म नहीं लेता। अतः संस्कारजनित इस देह के नाश का शोक उचित नहीं है।

वासांसि जीर्णानि यथा विहाय
नवानि गृह्णाति नरोऽपराणि।
तथा शरीराणि विहाय जीर्णा
न्यन्यानि संयाति नवानि देही॥ 22॥

"जिस प्रकार पुराने जीर्ण वस्त्रों को त्याग कर मनुष्य नवीन वस्त्रों को धारण करता है, उसी प्रकार आत्मा पुरानी जीर्ण देह का त्यागकर नवीन देह को धारण करती है।"

श्रीकृष्ण अर्जुन को आत्मा का देहांतरण उदाहरण देकर समझाते हैं। जीर्णता मनुष्य के पूर्व संस्कारजनित प्रारब्ध पर निर्भर है। इसलिए कोई प्राणी लंबे काल तक जीता है तथा कोई शिशु एक-दो दिन में ही मृत्यु को प्राप्त कर लेता है। वस्तुतः आत्मा ने जिस शरीर को धारण किया है, उसकी जीर्णावस्था उसके विगत जन्मों के कर्मों व संस्कारों पर निर्भर करती है।

नैनं छिन्दन्ति शस्त्राणि नैनं दहति पावकः।
न चैनं क्लेदयन्त्यापो न शोषयति मारुतः॥ 23॥

आत्मा की शाश्वतता को और पुष्ट करते हुए श्रीकृष्ण कहते हैं—

"आत्मा को किसी भी प्रकार के अस्त्र-शस्त्र द्वारा खंड-खंड नहीं किया जा सकता और न ही अग्नि उसको जला सकती है, न ही जल उसको गीला कर सकता है और न ही वायु उसको सुखा सकती है।"

जल-वायु-अग्नि, अस्त्र-शस्त्र आत्मा के मूल स्वरूप को कितना भी प्रयत्न करने पर परिवर्तित नहीं कर सकते।

अच्छेद्योऽयमदाह्योऽयमक्लेद्योऽशोष्य एव च।
नित्यः सर्वगतः स्थाणुरचलोऽयं सनातनः॥ 24॥

"आत्मा 'अच्छेद्य' है, उसे छेदा नहीं जा सकता। आत्मा 'अदाह्य' है, उसे जलाया नहीं जा सकता। यह अघुलनशील है। इसे घोला या गीला नहीं किया जा सकता। आकाश इसे अपने में लील या समाहित नहीं कर सकता। आत्मा सर्वथा शाश्वत, अविकारी, सर्वत्र व्याप्त रहनेवाली, स्थिर रहनेवाली व सदैव एक ही स्थिति में रहनेवाली है।"

श्रीकृष्ण आत्मा की शाश्वतता व अपरिवर्तनीय स्वरूप की और अधिक स्पष्ट रूप से व्याख्या कर देते हैं। स्पष्ट है कि आत्मा सनातन है, किंतु अर्जुन को भ्रम था कि कुलधर्म सनातन है तथा युद्ध होने से, कुल के समाप्त होने से, सनातन कुलधर्म नष्ट हो जाएगा। अर्जुन से इसीलिए श्रीकृष्ण ने हँसते हुए कहा था कि वह बड़ी पंडितों की सी बातें करता है तथा इस विषम स्थल पर उसे अज्ञान ने ग्रसित कर लिया है, क्योंकि

युद्ध क्षेत्र में खड़े शरीर तो नश्वर हैं। उनका विनाश तो प्रकृतिजन्य और स्वाभाविक ही है। आत्मा सनातन है तथा जो इस तत्त्व को जान लेता है वह ही है सनातनी। इसीलिए हिंदुधर्म को आदिकाल से ही सनातन धर्म कहा गया है। मध्य युग में जब यमन की खाड़ी, यूरोप, मध्य एशिया में अन्य संप्रदायों का उद्‌भव हुआ तो सिंधु नदी से परे की सभ्यता को हिंद कहा जाने लगा तथा यहाँ के पर्वतों की श्रेणियों को हिंदुकुश तथा सागर को हिंद महासागर कहा जाने लगा। मध्य युग में ही कुछ ऐसे राजा हुए जिन्होंने अपनी सत्ता को बनाए रखने के लिए शिक्षा के अधिकार को जनसामान्य और स्त्रियों से छीन लिया तथा वेद-पुराण-उपनिषदों के पढ़ने पर प्रतिबंध लगा दिया। समाज का विकास अवरुद्ध कर दिया गया। जन्म आधारित जाति परंपरा का बाहुल्य हो गया। कालांतर में मुसलमानों का आगमन हुआ। सामान्य जनता ने उनको हेय दृष्टि से देखा। उनकी छाया पड़ने पर, उनके कुएँ से पानी पी लेने पर, रोटी खा लेने पर, मतिभ्रष्ट लोग अपने को धर्मभ्रष्ट समझकर स्वयं मुसलमान हो गए। हजारों ऐसी घटनाएँ घटीं। कश्मीर में सतीसार व सरस्वती नदी के किनारे बसे हिंदू पंडितों का इतिहास तो स्वयं उतना पुराना है, जितनी की कश्मीर घाटी, फिर भी कम-से-कम 5000 वर्ष पुराना तो माना ही जाए। इसी कश्मीर क्षेत्र में राजा सुहादेव (1301-1320 ई.) के समय इसलामिक धर्म प्रचारकों ने बुलबुल शाह के माध्यम से इसलाम का प्रचार किया। राजा सुहादेव का प्रमुख सेनानायक रिंचन था, जिसके समय मध्य एशिया से दुलुचा ने 60,000 सैनिकों के साथ कश्मीर पर आक्रमण कर हिंदुओं पर अत्याचार किए। सुहादेव तिब्बत की ओर भाग गया। सेनापति रिंचन ने सेना के सहारे राज्य पर आधिपत्य स्थापित कर; शिवभक्त होने के नाते; हिंदुधर्म में आने के लिए ब्राह्मण प्रमुख श्री देवस्वामी से अनुग्रह किया, लेकिन ब्राह्मणों ने रिंचन को भोटिया मूल का होने के कारण हिंदू स्वीकार करने से इनकार कर दिया। फलस्वरूप वह इसलामिक प्रचारक बुलबुल शाह के बहकावे में आकर मुसलमान बन गया। पंडितों की इस गंभीर भूल ने कश्मीर का इतिहास ही बदल दिया। उत्तर- पश्चिम भारत में पाए जानेवाले पटेल, पिंजारा, बघेर, मांगप्रासडी, मंसूरी या रंगरेज, बोहरा, देशवली, चेजरा आदि सैकड़ों जातियाँ अपने मूल हिंदू धर्म से विमुख हो मुसलिम बन गईं। फ्रेंसुवा गौटियर (Francois Gautier, French Journalist) ने अपने शोध में यह माना कि 90 प्रतिशत से अधिक भारतीय मुसलिम, हिंदू धर्म से परिवर्तित हुए थे। इसी प्रकार हमीरपुर जनपद की एक घटना है, जहाँ लगभग साठ कुलीन क्षत्रिय परिवार थे। एक दिन अर्धरात्रि में कुछ मुसलमान गाँव के कुएँ के पास छिप गए। प्रातःकाल के धुंधलके में जैसे ही एक कर्मकांडी ब्राह्मण स्नान के लिए कुएँ के पास आया, तो उन्होंने उसे पकड़कर मुँह में कपड़ा डाल बाँध दिया तथा उसके सामने कुएँ से पानी निकालकर पिया तथा झूठा पानी कुएँ में डाल दिया। साथ ही एक रोटी झूठी करके कुएँ में डाल दी। उस ब्राह्मण को

ले जाकर दूर एक कंदरा में 2 दिन बंद रखा। फिर ब्राह्मण से कहा कि खाना खा लो। ब्राह्मण ने कहा कि वह उन मलेच्छों का खाना तो छू भी नहीं सकता। कुछ समय बाद उन्होंने उस ब्राह्मण को छोड़ दिया। वह गाँव वापस आया तो देखा लोग तो कुएँ के पानी का प्रयोग यथावत कर रहे हैं। उसने घोषणा की कि कुआँ तो अशुद्ध हो गया है तो लोगों ने कहा कि अब क्या होगा। ब्राह्मण ने कहा कि अब तो हमारा धर्म नष्ट हो गया है। उनमें से कुछ मुसलमान बन गए तो कुछ ने आत्महत्या कर ली। इस तरह की घटनाएँ हजारों स्थानों पर घटीं। शिक्षा कुछ ही लोगों तक सीमित रहने के कारण समाज धीरे-धीरे पतन की ओर अग्रसर हो गया। बाद में अंगेज आए तो लॉर्ड मैकॉले ने भारतीय शिक्षा व्यवस्था बदलकर भारत को गुलामी में धकेल दिया।

अव्यक्तोऽयमचिन्त्योऽयमविकार्योऽयमुच्यते।
तस्मादेवं विदित्वैनं नानुशोचितुमर्हसि॥ 25॥

"यह आत्मा अव्यक्त है। इसलिए इसको इंद्रियों से व्यक्त नहीं किया जा सकता। यह आत्मा अकल्पनीय है। इसके स्वरूप के संबंध में कल्पना नहीं की जा सकती। यह आत्मा अपरिवर्तनीय कही जाती है। इसमें किसी भी उद्यम या प्रयोग के द्वारा किसी भी प्रकार का परिवर्तन किया कर पाना संभव नहीं है। इसको अच्छी प्रकार जानकर इस आत्मा के विषय में तुम्हें किसी भी प्रकार का शोक नहीं करना चाहिए।"

इसीलिए श्रीकृष्ण कहते हैं कि शरीर के नष्ट होने के संबंध में शोक करने का कोई कारण नहीं है। पहले भी उल्लेख किया जा चुका है कि आत्मा का परिमाप बाल की अग्र नोक के दस हजारवें भाग से भी सूक्ष्म है। इसीलिए इसे विश्व के शक्तिशाली से शक्तिशाली सूक्ष्मदर्शी यंत्र द्वारा भी देखा नहीं जा सकता है। रूस के मृत्यु पश्चात्-आत्मा के शोध विषय के वैज्ञानिक कोन्सटेनटिन कोरोटकोव (Konstantin Korotkov) ने शरीर को त्यागने की क्रिया का अपने कैमरे से उन्नत किर्लियन तकनीक (Kirlian Photography) द्वारा फोटो लिया, जिसमें एक नीले रंग की जीवनशक्ति आत्मा के देह छोड़ते समय धीरे-धीरे निकलती हुई दिखाई देती है। कोरोटकोव के अनुसार, प्राणशक्ति (आत्मा) प्रथमतया नाभि व सिर से शरीर त्याग करती है तथा हृदय और असंधि (Groin) से सबसे अंत में निकलती है। कोरोटकोव Federal Research Institute of Physical Culture, St. Petersburg के निदेशक रहे हैं तथा उनकी किर्लियन फोटोग्राफी तकनीक से कोई भी व्यक्ति अपने शरीर का प्रभा-मंडल (Aura) देख सकता है। पश्चिमी जगत् में पुनर्जन्म में विश्वास नहीं किया जाता है, किंतु इस संबंध में कई अनुसंधान किए जाते रहे हैं। लेबनान (Lebanon) की एक लड़की ने अपने पूर्व जन्म में अपने 26 व्यक्तियों से संबंधों की याद्दाशत का विवरण

(Physchiatrist Dr. Ian Stevenson) मनोचिकित्सक ईयान स्टीवेंसन की पुस्तक 'Twenty Cases Suggestive of Reincarnation' में दिया है। 'American Journal of Psychiatry' ने इन वृत्तांतों का परीक्षण कर निष्कर्ष निकालते हुए ऐसी किसी संभावना से इनकार नहीं किया। डॉ. स्टीवेन्सन (Dr. Stevenson, former Prof. Of Psychiatry, University of Virginia School of Medicine) ने 'Journal of Scientitic Exploration' में शरीर में जन्मजात पाए जानेवाले चिह्नों व घावों के संबंध में कहा कि 49 में से 43 मामलों में मेडिकल प्रपत्रों में पोस्टमार्टम रिपोर्ट में उल्लेखित शरीर के घाव व चिह्न पुनर्जीवित व्यक्तियों के शरीर पर पाए गए। उन्होंने लगभग 40 वर्ष पुनर्जन्म के प्रकरणों की शोध में लगाए थे। 1989 में रूस के एक भूतल वैज्ञानिक डॉ. आजाकोव (Dr. Azzacove) के निर्देशन में रूस के साइबेरिया क्षेत्र में एक वैज्ञानिकों के दल ने पृथ्वी में लगभग 9 मील गहरा एक छेद किया तो नीचे से उस शोध दल के सदस्यों को कुछ आवाजें-चीखें आदि सुनाई दीं। विस्मय में पड़कर उन्होंने एक ऐसे माइक्रोफोन का इस्तेमाल किया, जो अत्यधिक गरमी सहन कर सकता था तथा उसको अत्यंत संवेदनशीलता माप सकने वाले संयंत्रों के साथ उस 9 मील गहरे बोरवेल में डाला तो उन्होंने नीचे से अत्यंत क्रंदन व रूदन की आवाजें सुनीं, जिन्हें उन्होंने रिकॉर्ड भी कर लिया। उस शोध दल को यह तथ्य भी पता चला कि धरती के उस 9 मील गहरे छेद के नीचे का तापमान 2000 डिग्री फॉरनेहाइट (°F) से भी ज्यादा था। इस शोध के तथ्य व परिस्थितियों से उन्हें यह अनुभव हुआ कि संभवतया उन्होंने नरक में कोई छेद कर दिया है।

अथ चैनं नित्यजातं नित्यं वा मन्यसे मृतम्।
तथापि त्वं महाबाहो नैवं शोचितुमर्हसि॥ 26॥

"हे महाबाहु! यदि तुम आत्मा को सदैव जन्म लेनेवाला समझते हो या सदैव मरनेवाला समझते हो तो भी तुम्हारे लिए शोक करने का कोई आधार और कारण नहीं है।"

श्रीकृष्ण स्पष्ट करते हैं कि "हे अर्जुन! तू यदि इस आत्मा के नित्य स्वरूप को ग्रहण नहीं करता है और सदैव इस आत्मा को शरीर के साथ जन्म लेने वाली तथा शरीर के साथ ही अंत होनेवाली मानता है, तब भी तुझे इस युद्ध में शत्रुपक्ष के योद्धाओं को मारने में कोई संकोच नहीं करना चाहिए।" महाभारत काल में भी कई संप्रदाय तथा मत प्रचलित थे जैसे कि वर्तमान काल में भी हैं। यदि अन्य प्रचलित मतों या संप्रदायों के दर्शन के अनुसार ये माना जाए कि आत्मा का शरीर से परे कोई अस्तित्व नहीं है तथा जीवन की उपस्थिति में शरीर में भौतिक तत्त्वों के संयोग तथा क्षय का कारण भी विभिन्न शारीरिक स्थितियों को माना जाए, तब भी अर्जुन के लिए शोक कर युद्ध से विमुख होने

का कोई कारण नहीं था। भौतिक विज्ञानियों के अनुसार, भौतिक पदार्थ से प्रत्येक पल अनेकानेक प्राणियों की उत्पत्ति एवं विनाश होता रहता है। इसलिए आत्मा यदि एक शरीर को छोड़कर दूसरे शरीर को धारण ही नहीं करती है तथा उसका कोई पुनर्जन्म नहीं होता है, तो फिर अर्जुन को पितामह, पित्रतुल्यों व आचार्यों का वध करने में कोई संकोच ही नहीं होना चाहिए, क्योंकि अर्जुन क्षत्रिय था तथा उसका अपनी क्षत्रिय मर्यादा का पालन करना उचित है।

जातस्य हि ध्रुवो मृत्युर्ध्रुवं जन्म मृतस्य च।
तस्मादपरिहार्येऽर्थे न त्वं शोचितुमर्हसि॥ 27॥

"जिस जीव ने जन्म लिया है उसकी मृत्यु होना ध्रुव सत्य है। उसी प्रकार जिस जीव की मृत्यु हो गई है, उसका जन्म लेना भी ध्रुव व अटल सत्य है। इसलिए इस अपरिहार्य तथ्य को अनदेखा कर उसके विषय में शोक करना तुम्हारे लिए कदापि उचित नहीं है।"

कुरुक्षेत्र के इस धर्म-अधर्म के मध्य महायुद्ध को अनेक शांति प्रयासों के पश्चात् भी टाला नहीं जा सका था तथा न्याय एवं धर्म की स्थापना के लिए, आततायियों का अंत अपरिहार्य हो गया था। सच्चे क्षत्रिय का कर्तव्य है कि धर्म-न्याय के लिए युद्ध करे। इसमें स्वजनों और गुरुजनों की मृत्यु का शोक करना व्यर्थ था, क्योंकि आत्मा सत्य व सनातन है। जिसने जन्म लिया है वह मृत्यु को आवश्यक रूप से प्राप्त होगा तथा जिसकी मृत्यु हुई है, वह भी अपने कर्मों व संस्कारों के अनुसार पुनः शरीर धारण करेगा। यह ध्रुव और अटल सत्य है। इसलिए अर्जुन का संताप, खोखली किंकर्तव्यविमूढ़ता व अज्ञानता ही है।

अव्यक्तादीनि भूतानि व्यक्तमध्यानि भारत।
अव्यक्तनिधनान्येव तत्र का परिदेवना॥ 28॥

"सृष्टि के सभी प्राणी प्रारंभ में शरीर धारण करने से पूर्व अव्यक्त व अप्रकट स्थिति में रहते हैं तथा शरीर धारण करने पर व्यक्त स्थिति में आ जाते हैं; साथ ही मृत्यु होने पर पुनः अव्यक्त हो जाते हैं। इसलिए यह विषय शोक करने के हेतु प्रासंगिक नहीं है।"

'अस्ति' अस्तित्व है तथा 'नास्ति' अस्तित्व नहीं है। वैज्ञानिकों व दार्शनिकों के ये दो मत बहुधा प्रचलित हैं। श्रीकृष्ण दोनों ही स्थितियों को समझाते हैं। किसी वृक्ष के बीज को तोड़कर देखें तो उसमें वृक्ष दृष्टि में नहीं आता है, किंतु भूमि में बो देने के उपरांत उस बीज में से नन्हा अंकुर स्फुरित होता है और यह धीरे-धीरे विशाल वृक्ष का स्वरूप ग्रहण कर लेता है। पृथ्वी से जल, सूर्य से ऊष्मा और वायु से शक्ति ग्रहण कर बीज आकाश की ओर उन्मुख हो जाता है। वस्तुतः आत्मा से पृथक् अस्तित्व के भौतिक तत्त्व अदृश्य

अवस्था में रहते हैं। आकाश से वायु, वायु से अग्नि, अग्नि से जल तथा जल से पृथ्वी अस्तित्व में आती है। पृथ्वी से अनेकानेक वस्तुएँ प्रकट होती हैं। इसीलिए पृथ्वी से प्रकट हुए पदार्थों से विशाल महलों व भवनों की संरचना की जाती है तथा ध्वस्त होने पर ये महल व भवन पुन: भूमि में लीन हो जाते हैं। पंचतत्त्वों से निर्मित मानव शरीर आत्मा की उपस्थिति में सजीव रहता है तथा आत्मा के प्रस्थान करते ही यह निर्जीव शरीर नष्ट हो पृथ्वी में मिल जाता है।

आश्चर्यवत्पश्यति कश्चिदेन
माश्चर्यवद्वदति तथैव चान्यः।
आश्चर्यवच्चैनमन्यः श्रृणोति
श्रुत्वाप्येनं वेद न चैव कश्चित्॥ 29॥

"कोई आत्मा की इस प्रकृति के कारण उसे आश्चर्य से देखता है तथा कोई इसको आश्चर्य का स्वरूप बताता है। इसी प्रकार लोग इसे आश्चर्य की तरह सुनते हैं तथा इसके स्वरूप व प्रकृति को ज्ञात नहीं कर पाते।"

वस्तुत: आत्म ज्ञान का विषय अत्यंत गूढ़ प्रकृति का है। आत्मा को बाल के अग्रभाग के दस हजारवें हिस्से से भी सूक्ष्म बताया गया है। वह इतनी अणुतम है कि शक्तिशाली सूक्ष्मदर्शी यंत्रों से भी दृष्टि में नहीं आती, फिर भी उसकी व्यापकता एवं उपस्थिति सर्वत्र है। इसलिए सामान्यजन के लिए आत्मा एक चमत्कारिक आश्चर्य का विषय है—देखने, सुनने व बताने में भी आश्चर्य तथा समझ आने पर भी आश्चर्य। श्रीकृष्ण पूर्व में कह आए हैं कि तत्त्वदर्शियों ने इस आत्मा को देखा व समझा है। इसलिए आत्मा को समझने के लिए तत्त्वदर्शी की दृष्टि आवश्यक होती है, भौतिक विज्ञान शास्त्री की नहीं।

देही नित्यमवध्योऽयं देहे सर्वस्य भारत।
तस्मात्सर्वाणि भूतानि न त्वं शोचितुमर्हसि॥ 30॥

"हे भारत! हे भारतवंशी अर्जुन! प्राणी मात्र के इस भौतिक शरीर में, हर एक जीव की देह में, यह शाश्वत आत्मा उपस्थित है जो अवध्य है। इस शरीर में रहनेवाली आत्मा का नाश नहीं किया जा सकता। इसलिए किसी जीव का नाश होने पर किसी भी प्रकार के किसी शोक-संताप की आवश्यकता ही नहीं है।"

वस्तुत: श्रीकृष्ण ने आत्मा के 'अस्ति' एवं 'नास्ति' दोनों ही पक्षों पर प्रकाश डालते हुए उसकी प्रकृति व तत्त्वों का विश्लेषण करते हुए आत्मा को अनंत, अविकारी व अविनाशी बताया है।

स्वधर्ममपि चावेक्ष्य न विकम्पितुमर्हसि।
धर्म्याद्धि युद्धाच्छ्रेयोऽन्यत्क्षत्रियस्य न विद्यते॥ 31॥

"स्वधर्म के दृष्टिकोण से विचार करने पर भी तुम्हें धर्म पालन हेतु युद्ध करने से कोई संकोच नहीं करना चाहिए, क्योंकि क्षत्रिय होने के कारण अन्याय व अधर्म के पक्ष के विरुद्ध युद्ध करना तुम्हारा परम दायित्व है।"

श्रीकृष्ण आत्मा की अविनाशता व अनंतता को स्पष्ट करने के उपरांत अर्जुन को उसके स्थितिजन्य दायित्व का बोध कराते हैं। अर्जुन कुरुवंश के राजा पांडु का पुत्र होने के कारण राजपुरुष था जिसके कारण क्षत्रिय के दायित्व का निर्वहन उसका स्वधर्म था। आत्मा शाश्वत व सनातन है तथा सनातन आत्मपथ पर चलने के लिए प्रत्येक पथिक की योग्यता भिन्न-भिन्न होती है। यदि पथिक आत्मपथ पर चल अपने लक्ष्य 'ईश प्राप्ति' में सफल होना चाहता है तो उसे अपनी योग्यता व स्थिति के अनुसार दायित्व का निर्वहन भी करना होगा। श्रीकृष्ण ने गीता में आगे कहा है कि 'चातुर्वर्ण्यं मया सृष्टम गुणकर्मविभागश', (4.13) कि चार वर्णों की सृष्टि उन्होंने की है तो क्या उन्होंने मनुष्य समाज को चार जातियों में बाँट दिया है? श्रीकृष्ण कहते हैं कि नहीं ऐसा नहीं है, अपितु प्राणी के कर्मों तथा गुणों के अनुसार; समाज को चार भागों में बाँटा गया है। साधना पथ पर अपनी-अपनी क्षमता के अनुसार साधकों की चार स्थितियाँ होती हैं। अल्पज्ञ अर्थात् शूद्र अवस्था, जिसमें साधक को साधना की अवस्था का पता ही नहीं होता है। साधक ईश्वर प्राप्ति के लिए साधना करता है, भजन करता है, किंतु अपनी इंद्रियों के विकारों में ही जकड़ा रहता है। धीरे-धीरे जब वह इंद्रियों के विकारों पर थोड़ा नियंत्रण कर माया के जाल को काटने का प्रयास करता है तो इंद्रियाँ उसे उसकी सांसारिक इच्छाओं की पूर्ति हेतु विभिन्न व्यसनों में उलझा देती हैं। ऐसी स्थिति में महापुरुष की सेवा कर उसमें सद्वृत्तियों का उद्‌भव होता है तो धीरे-धीरे वह वैश्य श्रेणी का साधक बन जाता है। इस पथ पर प्रयासरत रहते हुए वह काम, क्रोध, मद, लोभ आदि विकारों को संयमित कर; अपने विवेक से अनासक्त बन, साधना की ओर अग्रसर रहता है, तो धीरे-धीरे विकारों को जीतते हुए वह क्षत्रिय की अवस्था प्राप्त कर लेता है। पुनः अनवरत प्रयास से वह अपनी इंद्रियों को साधकर प्रकृतिजन्य विकारों को शांत करते हुए तथा आसक्ति का विनाश करते हुए संघर्ष करता है, तो वह क्षत्रिय से ब्राह्मण बन जाता है। जब विकारों व इंद्रियों का दमन सतत रूप से होने लगे, चित्त में प्रभु-भक्ति की सरलता का प्रकाश दृष्टिगोचर होने लगे और हृदय में भगवत प्रेम निश्छल भाव से प्रवाहित होने लगे, तो साधक कर्म के शनैः-शनैः यज्ञकर्म में परिणीत हो जाने से ब्राह्मणत्व की स्थिति से भी ऊपर उठकर ब्रह्ममय हो जाता है। अर्जुन के प्रश्न मूलतः एक भक्त या एक साधक की करुणाभरी याचना हैं, जिनका उत्तर देते हुए श्रीकृष्ण आत्मा की शाश्वतता स्पष्ट कर रहे

हैं और उसके क्षत्रियजनित स्वधर्म के दायित्व बोध के निर्वहन की आवश्यकता की ओर भी इंगित कर रहे हैं।

यदृच्छया चोपपन्नं स्वर्गद्वारमपावृतम्।
सुखिनः क्षत्रियाः पार्थ लभन्ते युद्धमीदृशम्॥ 32॥

"हे पार्थ! यह तो एक क्षत्रिय के लिए बड़े हर्ष का विषय है कि उसके समक्ष इस प्रकार के युद्ध का अवसर है। ऐसे युद्ध में प्रतिभाग करने से तो स्वर्ग का द्वार स्वयं खुल जाता है।"

अर्जुन की मन:स्थिति को श्रीकृष्ण ने अविवेक व अज्ञान की स्थिति बताया है, क्योंकि राजकुल के व्यक्ति को अपनी प्रजा की आततायियों से रक्षा करके अपने दायित्व का निर्वहन आवश्यक रूप से पूरा करना होता है। पराशर स्मृति में महर्षि पराशर स्पष्ट करते हैं—

"क्षत्रियों हि प्रजारक्षन् शस्त्रपाणि प्रदंडयन्।
निर्जित्य परसैन्यादि क्षितिं धर्मेण पालयेत्॥"

अर्थात् "प्रजा की रक्षा के लिए शत्रुओं का शस्त्रों से विनाश क्षत्रिय का धर्म और दायित्व है।" स्पष्ट है कि यदि आततायियों के द्वारा बलपूर्वक राज्य जीतकर प्रजा को अत्याचारों व क्लेशों का शिकार बनाया जाए तो राजा की स्थिति लज्जाप्रद होती है। राजा को स्वधर्म का पालन कर शत्रुओं का विनाश करना ही चाहिए अन्यथा उसके लिए युद्ध में वीरगति प्राप्त करना श्रेष्ठप्रद है। दोनों ही स्थितियों में वह कीर्ति का भागी बनता है। बाह्यरूप से कौरवों का तथा आंतरिक रूप से अपने मानवीय भावना जनित, उद्वेगों का शमन करना अर्जुन के लिए परिस्थितिजन्य रूप से अपरिहार्य कर्म है। अपने पारिवारिक एवं राज्यजन्य सुखों का परित्याग कर, शत्रुओं से प्रजा की रक्षा करना ही क्षत्रिय धर्म है। इसलिए ऐसी स्थिति भाग्यवानों को ही प्राप्त होती है।

अथ चैत्त्वमिमं धर्म्यं संग्रामं न करिष्यसि।
ततः स्वधर्मं कीर्तिं च हित्वा पापमवाप्स्यसि॥ 33॥

"इसलिए हे अर्जुन! तू इस धर्म युद्ध में प्रतिभाग नहीं करेगा तो अपने स्वधर्म से विमुख होने के कारण अपयश एवं पाप का भागी बनेगा।"

जहाँ युद्ध में नीति व अनीति, धर्म व अधर्म दाँव पर हों वहाँ धर्म व नीति के पक्ष को छोड़कर, स्वधर्म से विरत हो जाना महान् निंदनीय व घोर पाप है। इसीलिए अर्जुन के तर्कों को अमान्य बताते हुए श्रीकृष्ण उसे इस धर्मयुद्ध में अपने क्षत्रियजनित स्वधर्म का

कठोरता से पालन करने की प्रेरणा देते हैं। आंतरिक रूप से भी अपने नित्य कर्म खाना-पीना-सोना-मैथुन आदि कर्म तो पशु भी करते हैं, किंतु मनुष्य व पशु का अंतर यही है कि मनुष्य अपने विवेक का प्रयोग कर, अपने स्वभाव से उत्पन्न संघर्ष की क्षमता द्वारा, कर्मयोग के माध्यम से शाश्वत परमात्मा में प्रवेश हेतु तत्पर होता है। यदि मनुष्य ऐसा न करे तो आवागमन की स्थिति बनी रहेगी और मानव भी पशुओं की भाँति विभिन्न योनियों से गुजरता हुआ दुर्गति को प्राप्त होगा।

अकीर्तिं चापि भूतानि कथयिष्यन्ति तेऽव्ययाम्।
संभावितस्य चाकीर्तिर्मरणादतिरिच्यते॥ 34॥

"इसके अतिरिक्त सभी लोग तुम्हारे अपयश की ही चर्चा सर्वत्र करेंगे, क्योंकि सम्मानित व्यक्तियों के लिए अपकीर्ति मृत्यु से भी ज्यादा कष्टदायी होती है।"

अर्जुन पांडव पक्ष का मुख्य योद्धा था तथा उसकी कीर्ति सर्वत्र एक महान् धनुर्धर के रूप में थी। उसने महातप करके शिवजी को प्रसन्न किया था, जिन्होंने किरात का रूप धारण कर अर्जुन की धनुर्विद्या व शस्त्रचालन-दक्षता की परीक्षा ली थी तथा उसे पशुपतास्त्र प्रदान किया था। देवलोक में स्वयं इंद्र ने उसे विभिन्न दिव्यास्त्रों का प्रयोग सिखाया था तथा द्रोणाचार्य ने परशुराम से प्राप्त युद्ध-विद्या, शस्त्र-चालन प्रक्रिया व अनेकानेक शस्त्रों के संधान की विधियाँ अर्जुन को सिखाई थीं, जो महाभारतकालीन समाज में विख्यात थीं। ऐसी स्थिति में अर्जुन जैसे यशस्वी योद्धा द्वारा, युद्ध से विरत हो, कायरों की भाँति आचरण करना, निश्चित ही, उसे अपयश का भागी बनाता। इसीलिए श्रीकृष्ण अर्जुन को समझा रहे हैं कि युद्ध में विजय या पराजय, दोनों ही स्थितियाँ, इस युद्ध से विरत होने की अपेक्षा श्रेयस्कर हैं।

भयाद्रणादुपरतं मंस्यन्ते त्वां महारथाः।
येषां च त्वं बहुमतो भूत्वा यास्यसि लाघवम्॥ 35॥

"ऐसे सभी महारथी योद्धा जो अभी तक तुम्हें युद्धकला में अत्यंत प्रवीण व सम्मानित मानते रहे हैं, वे तुम्हारे इस युद्ध से विमुख हो जाने पर यही सोचेंगे कि तुमने युद्ध से भयभीत होकर रणभूमि त्याग दी तथा तुम्हें अत्यंत तुच्छ समझेंगे।"

श्रीकृष्ण अर्जुन को स्पष्ट कर रहे हैं कि उसके तर्क को वह अपने परिजन, गुरुजन आदि से युद्ध कर कुलक्षय नहीं करना चाहता, केवल उसके शत्रुपक्ष के महारथी योद्धा ही नहीं, अपितु समस्त संसार भी नहीं मानेगा, वरन् उसे कायरों की भाँति तुच्छ ही माना जाएगा। उसका यश व प्रतिष्ठा धूलधूसरित हो जाएगी तथा वह चिरकाल तक अपयश का पात्र बनेगा। उसके तर्क उसकी क्षुद्र मानसिक दुर्बलता हैं। साधना के क्षेत्र में भी महर्षि

विश्वामित्र का मेनका के सौंदर्य से अभिभूत होना विश्व में उनके उपहास व अपयश का कारण बना। जिस प्रकार नारद ऋषि के राज्यकन्या के सौंदर्य के आकर्षणवश श्रीहरिविष्णु से उनके जैसे स्वरूप की प्राप्ति की इच्छा तथा वानर रूप में राजकन्या के स्वयंवर में जाना, उनके उपहास का कारण बना, उसी प्रकार अर्जुन द्वारा, स्वधर्म से विरत हो, युद्ध से विरत होना, उसकी अपकीर्ति को अवश्यंभावी बना देता।

अवाच्यवादांश्च बहून् वदिष्यन्ति तवाहिताः।
निन्दन्तस्तव सामर्थ्यं ततो दुःखतरं नु किम्॥ 36॥

"तुम्हारा सदैव अहित चाहनेवाले लोग तुम्हारे विषय में अनेकानेक मिथ्या एवं कटु बातें कहेंगे और तुम्हारी युद्ध प्रवीणता, कौशल व सामर्थ्य का उपहास भी उड़ाएँगे, जो निःसंदेह तुम्हारे लिए अत्यंत कष्टकारी स्थिति होगी।"

अर्जुन के अनार्य-आचरण व युद्ध से विरत होने के प्रत्यक्ष एवं स्वाभाविक परिणामों की ओर इंगित करते हुए श्रीकृष्ण स्पष्ट कर रहे हैं कि क्षत्रियोचित स्वधर्म के पालन से पलायन करना उसके लिए जगत् में उपहास एवं अपयश का कारण ही बनेगा।

हतो वा प्राप्स्यसि स्वर्गं जित्वा वा भोक्ष्यसे महीम्।
तस्मादुत्तिष्ठ कौंतेय युद्धाय कृतनिश्चयः॥ 37॥

"यदि इस युद्ध में तुम्हारे प्राणों का हनन होता है तो भी वीरगति प्राप्त कर स्वर्ग के भागी बनोगे। यदि इस युद्ध में तुम जीत प्राप्त करते हो तो 'मही' अर्थात् पृथ्वी का सुख भोगोगे।"

जैसा कि श्रीकृष्ण पहले कह आए हैं कि युद्ध का अवसर क्षत्रिय के लिए अत्यंत पुनीत व पावन होता है, क्योंकि हार अथवा जीत दोनों ही स्थितियों में वह अपने राजपुरुष होने के कारण क्षत्रियोचित स्वधर्म का पालन कर कीर्ति का ही भागी बनेगा तथा जनसामान्य के लिए उसका आचरण वंदनीय व अनुगमनीय होगा। इसलिए श्रीकृष्ण कहते हैं, "अर्जुन तुम युद्ध के लिए प्रतिबद्ध होकर खड़े हो।"

सुखदुःखे समे कृत्वा लाभालाभौ जयाजयौ।
ततो युद्धाय युज्यस्व नैवं पापमवाप्स्यसि॥ 38॥

"सुख-दुःख, लाभ-हानि, जय-पराजय सभी स्थितियों को समान ही समझो। एक योद्धा को अनुकूल-प्रतिकूल स्थिति का विचार नहीं करना चाहिए, क्योंकि अवसर आने पर उसका उत्तर सम्यक् रूप से देना व्यक्ति का कर्मजन्य दायित्व है। इसलिए तू भी मात्र अपने कर्म को कर।"

अर्जुन राजपुरुष था तथा उसने विभिन्न प्रकार की अस्त्र-शस्त्र विद्या ग्रहण की थी। अर्जुन महारथी, शूरवीर व विख्यात धनुर्धर है। इसलिए युद्ध के लिए डटी सेनाओं के मध्य युद्ध से विरत होने के उसके अनर्गल तर्क वीरोचित नहीं हैं। उसे मात्र अपनी सर्वश्रेष्ठ योग्यता का प्रदर्शन करते हुए अपने दायित्व-निर्वहन हेतु सजग रहना चाहिए। जय व पराजय दोनों ही स्थितियों में या तो महीम स्थिति होगी या देवत्व की प्राप्ति होगी, किंतु दायित्व निर्वहन से पलायन का दोष व पाप नहीं लगेगा। साधक को अपने सतत प्रयास करते रहने चाहिए। साधन पार लग जाने पर 'महीम' परब्रह्म परमेश्वर की सिद्धि से प्राप्त महिमा की प्राप्ति होगी और यदि शरीर का समय पूर्ण होने तक लक्ष्य प्राप्ति नहीं भी हो पाती है, तो भी अगले चरण में पुन: उसी प्राप्ति की स्थिति से साधना प्रारंभ होगी जहाँ वह छूट गई थी। इसलिए जीतने में 'महामहित्व की स्थिति' तथा हारने पर 'देवत्व की प्राप्ति', दोनों ही स्थितियाँ श्रेयस्कर हैं। इसलिए श्रीकृष्ण अर्जुन से प्रतिकार के लिए तैयार हो जाने को कहते हैं।

एषा तेऽभिहिता सांख्ये बुद्धिर्योगे त्विमां श्रृणु।
बुद्ध्यायुक्तो यया पार्थ कर्मबन्धं प्रहास्यसि॥ 39॥

"यह सब तेरे लिए अभी तक सांख्य सिद्धांत के अनुसार ज्ञान का वर्णन किया गया है। अब निष्काम भाव से कर्म करना बता रहा हूँ, हे पार्थ! उसे सुनो! तुम यदि ऐसी बुद्धि से युक्त होकर कर्म करोगे तो तुम कर्मों के बंधन से अपने को मुक्त कर सकोगे।"

यहाँ श्रीकृष्ण श्रीमद्भगवदगीता के दूसरे अत्यंत महत्त्वपूर्ण सिद्धांत निष्काम कर्मयोग का उल्लेख कर रहे हैं। सांख्य का अनीश्वरवादी दर्शन से तात्पर्य नहीं है और न ही 'संन्यास' से। कपिल के सांख्य या निरा वेदांत या अनीश्वरवाद से इसका कोई संबंध नहीं है और न ही पतंजल योग के 'योग' शब्द से ही इसका कोई संबंध है, अपितु 'सांख्य' शब्द का प्रयोग इस अर्थ में किया गया है कि यदि व्यक्ति अपनी बुद्धि व ज्ञान पर दृष्टि रखता हुआ, अपनी स्थिति व बुद्धि के अनुसार कर्म करता है तो वह ज्ञानयोग की स्थिति है, किंतु जहाँ व्यक्ति अपने समस्त कर्म को अपने इष्ट के आश्रित हो करता है, वह निष्काम कर्म की स्थिति है। ज्ञानयोग में वह अपनी बुद्धि व ज्ञान पर आश्रित हो कर्म करता है और निष्काम कर्म योग में वह अपने इष्ट के ऊपर आश्रित हो व पूर्ण विश्वास करके कर्म करता है। कर्म तो प्रत्येक स्थिति में करना अनिवार्य है। स्वयं को 'ब्रह्मास्मि, या 'चैतन्य' या 'गुणातीत' मानने से साधना पथ पर प्रगति नहीं हो सकती है और न कर्मपथ ही प्रशस्त हो सकता है। अकर्मण्यता की स्थिति किसी भी स्थिति में ग्राह्य नहीं है। अर्जुन अभी तक अपने वंश के अग्रजों, पितामहों, पितातुल्यों, गुरुजनों, स्वजनों, पुत्रों, पौत्रों व मित्रजनों के प्राणों के हनन के फलस्वरूप कुलक्षय, पिंडदान के

लोप, स्त्रियों के दूषित होने और वर्णसंकर को ही सनातन समझकर अपने युद्ध-त्याग को श्रेयस्कर समझ रहा था। वह समझ रहा था कि युद्ध जीतने से होनेवाली राजसी सुखों की प्राप्ति उसके बंधु-बांधवों के खून से सनी होगी। वह कौरव पक्ष को आततायी मानकर भी, निहत्थे हो, अपने प्राणों का बलिदान देने हेतु भी उद्यत हो जाता है। उसके सारे तर्क उसके अपने बुद्धि-जनित भाव हैं, जिन्होंने उसे अपने कर्तव्यपथ से च्युत कर दिया है। इसीलिए श्रीकृष्ण स्पष्ट करते हैं कि मात्र शरीर नष्ट होता है आत्मा नहीं। वह पहले समय में भी थी और भविष्य में भी रहेगी। शरीर मात्र आत्मा के संचारण का माध्यम है, किंतु युद्ध से विमुख होने पर अर्जित होनेवाला अपयश मृत्यु से ज्यादा कष्टदायी है। सभी प्राणियों में आत्मा शाश्वत है तथा शरीर के भौतिक बंधन से मुक्ति के उपरांत भी उसका पृथक् अस्तित्व बना रहता है। श्रीकृष्ण ने आत्म तत्त्व के वृहद विश्लेषण द्वारा अर्जुन का संशय समाप्त करने का प्रयास किया है, क्योंकि 'शिष्यस्तेऽहं शाधि माँ त्वां प्रपन्नम्' (2.7) अर्थात् 'मुझे शिष्य की भाँति उचित दीक्षा दें', यह अर्जुन का निवेदन है। कपिल मुनि अपनी माता देवहुति को सांख्य दर्शन समझाते हुए पुरुष व प्रकृति के गुरु संबंध को स्पष्ट करते हुए कहते हैं कि पुरुष तत्त्व में परमेश्वर ही क्रियाशील हैं, जो प्रकृति पर दृष्टिपात कर जीव जगत् की सृष्टि करते हैं। इसीलिए वेदों में वर्णन है कि ईश्वर प्रकृति पर दृष्टिपात कर उसमें अणुतम जीवात्माएँ प्रविष्ट कर देते हैं। यही जीव अपनी कर्मेंद्रियों व ज्ञानेंद्रियों की तृप्ति हेतु कर्म करते हैं व मायावश स्वयं को भोक्ता मानते हैं। इस इंद्रिय-जनित मायाजाल को तोड़कर ही जीव फिर ईश्वर के सान्निध्य को पाता है। इंद्रिय-जनित विकारों को जीतकर; निर्विकार व अनासक्त अवस्था में ईश्वर के प्रति संपूर्ण समर्पण से ही कर्मबंधनों से मुक्ति प्राप्त होती है। जैसा कर्म होगा, उसी के अनुरूप हमारे बंधन भी होंगे। जब समस्त कर्म अपने कर्तव्य पालन मात्र के लिए किए जाएँ, तभी कर्मों के बंधन से मुक्ति मिलेगी। अपने अस्तित्व को दृष्टि में रख, विचार कर, कर्म में अग्रसर होना ज्ञानयोग है, किंतु कर्म तो ज्ञानयोग में भी करना होता है तथा निष्काम कर्मयोग में भी। जब अपने बुद्धिबल पर निर्भर हो कर्म करेंगे तो ज्ञानमार्गी व जब इष्ट पर आश्रित होकर कर्म करेंगे तो निष्काम कर्मयोगी बनेंगे। इस प्रकार इस श्लोक में दूसरे महत्त्वपूर्ण सिद्धांत 'अनासक्त भाव' का उल्लेख करते हुए 'कर्म' शब्द का प्रथम बार प्रयोग हुआ है।

नेहाभिक्रमनाशोऽस्ति प्रत्यवायो न विद्यते।
स्वल्पमप्यस्य धर्मस्य त्रायते महतो भयात्॥ 40॥

"योग मार्ग पर प्रयत्न करने में किसी भी प्रकार की कभी कोई हानि नहीं है, अपितु इस मार्ग पर, चाहे ज्ञान कर्मयोग मार्ग हो या निष्काम कर्मयोग मार्ग, धर्म का अल्प प्रयास भी महान् भय से रक्षा करता है।"

धर्मपथ पर साधक, साधना का बीज मात्र ही डाल दे तो उसके इस निर्विकार और निष्काम धर्म-कर्म से संपादित अल्प साधन भी उसे जन्म-मृत्यु के महान् दुःखदायी चक्र के भय से मुक्ति प्रदान करता है, क्योंकि इस बीज का कभी नाश नहीं होता। जहाँ तक की साधक दूरी तय करेगा, अगली बार पुनः उसी तय दूरी के आगे से उसके संस्कार प्रारंभ हो जाते हैं। प्रकृति इस पर मात्र आवरण डाल सकती है, किंतु बीज को नष्ट नहीं कर सकती है। अनासक्त भावना से रोपा गया यह कर्म-बीज थोड़े से प्रयास से भी महान् जन्म-मृत्यु-चक्र के भय से मुक्ति दिला देगा। अनेकों आवरणों और अत्याचारों के उपरांत भी यह धर्म भावना से किया गया कर्म आपको वहीं खड़ा कर देगा, जहाँ चिन्मयानंद की स्थिति है अर्थात् परम सत्ता का दिव्य प्रकाश है।

व्यवसायात्मिका बुद्धिरेकेह कुरुनन्दन।
बहुशाखा ह्यनन्ताश्च बुद्धयोऽव्यवसायिनाम्॥ 41॥

"हे कुरुवंशी अर्जुन! इस कर्म-पथ पर किए गए प्रयास व किए गए प्रयासों के फल का यदि आकलन किया जाए तो आत्मिक संपदा के प्रसार का परिणाम एक ही रहता है, क्योंकि भक्ति कर्म पथ पर प्रयासरत रहने से धीरे-धीरे प्रकृतिजन्य द्वंद्वों का शमन होते-होते देवसंपद का बाहुल्य होने लगता है।"

यह क्रिया एक तरह का व्यवसाय या कर्मयोग ही है, किंतु इस क्रिया से इतर बहुत से लोग भगवत-प्राप्ति या लक्ष्य प्राप्ति के लिए अनेकानेक क्रियाओं की विवेचना करते हैं। फलस्वरूप वह अभीष्ट मार्ग से भटक अपनी अनेकों आयामोंवाली बुद्धि के अनुरूप, अनंत क्रियाओं को अभीष्ट कर, अनेक शाखाओं में विभक्त हो जाते हैं। जिस प्रकार वृक्ष की जड़ को जल से सींचने से जल वृक्ष के प्रत्येक अंग-तने, डाल, पत्तों तक स्वयमेव पहुँच जाता है, उसी प्रकार जीव यदि यह समझ लेता है कि परम सत्ता ही, समस्त प्रकृतिजन्य विषय-विकारों के परे समस्त प्रकट कारणों का मूल कारण है तथा वह दृढ विश्वास से अपने अभीष्ट कर्म पथ पर चलकर इस परम सत्ता को समर्पित हो जाता है, तब वह स्वतः पूर्ण चरम अवस्था को प्राप्त होता है। बुद्धि की एकाग्रता सतत प्रयासों से प्राप्त होती है अन्यथा माया के प्रपंच बुद्धि को प्रकृतिजन्य विकारों व वासनाओं में उलझाकर अभीष्ट मार्ग से भ्रष्ट कर भ्रमित कर देते हैं।

यामिमां पुष्पितां वाचं प्रवदन्त्यविपश्चितः।
वेदवादरताः पार्थ नान्यदस्तीति वादिनः॥ 42॥

"हे पार्थ! ये अविवेकी अल्पज्ञानी लोग दिखावटी रूप में मन-लुभावने शब्दों का प्रयोग करके वेद के वाक्यों में आसक्त बड़ी-बड़ी बातें करते हैं तथा विभिन्न कामनाओं

व वासनाओं से युक्त स्वर्ग को ही परम लक्ष्य बताते हुए ऐसे बहुत से भोगों एवं ऐश्वर्यों की प्राप्ति के लिए आकृष्ट रहते हैं।"

कामात्मानः स्वर्गपरा जन्मकर्मफलप्रदाम्।
क्रियाविशेषबहुलां भोगैश्वर्यगतिं प्रति॥ 43॥

"विभिन्न इंद्रियजनित कामनाओं तथा विषय-वासनाओं की पूर्ति की चाह में ऐसे अविवेकीगण स्वर्ग प्राप्ति को ही उच्च स्थिति मानते हैं। वे भोग-ऐश्वर्य में आकंठ आसक्त हो स्वर्ग को ही सर्वश्रेष्ठ मानते हैं।"

ऐसे अल्पज्ञ वैदिक कर्मकांडों और यज्ञ के अनुष्ठानों की तड़क-भड़क से आकृष्ट हो भौतिक सुखों के भोग में आसक्त हो जाते हैं। काम तो सब परमात्मा के नाम पर होता है, किंतु परमात्मा के परम तत्त्व के चिंतन में लीन होने की जगह ऐसे प्राणी विभिन्न मायाजनित कर्मकांडी क्रियाओं में ही उलझे रहते हैं। श्रीकृष्ण कहते हैं कि ये कर्मकांडी क्रियाएँ कर्म नहीं हैं, अपितु अल्पज्ञ अविवेकी जन की बुद्धि अनंत ताने-बाने बुन अनंत क्रियाओं का विस्तार कर, उसी प्रकार अपकर्ष को प्राप्त करती है, जैसे सुंदर मनलुभावना विष-फल अल्पज्ञ व्यक्ति को प्रतिकूल परिणाम देता है तथा प्राणी जन्म-मृत्यु के कष्टदायक चक्र में फँसा रहता है।

भोगैश्वर्यप्रसक्तानां तयापहृतचेतसाम्।
व्यवसायात्मिका बुद्धिः समाधौ न विधीयते॥ 44॥

"भौतिक भोग तथा ऐश्वर्य के प्रति मोहग्रसित चित्तवाले आसक्त जनों के अंत:करण में भगवान् की भक्ति के लिए अपेक्षित दृढ निश्चयवाली बुद्धि का अभाव रहता है, जो उनकी अनंत कामनाओं की पूर्ति के लिए उनकी ऊर्जा को अनंत शाखाओं में विभक्त कर देती है, जिसके फलस्वरूप मन एकाग्रचित्त नहीं रह पाता तथा एकाग्रचित्त के अभाव में समाधि की स्थिति से विरत हो, उनकी बुद्धि पतन को अग्रसर हो जाती है।"

एक बार दो पंडितजी नदी किनारे मौन व्रत धारण कर ध्यान में बैठे थे। ठंड का मौसम था। एक पंडितजी सोच रहे थे किसी तरह से एक कंबल मिल जाता तो सर्दी से छुटकारा मिल जाता। अचानक नदी में एक काला कंबल दिखाई दिया तो पंडितजी ने तुरंत बिना शोर किए नदी में कूदकर कंबल पकड़ लिया, लेकिन वह कंबल नहीं भालू था। भालू ने पंडितजी को पकड़ लिया। पंडितजी घबराकर मम्-मम् कहने लगे तो नदी तट पर बैठे दूसरे पंडितजी ने अपना मौनव्रत तोड़कर कहा, "पंडितजी! यदि कोई समस्या है तो कंबल छोड़ दो, कंबल की व्यवस्था फिर हो जाएगी।" नदी में कूदे हुए पंडितजी ने अपना मौन तोड़ा और बोले, "भाई! मैं तो कंबल को छोड़ रहा हूँ, किंतु

कंबल ही मुझे नहीं छोड़ रहा है।" ऐसे ही माया भी सरलता से पीछा नहीं छोड़ती है। इसी माया को जीतकर, चित्त को नियंत्रण में कर, एकाग्र करना पड़ता है। समाधि के लिए एकाग्रचित्त व स्थिर मन अनिवार्य है, किंतु जो जीव क्षणिक सुखों के प्रति आसक्त हो व इंद्रिय भोग में रुचि रखता हो, वह भला मन-चित्त की एकाग्रता व स्थिरता कैसे प्राप्त कर सकेगा? मुंडकोपनिषद् में भी स्पष्ट है—

'इष्टपूर्तं मन्यमाना वरिष्ठं नान्यच्छ्रेयो वेदयन्ते प्रमूढाः।
नाकस्य पृष्ठे ते सुकृतेऽनुमूत्वेमं लोकं लोकं हीनतरं या विशंति॥' (1.2.10)

ऐसे मूढ़जन जो अपनी इष्टकामना पूर्ति को अभीष्ट समझ, अन्य कुछ भी श्रेष्ठ नहीं मानते, वे स्वर्ग में अपने पुण्य कर्मों को भोग पुनः मृत्युलोक व हीन योनियों में भटकते हैं। उनकी व्यवसायात्मक बुद्धि उन्हें इच्छा तृप्ति के लिए कौन सा कार्य करना है तथा कौन सा कार्य नहीं करना है, उसी में उलझाए रहती है तथा उन्हें कभी भी समाधिस्थ नहीं रख पाती।

त्रैगुण्यविषया वेदा निस्त्रैगुण्यो भवार्जुन।
निर्द्वन्द्वो नित्यसत्त्वस्थो निर्योगक्षेम आत्मवान्॥ 45॥

"हे अर्जुन! वैदिक शास्त्र में प्रकृति के तीन गुण-सत, रज व तम से संबंधित विषयों का वर्णन हुआ है। इसलिए द्वैत भाव से मुक्त हो; प्रकृति के तीनों गुणों से परे जाकर; लाभ तथा रक्षा के भावों से मुक्त होकर; नित्य शुद्ध सत् तथा आत्मा में स्थित हो।"

वैदिक ऋचाएँ, रीतियाँ व अनुष्ठान तो भौतिक जगत् में जीव की भौतिक एवं प्रकृतिजन्य आवश्यकताओं की पूर्ति हेतु अभीष्ट हैं ही, क्योंकि इनमें प्रकृति के तीनों गुणोंवाली माया भी निहित रहती है, किंतु जब वैदिक कर्मकांडों के द्वारा विभिन्न विषयजन्य इंद्रियाँ तृप्त हो जाती हैं, तो भौतिक जीवनयापन से परे ईश साक्षात्कार की स्थिति आती है। इसीलिए 'नित्यसत्त्व' सत् तत्त्व पर दृढ रूप से आश्रित एवं स्थित होने के लिए अर्जुन को प्रेरणा दी गई है कि वह सांसारिक स्थिति से ऊपर उठ अनंत सत् की ओर उत्कर्ष कर महीम सत्य को पा सके, क्योंकि प्रकृति तो सुख-दुःख, हानि-लाभ, जन्म-मरण आदि पारस्परिक विरोधी द्वंद्वों से लिप्त है तथा सत्य व ब्रह्म उससे परे हैं। इसीलिए श्रीकृष्ण ने 'नित्यसत्त्व', 'निर्द्वंद्व' व 'निर्योगक्षेम' शब्द प्रयुक्त किए हैं। सत्य गुण के नित्य एवं सतत उत्थान से नित्यसत्त्व की त्रिगुणातीत अवस्था प्राप्त होती है, जो सच्ची सिद्धावस्था है। वैदिक काम्य-कर्म सांसारिक योग-क्षेम हेतु पर्याप्त होता है। वेद इन त्रिगुणों तक प्रकाश डाल आगे नहीं जा पाते। इसीलिए श्रीकृष्ण कहते हैं कि "अर्जुन! तू इन गुणों से ऊपर उठ, वेदों के ज्ञान क्षेत्र और विषयात्मक द्वंद्वों से परे, नित्य सत्य में स्थित हो आत्मनिष्ठ हो।"

यावानर्थ उदपाने सर्वतः संप्लुतोदके।
तावान्सर्वेषु वेदेषु ब्राह्मणस्य विजानतः॥ 46॥

"लघु जल का स्रोत व्यक्ति के लिए तब निष्प्रयोज्य हो जाता है, जब उसे पानी का बड़ा स्रोत उपलब्ध हो जाता है। उसी प्रकार यदि व्यक्ति को ज्ञान की प्राप्ति हो गई है, तो वेदों में दी गई ऋचाएँ या विधियाँ उसके किसी प्रयोजन की नहीं रहती हैं।"

यदि व्यक्ति को गंगा नदी का जल समीप में ही मिल जाए तो भला वह कुएँ से पानी लेने क्यों जाएगा। वेदोक्त कर्मों के जो परिणाम वेदों में बताए गए हैं, वे रोचक हैं, जिससे कि कर्ता को वे कर्म अच्छे लगें, परंतु मात्र इतना पर्याप्त नहीं है। भागवत पुराण में उल्लेख किया गया है कि—

वेदोक्त कुर्वाणें निःसंगोऽर्पितमश्विरे।
नेष्कर्म्यो लभते सिद्धि रोचनाथा फलश्रुति॥

(भागवत् पुराण 11.3.43)

अर्थात् "वेदोक्त कर्मों का अनुष्ठान किसी फल प्राप्ति के लिए न कर मात्र निःसंग बुद्धि से, फल के प्रति कोई आसक्ति न रखते हुए, ईश्वर को समर्पित भाव से करें।" जो ज्ञानी ऐसा करता है, उसे नैष्कर्म्य से प्राप्त होनेवाली सिद्धि अभीष्ट रूप से प्राप्त होती है। इसलिए वैदिक कर्म की, जो न्यूनता दिखाई गई है, वह मूलतः उन कर्मों के प्रति मन में फलीभूत कामनाओं की सिद्धि के कारण बताई गई है। निष्काम कर्म की श्रेष्ठता ही दृष्टव्य है। इसलिए जो व्यक्ति वेदों में दी गई विधियों से ऊपर उठ ब्रह्म को जानता है वह ब्राह्मण है। श्रीकृष्ण कहते है कि "हे अर्जुन, तुम वेदों के ज्ञान स्तर से ऊपर उठ, ब्राह्मण की स्थिति प्राप्त करो।" कर्मप्रधान रूप से अर्जुन क्षत्रिय था, किंतु कृष्ण का आवाहन है कि "ब्राह्मण बन।" वस्तुतः श्रीकृष्ण ने जन्म आधारित वर्ण व्यवस्था को ठुकराया है तथा गुण-कर्म प्रधान स्वभाव की क्षमताओं की प्रधानता बताई है, जिसका स्वरूप श्रीकृष्ण आगे स्पष्ट करेंगे। यहाँ तो श्रीकृष्ण का तात्पर्य मात्र इतना है कि जिस प्रकार छोटे तालाब के आगे कुएँ का प्रयोजन नहीं है; नदी की निर्मल, अविरल धारा के सामने तालाब का प्रयोजन नहीं है, उसी प्रकार ब्रह्म प्राप्ति हेतु जब आत्मज्ञान की स्थिति हो तो वेदों में उल्लिखित कर्म की न्यूनता स्वतः स्पष्ट हो जाती है। वे अर्जुन से कहते हैं कि वह वेद-पुराणों के कर्मकांडों के भ्रमजाल से ऊपर उठ, आत्मा के सत्य प्रकाश को देखे तथा बंधनों को काटकर ब्रह्मण बने।

कर्मण्येवाधिकारस्ते मा फलेषु कदाचन।
मा कर्मफलहेतुर्भूर्मा ते सङ्गोऽस्त्वकर्मणि॥ 47॥

"निश्चय ही प्राणी को मात्र अपने कर्म को करने का अधिकार है। उसके कर्म से

क्या फल जनित होगा, उसकी आसक्ति या आशा रखना कदापि उसका अधिकार नहीं है। इसलिए न तो तुम कभी अपने कर्म के फल की कोई आशा ही रखो और न ही अपने कर्म से कभी विमुख ही होओ।"

यहाँ श्रीकृष्ण ने गीता के एक अत्यंत महत्त्वपूर्ण सारगर्भित सूक्त को इंगित किया है कि किसी भी प्राणी के द्वारा किए गए कर्मों के फल की इच्छा रखना या कर्म के फल के प्रति किसी भी प्रकार की कोई भी आसक्ति मन में रखना, उचित नहीं है, क्योंकि कर्म का परिणाम उसके हाथ में है ही नहीं। श्रीकृष्ण अर्जुन से कहते हैं कि वह सिर्फ अपना कर्म करे, बिना किसी फल की लालसा के। कर्म की सफलता या असफलता, उसके परिणाम की श्रेष्ठता या न्यूनता, कर्म करनेवाले जीव के वश से परे होती है। उसका अधिकार मात्र कर्म करने तक ही सीमित होता है। मनुष्य यह सोचकर कि कर्म ही क्यों करूँ, कर्म के बंधन से विमुख नहीं हो सकता। कर्मयोगी भगवान् श्रीकृष्ण ने उनतालीसवें श्लोक में प्रथम बार 'कर्म' शब्द का प्रयोग किया है। अब इस श्लोक में कर्म के फल के प्रति प्रचलित जनधारणा को तोड़ते हुए यह स्पष्ट कर दिया है कि प्राणी बिना अपने कर्म के फल की ओर आसक्त हुए ही कर्म करे। श्रीकृष्ण अर्जुन को कर्म की विशिष्टताओं को धीरे-धीरे स्पष्ट कर रहे हैं कि वह कर्म कर जिससे कि वह अपने कर्म के बंधन से मुक्त हो सके। उसके लिए किए गए प्रयास अर्थात् आरंभ के बीज का नाश नहीं होगा। जहाँ कर्म छूटेगा अगली बार क्रिया वहीं से प्रारंभ होगी, क्योंकि प्रकृतिजन्य बाधाएँ इस बीज को निष्प्रभावी या नष्ट नहीं कर सकतीं। यह कर्म जन्म-मरण के बंधन से भी उद्धार करानेवाला होता है। कर्म क्या है, इसे अभी श्रीकृष्ण ने स्पष्ट नहीं किया है, किंतु यह अवश्य इंगित कर दिया है कि मनुष्य को वेदों के ज्ञान से ऊपर उठ, बिना आसक्ति के कर्म करना चाहिए तथा कर्म के पथ से विमुख नहीं होना चाहिए। भगवान् श्रीकृष्ण तीसरे-चौथे अध्याय में स्पष्ट करेंगे कि कर्म है क्या। अभी मात्र कर्म की विशिष्टताओं को स्पष्ट किया जा रहा है, जिससे पथिक के हृदय दर्पण की मलिनता की धुंध धीरे-धीरे साफ होती जाए।

योगस्थः कुरु कर्माणि सङ्गं त्यक्त्वा धनञ्जय।
सिद्ध्यसिद्ध्योः समो भूत्वा समत्वं योग उच्यते॥ 48॥

"हे धनंजय! तू योग में स्थित होकर कर्म कर। कर्म करने में तेरा भाव होना चाहिए। कर्म सिद्ध होगा या असिद्ध, सफल होगा या असफल, शुभ होगा या अशुभ, उससे लाभ होगा या हानि प्रत्येक स्थिति के लिए समत्व का भाव रख। फल की इच्छा के कर्म-संग दोष को त्याग कर समत्व योग द्वारा कर्मपथ पर अग्रसर हो।"

'समत्वं योग उच्यते' अर्थात् फल में समत्व भाव की प्रबलता, जिसमें किसी भी

प्रकार की कोई विषमता ग्राह्य नहीं होती है, क्योंकि फल की आसक्ति हमारे भाव को कर्म के प्रति विषम बनाती है। इसलिए फल की कामना से ऊपर उठ, समत्व योग का आचरण करते हुए, कर्म करने में किसी भी प्रकार किसी रुचि का अभाव नहीं होना चाहिए। जब ऐसा भाव उत्पन्न हो कि कर्म करने में कोई भी सिद्धि-असिद्धी, सफलता-असफलता की तरंग मन को विचलित न कर पाए, प्रत्येक स्थिति के लिए भाव सम ही बना रहे, कोई भी विचलन असमता पैदा न कर पाए, तो यही भाव-स्थिति इष्ट से समत्व का बोध कराती है तथा समत्व योग कहलाती है। समत्व भाव पूर्णरूप से कर्म के फल के प्रति अनासक्ति है, कामनाओं का सर्वथा अभाव है, किंतु कर्म पथ से विचलन कभी नहीं है। इसी निष्काम कर्म भाव को 'कर्मयोग' कहते हैं, जो जीव का उसके इष्ट परमात्मा में प्रवेश कराती है।

दूरेण ह्यवरं कर्म बुद्धियोगाद्धनञ्जय।
बुद्धौ शरणमन्विच्छ कृपणाः फलहेतवः ॥ 49 ॥

"हे धनंजय! फल की इच्छा से किए गए कर्म, बुद्धि योग की भावना व तत्त्व से अत्यंत दूर होने के कारण, निकृष्ट योनि के हैं। इसलिए तू समत्व बुद्धि योग का आश्रय ग्रहण कर, साम्य बुद्धि की शरण में आ।"

फल-कामना से जनित कर्म अत्यंत कृपण एवं निंदनीय होने के कारण निश्चय ही दूर से ही त्यागने योग्य है। फलेच्छा की आसक्ति त्याग कर, समत्व बुद्धियोग के भाव से कर्म करना ही श्रेष्ठ है। क्या मजदूरी की जा रही है कि प्रत्येक काम का मूल्य अपेक्षित होगा! मन में कामना हो और उसकी पूर्ति हो भी जाए तो कामना को भोगने के लिए पुनः शरीर को धारण करना पड़ेगा, फिर कल्याण कहाँ जब शरीरों के आवागमन की स्थिति बनी हुई है!

बुद्धियुक्तो जहातीह उभे सुकृतदुष्कृते।
तस्माद्योगाय युज्यस्व योगः कर्मसु कौशलम्॥ 50 ॥

"अपनी बुद्धि को परमात्म में साम्य कर अच्छे व बुरे दोनों कर्मों के फल से मुक्त हुआ जा सकता है। इसलिए अपनी बुद्धि को दिव्यभक्ति से ओत-प्रोत कर समस्त कर्मों का अनुष्ठान साम्य बुद्धियोग से करते चले जाओ।"

यही 'योगः कर्मसु कौशलम्' अर्थात् 'योग्य कर्म कौशल' है। श्रीकृष्ण पहले कह आए हैं कि अर्जुन और उनके पहले बहुत से जन्म हो चुके हैं, जिन्हें जीवात्मा नहीं जानता, किंतु परमात्मा तो जानते ही हैं। जीवात्मा अनंत काल से अपने अच्छे-बुरे कर्मों का फल संचित करता आ रहा है, किंतु उसे अपना स्वरूप तथा पूर्व कर्मों के फल का

संज्ञान नहीं होता है। उसे तो सामने जो स्थिति स्थूल रूप से दृष्टिगोचर होती है, उसी का ज्ञान होता है, किंतु यदि जीवात्मा की वर्तमान स्थिति उसके पूर्व संचित अच्छे-बुरे कर्मों का प्रतिफल है तो वर्तमान के कर्मों का फल भी तो मिलेगा ही। इसीलिए कहा जाता है कि मनुष्य के आज के कर्म ही उसकी भविष्य की तसवीर बनाते हैं। मनुष्य भ्रमित रहता है कि जिस श्रेणी के उसके द्वारा कर्म व प्रयत्न किए गए थे उनके परिणाम उससे न्यून हैं। इसीलिए श्रीकृष्ण प्रचलित रूढ़ियों का खंडन करते हुए स्पष्ट करते हैं कि मात्र कर्म करो, वह भी श्रद्धापूर्वक, किंतु फल की कामना न कर उसे स्वतः त्याग दो। यदि बीज बोया है तो पौधा तो उगेगा ही। तद्नुसार फल-फूल भी देगा, परंतु कब, कितना, कैसे, इसकी आसक्ति छोड़कर समत्व भाव से कर्मयोग करो। यही कर्म करने का कौशल है।

कर्मजं बुद्धियुक्ता हि फलं त्यक्त्वा मनीषिणः।
जन्मबन्धविनिर्मुक्ताः पदं गच्छन्त्यनामयम्॥ 51॥

"इस प्रकार समत्व बुद्धि युक्त कर्मयोग के द्वारा ज्ञानी पुरुष कर्मों के फल के प्रति आसक्ति छोड़कर जन्म-मृत्यु के दुखदायी चक्र से मुक्त हो जाते हैं तथा परमेश्वर के अमृत-तुल्य परमधाम प्राप्ति के योग्य बन उसे प्राप्त करते हैं। इसी विधि के द्वारा बड़े-बड़े मनुष्यों, योगियों, ऋषि-मुनियों ने निष्काम बुद्धि-कर्म योग के द्वारा परमात्मा का सायुज्य प्राप्त किया है।"

अज्ञानी मनुष्य भौतिक जगत् की वास्तविक, स्थूल, अनित्य प्रकृति को समझ नहीं पाता तथा अपने कर्मों को सकाम समझते हुए भ्रमित रहता है कि उसको कर्म के परिणामस्वरूप सुख प्राप्ति ही होगी। अज्ञान के अंधकार में, मोहवश, वह संसार के अनित्य स्वरूप, जीवन में दुःख, मृत्यु, व्याधि, जरा आदि की विद्यमानता देख-समझ कर भी अनदेखा कर देता है तथा अपनी क्षुद्र कामनाओं का दास बन जाता है, किंतु समत्व बुद्धि-योग-युक्त कर्म उसे परमेश्वर की अलौकिक सत्ता का साक्षात्कार करा कर उसे सनातन आनंद की प्राप्ति कराता है।

यदा ते मोहकलिलं बुद्धिर्व्यतितरिष्यति।
तदा गन्तासि निर्वेदं श्रोतव्यस्य श्रुतस्य च॥ 52॥

"इसलिए जब तुम बुद्धियोग के द्वारा सांसारिक विषय-वासनाओं के घने मोहपाश को काटकर, मोह-भ्रम के दलदल को पार कर लोगे तब तुम सुने हुए या सुनने योग्य सभी स्थितियों के प्रति विरक्त व तटस्थ हो जाओगे।"

'निर्वेदं' का उपयोग विभिन्न सांसारिक मोह-माया के प्रपंचों से विरक्त होने के लिए किया गया है। श्रीकृष्ण कहते हैं कि 'हे अर्जुन! मोहपाश के कटते ही तुम्हें

वास्तविकता और सत्य का बोध हो जाएगा। फिर तुम्हें कुछ अधिक सुनने की इच्छा ही नहीं होगी, क्योंकि सत्य ज्ञात हो जाने के फलस्वरूप तुम्हें ज्ञात व सुनी बातों का फल पहले ही मिल चुका होगा।"

श्रुतिविप्रतिपन्ना ते यदा स्थास्यति निश्चला।
समाधावचला बुद्धिस्तदा योगमवाप्स्यसि॥ 53॥

"विभिन्न श्रुतियों-वैदिक ज्ञान में निहित कर्मफलों के प्रभाव से प्रभावित हुए बिना जब तुम्हारी बुद्धि एकनिष्ठ, अचल व स्थिर हो जाएगी, तब तुम दिव्य चेतना का साक्षात्कार कर लोगे। एकनिष्ठ बुद्धि योग की समाधि-स्थिति में तुम्हें परम चेतना, परम दिव्य अमृत पद की अनुभूति हो जाएगी।"

श्रीकृष्ण अर्जुन से कहते हैं कि वैदिक शास्त्रों के धर्म-दर्शन से परे जाकर तथा अपनी बुद्धि को स्थिर रखते हुए विभिन्न मत-मतांतरों के भँवर से निकलकर वह अपनी आत्मा के दिव्य प्रकाश में; निष्काम कर्मयोग भाव से; आकंठ डूबकर सराबोर हो जाए। इससे वह परम चेतना की आनंदमयी स्थिति में स्वतः आत्मविभोर हो जाएगा।

अर्जुन उवाच

स्थितप्रज्ञस्य का भाषा समाधिस्थस्य केशव।
स्थितधीः किं प्रभाषेत किमासीत व्रजेत किम्॥ 54॥

अर्जुन ने पूछा, "हे केशव, समाधि में स्थित हुए स्थितप्रज्ञ मनुष्य के क्या लक्षण हैं? वह किस प्रकार बोलता है? किस प्रकार रहता है? किस प्रकार चलता है?"

इस प्रकार अर्जुन ने श्रीकृष्ण भगवान् से स्थितप्रज्ञ मनुष्य की विशिष्टताएँ जानने के लिए चार प्रश्न किए।

श्री भगवानुवाच

प्रजहाति यदा कामान् सर्वान् पार्थ मनोगतान्।
आत्मन्येवात्मना तुष्टः स्थितप्रज्ञस्तदोच्यते॥ 55॥

श्रीभगवान् ने कहा, "हे पार्थ! जब मनुष्य अपने मनोगत-मनोरथ से जनित सभी प्रकार की इंद्रिय तृप्ति की इच्छाओं व कामनाओं का त्याग कर देता है तथा निश्चय ही विशुद्ध मन से आत्मा की शुद्ध स्थिति में प्रसन्नचित्त होकर स्थित हो जाता है, उस समय उसे स्थितप्रज्ञ या विशुद्ध दिव्य आत्मचेतन कहा जाता है।"

इस प्रकार अपनी मनोजनित समस्त इच्छाओं, वासनाओं व कामनाओं पर विजय

प्राप्त करता, मात्र अपनी आत्मा में ही स्थित हुआ मनुष्य, आत्मतृप्ति द्वारा आत्मा के दिग्दर्शन को प्राप्त करता है।

दुःखेष्वनुद्विग्नमनाः सुखेषु विगतस्पृहः।
वीतरागभयक्रोधः स्थितधीर्मुनिरुच्यते॥ 56॥

"त्रय तापों-दैहिक, दैविक, भौतिक से जिसका मन विचलित नहीं होता तथा सुखों की अनुभूति में जिसकी स्पृहा दूर हो गई हो, जो आसक्तियों, रागों, भय व क्रोध से मुक्त हो गया हो, ऐसे मुनि को स्थितप्रज्ञ कहा जाता है।"

मन बड़ा चंचल है। व्यक्ति लाख यत्न कर ले मन नहीं मानता। उसमें लगातार विभिन्न विषयों से संबंधित संवेग उठते रहते हैं। मन की तरंगें सहजता से थमने का नाम नहीं लेतीं। इसीलिए मन को नियंत्रित करना अत्यंत दुरूह है। जो मन के संवेगों की लगाम दृढता से संयमित कर लेता है, वह 'मुनि' कहलाता है। ऐसा मुनि दैहिक, दैविक, भौतिक दु:खों के थपेड़ों से उद्विग्न नहीं होता तथा रागों के राग के सुखों को अनुभूत नहीं करता। वह प्रत्येक स्थिति में मन का साम्य बनाए रखता है। ऐसा मुनि ही स्थितप्रज्ञ की स्थिति को प्राप्त करने का अधिकारी होता है।

यः सर्वत्रानभिस्नेहस्तत्तत्प्राप्य शुभाशुभम्।
नाभिनन्दति न द्वेष्टि तस्य प्रज्ञा प्रतिष्ठिता॥ 57॥

"स्थिरप्रज्ञ की बुद्धिप्रज्ञता को और स्पष्ट करते हुए श्रीकृष्ण कहते हैं कि सर्वत्र स्नेहरहित हुआ ऐसा व्यक्ति शुभ अथवा अशुभ दोनों ही स्थितियों में न तो प्रसन्नता को प्राप्त होता है और न ही वह राग-द्वेष से ग्रसित होता है। उसकी प्रज्ञा या बुद्धि स्थिर होती है।"

न तो अनुकूल परिणाम या परिस्थितियाँ स्थिरप्रज्ञ के मन में हर्ष के संवेग उत्पन्न करती हैं और न ही प्रतिकूलता। वह सिर्फ परमात्मा के चिंतन में ही लीन रहता है। उसकी सारी इच्छाएँ त्याज्य हो जाती हैं। उसका न तो जीवन, न भौतिक राग, विषय, वासनाओं और देवत्व से कोई प्रयोजन रहता है, न ही उनके संवेग उसके मानस को उद्वेलित ही कर पाते हैं। वह तो आत्मनिष्ठ बन परमात्मा में प्रवेश पा जाता है।

यदा संहरते चायं कूर्मोऽङ्गानीव सर्वशः।
इन्द्रियाणीन्द्रियार्थेभ्यस्तस्य प्रज्ञा प्रतिष्ठिता॥ 58॥

"जिस प्रकार एक कछुआ परिस्थितियों के अनुसार अपने समस्त अंगों को संकुचित कर समेट लेता है, उसी प्रकार जब पुरुष अपने मन को समस्त इंद्रियजनित

विषयों से खींचकर समेट लेता है तब वह मनुष्य अपनी चेतनावस्था में पूर्ण रूप से प्रतिष्ठित होता है।"

श्रीकृष्ण ने कछुए का एक सुंदर उदाहरण प्रस्तुत किया है कि खतरे का आभास होते ही कछुआ सिर सहित अपने पैरों को अपने खोल के अंदर संकुचित कर सिमटा लेता है। फिर चाहे दुनिया इधर से उधर हो जाए, प्रलय आ जाए, कोई उसे भले ही मार दे या उसका अंग-भंग कर दे, किंतु कछुआ अपने अंग बाहर नहीं निकालता। उसी प्रकार जो मनुष्य अनुकूल-प्रतिकूल किसी भी परिस्थिति में अपनी इंद्रियों पर संयम नहीं खोता तथा दृढ इच्छा-शक्ति से सम बना रहता है, वह स्थिरप्रज्ञ है। इंद्रियों के निग्रह-संयम के सतत प्रयास द्वारा ऐसा पुरुष अपनी आत्मा को परमात्मा की ओर एकाग्रचित्त किए रहता है।

विषया विनिवर्तन्ते निराहारस्य देहिनः।
रसवर्जं रसोऽप्यस्य परं दृष्ट्वा निवर्तते॥ 59॥

"देहवान जीव इंद्रियभोग की विभिन्न वस्तुएँ यथा आहार, स्वाद, रस, काम इत्यादि का निषेध करता है, किंतु उसमें इंद्रियभोग की इच्छा बनी रहती है। निषेधात्मक प्रतिबंधों से भोगवृत्ति और प्रबल हो जाती है।"

यद्यपि अत्यंत उत्कृष्ट वस्तुएँ यदि दृष्टव्य हों तो इंद्रियों की भोगेच्छा उसी प्रकार समाप्त हो जाती है, जैसे आत्मा परम सत्ता से साक्षात्कार कर तृप्त हो जाती है। श्रीकृष्ण यहाँ समस्त मत-मतांतरों में निराहार व्रत रखकर इंद्रियों को संयमित करने की प्रचलित प्रथा की ओर इंगित करते हुए स्पष्ट करते हैं कि इस प्रकार इंद्रिय-तृप्ति पर निषेध करने से इंद्रियाँ संयमित नहीं होतीं, अपितु उनके उद्वेग ज्यादा प्रबल हो सकते हैं। इसलिए सतत प्रयास द्वारा इंद्रिय तृप्ति को संयमित किया जा सकता है। हठ से इंद्रियों को रोककर कामनाएँ तृप्त नहीं होतीं। मन में काम-विषय बने रहते हैं। आचार्य रजनीश का दर्शन सर्वथा इसी विषय पर केंद्रित किया गया है कि जब तक मन में कोई इच्छा बनी रहती है, अर्थात् जब तक उसकी तृप्ति नहीं हो जाती, मन इष्टोन्मुखी नहीं होता। प्राचीन मंदिरों यथा खजुराहो, मीनाक्षी, कोणार्क आदि में गर्भगृह के बाहर विभिन्न जीवों के काम-विषयक चित्र एवं मूर्तियाँ बनी हैं, जो प्रत्येक जीव को सचेत करते हैं कि भगवान् के दर्शन से पूर्व अपनी समस्त इंद्रियजनित काम-वासनाओं, विषय-विकारों को बाहर त्याग कर ही अंदर गर्भ-गृह में प्रवेश करे, तभी उसका मनोचित्त परमात्मा के प्रति उन्मुख हो पाएगा।

यततो ह्यपि कौंतेय पुरुषस्य विपश्चितः।
इन्द्रियाणि प्रमाथीनि हरन्ति प्रसभं मनः॥ 60॥

"हे कौंतेय! इन इंद्रियों की तृप्ति वासना का वेग इतना प्रबल है कि वह प्रयत्न कर

इंद्रियों को संयमित रखनेवाले विवेकीजनों की इंद्रियों को भी बलात हर कर असंयमित एवं उत्तेजित कर देती हैं।"

इंद्रियों का वेग बलपूर्वक विवेकी पुरुषों को भी विचलित कर देता है। विश्वामित्र जैसे महर्षि भी स्वर्ग की अप्सरा मेनका के सौंदर्य से आसक्त हो, काम-भावना से ग्रसित हो अपने मार्ग से भटक गए थे। अप्सरा का मूल शब्द है 'अप्स', जिसका अर्थ होता है पानी या जल। जिस प्रकार जल किसी के हाथ में ठहर नहीं सकता, उसी प्रकार अप्सरा भी मृगमरीचिका है। विश्वामित्र से मेनका का विवाह हुआ तथा एक पुत्री का जन्म हुआ। नवजात बालिका को विश्वामित्र के हाथ में दे कर मेनका अदृश्य हो गई तथा विश्वामित्र पछताते रह गए। यही कन्या शकुंतला थी, जिसका वृत्तांत महाकवि कालिदास की महान् कृति 'अभिज्ञान शाकुंतलम्' में आया है। उसी प्रकार नारद ऋषि अहंकार से पथभ्रष्ट हुए। एक बार नारद ऋर्षि ने भयंकर तप किया। जब कामदेव उन्हें पथभ्रष्ट करने आए तो ऋषि के श्राप के भय से यह सोचकर काँप गए कि एक बार जब समाधि से उठाने के लिए उन्होंने महादेव पर काम-बाण का प्रयोग किया था, तो वे महादेव के क्रोध से जलकर राख हो गए थे। कामदेव ने आकर नारद की स्तुति की। नारद ने आँखें खोलीं, तो कामदेव ने फूलों की दिव्य माला उनको पहना उनके तप की प्रशंसा की। नारद में अहंकार आ गया कि उन्होंने कामदेव को जीत लिया। वे प्रसन्नतापूर्वक ब्रह्मदेव के पास पहुँचे तथा अपनी उपलब्धि का गान किया। ब्रह्मदेव ने समझाया कि संयमित रहो, किंतु वे न माने। वे महादेव के पास गए और कहा कि उन्होंने भी महादेव की तरह कामदेव को जीत लिया है। महादेव ने भी नारद को संयम रखने को कहा, परंतु नारद न माने। वे भगवान् विष्णु के पास गए। वहाँ भी अपना बखान किया। श्रीविष्णु ने देखा कि उनका भक्त स्वयं अपना अहित कर रहा है तो उन्होंने माया से मार्ग पर एक सुंदर नगरी रच दी। नारद अत्यंत सुंदर नगरी को देख वहाँ के राजा के पास पहुँचे तो राजा ने अपनी अद्वितीय सुंदरी कन्या के वर के विषय में पूछने के लिए नारद को कन्या का हाथ दिखाया। विष्णुमाया से रचित उस कन्या के हाथ की रेखाएँ देख नारद अचंभित हो गए। हाथ की रेखाएँ दिखा रहीं थीं कि कन्या का पति त्रिलोकपति, अमर, अपराजित होगा तथा समस्त लोकों के यश-वैभव का स्वामी होगा। नारद ने विचार किया कि क्यों न वह स्वयं इस कन्या से विवाह कर लें, किंतु नारद तो थे संन्यासी, सूखा मुँह, नव चमड़ी, तो उन्होंने भगवान् विष्णु के पास जाकर उनका रूप माँगा। श्रीविष्णु के तो अनंत रूप हैं। उन्होंने वानर का मुँह-रूप उनको दे दिया। नारद कन्या के स्वयंवर में पहुँचे। कन्या ने उनके वानर रूप को देखकर उन्हें नहीं चुना, अपितु स्वयंवर में उपस्थित श्रीविष्णु को वरमाला पहनाई। नारद ने ऐसा देख श्रीविष्णु को श्राप दे दिया। तब श्रीविष्णु ने अपनी माया समेट ली। नारद ने देखा कि वह कन्या तो साक्षात् देवी महालक्ष्मी हैं। उन्होंने मुसकराते हुए

बताया कि नारद के अहंकार को दूर कर, उन्हें पथभ्रष्ट होने से बचाने के लिए उन्होंने यह माया रची थी। नारद श्री विष्णु के पैरों में गिर पड़े। यही घटना भगवान् विष्णु के रामावतार की पूर्व पृष्ठभूमि थी। इसीलिए यहाँ भगवान् श्रीकृष्ण अर्जुन से कह रहे हैं कि मन को वश में रखना अत्यंत कठिन है।

तानि सर्वाणि संयम्य युक्त आसीत मत्परः।
वशे हि यस्येन्द्रियाणि तस्य प्रज्ञा प्रतिष्ठिता॥ 61॥

"जो समस्त इंद्रियों को संयम में रखते हुए, समाहित चेतना से मुझमें मेरे परायण होकर स्थित हो जाए, ऐसा व्यक्ति ही अपनी इंद्रियों को संपूर्ण भावों से वश में करके स्थिरबुद्धि कहलाता है।"

इस प्रकार इंद्रियों का संयमन कर, भोग-मुक्त एवं ईश्वर-परायण होना चाहिए। यहाँ 'मत्परः' शब्द का प्रयोग विशेष है। 'मत्परः' अर्थात् मेरे परायण अर्थात् ईश्वर परायण। यहाँ केवल इंद्रियों का संयम नहीं, अपितु इंद्रियों को ईश्वर के आश्रित कर समर्पण भाव भी महत्त्वपूर्ण है। साधक की निषेधात्मक विशिष्टताओं के साथ विधेयात्मक पक्ष पर भी बल दिया गया है। भक्ति की विशिष्टता की ओर स्पष्ट रूप से इंगित किया गया है। संयम मात्र बुद्धि, इच्छाशक्ति तथा भावनाओं के संवेगों तक ही सीमित नहीं होता है, अपितु इंद्रिय-विग्रह एवं ईश्वर के प्रति परायण होकर पूर्ण रूप से समर्पित हो जाना अनिवार्य है। श्रीकृष्ण पहले कह आए हैं कि "अर्जुन। तुम्हारे और मेरे बहुत से जन्म पहले ही हो रखे हैं, जो तुम नहीं जानते। आत्मा ही सनातन है। जीव इंद्रिय संयम कर मुझमें परायण तथा आश्रित हों।" श्रीकृष्ण स्पष्ट संकेत कर रहे हैं कि वह कोई साधारण व्यक्तित्व नहीं अपितु ईश्वरीय विभूति हैं।

ध्यायतो विषयान्पुंसः सङ्गस्तेषूपजायते।
सङ्गात् संजायते कामः कामात्क्रोधोऽभिजायते॥ 62॥

"मन सहित इंद्रियों के मेरे परायण न होने से मन में विभिन्न इंद्रियजनित विषयों में आकर्षण के भावों का उद्‌भव होता है तथा पुरुष की उन विषयों में आसक्ति हो जाती है। उस पुरुष की उन विषयों की कामना इंद्रियों को कामना पूर्ति के लिए उद्विग्न करती है तथा उनकी पूर्ति में बाधा आने से क्रोध उत्पन्न होता है।"

ईश्वर चिंतन से विरत होने पर; विषयों का चिंतन विभिन्न आसक्तियों की पूर्ति में लगने से; साधक काम-क्रोध आदि निकृष्ट स्थितियों को प्राप्त हो जाता है। इंद्रियों को विषयों से बलात खींचकर वश में करना कठिन है। इंद्रियाँ विभिन्न इच्छाओं व वासनाओं की पूर्ति हेतु प्रबल रहती हैं। इसीलिए इंद्रियों का निग्रह कर उन्हें भगवत भजन व ईश्वर-

स्वरूप में लीन रखना आवश्यक है। स्वयं ब्रह्मा-विष्णु-महेश भी सदैव ध्यान में लीन रहते हैं, अन्य का तो कहना ही क्या? एक बार माता पार्वती ने महादेव को विषय-भोग हेतु प्रेरित किया तो कार्तिकेय का जन्म हुआ। इंद्रियाँ अत्यंत बलवती होती हैं। वे बलात् विभिन्न कामनाओं की पूर्ति में जुट जाती हैं। इसलिए सतत संपूर्ण भाव से श्रीकृष्ण के प्रति भक्तिरत रहना यथेष्ट है।

क्रोधाद्भवति संमोहः संमोहात्स्मृतिविभ्रमः।
स्मृतिभ्रंशाद् बुद्धिनाशो बुद्धिनाशात्प्रणश्यति॥ 63॥

"क्रोध से पूर्ण मोह अर्थात् अविवेक की उत्पत्ति होती है और अविवेक से स्मृति या स्मरण शक्ति भ्रमित हो जाती है। स्मृति के भ्रमित होने से बुद्धि अर्थात् प्रज्ञा का नाश हो जाता है तथा बुद्धि के नष्ट हो जाने से जीव अद्य:पतन को प्राप्त हो निकृष्ट भव सागर में डूब जाते हैं।"

क्रोध प्राणी के विवेक को हर लेता है, जिसके कारण वह उचित-अनुचित का भेद भूल जाता है। फलस्वरूप वह अधोगति को प्राप्त होता है। इसलिए न तो हठपूर्वक संसार से संबंध-विच्छेदन ही श्रेयस्कर है और न ही अपनी इंद्रियों का बलात शमन, अपितु जैसे घोड़े अपने रथ से बँधे रहते हैं तथा सारथी उनका नियंत्रण उनकी लगाम को पकड़कर करता रहता है, उसी प्रकार इंद्रियों का संयम व निग्रह कर जब मन प्रभु के रूप-लीला व धाम में सतत लगा रहता है तो इंद्रियों को आंतरिक रूप से मनोकूल नियंत्रित करना सहज हो जाता है। इसलिए साधक यदि अपनी इंद्रियों का विभिन्न सांसारिक माया-मोह व विषय-वासनाओं से निग्रह कर अपनी लगाम ईश्वर के हाथ में दे देता है तो स्वयं ईश्वर उस पर आरूढ़ हो उसकी इंद्रियों की डोर अपने हाथ में ले लेते हैं और फिर तो बस अमृत रस बरसता है।

रागद्वेषवियुक्तैस्तु विषयानिन्द्रियैश्चरन्।
आत्मवश्यैर्विधेयात्मा प्रसादमधिगच्छति॥ 64॥

"वह प्राणी जो आसक्ति तथा राग-द्वेष से मुक्त हो गया है, वह इंद्रिय-विषयों को इंद्रियों के द्वारा भोगता हुआ, अपने वश में की गई इंद्रियों के नियमित स्वाधीन पालक की भाँति अंत:करण की प्रसन्नता अर्थात् भगवत भक्ति को प्राप्त कर लेता है।"

स्पष्ट है कि इंद्रियों पर लाख बंधन कसो, लाख पहरे लगाओ, किंतु जब तक वे भगवत भक्ति की ओर प्रेरित नहीं होतीं, तब तक मन का भटकाव बना रहता है। स्थिरप्रज्ञ का न कोई स्वार्थ ही सिद्धि हेतु शेष रहता है और न ही कोई कामना पूर्ति हेतु शेष। न तो बाहरी वस्तुओं की चमक उसके हृदय को र्स्पश कर पाती है और न ही किसी के

प्रति कोई राग-द्वेष ही उसको उद्वेलित कर पाता है। वह तो मन की निर्मलता में विश्वास करता है। 'भक्तिरसामृत सिंधु' में उल्लेख है कि 'मद्भक्ति प्रभावेन सर्वेंद्रिय विजयपूर्विका स्वात्मदृष्टिः सुलभेति भावः', अर्थात् ईश्वर भक्ति के प्रभाव से सर्व इंद्रियों पर विजय प्राप्त कर मनुष्य स्वात्म-दृष्टि के समभाव को सुलभ कर लेता है।

प्रसादे सर्वदुःखानां हानिरस्योपजायते।
प्रसन्नचेतसो ह्याशु बुद्धिः पर्यवतिष्ठते॥ 65॥

"ईश्वर की अहैतुकी कृपा-प्रसाद की प्राप्ति से जीव के दैहिक, दैविक व भौतिक त्रय तापों का क्षय हो जाता है तथा उस प्रसन्नचित्त प्राणी की बुद्धि शीघ्र ही पर्याप्त रूप से स्थिर हो जाती है।"

मन के दृढ संयम के द्वारा इंद्रियों का निग्रह करना सब साधनों का यथेष्ट मूल है, क्योंकि यदि बुद्धि विषयात्मक उद्वेगों के द्वंद्व से व्यग्र हो इधर-उधर दौड़ती रहे तो वह त्रय-तापों के भँवर में फँस ही जाएगी। ऐसी बुद्धिवाला आत्मज्ञान की अवस्था प्राप्त नहीं कर सकता। यदि बुद्धि ही न हो तो उसके विषय में दृढ संयमित उद्योग भी नहीं होता। फलस्वरूप अपूर्ण कामनाओं व वासनाओं का जाल मनुष्य को सुख-शांति से दूर कर देता है। इसीलिए ईशभक्ति में रत मन के निग्रह से मनुष्य को चित्त की प्रसन्नता प्राप्त होती है व उसके दुःखों का नाश हो बुद्धि स्थिर हो जाती है।

नास्ति बुद्धिरयुक्तस्य न चायुक्तस्य भावना।
न चाभावयतः शान्तिरशान्तस्य कुतः सुखम्॥ 66॥

"ईश्वर-भक्ति भावना से शून्य पुरुष के अंतःकरण में श्रेष्ठ बुद्धि स्थिर नहीं हो सकती है। उसके अंतःकरण में आस्तिक भाव भी शून्य हो जाता है, जिसके कारण ऐसे प्राणी के हृदय में शांति का अभाव हो जाता है। फिर अशांत चित्त पुरुष को सुख की प्राप्ति कैसे हो सकती है?"

सुख वह अभीष्ट है जिसका अस्तित्व शाश्वत हो तथा यह तभी हो सकता है जब मन-चित्त में शांति हो। शांति तभी मिलेगी, जब विभिन्न काम-वासनाओं की ओर दौड़ती हुई अतृप्त इंद्रियाँ तृप्त हों, किंतु मन की चंचलता, इंद्रियों को विभिन्न नियोगों में लिप्त रखती है और मन ईश्वर से दूर होता जाता है। इसीलिए मन में ईश्वर के प्रति पूर्ण समर्पण-भाव अनिवार्य है, जिससे मन को सब दिशाओं से खींचकर ईश-चरण में लीन किया जा सके। तभी शांति प्राप्त होगी और तभी प्राणी शाश्वत सुख को अनुभूत कर पाएगा।

इन्द्रियाणां हि चरतां यन्मनोऽनुविधीयते।
तदस्य हरति प्रज्ञां वायुर्नावमिवाम्भसि॥ 67॥

"जिस प्रकार जल में तैर रही नाव को वायु का प्रचंड वेग, उसके गंतव्य लक्ष्य से दूर भटका देता है, उसी प्रकार विभिन्न विषय-वासनाओं में विचरती हुई इंद्रियों के बीच, जिस इंद्रिय में मन प्रबलता से लीन रहता है, मात्र वह एक इंद्रिय ही उस अविवेकी पुरुष की बुद्धि का हरण कर लेती है।"

अथाह जल इंद्रियों के विषय भोगों की लालसा की तृष्णा के सागर का प्रतीक है। मन की अनंत तृष्णाओं में से मात्र एक न्यून तृष्णा के प्रति आसक्ति भी अविवेकी पुरुष को जन्म-मृत्यु के अंध-कूप में डालने के लिए पर्याप्त होती है, जिसमें प्राणी, सागर की अनंत लहरों की भाँति, अनंत दुखदायी योनियों में भटकता ही रहता है। इसलिए महाराज अंबरीश-महर्षि दुर्वासा प्रकरण की भाँति इंद्रियों को पूर्ण समर्पण भाव से ईश्वर भक्ति में लीन रखना ही मन को वश में करने की सरल क्रियात्मक प्रक्रिया है। श्री नारायण भक्त राजा अंबरीश का महल नदी के किनारे था। दूसरे किनारे पर दुर्वासा ऋषि का आश्रम था। एक दिन पूजा अनुष्ठान पूरा करने के उपरांत राजा अंबरीश ने ब्राह्मणों को भोजन कराया। तदोपरांत अन्य सभी उपस्थित जनों को भोजन कराया तथा जैसे ही स्वयं प्रसाद रूप भोजन को ग्रहण करने बैठे, वैसे ही दुर्वासा ऋषि आ पहुँचे तथा राजा अंबरीश ने उन्हें भोजन के लिए सादर आग्रह किया तो दुर्वासा ने कहा कि वे स्नान करके ही भोजन करेंगे तथा नदी की ओर स्नान करने चले गए। स्नान में काफी विलंब होने से भोजन के लिए अपेक्षित घड़ी बीतने लगी, किंतु अंबरीश दुर्वासा ऋषि की प्रतीक्षा करते रहे। अत्यंत विलंब होने के कारण ब्राह्मणों ने अंबरीश से भोजन प्रसाद ग्रहण करने के लिए अनुरोध किया। अंबरीश बाध्य हो जैसे ही भोजन को ग्रहण करने को तैयार हुए वैसे ही दुर्वासा ऋषि ने आकर अंबरीश पर बहुत क्रोध किया तथा उसे मारने के लिए कृत्या नामक राक्षसी प्रकट की, किंतु अंबरीश भगवान् के ध्यान में ही लीन रहे। इससे वहाँ चक्र प्रकट हुआ जो कृत्या को मारकर दुर्वासा को मारने के लिए उनके पीछे दौड़ा। दुर्वासा शिवशंकर की शरण में गए, उन्हें वहाँ भी शरण नहीं मिली। फिर वे भगवान् विष्णु के पास गए तो भगवान् ने कहा कि वे अंबरीश से क्षमा माँगे, क्योंकि उन्होंने भक्त का अपमान किया था। दुर्वासा वापस अंबरीश के पास आए। उन्होंने दुर्वासा को प्रेम से भोजन कराया तथा फिर स्वयं भोजन ग्रहण किया। इससे चक्र अंतर्धान हो गया। महाराज अंबरीश विपरीत परिस्थिति में भी विचलित न होकर दृढ भक्ति भाव से परमात्मा के परायण बने रहे। इसी से विकट संकट भी टल गया। पूर्ण समर्पण व निष्काम भाव की भक्ति की महिमा अपार होती है।

तस्माद्यस्य महाबाहो निगृहीतानि सर्वशः।
इन्द्रियाणीन्द्रियार्थेभ्यस्तस्य प्रज्ञा प्रतिष्ठिता॥ 68॥

"इसीलिए हे महाबाहो! जिस पुरुष की इंद्रियाँ सब प्रकार से अपने-अपने इंद्रियजनित विषयों से विरत हो, उसके वश में की हुई होती हैं, उसकी बुद्धि स्थिर होती है।"

यहाँ श्रीकृष्ण के द्वारा अर्जुन के लिए 'महाबाहो' का प्रयोग विशिष्ट निहितार्थ है। भगवान् श्रीकृष्ण तो सहस्त्रबाहु हैं, किंतु अर्जुन महाबाहु है। बाहु 'कर्म' का प्रतीक है। श्रीकृष्ण का मंतव्य है कि अर्जुन भी अपनी विशाल बाँहों के द्वारा अंतर्मन में अपनी समस्त इंद्रियों को उनके इंद्रियजनित विषयों से अनासक्त कर, अपने कर्मभाव में पूर्ण समर्पण भाव से लीन हो जाए तथा मन के द्वंद्वों को शांत कर स्वधर्म के निर्वहन हेतु प्रेरित हो।

या निशा सर्वभूतानां तस्यां जागर्ति संयमी।
यस्यां जाग्रति भूतानि सा निशा पश्यतो मुनेः॥ 69॥

"जगत् के संपूर्ण भूत-प्राणियों के लिए जो स्थिति रात्रि के समान है, उस में नित्य शुद्ध बोध-स्वरूप सच्चिदानंद परब्रह्म को प्राप्त हुआ विवेकी पुरुष जागता है और जिस स्थिति में अनित्य, नश्वर, क्षणभंगुर, ऐंद्रियजनित आकर्षण व चमक के सुखों में लिप्त प्राणी जागते हैं, वह तत्त्ववेत्ता मुनियों के लिए रात्रि के समान है, जिसमें उन्हें ईश्वर की दिव्य सत्ता दृष्टिगोचर नहीं होती।"

भोग-विलास में लिप्त व आकंठ डूबे ऐसे प्राणियों को न तो परमात्मा का आभास होता है न उनकी विचार-बुद्धि ही काम करती है। वे तो दिखावटी चमक में लिप्त रहते हैं, किंतु तत्त्ववेत्ता संयमी पुरुष, उस रात्रि की कालिमा में परमात्मा को स्पष्ट अनुभूत करता है, देखता है, चलता है और जागता है, क्योंकि उस योगी तत्त्वदर्शी ने इंद्रियों के संयम व ईश्वर में स्वत्व-समर्पण भाव से परमतत्त्व में प्रवेश पा लिया है। अज्ञानी पुरुषों की भाँति उसे धन-संपदा, सुख, सौंदर्य, भोग-विलास के साधनों में कोई आकर्षण या प्रयोजन नहीं रह गया है। उसके जीवन का उद्देश्य तो ईश्वर-प्राप्ति एवं ईश साक्षात्कार ही है। इसलिए वह स्वयं को सांसारिक दृष्टि से पक्षी, पशु या शरीर नहीं समझता, बल्कि आत्मसाक्षात्कार के पश्चात् उसे अपने शाश्वत आत्म-स्वरूप की अनश्वरता की अनुभूति हो चुकी होती है।

आपूर्यमाणमचलप्रतिष्ठं
समुद्रमापः प्रविशन्ति यद्वत्।
तद्वत्कामा यं प्रविशन्ति सर्वे
स शान्तिमाप्नोति न कामकामी॥ 70॥

"जैसे सभी प्रकार से परिपूर्ण, शांत व अचल स्थिति प्राप्त महासागर में नाना आकार-प्रकार की वेगवती नदियों का जल; तनिक भी महासागर को विचलित न करते हुए; उसमें प्रवेश पा जाता है, उसी प्रकार स्थितप्रज्ञ मनुष्य की ओर नाना प्रकार के सांसारिक भोग-विलास की इच्छाएँ व विकार आदि आते तो अविरल वेग से हैं, किंतु उसके शांत मन को किसी भी प्रकार विचलित या संक्रमित नहीं कर पाते।"

ऐसे स्थितप्रज्ञ पुरुष का मन शुद्ध रूप से शुभ संस्कारों से परिपूर्ण होता है तथा सांसारिक कामनाएँ, लोभ, लालच, लिप्सा आदि उसकी शुद्धता को तनिक भी संक्रमित करने में अपने को सक्षम नहीं पातीं। वह परम शांति की स्थिति को प्राप्त रहता है, न कि भोग-लिप्साओं के वेग से विचलित होता है। बड़े विकराल वेग से दौड़ती हुई नदियाँ अपने किनारे तोड़, विनाश का तांडव करती हुई, जब समुद्र में विलीन होती हैं, तब सागर शांत बना रहता है। उसमें कोई उथल-पुथल नहीं होती। उसकी महानता के समक्ष नदियों के जल की विकरालता तुच्छ हो जाती है। यहीं अर्जुन को इस प्रश्न का सारगर्भित उत्तर मिल जाता है कि स्थितप्रज्ञ कैसा दिखता, चलता, खाता और बोलता है। सागर की स्थिति स्वयं ही स्थितप्रज्ञ की आत्म-चेतन अवस्था को स्पष्ट व प्रकाशित कर देती है।

विहाय कामान्यः सर्वान्पुमांश्चरति निःस्पृहः।
निर्ममो निरहंकारः स शांतिमधिगच्छति॥ 71॥

"इस प्रकार जिस पुरुष ने समस्त सांसारिक-भौतिक विषयक इंद्रियजनित काम-वासनाओं का त्याग कर दिया है तथा जो विषयजनित ममता व अहंकार से रहित हो निःस्पृह भाव से आचरण करता है, वास्तव में वही शांति को प्राप्त करता है।"

जो पुरुष 'ईषवास्यमिदं सर्वम्' अर्थात् "प्रत्येक वस्तु ईश्वर की है तथा प्रत्येक वस्तु में ईश्वर का वास है" इस भावना से ओत-प्रोत हो, आत्मसाक्षात्कार की स्थिति में, चैतन्य रहते हुए आचरण करता है, वही शांति अवस्था को प्राप्त होता है। अर्जुन को श्रीकृष्ण युद्ध की प्रेरणा उसकी आत्मतुष्टि के लिए नहीं दे रहे हैं, बल्कि ऐसे स्वधर्म के पालन के लिए दे रहे हैं जो आततायियों को समाप्त कर न्याय व धर्म की स्थापना व सर्वसामान्य के हित के लिए परिस्थितिवश अपरिहार्य बन गया था। चाहे स्थूल रूप से बाहरी संघर्ष हो या आंतरिक रूप से आत्मनिष्ठ स्थितप्रज्ञ शांति, दोनों ही में स्वार्थपरक इच्छाओं, ममता व अहंकार का शमन आवश्यक होता है।

एषा ब्राह्मी स्थितिः पार्थ नैनां प्राप्य विमुह्यति।
स्थित्वाऽस्यामन्तकालेऽपि ब्रह्मनिर्वाणमृच्छति॥ 72॥

"हे पार्थ! ब्रह्म को प्राप्त पुरुष की यही स्थिति है कि वह मोहित नहीं होता और

अंतकाल में भी ब्रह्मस्वरूप में पूर्ण स्थित हो ब्रह्मस्वरूप की अवस्था को प्राप्त कर लेता है। यह ब्रह्मस्थिति वह दिव्य अवस्था है, जिसे प्राप्त कर साधक पुनः जन्म-मृत्यु के बंधन में नहीं पड़ता तथा अंतिम स्थिति अर्थात् ब्रह्मनिर्वाण की स्थिति में उसका लय हो जाता है।"

ॐ तत्सदिति श्रीमद्भागवदगीतासूपनिषत्सु ब्रह्मविधायाँ योगशास्त्रे
श्रीकृष्णार्जनु संवादे साख्ंययोगें नाम द्वितीयोऽध्यायः।

अतएव श्रीमद्भागवदगीता उपनिषद् के ब्रह्ममविद्यांतर्गत योग शास्त्र में श्रीकृष्ण-अर्जुन के संवाद में 'सांख्ययोग' नामक दूसरा अध्याय पूर्ण हुआ।

अमृत सार

कतिपय विद्वान् यह अपेक्षा करते हैं कि गीता अर्जुन के क्लैव्य तथा अहिंसा वृत्ति को दूर कर उसे युद्ध में प्रवृत्त करने के लिए कही गई, किंतु ऐसा नहीं है। अर्जुन पांडव पक्ष का मुख्य वीर योद्धा था। गांडीवधारी अर्जुन ने शिव की कठोर तपस्या कर पाशुपतास्त्र तथा देवलोक में दिव्यास्त्रों के संधान के ज्ञान का अर्जन इसी युद्ध के निमित्त किया था। इंद्रप्रस्थ राज्य की स्थापना के पश्चात् दिग्विजय कर राजसूय यज्ञ का आयोजन, द्रुपद को अकेले ही बंदी बनाकर गुरु द्रोण को गुरुदक्षिणा देना, राजा विराट् के यहाँ अज्ञातवास की समाप्ति के दिन अकेले ही भीष्म-द्रोण-कर्ण सहित कौरवों को परास्त करनेवाला महारथी योद्धा अर्जुन युद्ध को देख भाग नहीं सकता था। रणक्षेत्र में दोनों सेनाओं के मध्य सेनाओं का परीक्षण उसी का निर्णय था। यह तो केवल उसकी स्वजनों के प्रति उमड़ी आसक्ति थी जिसने उसकी कर्तव्यनिष्ठा को ग्रसित कर उसे 'किमं कर्तव्यविमूढ़' बना दिया। मोह में आसक्त वह 'मैं' तथा 'मेरा' के अहंकार रूपी विकारों का शिकार हो गया। वह युद्ध से स्वजनों का विनाश, कुल क्षय, स्त्रियों का वर्णसंकर होना, पिंडोदक क्रियाओं का लोप होना, समाज में व्याभिचार के व्याप्त होने को ही सनातन धर्म के लोप होने का कुतर्क देने लगा। अर्जुन ने इस युद्ध से पहले भी कई युद्ध किए थे तथा इस युद्ध में भी अठारह अक्षौहिणी सेनाएँ दोनों पक्षों में खड़ी युद्ध को तत्पर थीं, किंतु अर्जुन को मोहवश मात्र अपने स्वजन ही दृष्टिगोचर हुए तो क्या अन्य सैनिक या योद्धा पराए थे? क्या भीष्म-द्रोण जैसे अजेय योद्धा धर्म का पक्ष छोड़कर अधर्मी-आततायी पक्ष को विजयी बना अन्याय-अधर्म की स्थापना को आतुर नहीं थे? क्या अर्जुन के निःशस्त्र होकर मारे जाने पर देश-समाज में अनाचार-व्याभिचार की स्थापना नहीं होती? क्या अपने स्वधर्म-जनित कर्म का निर्वहन न कर अर्जुन का यह

तत्त्व ज्ञान कि 'इस रक्त-रंजित विजय के उपरांत तो क्षात्रधर्म से संन्यास ही उत्तम है'; आसक्ति से पूर्ण 'मैं' 'मेरा' का अभिमान और कोरे मोह से भरा खोखला कुतर्क नहीं है? अर्जुन को निमित्त बनाकर संपूर्ण मानव जाति के उद्धार एवं कल्याण के लिए गीता का जन्म ऐसे स्वधर्म के निर्वहन में बाधक 'मोह' के निवारणार्थ तथा धर्म के सनातन-स्वरूप के शाश्वत सत्य की स्थापना के लिए हुआ है। अर्जुन की भूमिका विश्व के प्रत्येक उस व्यक्ति का प्रतिनिधित्व करती है जो अपने सगे-संबंधियों में 'ममत्व' ढूँढ़ता है तथा राज्य एवं स्वर्ग-प्राप्ति को ही सुखों का चरमोत्कर्ष मानता है। इसीलिए गीता का सूत्रपात ही इस महान् सिद्धांत के प्रतिपादन से होता है कि स्वजनों का हनन शोक करने योग्य नहीं है, क्योंकि मानव-देह नश्वर व क्षणभंगुर है, तो नष्ट तो होगी ही। विद्वान् लोग नष्टप्राय चीजों के लिए शोक नहीं करते। इसलिए अर्जुन का 'पूज्यजनों' को कैसे मारूँ', यह कथन मात्र एक छलावा है, क्योंकि आत्मा ही सत्य, शाश्वत एवं सनातन है। जिस प्रकार यह मानव देह जैसे बाल्यावस्था, तरुणावस्था, यौवनावस्था से होते हुए वृद्धावस्था को प्राप्त हो नष्ट हो जाती है वैसे ही आत्मा भी एक देह को बदल दूसरी देह धारण कर लेती है। देहों का रूपांतरण सृष्टि के परिवर्तन चक्र का अभिन्न अंग है। इसलिए इन देहधारियों को 'मैं' या 'मेरा' कहना मात्र मूढ़ता है। जब देहासक्ति दूर होगी तो ज्ञात होगा कि यह देह तो मात्र सेवा का साधन है, वास्तविक सत्य तो स्वधर्म का आचरण है, जिसके लिए ईश्वर प्रदत्त यह 'देह' मात्र एक साधन है। गीता में उल्लेखित ये सिद्धांत तो वेदों, उपनिषदों, सूत्रों, स्मृतियों में पूर्व से ही थे तो फिर गीता में उनकी पुनरावृत्ति से गीता की विशिष्टता व अद्वितीयता तो सिद्ध नहीं होती, अपितु गीता की विशिष्टता व अद्वितीयता तो उन सिद्धांतों को आचरण में लाने की कुशलता में है, जो सिद्धांतों के साथ-साथ ही उनके विनियोग के कला-कौशल को भी सहज व सरल रूप में बताती है। गीता ने बताया कि आत्मा ही सत्य, शाश्वत एवं सनातन है, क्योंकि आत्मा उस सच्चिदानंद भगवान् का अंश है तथा जीवों का शरीर नश्वर, अनित्य, क्षणभंगुर व असत है। इसलिए 'मैं' तथा 'मेरा' के अहंकार-जन्य भाव का त्याग कर अपने स्वकर्म का ही निर्वहन करना चाहिए, किंतु विचार करने योग्य यह है कि इस स्वकर्म या स्वधर्म के आचरण की वह कौन सी कला होती है, जो इन सिद्धांतों को व्यवहार में लाती है। यह कला या युक्ति ही 'योग' है, जो कहती है कि कर्म तो अवश्य करो, किंतु उस कर्म के फल की आशा न करो। कर्म को अनासक्त भाव से स्वधर्म आचरण की तरह करो। कर्म होगा तो उसकी प्रतिक्रिया स्वरूप कुछ फल भी अवश्य जनित होगा, किंतु उस फल की प्राप्ति का अधिकार जीव के मन के किसी कोने में भी न उपजे अन्यथा यह त्रिगुणमयी प्रकृति जीव को अपने पाश में कर्म-बंधन के रूप में लपेट लेगी। रजोगुण प्रधान व्यक्ति सदैव कर्म के फल को ध्यान में रखकर कर्म करता है तथा फल चाहता है। तमोगुणी व्यक्ति सोचता है कि

यदि फल ही नहीं लेना तो कर्म ही क्यों करूँ ? इसलिए कर्म-फल की आशा तथा कर्म-त्याग की स्थिति से परे जाकर सतगुणी व्यक्ति का आचरण करना चाहिए जो कर्म को ही देखता है तथा उसके फल की कोई आशा नहीं करता तथा निष्काम कर्म करते हुए अंतिम कर्म-मुक्ति की भावना से परे जा मोक्ष या परम मुक्ति की कामना भी नहीं करता, क्योंकि जहाँ कामना है, वहाँ बंधन है। जहाँ उस कामना से छुटकारा हो गया तो मोक्ष है। स्पष्ट है कि कर्म हुआ है तो प्रतिक्रिया स्वरूप उसका कोई-न-कोई फल भी अवश्य जनित होगा, किंतु उस 'कर्म' के 'फल' का आकलन मनुष्य के हाथ में नहीं है, क्योंकि भगवान् श्रीकृष्ण स्पष्ट कह आए हैं कि यह शरीर नश्वर है, किंतु इसमें व्याप्त 'चेतना तत्त्व' 'आत्मा' सदैव रहती है। वह सत्य, शाश्वत, अव्यक्त तथा परमात्मा का सनातन अंश है। वह तो मात्र शरीर का चोला बदलती है जैसे मनुष्य पुराने जीर्ण-शीर्ण कपड़ों को त्याग नए वस्त्र धारण करता है, किंतु आत्मा के देह रूपांतरण के साथ उसके विगत जन्मों के संस्कार जुड़े रहते हैं तथा इन्हीं पूर्व-संस्कारों के कारण मनुष्य के कर्मों के फल भी जनित होते हैं जिसे परमेश्वर जानता है, किंतु मनुष्य नहीं जानता। गीता कहती है कि इसीलिए कर्म के फल की आशा त्याग कर मात्र स्वकर्म का आचरण करो। जब अपने बुद्धिबल पर निर्भर होकर कर्म करोगे तो सांख्ययोगी या ज्ञानयोगी होगे तथा जब परमात्मा पर ही निर्भर होकर अनासक्त भाव से कर्म करोगे तो निष्काम कर्मयोगी बनोगे। मार्ग चाहे ज्ञानयोग का हो या निष्काम कर्म योग का, धर्म पथ पर साधक साधना का बीज मात्र भी डाल दे तो इस बीज का कभी नाश नहीं होता। जहाँ तक साधक दूरी तय करेगा, अगली बार पुनः उसी तय दूरी से आगे संस्कार प्रारंभ हो जाएँगे। प्रकृति इस पर मात्र आवरण डाल सकती है, किंतु बीज नष्ट नहीं कर सकती। निष्काम भाव से रोपा गया यह कर्म-बीज का थोड़ा सा भी प्रयास महान् जन्म-मृत्यु के पुनरावर्तन-चक्र के भय से मुक्ति दिला देगा। जिस प्रकार वृक्ष की जड़ को जल से सींचने से जल वृक्ष के प्रत्येक अंग तक स्वयमेव पहुँच जाता है उसी प्रकार, ज्ञानमार्ग या कर्मयोग से श्रद्धा-भक्ति के साथ ईश्वर परायण हो किया गया कर्म स्वतः पूर्ण परमगति को प्राप्त होता है। वैदिक कर्मकांडों में उलझी व्यवसायात्मक बुद्धि साधक को इच्छा तृप्ति में विचलित कर उसे कभी भी समाधिस्थ नहीं रख पाती। जैसे प्यासे व्यक्ति के लिए छोटे तालाब का जल उपलब्ध हो तो कुएँ का प्रयोजन नहीं है, नदी का निर्मल जल उपलब्ध हो तो छोटे तालाब का कोई प्रयोजन नही है, उसी प्रकार ब्रह्म को तत्त्व से जाननेवाले ब्राह्मण का समस्त वेदों में उतना ही प्रयोजन रह जाता है। इसलिए श्रीकृष्ण कहते हैं, "अर्जुन, तू वेदों के ज्ञान स्तर से ऊपर उठ, ब्राह्मण की स्थिति को प्राप्त कर। कर्म सिद्ध होगा या असिद्ध, प्रत्येक स्थिति के लिए समत्व का भाव रख। फल की इच्छा के संग-दोष को त्याग समत्व योग द्वारा कर्मपथ पर अग्रसर हो।" इस प्रकार भगवान् श्रीकृष्ण ने अर्जुन को जीवन को सिद्ध

करने के मुख्य-मुख्य सिद्धांत बताए तथा उन्हें आचरण में ढालने की कला बताई, किंतु अर्जुन जिज्ञासा प्रकट करता है कि "ऐसा स्थितप्रज्ञ व्यक्ति कैसा होता है, वह बोलता कैसे है, कैसे रहता है, कैसे चलता है?" श्रीकृष्ण भगवान् ने इस अध्याय के अंतिम अठारह श्लोक में मानो गीता के अठारह अध्यायों का निचोड़ ही सार रूप में 'स्थितप्रज्ञ' पुरुष के गहन व गंभीर चित्रण में सहज-सरल रूप में प्रस्तुत कर दिया है। गीता का 'स्थितप्रज्ञ' पुरुष कर्म के त्याग को नहीं, बल्कि कर्म के फल के त्याग को महत्त्व देता है, तथा चित्त के अंदर तथा बाह्य दोनों प्रकार से इंद्रियों के संयमन के साथ दृढ बना रहता है।" जैसे कछुआ खतरे का आभास होते ही अपने समस्त अंगों को अपने खोल के अंदर समेट लेता है वैसे ही स्थितप्रज्ञ पुरुष अपने मन को इंद्रिय जनित विषयों से समेट कर दृढ इच्छा शक्ति से सम बना रहता है तथा समस्त इंद्रियों को संयमित रखते हुए ईश्वर के परायण हो जाता है। इस प्रकार, श्रीकृष्ण ने साधक की निषेधात्मक विशिष्टताओं के साथ-साथ विधेयात्मक पक्ष पर भी बल देते हुए ज्ञान, कर्म के साथ-साथ भक्ति की विशिष्टता को रेखांकित कर दिया है।

□

अथ तृतीयोऽध्यायः

कर्म का नहीं, काम का त्याग आवश्यक

जो अर्जुन अपने स्वजनों, गुरुजनों इत्यादि के संहार में ही सनातन धर्म का अनिष्ट कल्पित कर रहा था, उसे श्रीकृष्ण ने आत्मा के शाश्वत सनातन स्वरूप का विशद विवरण कर स्पष्ट किया कि शरीर की नश्वरता आत्मा का परमात्मा से साक्षात्कार होने तक निरंतर रहेगी। उन्होंने अर्जुन को स्वधर्म की प्रेरणा देते हुए, उसे कर्म की महिमा तथा कर्मयोग में अपेक्षित सावधानियों की ओर इंगित करते हुए, उसके मन में कर्म के प्रति उत्साह जाग्रत् किया। भगवान् श्रीकृष्ण ने यह भी स्पष्ट किया कि अपने बुद्धि, बल एवं विवेक पर आश्रित हो, अपने हानि-लाभ का स्वयं आकलन कर कर्म में प्रविष्ट होना ज्ञानमार्ग है। अपने कर्मों को पूर्ण रूप से ईश्वर को समर्पित करना ही निष्काम कर्म मार्ग है। यहाँ श्रीकृष्ण ने अर्जुन को कामनाओं का त्याग कर स्थितप्रज्ञ की स्थिति में, साम्यभाव से, कर्म के परिणाम में परम शांति की प्राप्ति की सुलभता का बोध कराया। श्रीकृष्ण ने ईश्वर के प्रति पूर्ण समर्पण व भक्तिभाव से; निष्काम हो; सतत प्रयासरत रहने की अनिवार्यता पर बल दिया है, किंतु अर्जुन अब भी संशय में डोल रहा था। उसने प्रश्न किया—

अर्जुन उवाच

ज्यायसी चेत्कर्मणस्ते मता बुद्धिर्जनार्दन।
तत्किं कर्मणि घोरे मां नियोजयसि केशव॥ 1॥

"अर्जुन ने कहा, 'हे जनार्दन! यदि आपको कर्मों की अपेक्षा ज्ञानमार्ग श्रेष्ठ मान्य है, तो फिर हे केशव! इस युद्ध रूपी भयंकर कर्म हेतु आप मुझे क्यों प्रेरित कर रहे हैं?'"

अर्जुन भगवान् श्रीकृष्ण के सारगर्भित उपदेश के निहितार्थ को सही स्वरूप में न समझ पाने के कारण यह निष्कर्ष ग्राह्य कर रहा है कि फल की इच्छा से किया गया कर्म निष्काम कर्म की तुलना में न्यून है तथा बिना कर्म किए ज्ञान मार्ग श्रेष्ठ है। अर्जुन कर्म

करने के स्थान पर श्रीकृष्ण से जिज्ञासा प्रकट करता है कि "यदि आप ज्ञान को कर्म की अपेक्षा अधिक श्रेष्ठ मानते हैं तो मुझे भयंकर कर्म करने के लिए क्यों प्रेरित कर रहे हैं?" यदि किसी पथिक को लक्ष्य प्राप्ति हेतु दो मार्ग ज्ञात हों तो उसकी यह जिज्ञासा स्वाभाविक है कि अभीष्ट तक पहुँचने के लिए सुगम मार्ग कौन सा है? अर्जुन भी ऐसा एक पथिक ही है, जो सद्गुरु के संसर्ग में अपने संशयों को समाप्त कर मुक्ति का मार्ग चाह रहा है।

व्यामिश्रेणेव वाक्येन बुद्धिं मोहयसीव मे।
तदेकं वद निश्चित्य येन श्रेयोऽहमाप्नुयाम्॥ 2॥

"आपके अनेकानेक अर्थों से मिश्रित शब्दों से मेरी बुद्धि मोहित सी हो रही है। इसलिए आप मुझे निश्चित रूप से बताइए कि मेरे लिए सर्वाधिक श्रेयस्कर और कल्याणकारी स्थिति कौन सी है"

अर्जुन श्रीकृष्ण के सारगर्भित शब्दों में परम कल्याणमयी श्रेयस्कर स्थिति का सुगम पथ ढूँढ़ रहा है, जिस पर चलकर वह सहजता से मोक्ष प्राप्ति का अपना लक्ष्य पा सके। सद्गुरु अपने शिष्य को मोह-माया के कठिन कंटक पथ से निकालकर ईशसिद्धि का सहज पथ अवलोकित करा देता है। अर्जुन भी यही निवेदन कर रहा है कि जब श्रीकृष्ण उसकी बुद्धि के मोह को दूर करने में प्रवृत्त हैं तो एक निश्चित कर्मपथ स्पष्ट होने से भ्रम की स्थिति स्वत: दूर हो जाएगी।

श्री भगवानुवाच

लोकेऽस्मिन्द्विविधा निष्ठा पुरा प्रोक्ता मयानघ।
ज्ञानयोगेन सांख्यानां कर्मयोगेन योगिनाम्॥ 3॥

"श्रीभगवान् ने कहा, 'हे अनघ! हे निष्पाप अर्जुन! मैंने पहले भी कहा है कि इस संसार में दो प्रकार की निष्ठाएँ हैं, जो ज्ञानियों के ज्ञानयोग द्वारा कही गई हैं तथा योगियों के लिए निष्काम कर्मयोग द्वारा कही गई हैं।'"

'पुरा' शब्द पूर्व के लिए प्रयुक्त हुआ है। मतभेद है कि यह द्वितीय अध्याय में कहे गए सूक्तों के लिए है या सृष्टि के प्रारंभ में प्रदत्त ज्ञान के लिए। 'लोकेऽस्मिन्' का शाब्दिक अर्थ 'इस लोक में' है। श्रीकृष्ण की गीता के उपदेश तो कुरुक्षेत्र में मात्र 'अर्जुन' के लिए उद्बोधित थे, जिन्हें दिव्य दृष्टि प्राप्त होने के कारण संजय द्वारा धृतराष्ट्र को वर्णित किया जा रहा है; तो यहाँ 'लोकेऽस्मिन्' शब्द का प्रयोग क्यों? स्पष्ट है कि श्रीकृष्ण जो आगे अध्याय 4.1 में कहते हैं कि "इस तत्त्व ज्ञान को सृष्टि के प्रारंभ में मैंने विवस्वान सूर्य से कहा तथा विवस्वान ने मनु तथा मनु ने इक्ष्वाकु से कहा था" एक

संकेत है, क्योंकि द्वितीय अध्याय के 2/16 में भी स्पष्ट किया गया है कि तत्त्वदर्शियों द्वारा भी यह तत्त्व अनुभूत किया जा चुका है कि असत वस्तु का तो अस्तित्व नहीं है और सत्य का कभी किसी काल में कहीं भी अभाव नहीं है। इसलिए श्रीकृष्ण अर्जुन को स्पष्ट कर रहे हैं कि प्राचीन काल से ही दो मत प्रचलित रहे हैं। सांख्य दर्शन के अनुयायी ज्ञानमार्ग तथा योगी कर्मयोग को श्रेष्ठ बताते हैं। गीता के अनुसार, कर्म का पथ, आत्म-मुक्ति के लिए उतना ही यथेष्ट है जितना कि ज्ञान का, दोनों परस्पर पृथक् नहीं हैं, अपितु एक-दूसरे के पूरक हैं।

न कर्मणामनारम्भान्नैष्कर्म्यं पुरुषोऽश्नुते।
न च संन्यसनादेव सिद्धिं समधिगच्छति॥ 4॥

"किंतु कर्म तो आवश्यक है, क्योंकि न तो नियत कर्मों को न करने से ही कर्मबंधन से मुक्ति मिलती है और न ही संन्यास या कर्म के त्याग से ही मनुष्य सफलता प्राप्त कर सकता है।"

किसी भी मार्ग का अनुगमन क्यों न करें, किसी भी स्थिति में कर्मों का स्वरूप त्यागने की आवश्यकता नहीं है, क्योंकि जीव न तो कर्मों के न करने से निश्कर्मता को प्राप्त होता है तथा न ही कर्मों के त्याग मात्र से ही भगवत सिद्धि प्राप्त होती है। निश्कर्मता ऐसी अवस्था है, जिसे प्राप्त पुरुष के कर्म अकर्म हो जाते हैं। तात्पर्य यह है कि उसके कर्म फल उत्पन्न नहीं कर सकते। इसी प्रकार निष्काम कर्मयोग में फल तथा आसक्ति को त्याग कर केवल भगवत इच्छानुरूप समत्व बुद्धि से कर्म किया जाता है। इसे समत्वयोग, बुद्धियोग, कर्मयोग इत्यादि नाम से भी प्रतिष्ठित किया जाता है। इसलिए श्रीकृष्ण भगवान् स्पष्ट कर रहे हैं कि कर्मों का प्रारंभ न करने से कोई निष्काम कर्म को प्राप्त नहीं होता और न ही न आरंभ की हुई क्रिया को त्यागने मात्र से ही समाधि व ईश साक्षात्कार की स्थिति प्राप्त करना संभव है।

न हि कश्चित्क्षणमपि जातु तिष्ठत्यकर्मकृत्।
कार्यते ह्यवशः कर्म सर्वः प्रकृतिजैर्गुणैः॥ 5॥

"निश्चय ही कोई भी किसी भी परिस्थिति या काल में क्षण मात्र भी बिना कर्म किए नहीं रहता तथा कर्मों के स्वरूप का सर्वथा त्याग हो भी नहीं सकता। इसीलिए नि:संदेह सभी प्राणीगण प्रकृति के गुणों से उत्पन्न प्रकृतिजन्य गुणों द्वारा विवश होकर कर्म करने को तत्पर होते हैं।"

प्रकृति से उत्पन्न गुणों के परवश कर्म करना ही पड़ता है। प्रसिद्ध अंग्रेज कवि Wordsworth ने इसे इंद्रियजनित विवशता बताया है—

'The eye it cannot choose but see;
We cannot bid the ear be still;
Our bodies feel, where'er they be,
Against or with our will.' (Lyrical Ballads)

हमारी कर्मेंद्रियाँ बलात् हमसे कर्म करा लेती हैं। फलतः कर्मशून्य रूपी नैष्कर्म्य भी संभव प्रतीत नहीं होता। इसीलिए जिस प्रकार आयुर्वेदाचार्य प्रयोग से पूर्व पारे का भलीभाँति शोधन कर लेते हैं, उसी प्रकार कर्म करने से पूर्व ऐसा उपाय करना होता है कि कर्म का बंधन या उससे आसक्ति का दोष समाप्त हो जाए। इस युक्ति से किया गया कर्म 'नैष्कर्म्य' है। माया से उत्पन्न हुए गुण ही गुणों में रहते हैं। ऐसा समझ लेने तथा मन, इंद्रियों तथा शरीर द्वारा होनेवाली समस्त क्रियाओं में कर्तापन के अहंकार से रहित होकर सर्वव्यापी परमपिता परमेश्वर में एकात्म भाव से स्थित रहने की स्थिति ही ज्ञानयोग, सांख्ययोग और संन्यास कही गई है। इसी प्रकार फल एवं आसक्ति को त्याग; ईश में संपूर्ण समर्पण भाव से केवल भगवत-अर्थ समत्व बुद्धि से कर्म करने की स्थिति ही निष्काम कर्मयोग, समत्वयोग है, किंतु कर्मों का सर्वथा स्वरूप से त्याग किसी भी परिस्थिति में नहीं हो सकता। इसी को श्रीकृष्ण ने आगे भी स्पष्ट किया है।

कर्मेन्द्रियाणि संयम्य य आस्ते मनसा स्मरन्।
इन्द्रियार्थान्विमूढात्मा मिथ्याचारः स उच्यते॥ 6॥

"इसीलिए जो मूढ़ बुद्धि पुरुष हठपूर्वक अपनी कर्मेंद्रियों को रोकता तो है, किंतु अपनी इंद्रियों के विषय-भोगों का अपने मन में चिंतन करता रहता है, ऐसा पुरुष आडंबरधारी, दंभ और मिथ्याचारी है।"

मात्र कर्मेंद्रियाँ ही नहीं, वरन् मन का ऐंद्रियजनित विषयों से सहज समसंयम भी आवश्यक है। ढोंगी पुरुष जिसका मन शुद्ध नहीं है और मात्र दिखावे के आडंबर करता है वह स्वयं को ही धोखा देता है। 'कलौ कर्ता च लिप्यते' अर्थात् कलियुग में दोष बुद्धि में नहीं अपितु कर्म में रहता है। बुद्धि चाहे जैसी हो, परंतु कर्म बुरा न हो ऐसा कहने वालों के आचरण को श्रीकृष्ण यहाँ कपट बताते हैं।

यस्त्विन्द्रियाणि मनसा नियम्यारभतेऽर्जुन।
कर्मेन्द्रियैः कर्मयोगमसक्तः स विशिष्यते॥ 7॥

"मिथ्याचारी व ढोंगी पुरुष के आचरण को बताने के पश्चात् श्रीकृष्ण श्रेष्ठ आचरण वाले पुरुष की स्थिति बताते हुए कहते हैं कि 'हे अर्जुन! जो पुरुष मन से अपनी इंद्रियों को संयमित कर लेता है तथा अनासक्त भाव से अपनी कर्मेंद्रियों द्वारा कर्मयोग का

आचरण करता है, वह श्रेष्ठ आचरणवान पुरुष है।'"

इस प्रकार निष्काम बुद्धि से कर्म करने के योग को श्रीकृष्ण ने 'कर्मयोग' की संज्ञा दी। साथ ही उन्होंने यह भी स्पष्ट किया कि नैष्कर्म्य कर्म शून्यता नहीं है। कर्मों को त्याग देने से वे छूटते नहीं हैं। इसलिए कर्मों को त्याग देना सिद्धि प्राप्त करने का उपाय नहीं है, किंतु अभी तक श्रीकृष्ण ने यह स्पष्ट नहीं किया है कि यह 'कर्म' है क्या?

नियतं कुरु कर्म त्वं कर्म ज्यायो ह्यकर्मण:।
शरीरयात्रापि च ते न प्रसिद्ध्येदकर्मण:॥ 8॥

"इसलिए अर्जुन तू अपने नियत किए गए स्वधर्म द्वारा निर्धारित कर्म को संपादित कर। कर्म न करने की तुलना में कर्म करना ही श्रेयस्कर है, क्योंकि कर्म न करने से तो शरीर निर्वाह करना भी संभव नहीं होता।"

कर्म के महत्त्व को स्पष्ट रूप से प्रतिपादित करते हुए योगेश्वर श्रीकृष्ण कर्मयोगी की श्रेष्ठता बताते हैं। हाँ यह अवश्य है कि प्रत्येक प्राणी के लिए कुछ कर्म नियत होते हैं। उसी नियत कर्म को करना श्रेयस्कर है। कर्म किए बिना तो शरीर-यात्रा भी नहीं हो पाती। एक शरीर यात्रा तो है शरीर-निर्वाह जिसके लिए भी कर्म आवश्यक है तथा दूसरी शरीर-यात्रा में मनुष्य एक शरीर छोड़कर दूसरे में प्रवेश करता है। जैसा श्रीकृष्ण पहले बता आए हैं कि आत्मा शाश्वत व अनश्वर है। जैसे जन्म से बुढ़ापे तक शरीर विभिन्न स्थितियों को प्राप्त होता है वैसे ही आत्मा भी जीर्ण-शीर्ण वस्त्रों की भाँति एक शरीर से दूसरे शरीर की यात्रा ही तो करती रहती है। अणु से अणुतम जीव से लेकर मानव तक, देवताओं से लेकर त्रिदेवों तक यावज्मात्र जगत् परिवर्तनशील है। सृष्टि के आदि से अंत तक परिवर्तन की क्रिया चलती रहती है। मान्यता है कि जीव कर्मों के अनुसार चौरासी लाख योनियों में अपने संचित कर्मों व संस्कारों के कारण भटकता रहता है। नियत कर्म एक ऐसी क्रियात्मक स्थिति है जो आत्मा की विभिन्न शरीरों की यात्रा पर विराम लगाकर उसे पूर्ण अभिराम स्थिति में ले जाकर ईश्वर में लय करा देती है। कर्म ऐसी एक विशिष्ट स्थिति है जो जीव को इस अनंतर चलने वाली देह-यात्रा से मुक्ति दिलाती है। तो क्या है ऐसे कर्म का स्वरूप?

यज्ञार्थात्कर्मणोऽन्यत्र लोकोऽयं कर्मबन्धन:।
तदर्थं कर्म कौंतेय मुक्तसंग: समाचर॥ 9॥

"हे कौंतेय! बंधन के भय से भी कर्मों का त्याग अभीष्ट नहीं है, क्योंकि यज्ञ के निमित्त किए गए कर्म के अतिरिक्त अन्य समस्त कर्म बंधनकारी हैं। इसीलिए आसक्ति से नि:स्पृह हो, उस परमेश्वर के निमित्त इस नियत यज्ञ कर्म का भली प्रकार आचरण कर।"

स्पष्ट है कि यज्ञ की प्रक्रिया ही कर्म है। यज्ञ एक निर्धारित विधि है, जो कर्म की श्रेणी में आता है। इसके अतिरिक्त संसार में जो भी कर्म के नाम पर किया जाता है तथा सारा संसार दिन-रात जिसमें रत रहता है वह कर्म नहीं है, अपितु इसी जगत् का एक बंधन मात्र है। कर्म तो इस संसार बंधन से मुक्ति दिलाने का मात्र एक हेतु है। यज्ञ की नियत प्रक्रिया ही कर्म है, जिसकी पूर्ति के लिए निष्काम भावना से कर्म का आचरण आवश्यक है। स्पष्ट है इस कर्म के निहितार्थ को समझना गीता को समझने की कुंजी है, क्योंकि कर्म में प्रत्येक जीव लिप्त रहता है, चाहे वह नभचर हो, जलचर हो या पृथ्वीचर। प्रत्येक नभचर, गरुड़ से पतंगें तक, अपने जीवनयापन के लिए भोजन की व्यवस्था, सुरक्षित रहने के स्थान आदि के लिए सुबह से संध्या तक प्रयासरत तो रहता ही है। इसी प्रकार जल में स्थित प्रत्येक जीव, व्हेल से लेकर नन्ही मछली तक भोजन की व्यवस्था के लिए दौड़ते रहते हैं। पृथ्वी पर स्थित प्रत्येक जीव अपने जीवन-निर्वाह हेतु कर्म तो करता ही है। मनुष्य भी विविध व्यसनों में लगा रहता है—कृषि, व्यापार, नौकरी, श्रम आदि द्वारा जीवनयापन करता है। तो क्या ये सब कर्म नहीं हैं? श्रीकृष्ण कहते हैं कि वे कर्म नहीं हैं। 'अन्यत्र लोकोऽयं कर्मबंधनः' अर्थात् यज्ञ की प्रक्रिया के अतिरिक्त अन्य सब कर्म इसी लोक का बंधन हैं। कर्म तो 'मोक्ष्यसेऽशुभात्'-कर्म तो संसार बंधन से छुटकारा दिलानेवाली मोक्ष्यप्रद क्रिया है। मात्र स्वयं बुद्धिजीवी, श्रमजीवी, समाजसेवी, देशप्रेमी बन जाने से या यह कहना कि हम अपने स्वार्थ या लाभ के लिए कार्य नहीं कर रहे हैं या विदेशी वस्तुएँ छोड़कर स्वदेशी का प्रयोग, कर्म नहीं है। तो फिर कर्म क्या है? श्रीकृष्ण कहते हैं कि अपना निर्धारित कर्म करो। पर कैसे? तब श्रीकृष्ण ने बताया कि यज्ञ को कार्यरूप देना कर्म है, किंतु यज्ञ क्या है? इसे श्रीकृष्ण अगले अध्याय में स्पष्ट करेंगे।

सहयज्ञाः प्रजाः सृष्ट्वा पुरोवाच प्रजापतिः।
अनेन प्रसविष्यध्वमेष वोऽस्त्विष्टकामधुक्॥ 10॥

"यदि तू कर्म से विरत होता है तो तू भी पाप को प्राप्त होगा, क्योंकि सृष्टि या कल्प की आदि अवस्था में जीवों के स्वामी प्रजापति ब्रह्मा ने यज्ञ सहित प्रजा अर्थात् संततियों की रचना की तथा उनसे कहा कि "यज्ञ द्वारा तुम प्रजागण बुद्धि की उन्नति को प्राप्त करो तथा यह यज्ञ तुम्हारी इच्छित कामनाओं की पूर्ति में सहायक हो।"

मनुष्य को यज्ञार्थ जो नियत कर्म करना अपेक्षित है, उसे भी फल की आशा छोड़कर निष्काम कर्तव्य भावना से करना चाहिए। निष्काम कर्म जो मनुष्य को किसी बंधन में नहीं बाँधते, वे अनित्य फल के बदले मोक्ष प्राप्ति कारक होते हैं। यहाँ कुछ विद्वानों का मत है कि यज्ञ आदि गृहस्थवृत्ति को करते रहने के स्थान पर; कर्मों की वृत्ति

से छूटकर; मोक्ष प्राप्ति के लिए; सब कर्मों का त्याग कर, संन्यास लेना श्रेयस्कर नहीं। श्रीकृष्ण भी यही कहते हैं कि कर्म से पलायन उचित नहीं। नियत यज्ञ कर्म के बिना जगत् के व्यवहार चक्र रुक जाएँगे। यज्ञ-सहित प्रजा की किसने रचना की? प्रजापति ब्रह्मा कौन? स्वयं परमपिता परमेश्वर। ईश्वरीय सत्ता एक है अनेक नहीं, इसलिए प्रजापति वस्तुतः वह हैं जिन्होंने संततियों के मूल उद्गम परमेश्वर में स्वयं को लय कर लिया। कैसे? उस यज्ञ के द्वारा। यज्ञ द्वारा कैसे? बुद्धि का विकास-उत्थान करके। बुद्धि का उत्थान कैसे? वास्तव में यदि सतत भजन की क्रिया प्रारंभ हो जाए तो वह बुद्धि का शनैः-शनैः उत्थान करती हुई ब्रह्मविद्या से संयुक्त हो जाती है तथा मन में निहित विभिन्न विकारों का शमन करते-करते बुद्धि की स्थिति क्रमशः उत्तम होती जाती है। ऐसी बुद्धि की स्थिति को प्राप्त महात्मा प्रजा के मूल संतति के उद्गम श्री परमेश्वर में लय होते जाते हैं, जहाँ कोई कामना शेष नहीं रहती, 'कामधुक्' की स्थिति प्राप्त हो जाती है, (देवेंद्र की गाय कामधेनु के तुल्य)। जीव स्थिति प्राप्त कर, समस्त इच्छाओं की पूर्ति परमात्मा प्राप्ति में कर लेता है। इसीलिए ऐसी परमात्मस्वरूप स्थिति को प्राप्त ज्ञानीजन भक्ति या कल्प की प्रारंभिक अवस्था में यज्ञादि नियत कर्मों के द्वारा उत्तरोत्तर उन्नति करते हुए कल्याण को प्राप्त होते हैं।

देवान्भावयतानेन ते देवा भावयन्तु वः।
परस्परं भावयन्तः श्रेयः परमवाप्स्यथ॥ 11॥

"तुम प्रजाजन इस यज्ञ द्वारा देवसंपद को बलवती बनाओ तथा देवसंपद के उत्थान द्वारा तुम प्रजाजनों की उन्नति करो। इस प्रकार आपस में कर्तव्य समझकर परस्पर उन्नति करते हुए परम कल्याण को प्राप्त करो।"

जैसे-जैसे नियत आराधना कर्म द्वारा मनुष्य यज्ञ में प्रवेश पाता जाएगा, वैसे-वैसे उसके हृदय में सात्त्विक गुणों का प्रसार एवं उत्थान होता जाएगा, जो शनैः-शनैः उसे परमात्मा की दिव्य-प्रकाश-ज्योति में प्रवेश दिलाता जाएगा। उसके राजस एवं तामस गुणों का तद्नुसार शनैः-शनैः शमन होता जाएगा व उसमें सात्त्विक सत्ता प्रधान होती जाएगी।

इष्टान्भोगान्हि वो देवा दास्यन्ते यज्ञभाविताः।
तैर्दत्तानप्रदायैभ्यो यो भुङ्क्ते स्तेन एव सः॥ 12॥

"यज्ञ द्वारा उन्नति को प्राप्त देवतागण तुम्हारे लिए बिना माँगे ही प्रिय भोगों को प्रदान करेंगे, किंतु उन देवगणों के द्वारा प्रदत्त भोगों को जो पुरुष नियत कर्म किए बिना ही भोगता है, वह निश्चय ही चोर है।"

'इष्टान्भोगान्हि वो देवा दास्यन्ते' अर्थात् यज्ञ द्वारा उन्नति को प्राप्त देवसंपद स्वतः

ही आपको आपके इष्ट-भोगों को प्रदान करेंगे, किंतु जो बिना नियत कर्म द्वारा यज्ञ किए तथा बिना देवसंपद का उत्थान किए इस स्थिति का भोग करता है, वह निश्चय ही चोर है। जिसने कुछ किया ही नहीं तो वह पा भी कैसे सकता है, भोगेगा तो क्या? भले ही वह दावा करे कि वह ज्ञानी, ध्यानी और तत्त्वदर्शी है, किंतु उसने कुछ पाया नहीं, कुछ जाना नहीं। वह मात्र आडंबरकारी लंपट है। गौ रक्षा करनेवाले कर्मयोगी की भावना जनहित के लिए दुग्ध की उपलब्धता के लिए रहती है। गौ-सेवा में मिलनेवाली मजदूरी तो मात्र जीवकोपार्जन के लिए ही रहती है, किंतु सच्चा आनंद तो उसकी सेवा भावना में है। यदि कोई अन्य पुरुष ऐसी गाय का दूध यह समझकर पीता है कि गाय की सेवा तो कोई मनुष्य ही कर रहा है तथा मैं भी मनुष्य हूँ, अतः मैं उक्त गाय का दूध पीने का अधिकारी हूँ तो वह उस दूध को पीने का सही पात्र न होकर मात्र एक चोर है, जो दूसरे के अधिकार का हनन करता है।

यज्ञशिष्टाशिनः सन्तो मुच्यन्ते सर्वकिल्बिषैः।
भुञ्जते ते त्वघं पापा ये पचन्त्यात्मकारणात्॥ 13॥

"यज्ञ के उपरांत शेष बचे हुए हविश्यान्न को ग्रहण करनेवाले महापुरुष समस्त पापों से मुक्ति प्राप्त कर लेते हैं और जो पापीजन मात्र अपने स्वार्थ व प्रयोजन सिद्धि के लिए ही पकाते हैं, वे मानो पाप का भक्षण करते हैं,"

यज्ञ का अवशेष अमृत अर्थात् 'ब्रह्मपीयूष' होता है। यज्ञ से बचे अन्नादि अमृत-तुल्य होने के कारण पापों को धो देते हैं। जिसने अभीष्ट नियत कर्मरूपी यज्ञ का अनुष्ठान किया हो, वही इस यज्ञ के फलस्वरूप ब्रह्मज्ञान के बोध रूपी ब्रह्मपीयूष में सराबोर हो ब्रह्मज्योति में लीन हो जाता है, किंतु जो लोग आडंबर कर, तत्त्वदर्शी बनने का ढोंग रचकर, अपने स्वार्थों में ही लिप्त रहते हैं, वे लोग जन्म-मृत्यु के बंधन के भवर में पड़ अनंत दुखमयी योनियों को प्राप्त होते हैं।

अन्नाद्भवन्ति भूतानि पर्जन्यादन्नसंभवः।
यज्ञाद्भवति पर्जन्यो यज्ञः कर्मसमुद्भवः॥ 14॥

"क्योंकि जगत् के समस्त प्राणीगण अन्न से उत्पन्न होते हैं और अन्न की उत्पत्ति वृष्टि से होती है तथा उक्त वृष्टि यज्ञकर्मादि से होती है। यह यज्ञ कर्मों से उत्पन्न होते हैं।"

समस्त जीव उस अन्न पर आश्रित हैं, जो उनमें प्राण शक्ति की ऊर्जा संचारित करता है। अन्न उत्पत्ति वर्षा पर निर्भर होती है। वर्षा का हेतु यज्ञ है और यज्ञ नियत कर्मों से संपादित होता है। मनुस्मृति (3.76) में कथन है कि "यज्ञ में दी गई आहुति सूर्य को मिलती है। सूर्य के ताप रूपी तेज से वृष्टि होती है। वृष्टि से अन्न की उत्पत्ति संभव होती

है तथा इस अन्न से प्रजा की उत्पत्ति होती है।" तैत्तिरीय उपनिषद् (2.1) में कथन है कि "ईश्वर से ही आकाश उत्पन्न हुआ, तदोपरांत क्रम से वायु, अग्नि, जल और पृथ्वी की उत्पत्ति हुई। इन पंचतत्त्वों के मिलन से पृथ्वी से औषधि, औषधि से अन्न तथा अन्न से प्रजा की उत्पत्ति हुई।" यह चक्र जैसा भी हो, किंतु श्रीकृष्ण स्पष्ट रूप से कह आए हैं कि कर्म से विरत नहीं हुआ जा सकता। कर्म ही नियत विधि से यज्ञ रूप में वृष्टि का आधार बनता है। यह वृष्टि ही प्राणी के पूर्व संचित कर्मों के कारण ईश्वर-कृपा के रूप में बरसती है। ईश्वर अपने प्रजाजनों पर सदैव अपनी कृपा वर्षा करते हैं, किंतु प्रजा अपनी विवेक-बुद्धि के अनुसार ही उसे ग्रहण कर पाती है।

कर्म ब्रह्मोद्भवं विद्धि ब्रह्माक्षरसमुद्भवम्।
तस्मात्सर्वगतं ब्रह्म नित्यं यज्ञे प्रतिष्ठितम्॥ 15॥

"इस कर्म को तू वेद से उत्पन्न हुआ जान और यह वेद अविनाशी परमात्मा के द्वारा उत्पन्न हुआ है। इसीलिए सर्वव्यापी, अविनाशी परमात्म तत्त्व ही सदैव इस यज्ञ में निहित है।"

वस्तुतः वेद ऐसे महापुरुषों के द्वारा विदित व अनुभूत किया हुआ ज्ञान है जो अपनी साधना से स्वयं अविनाशी परमतत्त्व के समकक्ष स्थिति में प्रतिष्ठित हो गए हैं। उनके माध्यम से जो सत्य का तत्त्वज्ञान विदित होता है वह परमात्मा के द्वारा ही विदित होना है।

एवं प्रवर्तितं चक्रं नानुवर्तयतीह यः।
अघायुरिन्द्रियारामो मोघं पार्थ स जीवति॥ 16॥

"हे पार्थ! जो व्यक्ति इस लोक में अभीष्ट सृष्टि चक्र के अनुसार आचरण नहीं करता है अर्थात् साधन चक्र में निर्दिष्ट किए गए कर्मों को नहीं करता है, वह इंद्रिय-तृप्ति से जनित सुखों को भोगने के लिए तत्पर; पाप आयु; व्यक्ति व्यर्थ ही जीता है।"

मानव योनि की प्राप्ति बड़ी दुर्लभ होती है। नभचर, जलचर व पशुचर यहाँ तक की देवताओं को भी वे साधन उपलब्ध नही हैं, जिनके द्वारा वे परमात्मा में लय प्राप्त कर सकें। इसलिए जो भी जीव मानव तन प्राप्त तो कर लेता है, किंतु शास्त्र-सम्मत साधन चक्र के अनुसार व्यवहार नहीं करता, वह इंद्रियों की तृप्ति में लिप्त पापायु व्यर्थ ही जीने का उपक्रम करता है। ऐसा पुरुष देवसंपद का शनैः-शनैः उत्कर्ष करता, देवताओं की वृद्धि करता, इस प्रकार परस्पर एक-दूसरे का उत्कर्ष करता अक्षयधाम को सिद्ध करने की अवस्था प्राप्त नहीं कर पाता। उसकी लिप्सा तो मात्र इंद्रियभोगों में ही सिमट गई होती है। उसके लिए कर्म मात्र इंद्रियों के भोगों के साधन बन जाते हैं। उसके कर्म वेदों में प्रवर्तित चक्र-क्रम के अनुरूप नहीं होते हैं। श्रीकृष्ण स्पष्ट कहते हैं कि वेद स्वयं

परमात्मा की श्रेणी में पहुँचे हुए महापुरुषों के द्वारा विदित व अनुभूत ज्ञान हैं, जिनमें कर्मों को नियत रूप से करना, यज्ञ-चक्र के अनुरूप कर्मों में रत रहना आवश्यक है। जो ऐसा आचरण नहीं करता वह निश्चय ही अपने जीवन को निरर्थक व निरुद्देश्य बना लेता है तथा इंद्रियजनित सुखों के क्षणभंगुर मायाजाल में फँस अपने जीवन को व्यर्थ कर लेता है।

यस्त्वात्मरतिरेव स्यादात्मतृप्तश्च मानवः।
आत्मन्येव च सन्तुष्टस्तस्य कार्यं न विद्यते॥ 17॥

"परंतु जो पुरुष अपनी आत्मा में ही रहता है, आत्मा में ही तृप्त रहता है और उसने अपनी आत्मा के साथ स्वयं साक्षात्कार कर लिया होता है तथा वह अपनी आत्मा में ही पूर्ण संतुष्ट रहता है, ऐसे पुरुष के लिए कोई भी कर्म करने को शेष नहीं रहता है।"

जो पुरुष अपनी आत्मज्योति को जाग्रत् करके दिव्य प्रकाश में सराबोर हो गया है तथा जिसे सांसारिक एवं ऐंद्रियजनित विषयों में कोई स्पृहा नहीं रह गई है और न ही किसी कर्म के प्रति कोई आसक्ति ही शेष रह गई है तो ऐसा आत्म-ज्योति के दिव्य आलोक से प्रकाशित पुरुष परमात्म अविनाशी सत्ता का सायुज्य प्राप्त कर लेता है। फिर उसके लिए कोई कर्म या साधना शेष नहीं रहती। शाश्वत आनंद की प्राप्ति उसे सच्चिदानंद की अवस्था में प्रवेश दिला देती है। आत्मा की उच्च चेतनावस्था को प्राप्त ऐसा महापुरुष शांत, सरल, निर्विकार व अव्यक्त हो जाता है। इसी क्रम में श्रीकृष्ण आगे कहते हैं कि—

नैव तस्य कृतेनार्थो नाकृतेनेह कश्चन।
न चास्य सर्वभूतेषु कश्चिदर्थव्यपाश्रयः॥ 18॥

"इस संसार में ऐसे महापुरुष के किए जाने योग्य कोई भी प्रयोजन शेष नहीं रहता है और न ही उस महापुरुष के न किए जाने योग्य कोई प्रयोजन रहता है। ऐसे महापुरुष की स्थिति को प्राप्त जीव को इस संसार के समस्त भूत-प्राणियों में भी कोई स्वार्थ या स्पृहा शेष नहीं रहती है। तब भी ऐसा महापुरुष अपने कर्मों को करता है।"

कर्मयोगी के कर्म न केवल उसके चित्त की शुद्धि का साधन होते हैं, अपितु उनसे उसकी देह तथा बुद्धि भी तेज से परिपूर्ण हो जाती है। महाभारत में एक प्रकरण का उल्लेख आया है। जाजलि नामक एक विद्वान् ब्राह्मण एक तुलाधार नामक वैश्य के पास ज्ञान प्राप्ति के लिए आता है तो तुलाधार उसे बताता है कि व्यापार में इस तराजू की डंडी को सदैव सीधा रखना पड़ता है, चाहे सामान खरीदने बच्चा आए, चाहे वयस्क। इस बाह्य कर्म से तुलाधार की चित्तवृत्ति भी सीधी-सरल हो गई, क्योंकि तराजू की डंडी से तुलाधार की वृत्ति भी सम हो गई। अपने भिन्न-भिन्न कर्मों से कर्मयोगी को अध्यात्म की भाषा सूझने लगती है तथा उसके कर्म ही उसकी चित्त-शुद्धि करते हुए जप बन जाते

हैं। श्रीकृष्ण आगे कहते हैं कि कर्म तो करना ही है, परंतु दिव्य आत्मज्ञान के अलौकिक प्रकाश से आलोकित ऐसे पुरुष के लिए कोई कर्म अब शेष नहीं रह जाता है, क्योंकि न तो उस पुरुष के कर्म करने से किसी को कोई लाभ होगा और न ही कर्म छोड़ देने से किसी का कोई अहित। शाश्वत, सनातन, अव्यक्त, अविनाशी, अपरिवर्तनशील आत्मा का तो वह पहले ही 'साक्षात्कार' कर उसमें लय हो; उसे आत्मसात् कर चुका है तो फिर आगे किसे ढूँढे?

तस्मादसक्तः सततं कार्यं कर्म समाचर।
असक्तो ह्याचरन्कर्म परमाप्नोति पूरुषः॥ 19॥

"इसलिए तू कर्म के प्रतिफल के प्रति पूर्णरूपेण अनासक्त भाव से कर्म को अपना कर्तव्य जान-समझकर उसका निर्वाह कर, क्योंकि अनासक्त पुरुष इस प्रकार कर्म का निर्वहन करता हुआ परमात्मा को प्राप्त होता है।"

बिना किसी स्वार्थ सिद्धि या आसक्ति के किया हुआ कर्म जीव को परमसत्ता में प्रवेश करा देता है, जहाँ दिव्य आनंद की अनुभूति तथा सभी बंधनों से मुक्ति स्वतः प्राप्त हो जाती है। यही कर्मयोग गीता को समझने की गोपनीय कुंजी है।

कर्मणैव हि संसिद्धिमास्थिता जनकादयः।
लोकसंग्रहमेवापि संपश्यन्कर्तुमर्हसि॥ 20॥

"इस विधि के द्वारा जनकादि ज्ञानीजन भी निःस्वार्थ अनासक्त भाव से किए गए कर्म द्वारा ही परम सिद्धि को प्राप्त हुए हैं। इसीलिए लोक संग्रह में दृष्टि रखता हुआ भी तू कर्म करने के ही योग्य है।"

जनक शब्द का प्रयोग विशिष्ट है। जनक, मिथिला राज्य, जो भारत के बिहार प्रांत में स्थित है, के राजा थे। एक बार राजा जनक ने स्वप्न देखा कि वे राज्य में भीख माँग रहे हैं। सुबह उठे तो उन्होंने अपना राज्य यथावत पाया। जनक ने घोषणा की कि जो उनके द्वारा देखे गए स्वप्न का अर्थ बता देगा, उसे मुँह-माँगा पुरस्कार दिया जाएगा, अन्यथा कारागार में डाल दिया जाएगा। अनेकों विद्वान् राजा जनक की जिज्ञासा के समाधान हेतु पहुँचे, किंतु समुचित समाधान न कर पाने के कारण कारागार में बंदी बन गए। अष्टावक्र नाम के एक महान् ज्ञानी हुए थे, जिनके संबंध में प्रसिद्ध था कि जब वे अपनी माता के गर्भ ही में थे तो एक बार उनके पिता जब शास्त्र पाठ कर रहे थे, तभी गर्भ से आवाज आई कि पिताजी आप अमुक श्लोक का गलत पाठ कर रहे हैं। सही श्लोक गर्भ से शिशु ने सुना दिया। पिता का अहंकार जाग उठा कि यह शिशु तो बड़ा टेढ़ा है, गर्भ से ही पिता को शिक्षा देने लगा। पिता ने गर्भस्थ शिशु को श्राप दे दिया कि वह वक्रीय

अर्थात् टेढ़ा हो जाए। श्रापवश शिशु शरीर के आठ स्थानों पर टेढ़ा हो गया था। इसलिए उसका नाम पड़ा 'अष्टावक्र'। जनक की घोषणा के पश्चात् अष्टावक्र के गुरु भी जनक के राजदरबार में उनकी जिज्ञासा का समाधान करने पहुँचे, किंतु समुचित समाधान न दे पाने के कारण बंदी बना लिये गए। जब कुछ समय पश्चात् अष्टावक्र अपने गुरु के आश्रम में पहुँचे तो उन्हें सारा वृत्तांत पता लगा। वे सीधे राजा जनक के दरबार में पहुँचे। उनके टेढ़े-मेढ़े शरीर को देखकर जनक को हँसी आ गई। दरबारीगण भी काफी हँसे। जब सबकी हँसी रुक गई तो अष्टावक्र ठहाका मार जोर-जोर से हँसने लगे। जनक को आश्चर्य हुआ। उन्होंने अष्टावक्र से हँसने का कारण पूछा। अष्टावक्र ने कहा महाराज पहले आप अपने व अपनी सभा के हँसने का कारण बताएँ, क्योंकि पहले आप हँसे थे। राजा जनक ने कहा कि "अभी तक मेरी जिज्ञासा के समाधान के लिए बड़े-बड़े सुंदर व तेजस्वी ज्ञानी आए, किंतु समाधान न कर पाए तो आप जैसा टेढ़ा-मेढ़ा व्यक्ति क्या कर सकेगा?" अष्टावक्र ने कहा, "मैं इसलिए हँसा कि जनक की सभा तो विद्वानों की सभा कही जाती है, किंतु यह तो चर्मकारों की सभा है। चमड़ी की पहचान अच्छी कर लेती है।" राजा जनक निरुत्तर हो बोले कि उनकी जिज्ञासा का समाधान करें। अष्टावक्र ने कहा, "राजन, पहले अपनी वस्तुएँ दान कीजिए।" जनक ने कहा, "समस्त गाएँ ले लो, समस्त खजाना ले लो, राज्य ले लो।" अष्टावक्र ने कहा, "राजन! कोई ऐसी वस्तु दान करिए जो आपकी अपनी हो।" दरबारियों ने समझाया कि राज्य, गाय, धन सब राजा का ही तो है। तो अष्टावक्र ने कहा, "ये राज्य जनक से पहले किसका था?" दरबारियों ने कहा, "इनके पिता का।" अष्टावक्र ने पूछा, "इनके पिता से पहले किसका था?" दरबारियों ने कहा, "इनके पितामह का।" तो अष्टावक्र ने कहा, "जो राज्य पहले किसी और का था, आज किसी और का है तथा कल किसी और का होगा, ऐसी वस्तु जनक की कैसे हो सकती है?" सभी ने अष्टावक्र से कहा कि वे ही बताएँ कि कौन सी वस्तु राजा जनक की है। अष्टावक्र ने कहा, "राजन! आप मुझे अपना मन दान कर दीजिए।" राजा ने समझा कि सस्ते में छूटे और जल मँगाकर मन के दान का संकल्प कर दिया। अष्टावक्र संकल्प ग्रहण कर ध्यानस्थ हो गए। जनक एक-दो पहर खड़े के खड़े रहे। जनक को क्रोध आया कि इसने तो बैठने के लिए भी नहीं कहा, परंतु फिर उन्हें ध्यान आया कि उनके मन का तो दान हो गया है तो वह ऐसे विचार कैसे कर रहा है। जनक ध्यानस्थ हो गए। ध्यान में अष्टावक्र ने जनक को प्रेरणा दी कि जो स्वप्न उन्होंने देखा था जिसमें वे भीख माँग रहे थे, न तो वह सत्य था तथा न ही उनका राज्य या उनका राजा होना सत्य है। राजा जनक अष्टावक्र के चरणों में गिर पड़े। शिष्य-भाव से जनक ने अष्टावक्र को आसन पर बैठाकर अपनी जिज्ञासाओं का जो समाधान प्राप्त किया वही कालांतर में 'जनक-अष्टावक्र संवाद' रूप में 'अष्टावक्र गीता' नाम से विख्यात हुआ।

जनक स्वयं अत्यंत मुमुक्षु व ज्ञानी थे। अष्टावक्र ने उन्हें आत्मा के शाश्वत-दिव्य स्वरूप का बोध करा दिया। जनक का स्वरूप व आभा और निखर गई। उनके ज्ञान की ख्याति चारों दिशाओं में प्रकाशित हो गई। महर्षि याज्ञवल्क्य का संसर्ग भी जनक को प्राप्त हुआ। जनक के राजदरबार का एक वृत्तांत आता है कि एक दिन जनक अपने दरबार में राज्य कार्य निष्पादित कर रहे थे कि एक गुरुकुल से शिक्षार्थियों का एक दल उनसे भेंट करने आया। एक शिक्षार्थी ने राजा से कहा कि इस राजप्रसाद के सुख-विलास के साधनों के मध्य वे निर्विकार संन्यास भाव से कार्य कैसे कर पाते होंगे? जनक ने प्रकट में रोश दिखाया तथा आदेश दिया कि उक्त शिक्षार्थी के सिर पर एक थाली में तेल भर कर रख दिया जाए तथा यदि एक भी बूँद तेल की गिरे तो उसका सिर काट दिया जाए। फिर राजदरबार में नर्तकियों के नृत्य-गान इत्यादि के अनेकों कार्यक्रम हुए। शिक्षार्थी अत्यंत सावधानी की स्थिति में यह प्रयास करता रहा कि सिर पर रखी थाली से तेल की बूँद नीचे न गिर जाए। नृत्य-गीतगान आदि के बाद जनक ने शिक्षार्थी के सिर से थाली उतरवा कर पूछा कि किस नर्तकी का नृत्य-गान श्रेष्ठ था तो शिक्षार्थी ने कहा कि उसे ज्ञात नहीं, क्योंकि उसका सारा ध्यान तो थाली में भरे तेल की तरफ था कि कहीं थाली थोड़ी सी हिल भर गई तथा तेल की एक बूँद भी गिर गई तो उसे अपने शीश से हाथ धोना पड़ेगा। जनक ने शिक्षार्थी को समझाया कि राज्य के धन-वैभव व विलास में उनकी आसक्ति नहीं रहती वरन् स्वकर्म का दायित्व-निर्वहन ही उनकी दृष्टि में रहता है। नृत्य-गान तो राजदरबारों की परिपाटी है तो इसके होने या न होने से कोई प्रभाव नहीं पड़ता। इसीलिए श्रीकृष्ण का जनक व उनके समतुल्य ज्ञानियों का उल्लेख करने का कारण अर्जुन को भी उसका स्वधर्म व राज्यधर्म याद दिलाते हुए यह स्पष्ट करना है कि कर्मों के अनासक्त पालन से ही जनक व अन्य ज्ञानीजन परम सिद्धि को प्राप्त हुए तथा परम सिद्धि की प्राप्ति के पश्चात् भी वे लोकसंग्रह को दृष्टि में रखते हुए कर्म करते रहे और लोकहित के संवर्धन के हेतु ही कर्मोन्मुखी रहे, जबकि प्राप्ति की स्थिति के पश्चात् ऐसे कर्मयोगियों के लिए कर्म करने का कोई प्रयोजन शेष नहीं रहता। न तो उनके कर्म करने से किसी को कोई लाभ होता है और न ही कर्म छोड़ने से किसी को कोई हानि होती है।

यद्यदाचरति श्रेष्ठस्तत्तदेवेतरो जनः।
स यत्प्रमाणं कुरुते लोकस्तदनुवर्तते॥ 21॥

"देश व समाज में विशिष्ट सम्मानजनक स्थिति को प्राप्त हुए, महापुरुषों के द्वारा किए गए आचरण का अनुकरण, सामान्य जन भी करते हैं। इसीलिए समाज के प्रत्येक विशिष्ट महापुरुष का यह विशेष दायित्व है कि उसका आचरण समाज के लिए अनुकरणीय हो।"

राजा हो या संन्यासी सबको अपने स्वधर्म के अनुरूप समाज के समक्ष अनुकरण के लिए आदर्श स्थिति ही रखनी चाहिए।

न मे पार्थास्ति कर्तव्यं त्रिषु लोकेषु किञ्चन।
नानवाप्तमवाप्तव्यं वर्त एव च कर्मणि॥ 22॥

"हे पार्थ! तीनों लोकों में मेरे लिए कोई भी कर्तव्य आवश्यक नहीं है तथा कोई भी वस्तु मुझे अप्राप्य नही है, फिर भी मैं नियत कर्मों में सदैव रत रहता हूँ।"

श्रीकृष्ण अपने दिव्य परमात्म तत्त्व का संकेत देते हुए स्पष्ट कर रहे हैं कि वे समस्त लोकों के नियंता व पालक हैं। प्रत्येक अणु उनके ऐश्वर्य से परिपूर्ण है। फिर भी वे अपने कर्तव्य पथ से च्युत नहीं होते। महाभारत के युद्ध में श्रीकृष्ण अर्जुन के सारथी थे। अत: सारथी के धर्म का पालन करते हुए वे रथ के घोड़ों को खोलकर उन्हें दाना-पानी देते, उनके घावों की मरहम-पट्टी करते, उनकी मालिश करते। इस कार्य में उन्हें विशेष आनंद आता था अन्यथा ये कार्य तो उनके सेवक भी कर सकते थे। श्रीकृष्ण ने पांडवों के राजसूय यज्ञ में आए अतिथियों के पैर धोए, उनकी झूठी पत्तलें उठाईं तथा गोकुल में अपने पिता नंद की गाएँ चराईं। गीताकार परमेश्वर कृष्ण सिर्फ द्वारिकाधीश ही नहीं, अपने गोप-गोपियों के साथ रास-रचाने तथा बाँसुरी बजानेवाले बाँके बिहारी भी हैं। ग्यारहवें अध्याय में श्रीकृष्ण का यही दिव्य, विश्व-विराट स्वरूप देखने को मिलता है। गीता का भाष्य मात्र उपदेश नहीं है। उसके प्रत्येक वाक्य को गीताकार स्वयं जीता है तथा अपने आचरण में उसे समाहित कर संसार के समक्ष अपना उदाहरण प्रस्तुत करता है। ऐसा क्यों? वे आगे कहते हैं—

यदि ह्यहं न वर्तेयं जातु कर्मण्यतन्द्रितः।
मम वर्त्मानुवर्तन्ते मनुष्याः पार्थ सर्वशः॥ 23॥

"यदि कदाचित स्वयं मैं ही सावधानीपूर्वक अपने कर्म को न करूँ तो हे पार्थ! निश्चित ही त्रिलोकी में मनुष्य हर प्रकार से मेरे आचरण का अनुगमन करने लग जाएँगे।"

सृष्टि का चक्र अत्यंत आश्चर्यपूर्ण है। सृष्टि के सृष्टा को कोई भी वस्तु काम्य नहीं, किंतु तब भी संसार में वह नाना प्रकार से अत्यंत सजग व सावधानीपूर्वक व्यवहार करता है। सामान्यजन, जो आराधना एवं साधना पूर्ण नहीं कर पाए हैं एवं परम सिद्धि के लिए अभी पथिक की भाँति उन्हें काफी दूरी तय करनी शेष है या जिन्होंने अभी चलना प्रारंभ ही नहीं किया है, ऐसे मनुष्य महापुरुषों के आचरण में छोटी-से-छोटी भूल को भी अपने लिए एक उदाहरण बना लेते हैं तथा समाज को पतन की ओर अग्रसर कर देते हैं। प्रत्येक देश व समाज में उच्चपदासीन व्यक्तियों के आचरण-व्यवहार पर उनके निचले स्तर के लोगों की विशेष दृष्टि रहती है। इसलिए यदि वे उच्चकोटि का आचरण करते हैं

तो देश-समाज के उनसे निचले स्तर के लोग भी उन्हीं के पदचिह्नों पर चलते हुए देश-समाज को उच्च स्तर पर ले जाते हैं। दुर्योधन का लाक्षागृह कांड, द्यूत प्रतियोगिता, अपनी ही कुलवधू द्रौपदी को भरे राजदबार में निर्वस्त्र करने का प्रयास व अनीतिपूर्वक पांडवों की संपत्ति हड़पना, उन्हें वन भेजना, एक वर्ष के गुप्त अज्ञातवास जैसे कुकृत्य राजपुरुषों के आचरण की मर्यादा के प्रतिकूल थे। उसका एवं उसे सहयोग दे रहे महापुरुषों; चाहे वे गंगापुत्र भीष्म, आचार्य द्रोण, कर्ण आदि ही क्यों न हों; का विनाश समय की माँग था, क्योंकि उनका आचरण समाज को भ्रष्ट करने के लिए पर्याप्त था। महाभारत काल के बाद भी भारत में अनेक मर्यादाविहीन और जातिगत आधार पर अपने राज्यों में कुशासन करनेवाले शासक आए, जिन्होंने समाज को जाति बंधनों मे बाँटकर, शिक्षा व शास्त्र का अधिकार कुछ विशेष लोगों तक ही सीमित कर भारतीय समाज को इतना खोखला व जर्जर बना दिया कि खाड़ी देशों व यूरोप से आए लुटेरों ने देश की दौलत व अस्मत को कई-कई बार लूटा व लोगों को गुलाम बनाकर दासता की बेड़ियों में जकड़ दिया, जिसका प्रतिफल आज भी भारत भुगत रहा है। इसीलिए समाज के उच्च पदस्थ लोगों का दायित्व भी विशिष्ट होता है, जिसका निर्वहन प्रत्येक स्थिति में अपरिहार्य है। यहीं श्रीकृष्ण की स्वकर्म-निर्वहन की अद्भुत प्रेरणा निहित है।

उत्सीदेयुरिमे लोका न कुर्यां कर्म चेदहम्।
सङ्करस्य च कर्ता स्यामुपहन्यामिमाः प्रजाः॥ 24॥

"यदि मैं कर्म न करूँ तो ये सब लोग भ्रष्ट हो जाएँगे। तब मैं वर्णसंकर का कर्ता बन जाऊँगा। तब लोक के संस्कार संक्रमित हो भ्रष्ट 'संकरस्य' की स्थिति को प्राप्त हो जाएँगे, जिसके फलस्वरूप मैं लोकजनों का हननकर्ता अर्थात् विनाशक बन जाऊँगा।"

यहाँ श्रीकृष्ण अर्जुन के एक महत्त्वपूर्ण प्रशन का प्रत्युत्तर दे रहे हैं। अर्जुन युद्ध के कारण पारिवारिक परंपराओं तथा स्त्रियों के दूषित होने को वर्णसंकर समझ रहा था, किंतु श्रीकृष्ण कहते हैं कि यदि महापुरुष अपने आचरण के अनुसार अपने स्वधर्म को न करे तो वह वर्णसंकर होता है। वे स्वयं अपना उदाहरण प्रस्तुत कर रहे हैं कि इस त्रिलोकी में उनके लिए कुछ भी काम्य नहीं है, फिर भी वे सावधानीपूर्वक अपने दायित्व का निर्वहन कर रहे हैं।

सक्ताः कर्मण्यविद्वांसो यथा कुर्वन्ति भारत।
कुर्याद्विद्वांस्तथासक्तश्चिकीर्षुर्लोकसंग्रहम्॥ 25॥

"हे भारत! इसलिए कर्म में आसक्त हुए अल्पज्ञानी-जन जिस प्रकार कर्म करते हैं, उसी प्रकार ज्ञानी जन भी लोक-कल्याण को इच्छित करते हुए कर्म करें।"

ज्ञानी वही है जो सत्य की भलीभाँति जानकारी कर ले, क्योंकि सत्य की स्थिति यदि स्पष्ट नहीं है तो उसका अर्थ है कि अज्ञान की परत अभी भी जमी हुई है। जब तक सत्य उजगार नहीं होगा, अज्ञान का अंधकार बना रहेगा। फलस्वरूप आराध्य से दूरी भी बनी रहेगी। इसलिए नियत कर्म के द्वारा यज्ञ की विधि जानना अत्यंत आवश्यक है। जिस व्यक्ति को सत्य का ज्ञान हो जाता है, उसे कर्मजनित फलों के प्रति आसक्ति नहीं रहती। उसके कर्म लोक हित व लोक प्रेरणा के लिए होते हैं, जो समाज को उत्कर्षता की ओर उन्मुख करते हैं।

न बुद्धिभेदं जनयेदज्ञानां कर्मसङ्गिनाम्।
जोषयेत्सर्वकर्माणि विद्वान् युक्तः समाचरन्॥ 26॥

"ज्ञानवान को चाहिए कि कर्मों में आसक्त हुए अज्ञानी-अविवेकीजनों की बुद्धि में भ्रम अर्थात् कर्मों में अश्रद्धा उत्पन्न न करे, अपितु स्वयं महापुरुष, परमात्म-पुरुष के स्वरूप में स्थित हो, सभी कर्मों को भली प्रकार करता हुआ उनसे भी वैसा ही कराए।"

ज्ञानी पुरुष को चाहिए कि वह अज्ञानियों के स्तर पर जाकर उनको समझे तथा उनकी बुद्धि-विवेक की क्षमतानुसार उन्हें कुशल व दक्ष बनाने का प्रयास करे जिससे वे क्रमशः निम्न स्तर से उच्च स्तर की अवस्था को प्राप्त करें। ज्ञानीजनों के द्वारा लोकसंग्रह के लिए इन कार्यों से अज्ञानियों में कोई भ्रम की स्थिति उत्पन्न नहीं होगी तथा सतत प्रयासों से वे अज्ञानी उच्च स्थिति में आ पाएँगे। जिनको सदाचार का दृढ आभास न हो यदि उन्हें मात्र उपदेश या ज्ञान दिया जाए तो वे अपने अनुचित आचरण के समर्थन में ज्ञानियों के द्वारा दिए ज्ञान का दुरुपयोग करते हैं। अपने आचरण के समर्थन में वे व्यर्थ की बातें कहते-सुनते देखे जाते हैं, जैसे कि अमुक ज्ञानी पुरुष तो ऐसा कहता है। इसी प्रकार यदि ज्ञानी पुरुष स्वयं कर्मों का त्याग कर दे तो वे अज्ञानी लोगों को नादान, आलसी व निकम्मा बनने के लिए एक उदाहरण बन जाता है। इसीलिए ज्ञानी पुरुषों को लोकसंग्रह के लिए सदैव अच्छे कार्यों का अपने व्यवहार में आचरण करना चाहिए तथा अविवेकीजनों के स्तर पर भी पहुँचकर उनकी दुविधाओं व समस्याओं को देखते हुए उन्हें निचले स्तर से ऊपरी श्रेणी में लाने के लिए सतत प्रयासरत रहना चाहिए।

प्रकृतेः क्रियमाणानि गुणैः कर्माणि सर्वशः।
अहङ्कारविमूढात्मा कर्ताऽहमिति मन्यते॥ 27॥

"यथार्थ में समस्त कर्म नाना प्रकार के प्रकृतिजन्य गुणों के द्वारा किए जाते हैं, फिर भी अहंकार से मोहित हुए अंतःकरण वाला व्यक्ति स्वयं को ऐसे कार्यों का कर्ता समझता है।"

शरीर की रचना प्रकृति द्वारा हुई है। जो कर्म होते हैं वे यथार्थ रूप से प्रकृति द्वारा अपने तीनों गुणों द्वारा किए जाते हैं, किंतु सांसारिक विषय-वासनाओं में डूबा हुआ व्यक्ति अहंकार के कारण यही समझता रहता है कि वही सभी वस्तुओं का कर्ता है तथा हर कार्य को स्वतंत्र रूप से करने का श्रेय लेना चाहता है। उसका यही अहंकार उसके अज्ञान का मूल है। सत-रज-तम, तीनों गुण सभी पदार्थें के मूलद्रव्य में, अर्थात् उनकी प्रकृति में, आरंभ से ही रहा करते हैं। इस जगत् के विभिन्न पदार्थों यथा सोना, लोहा, पारा, रत्नों इत्यादि में जो अनेकता व भिन्नता दिखाई देती है वह प्रकृति के इन तीनों गुणों की न्यूनता, अधिकता या संघर्ष का परिणाम होती है। मूल प्रकृति एक होते हुए भी इनकी विभिन्नता व एकता की उत्पत्ति कहाँ, कैसे हुई इसी का क्रमबद्ध विश्लेषण विज्ञान है, जिसे हम रसायनशास्त्र, भौतिकशास्त्र, भूशास्त्र, विद्युतशास्त्र आदि में ढूँढ़ते रहते हैं। प्रकृति और पुरुष में वैसा ही संबंध होता है जैसा कि घास के बाहरी छिलके और अंदर के गूदे में रहता है या जैसा पानी और उसमें रहनेवाली मछली में। अज्ञानी पुरुष प्रकृति के गुणों से मोहित हो जाता है और वह यह स्वाभाविक भिन्नता पहचान नहीं पाने के कारण इस संसार के भवसागर के भँवर में फँसा रहता है।

तत्त्ववित्तु महाबाहो गुणकर्मविभागयोः।
गुणा गुणेषु वर्तन्त इति मत्वा न सज्जते॥ 28॥

"हे महाबाहु! गुणों और कर्मों के तत्त्व को जाननेवाला ज्ञानी पुरुष अनासक्त हो संपूर्ण गुणों को अपने व्यवहार से दरशाता है।"

मात्र एक तत्त्व है जो सदैव शाश्वत है और वह है परमात्मा। इसके परे जो लोग पाँच या पच्चीस तत्त्वों के विश्लेषण या मीमांसा में ही उलझे रहते हैं, वे तत्त्व को नहीं जानते। सत, रज एवं तम तीनों गुणों के अनुरूप ही व्यक्ति अपनी प्रवृत्ति दिखाता है। सत् से तम की ओर प्रवृत्त होना व्यक्ति के उत्थान को परिलक्षित करता है। गुण तो परिवर्तनशील होता है, जिसको ज्ञानी व्यक्ति ही यथोचित रूप से समझ पाता है। प्रकृति व आत्मा भिन्न है। 'गुणा गुणेशु वर्तन्त'—'प्रकृति या माया ही सबकुछ गुणानुसार करती है।' आत्मा कुछ करती-धरती नहीं है। जो व्यक्ति इस महत्त्वपूर्ण तत्त्व को जान लेता है, वही ज्ञानी है। उसे कर्मों का बंधन नहीं बाँधता।

प्रकृतेर्गुणसम्मूढाः सज्जन्ते गुणकर्मसु।
तानकृत्स्नविदो मंदान्कृत्स्नविन्न विचालयेत्॥ 29॥

"प्रकृति के गुणों के भौतिक तत्त्व को न समझकर उन्हीं पर मोहित हुए पुरुष, गुण और कर्मों में आसक्त रहते हैं। उन अच्छी प्रकार न समझने वाले 'अकृत्स्नविदो मंदान'

व्यक्तियों को; मंदबुद्धि के कारण न समझ पाने के लिए, अच्छी प्रकार से जाननेवाले ज्ञानी पुरुष चलायमान न करें।"

ज्ञानियों को मंद व आलसी प्रकृति के लोगों को विचलित नहीं करना चाहिए। प्रकृति के गुणों में आसक्त जन उन्हीं गुण-कर्मों के मोहपाश में खोए रहते हैं। ऐसे अज्ञानी व मंदजनों के प्रति ज्ञानीजनों को चाहिए कि वे अपने कर्म-त्याग से उन्हें गलत व अनुचित मार्ग से सही मार्ग पर लाने का प्रयास करें। ज्ञानी को यह भी चाहिए कि वह उन्हें हतोत्साहित न करके सहजता से प्रोत्साहित करे, जिससे वे भी कर्म पथ पर चल परम नैष्कर्म्य की स्थिति को प्राप्त कर सकें। ज्ञानी को चाहिए कि वह अपने अहंकार को जीतकर निम्न स्थितिवाले साधकों व चेष्टारत पुरुषों को सही मार्ग दिखाए। प्रकृति की माया बड़ी निराली है। वह अनायास ही व्यक्ति को अपने लुभावने आकर्षणों में उलझा देती है। इसकी सत्यता का बोध करा कर ही इसके आकर्षण में फँसे जीवों को सही राह का बोध कराया जा सकता है।

मयि सर्वाणि कर्माणि संन्यस्याध्यात्मचेतसा।
निराशीर्निर्ममो भूत्वा युध्यस्व विगतज्वरः ॥ 30 ॥

"हे अर्जुन! इसलिए तू सब प्रकार के कर्मों को ध्याननिष्ठ चित्त से मुझमें समर्पण कर के; लाभ की आशा को त्याग कर; ममतारहित तथा संतापरहित होकर युद्ध कर।"

गीता का संदेश स्पष्ट रूप से व्याख्यायित करते हुए श्रीकृष्ण ने इस बात पर बल दिया है कि पुरुष को चाहिए कि अपनी समस्त चेतना और आत्मज्ञान से कर्म करे। ईश्वर में पूर्ण समर्पण भाव से, बिना किसी आशा, अपेक्षा या ममत्व के, कर्म करे अन्यथा वह भटक जाएगा। यदि उसके चित्त में कर्म-फल की आशा बनी हुई है, तो उसकी आसक्ति कहाँ समाप्त हुई! वह तो अभी भी सांसारिक मोह-माया के जाल में पक्षी की तरह फँसा है। जब तक वह संपूर्ण समर्पण के साथ निःस्वार्थ, निष्काम कर्म की ओर अग्रसर नहीं होगा, तब तक वह परमात्मा में प्रवेश कहाँ पाएगा? उसे तो अपनी इंद्रियजनित वासनाओं व विकारों से संघर्ष कर, उन्हें जीतना है। तभी तो वह परमात्मा के पथ का गामी होगा। जब तक हृदय में विकारों व वासनाओं का द्वंद्व चल रहा है, तब तक साधक अंतर्मन को ईश साधना में कैसे केंद्रित कर पाएगा? इसीलिए श्रीकृष्ण स्पष्ट करते हैं कि समस्त ममत्व, लाभ-हानि, आशा-निराशा की स्थिति से ऊपर उठ, इन समस्त विकारों से युद्ध कर, आत्मनिष्ठ व आत्मशील बन, ईश्वरभाव में स्वयं को तिरोहित कर दें।

ये मे मतमिदं नित्यमनुतिष्ठन्ति मानवाः।
श्रद्धावन्तोऽनसूयन्तो मुच्यन्ते तेऽपि कर्मभिः ॥ 31 ॥

"ऐसे मनुष्य जो दोषयुक्त बुद्धि को त्याग कर, श्रद्धा से परिपूर्ण होकर, मेरे द्वारा

निर्दिष्ट पथ के गामी हो कर्तव्यरत रहते हैं तथा संपूर्ण समर्पण भाव से मुझमें विश्वास करते हैं, वे पुरुष समस्त कर्म-बंधनों से मुक्त हो जाते हैं।"

श्रीकृष्ण का यह ज्ञानामृत सभी देशों के सभी संप्रदायों को अभिप्रेरित है। उन्होंने मनुष्यों को किसी सीमा में नहीं बाँधा। धर्म, संप्रदाय, जाति, रंगभेद, भाषाभेद ये सब मनुष्यों की बाँधी हुई सीमाएँ हैं। गीता का अमृत-पान तो सभी मनुष्यों के कल्याण के लिए सर्वत्र उपलब्ध है। वह किसी काल या देश की सीमा से नहीं बँधा है।

ये त्वेतदभ्यसूयन्तो नानुतिष्ठन्ति में मतम्।
सर्वज्ञानविमूढांस्तान्विद्धि न्ष्टानचेतसः॥ 32॥

"ऐसे सभी अज्ञानी जो अपनी दूषित बुद्धि एवं विचारों के कारण इन उपदेशों की अवहेलना करते हैं तथा मेरे मतानुसार आचरण नहीं करते हैं, वे सभी सांसारिक विकारों के मायापाश में उलझ, दिग्भ्रमित हो, अपने कल्याण मार्ग से भटक विनाश को प्राप्त होते हैं।"

सदृशं चेष्टते स्वस्याः प्रकृतेर्ज्ञानवानपि।
प्रकृतिं यान्ति भूतानि निग्रहः किं करिष्यति॥ 33॥

"संसार के समस्त जीव अपनी-अपनी प्रकृति के अनुसार व्यवहार करते हैं। वस्तुतः वे अपने स्वभाव से परवश हुए कार्य में लिप्त रहते हैं। ज्ञानवान पुरुष भी अपनी प्रकृति के अनुसार कर्म में चेष्टारत रहता है, फिर इसमें किसी का हठ क्या करेगा।"

ज्ञानीजन अपनी प्रकृति के अनुकूल अपने स्वरूप के अनुसार प्रवृत्त होते हैं। श्रीकृष्ण स्पष्ट करते हैं कि जिस जीव की जैसी स्थिति व प्रवृत्ति है, उस जीव पर प्रकृति का दबाव भी उसी क्रम का रहता है तथा वह वैसा ही कार्य करने को प्रवृत्त होता है। ज्ञानी अपने स्वरूप में व्यवहार करता है व अन्य प्राणी अपने स्वरूप में। यही कारण है कि प्रत्येक व्यक्ति ईश्वर की प्रेरणा व शास्त्रों के अनुसार कर्म में प्रवृत्त नहीं हो पाता। साधारण जीव अपने पूर्व जन्मों के कर्म-बंधनों व संस्कारों के फलस्वरूप अपने स्वार्थों, इच्छाओं, संशयों, ममता व विभिन्न संतापों को त्याग नहीं पाते जिससे नियत कर्म व यज्ञ हेतु वांछित सम्यक् आचरण करना उनको दुष्कर प्रतीत होने लगता है। प्रत्येक अणु अपनी भौतिकी के अनुरूप ही चलता है। वह प्रकृतिजन्य नियमों की अवज्ञा नहीं कर सकता, चाहे वह मानसिक स्थिति हो या भौतिक तत्त्व। 'निग्रह' का तात्पर्य 'नितांत नियमन' नहीं है, अपितु जबरदस्ती या 'हठ' है, क्योंकि इंद्रियों का संयमन तो अभीष्ट है, किंतु हठ या बलपूर्वक इंद्रियों की स्वाभाविक वृत्तियों को एकदम समाप्त करना संभव नहीं है, जैसे जब तक जीव का यह शरीर है, तब तक भूख, प्यास, निद्रा आदि प्रकृतिसिद्ध होने के कारण उनका

त्याग उसके द्वारा किया जा पाना संभव नहीं है।

इन्द्रियस्येन्द्रियस्यार्थे रागद्वेषौ व्यवस्थितौ।
तयोर्न वशमागच्छेत्तौ ह्यस्य परिपन्थिनौ॥ 34॥

"अतः मनुष्य से यह वांछित है कि वह इंद्रियों और इंद्रियों के विषयों में (अर्थात् सभी इंद्रियों के भोगों में स्थित जो राग एवं द्वेष हैं) दोनों के वशीभूत नहीं हो, क्योंकि राग-द्वेष व इंद्रियविषयों में आसक्ति व विरक्ति दोनों ही कल्याण मार्ग में, आत्मसाक्षात्कार में, विघ्न डालनेवाले महान् शत्रु हैं।"

ईश्वर प्राप्ति पथ में संयम आवश्यक है, किंतु विषयजन्य वासनाओं में निहित राग-द्वेष इस आत्मकल्याण के मार्ग में अवरोधक हैं। संघर्ष तो आंतरिक होता है। शरीर ही वह क्षेत्र है, जिसमें ज्ञान-अज्ञान, विद्या-अविद्या, सात्त्विक-तामसिक प्रवृत्तियों का उद्वेग व संवेग गतिशील रहता है। इन्हीं वृत्तियों के आंतरिक संघर्ष से पार पाना तथा सकारात्मक ऊर्जा के आभामंडल में प्रविष्ट हो, स्वरूप का स्पर्श कर, उसके अंतराल में विलय हो जाना ही साधना की चरम स्थिति है, जहाँ किसी राग-विद्वेष आदि का अस्तित्व नहीं, मात्र चिदानंदरूपी अमृत वर्षा है।

श्रेयान्स्वधर्मो विगुणः परधर्मात्स्वनुष्ठितात्।
स्वधर्मे निधनं श्रेयः परधर्मो भयावहः॥ 35॥

"अतः उन दोनों (राग-द्वेषों) को जीतकर, सजगतापूर्वक, अपने स्वधर्म का आचरण करें, क्योंकि अच्छी प्रकार आचरण किए गए दूसरे के धर्म से गुणरहित होते हुए भी अपने धर्म का आचरण ही श्रेष्ठ है।"

अपने धर्म में मरना भी कल्याणकारक है और दूसरे के धर्म का अनुसरण भयावह होता है। श्रीकृष्ण ने कहीं भी किसी धर्म की विवेचना या नामकरण नहीं किया है। प्रत्येक व्यक्ति के लिए उसके स्वधर्म का पालन करना श्रेष्ठ व अभीष्ट है। स्वधर्म का अर्थ होता है व्यक्ति का परिस्थितिजन्य न्याय व नीति के सिद्धांत के अनुसार किया गया, ऐसा कर्म जो किसी के अहित में न होकर सभी के कल्याण के लिए हो। स्वधर्म व्यक्ति को दिव्यज्ञान की प्राप्ति दिलाते हुए, उसे सांसारिकता से परे परब्रह्म में प्रवेश दिला देता है। परब्रह्म तो अनंत है। उसके रूप अनंत हैं। उसकी अभिव्यक्ति अनंत व दिव्य है। वह किसी नाम, रूप या संस्कार में नहीं बँधा है। सहस्त्रों वर्षों में संसार में अस्तित्व में आई अनेक सभ्यताओं ने अपने को विभिन्न धार्मिक मान्यताओं, विश्वासों, परंपराओं, नामों व पूजा-साधना की विधियों से जोड़ा है। आज भी विश्व में अनेकों संप्रदाय हैं, जो विभिन्न मान्यताओं और परंपराओं की दुहाई देकर अपने को दूसरे धर्म-संप्रदायों से श्रेष्ठतर सिद्ध

करने का प्रयास कर रहे हैं। समाज व देशों में धार्मिक आधार पर वैमनस्य व वाद-विवाद दिन-प्रतिदिन गहराता जा रहा है। अपने-अपने धर्म के प्रसार व विस्तार की अंधी होड़ लगी है, लेकिन कोई नहीं जानता कि उसका आचरण किस स्तर का है और धार्मिकता क्या है। धर्म का क्या प्रकार है क्या स्वरूप है, कोई नहीं जानता; बस हर तरफ अंधी बहसें हो रही हैं। धर्मगुरुओं, धर्मप्रचारकों व बुद्धिजीवियों के द्वारा अपने-अपने तर्कों के पक्ष में नाना प्रकार के साक्ष्य गढ़े जा रहे हैं। गीता उन सबका उत्तर है, जो चिरकाल से व्याप्त सत्य को सामने लाकर खड़ा कर देती है। गीता ने धर्म को कोई नाम नहीं दिया। ईश्वर को चाहे जिस नाम से पुकारो वह एक है। विभिन्न धर्मों के विभिन्न ईश्वर विद्यमान नहीं हैं। समस्त ब्रह्मांड का नियंता, पालनकर्ता व संहारकर्ता मात्र एक ही है, चाहे किसी संप्रदाय या धर्म मार्ग के अनुसरणकर्ता उसे जिस नाम व रूप से विचारें। गीता समस्त मानवजाति को अध्यात्म के पथ की उन्नति का मार्ग दिखाती है। जो श्रीकृष्ण ने कहा वही बाइबिल, कुरान व अन्य धार्मिक ग्रंथों में आधाररूप में उल्लिखित किया गया है। धर्म व्यक्तिमूलक है। जो आपके लिए श्रेष्ठ है वह दूसरे के लिए हो सकता है उचित न हो। प्रत्येक मनुष्य को पूर्वजन्मों के कर्मों के प्रतिफल में जो संस्कार आदि मिले हैं, उसकी यात्रा उसी के अनुरूप शुरू होगी। आत्म-साक्षात्कार व मोक्ष की दिव्य स्थिति प्रत्येक मानव के लिए विशिष्ट व पृथक् होती है। किसी का अनुसरण घातक हो सकता है। इसीलिए सद्गुरु अपने शिष्य की स्थिति के अनुसार ही उसका मार्ग-निर्देशन व शिक्षा-दीक्षा करता है तथा उसे आत्मप्रगति के पथ पर चलाता है।

अर्जुन उवाच

अथ केन प्रयुक्तोऽयं पापं चरति पूरुषः।
अनिच्छन्नपि वार्ष्णेय बलादिव नियोजितः॥ 36॥

"अर्जुन ने पूछा, 'हे वार्ष्णेय! फिर यह मनुष्य न चाहते हुए भी बलात घसीटकर लगाए हुए के समान किसकी प्रेरणा से पापकर्मों के प्रति प्रेरित होता है? आपके द्वारा उपदेश किए गए मार्ग का अनुसरण क्यों नहीं करता?'"

श्री भगवानुवाच

काम एष क्रोध एष रजोगुणसमुद्भवः।
महाशनो महापाप्मा विद्ध्येनमिह वैरिणम्॥ 37॥

"श्रीकृष्ण न कहा, 'हे अर्जुन! रजोगुण से उत्पन्न हुआ यह काम ही है, जिसके कारण क्रोध आता है। अग्नि के सदृश्य भोगों से तृप्त न हो पाने वाला काम ही अतृप्त कामनाओं की पूर्ति हेतु क्रोध का कारण बनता है।'"

इस प्रकार काम एवं क्रोध, राग और द्वेष के ही पूरक हैं। अतृप्त कामनाओं के प्रति मोह के कारण उपजा क्रोध ही तमोगुण का प्राकट्य है।

धूमेनाव्रियते वह्निर्यथाऽऽदर्शो मलेन च।
यथोल्बेनावृतो गर्भस्तथा तेनेदमावृतम्॥ 38॥

"जिस प्रकार धुएँ से अग्नि तथा धूल से दर्पण ढक जाता है तथा भ्रूण गर्भाशय की झिल्ली से आवृत्त रहता है, उसी प्रकार काम से उद्वेलित यह ज्ञान भी ढका हुआ है।"

इंद्रियजनित राग-द्वेष, काम, विषय-वासनाएँ आदि सब मनुष्य के आत्मज्ञान को परदे की भाँति ढककर, उसे पाप कर्मों की तरफ प्रेरित कर देते हैं। विषय-वासनाएँ अपार हैं। रोमन बादशाह विटेलियस (Vitellius) जिह्वा का सुख पाने के लिए बार-बार नए-नए व्यंजन बनवाता, खाता तथा एक औषधि से उलटी कर देता था। ययाति को शुक्राचार्य ने वृद्ध होने का श्राप दे दिया। क्षमा-दया याचना करने पर शुक्राचार्य ने तरुणावस्था प्राप्त करने का एक तरीका बताया कि वह किसी को अपना बुढ़ापा देकर उसकी तरुणावस्था ले ले। ययाति ने अपने पुत्र पुरू से तरुणावस्था माँग ली फिर सैकड़ों वर्षों तक विषय-सुखों का भोग किया, किंतु अंत में उसने यही अनुभव किया कि संसार के समस्त पदार्थ भी एक मनुष्य की सुख-वासना तृप्त करने के लिए पर्याप्त नहीं होते हैं।

आवृतं ज्ञानमेतेन ज्ञानिनो नित्यवैरिणा।
कामरूपेण कौंतेय दुष्पूरेणानलेन च॥ 39॥

"इस प्रकार ज्ञानमय मनुष्य की विशुद्ध चेतना के ऊपर उसकी इंद्रियजनित नाना प्रकार की काम-विषयात्मक वासनाओं का आवरण पड़ा रहता है जो उसके सदैव ही शत्रु रहे हैं।"

जैसे अग्नि में समस्त वस्तुएँ स्वाहा हो जाती हैं फिर भी अग्नि शांत नहीं होती, उसी प्रकार इच्छाएँ भी अनंत हो जाती हैं। जितनी इच्छाओं की पूर्ति होती जाती है, उतनी ही मनुष्य की इच्छा-वासनाएँ प्रबल होती जाती हैं। इच्छापूर्ति में व्यवधान आते ही क्रोध-राग-द्वेष भी प्रबल हो जाते हैं। मनुस्मृति (2.94) में कथन है "न जातु काम: कामानामुपभोगेन शाम्यति, ह्रविषा कृष्णवर्त्मेव भूय एवाभिवर्धते," अर्थात् काम के उपभोग से काम तृप्त नहीं होता, बल्कि ईंधन डालने पर अग्नि जैसे बढ़ जाती है, वैसे ही काम भी उत्तरोत्तर बढ़ता जाता है।

इन्द्रियाणि मनो बुद्धिरस्याधिष्ठानमुच्यते।
एतैर्विमोहयत्येष ज्ञानमावृत्य देहिनम्॥ 40॥

"इंद्रियाँ मन और बुद्धि इस काम के निवास स्थान बताए गए हैं और यह काम इन मन, बुद्धि और इंद्रियों द्वारा ही ज्ञान को आच्छादित करके इस जीवात्मा को मोहित करने में तत्पर होता है।"

तस्मात्त्वमिन्द्रियाण्यादौ नियम्य भरतर्षभ।
पाप्मानं प्रजहि ह्येनं ज्ञानविज्ञाननाशनम्॥ 41॥

"हे भरतवंशियों में श्रेष्ठ अर्जुन! तुम प्रथम इन इंद्रियों को संयमित करके ज्ञान एवं विज्ञान के नाश करनेवाले इस पाप के प्रतीक काम को निश्चयपूर्वक समाप्त कर दो। वास्तविक शत्रु तो यह चंचल मन है, जो प्रतिपल नई-नई कामनाओं का सृजन करता है तथा इंद्रियों को उनकी पूर्ति हेतु आकृष्ट कर जीवात्मा को ईश्वर प्राप्ति के पथ से विमुख कर देता है। इस शत्रु को अपने अंतर्मन में खोजो। इसमें उपजे विकारों व विषयों को संयम द्वारा नियंत्रित कर समाप्त कर दो। तभी प्रगति का पथ दृष्टिगोचर होगा।"

श्रीभगवान् ने इंद्रियों को संयमित करके 'काम' रूपी शत्रु का दमन करने के लिए कहा, किंतु प्रश्न उठता है कि जब जीव की इंद्रियों, मन, तथा बुद्धि पर 'काम' अपना अधिकार जमाए बैठा है तथा इनके द्वारा उसने जीव को ही भ्रमित कर मायाजाल में फँसा रखा है तो ऐसी स्थिति में वह जीव अपनी इंद्रियों को संयमित कर 'काम' पर कैसे विजय पा सकता है? इसीलिए श्रीकृष्ण भगवान् आत्मा का वास्तविक स्वरूप स्पष्ट करते हुए 'आत्मबल' की श्रेष्ठता व प्रबलता को बताते हुए कहते हैं—

इन्द्रियाणि पराण्याहुरिन्द्रियेभ्यः परं मनः।
मनसस्तु परा बुद्धिर्यो बुद्धेः परतस्तु सः॥ 42॥

"यदि तुमको ऐसा प्रतीत होता है कि इंद्रियों का निग्रह कर काम रूपी शत्रु का नाश करने में तू सक्षम नहीं है, तो यह तेरी भूल है, क्योंकि इस शरीर से परे तेरी इंद्रियाँ हैं और इंद्रियों से परे तेरा मन है। तेरे मन से परे तेरी बुद्धि है और जो तेरी बुद्धि से भी परे है, वह तेरी आत्मा है। इसलिए मन को संयमित कर इंद्रियों के निग्रह में तुम पूर्ण समर्थ हो।"

एवं बुद्धेः परं बुद्ध्वा संस्तभ्यात्मानमात्मना।
जहि शत्रुं महाबाहो कामरूपं दुरासदम्॥ 43॥

"इसलिए इस बुद्धि से परे, अपनी सूक्ष्म आत्मा की श्रेष्ठता को पहचानकर तथा अपने बुद्धि-विवेक के द्वारा मन को नियंत्रित करके, हे महाबाहो अर्जुन! अपने सामर्थ्य व शक्ति को समन्वित कर इस दुर्जय कामरूप शत्रु का विनाश कर दे।"

काम सदैव ही जीव का प्रबल एवं दुर्जय शत्रु रहा है, किंतु काम की प्रबलता का

कारण जीव का अज्ञान है, जिससे आवृत्त हो वह अनादिकाल से अपने आत्मस्वरूप को विस्मृत कर काम के वशीभूत होता रहा है। जीव द्वारा अपने नित्य आत्म स्वरूप को विदित करना ही इस काम को जीतने का सहज उपाय है, क्योंकि काम ही जीव की इंद्रियों, मन तथा बुद्धि को चलायमान करके जीव को अपने आत्मस्वरूप से परिचित नहीं होने देता। काम की यह प्रबलता मात्र तभी तक है जब तक जीव अपने आत्मस्वरूप को पहचान कर मन, बुद्धि तथा इंद्रियों को अपने नियंत्रण में नहीं रख पाता। जैसे ही मन, बुद्धि व इंद्रियों का निग्रह हो जाएगा, काम भी स्वयं समाप्त हो जाएगा जिसका उपाय स्वयं गीताकार ने 'अभ्यास तथा वैराग्य' के द्वारा आगे बताया है।

ॐ तत्सदिति श्रीमद्भागवदगीतासूपनिषत्सु ब्रह्मविधायाँ योगशास्त्रे श्रीकृष्णार्जनु संवादे कर्मयोगो नाम तृतीयोऽध्याय:

अतएव श्रीमद्भागवदगीता उपनिषद् के ब्रह्मविद्यांतर्गत योग शास्त्र में श्रीकृष्ण-अर्जुन के संवाद में 'कर्मयोग' नामक तीसरा अध्याय पूर्ण हुआ।

अमृत सार

दूसरे अध्याय में भगवान् श्रीकृष्ण ने 'कर्म' का उल्लेख प्रथम बार किया है तथा इसमें विशिष्ट महत्त्व की वस्तु बताई है। यहाँ उन्होंने 'कर्म के फल का त्याग' तथा आत्म तत्त्व का निरूपण करते हुए सांख्ययोग की विशेषताओं का प्रतिपादन किया। फिर समबुद्धि रूप कर्मयोग का स्वरूप बताकर सकाम कर्म को बंधनकारी बताया। अर्जुन द्वारा 'बुद्धि' शब्द का अर्थ ज्ञान समझ लेने के कारण उसे कर्म की अपेक्षा ज्ञान अधिक उत्तम प्रतीत हुआ। इसीलिए वह प्रश्न करता है कि यदि कर्म की अपेक्षा ज्ञान अधिक श्रेयस्कर है तो फिर वे उसे ऐसे दुष्कर कर्म में क्यों लगाते हैं? श्रीकृष्ण ने बताया कि संसार में प्रचलित 'सांख्ययोग' एवं 'कर्मयोग' ये दो निष्ठाएँ योगियों द्वारा वर्णित की गई हैं, किंतु कर्म तो प्रत्येक स्थिति में आवश्यक है, क्योंकि न तो नियत कर्मों को न करने से कर्मबंधन से मुक्ति संभव है और न ही संन्यास द्वारा कर्म त्याग करने से। किसी भी मार्ग का अनुगमन क्यों न करें, कर्म तो त्यागा नहीं जा सकता। त्याग तो कर्म के फल का करना है, क्योंकि कर्मफल के त्याग से कर्मयोगी को अनंत गुना फल प्राप्त होता है। कर्म तो इस संसार से मुक्ति दिलाने का हेतु है। इसलिए आसक्ति से नि:स्पृह हो; परमात्मा के निमित्त; इस नियत यज्ञ कर्म का भली प्रकार आचरण करना चाहिए। श्रीकृष्ण कहते हैं, "अर्जुन! यज्ञ द्वारा उन्नति को प्राप्त देवतागण बिना माँगे ही तुम्हें प्रिय भोग प्रदान करेंगे, क्योंकि ब्रह्मा ने जीवात्माओं को यज्ञ कर्म की अद्वितीय क्षमता दी है, जिसके द्वारा ही

तुम उन्नति को प्राप्त करोगे तथा समाज भी उन्नति को प्राप्त होगा।" इसलिए निःस्वार्थ कर्म को करना आवश्यक है। समस्त जीव अन्न पर आश्रित है। अन्न की उत्पत्ति वर्षा पर निर्भर है। वर्षा के हेतु यज्ञ हैं तथा यज्ञ नियत कर्मों से संपादित होते हैं। जनकादि ज्ञानीजन, महापुरुष भी लोक संग्रह को ध्यान में रख अनासक्त भाव से कर्म करते हैं तथा स्वयं श्रीकृष्ण भी सावधानीपूर्वक लोककल्याण हेतु अवतार लेते हैं, जबकि उन्हें कोई भी वस्तु काम्य नहीं है। श्रीकृष्ण कहते हैं, "यदि मैं कर्म न करूँ तो सब लोग भ्रष्ट हो जाएँगे तथा मैं वर्णसंकर का कर्ता बन जाऊँगा।" शरीर की रचना प्रकृति द्वारा हुई है, जो सत-रज-तम गुणों से व्याप्त है। जो कर्म होते हैं, वे यथार्थ में प्रकृति के इन तीन गुणों द्वारा किए जाते हैं, किंतु सांसारिक विषय-वासनाओं में डूबा हुआ व्यक्ति अहंकार के कारण यही समझता है कि वही सभी वस्तुओं का कर्ता है तथा हर कार्य को स्वतंत्र रूप से करने का श्रेय लेना चाहता है। उसका यही अहंकार उसके अज्ञान का मूल कारण है। जो मनुष्य दोषयुक्त बुद्धि को त्याग कर, श्रद्धा से परिपूर्ण हो, नियत यज्ञ-कर्म में रत रहते हैं, वे समस्त कर्म-बंधनों से मुक्त हो जाते हैं। इसलिए राग-द्वेष तथा इंद्रिय विषयों में आसक्ति को जीतकर सजगता से स्वधर्म का आचरण करें, क्योंकि अच्छी प्रकार आचरण किए हुए दूसरे के धर्म से गुणरहित होते हुए भी अपने धर्म का आचरण ही श्रेष्ठ है। प्रत्येक मनुष्य को पूर्वजन्मों के जो संस्कार मिले हैं, उसी के अनुरूप उसका स्वकर्म निर्धारित होता है तथा आत्मसाक्षात्कार व मोक्ष की स्थिति प्रत्येक जीव के लिए विशिष्ट व पृथक् होती है। इसीलिए किसी का भी अनुसरण घातक हो सकता है। श्रीकृष्ण अर्जुन को सावधान करते हुए कहते हैं कि ज्ञानमय मनुष्य की चेतना पर पड़ा इंद्रियजनित कामनाओं का आवरण उसके मन, बुद्धि तथा इंद्रियों को मोहित करता रहता है। उसे अपने आत्मबल को सबल करना चाहिए, क्योंकि इस शरीर से परे इंद्रियाँ हैं, इंद्रियों से परे उसका मन है, मन से परे बुद्धि है तथा जो उसकी बुद्धि से भी परे है, वह उसकी आत्मा है। श्रीकृष्ण कहते हैं कि अर्जुन अपनी आत्मा की श्रेष्ठता को पहचान कर; बुद्धि व मन को संयमित कर; 'काम' रूप शत्रु का नाश कर दे।

□

अथ चतुर्थोऽध्याय:

कर्म में भावना महत्त्वपूर्ण

अभी तक भगवान् श्रीकृष्ण ने आत्म तत्त्व का स्वरूप प्रस्तुत करते हुए सांख्ययोग की विशिष्टताओं को इंगित किया तथा कर्म की अपरिहार्यता पर बल देते हुए कर्म के फल के त्याग की विविध प्रकार से महत्ता प्रतिपादित करते हुए; स्वधर्म पालन की आवश्यकता पर बल दिया तथा कर्म निष्कामता का भाव प्रबल करने के लिए ममता, आसक्ति तथा कामना का संपूर्ण त्याग करके, कर्म को ईश्वर-परायण बुद्धि से करने का उपदेश दिया, जिससे वह जन्म-मृत्यु के बंधन का नही अपितु जीव की मुक्ति का हेतु बन सके।

श्री भगवानुवाच

इमं विवस्वते योगं प्रोक्तवानहमव्ययम्।
विवस्वान् मनवे प्राह मनुरिक्ष्वाकवेऽब्रवीत्॥ 1॥

"भगवान् श्रीकृष्ण ने कहा, 'मैंने कल्प के आदि में इस अविनाशी अर्थात् कभी भी त्रिकाल में भी क्षीण न होनेवाला यह नित्य योग, विवस्वान अर्थात् सूर्य को बताया। विवस्वान ने अपने पुत्र मनु को तथा मनु ने अपने पुत्र इक्ष्वाकु को बताया।'"

श्रीकृष्ण इससे पूर्व भी अर्जुन को बता चुके हैं कि त्रिलोकी में उनके लिए कुछ भी काम्य नहीं है, फिर भी वे लोकहित में कार्य करते हैं, जिससे कि प्रजा आचरणविहीन न हो जाए। यहाँ श्रीकृष्ण पुन: अपनी दिव्य स्थिति का परिचय देते हुए यह स्पष्ट कर रहे हैं कि उन्होंने मात्र सृष्टि का सृजन ही नहीं किया, अपितु सृष्टि के सृजन के आदिकाल में ब्रह्म ज्ञानयोग सूर्य को प्रदत्त किया। सूर्य प्रकाश का वाहक है तथा प्रकाश ज्ञान का प्रतीक है। श्रीकृष्ण ने विवस्वान सूर्य को इस दिव्य-योग का ज्ञान इसलिए दिया कि इस संसार में उनकी संतति उस योग ज्ञान के द्वारा लोकहित व विश्वास को स्थिर कर संसार

को कल्याण पथ पर ले जाए। इसी क्रम में विवस्वान सूर्य ने इस दिव्य-योग का ज्ञान अपने पुत्र मनु को दिया, जो संसार में मनुष्यों के जनक कहे गए हैं। मनु से उनकी संतानें 'मनुष्य' के रूप में जानी गई हैं। मनु ने इस दिव्य ज्ञान को अपने पुत्र इक्ष्वाकु से कहा, जो त्रेता युग में सूर्यवंश के प्रतापी राजा हुए तथा जिनके वंश में राजा भरत हुए, जिनके नाम पर इस देश का नाम 'भारतवर्ष' पड़ा तथा इसी सूर्यवंश में प्रतापी राजा रघु हुए, जिनके वंशकुल में कालांतर में भगवान् श्रीकृष्ण ने श्रीराम के रूप में रावण आदि दुराचारी असुरों का वध करने के लिए अवतार लिया। आकाशगंगा में अनादि सौरमंडल हैं, जो अंग्रेजी में गैलक्सी (Galaxy) कहे जाते हैं। पृथ्वी के सौरमंडल का मुख्य केंद्र बिंदु 'सूर्य' है। ब्रह्म संहिता (5.52) में उल्लेख आया है—

'यच्चक्षुरेश सविता सकलग्रहाणां राजा समस्तसुरमूर्तिरषेशतेजाः।
यस्याज्ञया भ्रमति सम्भृतकालचक्रो गोविंदमादि पुरुषं तमहं भजामि॥'

ब्रह्माजी ने कहा, "मैं उन भगवान् गोविंद का भजन करता हूँ जो सृष्टि के आदि पुरुष हैं तथा जिनकी आज्ञा से समस्त लोकों के राजा सूर्य अपनी शक्ति व ऊष्मा धारण करते हैं। सूर्य श्रीभगवान् के नेत्र तुल्य हैं तथा उनके निर्देशानुसार अपनी कक्षा तय करते हैं। उन्हीं विवस्वान सूर्य से सृष्टि के आदि में श्रीकृष्ण ने गीता ज्ञान कहा। त्रेता युग में श्रीराम के द्वारा वानर सेना को श्रीलंका ले जाने के लिए समुद्र में बनाया गया रामसेतु, अमेरिकन Space Agency NASA के द्वारा; कार्बन रेटिंग कर; लगभग 17.50 लाख वर्ष (अनुमानित) पुराना बताया गया है। त्रेता युग के पश्चात् लगभग 8 लाख वर्ष का द्वापर तथा 5,180 वर्ष कलियुग व्यतीत हो चुका है। श्रीकृष्ण का सृष्टि के आदि में विवस्वान सूर्य को दिया गया गीता का ब्रह्म ज्ञान कोई कल्पित बात नहीं है, अपितु जीता-जागता सत्य है जो समस्त जगत् में अनंत काल से सभी धर्मों की मूल भावना व धर्मग्रंथों को प्रेरित करता रहा है।

एवं परम्पराप्राप्तमिमं राजर्षयो विदुः।
स कालेनेह महता योगो नष्टः परन्तप॥ 2॥

"इस प्रकार गुरु-शिष्य परंपरा में श्रुति विधि द्वारा इस परम दिव्य ज्ञानयोग को राजर्षियों ने जाना, परंतु हे परंतप! इस लंबी परंपरा में श्रुति आधारित होने के कारण इस परम विज्ञान में, काल क्रम में, विभिन्न अपभ्रंश होने लगे तथा इसके वास्तविक स्वरूप का लोप हो गया।"

श्रीकृष्ण ने स्पष्ट किया कि सृष्टि के आदि में विवस्वान सूर्य से लोक-कल्याणार्थ कही गई दिव्य-योग-विज्ञान परंपरा मनु से त्रेतायुग के इक्ष्वाकु वंश तक तो अक्षुण्ण रही, किंतु कालांतर में श्रुति आधारित गुरु-शिष्य परंपरा में कई अपभ्रंश आने के कारण मूल

रूप यथाप्राय लुप्त हो गया। यही कारण है कि गीता के प्रारंभ में स्वयं अर्जुन जिस कुल परंपरा को सनातन समझ रहा था, वह वास्तविक सत्य से नितांत परे थी।

स एवायं मया तेऽद्य योगः प्रोक्तः पुरातनः।
भक्तोऽसि मे सखा चेति रहस्यं ह्येतदुत्तमम्॥ 3॥

"वही पुरातन योग, आत्मा के परमात्मा से मिलन की पुरातन विधि-विज्ञान, अब मैंने तुम्हारे लिए व्यक्त किया है, क्योंकि तुम मेरे भक्त और प्रिय सखा हो। इसीलिए इस उत्तम और परम गोपनीय रहस्य के मर्म को तुम समझ सकते हो।"

श्रीकृष्ण ने स्पष्ट कर दिया कि वह कोई नया योग या ब्रह्म ज्ञान प्रतिपादित नहीं कर रहे हैं। आदि काल से चले आ रहे पुरातन योग को गुरु-शिष्य परंपरा में श्रृति-स्मृति आधारित व्यवस्था में कालांतर में विभिन्न अपभ्रंश व विकार आ जाने के कारण श्रीकृष्ण पुनर्स्थापित कर रहे हैं। आदि काल में विवस्वान सूर्य को दिया गया ज्ञान मनु को तथा मनु द्वारा त्रेतायुग में इक्ष्वाकु को दिया गया। अनेकानेक ऋषियों यथा भृगु, वसिष्ठ, क्रतु, अंगिरा, पुलत्स्य, पुलह, गौतम, रैम्य, मरीचि, च्यवन और दक्षमुनिगण, सनत्कुमार, सनक, सनंदन, सनातन, आसुरि और पिंगल ऋषिगणों आदि के द्वारा यह परंपरा निर्बाध चलती रही। कलियुग के प्रारंभ से बुद्ध, महावीर व पश्चिमी जगत् में ईसा, मूसा, प्लेटो, सुकरात द्वारा लगातार गीता के ही ज्ञानदीप सब जगह प्रकाशित होते रहे। कपिलवस्तु के राजा के यहाँ जन्मे सिद्धार्थ इस सत्यपथ को खोजते हुए निर्वाण की स्थिति में पहुँचे। सिद्धार्थ के संन्यासी बन जाने से उनके पिता बहुत क्षुब्ध हुए। लगातार दूतों को भेजकर बुलाया तो बुद्ध ने पिता को आश्वासन दिया कि वे एक बार कपिलवस्तु अवश्य आएँगे। कुछ काल व्यतीत होने के बाद शिष्यों ने उन्हें कपिलवस्तु जाने का आश्वासन याद दिलाया, तो वे अपनी शिष्यमंडली के साथ चल दिए। उनके स्वागत में कपिलवस्तु को नई-नवेली दुलहन की तरह सजा दिया गया। बुद्ध ने कपिलवस्तु पहुँचकर शिष्यों को भिक्षा हेतु जाने का निर्देश दिया व स्वयं भी भिक्षा हेतु नगर में निकल पड़े। वे अपने बचपन की दाई के घर जाकर बोले, "माता! भिक्षा दो!" दाई माँ ने बुद्ध को देख पहचान लिया और भावाकुल अश्रुपूरित नेत्रों से बोली, "राजकुमार! मैंने ही तुम्हें बचपन में पाला था। मैं अत्यंत गरीब व नीच हूँ। मेरे पास कुछ भी तुम्हारे योग्य नहीं है।" बुद्ध मुस्कराए व बोले, "माता, कुछ भी रूखा-सूखा दे दो।" दाई ने बड़े संकोच से उन्हें अपनी चारपाई पर बिठाकर रोटी के सूखे टुकड़े दिए। बुद्ध ने बड़े प्रेम से उन्हें ग्रहण किया। राजा भी इतने में दौड़ते हुए आ पहुँचे तथा सिद्धार्थ को बुद्ध के रूप में दाई की झोंपड़ी में टूटी चारपाई पर देख बोले, "बेटा! यह तुमने क्या किया? अपनी कुल परंपरा नष्ट कर दी।" बुद्ध ने कहा, "राजन! मैं अपनी पुरातन कुल परंपरा का ही अनुपालन कर रहा हूँ।" पिता

ने पूछा, "कौन सा कुल?" बुद्ध ने मुसकराते हुए समझाया, "शरीर का जन्म होता है। आत्मा तो सनातन है। वह शरीर परिवर्तन करती है। यही परंपरा आदि काल से चलती आ रही है। वे भी उसी कुल के हैं। राजकुल तो बाहरी आवरण है।" महान् पुरोधा कभी ये दावा नहीं करते कि उनके द्वारा प्रसारित ज्ञान ही मूल सत्य है। वे मात्र स्वयं को पुरातन परंपरा का अंग बताते हैं। दिव्य ज्ञान का उद्घाटन मात्र उनके लिए किया जाता है, जिनमें आस्था, विश्वासपूर्ण समर्पण एवं सीखने की जिज्ञासा होती है। यही श्रीकृष्ण भी कह रहे हैं कि 'अर्जुन तू मेरा भक्त व सखा है। इसीलिए पुरातन ज्ञान का विशुद्ध स्वरूप मैं पुनः तेरे समक्ष उद्घाटित कर रहा हूँ।' लेकिन श्रीकृष्ण कर्मयोगी थे, स्वयं का ही उदाहरण प्रस्तुत किया कि त्रिलोकी में कुछ भी काम्य न होते हुए भी वे अपने दायित्वों का इस तरह पालन करते हैं कि संसार के लिए अनुकरणीय हो। वे कर्म से पलायन नहीं करते जैसा बुद्ध ने किया। पिता को कपिलवस्तु के लिए योग्य शासक चाहिए था, जो प्रजा के लिए धर्म व न्याय सुनिश्चित कर सके, किंतु सिद्धार्थ तो राज्य त्याग संन्यासी हो भिक्षाटन करने लगे। श्रीकृष्ण ने बताया कि स्वधर्म-पालन व अनासक्त भाव से कर्म अर्थात् निःस्पृहता से स्वधर्म-स्वकर्म पालन करते हुए कार्य करते रहने से ही अंत में परम सिद्धि व परम धाम प्राप्त होता है। अपना दायित्व और संसार छोड़ पलायनकारी संन्यासी बन यदि संसार के श्रेष्ठ पुरुष अपने-अपने दायित्वों का निर्वहन छोड़ संन्यास एवं कर्म-त्याग का मार्ग अपना लें तो सारे संसार में अव्यवस्था फैल जाएगी। दुराचारी व आततायी शासन-व्यवस्था को हड़प कर सामान्य व भोली प्रजा पर अत्याचार ही तो करेंगे, जैसा कि भारत में विदेशी आक्रमणकारियों के आने के पश्चात् देखने को मिला। कृष्ण के अनुसार अहिंसा है अपनी समस्त इंद्रियों को संयमित कर लेना, यह नहीं कि कोई बाहरी आततायी आपको, आपकी बहू-बेटियों को दास बना ले, आपकी संपत्ति हड़प आपको गुलाम बना आपको अत्याचार व अन्याय का शिकार बना दे और आप, अपनी व अपने परिवार की आत्मरक्षा भी यह सोचकर न करें कि यह तो हिंसा होगी। 'अहिंसा परमो धर्मः धर्म हिंसा तथैव चः, यही हमारे शास्त्रों में प्रतिपादित मूल सिद्धांत है कि अहिंसा मनुष्य का परम धर्म है तथा धर्म की रक्षा के लिए हिंसा करना, उससे भी अधिक श्रेष्ठ है, अन्यथा अधर्म तथा अनाचार की ही सत्ता स्थापित हो जाएगी। कुछ शासकों ने शास्त्र पढ़ने व शस्त्र चलाने का अधिकार एक वर्ग तक सीमित कर दिया। पुराने संस्कार व संस्कृति लोप कर दी। फलतः भारत, जो विश्व में ज्ञान का दीपक तथा सोने की चिड़िया के नाम से विख्यात था, विदेशी शासकों का दास बन गरीबी और अशिक्षा के चक्र में फँस गया। भारत का सारा ज्ञान-विज्ञान क्षय हो गया। आज भी कई कुरीतियों का धर्म व जाति के नाम पर चलन है, जिससे ऊपर उठने के लिए गीता का अमृत संदेश संजीवनी तुल्य है, जो प्रत्येक व्यक्ति को स्वधर्म पालन से आत्म मुक्ति तक ले जाने का शंखनाद है।

अर्जुन उवाच

अपरं भवतो जन्म परं जन्म विवस्वतः।
कथमेतद्विजानीयां त्वमादौ प्रोक्तवानिति॥ 4॥

"अर्जुन ने पूछा, 'आपका जन्म तो अब हुआ है, जबकि विवस्वान सूर्य का जन्म पुरातन है। इसलिए इस योग को कल्प के आदि में आपने कहा था, इस तथ्य को मैं कैसे समझूँ?'"

अर्जुन का प्रश्न स्वाभाविक है। यह प्रश्न अर्जुन के माध्यम से सामान्य जनमानस का है, जिसके कल्याण के लिए वस्तुतः श्रीकृष्ण ने गीता के अमृत उपदेश दिए। लोगों को श्रीकृष्ण के यथार्थ स्वरूप के संबंध में कोई शंका न रहे तथा वे गीता में प्रस्फुटित ब्रह्म ज्ञान की दिव्यता व गंभीरता को गहराई से समझ सकें, इसीलिए यह प्रश्न उत्पन्न हुआ है जिसका स्वयं श्रीकृष्ण ने ही निराकरण किया।

श्री भगवानुवाच

बहूनि मे व्यतीतानि जन्मानि तव चार्जुन।
तान्यहं वेद सर्वाणि न त्वं वेत्थ परन्तप॥ 5॥

"श्रीभगवान् ने कहा, 'मेरे तथा तेरे भी इससे पूर्व अनेकों जन्म हो चुके हैं! हे अर्जुन! मैं उन सबके बारे में जानता हूँ, किंतु हे परंतप! तू उन जन्मों के बारे में नहीं जानता है।'"

परम तत्त्व श्रीकृष्ण के मानव अवतार में स्वरूपस्थ हो गया है और उसकी स्थिति स्थूल रूप से सामान्यजन के तुल्य ही प्रतीत हो रही है, किंतु वास्तविकता में उसका स्वरूप तो अव्यक्त, अकथनीय, अकल्पनीय है। साधक, साधना के क्रम में, उस परमतत्त्व की अनुभूति तो पा सकता है, किंतु यदि भाव स्थूल होंगे तो दिव्यता की अनुभूति भला कैसे होगी? संपूर्ण भावमय समर्पण ही उस परम सत्ता की अनुभूति की स्थिति दिला सकता है। श्रीकृष्ण पूर्व में कह आए हैं कि आत्मा शाश्वत व नश्वर है तथा शरीरों का परिवर्तन पुराने वस्त्र त्याग कर नवीन वस्त्र धारण करने की प्रक्रिया मात्र है, जिसे मात्र परमतत्त्व में स्थित महापुरुष ही समझ सकता है। इसीलिए अर्जुन अपने पूर्व जन्मों के संबंध में नहीं जानता।

अजोऽपि सन्नव्ययात्मा भूतानामीश्वरोऽपि सन्।
प्रकृतिं स्वामधिष्ठाय संभवाम्यात्ममायया॥ 6॥

"मेरा जन्म सामान्य रूप से प्राकृत मनुष्यों के सदृश नहीं होता है। यद्यपि मैं अविनाशी व अजन्मा हूँ तथा सृष्टि के समस्त प्राणियों का ईश्वर हूँ तथापि मैं अपनी

अंतरंग शक्ति, योगमाया से; प्रकृति को अधीन करके अपने इस तरह स्थित स्वरूप में अवतरित होता हूँ।"

माया का यथार्थ स्वरूप रहस्यमयी तथा मानव की समझ के परे है। माया यदि अविद्या है तो विद्या भी। माया का अविद्या रूप प्रकृति व उससे जन्य वस्तुओं के भोग में विश्वास दिलाता है, जिसके भोग-विषय रूपी इंद्रजाल में उलझकर जीव नीच व अधम योनियों के भँवर चक्र में फँस जाता है। माया का विद्यामयी स्वरूप जीव को आत्म साक्षात्कार की ओर प्रेरित कर, आत्मा के शाश्वत स्वरूप का दिग्दर्शन कराकर, परम कल्याण की ओर उन्मुख करता है। भगवान् का अवतरण; उनके द्वारा योगमाया को वश में करके; उनकी इच्छा-अनुरूप; उसी शाश्वत शरीर में होता है, जो देहांतरण से परे है, जबकि भौतिक जगत् में जीव का अपना कोई स्थायी शरीर नहीं है। उसका पंचभूतों से निर्मित शरीर एक देह से दूसरी देह में उसके कर्म व संस्कारों के अनुरूप रूपांतरण करता रहता है। श्रीकृष्ण स्पष्ट करते हैं कि "यद्यपि मैं जन्म लेकर शरीर धारण करता हुआ सा प्रतीत होता हूँ, लेकिन वास्तविकता में मैं सामान्यजन की भाँति जन्म नहीं लेता। मैं स्वेच्छा से योगमाया; जो सामान्यजन के विवेक से भी परे है; के माध्यम से त्रिगुणमयी प्रकृति को वश में करके अवतरित होता हूँ।"

यदा यदा हि धर्मस्य ग्लानिर्भवति भारत।
अभ्युत्थानमधर्मस्य तदाऽऽत्मानं सृजाम्यहम्॥ 7॥

"हे भारत! निश्चय ही जब भी और जहाँ भी धर्म की हानि होती है तथा अधर्म का प्रधानता होती है, तब-तब मैं अपने को प्रकट करता हूँ। जब भी धर्म का लोप तथा अधर्म की प्रधानता होने लगती है, तब-तब 'आत्मानम् सृजामि', मैं अपने को प्रकट करता हूँ।"

ईश्वर का सामान्य शिशु की तरह जन्म नहीं होता, क्योंकि भगवान् के स्वरूप शाश्वत व अनंत हैं। वे स्वेच्छा से प्रकृति को अपनी योगमाया से वश में करके, परिस्थितिस्वरूप, अपने रूप को रचते हैं। जब संसार विषय-वासनाओं में डूबे मनुष्यों के हृदय को मलिन कर देता है, तो सृष्टि के सामंजस्य व समन्वय को स्थिर रखने के लिए सात्विकता व ज्ञान के प्रकाश का प्राकट्य आवश्यक हो जाता है, जिससे अज्ञानता के कारण उपजे राग-द्वेष-विषय-विकारों का अंधकार समाप्त हो सके। ईश्वर स्वयं अजन्मा व अविनाशी होते हुए भी दैविक संपदा का बाहुल्य स्थापित करने के लिए मानव देह धारण करते हैं। सूक्ष्म जगत् में भी जब-जब किसी भक्त का हृदय अनुरागपूरित हो पूर्ण समर्पण भाव से ईश्वर में तद्रूप हो जाता है तो भगवान् उसके हृदय में दिव्य प्रकाश का उद्घाटन कर अपने स्वरूप की अनुभूति करा देते हैं।

परित्राणाय साधूनां विनाशाय च दुष्कृताम्।
धर्मसंस्थापनार्थाय संभवामि युगे युगे॥ 8॥

"भक्तों के उद्धार, दुष्टों के संहार तथा धर्म को पुनः स्थापित करने के लिए मैं युग-युग में प्रकट होता हूँ।" क्रियाशीलता ईश्वर प्रदत्त है तो सर्वत्र ज्ञानांश भी उसी से उत्पन्न है। ईश्वर ने ही अपनी प्रजा, सुर-असुर, दोनों को अपने धर्म, क्रिया एवं ज्ञान प्रदान किए हैं, अर्थात् ईशतत्त्व ही दैव संपद व आसुरी संपद के रूप में प्रत्येक पदार्थ में समाया हुआ है। रुई ही धागों के रूप में समस्त वस्त्रों में समाई हुई है। सुर व असुर दोनों के संघर्ष में ईश्वर का निरीक्षण भाव पक्षपात विहीन होता है। दोनों ही सत, रज व तम, त्रिगुणों के रूप में हैं। सृष्टि लीला में सुर-असुर दोनों तत्त्व होते ही हैं। आम तथा नीम दोनों चाहिए। इसीलिए तो संघर्ष है। इसीलिए तो क्रियाशीलता चल रही है, पर है सब ईश्वर-इच्छा पर निर्भर। जल की वर्षा प्रजा चाहती है, पर ईश्वर नहीं चाहता तो खेती सूखने व अकाल पड़ने पर भी वर्षा नहीं होती। हीरा सब चाहते हैं, किंतु वह दुर्लभ ही रहता है। कुछ लोगों का मत है कि दैव पदार्थ कम व आसुरी पदार्थ अधिक होता है, किंतु दुनिया किसने देखी है कि सर्वत्र क्या है? न जाने कौन-कौन सा पदार्थ कहाँ-कहाँ कितना विद्यमान हो! कुछ भी हो दैव व आसुरी प्रवृत्तियों का संघर्ष लगातार चल रहा है। एक दिन कोयला ही युद्ध करते-करते हीरा बन सम्राट् के मुकुट में शोभा पा जाता है। पुरुष, अश्व, अजा, गौ और अवि (भेड़), ये पाँच आग्नेय पशु-प्रधान चेतना हैं। परंतु क्या इनका यह स्वरूप एक जन्म और परिगणित समय में सिद्ध हुआ? नहीं! पुरुष को पुरुष रूप में आने में करोड़ों वर्ष व लाखों जन्म लगे हैं। यह शनैः-शनैः उत्थान का क्रम सृष्टि में ईश्वर का अपरिहार्य नियम है। 'तस्माद्धा एतस्मादात्मन आकाशः सम्भूतः,' इत्यादि श्रुतियाँ सारे जगत् के कारणभूत पदार्थों की क्रम से उत्पत्ति का निरूपण कर रही हैं। आत्मा ही सब पदार्थों का मूल उत्पत्ति स्थान है। सृष्टि के समस्त प्राणियों में मनुष्य को सबसे अधिक ज्ञानांश मिलने के कारण उसका विवेक सर्वाधिक है। इसी कारण उसकी इच्छाएँ भी सबसे बढ़कर हैं। उसकी क्रियात्मक चेतना, युद्धप्रयोजन के लिए नहीं है। सभी मनुष्यों की ये पाँच इच्छाएँ होती हैं—अनंत कार्यपर्यंत जीवन या अमरता, पूर्ण ज्ञान, विलास, पूर्ण स्वच्छंदता तथा समस्त लोकों का स्वामी हो जाना। इन इच्छाओं की पूर्ति के लिए उसका संघर्ष सतत रहता है। इन इच्छाओं की पूर्ति में खो जाना ही ईश्वर मार्ग से विमुख हो जाना है तथा वह स्वयं की स्वार्थ सिद्धि व आनंद प्राप्ति की लिप्सा में अपना वास्तविक स्वरूप भूल जाता है, किंतु परमात्मा अपनी प्रजा की रक्षा में सदैव लीन रहते हैं। इसीलिए जिस समय प्रजा अपरिमित कामनाओं की तृप्ति के लिए आँख मूँदकर क्रियात्मक हो जाती है, आसुरी संपदा का प्रभुत्व बढ़ने लगता है, तब परमतत्त्व ईश्वर ही; किसी अवतार के स्वरूपस्थ हो; मनुष्य समाज को सद्मार्ग की ओर उन्मुख करते हैं तथा

दैव संपदा का उसके हृदय क्षेत्र में विस्तार कर देते हैं। ईश्वर का अवतार; ईश्वरीय गुणों को अपने स्वरूप में प्रकाशमान करके; मानव समाज को आत्मिक उन्नति के लक्ष्य पर पहुँचने के लिए प्रेरणा देता है। फलस्वरूप क्रियात्मकता का संघर्ष अगले उच्च लक्ष्य की प्राप्ति हेतु सतत बना रहता है।

जन्म कर्म च मे दिव्यमेवं यो वेत्ति तत्त्वतः।
त्यक्त्वा देहं पुनर्जन्म नैति मामेति सोऽर्जुन॥ 9॥

"हे अर्जुन! मेरा अवतरण तथा कर्म, दिव्य एवं अलौकिक है। जो मनुष्य इस तत्त्व को अनुभूत कर लेता है वह मनुष्य अपने इस भौतिक पंचतत्त्वों से अभिभूत शरीर में इस मृत्युलोक में पुनः जन्म को प्राप्त नहीं होता। वह जन्म-मृत्यु के भवसागर से पार हो मेरे परमधाम को प्राप्त करता है अर्थात् मुझे प्राप्त होता है।"

अविनाशी, शाश्वत, अखंड, सर्वशक्तिमान, अंतर्यामी, सच्चिदानंद परमपिता परमेश्वर ही सर्वभूतों की परमगति तथा परम आश्रय हैं। वे केवल धर्म की स्थापना करने, उसे संबल प्रदान करने तथा संसार के कल्याण के लिए ही; अपनी योगमाया से प्रकृति को वश में कर, सगुण रूप में प्रकट होते हैं। इसीलिए भक्त वत्सल परमतत्त्व के समान जीवों के उद्धार व उत्थान में रत अन्य कोई सत्ता ब्रह्मांड में, शून्य व अशून्य में, अस्तित्व में नहीं है। ऐसा जान-समझकर जो पुरुष, परमेश्वर के प्रति पूर्ण समर्पण एवं अनन्य प्रेम से निरंतर चिंतन करता हुआ अनासक्त भाव से स्वकर्म करता है, वही उस परमतत्त्व को जानता है। ब्रह्मसंहिता (5.33) में कथन है 'अद्वैतमच्युतमनादिमनंतरूपम्' अर्थात् ईश्वर अद्वैत, अच्युत, अनादि, अगम्य तथा अनंत है। 'एको देवा नित्यलीलानुरक्तो भक्तव्यापी हृद्यंतरात्मा' अर्थात् एक ही ब्रह्म अनंत रूपों में भक्तों के हृदय में नाना लीलाएँ कर व्याप्त रहते हैं। उनकी माया बड़े ज्ञानियों की बुद्धि से भी परे है। उनके दिव्य लीलामयी रूपों का हृदय के अंतर्देश में आत्म साक्षात्कार करनेवाला ही अपने अनन्य प्रेम से इस परमतत्त्व को समझ पाता है। आप जो हो सकते हैं, वह श्रीकृष्ण प्रत्यक्ष हैं। वही आपका लक्ष्य है, वही भविष्य। श्वेताश्वतर उपनिषद् (3.8) में कथन है, 'तमेव् विदित्वाति मृत्युमेति नान्यः पन्था विद्यतेऽयनाय' अर्थात् जो परमेश्वर के इस दिव्य सत्य से विदित हो जाता है, वह जन्म-मृत्यु के चक्र से छूट जाता है। यही एकमात्र विकल्प है। भगवान् का दिव्य स्वरूप अवतार रूप में सामान्य दृष्टि की क्षमता से परे है। उनके दिव्य जन्म को विदित करने के लिए यह जानना होता है कि अव्यक्त परमेश्वर माया से सगुण हो व्यक्त कैसे होता है। इसको जान लेने से अध्यात्म ज्ञान की दिव्य आभा का दिग्दर्शन अंतर्मन में होने लगता है एवं दिव्य कर्म को समझ लेने पर कर्म करके भी अलिप्त एवं निष्काम रहने का ज्ञान हो जाता है। ईश्वर के दिव्य जन्म तथा दिव्य कर्म के संपूर्ण रूप से विदित हो जाने पर,

अध्यात्म ज्ञान और निष्काम कर्मयोग के सत्य स्वरूप की भी पूर्ण पहचान हो जाती है और मोक्ष प्राप्ति हेतु अन्य कोई साधन अपेक्षित नहीं रहता।

वीतरागभयक्रोधा मन्मया मामुपाश्रिताः।
बहवो ज्ञानतपसा पूता मद्भावमागताः॥ 10॥

"पुरातन काल से ही राग, आसक्ति, भय और क्रोध से रहित, अनन्य भाव से मुझमें स्थिति व तन्मयता प्राप्त कर मेरी शरण में आए बहुत से पुरुष ज्ञानरूप तप से पवित्र हुए मेरे स्वरूप को प्राप्त कर चुके हैं।"

श्रीकृष्ण स्पष्ट कर रहे हैं कि ऐसा कदापि नहीं है कि 'मद्भावमागताः' अर्थात् 'अनन्य भाव से मुझमें स्थित जीव इस समय या काल में ही मेरे प्रति दिव्य प्रेम अवस्था को प्राप्त हो रहे हों।' यह विधान सदैव आदि काल से सृष्टिक्रम शुरू होने से लगातार बना रहा है तथा बहुत से ज्ञानी-योगीजन मेरे स्वरूप को प्राप्त हो चुके हैं। उसकी विधि वही है, जैसा वे पहले कह आए हैं। जो भी जीव अपने मन को संयमित कर, अनन्य समर्पण भाव से परमात्मा में लीन हो जाता है, परमात्मा का दिव्य प्रकाश अवतरित हो उसके हृदयपट पर अपने स्वरूप की रचना करता है। ऐसे आत्मनिष्ठ प्राणी ईश्वर के दिव्य स्वरूप को प्राप्त करते हैं। यही परमात्मा का प्रत्यक्ष दर्शन, जीव के मानस हृदय में परम तत्त्व का अवतरण है। परमात्मा कभी अपने कर्म से च्युत नहीं होते। वे तो अच्युतानंद हैं। जहाँ आत्मसाक्षात्कार, अनन्य समर्पण व प्रेम भाव हो, वहीं परमात्मा सुलभ हो जाते हैं। जिसने पहले ऐसा किया है और जो आगे भी ऐसा करेगा, परमात्मा उसके लिए सदैव सुलभ रहेंगे। मनुष्य में इस अवस्था के बीज का अंकुरण तब होता है, जब उसके मन में परम तत्त्व से आत्म-साक्षात्कार की इच्छा उत्पन्न होती है, जिसकी तुष्टि के लिए वह ऐसे व्यक्तियों की संगति शुरू करता है, जो आत्म ज्ञान व अध्यात्म के क्षेत्र के मर्मज्ञ होते हैं। यदि ऐसे आत्मज्ञानी मर्मज्ञ की सच्ची संगति उसे प्रभु कृपा से प्राप्त हो जाती है तो सद्गुरु की खोज शुरू हो जाती है, किंतु सद्गुरु का दर्शन व कृपा दोनों ईश्वर-इच्छा अधीन हैं, जिसके लिए मन की कलुषता को साफ कर राग-द्वेष से ऊपर उठना पड़ता है। सद्गुरु की संगत मिल जाए तो स्पष्ट है कि ईश्वर भी दूर नहीं है। इसी स्थिति को श्रीकृष्ण आगे और स्पष्ट कर रहे हैं।

ये यथा मां प्रपद्यन्ते तांस्तथैव भजाम्यहम्।
मम वर्त्मानुवर्तन्ते मनुष्याः पार्थ सर्वशः॥ 11॥

"हे पार्थ! जिस मनोगत भाव से जीव मुझे भजते हैं और मेरी शरण में आते हैं, उसी भाव के साथ मैं भी उनको भजता हूँ और उनको गति व स्थिति प्रदान करता हूँ। इस

रहस्य को जो लोग विदित कर लेते हैं, ऐसे ज्ञानी व विवेकी जन ही सब प्रकार से मेरे अनुसार मार्ग का अनुसरण करते हैं।"

भला, ईश्वर कैसे भजते होंगे? एक बार एक धर्मात्मा राजा ने अपने मंत्रियों को निर्देश दिया कि सभी दिशाओं में जाकर देखें कि किस मनुष्य को क्या-क्या कष्ट है तथा उन्हें किन-किन वस्तुओं का अभाव है? दूत व अनुचर सब तरफ दौड़ पड़े तथा जहाँ-जहाँ जिन लोगों को जो समस्याएँ थीं, उनका यथासंभव निदान किया, किंतु एक व्यक्ति ने कुछ भी कहने व लेने से इनकार कर दिया। दूतों ने लौटकर बताया तो मंत्रियों ने भी आकर अनुरोध किया कि बाबा! कुछ तो ले लो! वह व्यक्ति एक हाथ से खींचनेवाले लकड़ी के ठेले के नीचे लेटा था, किंतु प्रसन्नचित था। बात राजा तक पहुँची कि सारी प्रजा की समस्याओं की तो उनकी यथा आवश्यकतानुसार पूर्ति हो गई है, किंतु एक हठधर्मी कुछ कहता-माँगता ही नहीं। राजा भी गए, अनुनय-विनय कर कुछ लेने का अनुरोध किया तो व्यक्ति गंभीर होकर बोला, "राजन! मुझे एक ऐसा सेवक चाहिए जो मुझे जो खाना हो, वह खाना दे, जहाँ जाऊँ, मेरे साथ जाए और जब मैं सोऊँ तो वह पहरा दे।" राजा ने कहा, "ये तो हो सकता है कि जो मैं खाऊँ, वह पहरेदार आपको भी खिलाए, मैं जहाँ जाऊँ वह वहाँ आपको भी साथ ले जाए, आप सोएँ तो मेरा पहरेदार आपका पहरा दे, किंतु जैसा आप चाह रहे हैं वैसा कैसे संभव है?" उस व्यक्ति ने मुसकराकर कहा, "मुझे ऐसा ही सेवक मिला है जो जैसा मैं चाहता हूँ वैसा मुझे खिलाता है, जहाँ जाता हूँ, साथ जाता है, मैं सोता हूँ, वह चौकीदारी करता है और वह हैं मेरे प्रभु।" राजा निरुत्तर हो गया। राजा अपना राज्य अपने पुत्र को सौंपकर उस साधु की सेवा में आ गया। धीरे-धीरे उसकी सुरा में ईश्वर का संचार हो गया तथा वह ब्रह्मानंद में लीन हो गया। उसे साधु के वचनों की सत्यता का अनुभव हो गया था। यही रहस्य श्रीकृष्ण उद्घाटित कर रहे हैं कि जो उनको जैसा भजता है, वे भी उसको वैसा ही भजते हैं। जब आस्था के साथ मन भजन में लग जाता है तो भजनानंदी के मन के राग-द्वेषों को समेटकर प्रभु सत्य का प्रवेश करा देते हैं। उसकी समस्त इंद्रियों की डोर थाम कर प्रभु स्वयं रथी हो जाते हैं। हर पग की ताल पर भक्त का मार्गदर्शन करने लगते हैं। जैसा कि अठरहवें अध्याय में श्रीकृष्ण ने कहा, "ईश्वरः सर्वभूतानां हृद्देशेऽर्जुन तिष्ठति।"(18.61) अर्थात् 'ईश्वर संपूर्ण भूत-प्राणियों के हृदय में निवास करता है।' वही हृदय स्थित ईश-तत्त्व, आत्मा से अभिन्न खड़े हो, पग-पग पर पथ प्रदर्शन करते हुए, जीव को अपने परम स्वरूप में प्रवेश दिला देता है।

काङ्क्षन्तः कर्मणां सिद्धिं यजन्त इह देवताः।
क्षिप्रं हि मानुषे लोके सिद्धिर्भवति कर्मजा॥ 12॥

"हे अर्जुन! ऐसे मनुष्य जो मुझे तत्त्व से नहीं जानते-समझते हैं, वे इस मृत्यलोक में कर्मों के प्रतिफल की कामना रखते हुए देवताओं को पूजते हैं और उन्हें कामना-जनित कर्मों के फल भी शीघ्र प्राप्त होते हैं, किंतु उनको मेरी प्राप्ति नहीं होती। इसलिए तू मुझे ही समस्त प्रकार से मनन कर। यही भजन तू नियत कर्म प्रक्रिया से कर।"

गीता किसी जाति, संप्रदाय या धर्म विशेष तक सीमित नहीं है। उसका संदेश सभी मानव जातियों के समस्त वर्गों व काल के लिए है। ईश्वर एक ही है जिसकी सब पूजा-आराधना करते हैं, किंतु पूजा की विधियाँ, रीतियाँ, प्रार्थनाएँ अलग-अलग हो सकती हैं, जिन्हें विभिन्न नस्ल, जातियाँ व प्रजातियाँ अपने-अपने स्थानीय संसाधनों व सामाजिक परिवेश के अनुरूप अपना सकते हैं। ब्रह्न्ननारदीया उपनिषद् में कहा गया है—

"हरिरूपो महादेवो लिंगरूपी जनार्दनः।
इसाद अपि अंतरम् नास्ति भेदकर्नारकम् ब्रजेत्॥"

"विष्णु ही शिव हैं। शिव ही विष्णु हैं। जो इनको भिन्न मानता है वह नरक को प्राप्त करता है।" 'एकं ज्योति बहुधा विभोति' अर्थात् एक ही ईश्वर स्वयं को विभिन्न विभूतियों में व्यक्त करता है। शैव जिसे शिव, वेदांती जिसे ब्रह्म, बुद्धावलंबी जिसे बुद्ध, जैन जिसे तीर्थंकर, कर्मकांडी जिसे प्रकृति, वही हरि तीनों लोकों में हमारी इच्छाओं की पूर्ति करते हैं। यही स्थिति ईसाई धर्मावलंबियों की क्राइस्ट के प्रति एवं मुसलमानों की अल्लाह के प्रति है। सर्वत्र ईश्वर तो एक ही है। वह सर्वव्यापी, सर्वशक्तिशाली, अंतर्यामी सत्ता तो एक ही है। इसीलिए सभी धर्मों के महान् संतों ने इसमें कोई भेद नहीं किया कि परमसत्ता अलग-अलग है। भला ऐसा संभव भी कैसे हो सकता है। बस पृथक्-पृथक् आस्था रखनेवाले संप्रदायों व जातिधर्में की प्रार्थना-विधि व रीति-रिवाज पृथक्-पृथक् हो सकते हैं।

चातुर्वर्ण्यं मया सृष्टं गुणकर्मविभागशः।
तस्य कर्तारमपि मां विद्ध्यकर्तारमव्ययम्॥ 13॥

"चार वर्णों का सृजन मैंने ही किया, किंतु गुण और कर्मों के भेदों के द्वारा। उनके कर्ता अर्थात् मुझ अविनाशी ईश्वर को भी तू अकर्ता ही जान। मैं ही उनका कर्ता भी हूँ और अकर्ता भी। उसे न करनेवाला अव्यय भी मैं ही हूँ।"

चार वर्णों का सृजन परमेश्वर की ही रचना है, किंतु जन्म के आधार पर नहीं। वर्तमान व भूतकाल में जन्म आधारित वर्ण परंपरा अत्यंत कठोर रूप से व्याप्त व प्रचलित हो गई है। चारों वर्णों—ब्राह्मण, क्षत्रिय, वैश्य व शूद्र को उनके गुणों व कर्मों के आधार पर समाज की व्यवस्था, गुण व कर्म-प्रधान बनाए रखने के लिए श्रीभगवान् ने चार वर्णों का

सृजन किया। गुणों के आधार तत्त्व तीन हैं–सत, रज व तम। इन तीनों तत्त्वों का विभिन्न कोटि का सम्मिश्रण प्रत्येक मनुष्य में रहता है, जिसके अनुरूप ही वह कर्म करने को प्रवृत्त होता है। मानव समाज विराटरूप भगवान् का शरीर है। ब्राह्मण अर्थात् जिसमें सत् तत्त्व का बाहुल्य है, वह समाज का मुख व मस्तक स्वरूप है। जिसमें सत् गुण के विद्यमान होने के साथ-साथ रज तत्त्व की बाहुल्यता है, वह समाज रूपी शरीर का बाहु है। वह क्षत्रिय श्रेणी का है। उरू अर्थात् जंघा का कार्य शरीर को स्थिर रखने का होता है। इस श्रेणी को वैश्य श्रेणी कहा गया है, जिसमें राजसी गुणों की अधिकता होने के साथ-साथ तम तत्त्व का न्यून संचार व सत् तत्त्व का स्वल्प संचार रहता है। इस संपूर्ण शरीर को गति प्रदान कर कार्यों में लगाने का कार्य पैरों का है जो शूद्र वर्ण माना गया है। इस वर्ण में तामस तत्त्व की बाहुल्यता व सत् व रज तत्त्व की न्यूनता रहती है। पुरुषसूक्त में कथन है—

"ब्राह्मणोऽस्य मुखमासीत्। बाहू राजन्यः कृतः।
उरू तदस्य यद्वैष्यः पद्‌भ्यांऽषूद्रो अजायत।"

(पुरुषसूक्त 12, ऋग्वेद 10.90)

मस्तक का कार्य है बुद्धि के द्वारा शरीर का संचालन करना, भुजाओं का कार्य है शरीर की भौतिक आपत्तियों से रक्षा करना, ऊरूओं का कार्य है शरीर को स्थिर रखना तथा पैरों का कार्य है शरीर को गति प्रदान करना, शरीर के सारे कार्यों को चलाना। शरीर के प्रत्येक अंग की उपयोगिता बहुमूल्य है। कोई भी अंग न तो दीर्घ है, न कोई लघु। कोई भी अंग यदि निष्क्रिय होगा, तो सारा शरीर अपंग हो जाएगा। यही स्थिति समाज की भी है। जब तक इस सिद्धांत पर व्यवस्था चलती रही, तब तक समाज में सर्वत्र सुख-शांति का साम्राज्य रहा। जब से व्यवस्था बिगड़ी लोगों ने वर्ण व्यवस्था को गुण-कर्म के भेद के अनुरूप त्याग कर उसे जन्म आधारित करना शुरू कर दिया। तभी से देश-समाज में विपत्ति का सूत्रपात हुआ और सर्वत्र कलह, राग-द्वेष व अशांति का विस्तार हो गया। गुण व कर्म, व्यवस्था के आधार और भेद करने का एक पैमाना थे। तम तत्त्व मनुष्य को आलस्य, निद्रा, प्रमाद की ओर प्रवृत्त कर कर्म के प्रयत्न को शिथिल करता है। उस समय यदि ऐसी श्रेणीवाला व्यक्ति किसी तत्त्वदर्शी तथा इस पथ पर अग्रसर अपने से उन्नत लोगों की सेवा में रत हो जाए तो दूषित संस्कारों का शमन होता जाएगा तथा दिव्य-साधना पथ पर प्रवेश दिलाने वाले संस्कारों की प्रबलता होती जाएगी। क्रमशः तामसी गुण कम होने पर और राजसी गुणों की ओर प्रवृत्ति होने से उनकी प्रधानता होती जाएगी तथा सात्त्विक गुणों की समीपता की अनुभूति भी बढ़ती जाने से साधक की स्थिति वैश्य श्रेणी की हो जाती है। क्रमशः उसकी प्रवृत्ति में इंद्रिय-संयम व आत्मिक-संपत्ति का संग्रह स्वभावतः होने लगेगा। शनैः-शनैः सतत प्रयासों से सात्त्विक संपदा का बाहुल्य

होने लगेगा तथा राजसी तत्त्वों की स्वल्पता होने लगेगी, तामसी प्रवृत्ति का शमन होने लगेगा। उस समय साधक क्षत्रिय श्रेणी में प्रविष्ट हो जाएगा। वह धीरे-धीरे अपनी इंद्रियों को अपने अधीन करने के लिए शौर्य कर्म से अपने मनोगत समस्त भावों पर स्वामी भाव प्राप्त कर प्रकृति जन्य तीनों गुणों-सत, रज, तम को काटने की क्षमता अपने कर्मभाव में प्रबल कर लेगा। फिर मन की निःस्पृहता, इंद्रियों का संयम, एकाग्रता, सहजता, ध्यान-धारण व समाधि की अवस्था में प्रविष्ट हो, वह ब्राह्मण श्रेणी प्राप्त कर लेगा। इसके उपरांत वह मात्र ब्रह्मलीन हो ब्राह्मण श्रेणी से भी ऊपर जा, परमेश्वर की कोटि प्राप्त कर लेगा, किंतु उसके कर्ता उस परमात्मा, अविनाशी ब्रह्म, को इसका अकर्ता ही जानो। उपनिषदों में वर्णित परब्रह्म परमात्मा इस संपूर्ण जगत् का कर्ता होते हुए भी अकर्ता है। माण्डूक्योपनिषद् 7 तथा ब्रह्मसूत्र (1.1.3) में भी इसे स्पष्ट किया गया है।

न मां कर्माणि लिम्पन्ति न मे कर्मफले स्पृहा।
इति मां योऽभिजानाति कर्मभिर्न स बध्यते॥ 14॥

"कर्मों के फल-प्रतिफल में मेरी कोई रुचि व स्पृहा नहीं है। इसीलिए मुझे कर्म लिपायमान नहीं करते। इस प्रकार जो मेरे स्वरूप एवं तत्त्व से मुझको विदित कर लेता है, वह भी कर्मों से नहीं बँधता है।"

जब श्रीकृष्ण को तत्त्व से जाननेवाला भी कर्मों से नहीं बँधता है, तब उनके कर्मों के वश होकर जन्म लेने की बात भी नहीं उठ सकती। वे तो अपनी इच्छा से भक्तों पर अनुग्रह करने के लिए शरीर धारण करते हैं, जबकि सामान्य मनुष्य भौतिक कार्यकलापों के सकाम कर्मफलों में फँसा रहता है। "वैषम्यनैघृण्ये न सापेक्षत्वात" अर्थात् ईश्वर किसी जीव के प्रति किसी प्रकार का पक्षपात व भेदभाव नहीं करते। जीवात्मा अपने कर्मों के लिए स्वयं उत्तरदायी होता है। ब्रह्मसूत्र (2.1.34) में भी श्रीकृष्ण के कथन की पुष्टि करते हुए कहा गया है कि परमेश्वर में विषमता और निर्दयता का दोष नहीं आता, क्योंकि वे जीवों के शुभाशुभ कर्मों के अनुरूप ही सृष्टि करते हैं।

एवं ज्ञात्वा कृतं कर्म पूर्वैरपि मुमुक्षुभिः।
कुरु कर्मैव तस्मात्त्वं पूर्वैः पूर्वतरं कृतम्॥ 15॥

"पुरातन काल से मुमुक्षु पुरुषों द्वारा भी इस प्रकार जानकर ही कर्म किया गया है। इसीलिए तू भी अपने पूर्वजों द्वारा सदा से किए गए कर्म को ही कर।"

इस जगत् में जीवन मुक्त महापुरुषों के जो नाना प्रकार के आचरण व व्यवहार दृष्टिगोचर होते हैं या उनकी जो विभिन्न स्थितियाँ दिखाई पड़ती हैं, ये सब लोक दृष्टि में

ही है। इनसे उस महान् आत्मा का कोई भी संपर्क नहीं रहता। ऐसे कुछ महापुरुष सर्वसंग-परित्यागी होते हैं। कुछ महात्मा 'लोकदन्तु लीलाकिवेल्यम्' का अनुशीलन करते हुए भगवान् श्रीराम-श्रीकृष्ण आदि की भाँति लीलार्थ कर्म करते हैं। कुछ संत भोग से प्रारब्ध को क्षीण करने में लगे होते हैं तथा कुछ ऐसे भी हैं, जो 'असक्तः मुखमन्वभूत' कथन के अनुसार अनासक्त भाव से सुख का अनुभव करते रहते हैं। ये सभी कर्म एवं अवस्थाएँ उन महापुरुषों के परमार्थस्वरूप को छू भी नहीं पाते। कोई भी कामना या राग न होने के कारण पापकर्म में तो उनकी प्रवृत्ति होती ही नहीं। यदि परप्रेरणा से विवश होकर उनके शरीर द्वारा कोई पापकर्म बन गया तो उन पर उसका कोई संस्कार नहीं पड़ता।

किं कर्म किमकर्मेति कवयोऽप्यत्र मोहिताः।
तत्ते कर्म प्रवक्ष्यामि यज्ज्ञात्वा मोक्ष्यसेऽशुभात्॥ 16॥

"क्या है कर्म? क्या है अकर्म? ऐसे इस विषय में विवेकी बुद्धिमान पुरुष भी मोहग्रस्त हो जाते हैं। इसलिए मैं, वह कर्म अर्थात् कर्मों का तत्त्व तुम्हारे लिए इस तरह भलीभाँति कहूँगा कि जिसको जान-समझकर तुम अशुभ से मुक्त हो संसार बंधन से छूट जाओगे।"

अभी तक भगवान् श्रीकृष्ण ने 'कर्म' पर पर्याप्त बल दिया है, किंतु उसका स्वरूप स्पष्ट नहीं किया। द्वितीय अध्याय में उन्होंने कर्म का उल्लेख किया, किंतु कर्म का स्वरूप न बता उसकी विशिष्टताओं को रेखांकित किया कि निष्काम कर्म जन्म-मृत्यु के चक्र से मुक्ति प्रदान करता है। उन्होंने कर्म करने में आचरण में लाई जानेवाली सावधानियों का वर्णन किया, किंतु 'कर्म' को स्पष्ट नहीं किया। तृतीय अध्याय में उन्होंने कहा कि ज्ञानमार्ग उचित लगे या निष्काम कर्मयोग, कर्म तो दोनों स्थितियों में ही करना होगा, क्योंकि न तो कर्मों को छोड़ने से ज्ञानी बना जा सकता है और न ही कर्म का आरंभ ही न करने से निष्कामी। हठयोग भी जीव के अहंकार का सूत्र है। इसलिए निःस्पृहता से इंद्रियों का निग्रह कर कर्म करना चाहिए, परंतु कौन सा कर्म? नियत कर्म! तो वह नियत कर्म क्या है? श्रीकृष्ण ने बताया कि यज्ञ की क्रिया नियत कर्म है। तो यज्ञ क्या है? तो उन्होंने यज्ञ की विशेषताओं का वर्णन किया, किंतु यज्ञ का वह स्वरूप व तत्त्व नहीं बताया जिससे 'कर्म' को आत्मसात् किया जा सके। अब इस श्लोक में श्रीकृष्ण कर्म-अकर्म का उल्लेख कर बताते हैं कि इसे जान-समझकर जीव संसार बंधन से छूट जाएगा।

कर्मणो ह्यपि बोद्धव्यं बोद्धव्यं च विकर्मणः।
अकर्मणश्च बोद्धव्यं गहना कर्मणो गतिः॥ 17॥

"कर्म की गूढ़-गहन गति की बारीकियों को जान लेना अत्यंत दुष्कर है। इसलिए

कर्म का स्वरूप भी स्पष्ट होना चाहिए और अकर्म का स्वरूप भी जानना चाहिए। विकर्म का स्वरूप भी जानना चाहिए, जिससे कर्म की गहन गति का स्वभाव समझा जा सके।"

वस्तुतः उचित ढंग क्या है यह स्पष्ट नहीं रहता है। हमारे अपने समय की सोच, पुरातन काल से गतिमान परंपराएँ तथा व्यक्ति विशेष के अंतर्मन की पुकार, इस प्रकार कर्म के स्वरूप को मिश्रित कर देती हैं कि मनुष्य भ्रांतियों में पड़ जाता है। इन सब भावों के मध्य विवेकशील मनुष्य निर्विवाद सत्य की ओर उन्मुख हो अपनी तीक्ष्ण विवेकशीलता की अंतर्दृष्टि से भ्रम का आवरण हटा देता है। इसलिए महापुरुषों के कर्म अनासक्त भाव से किए गए वे विशिष्ट कर्म अर्थात् विकर्म होते हैं जो पीछे वाले के कल्याण के लिए किए जाते हैं। ऐसे आत्मनिष्ठ महापुरुषों को ऐसे कर्मों से न कोई लाभ अपेक्षित होता है और न छोड़ देने से कोई हानि ही। इसलिए विकर्म ऐसे विशिष्ट कर्म का परिचायक है, जो प्राप्ति के पश्चात् महात्मा श्रेणी के मनुष्यों द्वारा अनासक्त भाव से किया जाता है तथा जिस कर्म में शुभाशुभ संस्कार कोई बंधन नहीं डालते। अब भगवान् श्रीकृष्ण कर्म व अकर्म को स्पष्ट करते हैं।

कर्मण्यकर्म यः पश्येदकर्मणि च कर्म यः।
स बुद्धिमान् मनुष्येषु स युक्तः कृत्स्नकर्मकृत्॥ 18॥

"जो पुरुष कर्म में दंभविहीन होकर की हुई समस्त चेष्टाओं में अकर्म अर्थात् यथार्थ में उनको न होता हुआ देखे और जो पुरुष अकर्म में अर्थात् विवेकहीन मनुष्य द्वारा की गई समस्त क्रियाओं के त्याग में भी, कर्म की त्यागरूप क्रिया को देखे, वह पुरुष मनुष्यों में ज्ञानी है और वह योगी और संपूर्ण कर्मों का कर्ता है।"

अकर्म का तात्पर्य ऐसे कर्म से है जहाँ बंधन नहीं है, क्योंकि ऐसा कर्म अनासक्त भाव से बिना किसी लाभ-हानि या फल की आकांक्षा से किया जाता है। नैष्कर्म्य कोई बंधन पैदा नहीं करता। हम कर्म कर रहे हैं, जबकि हम निष्चेष्ट बैठे हैं अर्थात् आराधना में रत हैं, किंतु यह भी समझ रहे हैं कि करनेवाला मैं नहीं हूँ, बल्कि गुण ही गुणों में विद्यमान हैं। उनकी अवस्था ही हमें चिंतन में लगाती है। जब हमें ऐसा अनुभूत होने लगे कि हम परमेश्वर द्वारा ही संचालित हैं और ऐसा सतत रूप से धारा में होने लगे और हममें अपने इस कर्म की स्थिति भी चैतन्य में देखने की क्षमता आ जाए तो ऐसा मनुष्य ही ज्ञानी व योगी है। उसके कर्म किंचित मात्र भी उसके लिए कोई बंधन उत्पन्न नहीं करते। इसी को अष्टावक्र कहते हैं—

मूढस्य प्रवृत्तिरूपजायते
प्रवृत्तिरपि धीरस्य निवृत्तिफलदायिनी।

(अष्टावक्र गीता 18/61)

मूढ़ पुरुष की निवृत्ति भी प्रवृत्ति रूप होती है और ज्ञानी की प्रवृत्ति भी निवृत्ति के समान फल देती है। मूढ़ पुरुष की इंद्रियों के व्यापारों की निवृत्ति तो लोकदृष्टि से अवश्य निवृत्ति ही प्रतीत होती है, परंतु वह निवृत्ति प्रवृत्ति ही है, क्योंकि उसके अहंकार आदि निवृत्त नहीं हुए हैं। ज्ञानवान की लोकदृष्टि से इंद्रियों की प्रवृत्ति प्रतीत भी होती है, तो भी वह निवृत्ति रूप ही है और मुक्ति–रूपी फल प्रदान करनेवाली है, क्योंकि उसमें अहंकार का अभाव है।

यस्य सर्वे समारम्भाः कामसङ्कल्पवर्जिताः।
ज्ञानाग्निदग्धकर्माणं तमाहुः पण्डितं बुधाः॥ 19॥

"जिस मनुष्य के समस्त कार्य कामना और संकल्प से रहित हैं, ऐसे उस ज्ञान रूपी अग्नि द्वारा भस्म हुए कर्मोंवाले मनुष्य को ज्ञानीजन भी पंडित–विवेकी कहते हैं।"

'ज्ञानाग्निदग्धकर्माणं' जिसने अपने ज्ञान की अग्नि से समस्त कर्मफलों को भस्मसात कर दिया है अर्थात् जिसने कामना, संकल्पों और इंद्रियजनित विकारों का पूर्ण संयम से निरोध कर मन को विजित कर लिया है, उसके कर्म सदा के लिए दग्ध हो जाते हैं। कार्यशीलता के ऐसे सतत प्रवाह में चलकर ईश्वर की प्रत्यक्ष विदितावस्था ही ज्ञान है। जिसके द्वारा जिस आराध्य को पाना था, उसे पा लिया तो आगे क्या खोजें, इस ज्ञान की अनुभूति के साथ कर्म की आवश्यकता समाप्त हो जाती है। ऐसी स्थिति के बोधस्वरूप महापुरुषों को ज्ञानीजन भी पंडित मानते हैं।

त्यक्त्वा कर्मफलासङ्गं नित्यतृप्तो निराश्रयः।
कर्मण्यभिप्रवृत्तोऽपि नैव किञ्चित्करोति सः॥ 20॥

"ऐसा महात्मन सांसारिक विषयों से दूर हो सदा परमतत्त्व परमानंद में तृप्त रहता है। वह कर्मों के फल और संग अर्थात् कर्तापन के अहंकार को त्याग कर अच्छी प्रकार कर्म करता हुआ भी कुछ भी नहीं करता है।"

श्री अष्टावक्र गीता में दृष्टव्य है कि—

"भावाभावविहीनो यस्तृप्तो निर्वासनो बुध:
नैव किन्चितकृतं तेन लोकदृष्टया विकुर्वता।"(18/19)

अहंकार वश किए गए कर्म में कर्तापन आ जाता है। जिसमें अहंकार या कोई फलाकांक्षा नहीं, जो कर्म करके भी कोई अपेक्षा नहीं रखता, जो भाव और अभाव की चिंता से रहित है, ऐसा पुरुष कर्ता नहीं है। वह संसार में कर्म करता हुआ भी सदा अलिप्त रहता है, क्योंकि उन कर्मों से प्राप्त फलों को वह क्षणिक समझता है। इसलिए

अष्टावक्रजी कहते हैं कि उसे शाश्वत सुख की प्राप्ति हो गई है और वह आराध्य की आराधना के आत्मानंद में तृप्त हो इन अनित्य भोगों के प्रति कोई रुचि नहीं रखता है। संसार की भाँति वह भी कर्म करता है, लेकिन भीतर से अछूता रहता है। इसीलिए वह कर्म करता हुआ भी कुछ नहीं करता है।

निराशीर्यतचित्तात्मा त्यक्तसर्वपरिग्रहः।
शारीरं केवलं कर्म कुर्वन्नाप्नोति किल्बिषम्॥ 21॥

"जिसने अपने अंतःकरण और शरीर को जीत लिया है तथा संपूर्ण भोगों की सामग्री, विषय-वासनाओं तथा इंद्रिय-तृप्ति जनित भावों का संपूर्ण त्याग कर दिया है, ऐसा आशारहित पुरुष केवल शरीर-संबंधी कर्म को करता हुआ भी निष्पाप रहता है।"

वह जानता है कि वह ईश्वर का अभिन्न अंश है। वह कर्म करते समय किसी प्रकार के शुभ-अशुभ फल की आशा नहीं करता। मन-बुद्धि उसके पूर्ण वश में होते हैं। अतः अंश रूप में उसके द्वारा संपादित कर्म उसका न होकर उसके माध्यम से परमात्मा द्वारा संपादित कर्म होता है। वह एक बड़ी मशीन के एक क्षुद्र कल-पुर्जे की भाँति ही मात्र हिलता-डुलता है।

यदृच्छालाभसन्तुष्टो द्वन्द्वातीतो विमत्सरः।
समः सिद्धावसिद्धौ च कृत्वापि न निबध्यते॥ 22॥

"स्वतः ही जो कुछ प्राप्त हो जाए उसी में संतुष्ट रहनेवाला, हर्ष-शोकादि, लाभ-हानि, राग-द्वेष आदि द्वंद्वों के प्रति तटस्थ व निश्पेक्ष रहनेवाला, 'विमत्सरः' अर्थात् ईर्ष्या से रहित सिद्धि और असिद्धि में समत्व भाव वाला मनुष्य कर्मों को करने के उपरांत भी उनमें नहीं बँधता है।"

ऐसा मनुष्य स्वतः कर्मजनित फल से संतुष्ट रहता हुआ और यथा सामर्थ्य सच्चाई से कर्म करता हुआ किसी से कोई अपेक्षा नहीं करता। स्वाभाविक कर्म रूप जो प्राप्ति हो जाए; उसमें निःस्पृह भाव रखता हुआ; वह उसी में संतुष्ट रहता है। जो सिद्ध था, अभीष्ट था, वह अब भिन्न नहीं है और वह कभी पृथक्-विलग भी नहीं होगा, इसलिए असिद्धि का भी भय नहीं है। ऐसा मनुष्य प्राप्ति व अप्राप्ति दोनों स्थितियों में सम भाव रखता है। वह नियत कर्म रूपी यज्ञ की प्रक्रिया करता हुआ कर्म के बंधन से सर्वदा मुक्त रहता है।

गतसङ्गस्य मुक्तस्य ज्ञानावस्थितचेतसः।
यज्ञायाचरतः कर्म समग्रं प्रविलीयते॥ 23॥

"आसक्ति से रहित ज्ञान में स्थित, राग-द्वेष से सर्वथा मुक्त, साम्य ज्ञान में स्थिर

चित्तवाले तथा केवल यज्ञ ही के लिए कर्म करनेवाले मुक्त मनुष्य के संपूर्ण कर्म विलीन हो जाते हैं।"

यज्ञ के लिए किए गए कर्म कोई बंधन पैदा नहीं करते तथा अनासक्त भाव से किए गए कर्म स्वर्गप्रद स्थिति से भी उत्तम स्थिति मोक्ष प्रदान करते हैं। यहाँ 'समग्र' शब्द का विशिष्ट महत्त्व है। सामान्यतया लोग, जैसा की अर्जुन भी प्रारंभ में कथन करता है, स्वर्ग सुख को ही परम साध्य मानते हैं और उनकी दृष्टि में स्वर्ग सुख को प्राप्त करा देनेवाले कर्म बंधनकारी नहीं होते, परंतु गीताकार श्रीकृष्ण स्वर्ग से परे मोक्ष-प्राप्ति को ही समग्र मानते हैं। यज्ञार्थ कर्म भी अनासक्त भाव से करने पर ही 'समग्रं' लय पाते हैं। यज्ञ का तात्पर्य द्रव्य-यज्ञ या अग्नि में केवल तिल, जौ, चावल, घृत इत्यादि की आहुति के संकीर्ण रूप से नहीं है। अग्नि में आहुति छोड़ते समय अंत में 'इदं न मम्' अर्थात् 'यह मेरा नहीं है'—इन शब्दों का उच्चारण वस्तुतः स्वार्थ-त्याग रूपी निर्ममत्व के तत्त्व को प्रदर्शित करता है तथा इस रीति से 'इदं न मम्' भाव ममता युक्त बुद्धि छोड़कर संपूर्ण कर्म को ब्रह्म को अर्पण करने के आचरण को लक्षित करता है। उससे भी उन्नत स्थिति में; अपने सर्वात्म को होम तथा दग्ध कर; साक्षात्कार के साथ ज्ञान में स्थित, संगदोष व आसक्तियों से रहित हो; कर्मभाव में स्थित होने से; ऐसे पुरुष के संपूर्ण कर्म भलीभाँति विलीन हो जाते हैं। कर्मों का अभीष्ट ईश्वर उससे भिन्न नहीं रह जाता।

ब्रह्मार्पणं ब्रह्महविर्ब्रह्माग्नौ ब्रह्मणा हुतम्।
ब्रह्मैव तेन गन्तव्यं ब्रह्मकर्मसमाधिना॥ 24॥

"ऐसे यज्ञ के लिए आचरण करनेवाले पुरुषों में से कोई तो इस भाव से यज्ञ करते हैं कि अर्पण का स्त्रुवा आदि भी ब्रह्म स्वरूप है तथा हवि अर्थात् हवन करने योग्य द्रव्य भी ब्रह्म है और ब्रह्मरूप अग्नि में ब्रह्मरूप कर्ता के द्वारा, जो हवन किया गया है, वह भी ब्रह्म ही है।"

इसलिए ब्रह्मरूप कर्म में समाधिस्थ उस पुरुष द्वारा जो प्राप्त होने योग्य है, वह भी वस्तुतः ब्रह्म ही है। ऐसे समर्पण भाव से जिसके कर्म ईश का स्पर्श कर समाधिस्थ हो चुके हैं तथा उनमें ही उनका लय हो चुका है, ऐसे आत्मज्ञानी के लिए जो प्राप्त होने योग्य है, वह मात्र परमसत्ता परमपिता, परमेश्वर ही हैं।

दैवमेवापरे यज्ञं योगिनः पर्युपासते।
ब्रह्माग्नावपरे यज्ञं यज्ञेनैवोपजुह्वति॥ 25॥

"कुछ योगीजन देवताओं के पूजन रूप यज्ञ को ही भलीभाँति संपादित कर यथेष्ट समझते हैं और अन्य योगीजन परब्रह्म परमात्मा रूपी अग्नि में आहुति डालते हैं।"

स्पष्ट है कि परब्रह्म परमात्मा में ज्ञान द्वारा एकीभाव से स्थित होना ही ब्रह्मरूप अग्नि में यज्ञ के द्वारा यज्ञ को हवन करना है।

श्रोत्रादीनीन्द्रियाण्यन्ये संयमाग्निषु जुह्वति।
शब्दादीन्विषयानन्य इन्द्रियाग्निषु जुह्वति॥ 26॥

"कुछ योगी श्रोत्रादिक जैसे श्रवण, नेत्र, त्वचा, जिह्वा और नासिका आदि कर्मेंद्रियों के संयम से अर्थात् स्वाधीनतापूर्वक अग्नि में हवन करते हैं।"

कुछ योगी उक्त कर्मेंद्रियों के विषयजनित विकारों को रोककर उन्हें अपने वश में कर लेते हैं और कुछ योगीजन शब्दादिक विषयों यथा शब्द, स्पर्श, रूप, रस और गंध की विषयजनित वासनाओं को इंद्रियरूप अग्नि में दग्ध कर देते हैं अर्थात् जिनकी इंद्रियाँ राग-द्वेष रहित हैं, वे इंद्रियों द्वारा विषयों को ग्रहण करते हुए भी उन इंद्रिय-विषयों में अनासक्त रहते हैं, जिससे उनके विषय-जनित विकार ऐसे ही भस्म हो जाते हैं, जैसे प्रचंड अग्नि में डाली गई लकड़ी। प्रत्येक साधक को संसार में स्थित रहते हुए भी प्रभु भक्ति में चित्त साधकर भजन करना होता है। उसकी साधना की चेष्टा में नाना प्रकार के लोगों के अच्छे-बुरे शब्द, भाव, विषय व विकार भिन्न-भिन्न प्रकार से उसके मन को विभिन्न विधियों से असंयमित करने का प्रयास करते रहते हैं तथा साधक को विभिन्न राग-विषयों की ओर आकर्षित करने की चेष्टा करते रहते हैं, किंतु साधक उनके फेर में नहीं पड़ता। वह ऐसे विषयोत्तजक विकारों को उत्पन्न होते ही अपनी संयम रूपी अग्नि से दग्ध कर देता है, जिससे उनका भाव बदलकर उसकी साधना में सहायक बन जाता है। यहाँ अग्नि नहीं जलती, अपितु इंद्रिय-संयम ही वह अग्नि है, जिसमें विभिन्न इंद्रियजनित विकारों का दहन होता रहता है। साधक विकारों का आशय बदल उन्हें साधना में सहायक बना लेते हैं।

सर्वाणीन्द्रियकर्माणि प्राणकर्माणि चापरे।
आत्मसंयमयोगाग्नौ जुह्वति ज्ञानदीपिते॥ 27॥

"अन्य योगीजन सारी इंद्रियों के प्राणवायुजनित कार्यों को भी आत्म-संयम की संयोजन विधि द्वारा वश में करके आत्मसाक्षात्कार करना चाहते हैं। वे संपूर्ण इंद्रियों तथा प्राणवायु के व्यापार को ज्ञान से प्रकाशित हुई परमात्मा की स्थितिरूप योगाग्नि में हवन करते हैं।"

सामान्यतया इंद्रियाँ अपने विषयों में लगी रहती हैं। आँख देखने, कान सुनने, नाक सूँघने, जीभ स्वाद व हाथ स्पर्श के लिए हैं और ये सब इंद्रियाँ ही मिलकर बाह्य चेष्टाओं में रत रहती हैं। ये ही कार्य प्राणवायु के व्यापार हैं। अपान वायु नीचे की ओर जाती है,

उदान वायु ऊपर की ओर जाती है। व्यान वायु से संकोच का प्रसार होता है। समान वायु से संतुलन बनता है। योगीजन के उन्नत अवस्था में प्रवेश करते ही प्राण व इंद्रियों के ये व्यापार भी शांत होते जाते हैं। विषयों को प्रबल करनेवाली इंद्रियों के उद्वेग शनैः-शनैः शांत होते जाते हैं तथा विषय-विकारों के संयम के साथ आत्मा भी ईश के तद्रूप हो जाती है। परमात्मा की स्थिति पकड़ में आती जाती है तथा इस योगाग्नि में यज्ञ का परिणाम स्पष्ट हो जाता है। जिस ईश की सिद्धि करनी थी, उसको पा लिया तो फिर अब शेष ही क्या रहा।

द्रव्ययज्ञास्तपोयज्ञा योगयज्ञास्तथापरे।
स्वाध्यायज्ञानयज्ञाश्च यतयः संशितव्रताः ॥ 28 ॥

"जैसे अन्य कई लोग ईश्वर को अर्पित बुद्धि से लोक कल्याण में अपनी द्रव्य-संपत्ति लगाते हैं, वैसे ही कई लोग स्वधर्म पालन रूपी तप-यज्ञ करनेवाले होते हैं और कई लोग अष्टांग योग रूपी यज्ञ में रुचि रखते हैं।"

कुछ लोग अहिंसादि तीक्ष्ण बातों से युक्त भगवान् का जप-चिंतन तथा भगवत्प्राप्ति विषयक वेद-शास्त्रों का स्वाध्याय-रूपी ज्ञानयज्ञ करनेवाले होते हैं। कुछ लोग विविध प्रकार से अपनी संपत्ति को जनकल्याण हेतु अस्पताल, धर्मशाला, अनाथालय, वृद्धालयों, विद्यालयों, गरीबों और विधवाओं के भोजन-शिक्षा-दीक्षा आदि में लगाते हैं, जो द्रव्यमय यज्ञ है। कुछ लोग दुष्कर व्रत साधना यथा चातुर्मास्य आदि कठिन तपों से ईश्वर की आराधना करते हैं। यह तपोमय यज्ञ कहलाता है। कुछ लोग अष्टांग योग (यम, नियम, आसन, प्राणायाम, प्रत्याहार, धारण, ध्यान और समाधि) अथवा हठयोग जैसे तीक्ष्ण यज्ञों के द्वारा ईश्वर-प्राप्ति के यज्ञ करते हैं। कुछ लोग विभिन्न आध्यात्मिक ग्रंथों, शास्त्रों, उपनिषदों, वेदों, सांख्यदर्शन आदि के अध्ययन द्वारा स्वाध्याय यज्ञ करते हैं।

अपाने जुह्वति प्राण प्राणेऽपानं तथाऽपरे।
प्राणापानगती रुद्ध्वा प्राणायामपरायणाः ॥ 29 ॥

"अन्य योगीजन अपान वायु में प्राण वायु की आहूति देते हैं तथा कुछ अन्य योगीजन प्राण और अपान की गति रोककर प्राणायाम के परायण होते हैं"

प्राणायाम के प्राण शब्द से श्वास व उच्छ्वास दोनों क्रियाएँ प्रकट होती हैं, परंतु जब प्राण और अपान का भेद निहित हो, तब प्राण-बाहर जानेवाली उच्छ्वास वायु और अपान-भीतर आनेवाली श्वास होती है। यहाँ प्राण और अपान के ये अर्थ प्रचलित अर्थों से भिन्न हैं। इस अर्थ में अपान अर्थात् भीतर खींची हुई साँस में प्राण के उच्छ्वास का होम होने से पूरक नाम का प्राणायाम होता है और इसके विपरीत प्राण में अपान का होम

करने से रेचक प्राणायाम होता है। प्राण और अपान इन दोनों का ही निरोध करने से वही प्राणायाम कुंभक हो जाता हैं। अन्य तीन वायु व्यान, उदान और समान में से, व्यान वायु, प्राण और अपान के संधि स्थलों में रहता है। यह व्यान वायु धनुष खींचने, वजन उठाने आदि दम रोककर या आधे श्वास का दमन करके शक्ति के काम करते समय व्यक्त होता है। मरण समय में निकली वायु को 'उदान' तथा शरीर के सभी स्थानों पर एक सा रस पहुँचानेवाली वायु को 'समान' वायु कहा गया है। प्राण और अपान की क्रिया के समय, बाह्य वातावरण व सांसारिक भावों की तरंगों में प्रवाहित सूक्ष्म विकार भी जीव के संपर्क में आते हैं। योगियों ने इस तथ्य की अनुभूति कर यह स्पष्ट किया है कि जीव प्राण-अपान की श्वास व उच्छवास की प्रक्रिया के दौरान बाह्य वायुमंडल के संकल्प की तरंगों का स्पर्श करता है। इसी से जीव, श्वास में वायुमंडल में प्रवाहित संकल्प की तंरगें ग्रहण करते हैं व उच्छवास में आंतरिक संकल्प व अच्छे-बुरे भाव-विचार की तरंगें बाहर फेंकते हैं। बाह्य संकल्पों को ग्रहण न करना प्राण की आहुति है और भीतर संकल्पों को उठने न देना अपान की आहुति है, जो संयम रूपी अग्नि को दग्ध रखते हैं। इस प्रकार बाह्य विषयजनित संक्रमण न तो भीतर से किसी संकल्प को उत्पन्न कर पाएँ और न ही बाह्य जगत् का संक्रमण मन में कोई विकार ही पैदा कर पाए तो इस प्रकार प्राण और अपान दोनों संयम में दग्ध हो सम स्थिति प्राप्त कर लेते हैं और यही प्राणों का याम या प्राणायाम अर्थात् निरोध है।

अपरे नियताहाराः प्राणान्प्राणेषु जुह्वति।
सर्वेऽप्येते यज्ञविदो यज्ञक्षपितकल्मषाः ॥ 30 ॥

"तथा कुछ लोग आहार को नियमित कर प्राणों का प्राणों में ही होम किया करते हैं। ये सभी ऊपर से भिन्न होकर भी यज्ञ करने के प्रयोजन से परिचित हो जाने व यज्ञ कर्म के कारण पापकर्मों से शुद्ध हो जाने के कारण, ऐसे यज्ञों के करने से उद्भूत अमृत को चखकर परमब्रह्मरूपी दिव्य आकाश की ओर बढ़ते जाते हैं।"

इस प्रकार से यज्ञ भले ही भिन्न-भिन्न प्रकार से किए जाते हों, किंतु उनका उद्देश्य सर्वथा एक ही है-वह है इंद्रियों का निग्रह व विषयों में निःस्पृहता जो मनुष्य को उन्नत धरातल पर स्थित कर परब्रह्म के साथ तद्रूप कर, उसके साथ तादात्म्य बना शाश्वत धाम को सुलभ करा देता है।

यज्ञशिष्टामृतभुजो यान्ति ब्रह्म सनातनम्।
नायं लोकोऽस्त्ययज्ञस्य कुतोऽन्यः कुरुसत्तम ॥ 31 ॥

"हे कुरुश्रेष्ठ! इस प्रकार यज्ञों के परिणामरूप ज्ञानामृत को भोगने वाले योगीजन सनातन परब्रह्म परमात्मा का सायुज्य प्राप्त करने के अधिकारी बन जाते हैं।"

यज्ञ रहित पुरुष को यह मृत्युलोक भी सुखदायक नहीं है, तो फिर परलोक कैसे सुखदायक होगा अर्थात् यज्ञ के बिना मनुष्य इस लोक में या जीवन में ही सुखपूर्वक नहीं रह सकता तो फिर अगले लोक में कैसे सुखी हो पाएगा? यज्ञ कर्म जिसकी सृष्टि करता है, जो अवशिष्ट छोड़ता है, वह अमृत तुल्य है जिसकी प्रत्यक्ष अनुभूति व जानकारी ही ज्ञान है तथा इस ज्ञानामृत का पान करनेवाले योगीजन शाश्वत परमात्मा को प्राप्त होते हैं। इस प्रकार यज्ञ ही ऐसा कर्म है जिसकी पूर्णता सनातन परम स्थिति में प्रवेश दिला देती है।

एवं बहुविधा यज्ञा वितता ब्रह्मणो मुखे।
कर्मजान्विद्धि तान्सर्वानेवं ज्ञात्वा विमोक्ष्यसे॥ 32॥

"ऐसे भिन्न-भिन्न प्रकार के यज्ञ वेद की वाणी में विस्तृत रूप से वर्णित किए गए हैं। उन सबको शरीर, मन तथा इंद्रियों की विभिन्न क्रियाओं द्वारा ही उत्पन्न होनेवाला जानो। इस प्रकार तत्त्व से जानकर निष्काम कर्मयोग द्वारा तुम इस संसार बंधन से मुक्त हो जाओगे।"

स्थूल रूप से वेदों में कर्ता-भेद के अनुसार विभिन्न प्रकार के यज्ञ कहे गए हैं। मनुष्य देहात्मबुद्धि में लीन है। अतः वह अपने शरीर, मन व बुद्धि के अनुसार ही यज्ञ को समझ पाता है, किंतु मोक्ष प्राप्ति का विधान विशिष्ट है। मोक्ष प्राप्ति के पश्चात् महापुरुषों की स्थिति भी ब्रह्मतुल्य हो जाती है तथा उनकी बुद्धि मात्र यंत्र होती है, उनके द्वारा ब्रह्म ही बोलता है। यह सब प्रकार के यज्ञ अंतः-चिंतन की क्रियाएँ व आराधना की रीतियाँ हैं, जिससे आराध्य विदित हो जाता है। यज्ञ इस आराध्य तक की दूरी तय करने की नियत विशिष्ट प्रक्रिया है, जो दैवी संपद को बलवती बनाती है। इंद्रियों के संयम, श्वास का प्रश्वास में होम तथा प्रश्वास का श्वास में होम, प्राण व अपान की गति का निरोध, प्राणायाम इत्यादि जिन क्रियाओं से संपन्न होते हैं, उस कार्य पद्धति को ही कर्म समझना चाहिए। यहाँ इस प्रकार कर्म का शुद्ध स्वरूप प्रभु-आराधना या ईश्वर चिंतन ही है। अन्य कर्म मात्र जीवकोपार्जन के हेतु हैं—जैसे खेती करना, व्यापार करना, इमारत व घर बनाना, लकड़ी का काम करना, बुनाई, चर्मकारी, शिल्पकारी, राजनीति आदि ये सब सांसारिक कार्यों की पूर्ति मात्र हैं। स्वदेशी वस्तुओं का प्रयोग या निष्ठापूर्वक की गई नौकरी या राजनीति या बिना लाभ की इच्छा के किया गया व्यावसायिक कार्य, ये सब निष्काम कर्म की श्रेणी में नहीं आते। ये सब आर्थिक जीविकोपार्जन के साधन मात्र हैं।

श्रेयान्द्रव्यमयाद्यज्ञाज्ज्ञानयज्ञः परन्तप।
सर्वं कर्माखिलं पार्थ ज्ञाने परिसमाप्यते॥ 33॥

"हे परंतप! द्रव्य-संपत्ति आदि सांसारिक पदार्थों से सिद्ध होनेवाले यज्ञ की तुलना

में ज्ञानरूपी यज्ञ सब प्रकार से श्रेष्ठ है; क्योंकि हे पार्थ! अंततोगत्वा संपूर्ण यावन्मात्र कर्मयज्ञों का अवसान दिव्य ज्ञान से होता है।"

हम चाहे जिस प्रकार भी द्रव्य-पदार्थों का यज्ञ कर लें, यह परमेश्वर प्राप्ति हेतु ही किया जाता है; परंतु परमेश्वर की प्राप्ति तो उनके स्वरूप व तत्त्व ज्ञान को जाने बिना नहीं होती। इसीलिए परमेश्वर के दिव्य स्वरूप के रहस्य का ज्ञान प्राप्त कर, उस ज्ञान के अनुसार आचरण करके परमात्मा की प्राप्ति कर लेने के मार्ग या साधन को 'ज्ञान यज्ञ' कहा गया है। जीवन का ध्येय ही परमतत्त्व के उन दिव्य तत्त्वों की ज्ञान-प्राप्ति है, जो हमें कर्म के बंधनों से सर्वथा मुक्त कर देते हैं। इसका अभिप्राय यह कदापि नहीं है कि यदि कर्म का पर्यवसान ज्ञान में होता है तो ज्ञान के पश्चात् कर्मों को ही छोड़ दिया जाए, अपितु अपने लिए नहीं; किंतु लोकसंग्रह व जनकल्याण के निमित्त; कर्तव्य समझ; सभी कर्म करने चाहिए अन्यथा ज्ञानी महापुरुष की स्थिति वर्णसंकर की भाँति हो जाएगी। ज्ञान यज्ञ की पराकाष्ठा होने के कारण ऐसे महापुरुष को न तो कर्म किए जाने से कोई लाभ है और न ही कर्म छोड़ देने से कोई हानि, किंतु मानव के कल्याण के लिए कर्म करना आवश्यक होता है। यज्ञ मन को पूर्ण संयमित कर इंद्रियों को निग्रह करने की प्रक्रिया है। यज्ञ श्वास-प्रश्वास का है, प्राण को अपान तथा अपान को प्राण में होम करने का है, किंतु इस यज्ञ को प्राप्त करने का उपाय व विधि कहाँ मिलेगी? मंदिरों-गिरिजाघरों-मसजिदों-गुरुद्वारों में या पुस्तकों में, तीर्थयात्राओं में या माला जपने में? श्रीकृष्ण स्पष्ट करते हैं—नहीं, उसका तो एक ही उपाय है, सद्गुरु या किसी तत्त्वदर्शी महापुरुष की सेवा।

तद्विद्धि प्रणिपातेन परिप्रश्नेन सेवया।
उपदेक्ष्यन्ति ते ज्ञानं ज्ञानिनस्तत्त्वदर्शिनः ॥ 34 ॥

"इसीलिए इस परमतत्त्व को जाननेवाले ज्ञानी पुरुषों या सद्गुरु के पास जाकर सत्य को जानने का प्रयास करो। सेवा और निष्कपट भाव से की गई जिज्ञासा द्वारा उस ज्ञान को जानो। मर्म को जाननेवाले स्वरूपसिद्ध सद्गुरु तुम्हें उस ज्ञान का उपदेश देंगे, क्योंकि उन्होंने सत्य को प्राप्त कर लिया है।"

श्रीकृष्ण कहते हैं कि ऐसे ज्ञानी पुरुष के पास यदि सेवा भाव, विनती, जिज्ञासा के साथ जाओगे तो वह आपको सच्चा मार्ग अवश्य प्रदर्शित करेंगे। जब तक जीव स्वयं में परमात्मा की अनुभूति नहीं कर पाता, तब तक उसको ऐसे तत्त्वदर्शियों के उपदेशों के अनुकूल आचरण करना चाहिए। मनुष्य अगर शास्त्रों की विद्वत्ता में ही खोया रहेगा या गुरु के ज्ञानोपदेश में आस्था व निष्ठा नहीं रखेगा तो ज्ञान प्राप्ति संभव नहीं है। उसकी विनीत जिज्ञासाओं का तत्त्वदर्शी समाधान करेंगे। जिसे किसी तथ्य का व्यक्तिगत अनुभव

न हो, बल्कि मात्र उसके बारे में सुना ही हो उसके लिए तो शास्त्रों और उपनिषदों का ज्ञान ऐसा होता है, जैसे किसी व्यंजन में पड़े चम्मच के लिए उस व्यंजन का स्वाद।

'यस्या नास्ति निजः प्रज्ञा केवलम् तु बहुश्रुतः
न स जानति शास्त्रार्थ दर्वी सुतरासन ईवा।'(म.भा. II 55.1)

इसीलिए ज्ञार्नाजन के लिए श्रद्धा व विश्वास के साथ सद्गुरु की संगत में जिज्ञासाओं व आंतरिक परीक्षणों के साथ तथ्यों की युक्तिपरक अनुभूति आवश्यक है न कि किसी भी उपदेश का अंध आज्ञापालन, क्योंकि अनेकों ऐसे लोग भी हैं, जो अपने शिष्यों से अपनी आज्ञाओं का अक्षरशः अंधानुगमन तथा अतार्किक पालन अपेक्षित करते हैं। वे शिष्य की जिज्ञासा व तर्क ज्ञान को समाप्त कर देना चाहते हैं। सीधे-सादे लोग ऐसे दिखावटी साधुओं के जाल में फँस भी जाते हैं। ऐसे पाखंडी लोग अनेकानेक भ्रमजाल फैलाकर; मानवीय संवेदनाओं का दोहनकर; उनका अपने स्वार्थों के लिए प्रयोग करते हैं। इसलिए श्रीकृष्ण ने सच्ची जिज्ञासा-मनन-चिंतन अर्थात् 'प्रणिपातेन परिप्रश्नेन' पर पर्याप्त बल दिया है। जिन्होंने अपने अनुभवों में परमतत्त्व परमात्मा का प्रत्यक्ष साक्षात्कार कर लिया है, मात्र वे ज्ञानीजन ही सच्चे ज्ञान का उपदेश देंगे तथा जीव को साधना-पथ पर चलाएँगे। ऐसे ज्ञानी समर्पित सेवा भाव व सतत जिज्ञासा के द्वारा साधक में इसको सीखने की क्षमता का उद्भव व विकास कर देंगे।

यज्ज्ञात्वा न पुनर्मोहमेवं यास्यसि पाण्डव।
येन भूतान्यशेषेण द्रक्ष्यस्यात्मन्यथो मयि॥ 35॥

"हे पांडुपुत्र! इस प्रकार जिसने परमात्मा को तत्त्व से विदित कर लिया है, ऐसे तत्त्वदर्शी से सत्य ज्ञान को विदित कर तू इस प्रकार मोह को प्राप्त नहीं होगा। ज्ञान के द्वारा तुम सर्वव्यापी, अनंत, चेतनरूप हुए अपने अंतःकरण में ही, समग्र बुद्धि के आधार संपूर्ण भूतों को देखोगे। उसके अनंतर मुझे सच्चिदानंद रूप में एकभाव हुआ सच्चिदानंदमय ही देखोगे, क्योंकि ज्ञान प्राप्ति के उपरांत तुम देख सकोगे कि सभी जीव मुझ परमात्मा के ही अंशस्वरूप हैं।"

भिन्नता वास्तव में अज्ञानजनित होती है। जब भिन्नता का भाव विवेक के प्रकाश में तिरोहित हो जाता है तो अहंकार से मुक्त हो प्राणी, कर्मबंधन से परे हो जाता है। मूल में आत्मा और परमात्मा दोनों एकरूप हैं। परमात्मा के अंश रूप में आत्मा का समस्त प्राणियों में समावेश है अर्थात् ज्ञान-प्राप्ति के पश्चात् मैं (आत्मा), अन्य प्राणी और भगवान, यह विविध भेद नष्ट हो जाते हैं।

अपि चेदसि पापेभ्यः सर्वेभ्यः पापकृत्तमः।
सर्वं ज्ञानप्लवेनैव वृजिनं सन्तरिष्यसि॥ 36॥

"यदि तू सब पापियों से भी अधिक पाप करनेवाला है, तो भी ज्ञानरूपी नौका द्वारा निःसंदेह तू संपूर्ण पापों के भँवर को अच्छी प्रकार पार कर लेगा।"

श्रीकृष्ण यह स्पष्ट कर रहे हैं कि यदि कोई प्राणी जघन्य पापों में लिप्त होने के कारण यह सोचता है कि उसके जैसे महान् पापी को भगवत प्राप्ति होना संभव नहीं है तो वह ऐसा न सोचे। यदि वह नियत यज्ञ-कर्म के द्वारा सत्य के ज्ञान की प्राप्ति के लिए पूर्ण समर्पण, आस्था व निष्ठा से प्रयासरत होगा तो वह सद्गुरु से प्राप्त ज्ञान रूपी नौका के द्वारा निश्चय ही इस दुर्भर भँवर को पार कर जाएगा, चाहे वह भयंकर पापियों के समूह से भी अधिक घोर पापी ही क्यों न हो।

यथैधांसि समिद्धोऽग्निर्भस्मसात्कुरुतेऽर्जुन।
ज्ञानाग्निः सर्वकर्माणि भस्मसात्कुरुते तथा॥ 37॥

"हे अर्जुन! जैसे प्रज्वलित अग्नि का ताप इसमें होम किए गए समस्त ईंधन को भस्मसात कर देता है, उसी प्रकार ज्ञान की प्रदीप्त अग्नि प्राणी के समस्त कर्मों को भस्म कर देती है।"

वस्तुतः शाश्वत सत्य का ज्ञान वास्तव में साक्षात्कार की वह पराकाष्ठा है जिसमें राजसिक, तामसिक, सजातीय, विजातीय-सभी कर्म ज्ञान की अग्नि में तप कर उसी प्रकार शुद्ध हो जाते हैं, जैसे अग्नि में स्वर्ण की अशुद्धताएँ समाप्त हो शुद्ध स्वर्ण में परिवर्तित हो जाती हैं।

न हि ज्ञानेन सदृशं पवित्रमिह विद्यते।
तत्स्वयं योगसंसिद्धः कालेनात्मनि विन्दति॥ 38॥

"इसीलिए निःसंदेह इस जगत् में दिव्य ज्ञान के तुल्य कुछ भी उदांत एवं पवित्र करनेवाला नहीं है। ऐसा ज्ञान समस्त योग का संसिद्ध व परिपक्व परिणाम है।"

उस ज्ञान को अपने आप समत्व बुद्धि-रूप-योग के द्वारा भलीभाँति शुद्ध अंतःकरण से युक्त हुआ पुरुष आत्मा में अनुभव करता है अर्थात् भक्ति में सिद्ध हो जाने पर मनुष्य अपने अंतर में इस दिव्य ज्ञान का रसास्वादन करता है।

श्रद्धावाँल्लभते ज्ञानं तत्परः संयतेन्द्रियः।
ज्ञानं लब्ध्वा परां शान्तिमचिरेणाधिगच्छति॥ 39॥

"ऐसा श्रद्धावान पुरुष जो मनसा-वाचा-कर्मणा अपनी इंद्रियों को संयमित करके

दिव्य ज्ञान की प्राप्ति हेतु पूर्ण रूप से समर्पित है, वह ही इस दिव्य ज्ञान का प्राप्त करने का सच्चा अधिकारी है तथा वह ज्ञान को प्राप्त कर तत्क्षण भगवत-प्राप्ति-रूपी परम दिव्य शांति को प्राप्त हो जाता है।"

सच्चे साधक की जिज्ञासा विनय भाव से पूरित सच्ची आस्था व गहरे विश्वास से पूर्ण होनी चाहिए अन्यथा सद्गुरु उसकी झोली में कुछ डाल नहीं पाएगा। सतत प्रयास व सद्गुरु के निर्देशों के अनुपालन के प्रति तत्त्वपरक तत्परता व संसार के विषय-भावनाओं में संपूर्ण वैराग्य भाव व इंद्रिय संयम से सदैव आचरणरत रहना आवश्यक है। किताबी ज्ञान, कुतर्क-वितर्क व संशयजनित भाव से की गई जिज्ञासा, मन में भटकाव ही लाएगी। साधक को तो परम चिदानंद स्वरूप वहीं प्राप्त होगा, जहाँ उसके समस्त कर्म लक्ष्य सिद्ध कर पूर्ण हो जाएँगे। जिसके पश्चात् कुछ भी पाना शेष नहीं रहता, वहीं परम शांति है।

अज्ञश्चाश्रद्दधानश्च संशयात्मा विनश्यति।
नायं लोकोऽस्ति न परो न सुखं संशयात्मनः ॥ 40 ॥

"भगवत विषय में अज्ञान, श्रद्धारहित और संशययुक्त पुरुष पतन को प्राप्त होता है। संशययुक्त पुरुष के लिए न सुख है और न यह लोक है, न परलोक है, अर्थात् यह लोक और परलोक दोनों ही उसके लिए भ्रष्ट हो जाते हैं।"

अज्ञान, संशय व श्रद्धाहीनता परस्पर एक-दूसरे को पोषित करते हैं। नियत-कर्म व यज्ञ-भावना के प्रति अनभिज्ञता, व्यक्ति के अंदर संशय के गहरे अंधकार को जन्म देती है, जिसके कारण उसकी श्रद्धा कहीं टिक नहीं पाती। सकारात्मक ऊर्जा के अभाव में ऐसा व्यक्ति परमार्थ के मार्ग से भ्रष्ट हो पतन के दलदल में फँस जाता है। इस स्थिति में मात्र कोई तत्त्वदर्शी महापुरुष या सद्गुरु ही उसको पार लगा सकता है। इसलिए विनीत सेवा भाव व सच्ची जिज्ञासा से सद्पुरुषों का अनुकरण करना अनिवार्य है।

योगसंन्यस्तकर्माणं ज्ञानसंछिन्नसंशयम्।
आत्मवन्तं न कर्माणि निबध्नन्ति धनञ्जय ॥ 41 ॥

"ऐसे पुरुष जो कर्मफलों का परित्याग करते हुए कर्मयोग में भक्ति से तत्पर रहते हैं और जिन्होंने अपने ज्ञान से समस्त संशयों को विनष्ट कर दिया है, हे धनंजय! ऐसे आत्मपरायण पुरुष को कभी भी कर्म के बंधन नहीं बाँधते।"

संपूर्ण कर्मों को ज्ञान से काटकर समत्व-बुद्धिरूप योग द्वारा ऐसे कर्मयोगी अपने कर्म के फल को भगवान् में समाहित कर देते हैं तथा परमतत्त्व की साक्षात् अनुभूति उनके संशय रूपी जाल को काटकर उन्हें उन्नत स्थिति में खड़ा कर देती है।

तस्मादज्ञानसंभूतं हृत्स्थं ज्ञानासिनाऽऽत्मनः।
छित्त्वैनं संशयं योगमातिष्ठोत्तिष्ठ भारत॥ 42॥

"इसीलिए तेरे हृदय में भी अज्ञान के कारण जो संशय उत्पन्न हुए हैं, उन्हें तू अपनी ज्ञान रूपी तलवार से काट डाल। हे भारत! तू समत्व बुद्धि-योग में स्थित होकर युद्ध के लिए उठ खड़ा हो।"

अज्ञान के अंधकार में मनुष्य सत्य की पहचान नहीं कर पाता। फलतः मनुष्य संशय के जाल में फँस जाता है, जो उसके हृदय की श्रद्धा को भी विकीर्ण कर देता है। इस स्थिति में परमतत्त्व के साक्षात्कार से जीव विमुख हो जाता है। इस संशय का; जो हृदय में भीतर बैठा है; कोई शत्रु क्या हानि करेगा। इसलिए अंतःकरण में स्थित इस संशय रूपी शत्रु को, ज्ञान रूपी तलवार से काट डालना चाहिए। इंद्रियों के निग्रह व वासनाओं में निःस्पृहता के लिए संयम के साथ नियत कर्म व यज्ञ का आचरण करते हुए विषय-विकारों से पार पाना ही युद्ध है, जिसके पश्चात् परम का दिव्य साक्षात्कार, अनंत आनंद व परमशंति है। ऐसी विजय ही शाश्वत है।

ॐ तत्सदिति श्रीमद्भागवदगीतासूपनिषत्सु ब्रह्मविधायाँ योगशास्त्रे
श्रीकृष्णार्जनु संवादे ज्ञानकर्मसंन्यास योगो नाम चर्तुथोऽध्याय:

अतएव श्रीमद्भागवदगीता उपनिषद् के ब्रह्मविद्यांतर्गत योग शास्त्र में श्रीकृष्ण-अर्जुन के संवाद में 'ज्ञानकर्मसंन्यास' नामक चौथा अध्याय पूर्ण हुआ।

अमृत सार

सृष्टि का मात्र सृजन ही पर्याप्त नहीं था, बल्कि इसके प्राणियों का आत्मोत्थान कर परमात्मा के साक्षात्कार का ज्ञान व विधि भी देना आवश्यक था। इसीलिए भगवान् श्रीकृष्ण ने सृष्टि के आदिकाल में विवस्वान सूर्य को गोपनीय ब्रह्म ज्ञान प्रदान किया, जिसे सूर्य ने मनु से तथा मनु ने राजा इक्ष्वाकु से कहा, जिससे श्रुति-स्मृति आधारित गुरु-शिष्य परंपरा में इस दिव्य ज्ञान की गंगा अविरल बहती रही, किंतु शनैः-शनैः इसमें कतिपय रूढ़ियों व अपभ्रंशों का समावेश हो जाने से समाज में कई संप्रदाय उत्पन्न हो गए। अर्जुन भी ऐसी ही रूढ़ियों का शिकार हो गया था जिसके निराकरण के लिए भगवान् श्रीकृष्ण ने पुनः उस पुरातन दिव्य ज्ञान को; अर्जुन को निमित्त बनाकर; गीता के रूप में प्रकट किया। इसलिए अर्जुन सामान्य व्यक्ति की भाँति श्रीभगवान् से यह संशय प्रकट करता है कि उनका जन्म तो अभी हुआ है, जबकि विवस्वान सूर्यदेव तो पुरातन काल से हैं। सामान्य व्यक्ति को भगवान् श्रीकृष्ण के यथार्थ स्वरूप के विषय में कोई शंका न रहे तथा वह गीता के ज्ञान को गंभीरता व गहनता से ग्रहण कर सके, इस उद्देश्य से भगवान्

श्रीकृष्ण अर्जुन के संशय का निराकरण स्वयं करते हुए कहते हैं कि सामान्य जीव तथा परमेश्वर दोनों ही सनातन एवं शरीर के आधारवाले हैं, किंतु जीव का जन्म प्रकृतिजन्य पचंभूतों से निर्मित शरीर के द्वारा उसके पूर्ण कर्म संस्कारों के अनुरूप होता है, जबकि परमात्मा अपनी योगमाया के द्वारा प्रकृति को वश में करके अवतरित होते हैं। सामान्य जीव का जन्म उसके पाप-पुण्यों के भोग हेतु उसके पूर्व-कर्मजन्य-प्रारब्धवश होता है, जबकि परमात्मा को कर्म लिपायमान नहीं करते तथा वे भक्तों के मनोरथ सिद्ध करने के लिए एवं अधर्म का विनाश कर धर्म की संस्थापना के लिए युग-युग में प्रकट होते हैं। उनके कर्म एवं अवतरण दिव्य एवं अलौकिक हैं तथा वे अनंत रूपों में भक्तों के हृदय में नाना लीलाएँ व्याप्त करते हैं। द्वितीय अध्याय में उन्होंने 'कर्म' का नाम प्रथम बार लिया तथा तृतीय अध्याय में कहा कि चाहे ज्ञानमार्ग उचित प्रतीत हो या निष्काम कर्मयोग, किंतु कर्म दोनों में ही अपरिहार्य है, परंतु कौन सा कर्म? तो श्रीकृष्ण ने बताया कि नियत कर्म और फिर उसका स्वरूप बताते हुए कहा कि यज्ञ की क्रिया ही 'नियत कर्म' है। उन्होंने कर्म की गूढ़-गति की सूक्ष्मताओं को भी सहज सरल रूप में बताया। इसीलिए कर्म का प्रयोग 'स्वकर्म' या 'स्वधर्म' के निर्वहन के रूप में निरूपित किया। स्वधर्म के आचरण के लिए काम-क्रोध को जीतना आवश्यक है अन्यथा कर्म में निष्कामता व समभाव नहीं आ सकता। इसके लिए जीव को अपने चित्त को स्वच्छ व निर्मल करना होगा। मानव-चित्त को निर्मल व शुद्ध करने के लिए जो कर्म किए जाएँ वही गीता में 'विकर्म' बताए गए हैं। इस प्रकार 'कर्म', 'विकर्म' तथा 'अकर्म'—इनका प्रयोग अत्यंत महत्त्व का है। यदि स्वधर्म का आचरण बाह्य रूप से किया जा रहा है तो हृदय के अंतर में स्वधर्म की बाह्य-क्रिया के प्रति एक्य का भाव ही 'विकर्म' है। कर्म में बाह्य एवं आंतरिक ऐक्यता का समावेश होना चाहिए, क्योंकि शरीर तथा मन दोनों भिन्न-भिन्न हैं तथा दोनों ही साधन हैं, इसलिए दोनों साधनों की दिशा अलग-अलग न होकर दोनों में सामंजस्य रहेगा, तभी साध्य की सिद्धि हो पाना संभव है। इसीलिए भक्तियोग में, बाह्य आचरण में तप तथा आंतरिक रूप से मन में परमात्मा का जप चलना चाहिए। मनन-चिंतन में अंदर-बाहर समान भाव होना चाहिए। इस प्रकार आचरण से कर्म में विकर्म का समावेश हो जाने से कर्म का रूप दिव्य हो जाता है तथा उसमें से 'अकर्म' का भाव निर्मित होता है अर्थात् 'कर्म' में 'विकर्म' के समावेश से 'अकर्म' होता है जैसे कि मानो कोई कर्म किया ही नहीं है। एक भारी लकड़ी का लठ्ठा जलाया जाए तो वह जलकर धीरे-धीरे राख में परिवर्तित हो जाता है। जलने से पहले भारी लकड़ी तथा जलने के पश्चात् मात्र मुठ्ठी भर राख। कहाँ लकड़ी? कहाँ राख? ऐसी परिस्थिति में कहीं भी कर्म का कोई भाव नहीं रहता। कर्म करके भी जीव अकर्ता रहता है। उसे कर्म में कोई स्वार्थ या लिप्सा नहीं रहती है। विकर्म के कारण, मन की निर्मलता के द्वारा कर्म के कर्मत्व का लोप हो जाता है।

कर्म इस प्रकार अकर्म कैसे बन जाता है? उसे सीखने की भगवान् श्रीकृष्ण नियत विधि बताते हैं कि तत्त्वदर्शियों, संतों, महापुरुषों की विनीत भाव से संगत करने से, उनकी सेवा करने से तथा उनसे शिक्षा ग्रहण करने से वे जीव को तत्त्व सहित ज्ञान विदित कराकर उसके सारे संशयों का निवारण कर देंगे। इस प्रकार जीव ज्ञान की तलवार से अपने समस्त अज्ञान को नष्ट कर निष्काम भाव, श्रद्धा-भक्ति व समर्पण से इंद्रियों को संयमित कर अपने सारे विषय-विकारों को दग्ध करते हुए स्वकर्म में रत होकर परम स्थिति में प्रवेश कर जाएँगे।

□

अथ पञ्चमोऽध्यायः

कर्म करने की युक्ति

श्रीकृष्ण (2.46) कह आए हैं कि जैसे चारों ओर पानी-ही-पानी उपलब्ध हो तो नहाने के लिए कोई कुएँ की खोज नहीं करता, उसी प्रकार कर्मों से सिद्ध होनेवाला ज्ञान प्राप्त हो जाने पर ज्ञानी को कर्म की कोई भी अपेक्षा नहीं रहती। इसीलिए अर्जुन तीसरे अध्याय में श्रीकृष्ण से सर्वप्रथम यही प्रश्न पूछता है कि यदि उनके मत में कर्म की अपेक्षा निष्काम अथवा साम्य बुद्धि ही श्रेष्ठ है तो स्थितप्रज्ञ की भाँति, वह भी अपनी बुद्धि को शुद्ध कर ले! कृष्ण उसे फिर इस भयंकर युद्ध की मार-काट में क्यों फँसा रहे हैं। श्रीकृष्ण ने स्पष्ट किया कि कर्म तो प्रत्येक स्थिति में करना ही होगा। चौथे अध्याय में श्रीकृष्ण ने ज्ञान और योग के समुच्चय से ही कर्म करने पर बल दिया। यद्यपि इन दोनों का पृथक्-पृथक् उपयोग भी स्पष्ट किया कि निष्काम बुद्धियोग के द्वारा कर्म करने पर उनके बंधन टूट जाते हैं और मोक्ष के लिए बाधक नहीं होते। ज्ञान से मन के संशय को समाप्त कर मोक्ष-प्राप्ति होती है, किंतु न अकेले कर्म पर्याप्त है और न अकेले ज्ञान। श्रीकृष्ण अर्जुन से कहते हैं कि वह ज्ञान-युक्त कर्म के योग का आश्रय लेकर युद्ध करे। संन्यास का तात्पर्य कर्म त्याग से नहीं है, अपितु निष्काम बुद्धि से परमात्मा में कर्म के संन्यास अर्थात् अर्पण से है, किंतु अर्जुन की जिज्ञासा अभी भी शांत नहीं हुई है। इसलिए वह प्रश्न करता है कि····

अर्जुन उवाच

संन्यासं कर्मणां कृष्ण पुनर्योगं च शंससि।
यच्छ्रेय एतयोरेकं तन्मे ब्रूहि सुनिश्चितम्॥ 1॥

"अर्जुन ने कहा, 'हे कृष्ण! आप कर्मों के संन्यास (कर्म त्यागने) के लिए भी कहते हैं और फिर निष्काम कर्मयोग की प्रशंसा भी करते हैं। इसलिए इन दोनों मार्गों में से

एक जो निश्चय रूप से अधिक कल्याणकारी हो, उसको मेरे लिए कहिए।"

अर्जुन की जिज्ञासा मूलत: एक सामान्य व्यक्ति की जिज्ञासा है, जो मुक्ति तो चाहता है, किंतु उसके लिए सरलतम मार्ग एवं विधि ढूँढ़ता है। अर्जुन मात्र यह कह देने से संतुष्ट नहीं हो सकता था कि पूर्ण ब्रह्म ज्ञान प्राप्त हो जाने पर कर्मों को करना अथवा न करना एक सा है (गीता 3.18), क्योंकि समस्त व्यवहारों में कर्म की तुलना में ज्ञान की श्रेष्ठता होने के कारण ज्ञान से जिसकी बुद्धि समस्त भूतों में सम हो गई हो उसे आगे किसी भी कर्म का शुभाशुभत्व लिपायमान नहीं करता। अत: श्रीकृष्ण अर्जुन को स्पष्ट करते हैं—

श्री भगवानुवाच

संन्यासः कर्मयोगश्च निःश्रेयसकरावुभौ।
तयोस्तु कर्मसंन्यासात्कर्मयोगो विशिष्यते॥ 2॥

"श्रीभगवान् श्रीकृष्ण ने अर्जुन को उत्तर देते हुए स्पष्ट किया कि मन, इंद्रियों और शरीर के द्वारा; मनसा-वाचा-कर्मणा; संपूर्ण कार्यों में कर्तापन का त्याग अर्थात् कर्मों का संन्यास तथा समत्व-बुद्धि से भगवत-अर्थ कर्मों का आचरण अर्थात् निष्काम कर्म योग, यह दोनों ही परम कल्याणदायक हैं, किंतु इन दोनों में भी कर्मों के संन्यास (ज्ञानमार्ग) की तुलना में निष्काम कर्मयोग का आचरण सुगम होने से श्रेष्ठ है।"

इसी अभिप्राय से बृहदारण्यकोपनिषद् में उल्लिखित वृत्तांत में याज्ञवल्क्य ने मिथिला नरेश जनक को ब्रह्म ज्ञान का बहुत उपदेश दिया, किंतु राजा जनक से यह कहीं भी नहीं कहा कि वे राज-पाट छोड़कर संन्यास ले लें अपितु उनसे यह कहा कि कुछ ज्ञानी पुरुष ज्ञान प्राप्ति के पश्चात् संसार को छोड़ देते हैं। "न कामयन्ते" (बृह.4.4.22), वे इस संसार की कामना इसलिए नहीं करते, क्योंकि इस संसार की सांसारिकता में उनकी रुचि समाप्त हो जाती है। श्रीकृष्ण यह नहीं कहते कि (जैसा उपनिषदों में वर्णित किया गया है) यह संन्यास मार्ग मोक्षप्रद नहीं है। वे स्पष्ट करते हैं कि यद्यपि कर्मयोग एवं संन्यास दोनों मार्ग मोक्षप्रद हैं, तथापि मोक्ष की दृष्टि से दोनों का फल एक ही होने पर भी, ज्ञान के पश्चात् भी, निष्काम बुद्धि से कर्म में रत रहना ही अधिक श्रेष्ठ है।

ज्ञेयः स नित्यसंन्यासी यो न द्वेष्टि न काङ्क्षति।
निर्द्वन्द्वो हि महाबाहो सुखं बन्धात्प्रमुच्यते॥ 3॥

"जो पुरुष न तो किसी के प्रति कोई राग-द्वेष रखता है और न किसी से कोई इच्छा ही करता है, हे महाबाहो! ऐसा निष्काम कर्मयोगी सदा संन्यासी ही समझा जाने योग्य है, क्योंकि ऐसा पुरुष राग व आसक्तियों के द्वंद्व से रहित हो, सुखपूर्वक संसार-रूपी भवबंधन को पार कर पूर्णतया मुक्त हो जाता है।"

सांख्ययोगौ पृथग्बालाः प्रवदन्ति न पण्डिताः।
एकमप्यास्थितः सम्यगुभयोर्विन्दते फलम्॥ 4॥

"सांख्ययोग व निष्काम कर्मयोग को मूर्ख अज्ञानी लोग ही अलग-अलग फल वाला कहते हैं, न कि विद्वान् पंडित जन, क्योंकि दोनों में से एक में भी अच्छी प्रकार स्थित हुआ पुरुष दोनों के फलस्वरूप परमात्मा की प्राप्ति करता है।"

जिस व्यक्ति की समझ अभी इस पथ पर परिपक्वता को प्राप्त नहीं हुई है, वही कर्मयोग व ज्ञानयोग को भिन्न-भिन्न मानता है, किंतु दोनों में से किसी एक के भी संपूर्ण पालन से वह उस एक ही फल को प्राप्त करेगा, क्योंकि फल एक ही समान है।

यत्सांख्यैः प्राप्यते स्थानं तद्योगैरपि गम्यते।
एकं सांख्यं च योगं च यः पश्यति स पश्यति॥ 5॥

"सांख्ययोग या ज्ञानयोग के द्वारा जो परमधाम प्राप्त किया जाता है, निष्काम कर्मयोगियों के द्वारा भी वही प्राप्त किया जाता है। इसलिए जो पुरुष ज्ञानयोग तथा नैष्कर्म योग को सम भाव से देखता है, वही वस्तुओं को यथार्थ रूप में देखता है।"

श्रीकृष्ण ने अर्जुन को स्पष्ट कर दिया कि ज्ञानयोग व कर्म योग दोनों में ही कर्म तो करना ही है तथा दोनों में ही इंद्रियों का संयम भी आवश्यक है, क्योंकि शरीर नश्वर है। इसी नश्वर शरीर से परे इंद्रियाँ हैं। इंद्रियों से परे मन है। मन से परे बुद्धि है। बुद्धि से परे मनुष्य का स्वरूप है, जहाँ से मनुष्य प्रेरित होता है। इस प्रकार जब कोई मनुष्य अपनी बुद्धि-विवेक की सीमाओं को अपने ज्ञान से समझकर उसी के अनुरूप स्वावलंबी होकर कर्म हेतु प्रेरित होता है तो वह ज्ञानयोग की स्थिति है, किंतु जब वह अपने कर्मों को ईश्वर के प्रति पूर्ण समर्पित कर; बिना किसी लालसा, कामना या आकांक्षा के; ईश्वर पर ही पूर्ण आश्रित हो आस्था के साथ उसी कर्म में प्रवृत्त होता है तो वह निष्काम कर्मयोग है। रास्ते दो दिखाई देते हैं, किंतु वे परिणाम एक ही प्रदान करते हैं।

संन्यासस्तु महाबाहो दुःखमाप्तुमयोगतः।
योगयुक्तो मुनिर्ब्रह्म नचिरेणाधिगच्छति॥ 6॥

"हे महाबाहो! निष्काम कर्मयोग के बिना, संन्यास अर्थात् कर्मों को त्याग कर कोई भी सुखी नहीं बन सकता। मन, इंद्रियों और शरीर द्वारा होनेवाले समस्त कर्मों में कर्तापन के भाव के त्याग द्वारा भगवत्स्वरूप को मनन करनेवाला निष्काम कर्मयोगी परमपिता परमेश्वर को शीघ्र ही प्राप्त हो जाता है।"

निष्काम कर्मयोग के अभाव में 'संन्यास' अर्थात् सर्वस्व का न्यास प्राप्त होना दुःखप्रद ही है, क्योंकि जब योग का आचरण ही प्रारंभ नहीं हुआ तो प्राप्ति कैसी? संपूर्ण

समर्पण भाव के साथ निष्काम कर्मयोग से ही भक्ति में रत साधक भगवत-प्राप्ति सिद्ध करता है। पिछले श्लोक में "एकं सांख्यं च योगं च यः पष्यति स पष्यति" के कथन के उपरांत यह श्लोक भी यह स्पष्ट कर देता है कि संन्यास मार्ग में ज्ञान को प्रधान मान लेने पर भी, उस ज्ञान की सिद्धि बिना कर्म के नहीं होती है और निष्काम कर्म के पथ में यद्यपि कर्म किए जाते हैं, तो भी वे ज्ञानपूर्वक होते हैं। इसी कारण भगवत प्राप्ति में कोई बाधा उत्पन्न नहीं होती। इसलिए इन दोनों विधियों में भेद करना अविवेकपूर्ण है। अच्छे या बुरे कर्म का फल मनुष्य को एक-न-एक जन्म में भोगना ही पड़ता है। कर्म अनादि है और उसके अखंड व्यापार में परमात्मा कोई हस्तक्षेप नहीं करता। सब कर्मों को छोड़ देना भी संभव नहीं है। उपनिषदों व मीमांसाओं के मतानुसार कुछ कर्मों को करने व कुछ कर्मों का त्याग कर देने पर भी कर्म बंधन छूटते, नहीं तो कर्म बंधन से छूटने और उसके मूल में स्थित अमृत व अविनाशी तत्त्व में मिल जाने की मनुष्य की स्वाभाविक इच्छा की तृप्ति कैसे हो ? वेद, उपनिषदों, स्मृतियों में यज्ञयाग आदि पारलौकिक कल्याण के अनेक मार्गों का वर्णन है, किंतु मोक्ष प्राप्ति के लिए वे भी गौण हैं। यज्ञयाग आदि पुण्य कर्मों के द्वारा स्वर्ग प्राप्ति तो हो सकती है, किंतु जैसे ही इन पुण्य कर्मों का फल क्षय होता है; भले ही वह कितना भी दीर्घ क्यों न हो; मनुष्य को फिर इस लोक में आना ही पड़ता है (गीता 8.25; 9.20)। इसलिए कर्मबंधन से मुक्त हो, मोक्ष प्राप्ति द्वारा जन्म-मरण के भवसागर से पार पाने का यह सार्थक मार्ग नहीं है। इस सत्य को विदित कर लेना ही वस्तुतः विद्या या ज्ञान है। इसीलिए कहा गया है कि 'कर्मणा बध्यते जंतु; विद्यया च प्रमुच्यते' कि 'कर्म से जीव बँधता है तथा विद्या से मुक्त होता है।' 'विद्या' का यही अर्थ 'ज्ञान' में अंतर्निहित है। इसीलिए भगवान् श्रीकृष्ण ने अर्जुन से कहा कि 'ज्ञानाग्निः सर्वकर्माणि भस्मसात्कुरूते तथा॥' (4.37) अर्थात् ज्ञान रूपी अग्नि में समस्त कर्म भस्मसात हो जाते हैं। बृह. उप (1.4.10) में कथन है, 'य एव वेदाहं ब्रह्मास्मीति स इदं सर्वं भवति' अर्थात् जो यह जानता है कि वह ही ब्रह्म है; वही अमृत ब्रह्म होता है। जिस प्रकार कमल के पत्ते पर पानी नहीं टिकता, उसी प्रकार परमात्म तत्त्व को जो अनुभूत कर लेता है, उसे कर्म लिपायमान नहीं करते (छाद. उप.4.14.3)। "ज्ञात्वा देवं मुच्चते सर्वपाशैः" (श्वे 5.13; 6.13) अर्थात् परमात्मा का ज्ञान होने पर समस्त बंधनों से प्राणी मुक्त हो जाता है। इसी को श्रीकृष्ण आगे पुनः स्पष्ट करते हैं।

योगयुक्तो विशुद्धात्मा विजितात्मा जितेन्द्रियः।
सर्वभूतात्मभूतात्मा कुर्वन्नपि न लिप्यते॥ 7॥

"जो भगवत प्राप्ति हेतु निष्काम कर्म को तत्पर है, ऐसी विशुद्ध आत्मा वाला जीव अपनी शारीरिक वृत्तियों को संयम में रखता है। ऐसा जितेंद्रिय एवं विशुद्ध अंतःकरण

वाला एवं संपूर्ण प्राणियों के आत्म रूप परमात्मा में एकीभाव हुआ कर्मयोगी; कर्म करता हुआ भी लिपायमान नहीं होता, क्योंकि समस्त चराचर जगत् का जो मूल उद्‌गम व आधार है, वह उस अलौकिक स्थिति को प्राप्त कर लेता है।"

इसीलिए उसे कर्मों का बंधन लिपायमान नहीं करता। यही इस पथ के गामी के योग की पराकाष्ठा है।

नैव किंचित्करोमीति युक्तो मन्येत तत्त्ववित्।
पश्यन् श्रृणवन्स्पृशञ्जिघ्रन्नश्नन्गच्छन्स्वपन् श्वसन्॥ 8॥
प्रलपन्विसृजन्गृह्णन्नुन्मिषन्निमिषन्नपि।
इन्द्रियाणीन्द्रियार्थेषु वर्तन्त इति धारयन्॥ 9॥

"ऐसी दिव्य चेतना के अमृत तत्त्व से युक्त योगी देखता हुआ, सुनता हुआ, स्पर्श करता हुआ, सूँघता हुआ, भोजन करता हुआ, गमन करता हुआ, सोता हुआ, श्वास लेता हुआ, बोलता हुआ, त्यागता हुआ, ग्रहण करता हुआ और आँखों को खोलता-मींचता हुआ भी, अर्थात् तब भी जब सब इंद्रियाँ अपने-अपने इंद्रियजन्य अर्थ-विषयों में व्यस्त रहती हैं, ऐसा समझता और निश्चयपूर्वक मानता है कि मैं कुछ भी नहीं करता हूँ।"

'इंद्रियाणींद्रियार्थेशु वर्तन्त' अर्थात् 'इंद्रियाँ अपने अर्थों के अनुरूप आचरण करती हैं' एवं दृश्य सृष्टि में जो कुछ भी है वह सब यद्यपि कर्ममय है, तथापि इस जगत् के मूल आधार परमेश्वर ही की वह सब लीला है। इसी कारण कोई भी कर्म उनके लिए बंधन उत्पन्न नहीं कर पाता। सब कर्मों को करके भी परमात्मा अलिप्त ही रहते हैं। इसीलिए परम तत्त्व का ज्ञान अर्थात् 'ब्रह्मात्मैक्य' तथा 'परमात्मा की अलिप्तता' के ज्ञान की प्राप्ति कर उसे मृत्युपर्यंत स्थिर रखना ही कर्म-पाष से मुक्त होने का सत्य मार्ग है। 'ज्ञानेन कुरूते यत्नं यत्नेन प्राप्यते महत्' अर्थात् मनुष्य ज्ञान से क्रिया रूपी यत्न करता है और यत्न से इस मार्ग के अंत में 'महीम' ईश्वर को प्राप्त हो जाता है।

ब्रह्मण्याधाय कर्माणि सङ्गं त्यक्त्वा करोति यः।
लिप्यते न स पापेन पद्मपत्रमिवाम्भसा॥ 10॥

"जो मनुष्य समस्त कर्मों को परमात्मा को समर्पित करके और आसक्त रहित होकर अपना कर्म करता है, वह सभी पाप कर्मों से उसी प्रकार बंधन मुक्त रहता है जिस प्रकार कमल के पत्ते को जल लिपायमान नहीं कर पाता।"

कमल कीचड़ में हो या जल में, भले ही उसके ऊपर से दिन-रात कितनी ही लहरें क्यों न निकले, किंतु जल की एक भी बूँद उसके पत्तों पर टिक नहीं पाती। उसी प्रकार जो साधक अपने समस्त कर्मों को परमात्मा को समर्पित कर; अनासक्त भाव से; कर्म करता

रहता है वह भी कर्म बंधनों में लिप्त नहीं होता। माण्डुक्य उपनिषद्-2 में कथन है, 'सर्व ह्येतद्ब्रह्म'। यही श्रीकृष्ण ने गीता में 'मम योनिर्महद्ब्रह्म'(14.3) कहा है। उससे स्वतः स्पष्ट है कि संसार की प्रत्येक वस्तु में ब्रह्म की अभिव्यक्ति है और कार्य में भिन्न-भिन्न रूप से प्रकट होने पर भी वे कारण से अभिन्न हैं, जैसे कमल पत्र जल में रहकर भी भीगता नहीं है।

कायेन मनसा बुद्ध्या केवलैरिन्द्रियैरपि।
योगिनः कर्म कुर्वन्ति सङ्गं त्यक्त्वाऽऽत्मशुद्धये॥ 11॥

"ऐसे योगी निष्काम कर्म भावना से; ममत्व रहित होकर; शरीर, मन, बुद्धि व इंद्रियों द्वारा पोषित विषयों के प्रति अपनी आसक्ति को त्याग कर, अंतःकरण की शुद्धि के लिए कर्म करते हैं।"

भक्तिरसामृत सिंधु (1.2.187) में उल्लेख है—"ईहा यस्य हरेर्दास्ये कर्मणा मनसा गिरा। निखिलास्वप्यवस्थासु जीवन्मुक्तः स उच्चये॥" अर्थात् 'शरीर, मन, बुद्धि एवं वाणी से ईश्वर भावना में रत कर्म करता हुआ पुरुष इस संसार में भी मुक्त रहता है, भले ही प्रत्यक्ष रूप से वह सांसारिक कार्यों में कितना ही व्यस्त क्यों न रहे', किंतु जहाँ उसका अहंकार तिरोहित हुआ तथा उसे यह अनुभव हुआ कि मनसा, वाचा, कर्मणा समस्त इंद्रियाँ व शरीर ईश्वराधीन हैं, वैसे ही वह परमेश्वर से सायुज्य प्राप्त कर लेता है।

युक्तः कर्मफलं त्यक्त्वा शान्तिमाप्नोति नैष्ठिकीम्।
अयुक्तः कामकारेण फले सक्तो निबध्यते॥ 12॥

"निश्चल निष्काम योगी कर्मों के फल को परमात्मा को समर्पित करके भगवत प्राप्ति रूपी शुद्ध शांति को प्राप्त करता है। सकामी पुरुष फल में आसक्त हो कामना के द्वारा कर्म बंधन में बँध जाता है।"

जो युक्त अर्थात् योगयुक्त हो गया, वह कर्म फल की आशा छोड़कर दिव्य शांति को पाता है। प्रभु कृपा का दिव्य प्रकाश उसके अंतःकरण को ईश्वरीय प्रकाश से भर देता है तथा उसके अंतर्मन का अंधकार व संशय स्वतः समाप्त हो जाता है। पूर्ण शांति की स्थिति स्थापित हो जाती है, किंतु जो अभी रास्ते में ही भटक कर योगयुक्त नहीं हुआ है, वह काम-वासनाओं के घोर अंधकार में खो संसार के भवसागर में ही डूबा रहता है।

सर्वकर्माणि मनसा संन्यस्यास्ते सुखं वशी।
नवद्वारे पुरे देही नैव कुर्वन्न कारयन्॥ 13॥

समस्त कर्मों को मन से त्याग कर अपने अंतःकरण को वश में करके, ऐसा पुरुष,

निःसंदेह न करता हुआ और न करवाता हुआ, नौ द्वारों वाले शरीर रूपी नगर में, समस्त कर्मों को मन से त्याग कर, ऐसा जानता हुआ कि इंद्रियाँ अपने अर्थों के अनुरूप कार्य करती हैं, आनंदपूर्वक सच्चिदानंद परमेश्वर के स्वरूप में ही स्थित रहता है।

श्वेताश्वतर उपनिषद् (3.18) में कथन है—

'नवद्वारे पुरे देही हँसो लेलायते बहिः।
वशी सर्वस्य लोकस्य स्थावरस्य चरस्य च॥'

"जीव की देह में स्थित ईश्वर, ब्रह्मांड के समस्त चराचर जीवों का नियंता है। यह शरीर नौ द्वारों-दो आँखों, दो नासिका छिद्रों, दो कानों, एक मुँह, गुदा तथा उपस्थ-से युक्त है। वृद्धावस्था में जीव अपने आपको शरीर मानता है, किंतु जब वह अपने अंदर स्थित परमतत्त्व को विदित कर लेता है तो वह शरीर में रहते हुए भी ईश्वर में तद्रूप हो जाता है।"

न कर्तृत्वं न कर्माणि लोकस्य सृजति प्रभुः।
न कर्मफलसंयोगं स्वभावस्तु प्रवर्तते॥ 14॥

"शरीर रूपी नगर का स्वामी, देहधारी मनुष्य न तो कर्मों के कर्तापन या स्वामित्व भाव में लिप्त होता है, न ही लोकवासियों को कर्म करने हेतु प्रेरित करता है, और न ही कर्मफल की रचना करता है।"

यह सब तो प्रकृति के स्वभाववश उसी के गुणों द्वारा ही संपादित किया जाता है। ईश्वर भी समस्त भूतादिकों के न तो कर्तापन, न कर्मों और न कर्मों के फलों को रचता है, किंतु ईश्वर के सकाश से प्रकृति ही अपने गुणों के अनुसार कार्य करती है। नौ द्वारवाले नगर रूपी शरीर में जब तक जीव निवास करता है, तब तक जीव उस शरीर का स्वामी प्रतीत होता है, किंतु वास्तव में वह न तो शरीर का स्वामी होता है और न शरीर के कर्मों तथा फलों का नियंता ही। सारा कर्तव्य माया अर्थात् प्रकृति का है। प्रभु न स्वयं करता है और न कराता है। वस्तुतः पुरुष अपने स्वभावजन्य प्रकृति के अनुरूप कार्य करता है। अनंत योनियों के संस्कारों से बद्ध जीव अज्ञान के कारण ये नहीं जानता, किंतु कर्मयोगी कर्तव्य और अकर्तव्य का भेद जानता है। इसी कारण वह कर्म करके भी अलिप्त ही रहता है।

नादत्ते कस्यचित्पापं न चैव सुकृतं विभुः।
अज्ञानेनावृतं ज्ञानं तेन मुह्यन्ति जन्तवः॥ 15॥

"सर्वव्यापी विभु परमात्मा न तो किसी के पापों को ही ग्रहण करता है और न ही उसके शुभ कार्यों या पुण्यों को ही ग्रहण करता है,"

माया के द्वारा ज्ञान ढका हुआ रहता है, जिससे अज्ञान-वश जीव मोहग्रस्त रहते हैं तथा माया के वास्तविक स्वरूप को न पहचान पाने के कारण अज्ञान से आच्छादित रहते हैं। परमेश्वर तो प्रभुता व विभुता से संयुक्त हैं। उनका किसी जीव के पाप-पुण्य से क्या प्रयोजन? अज्ञानवश जीव अपने भव-बंधन के लिए ईश्वर को उत्तरदायी मानते हैं। कारण स्पष्ट है कि उसके ज्ञान पर मोह-माया का गहरा आवरण पड़ा है। उसके संस्कार अभी जागे कहाँ हैं? न ही वह ज्ञान का साक्षात्कार ही कर सका है। वह तो मोह निशा में अपने अहंकार में डूबा सुप्त पड़ा है। इसीलिए मोहवश वह अपनी दुर्गति का उत्तरदायी ईश्वर को ठहराने लगता है।

ज्ञानेन तु तदज्ञानं येषां नाशितमात्मनः।
तेषामादित्यवज्ज्ञानं प्रकाशयति तत्परम्॥ 16॥

"परंतु ऐसे प्राणी का जिनके अंतःकरण का अज्ञान आत्मज्ञान द्वारा नष्ट हो गया है, उनमें ज्ञान के साक्षात्कार के साथ ही परम तत्त्व परमात्मा का स्वरूप सूर्य की भाँति देदीप्यमान हो उठता है।"

जब जीव माया-मोह, विषय-वासनाओं के अहंकार रूपी अज्ञान में लिप्त रहता है तो वह परमतत्त्व के सत्य को समझ नहीं पाता। पुराने संस्कार उसे बाँधे रहते हैं। जब इन संस्कारों के पाश से मुक्त हो, वह सत्य के ज्ञान की प्राप्ति के लिए समर्पित हो जाता है तो ज्ञान का प्रकाश उसके अज्ञान को उसी प्रकार नष्ट कर देता है, जैसे सूर्य का उदय कालरात्रि की निशा को क्षण भर में दूर कर देता है। ज्ञान का प्रकाश अंतर्मन को आलोकित कर देता है तो परमपिता परमेश्वर के स्वरूप का दिव्य प्रकाश स्वयं प्रकट हो जाता है।

तद्बुद्धयस्तदात्मानस्तन्निष्ठास्तत्परायणाः।
गच्छन्त्यपुनरावृत्तिं ज्ञाननिर्धूतकल्मषाः॥ 17॥

"जिस पुरुष की बुद्धि तथा मन उस परमात्मा में ही तद्रूप हो जाते हैं तथा निरंतर एकीभाव से जिसकी स्थिति भी परमात्मा में ही हो जाती है, ऐसे तत्परायण पुरुष, ज्ञान के द्वारा, पापरहित हो जीवन-मरण की पुनरावृत्ति से मुक्त हो परमगति को प्राप्त करते हैं।"

जिसके मन, बुद्धि तथा श्रद्धा परमेश्वर में ही समभाव हो जाते हैं, जो ईश्वर में ही लीन हो उसी के परायण हो जाता है, उसके हृदय की सारी मलिनता धुल जाती है। यही वह ज्ञान है जिसकी प्राप्ति के उपरांत फिर वह जन्म-मृत्यु के भँवर में नहीं फँसता।

विद्याविनयसंपन्ने ब्राह्मणे गवि हस्तिनि।
शुनि चैव श्वपाके च पण्डिताः समदर्शिनः॥ 18॥

"ऐसा ज्ञानी पुरुष, विद्या एवं विनय भाव से युक्त, ब्राह्मण, गाय, हाथी, कुत्ता एवं चांडाल के लिए समभाव व समान दृष्टि रखता है।"

संपूर्ण ब्रह्मांड में समस्त चर व अचर, शून्य व अशून्य, सब जगह परमात्मा समान रूप से व्याप्त हैं, अणु से अणुतम जीव में भी। इसीलिए विद्वान् व्यक्ति की दृष्टि चमड़ी पर नहीं जाती। वह सभी जीवों में उसी एक परमात्मा की छवि देखता है। इस श्लोक में 'विद्या', 'विनय' व 'समदर्शिन' शब्दों का इसीलिए विशेष महत्त्व है। यहाँ 'विद्या' का अभीष्ट जीविकोपार्जन के लिए की जानेवाली विभिन्न क्रियाओं या वस्तुओं के ज्ञान से नहीं है, अपितु विद्या वह है जो परम तत्त्व से समभाव प्राप्त किया, उसका एकीकार व साक्षात्कार करा दे। 'विनय' भाव प्राणी में अहंकार का पूर्ण तिरोहित हो जाना तथा आचरण में पूर्ण नम्रता का समावेश हो जाना है। 'समदर्शिन:' प्राणी वह है जो अखिल ब्रह्मांड के सभी जीवों में चाहे पंडित जैसा ज्ञानी हो या निकृष्टता की स्थिति को प्राप्त चांडाल हो, भीमकाय हाथी जैसा हो या कुत्ते जैसा अधर्मी या गाय जैसा नम्र; अर्थात् सभी मनुष्यों-जलचर, थलचर या आकाश रमण करनेवाले प्राणियों में कोई भेद न देखता हुआ, सभी में परमात्मा के दिव्य अंश, 'आत्मा' को देखता हुआ; अणुतम वस्तु में भी परमेश्वर की छवि व उपस्थिति देखता है। शरीर की भिन्नता तो प्रकृतिजन्य है, किंतु आत्मा व परमात्मा तो चेतन, शाश्वत और आनंदमय हैं।

इहैव तैर्जितः सर्गो येषां साम्ये स्थितं मनः।
निर्दोषं हि समं ब्रह्म तस्माद्ब्रह्मणि ते स्थिताः॥ 19॥

"इसलिए जिनके मन व चेतना समत्व भाव में स्थित हैं, ऐसे ज्ञानीजन इस जीवित अवस्था में ही समस्त जगत् को विजित कर जाते हैं, क्योंकि आनंद राशि परमेश्वर निर्दोष व सम हैं। इसी से ऐसे जन परमात्मा में ही स्थित हैं।"

इसलिए जो यह तत्त्व विदित कर लेता है कि आत्मस्वरूपी परमात्मा अकर्ता हैं, 'निर्दोष हि समं ब्रह्म'—'ईश्वर निर्दोष व सम है'—ऐसी साम्य बुद्धिवाला पुरुष सदैव के लिए ब्रह्म में ही स्थित हो जाता है। वह वहीं के वहीं; अर्थात् मृत्यु की प्रतीक्षा न कर; संसार जीत लेता है। जब संसार की विषय-वासनाएँ, इच्छाएँ, अज्ञान व असमानता के विकारों को ही जीत लिया तो संसार रूपी शत्रु को जीत लिया! संसार ही मिट गया तो परमात्मा से अलगाव कहाँ? 'तस्माद् ब्रह्माणि ते स्थिताः' अर्थात् ऐसा पुरुष मन के समत्व के साथ बह्म तत्त्व में स्थित हो जाता है। ब्रह्म ज्ञान हो जाने पर यह अवस्था जीते जी ही प्राप्त हो जाती है तथा इसे जीवन्मुक्तावस्था कहते हैं।

न प्रहृष्येत्प्रियं प्राप्य नोद्विजेत्प्राप्य चाप्रियम्।
स्थिरबुद्धिरसम्मूढो ब्रह्मविद्ब्रह्मणि स्थितः ॥ 20 ॥

"ऐसी वस्तु जो लोगों को प्रिय लगती है, उसको प्राप्त कर जो हर्षित नहीं होता तथा जो वस्तु लोगों को अप्रिय लगती है उसको पाकर भी जिसका हृदय विचलित नहीं होता, ऐसा स्थिर-चित्त, संशय-शून्य, ब्रह्मवेत्ता पुरुष, परमपिता परमेश्वर में एकीभाव से सदैव स्थित रहता है।"

सुख-दुःख, प्रिय-अप्रिय का त्याग कर समबुद्धि से उनको सहते रहना ही युक्तता की वास्तविक स्थिति है।

बाह्यस्पर्शेष्वसक्तात्मा विन्दत्यात्मनि यत्सुखम्।
स ब्रह्मयोगयुक्तात्मा सुखमक्षयमश्नुते॥ 21 ॥

"बाह्य विषय व सांसारिक तृष्णाओं से अनासक्त ऐसा पुरुष इंद्रियजनित सुखों की ओर आकृष्ट नहीं होता, अपितु अंतःकरण में भगवत-ध्यान जनित समाधि में ही आनंद का अनुभव करता है।"

इस प्रकार परमात्मा रूपी योग में एकीभाव हुआ ऐसा स्वरूप-सिद्ध-पुरुष असीम आनंद का अनुभव करता है। एक कृष्ण भक्त यामुनाचार्य ने इसे इस प्रकार व्यक्त किया है—

'यदविधि मम चेतः कृष्णपादारविंदे, नवनवरसधामन्युधतं रन्तुमासीत्।
तदविधि बत नारी संगमें स्मर्यमाने, भवति मुखविकारः सुश्ठु निष्ठीवनं च॥'

"जबसे मेरा मन श्रीकृष्ण के चरणकमलों में रत हो गया है, तब से मैं नित्य नवीन आनंद का अनुभव करता हूँ। जब कामेच्छा आदि वासनाओं के बारे में सोचता हूँ तो इस अप्रिय विचार से ही मेरे होंठ अरूचि से सिमट जाते हैं।" वस्तुतः जब अंतःकरण में परम के सायुज्य का दिव्य आनंद भर गया हो तो बाह्य इंद्रियसुख स्वयमेव अपना आकर्षण खो देते हैं।

ये हि संस्पर्शजा भोगा दुःखयोनय एव ते।
आद्यन्तवन्तः कौंतेय न तेषु रमते बुधः ॥ 22 ॥

"हे कौंतेय! ये भौतिक इंद्रियों के स्पर्श एवं संसर्ग से उत्पन्न होनेवाली काम-विषय के भोग की लालसा; भले ही विषयी पुरुषों को; भोगने में प्रिय प्रतीत हो, किंतु ये दुःखद योनियों का कारण बनती है तथा ऐसे भोगों का आदि व अंत होता है।"

इसलिए ज्ञानी पुरुष ऐसे अनित्य व नश्वर भोगों में कोई आनंद नहीं पाता। मनुष्य

की सभी इंद्रियाँ विषय-वासनाओं का स्पर्श करती हैं, किंतु ज्ञानीजन ऐसे क्षणिक व नश्वर इंद्रिय सुखों में कोई रुचि व आसक्ति नहीं रखते। पद्मपुराण में उल्लेख है, 'रमंते योगिनोऽनंते सत्यानंदे चिदात्मनि' अर्थात् 'योगीजन परम सत्य में रमण करते हुए असीम दिव्य आनंद की प्राप्ति करते हैं, बाह्य सुख क्षणिक एवं अनित्य हैं। उनके प्रति आसक्ति मनुष्य को पतन की ओर उन्मुख कर दुःखद योनियों में गिराती है।

शक्नोतीहैव यः सोढुं प्राक्शरीरविमोक्षणात्।
कामक्रोधोद्भवं वेगं स युक्तः स सुखी नरः॥ 23॥

"जो पुरुष इस शरीर के त्याग से पहले ही अपने इंद्रियजनित काम-क्रोध आदि विकारों से उत्पन्न हुए वेग को संयमित एवं नियंत्रित करने की क्षमता को साध लेता है, अर्थात् काम-क्रोध को जिसने सदैव के लिए अपनी जीवनावस्था में ही जीत लिया है, वह मनुष्य ही इस लोक में योगी है तथा इस संसार में सुखी रह सकता है।"

ऐसा ज्ञानी जीते-जी ही परमात्मा में स्थिति प्राप्त कर लेता है। इसलिए उसके पीछे कोई दुःख संताप रह ही नहीं जाता।

योऽन्तःसुखोऽन्तरारामस्तथान्तर्ज्योतिरेव यः।
स योगी ब्रह्मनिर्वाणं ब्रह्मभूतोऽधिगच्छति॥ 24॥

"जो अपने अंतःकरण में ही आनंद का अनुभव करता है, अपने अंतःकरण में ही रमण करता है और जिसका लक्ष्य अंतःकरण में ही ईश्वर सिद्धि करना है, ऐसा कोई भी योगी सच्चिदानंद परमात्मा के साथ एकीभाव हो 'ब्रह्मनिर्वाण' की स्थिति अर्थात् परब्रह्म में मुक्ति व स्वरूप सिद्धि प्राप्त करता है।"

जब तक कोई मनुष्य अपने अंतःकरण में आत्म-सुख की अनुभूति नहीं करता, तब तक बाह्य सुख प्राप्त करानेवाली बाह्य क्रियाएँ उसको बाह्य आकर्षणों में फँसाती रहेंगी। इसी रहस्य को स्पष्ट करते हुए श्रीकृष्ण मनुष्य को प्रकृति के बाह्य आकर्षणों व राग-विकारों से सचेत करते हुए अंतरात्मा में ही ब्रह्मनिर्वाण की स्थिति प्राप्त करने की प्रेरणा दे रहे हैं।

लभन्ते ब्रह्मनिर्वाणमृषयः क्षीणकल्मषाः।
छिन्नद्वैधा यतात्मानः सर्वभूतहिते रताः॥ 25॥

"जिनके समस्त पापों का नाश हो गया है और जिनके समस्त प्रकार के संशय ज्ञान के प्रकाश में निवृत हो गए हैं तथा जो समस्त भूतप्राणियों के कल्याण हेतु सदैव तत्पर व रत हैं, भगवान् के ध्यान में एकाग्रचित्त ऐसे ब्रह्मवेत्ता विवेकी पुरुष शांत परब्रह्म से सायुज्य प्राप्त कर लेते हैं।"

"सर्वभूतहित् रत्:" ऐसी भावना से पूरित जीवात्मा अपने ज्ञान, शांति, प्रेम व संवेदनशीलता से; समस्त सृष्टि में; परमतत्त्व की सर्वव्यापकता ही देखता है तथा सभी जीवों के प्रति; भले ही वह कितना ही पतित और पापी क्यों न हो; उसके अंतर्मन में गहरा प्रेम व सहानुभूति ही रहते हैं तथा वह उनको भी सद्गति व आत्ममुक्ति का मार्ग दिखाता है। इसका तात्पर्य विभिन्न कर्मों से दुर्गति को प्राप्त हुए जीवों को भौतिक उत्थान या भौतिक सुख-सुविधा के साधन उपलब्ध कराना नहीं है ऐसा जीव इन प्राणियों को भी आत्म-कल्याण प्राप्ति का मार्ग दिखाकर, उनमें भी दिव्य चेतना के प्रति लगाव उत्पन्न कर देता है तथा उन्हें भी परमनियंता, परमपिता, सर्वकल्याण में रत, दिव्य परम तत्त्व से उनके विस्मृत संबंध का बोध करा देता है।

कामक्रोधवियुक्तानां यतीनां यतचेतसाम्।
अभितो ब्रह्मनिर्वाणं वर्तते विदितात्मनाम्॥ 26॥

"काम-क्रोध आदि विकारों से मुक्त, मन को पूर्णत: संयम में रखनेवाले, परमतत्त्व का साक्षात्कार किए हुए ज्ञानी पुरुषों को निकट भविष्य में निश्चित रूप से ब्रह्मनिर्वाण की स्थिति प्राप्त होती है।"

भगवत भक्त निरंतर भगवत चिंतन में लीन रहकर ब्रह्मनिर्वाण की स्थिति प्राप्त कर लेता है; जैसे—

"दर्शनध्यानसंस्पर्शे मत्स्यकूर्म विहगंमाः
स्वान्यपत्यानि पुश्णान्ति तथाहमपि पद्मज।"

"मछली, कछुआ तथा पक्षी केवल दृष्टि, चिंतन और स्पर्श से अपनी संतानों को पालते हैं। हे पद्मज! मैं भी उसी प्रकार करता हूँ।" मछली अपने बच्चों को केवल देखकर बड़ा करती है। कछुआ अपने स्थल पर अंडे देता है और स्वयं जल में रहकर निरंतर अंडों का चिंतन कर अपने बच्चों को पालता है। उसी प्रकार पक्षी भी अपने स्पर्श से अंडों को बढ़ाकर बच्चों को पालते हैं। इसी प्रकार जीवात्मा जब परमात्मा के चिंतन में लीन रहती है तो परमात्मा उसे भौतिक विषय-वासनाओं व क्लेशों से दूर कर अपनी दिव्य गति प्रदान कर देते हैं।

स्पर्शान्कृत्वा बहिर्बाह्यांश्चक्षुश्चैवान्तरे भ्रुवोः।
प्राणापानौ समौ कृत्वा नासाभ्यन्तरचारिणौ॥ 27॥
यतेन्द्रियमनोबुद्धिर्मुनिर्मोक्षपरायणः।
विगतेच्छाभयक्रोधो यः सदा मुक्त एव सः॥ 28॥

"इंद्रियजनित बाह्य विषयों का बाहर ही त्याग कर और उनका चिंतन न कर तथा नेत्रों की दृष्टि को भौंहों के मध्य, भृकुटी के बीच में स्थित करके तथा नासिका में विचरण करनेवाली प्राण और अपान वायु को सम करके, मन, इंद्रियों तथा बुद्धि को वश में करके, जो मोक्ष प्राप्ति को अपने जीवन का चरम लक्ष्य बनाता है; ऐसा योगी, इच्छा, भय तथा क्रोध से मुक्त हो जाता है। ऐसी निरंतर अवस्था को प्राप्त वह सदा मुक्त है।"

बाह्य विषय-वासनाओं व तृष्णाओं को त्याग कर, दृष्टि को भौंहों के मध्य नासिका के अग्रभाग की ओर देखते हुए, नासिका के अंदर चलनेवाली प्राण-अपान वायु के अंदर आने व बाहर जाने के वेग को सम करके, दृष्टि को परमात्मा के प्रति स्थिर करें और सुरत को साँस के आवागमन में लगा दें, तो श्वास में उठनेवाली ओम ध्वनि की अनुभूति होने लगेगी। न भीतर ही कोई इच्छा या संकल्प उठेगा और न बाहर से ही कोई तृष्णा रूपी विकार भीतर आ पाएगा, तो फिर कोई टकराव भी नहीं होगा। सुरत उसकी प्राण-अपान वायु में क्रमशः ढल जाती है। मन-बुद्धि के संयम से आत्मचिंतन चरम सीमा पर पहुँच, योगी को मुक्ति की स्थिति में लाकर खड़ा कर देता है।

भोक्तारं यज्ञतपसां सर्वलोकमहेश्वरम्।
सुहृदं सर्वभूतानां ज्ञात्वा मां शान्तिमृच्छति॥ 29॥

"मेरे परायण मेरा ऐसा भक्त मुझको यज्ञ और तपों को भोगने वाला, संपूर्ण लोकों के ईश्वरों का भी ईश्वर तथा संपूर्ण भूत प्राणियों का निःस्वार्थ प्रेमी मान कर शांति को प्राप्त होता है। आनंदमय, परिपूर्ण शांत, परब्रह्म के सिवा उसकी दृष्टि में अन्य कोई तत्त्व शेष नहीं रहता, केवल चिदानंद वासुदेव ही रह जाता है।"

ऐसा पुरुष जो ईश्वर में संपूर्ण समर्पण भाव, श्रद्धा व विश्वास से आश्रित रहता है, वह जानता है कि ब्रह्मांड में प्रत्येक वस्तु उसी की दिव्य माया से आच्छादित है। इसीलिए श्वेताश्वतर उपनिषद् (6.7) में कथन है, 'तमीश्वराणां परमं महेश्वरम्' अर्थात् संपूर्ण लोक व देवों के वे ईश्वर हैं। ऐसे पुरुष के श्वास-प्रश्वास, तप-यज्ञ के भोक्ता स्वयं ईश्वर होते हैं तथा अंत में वह ईश्वर की गति को प्राप्त कर परम शांति में प्रवेश पा जाता है।

ॐ तत्सदिति श्रीमद्भागवदगीतासूपनिषत्सु ब्रह्मविधायाँ योगशास्त्रे
श्रीकृष्णार्जुन संवादे कर्मसंन्यासयोगो नाम पन्चमोऽध्यायः।

अतएव श्रीमद्भागवदगीता उपनिषद् के ब्रह्मविद्यांतर्गत योग शास्त्र में श्रीकृष्ण-अर्जुन के संवाद में 'कर्मसंन्यासयोग' नामक पाँचवाँ अध्याय पूर्ण हुआ।

अमृत सार

केवल स्वभावजन्य कर्मों का आचरण अपनाने से ही कर्म में नैष्कर्म्यता नहीं आ जाती। इसके लिए मन का सहयोग आवश्यक है, क्योंकि साधन के रूप में बाह्य रूप से स्वधर्म का आचरण तथा अंत:करण से मन का विकर्म-दोनों का ही होना आवश्यक है। बाह्य कर्म के बिना मन की परीक्षा भी संभव नहीं। इसीलिए मन का स्वरूप समझने के लिए कर्म का विशेष महत्त्व है। कर्म करेंगे तो दोष भी दिखाई देंगे। जब दोष दिखाई देंगे तो वे दूर भी किए जा सकेंगे। उन्हें दूर करने के लिए कर्मों में विकर्म को जोड़ना होगा तथा निर्विकार कर्म जब एक के बाद एक सहज रूप से होने लगते हैं तो फिर यह आभास भी नहीं रहता कि कर्म कब हो गया। जब कर्म सहज सरल रूप से हो जाता है तो वह अकर्म हो जाता है। माँ अपने बच्चे का लालन-पालन करती है। उसके लिए वह जो-जो कर्म करती है, वह सब इतने स्वाभाविक रूप से घटित होते हैं कि वे कभी बोझ प्रतीत ही नहीं होते। माँ के हृदय में यही भाव रहता है कि उसने क्या किया? उसने कुछ नहीं किया। सूर्य प्रतिदिन निश्चित काल-अवधि में उदित होता है तथा अपनी ऊर्जा तथा प्रकाश से जगत् को गति देता है। तो क्या सूर्य के उदित होते ही अंधकार समाप्त नहीं हो गया! सूर्य को इसका आभास नहीं रहता, क्योंकि सूर्य के पास अंधकार आ भी नहीं सकता। सूर्य प्रतिपल कर्म करता रहता है। पृथ्वी अपनी धुरी पर निर्बाध घूमती रहती है। अपने कर्म में विकर्म उड़ेलकर वे कर्म करते रहते हैं। तब वह कर्म नहीं रहता, अकर्म हो जाता है। यदि कोई संत समाज का उपकार नहीं करेगा तो क्या करेगा! यदि वह कहे भी कि वह उपकार नहीं करेगा तो भी वह अपने स्वभाव के अनुरूप उपकार ही करेगा। इस प्रकार 'कर्म' से अकर्म की दशा की प्राप्ति ही 'संन्यास' है। जो ऐसे कौशल या युक्ति से कर्म में रत रहता है उसे कर्म का बंधन लिपायमान नहीं करता। इसी से अर्जुन के संशय कि कर्मयोगी श्रेष्ठ है या कर्म-संन्यासी श्रेष्ठ है, का स्वरूप भी स्वत: स्पष्ट हो जाता है। इसीलिए भगवान् श्रीकृष्ण स्पष्ट करते हैं कि मन, इंद्रियों तथा शरीर के द्वारा समस्त कर्मों में कर्तापन का त्याग तथा समत्व-बुद्धि से भगवत-अर्थ-कर्मों का आचरण अर्थात् निष्काम कर्म योग दोनों ही श्रेष्ठ हैं। सबकुछ करके भी कुछ न करना तथा कुछ भी न करते हुए सबकुछ करना, ये दोनों ही योग हैं, परंतु तुलना की दृष्टि से एक को 'योग' कहा गया तथा दूसरे को संन्यास। इसीलिए भगवान् श्रीकृष्ण कहते हैं, "एकं सांख्यं च योगं च य: पश्यति स पश्यति।" (गीता 5.5) अर्थात् एक न करके करता है और दूसरा कर्म करते हुए भी नहीं करता। दोनों ही लोक कल्याण हेतु आचरण रत रहते हैं। फिर भी भगवान् कहते हैं कि संन्यास से कर्म योग श्रेष्ठ है। इसका रहस्य यही है कि बिल्कुल कर्म न करते हुए भी सब कर्म करने की युक्ति एक सिद्ध महापुरुष के लिए तो उपयुक्त

है, परंतु साधक के लिए नहीं, क्योंकि बिल्कुल कर्म न करते हुए भी कर्म कैसे करना है, यह युक्ति साधक के विवेक के लिए पहेली ही रहेगी। यह उसके समझ में नहीं आ सकता। कर्मयोग साधक के लिए प्राप्ति का मार्ग भी है तथा लक्ष्य भी, किंतु संन्यास तो स्वयं अंतिम लक्ष्य है। वह मार्ग में नहीं है। न करके करना, साधक की समझ में नहीं आ सकता, किंतु करके न करना समझ में आ सकता है, क्योंकि कर्मयोग साधन भी है तथा निष्ठा भी, जबकि संन्यास मात्र निष्ठा है। इसीलिए कर्मयोग को संन्यास से श्रेष्ठ बताया गया है। संन्यास मार्ग में ज्ञान को प्रधान मान लेने पर भी, उस ज्ञान की सिद्धि बिना कर्म के नहीं होती तथा निष्काम कर्म के पथ में यद्यपि कर्म किया जाता है तो भी वे ज्ञानपूर्वक होते हैं। इसी कारण भगवत प्राप्ति में कोई कर्म किया जाता है तो भी वे ज्ञानपूर्वक होते हैं। इसी कारण भगवत प्राप्ति में कोई बाधा उत्पन्न नहीं होती। नौ द्वारोंवाले शरीर रूपी नगर में जब तक जीव निवास करता है तब तक जीव उस शरीर का स्वामी प्रतीत होता है, किंतु वास्तव में न तो वह शरीर का स्वामी होता है और न शरीर के कर्मों तथा फलों का नियंता ही। सारा खेल माया रूपी प्रकृति का है। परमात्मा न स्वयं करता है न कराता है, किंतु अज्ञानवश जीव अपने भवबंधन के लिए ईश्वर को उत्तरदायी मानते हैं, क्योंकि उसके ज्ञान पर मोह-माया का गहरा आवरण पड़ा है। उसके संस्कार अभी जागे कहाँ हैं? ज्ञान का प्रकाश उस अज्ञान की निशा का नाश कर उसके अंतर्मन को आलोकित कर उसका चित्त स्थिर एवं बुद्धि सम कर देता है, जिससे वह विषय-विकारों की ओर आकृष्ट न हो अपने अंत:करण में भगवत-ध्यान में ही आनंद का अनुभव करता है। जैसे मछली अपने बच्चों को देखकर बड़ा करती है, कछुआ अपने स्थल पर अंडे देकर जल में रहकर निरंतर अंडों का चिंतन कर बच्चों को पालता है, पक्षी अपने स्पर्श से अंडों को सेंककर बच्चों को पालते हैं, वैसे ही जीवात्मा जब परमात्मा के चिंतन में निष्काम समर्पण भाव से लीन रहता है तो परमात्मा उसे भौतिक विषय-विकारों से दूर कर अपनी दिव्य गति प्रदान कर देते हैं।

□

अथ षष्ठोऽध्यायः

अनुभव को आचरण में ढालने का कौशल

तृतीय अध्याय में भगवान् श्रीकृष्ण ने कहा था कि काम-क्रोध आदि जीव की इंद्रियों, मन तथा बुद्धि को मोहित कर उसके वास्तविक ज्ञान को ढक देते हैं। इसलिए प्रारंभ से ही इंद्रियों को संयमित कर पाप के महान् प्रतीक 'काम' का दमन करना चाहिए, किंतु इससे पहले कि भगवान् अर्जुन को इंद्रियों के निग्रह करने की युक्ति बताते, उसने जिज्ञासा प्रकट की कि कर्म-संन्यास तथा कर्मयोग इन दोनों में से कौन सी विधि श्रेष्ठ है ? इसलिए भगवान् श्रीकृष्ण ने इन दोनों साधनों को उत्तम बताते हुए बताया कि परिणाम में दोनों की समानता होने पर भी साधन में सुगमता होने के कारण 'कर्मसंन्यास' की अपेक्षा कर्मयोग ही श्रेष्ठ है तथा स्पष्ट किया कि कर्मों का त्याग न कर उन्हीं कर्मों को अनासक्त भाव से करते जाने पर ब्रह्मपद रूपी परम मुक्ति किस प्रकार सुलभ हो जाती है। प्रस्तुत अध्याय में उन साधनों को स्पष्ट करने का प्रारंभ किया गया है, जिनकी आवश्यकता कर्मयोग में भी उक्त अनासक्त ब्रह्मनिष्ठ स्थिति प्राप्त करने में होती है। कोई भी कारीगर भले ही कितना भी दक्ष व कुशल क्यों न हो, उसे कार्य करने के लिए उपयुक्त औजारों व उपकरणों की आवश्यकता होती है। यदि ये उपकरण/औजार खराब हों तो उन्हें ठीक करने में अनावश्यक समय व्यर्थ होता है। इसी प्रकार कर्म करने के लिए जिन साधनों की आवश्यकता होती है, वे जीव की आत्मा के पास स्वयं अपने नहीं होते, अपितु जीव की देह तथा उसके मन, बुद्धि व अहंकार आदि इंद्रियाँ ही उसके पास उपलब्ध साधन होते हैं तथा ये साधन जीव के पूर्व कर्मों के संस्कारों एवं त्रिगुणात्मक प्रकृति के स्वभावानुसार अनेक विकारों से ग्रस्त रहते हैं। इसलिए मन, बुद्धि आदि इंद्रियों को पूर्व संस्कार जनित प्रकृति के त्रिगुणात्मक विकारों व प्रपंचों से मुक्त कर यह मन, बुद्धि आदि अंतर्मुख, शुद्ध, सात्त्विक या आत्मनिष्ठ होनी चाहिए। इसीलिए प्रस्तुत अध्याय में इंद्रिय निग्रह करने के लिए बुद्धि को धृति या धैर्य से सात्त्विक बनाने की वह युक्ति बताई गई है, जिससे

धीरे-धीरे अभ्यास करने से, मन स्थिर हो जाता है तथा इंद्रियाँ संयमित हो साधना पथ पर उत्कर्ष को प्राप्त होती हैं।

श्री भगवानुवाच

अनाश्रितः कर्मफलं कार्यं कर्म करोति यः।
स संन्यासी च योगी च न निरग्निर्न चाक्रियः॥ 1॥

"श्रीभगवान् ने कहा, 'जो पुरुष कर्म के फल के प्रति अनासक्ति रखता हुआ करने योग्य कर्म करता है, वही संन्यासी और योगी है, न कि वह जो कि अग्नि को नहीं जलाता या वह जो क्रियाओं को ही त्याग देता है।'"

श्रीकृष्ण स्पष्ट कर रहे हैं कि कर्म तो करना ही है, और वह कर्म भी ऐसा जो करने योग्य हो अर्थात् जो कर्म वे बता आए हैं अर्थात् 'नियत कर्म'। यदि त्यागना ही है तो कर्म के फल की आकांक्षा, उसके प्रतिफल की आसक्ति को त्यागो। नियत कर्म के द्वारा बिना प्रतिफल की आकांक्षा के ईश्वर में पूर्ण समर्पण भाव ही सच्चे योगी की पहचान है, न कि अग्नि को त्याग देना या कर्म ही न करना या यह समझना कि मैं तो आत्मज्ञानी हूँ या 'अहम् ब्रह्मस्मि' तो फिर कर्म क्यों करें। यह स्थिति अवांछनीय है।

यं संन्यासमिति प्राहुर्योगं तं विद्धि पाण्डव।
न ह्यसंन्यस्तसङ्कल्पो योगी भवति कश्चन॥ 2॥

"हे पांडव! जिसे संन्यास कहते हैं उसी को तू परब्रह्म से युक्त हुआ योग होना जानो, क्योंकि आत्मतृप्ति हेतु किए जानेवाले संकल्पों को बिना त्यागे कोई भी पुरुष कभी योगी नहीं बन सकता।"

कठोपनिषद् (2.1.2) में कथन है—"पराचः कामाननुयन्ति बालास्ते मृत्योर्यन्ति विततस्य पाशम्। अथ धीरा अमृतत्त्वं विदित्वा ध्रुवमध्रुवेश्विह न प्रार्थयन्ते।" अर्थात् जो बाह्य विषयों की चमक-दमक और आपातरमणीयता में आसक्त रहते हैं, वे मृत्युपाश में बँध जाते हैं। इंद्रियों के भोग तो जीव को दूसरी योनियों में पर्याप्त मिल जाते हैं, किंतु मानव योनि उन सबसे विलक्षण है। इसलिए इसका उद्‌देश्य अमृत स्वरूप परमात्मा को प्राप्त कर लेना ही होना चाहिए। इसीलिए श्रीकृष्ण इस सत्य को रेखांकित करते हुए कह रहे हैं कि आत्मतृप्ति व काम-तृष्णाओं हेतु किए गए कर्म-संकल्पों को त्याग, अनासक्त भाव से, कर्म मार्ग पर अग्रसर पुरुष ही संन्यासी और योगी है। यदि स्वार्थ का त्याग नहीं होगा तो ज्ञान और योग व्यर्थ रहेंगे।

आरुरुक्षोर्मुनेर्योगं कर्म कारणमुच्यते।
योगारूढस्य तस्यैव शमः कारणमुच्यते॥ 3॥

"समत्व-बुद्धि रूप योग में आरूढ़ होने की इच्छा रखनेवाले विवेकी ज्ञानीजन के लिए योग की प्राप्ति में नैष्कर्म या अनासक्त कर्म भाव को ही हेतु कहा गया है और योगारूढ़ हो जाने पर ऐसे योगी पुरुष के लिए सर्व संकल्पों का अभाव ही कल्याण का साधन कहा जाता है।"

श्रीकृष्ण स्पष्ट करते हैं कि प्रथम साधनावस्था में कर्म ही शम का अर्थात् योगसिद्धि का कारण है—'शमः कारणम् उच्चयते।' भाव यह है कि यथाशक्ति शांत चित्त होकर निष्काम कर्म से अंत में पूर्ण योग सिद्धि हो जाती है, किंतु योगी के योगारूढ़ होकर सिद्धावस्था प्राप्त हो जाने पर, कर्म और शम के उक्त कार्य का कारणभाव बदल जाता है, अर्थात् कर्म और शम कारण नहीं होते, अपितु शम ही कर्म का कारण बन जाता है। योगारूढ़ पुरुष अपने समस्त कर्म अब कर्तव्य समझकर, निष्काम हो, फलाशा को त्यागकर, शांत चित्त से करता है। स्पष्ट है कि सिद्धावस्था में कर्म छूटते नहीं हैं, अपितु साधनावस्था में 'कर्म' और 'शम' के बीच जो कार्य-कारण-भाव होता है, वह सिद्धावस्था में बदल जाता है। श्री भगवान् ने कहीं भी यह नहीं कहा है कि योगी को सिद्धावस्था में कर्म छोड़ देना चाहिए। उनके अनुसार शांति का संबंध कर्म त्याग से न हो फलाशा के त्याग से है।

यदा हि नेन्द्रियार्थेषु न कर्मस्वनुषज्जते।
सर्वसङ्कल्पसंन्यासी योगारूढस्तदोच्यते॥ 4॥

"जिस स्थिति में कोई पुरुष न तो इंद्रियों के भोगों में ही आसक्त होता है और न ही सकाम कर्मों में प्रवृत्त होता है, उस स्थिति में वह सर्व-संकल्पों का त्यागी पुरुष योगारूढ़ कहा जाता है। सांसारिक तृष्णाओं, विषय-वासनाओं से बचे रह कर; नियत विधि से कर्म का प्रयास करने से; ऐसा योगी, योग की सीढ़ी से ऊपर पहुँच सकता है।"

जिस परिपक्वास्था में पहुँच जाने के बाद संकल्प समाप्त हो जाए, वहाँ योगारूढ़ता की सिद्ध स्थिति प्राप्त हो जाती है। जब कर्म के फल को त्याग दिया, प्रिय व अप्रिय का त्याग कर दिया, अपने अहंकार को त्याग दिया तथा परमेश्वर के प्रति पूर्ण समर्पण भाव से स्वयं को विस्मृत कर दिया तो परमेश्वर की प्राप्ति भी समीप ही होती है।

उद्धरेदात्मनाऽऽत्मानं नात्मानमवसादयेत्।
आत्मैव ह्यात्मनो बन्धुरात्मैव रिपुरात्मनः॥ 5॥

"मनुष्य को चाहिए कि अपने मन द्वारा अपना इस संसार रूपी भवसागर से स्वयं

का उद्धार करे और अपनी आत्मा को अधोगति या पतन की ओर उन्मुख न करे, क्योंकि जीवात्मा का यह मन ही उसका मित्र है और यही उसका शत्रु है।"

जीवात्मा स्वयं ही अपना मित्र या शत्रु है। बाहर से कोई आपका मित्र या शत्रु आपके उत्थान या पतन के लिए नहीं आता। हर मनुष्य को अपना उद्धार स्वयं ही करना होता है। भले ही प्रकृति कितनी भी प्रबल क्यों न हो, उसको जीतकर आत्मा की उन्नति कर लेना हर एक के स्वयं के संकल्प की दृढता पर निर्भर करता है, क्योंकि निराशा से तो वह अपनी अवनति स्वयं ही कर लेगा। बाहर का व्यक्ति हमें भोजन दे देगा, पर भूख तो खुद की चाहिए। यदि खुद को ही भूख न हो तो दूसरे के द्वारा दिए गए भोजन का क्या प्रयोजन? मन का संयम भले ही कठिन हो, किंतु असंभव नहीं। मन के संयम हेतु दृढ इच्छाशक्ति आवश्यक है। इच्छाशक्ति को दृढ करने के लिए पुरुष को अपनी सुख भोग की स्पृहा छोड़नी पड़ती है तथा यह मनुष्य का व्यक्तिगत कार्य है। मन जितना शुद्ध होगा, उसका संयम उतना ही सरल होगा। अपने भीतरी स्वभाव में सत्त्व की प्रधानता और भीतरी अनुशासन लाना आवश्यक है। इसीलिए श्रीकृष्ण आत्म-स्वत्रंता का तत्त्व स्पष्ट कर रहे हैं कि मन ही व्यक्ति का मित्र या शत्रु है। जैसा वह संकल्प करेगा, मन भी उसी के अनुरूप ढल जाएगा। बौद्धधर्म में इसका उल्लेख है—

"अत्ता (आत्मा) हि अत्तनो नाथो अत्ता हि अत्तनो गति
तस्मा सन्जमयऽत्ताणं अस्सं (अश्वं) भद्दं व वाणिजो।" (धम्मपद 380)

"हम स्वयं ही अपने स्वामी हैं। आत्मा के सिवा हमें तारने वाला दूसरा कोई नहीं है। इसीलिए जिस प्रकार कोई व्यापारी अपने उत्तम घोड़े का संयमन करता है, उसी प्रकार हमें अपना संयमन स्वयं ही ठीक प्रकार से करना चाहिए।"

बन्धुरात्माऽऽत्मनस्तस्य येनात्मैवात्मना जितः।
अनात्मनस्तु शत्रुत्वे वर्तेतात्मैव शत्रुवत्॥ 6॥

"इसीलिए ऐसा जीव स्वयं ही अपना मित्र है, जिसने अपने मन और इंद्रियों सहित शरीर जीता हुआ है। जिसके द्वारा मन और इंद्रियों सहित शरीर संयमित नहीं किया गया है, वह अपने शत्रु के सदृश्य स्वयं होता है। यदि मन को वश में कर लिया है तो वह आपके मित्रवत अन्यथा वही आपका शत्रु भी है।"

ईश्वर तो समस्त जीवों में समान रूप से व्याप्त हैं। आपको केवल उनका साक्षात्कार करना है। यह तभी संभव है, जब आपके मन के विकार धुलकर; आपके अंत:करण को शुद्ध कर; उसे ईश्वर के प्रति प्रेम से भर दें। प्रारंभ में ऐसा लग सकता है कि हमारे हृदय में यह प्रेम बिल्कुल है ही नहीं और यदि है भी तो उसका स्वरूप अस्पष्ट है, पर सत्संग, भगवत नाम का सतत चिंतन व जप, संत-महापुरुषों के जीवन और उपदेशों का अध्ययन,

मन को अधीरता से स्थिरता की ओर लाने का सतत प्रयास, इच्छाओं की पूर्ति में संयम आदि से यह प्रेम शनैः-शनैः बढ़ाया जा सकता है। जब यह प्रेम एक प्रबल शक्ति के रूप में हमारे भीतर खड़ा हो जाता है तो हम मन के संयम में बाधक शक्तियों का शमन करने में समर्थ हो जाते हैं तथा एक ऐसा समय आता है, जब मन अपने ही आप हमारे परम प्रेम में आनंद लेने लगता है। जब इस अवस्था में हम धीरे-धीरे दृढ व स्थिर होते जाते हैं तो अपने आप हमारे ही मन का निग्रह प्रारंभ हो जाता है।

जितात्मनः प्रशान्तस्य परमात्मा समाहितः।
शीतोष्णसुखदुःखेषु तथा मानापमानयोः॥ 7॥

"सर्दी-गरमी, सुख-दुःख में तथा मान-अपमान आदि में जिसके अंतःकरण की वृत्तियाँ भली प्रकार शांत एवं विकार रहित रहती हैं, ऐसे स्वाधीन आत्मावाले योगी के ज्ञान में परमेश्वर सम्यक् प्रकार से स्थित हैं।"

जिसने मन जीत लिया है उसने परमात्मा को प्राप्त कर लिया है। तृष्णाओं को नष्ट तो नहीं किया जा सकता, किंतु उनको संस्कारित व शुद्ध किया जा सकता है। यदि मनुष्य निम्न वस्तुओं की इच्छा करे तो वह निम्न स्तर पर रहता है और यदि वह उच्च स्तर की वस्तुओं की इच्छा करे तो उसका स्तर भी उच्च हो जाता है। यदि हम अपनी इच्छाओं को परमात्मा से युक्त कर दें तो उनकी नियोजक-शक्ति के द्वारा हम परमात्मा तक उठ आते हैं और दूसरी ओर ये इच्छाएँ और अधिक संस्कारित व पवित्र हो जाती हैं। जब साधक अनुभव के द्वारा यह अनुभूत कर लेता है कि वह आत्मा है न कि देह-मन का समन्वय, तो उसकी वासनाएँ शांत हो जाती हैं, क्योंकि गलत दिशा में जानेवाली कामना ही तृष्णा है। हम अपनी कामना को जैसी दिशा प्रदान करते हैं, उसी के अनुरूप वह हमारी मित्र या शत्रु बन जाती है। जब कामना 'नित्य परम तत्त्व' को लक्ष्य बनाती है तो मुक्ति और आनंद का साधन बन जाती है, पर जब वह 'अनित्य' की ओर जाती है तो उससे बंधन और दुःख ही हाथ लगता है। मनुष्य की सत्ता का मूल ही आनंदात्मक होने के कारण उसमें आनंद की खोज की प्रवृत्ति स्वाभाविक है। जब वह उसे भौतिक और मानसिक स्तरों पर सीमित वस्तुओं में खोज करते-करते थक जाता है, तब अंत में अपनी आत्मा में उसका पता पाता है। यह आत्मा परमात्मा से अभिन्न होने के कारण तद्वत (और भी) असीम है तथा उसकी प्राप्ति के लिए उसे अपने मन को वश में कर अपनी सुखैषणा को उच्चतर दिशा देनी होगी।

ज्ञानविज्ञानतृप्तात्मा कूटस्थो विजितेन्द्रियः।
युक्त इत्युच्यते योगी समलोष्टाश्मकाञ्चनः॥ 8॥

"जिसका अंत:करण अर्जित ज्ञान तथा अनुभूति के विज्ञान से पूर्णतया तृप्त है, जिसकी स्थिति विकार रहित है; ऐसा व्यक्ति अध्यात्म को प्राप्त तथा जितेंद्रिय होता है। वह सभी वस्तुओं को, चाहे वे कंकड़-पत्थर हों या सोना एक समान देखता है। वह योगी युक्त अर्थात् भगवत प्राप्ति वाला कहा जाता है।"

योगी 'युक्तावस्था' में बाह्य सांसारिक चकाचौंध व परिवर्तनों से ऊपर उठ मात्र परमतत्त्व के ध्यान में ही लीन रहता है तथा उसके ज्ञान, अनुभूति व साक्षात्कार में ही पूर्णतया तृप्ति व आनंद का अनुभव करता है। ऐसे परम तत्त्व की अनुभूति ही सच्चा ज्ञान है। परमात्मा के रूप, गुण तथा लीलाओं की दिव्य प्रकृति अपने हृदय में दीप्तिमान कर लेना ही विज्ञान है।

सुहृन्मित्रार्युदासीनमध्यस्थद्वेष्यबन्धुषु।
साधुष्वपि च पापेषु समबुद्धिर्विशिष्यते॥ 9॥

"जो पुरुष सुहृद अर्थात् स्वार्थरहित हैं और सबका हित चाहने वालों, मित्रों, शत्रुओं, पक्षपात विहीन तटस्थों, उभय पक्षों का भला चाहनेवाले मध्यस्थों, ईर्ष्यालुओं, बंधुगणों, धर्मात्माओं तथा पापियों में भी समान भाव रखते हैं, वे और भी अधिक उत्तम व श्रेष्ठ हैं।"

जैसा कि श्रीभगवान् पिछले अध्याय (5/18) में कह आए हैं कि पूर्ण ज्ञाता जन का विनय-संपन्न ब्राह्मण, चांडाल, गाय-कुत्ता-हाथी में समान भाव रहता है। विभिन्न स्वभाववाले मनुष्यों के प्रति भी जो व्यक्ति समान भाव रखता है, वह योगी अति श्रेष्ठ है, क्योंकि प्रत्येक जीव के हृदय में ऐसा ज्ञानीजन एक ही ब्रह्म की अंशरूपी आत्मा का प्रकाश व संचार देखता है। ईश प्राप्ति के उपरांत ऐसा योगी समदर्शी तथा समवर्ती हो जाता है।

योगी युञ्जीत सततमात्मानं रहसि स्थितः।
एकाकी यतचित्तात्मा निराशीरपरिग्रहः॥ 10॥

"उचित है कि जिसने मन तथा इंद्रियों सहित शरीर को संयमित कर लिया है, ऐसी तृष्णा, कामनाओं एवं संग्रह की भावना से रहित योगी अकेला हो, एकांत स्थान में स्थित हुआ अपने चित्त को सदैव परमात्मा के ध्यान में ही सावधानीपूर्वक एकाग्रचित्त करे।"

परमेश्वर में मन की एकाग्रता ही समाधि कहलाती है। मन को एकाग्र करने के लिए एकांतवासी हो, बाह्य विघ्नों से बचते हुए, अनुकूल परिस्थितियों का चयन करते हुए, प्रतिकूल परिस्थितियों को त्यागने का प्रयास करना चाहिए। ऐसे योगी के आत्मोत्सर्ग में लेशमात्र भी वह संग्रह भाव नहीं रहता, जो उसे परिग्रह भाव में उलझा दे। इस प्रकार एकाग्रचित्त व जितेंद्रिय हुआ वह योगी आत्मोपलब्धि को प्राप्त करेगा।

शुचौ देशे प्रतिष्ठाप्य स्थिरमासनमात्मनः।
नात्युच्छ्रितं नातिनीचं चैलाजिनकुशोत्तरम्॥ 11॥

"पवित्र स्थान का चयन करके, योगाभ्यास के लिए योगी एकांत में कोई मुलायम वस्त्र या मृगछाला या कुशासन बिछा दे। आसन न तो बहुत ऊँचा ही हो और न नीचा ही हो।"

तत्रैकाग्रं मनः कृत्वा यतचित्तेन्द्रियक्रियः।
उपविश्यासने युञ्ज्याद्योगमात्मविशुद्धये॥ 12॥

"ऐसे आसन पर बैठकर तथा चित्त को एकाग्र करके, इंद्रियों और क्रियाओं द्वारा वश में किए हुए अंतःकरण की शुद्धि के लिए योग का अभ्यास करें।"

शुद्ध व पवित्र भूमि से तात्पर्य तीर्थ स्थलों से नहीं वरन् साफ व गंध रहित स्थल से है, जिससे मन तथा शरीर में कोई विकार न उत्पन्न हो पाए। एकांत स्थल का तात्पर्य कोलाहल से रहित स्थान से है, जो ध्यान में विघ्न न पैदा करे। आसन कोई मुलायम वस्त्र, मृगछाल, चटाई, आदि कुछ भी हो सकता है, जो भी साधक को सुविधाजनक लगे। आसन न ज्यादा ऊँचा हो जिससे कोई अहंकार का विकार आए और न ही ज्यादा नीचा, जिससे कोई हीनता का ही भाव आए। सूक्ष्म दृष्टि से पवित्र स्थल मन का अंतःकरण है। जब तक वह शुद्ध नहीं होगा, प्रभु-चिंतन में मन लगेगा ही नहीं। विभिन्न विषय-विकार उसे उलझा देंगे। आसन चाहे जैसा हो, साधक का भूमि से सीधा संपर्क तोड़ देता है। इसी प्रकार ध्यान की स्थिति में साधक को पृथ्वी के विषय-विकार-भोगों से संबंध तोड़ चित्त को ईश्वर में लीन कराना होगा।

समं कायशिरोग्रीवं धारयन्नचलं स्थिरः।
संप्रेक्ष्य नासिकाग्रं स्वं दिशश्चानवलोकयन्॥ 13॥

"योगाभ्यास की विधि बताते हुए श्रीकृष्ण कहते हैं कि साधक काया (शरीर), सिर (मस्तक), और ग्रीवा (गरदन) को समान और अचल धारण करते हुए, दृढ होकर नासिका के अग्रभाग को ही देखते हुए, अन्य दिशाओं में दृष्टिपात न करते हुए।"

प्रशान्तात्मा विगतभीर्ब्रह्मचारिव्रते स्थितः।
मनः संयम्य मच्चित्तो युक्त आसीत मत्परः॥ 14॥

"तथा ब्रह्मचर्य व्रत में स्थित रहता हुआ, भयरहित और भलीभाँति शांत अंतःकरण वाला तथा सावधान होकर मन को वश में करके, मुझमें ही अपने चित्त को परायण कर स्थित हो जाए।"

मन को एकाग्रचित्त करने तथा इंद्रियों के निग्रह के लिए यह आवश्यक है कि साधक जनेंद्रिय संयम का कठोरता से पालन करे। मन से विभिन्न विषयात्मक चिंतन, आँखों से भी वैसी ही कल्पनाएँ करना या कानों से विषयोत्तेजक शब्दों का श्रवण भी मनसा, वाचा, कर्मणा पुरुष को जनेंद्रिय संयम से दूर ले जाता है। ऋषि याज्ञवल्क्य ने जनेंद्रिय संयम के द्वारा ब्रह्मचर्य व्रत के संबंध में कहा है—

'कर्मणा मनसा वाचा सर्वावस्थासु सर्वदा।
सर्वत्र मैथुनत्यागो ब्रह्मचर्य प्रचक्षते'॥

कि "सभी कालों में, सभी अवस्थाओं में तथा सभी स्थानों में, मनसा, वाचा, कर्मणा, जनेंद्रिय सुखभोग से पूर्णतया दूर रहने का अभ्यास करना ही ब्रह्मचर्य व्रत का लक्ष्य है।" ब्रह्मचारी का तात्पर्य है—'ब्रह्म आचरति स ब्रह्मचारी' अर्थात् 'जो बह्म का आचरण करे वह ब्रह्मचारी है'। ब्रह्म का आचरण है नियत कर्म तथा नियत विधि द्वारा कर्म, जिसका विस्तृत वर्णन श्रीकृष्ण चौथे अध्याय में कर आए हैं। मूल प्रश्न है इंद्रियों का संयम, जिसमें मुख्य समस्या है कामेच्छा की तरंगों का संयमन, क्योंकि यही वह इंद्रियजनित सुखेच्छा है जिसने पुरातन काल में भी बड़े-बड़े ऋषि-मुनियों यथा विश्वामित्र आदि को भी विचलित कर दिया था। इसीलिए इस श्लोक में ब्रह्मचर्य व्रत पर पर्याप्त बल दिया गया है।

युञ्जन्नेवं सदाऽऽत्मानं योगी नियतमानसः।
शान्तिं निर्वाणपरमां मत्संस्थामधिगच्छति॥ 15॥

"इस प्रकार आत्मा को निरंतर व सतत प्रयास से परमेश्वर के स्वरूप के प्रति केंद्रित करता हुआ स्वतंत्र, स्वच्छ व संयमित मनवाला योगी मुझमें स्थित परमानंद की पराकाष्ठावाली शांति को प्राप्त कर लेता है। काया-मन-कर्म के सतत योगाभ्यास से ईश्वर में लीन करा देनीवाली शांति प्राप्त होती है।"

'मच्चित्रः, मत्परः मत्स्थानम्' स्वयं इस स्थिति की विशिष्टता प्रकट करता है। 'तमेव विदित्वाति मृत्युमेति,' इस प्रकार ईश्वर को जानकर योगी मत्परः (मेरे परायण) होकर मत्स्थानम् (मेरे स्थान का)प्राप्त होता है। मन का संयम व चित्त की एकाग्रता को स्वास्थ्य लाभ या विभिन्न मंत्र-तंत्र की सिद्धियों की प्राप्ति के लिए नहीं, अपितु परमात्मा में पूर्ण निष्ठा के साथ उसी परमतत्त्व में केंद्रित व उन्मुख होने के लिए करने चाहिए।

नात्यश्नतस्तु योगोऽस्ति न चैकान्तमनश्नतः।
न चातिस्वप्नशीलस्य जाग्रतो नैव चार्जुन॥ 16॥

"परंतु हे अर्जुन! यह योग न तो बहुत खानेवालों का सिद्ध होता है और न बिल्कुल न खानेवालों का, उसी प्रकार न बहुत ज्यादा शयन करनेवालों का और न ही बहुत अधिक जागनेवालों का ही सिद्ध होता है।"

श्रीभगवान् ने स्पष्ट कर दिया है कि मन के संयम व परम तत्त्व में चित्त की एकाग्रता का शारीरिक या भौतिक क्रियाओं से कोई संबंध नहीं है। न अधिक भोजन करना उचित है और न ही निराहार रहना। न ही ज्यादा शयन उचित है और न ही अत्यधिक जागना। समर्पण व संयम इंद्रियों का होता है। शरीर को तो पर्याप्त भोजन, शयन एवं विश्राम चाहिए ही। इनमें से किसी की भी अति, योग में सहायक नहीं होती, अपितु विघ्नकारक ही होती है। भौतिक संयम पर्याप्त नहीं होता है, इंद्रियों और मन का संयम अत्यावश्यक है। बुद्ध का मध्यम-मार्ग भी यही दृष्टांत प्रस्तुत करता है।

युक्ताहारविहारस्य युक्तचेष्टस्य कर्मसु।
युक्तस्वप्नावबोधस्य योगो भवति दुःखहा॥ 17॥

"यह समस्त भौतिक दुःखों-क्लेशों को नष्ट करनेवाला योग तो यथायोग्य आहार और विहार करनेवालों का तथा कर्मों में यथायोग्य चेष्टा करनेवालों का तथा यथायोग्य शयन करने व जागरण करनेवालों का ही सिद्ध होता है।"

शरीर को स्वस्थ रखने के लिए जो आहार, विहार और शयन कर्म आवश्यक है उसका कहीं भी निषेध स्वीकार्य नहीं है। जगत् है तो उसकी रीतियों को आवश्यकता अनुरूप यथेष्ट विधि से निभाना ही होगा, किंतु इनकी अति निश्चय ही मनोंद्रियों के संयम में बाधा डालेगी। इसीलिए भौतिक-शारीरिक आवश्यकताओं की पूर्ति में संतुलन यथेष्ट है। हठयोग कर शयन, खाने-पीने को त्यागने से शारीरिक व मानसिक क्षति हो सकती है।

यदा विनियतं चित्तमात्मन्येवावतिष्ठते।
निःस्पृहः सर्वकामेभ्यो युक्त इत्युच्यते तदा॥ 18॥

"जब पुरुष योग के अभ्यास से अपने चित्त को संयमित कर; अपने कार्यों व आचरण के साथ अध्यात्म भाव से परमात्मा में स्थित हो जाता है, तब संपूर्ण कामनाओं से निःस्पृह हुआ ऐसा पुरुष योगयुक्त व योग में स्थित कहा जाता है।"

शारीरिक विकार तो विभिन्न व्याधियों के रूप में शरीर को ग्रसते हैं। इनका उपचार डॉक्टर, वैद्य, हकीम आदि यथोचित औषधियों द्वारा कर सकते हैं, किंतु यहाँ मानसिक विकार के विषय में बताया गया है जो विभिन्न इंद्रियों को संक्रमित करता है तथा जिसे कोई बाहरी चिकित्सक या औषधि ठीक नहीं कर सकती, अपितु साधक को अपनी इंद्रियों को स्वयं ही संयम की आग में तपा कर शुद्ध करना होता है। इसके लिए सतत

प्रयास व अभ्यास की अनिवार्यता होती है, अन्यथा मन की चंचलता सहजता से नियंत्रण में नहीं आती। साधक के मनोगत अहम् तथा अहंकार का पूर्ण रूप से परमभाव में विलीन हो जाना आवश्यक है। निरंतर श्रीभगवान् के चरण कमलों में ही मन को लगाना तभी संभव हो पाता है, जब साधक आत्मनिष्ठ हो मन की तरंगों को सांसारिक विषयों से प्रभु-भक्ति की ओर सतत रूप से मोड़ दे, क्योंकि कोरा इंद्रिय निग्रह भी व्यावहारिक नहीं है।

यथा दीपो निवातस्थो नेङ्गते सोपमा स्मृता।
योगिनो यतचित्तस्य युञ्जतो योगमात्मनः॥ 19॥

"जिस प्रकार वायुरहित स्थान में जलाए गए दीपक की लौ चलायमान नहीं होती, क्योंकि वहाँ वायु के वेग के अभाव में दीपक की बाती सीधी जलती रहती है, उसी प्रकार परमात्मा के ध्यान में लगा योगी, जिसका मन उसके वश में रहता है, वह परमेश्वर के ध्यान में सदैव स्थिर रहता है।"

जिस प्रकार तेल से भरे पात्र को व्यक्ति एक स्थान से दूसरे स्थान पर ले जाता है तो उसका सारा ध्यान व शरीर की स्थिति इस प्रकार रहती है कि तेल कहीं छलक कर बाहर गिर न जाए या जब कोई नाव समुद्र में तूफान में फँस जाती है तो नाविक का सारा ध्यान नाव को संतुलित रखते हुए किनारे की ओर ले जाने में ही रहता है तथा अन्य कोई भाव-विचार उसको नहीं सूझता, इसी प्रकार मनोजनित तरंगों के विषयों के सागर में फँसे मन को अटल रूप से परमात्मा के प्रति परायण करके ही ईश्वर को सिद्ध किया जा सकता है।

यत्रोपरमते चित्तं निरुद्धं योगसेवया।
यत्र चैवात्मनाऽऽत्मानं पश्यन्नात्मनि तुष्यति॥ 20॥

"जिस अवस्था में योग के अभ्यास से निरूद्ध किया हुआ मन, स्थिर एवं शांत हो जाता है और जिस अवस्था में परमात्मा के ध्यान में लगी हुई निर्मल हुई बुद्धि से परमात्मा का सूक्ष्मता से साक्षात्कार करता हुआ योगी समस्त आनंदों को देनेवाले परमात्मा में ही संतुष्ट होता है, उस अवस्था में वह अपनी आत्मा को उन ईश्वरीय दिव्य प्रकाश से आलोकित विभूतियों में रँगा हुआ ही पाता है।"

महर्षि पतंजलि के अनुसार, 'योगष्चित्रवृत्तिनिरोधः' अर्थात् 'चित्त की वृत्ति का निरोध योग है।' इस श्लोक में योग का नवीन लक्षण बताया गया है कि समाधि की अवस्था ही इस चित्तवृत्ति निरोध की पूर्णावस्था है। पतंजलयोग की समाधि से प्राप्त होनेवाली सुखावस्था मात्र चित्त के निरोध से होती है, किंतु यहाँ यह स्पष्ट कर दिया गया है कि चित्त निरोध के द्वारा अपने आत्मस्वरूप को विदित कर लेने पर जो अवस्था

प्राप्त होती है, वही ब्रह्मानंद या 'आत्मप्रसादज सुख' या 'आत्मानंद' है। जब तक चित्त की तरंगें उन्मुक्त हैं, तब तक परमात्मा से साक्षात्कार संभव नहीं। अत: प्रथम चित्त का निरोध कर, तत्पश्चात् निरूद्ध चित्त में अपने 'स्व' का विलय करके जीव अपनी आत्मा में ही परमात्मा को देखता हुआ संतोष की प्राप्ति करता है। यही उसका स्वरूप है और यही उसकी अंतिम परिणीति भी।

सुखमात्यन्तिकं यत्तद्बुद्धिग्राह्यमतीन्द्रियम्।
वेत्ति यत्र न चैवायं स्थितश्चलति तत्त्वतः॥ 21॥

"इंद्रियों के विषय-विकारों से परे पूर्ण रूप से निर्मल एवं शुद्ध सूक्ष्म बुद्धि द्वारा ग्रहण करने योग्य जो असीम दिव्यानंद परमात्मा है, योगी उसको अनुभूत करता है। ऐसा योगी भगवत स्वरूप से चलायमान नहीं होता।"

कठोपनिषद् में धर्मराज नचिकेता से कहते हैं—

"एश सर्वेशु भूतेशू गूढ़ात्मा न प्रकाशते।
दृश्यते त्वग्रयया बुद्धया सूक्ष्मया सूक्ष्मदर्षिभिः॥"(1.3.12)

"परब्रह्म परमात्मा समस्त जगत् में अंतर्यामी हैं। अत: सभी भूत प्राणियों के हृदय में विराजमान हैं, परंतु स्वयं की माया के परदे में छिपे होने के कारण हम उन्हें जान नहीं पाते, किंतु जिन्होंने भगवान् का आश्रय लेकर अपनी बुद्धि को तीक्ष्ण बना लिया है, वे सूक्ष्मदर्शी ही भगवान् की कृपा से, सूक्ष्म बुद्धि के द्वारा, उनके शाश्वत स्वरूप को देख पाते हैं।"

यं लब्ध्वा चापरं लाभं मन्यते नाधिकं ततः।
यस्मिन्स्थितो न दुःखेन गुरुणापि विचाल्यते॥ 22॥

"परमात्मा के चिदानंद शाश्वत स्वरूप प्राप्ति के लाभ को प्राप्त कर लेने पर योगी उससे बढ़कर अन्य किसी सुख को श्रेयस्कर नहीं मानता है और भगवत-प्राप्ति रूप की अवस्था को पहुँच योगी बड़े भारी दु:ख या कष्टों की स्थिति में भी चलायमान व विचलित नहीं होता।"

तं विद्याद् दुःखसंयोगवियोगं योगसंज्ञितम्।
स निश्चयेन योक्तव्यो योगोऽनिर्विण्णचेतसा॥ 23॥

"जो दु:खों-क्लेशों से पूर्ण सांसारिक विषयों के संयोग से विरत रहता है, ऐसे साधक को योग से उकताना नहीं चाहिए, अपितु तत्पर हो निश्चय-पूर्वक अपने कर्तव्य में रत रहना चाहिए।"

सांसारिक संयोग-वियोग से रहित, अंत:करण में परम तत्त्व से मिलन की अवस्था ही योग है। जो इसमें धैर्यपूर्वक लीन रहता है वह परम में सिद्धि प्राप्त कर लेता है।

सङ्कल्पप्रभवान्कामांस्त्यक्त्वा सर्वानशेषत:।
मनसैवेन्द्रियग्रामं विनियम्य समन्तत:॥ 24॥

"अत: योगी को यह अभीष्ट है कि संकल्प से उत्पन्न होनेवाली समस्त कामनाओं को निरपवाद रूप से त्याग दे अर्थात् वासनाओं, तृष्णाओं को आसक्ति सहित त्याग कर तथा चित्त को सभी प्रकार के इंद्रिय-विषयों से दूर करके'"

शनै: शनैरुपरमेद् बुद्ध्या धृतिगृहीतया।
आत्मसंस्थं मन: कृत्वा न किञ्चिदपि चिन्तयेत्॥ 25॥

"एक-एक के क्रम से धीरे-धीरे अभ्यास करता हुआ; पूर्ण निष्ठा एवं विश्वास के द्वारा; समाधि में स्थित हो जाए। इस प्रकार धैर्य युक्त बुद्धि द्वारा मन को परमात्मा में स्थित करके परमात्मा के अतिरिक्त और किसी का भी चिंतन न करे।"

इस प्रकार योगी को अपने मन को पूर्ण निष्ठा एवं विश्वास से ध्यान एवं इंद्रिय-निग्रह के द्वारा समाधि में स्थिर करना चाहिए, जिससे देहात्म बुद्धि में अनुरक्त रहने की कोई संभावना शेष न रह जाए। अभ्यास इसलिए आवश्यक है, क्योंकि प्रारंभ में मन स्थिर नहीं हो पाता है। मन की चंचलता विभिन्न विषयों की तरंगों से उद्वेलित एवं असंयमित हो उसमें भटकाव ले ही आती है। इसी को संयमित करने का उपाय श्रीकृष्ण ने स्पष्ट किया है।

यतो यतो निश्चरति मनश्चञ्चलमस्थिरम्।
ततस्ततो नियम्यैतदात्मन्येव वशं नयेत्॥ 26॥

"जब मन अपनी चंचलता के कारण स्थिर न रह पा रहा हो, तो मन जिन-जिन हेतुओं से सांसारिक विषय-वासनाओं में विचरता हो, उन-उन हेतुओं को बार-बार निरूद्ध कर, उस चलायमान मन को परमात्मा में स्थिर करने का प्रयास करें।"

कठोपनिषद् (2.1.3) में धर्मराज नचिकेता को स्पष्ट करते हैं—

'येन रूपं रंस गन्धं शब्दान्स्पर्शौऽश्च मैथुनान्।
एतेनैव विजानाति किमत्र परिशिष्यते॥ एतद्वै तत्॥'

"शब्द, स्पर्श, रूप, रस और गंध इन सब प्रकार के विषयों का और स्त्री-सहवास आदि से होनेवाले सुखों का, मनुष्य ईश्वर से मिली हुई ज्ञानशक्ति के द्वारा अनुभव करता

है और उन्हीं की दी हुई शक्ति से इनकी क्षणभंगुरता को देखकर वह समझ जाता है, सब वस्तुओं में से कौन सी वस्तु शेष रहेगी। विचार करने पर उसे समझ में आता है कि ये सब पदार्थ प्रति क्षण विनाश की ओर अग्रसर हैं। इन सबके परम कारण परमात्मा ही एकमात्र शाश्वत हैं। वे पहले भी थे और आगे भी रहेंगे। इसलिए हे नचिकेता! तुम्हारा पूछा हुआ वह ब्रह्मतत्त्व यही है, जो सबका षेशी है, सबका पर्यवसान है, सबकी अवधि और सबकी परम गति है।" इसीलिए श्रीकृष्ण कह रहे हैं कि मन तो इधर-उधर भागेगा ही उसे बार-बार रोको और सनातन ब्रह्म में स्थिर करो।

प्रशान्तमनसं ह्येनं योगिनं सुखमुत्तमम्।
उपैति शान्तरजसं ब्रह्मभूतमकल्मषम्॥ 27॥

"जिस मनुष्य का मन भली प्रकार शांत व स्थिर हो गया हो, वह रजोगुण से परे हो जाता है। वह परमात्मा के साथ अपनी पहचान हो जाने के कारण, समस्त पूर्व पाप कर्मों से मुक्त हो जाता है तथा वह निश्चय ही परमात्मा के साथ एकीभाव हो सर्वोच्च सिद्धि व आनंद को प्राप्त करता है।"

ब्रह्मभूत अवस्था में भौतिक कल्मश से मुक्त होकर परमात्मा की दिव्य आभा से सायुज्य प्राप्त कर; मनुष्य उन्हीं में स्थित हो जाता है। 'मद्भक्तिं लभते पराम्' (गीता 18.54), अर्थात् 'जब तक मनुष्य का मन भगवत चरणों में स्थिर नहीं हो जाता, तब तक वह ब्रह्मरूप में नहीं पहुँच सकता।'

युञ्जन्नेवं सदाऽऽत्मानं योगी विगतकल्मषः।
सुखेन ब्रह्मसंस्पर्शमत्यन्तं सुखमश्नुते॥ 28॥

"इस प्रकार अपनी आत्मा को सदैव योगाभ्यास में प्रवृत्त करता हुआ जो योगी सतत परमात्मा के संपर्क में एवं उसी में लीन रहता है, वह समस्त प्रकार के सांसारिक क्लेशों-दुःखों से मुक्त हो जाता है और सुखपूर्वक परबह्म परमेश्वर के प्राप्ति रूप दिव्य आनंद को अनुभव करता है। परमात्मा की प्राप्ति के पश्चात् उसे वहाँ प्रवेश मिल जाता है, जहाँ अनंत आनंद-ही-आनंद है।"

सर्वभूतस्थमात्मानं सर्वभूतानि चात्मनि।
ईक्षते योगयुक्तात्मा सर्वत्र समदर्शनः॥ 29॥

"इस प्रकार सर्वव्यापी अनंत चेतना से एकीभाव हो योग-युक्त आत्मावाले योगी की दृष्टि सम हो जाती है और उसको सर्वत्र ऐसा दिखाई देने लगता है कि वह सब प्राणियों में स्थित है और सब प्राणी उसमें स्थित हैं।"

सबको समभाव से देखनेवाला ऐसा योगी अपनी आत्मा को उसी व्यापक धरातल पर देखता है, जैसे वह बर्फ में जल के सदृश्य समस्त भूतों में आत्मा की स्थिति देख रहा हो। जैसे स्वप्न से जगा हुआ पुरुष स्वप्न के संसार को अपने अंतर्गत संकल्प के आधार पर देखता है, वैसे ही वह पुरुष संपूर्ण भूतों को अपनी सर्वव्यापी अनंत चेतन आत्मा के अंतर्गत संकल्प के आधार पर देखता है। श्रीकृष्ण पहले कह आए हैं कि समभाव योगी हाथी, कुत्ता, ब्राह्मण व चांडाल सब को सम दृष्टि से देखता है, क्योंकि सभी में परमात्मा का अंश, 'आत्मा' ही प्राण शक्ति के रूप में रहती है और यही परमात्मा की परम निरपेक्षता भी है। इसीलिए प्राप्ति की स्थिति में पहुँचा योगी सभी प्राणियों में उसी परब्रह्म की छवि ही देखता है।

यो मां पश्यति सर्वत्र सर्वं च मयि पश्यति।
तस्याहं न प्रणश्यामि स च मे न प्रणश्यति॥ 30॥

"जो मुझे सभी जगह, सभी वस्तुओं में सर्वत्र देखता है, सर्वत्र सभी भूतों व वस्तुओं में मुझ परमात्मा को ही व्यापक देखता है व संपूर्ण भूतों को मुझमें ही स्थित देखता है, उसके लिए मैं कभी भी अदृश्य नहीं होता हूँ और वह भी मेरे लिए कभी भी अदृश्य नहीं होता है।"

यही परमात्मा का अपने भक्त के प्रति सांख्यभाव है, जब दोनों एकीभाव हो गए हों। यह तो प्रत्यक्ष का मिलन है।

सर्वभूतस्थितं यो मां भजत्येकत्वमास्थितः।
सर्वथा वर्तमानोऽपि स योगी मयि वर्तते॥ 31॥

"जो मुझ परमात्मा को प्रत्येक जीव के हृदय में स्थित जानता है तथा सभी प्रकार से तादात्म्य में स्थित हो मुझको ही भक्तिपूर्वक भजता है, वह हर प्रकार से मुझमें सदैव स्थित रहता है।"

'गोपालतापनी उपनिषद्' में उल्लेख है, 'एकोऽपि सन्बहुधा योऽवभाति' कि 'यद्यपि भगवान् एक हैं, किंतु वे ही समस्त प्राणियों के हृदय में उपस्थित रहते हैं।' इसी सत्य को 'स्मृति-शास्त्र' में कहा गया है कि—

"एक एव परो विष्णुः सर्वव्यापी न सषंयः।
ऐश्वर्याद् रूपमेकं च सूर्यवत् बहुधेयते॥"

"विष्णु एक हैं, फिर भी वे सर्वव्यापी हैं। एक रूप होते हुए भी वे अपनी अचिंत्य शक्ति से उसी प्रकार सर्वत्र उपस्थित रहते हैं, जैसे सूर्य एक ही समय में अनेक स्थानों

पर दिखता है।" श्रीकृष्ण कोई नई बात नहीं कह रहे हैं, बल्कि उस शाश्वत सत्य को ही इंगित कर रहे हैं, जो कालांतर में युगों एवं कल्पों के व्यतीत होने के उपरांत विभिन्न रूपों में भ्रम व संशय की धुंध में छिप गया था। श्रीकृष्ण सत्य के दर्पण पर छाई मलिनता को हटाकर वास्तविक सच को स्पष्ट कर रहे हैं कि उनमें एकीभाव हो जो उन्हें भजता है, वह योगी सब प्रकार से व्यवहार करता हुआ भी उन्हें ही याद करता है।

आत्मौपम्येन सर्वत्र समं पश्यति योऽर्जुन।
सुखं वा यदि वा दुःखं सः योगी परमो मतः ॥ 32 ॥

"हे अर्जुन! जो योगी अपना आत्मावलोकन करते हुए सभी स्थानों पर, समस्त जीवों को समान रूप से देखता है और सुख अथवा दुःख में भी सब को सम देखता है, वह परम श्रेष्ठ माना गया है।"

वस्तुतः ऐसा योगी सदैव जीवों के कल्याण को देखता है और इस तरह वह प्रत्येक जीव से सखा भाव रखता है। वह 'स्वांतः सुखाय' सिद्धि से परे अन्य जीवों के लिए भी सम स्थिति ही चाहता है। यही भगवत भक्त तथा अपनी ही उन्नति चाहनेवाले योगी में अंतर है।

अर्जुन उवाच

योऽयं योगस्त्वया प्रोक्तः साम्येन मधुसूदन।
एतस्याहं न पश्यामि चञ्चलत्वात् स्थितिं स्थिराम्॥ 33 ॥

"अर्जुन ने कहा, 'हे मधुसूदन! यह योग की पद्धति जो आपके द्वारा बताई गई है अर्थात् जो ध्यान योग आपने समत्व भाव से कहा है, उसको मैं मन के चंचल होने से बहुत काल तक स्थिर रहनेवाली स्थिति में नहीं देखता हूँ।'"

चञ्चलं हि मनः कृष्ण प्रमाथि बलवद्दृढम्।
तस्याहं निग्रहं मन्ये वायोरिव सुदुष्करम्॥ 34 ॥

"क्योंकि हे कृष्ण! यह मन बड़ा चंचल, अत्यंत विचलित एवं क्षुब्ध करनेवाला, बलवान, दुराग्रही व हठीला है। इसलिए मैं इस मन को वश में करना, वायु को वश में करने की भाँति अत्यंत कठिन मानता हूँ।"

वस्तुतः मन की चंचलता एवं उसके संयम की विचित्र स्थिति के विषय में अर्जुन का यह प्रश्न सामान्य जन का प्रश्न है। जहाँ तक अर्जुन के मन के संयम की स्थिति है, वह तो अर्जुन के स्वर्ग में इंद्र के द्वारा विभिन्न दिव्यास्त्रों के प्रयोग आदि विद्यार्जन के समय की घटना से स्वतः स्पष्ट है। एक दिन अर्जुन अपनी शस्त्रविद्या के समय

ध्यान में मग्न था। स्वर्ग की अप्सरा उर्वशी ने अर्जुन के रूप-सौंदर्य को देख उसे अपनी ओर आकृष्ट करना चाहा, किंतु अर्जुन ने स्वर्ग की उस सौंदर्य-मूर्ति अप्सरा उर्वशी को मातृवत ही देखा। उर्वशी के अनुरोध के पश्चात् भी अर्जुन ने अपना संयम नहीं खोया। यहाँ तक कि उसे उर्वशी के क्रोध का शिकार बन श्राप का भागी बनना पड़ा, फिर भी उसकी दृष्टि सम व निर्मल बनी रही। अर्जुन का श्रीकृष्ण के सम्मुख मन की चंचलता व हठीलेपन के संबंध में पूछा गया प्रश्न वास्तव में सामान्य योगी व साधक के हितार्थ है, क्योंकि यदि स्वयं श्रीकृष्ण ही इस चंचल मन को साधने में आनेवाली विकट समस्या का समाधान बता देंगे तो भविष्य में सामान्य जन के लिए मन को संयमित करने का उपाय स्पष्ट हो जाएगा।

श्री भगवानुवाच

असंशयं महाबाहो मनो दुर्निग्रहं चलं।
अभ्यासेन तु कौंतेय वैराग्येण च गृह्यते॥ 35॥

"श्रीभगवान् कृष्ण ने अर्जुन को समझाते हुए प्रत्युत्तर दिया, 'हे महाबाहो! निःसंदेह मन चंचल और कठिनता से वश में होनेवाला है, परंतु हे कौंतेय! निरंतर अभ्यास व मन में सांसारिक विषय-वासनाओं के प्रति वैराग्य भाव धारण करने से ऐसा करना संभव हो जाता है।'"

वस्तुतः मन तो निर्मल झील की तरह है, जिसके पानी में निरंतर लहरों की तरंगें उठती हैं। एक लहर के समाप्त होते ही दूसरी लहरें व तरंगें आ जाती हैं। यह क्रम अनवरत चलता रहता है, क्योंकि बाह्य वायुमंडल के संपर्क से ऐसा होना स्वाभाविक ही है। इसी प्रकार मन में हमारी प्रत्येक श्वास के आने-जाने की प्रक्रिया निरंतर बनी रहती है। जब हम श्वास अंदर लेते हैं तो बाहरी संकल्प व कामनाएँ स्पर्श करती हैं। वैसे ही जब बाहर श्वास छोड़ते हैं तो आंतरिक संकल्प व कामनाएँ बाहरी वातावरण के संसर्ग में आती हैं। यदि किसी कामना-इच्छा में फँसे तो जन्म-मृत्यु का बंधन पीछा नहीं छोड़ेगा। इसीलिए सतत वैराग्य भाव से मन के संयम को बनाए रखना भले ही प्रारंभ में दुष्कर लगे, किंतु सतत प्रयास व परमात्मा में पूर्ण समर्पण भाव के साथ हो रहे प्रयास से मन की चंचलता लुप्त हो स्थिर हो जाती है।

असंयतात्मना योगो दुष्प्राप इति मे मतिः।
वश्यात्मना तु यतता शक्योऽवाप्तुमुपायतः॥ 36॥

"जिसका मन असंयत एवं उद्वेलित रहता है, उसके लिए आत्म-साक्षात्कार की स्थिति प्राप्त करना दुष्कर हो जाता है, किंतु जिसने मन को संयमित कर लिया तथा ऐसा करने के लिए वह सतत प्रयत्नशील रहता है तो ऐसे पुरुष द्वारा साधन करने से मुक्ति

प्राप्त होना सरल हो जाता है, यह मेरा मत है।"

वस्तुतः सांसारिक विषयों के भोग के प्रति आकर्षण समाप्त कर मन संयमित कर पाना दुष्कर तो है ही, किंतु जब मनुष्य परमात्मा में ही समस्त सुख और आनंद की चरम सीमा अनुभूत करता है और देखता है कि परमेश्वर अखंड व नित्य आनंद के सागर हैं तो उसे संसार के इन व्यर्थ के सुखों में कोई आकर्षण नहीं दिखता, ठीक उसी प्रकार जैसे जिसने एक बार मिश्री की डली चख ली तो उसे मैली राब में कोई स्वाद नहीं मिलता। जब तक इन वासनाओं की दिशा संसार व अन्य काम्य विषयों की ओर उन्मुख रहती है, तब तक वे शत्रु के समान व्यवहार करती हैं, परंतु जब उनको ईश्वर की ओर मोड़ दिया जाता है तो वे ही मनुष्य का मित्र बन जाती हैं, क्योंकि वे उसे परमेश्वर की ओर ले जाती हैं। सांसारिक विषय-वासनाओं को ईश्वर को पाने की कामना में बदलना होगा। ये वासनाएँ समाप्त नहीं की जा सकती हैं, पर इनको नियमित अभ्यास से संस्कारित करते हुए, मन को संयमित कर शुद्ध बनाया जा सकता है। इसीलिए इच्छाएँ यदि हम निम्न चीजों में लगाएँ तो हम निम्न स्तर पर रहते हैं। उन्हें उच्चतर लक्ष्यों की ओर उन्मुख व प्रेरित करने से हम ऊपर उठ आते हैं। यदि हम उन्हें परमात्मा से युक्त कर दें तो वे भी पवित्र और संस्कारित हो जाती हैं और हम परमात्मा तक उठ आते हैं। तब ये मुक्ति और आनंद का साधन बन जाती हैं।

अर्जुन उवाच

अयतिः श्रद्धयोपेतो योगाच्चलितमानसः।
अप्राप्य योगसंसिद्धिं कां गतिं कृष्ण गच्छति॥ 37॥

"अर्जुन ने कहा, 'हे कृष्ण! उस योगी की क्या गति है, जो प्रारंभ में श्रद्धापूर्वक आत्म-साक्षात्कार हेतु योगविधि के प्रति तत्पर तो हुआ, किंतु शिथिल एवं विचलित होने के कारण योग की सिद्धि अर्थात् भगवत साक्षात्कार को प्राप्त करने में निष्फल हो चलायमान हो गया।'"

कच्चिन्नोभयविभ्रष्टश्छिन्नाभ्रमिव नश्यति।
अप्रतिष्ठो महाबाहो विमूढो ब्रह्मणः पथि॥ 38॥

"हे महाबाहो! परमात्मा की प्राप्ति के मार्ग से विचलित हुआ आश्रयरहित पुरुष छिन्न-भिन्न बादल की भाँति दोनों ओर से अर्थात् भगवत प्राप्ति और सांसारिक भोगों से भ्रष्ट हुआ कहीं नष्ट तो नहीं हो जाता?"

कभी-कभी आकाश में एक बड़े बादल से छोटे बादल का खंड अलग होकर दूसरे बड़े बादल में मिल जाता है, किंतु यदि वह बड़े बादल से नहीं जुड़ पाता तो वायु

के प्रवाह से छिन्न-भिन्न होकर नष्टप्राय हो जाता है। इसी प्रकार यदि कोई साधक कुछ काल तक श्रद्धापूर्वक योग स्थिति में तो रहा, किंतु सिद्धि की स्थिति प्राप्त करने से पूर्व ही विचलित हो गया हो तो वह न तो परमात्म सिद्धि को ही प्राप्त कर पाएगा और न ही सांसारिक भोगों को ही भोग पाएगा तो उसकी क्या गति होती है?

एतन्मे संशयं कृष्ण छेत्तुमर्हस्यशेषतः।
त्वदन्यः संशयस्यास्य छेत्ता न ह्युपपद्यते॥ 39॥

"हे कृष्ण! मेरे इस संशय को विधिवत रूप से दूर करने के योग्य आप ही हैं, क्योंकि आपके सिवा कोई दूसरा मेरे इन संशयों को दूर नहीं कर सकता।"

श्री भगवानुवाच

पार्थ नैवेह नामुत्र विनाशस्तस्य विद्यते।
नहि कल्याणकृत्कश्चिद्दुर्गतिं तात गच्छति॥ 40॥

"श्रीभगवान् ने कहा, 'हे पार्थ! जगत् के शुभ व कल्याण के लिए सतत रत योगी का न तो इस लोक में और न ही परलोक में विनाश होता है। हे तात! भलाई करनेवाला कभी बुराई से पराजित नहीं होता।'"

वस्तुतः तथ्य यह है कि योगी इस मार्ग में; जितना उसके लिए संभव हो पा रहा है उतना; शुद्ध बुद्धि से अनासक्त हो, कर्मयोग का आचरण प्रारंभ कर दे। नियत पद्धति से किए गए प्रयास, यदि इस जन्म में नहीं तो अगले जन्म में, अधिक-से-अधिक सिद्धि मिलने के लिए, उत्तरोत्तर कारणाभूत होंगे। उसी के अनुसार उसे अंत में पूर्ण सद्गति मिलेगी, क्योंकि श्रीकृष्ण पहले कह आए हैं कि इस धर्म का थोड़ा सा आचरण भी किया जाए तो वह बड़े भय से रक्षा करता है तथा अच्छे कार्य का प्रतिफल कभी भी निष्फल नहीं हो सकता।

प्राप्य पुण्यकृतां लोकानुषित्वा शाश्वतीः समाः।
शुचीनां श्रीमतां गेहे योगभ्रष्टोऽभिजायते॥ 41॥

"ऐसा योग-कर्म में असफल हुआ पुरुष पुण्यवानों के लोकों को, अर्थात् स्वर्ग आदि उत्तम लोकों को प्राप्त होकर, उनमें बहुत वर्षों तक वास करके शुद्ध आचरणवाले श्रेष्ठ पुरुषों के कुल में जन्म लेता है।"

श्रीकृष्ण यह स्पष्ट करते हैं कि जो भी इस मार्ग पर चल भर दिया, उसका विनाश नहीं होता, किंतु यदि वह सकाम भावना से चला तो उस हेतु जितना उसने प्रयास किया था, उसके अनुरूप ही उसे स्वर्ग आदि उत्तम लोकों का भोग मिलता है, जहाँ वह अपने कर्म के फलों को भोग कर पुनः पृथ्वी पर श्रेष्ठ आचरण करनेवाले मनुष्यों के यहाँ जन्म लेता है।

अथवा योगिनामेव कुले भवति धीमताम्।
एतद्धि दुर्लभतरं लोके जन्म यदीदृशम्॥ 42॥

"अथवा वैराग्यवान पुरुष उन स्वर्गादि लोकों में न जाकर विद्वान् योगियों के ही कुल में जन्म लेता है। इस प्रकार का जो जन्म है, वह निश्चय ही इस संसार में अति दुर्लभ है।"

वस्तुत: विद्वान् योगियों के कुल में ऐसे ही योगी आते हैं, जो विगत जन्मों में पूर्ण निष्ठा व विश्वास से योग में रत थे, किंतु उनके संस्कारों में कुछ कमियाँ रह गई थीं। पुन: वे उन संस्कारों से शुद्ध हो, योग संस्कारों से युक्त होकर, सच्चे योगी के यहाँ प्रवेश पा जाते हैं। वे फिर स्वर्ग आदि अन्य लोकों के भोगों में पड़कर अपने पूर्व कर्म-फलों को नष्ट नहीं करते। इसीलिए ऐसे वैराग्ययुक्त योगी इस लोक में योग्य स्थिति में जन्म लेते हैं। कबीर, व्यास, तुलसी, वाल्मीकि, रैदास आदि इसके उदाहरण हैं, जिनको जन्म भले ही उच्च कुल में नहीं मिला, किंतु प्रवेश योगियों के कुल में मिला।

तत्र तं बुद्धिसंयोगं लभते पौर्वदेहिकम्।
यतते च ततो भूय: संसिद्धौ कुरुनन्दन॥ 43॥

"हे कुरूनंदन! ऐसा जन्म प्राप्त कर ऐसा योगी अपनी पूर्व देह की चेतना की जागृति को प्राप्त होता है, जिसके कारण वह पूर्ण सफलता व परम सिद्धि प्राप्त करने के मनोरथ से, पुन: अनासक्त भाव से, उन्नति की स्थिति प्राप्त करने के प्रयास के लिए तत्पर हो जाता है।"

ऐसे एक नहीं अनेकों उदाहरण हैं। राजा भरत अल्पायु में ही राज्य त्यागकर तपस्या के लिए वन में निकल गए थे। उनकी साधना सिद्ध हो ही चली थी कि वन में एक मृगी बच्चे को जन्म देकर मृत हो गई। मृग के नवजात शावक को देख भरत का ममत्व जाग उठा तथा वे उसकी रक्षा हेतु विचार से प्रयासरत थे कि तभी उनकी भी मृत्यु हो गई। उनका अगला जन्म मृग योनि में हुआ, किंतु पूर्व जन्म की याद उन्हें बनी रही। मृग रूप में वन में ऋषि-मुनियों ने बड़े प्रेम से उन्हें पाला-पोसा, किंतु भरत ने मृग योनि में जीवन का कोई सार न देख नदी में तीन दिन बिना कुछ खाए-पिए खड़े रहकर समाधि ले ली व देह त्याग दी। अगला जन्म उन्हें एक ब्राह्मण के घर में मिला, जहाँ उनके तीन बड़े भाई थे। भरत ने इस जन्म में पिता के द्वारा दी गई शिक्षा को ग्रहण नहीं किया, बल्कि मात्र एक गँवार पुरुष की तरह आचरण किया, जिससे वे 'जड़ भरत' कहलाए। उनके पिता की मृत्यु के बाद जड़ भरत के भाइयों ने उन्हें निठल्ला बैठा देख, खेती के कार्य में लगा दिया, किंतु उसे भी उन्होंने नहीं किया तो भाइयों ने उन्हें पंछियों से खेत की रक्षा करने में लगा दिया। कुछ समय पश्चात् भाईयों ने देखा कि अन्य सब

खेतों में तो फसल ठीक थी, किंतु उनके खेत में चिड़ियाँ बहुत थीं। वे जड़ भरत पर बहुत क्रोधित हुए और डाँटा तो वे बोले, "राम की चिड़िया, राम का खेत, मन भर खा लो, भर-भर पेट।" यह सुन भाइयों ने क्रोधित हो जड़ भरत को घर से निकाल दिया। जड़ भरत चल दिए वन में। जंगल में डाकू अपनी कुलदेवी की पूजा कर रहे थे तथा उन्हें देवी के सम्मुख बलि हेतु एक मनुष्य चाहिए था। जड़ भरत को देख डाकू उन्हें पकड़ बलि हेतु देवी की मूर्ति के समक्ष ले गए। अनुष्ठान कर जैसे ही बलि के लिए जड़ भरत का सिर काटने के लिए डाकुओं ने तलवार चलाई वैसे ही मूर्ति फूट गई तथा देवी के त्रिशूल से सभी डाकू मारे गए। जड़ भरत ने आँख खोली तो सबको मरा हुआ पाया। वे आगे वन में चल दिए। उधर वन में राजा रहूगण की पालकी आ रही थी, जिसे उठानेवाले चार कहारों में से एक अस्वस्थ हो गया तो पालकी ढोने के लिए वन में भ्रमण कर रहे जड़ भरत को पालकी ढोने के कार्य में लगा दिया गया। जड़ भरत तो योगी थे। वे अपना पाँव इस प्रकार रख रहे थे कि कोई जीव उनके पाँव के नीचे न आ जाए। इससे पालकी का संतुलन बिगड़ रहा था। राजा रहूगण ने कारण पूछा तो बाकी कहारों ने कहा, "हम तो ठीक चल रहे हैं, किंतु यह नया कहार लयबद्ध होकर नहीं चल रहा है व समझाने पर भी नहीं मान रहा है।" राजा रहूगण ने जड़ भरत से पूछा, "क्या कारण है, संतुलन क्यों नहीं बन रहा?" जीवन में पहली बार जड़ भरत बोले, "राजन, पालकी को वह ही चला पाएगा, जो उसके चलाने का हाल जानता हो।" राजा रहूगण चौंक गए। वे काफी समय से सद्गुरु की खोज कर रहे थे। उन्होंने पालकी रूकवाई तथा नीचे उतरकर जड़ भरत को देखा तो उन्हें प्रतीत हुआ कि ये कोई महान् योगी हैं। उन्होंने जड़ भरत से दीक्षा माँगी। जड़ भरत ने उन्हें साधना का ढंग व ब्रह्मज्ञान का उपदेश दिया। राजा रहूगण साधना में रत हो गए। उन भरत के नाम पर ही हमारे देश का नाम 'इलावृतवर्श' की जगह 'भारतवर्ष' हुआ। इसीलिए श्रीकृष्ण स्पष्ट कर रहे हैं कि योग में रत महापुरुष के प्रयास कभी भी व्यर्थ नहीं जाते। वह साधना क्रम टूटने पर अगले जन्म चक्र में फिर पूर्व स्थिति से ही साधना पथ पर चल पड़ता है। यही स्थिति बुद्ध, जीसस, शंकराचार्य, गुरु नानक आदि की भी बाल्यावस्था में रही।

पूर्वाभ्यासेन तेनैव ह्रियते ह्यवशोऽपि सः।
जिज्ञासुरपि योगस्य शब्दब्रह्मातिवर्तते॥ 44॥

"अपने पूर्व जन्म की चेतना रहने के कारण ऐसा योगी स्वत: ही योग के विषयों की तरफ आकर्षित होता है। पूर्व जन्मों के अभ्यास से; पूर्ण साक्षात्कार की सिद्धि में प्रयासरत, ऐसा जिज्ञासु, समत्व बुद्धि रूप योग के बारे में वेद शास्त्रों में कहे हुए सकाम कर्मों के फल का भी उल्लंघन कर जाता है।"

श्रीविष्णु पुराण (VI .5.64) में उल्लेख है—

"द्वे ब्रह्माणी वेदितव्ये शब्दब्रह्म परं च यत्।
शब्द ब्रह्ममाणि निश्णातः परं ब्रह्माधिगच्छति॥"

ब्रह्म दो प्रकार का है—'शब्द ब्रह्म' तथा 'परब्रह्म'। 'शब्द ब्रह्म' अर्थात् वेद-शास्त्रों में प्रतिपादित ज्ञान में निपुण हो जाने पर जिज्ञासु अपने विवेकजन्य बुद्धि योग के द्वारा परब्रह्म को प्राप्त कर लेता है। ऐसे अनासक्त योगीगण अपने पूर्व जन्मों में किए गए योगाभ्यास के द्वारा वेद-शास्त्रों में जो परमात्म प्राप्ति के प्रारंभिक साधन वर्णित किए गए हैं, उन विषयों में निपुण हो जाने के बाद, वेदों के परे जाकर, परब्रह्म में साक्षात्कार पाने की स्थिति के समीप पहुँच जाते हैं, जहाँ उन्हें आत्मानुभूति से प्राप्त ज्ञान के पश्चात् वेद-शास्त्रों के ज्ञान की कोई आवश्यकता नहीं रह जाती तथा 'शब्द ब्रह्म' के समत्व बुद्धि रूप योग के परे वे परब्रह्म में प्रवेश पा जाते हैं।

प्रयत्नाद्यतमानस्तु योगी संशुद्धकिल्बिषः।
अनेकजन्मसंसिद्धस्ततो याति परां गतिम्॥ 45॥

"जब इस प्रकार शिथिल प्रयास करनेवाला योगी भी परम गति को प्राप्त हो जाता है, तब ऐसा योगी जो अनेक जन्मों से अंत:करण की निर्मल अवस्था में भगवत सिद्धि की प्राप्ति के मार्ग पर प्रगति करने का प्रयास कर रहा है, वह अति अभ्यास से संपूर्ण पापों से पूर्णतया शुद्ध होकर, साधन के प्रभाव से निश्चय ही परमगति को प्राप्त होता है।"

महाभारत में उल्लेख है कि—

'येशां ये यानी कर्माणि प्राक्सृश्टया प्रतिपेदिरं।
तान्येव प्रतिपद्यन्ते सृज्यमानाः पुनः पुनः।'

(म.भा.शां.231.48)

अर्थात् पूर्व की सृष्टि में प्रत्येक जीव ने जो कर्म किए होंगे, ठीक वे ही कर्म फिर यथापूर्वक प्राप्त होते रहते हैं, चाहे उसकी इच्छा हो या न हो। श्रीकृष्ण ने भी कहा है, "गहना कर्मणा गति" (गीता 4.17) अर्थात् "कर्म की गति अति कठिन है।" महापुरुषों की स्थिति में उनके पूर्व कर्मों के अनुरूप ही संस्कार रहे हैं और प्राप्ति का भी यही क्रम है। प्रारंभ में शिथिल प्रयत्न से योग आरंभ होता है। इस पथ पर विचिलित हो जाने से पुन: जन्म प्राप्त होता है। जो पूर्व में कर्म हुआ हो, उसके बीज का नाश नहीं होता। वह उत्तरोत्तर योगी के प्रयासों के अनुरूप फलित होता जाता है। यदि भगवत् कृपा से सद्गुरु की संगत मिल गई तो योगी प्राप्ति के निकट पहुँच जाता है।

तपस्विभ्योऽधिको योगी ज्ञानिभ्योऽपि मतोऽधिकः।
कर्मिभ्यश्चाधिको योगी तस्माद्योगी भवार्जुन॥ 46॥

"हे अर्जुन! चूँकि योगी, तपस्वियों, वेद-शास्त्रों से ज्ञान का अर्जन करनेवाले ज्ञानियों तथा सकाम कर्म करनेवाले योगियों से भी श्रेष्ठ है, इसलिए तू भी योगी बन।"

वन में जाकर उपवास आदि से शरीर को पतला करनेवाले तथा हठयोग इत्यादि साधनों से सिद्धि पानेवाले पुरुषों को तपस्वी माना जाता है। इंद्रियों को साधने का प्रयास तो किया जा रहा है, परंतु तपस्वी पुरुष अभी भी योग को निष्काम कर्मयोगी की भाँति अपनी इंद्रियों में ढाल नहीं पाया है। शास्त्रों पर पांडित्य प्राप्त कर ज्ञानी अपने कर्म को अपनी ज्ञान की शक्ति का आधार बनाकर योग के मार्ग पर आरूढ़ होता है, न कि अपने कर्म को ईश्वरेच्छा पर छोड़ समर्पण मात्र से। इसी प्रकार सकाम कर्मी नियत विधि जानकर कर्मयोग में अग्रसर तो होता है, किंतु उसके मन में कर्म के प्रतिफल की इच्छा बनी रहती है। पूर्ण समर्पण की स्थिति का उसमें अभाव होता है। इस प्रकार का तपस्वी, ज्ञानी व निष्काम कर्मयोगी परमात्मा पर ही पूर्ण आस्था व विश्वास रखकर, पूर्ण समर्पण भाव से, बिना किसी फलेच्छा के अपने योग-कर्म पथ पर अग्रसर होता है तो उसके योगक्षेम, भले-बुरे का भार स्वयं परमात्मा वहन करते हैं, क्योंकि जब निर्भरता ही पूर्ण रूप से ईश्वर पर है तो मार्ग से पतन का भय भी नहीं रहता है। फिर तो स्वयं परमात्मा के निरीक्षण में ही उसका कर्म फलित होता है। इसीलिए श्रीकृष्ण अर्जुन को भी इसी निष्काम कर्म योग का आचरण करने हेतु प्रेरित कर रहे हैं।

योगिनामपि सर्वेषां मद्गतेनान्तरात्मना।
श्रद्धावान्भजते यो मां स मे युक्ततमो मतः ॥ 47 ॥

"समस्त योगियों में भी जो योगी अत्यंत श्रद्धावान हो मेरे परायण होता है तथा अपने अंतःकरण में सतत मुझको ही भजता है, ऐसे योगी को मैं परम श्रेष्ठ मानता हूँ।"

श्रीकृष्ण समस्त प्रकार के योगियों का वर्णन करते हुए अंत में भक्तिभाव से परायण योगी को ही सर्वश्रेष्ठ मानते हैं। निष्काम कर्म योग में भक्ति के प्रेमामृत का मेल हो जाने से वह योगी परमेश्वर को परम प्रिय हो जाता है। इस प्रकार निष्काम कर्मयोग भी बिना भगवत भक्ति के पूर्णता को प्राप्त नहीं होता।

ॐ तत्सदिति श्रीमद्भागवदगीतासूपनिषत्सु ब्रह्मविधायाँ योगशास्त्रे
श्रीकृष्णार्जनु संवादे आत्मसंयमयोगो नाम षष्ठोऽध्यायः।

अतएव श्रीमद्भागवदगीता उपनिषद् के ब्रह्मविद्यांतर्गत योग शास्त्र में श्रीकृष्ण-अर्जुन के संवाद में 'आत्मसंयमयोगो' नामक छठा अध्याय पूर्ण हुआ।

अमृत सार

मानव योनि विलक्षण है, क्योंकि इंद्रिय-जनित विषय भोग तो जीव को दूसरी योनियों में भी पर्याप्त मिल जाते हैं, परंतु आत्म तत्त्व की स्वतंत्रता इस मानव योनि को विशिष्ट बनाती है। हम स्वयं ही अपने स्वामी हैं। हर मनुष्य को अपना उद्धार स्वयं ही करना है। भले ही प्रकृति कितनी भी प्रबल क्यों न हो, मन भले ही कितना भी चंचल क्यों न हो, हमारा उसको जीतकर संयमित कर लेना आवश्यक है। इसके लिए स्वयं के संकल्प की दृढता आवश्यक है तथा स्वयं की सुख-भोग की स्पृहा भी छोड़नी ही होगी। मन जितना शुद्ध होगा, उसका संशय निवारण उतना ही सरल होगा। मन ही व्यक्ति का मित्र या शत्रु है। जैसा वह संकल्प करेगा, मन भी उसी के अनुरूप ढल जाएगा। इसके लिए आवश्यक है, चित्त की एकाग्रता। पातंजल योग की समाधि से प्राप्त होनेवाली सुखावस्था मात्र चित्त के निरोध से होती है, किंतु भगवान् श्रीकृष्ण इसके आगे की अवस्था को स्पष्ट करते हैं कि चित्त निरोध के द्वारा अपने आत्मस्वरूप को विदित कर लेने से जो अवस्था प्राप्त होती है, वही 'ब्रह्मानंद' है। जब तक चित्त की तरंगें अपरिमित, विषम एवं उन्मुक्त हैं, तब तक परमात्मा से साक्षात्कार संभव नहीं। अत: प्रथम चित्त का निरोध कर, तत्पश्चात् निरूद्ध चित्त में अपने 'स्व' का विलय करके, मनुष्य अपनी आत्मा में परमात्मा का साक्षात्कार करता है तथा सर्वत्र सभी भूतादिकों व वस्तुओं में परमात्मा को ही व्याप्त देखता है। वस्तुत: ऐसा योगी सदैव सभी जीवों के कल्याण को दृष्टि में रखता हुआ प्रत्येक जीव से सखा भाव रखता है। चित्त की एकाग्रता की प्राप्ति निरंतर अभ्यास द्वारा, सांसारिक विषय-वासनाओं के प्रति वैराग्य भाव धारण करने से, ही संभव है। विषय-जनित इच्छाओं को परमात्म-प्राप्ति की कामना में बदलना होगा, क्योंकि इच्छाएँ यदि हम निम्न चीजों में लगाएँ तो हम निम्न स्तर पर रहते हैं और यदि हम उन्हें उच्च लक्ष्यों की ओर प्रेरित कर दें तो हम ऊपर उठ जाते हैं। यदि हम उन्हें परमात्मा से युक्त कर दें तो वे भी पवित्र हो हमें परमात्मा तक उठा ले जाती हैं तथा मुक्ति तथा आनंद का साधन बन जाती हैं। योगी इस मार्ग में, जितना उसके लिए संभव हो पाए, उतना शुद्ध मन-बुद्धि से कर्मयोग का आचरण प्रारंभ भर कर दे। श्रीकृष्ण कहते हैं, "गहना कर्मणा गति" (गीता 4.17) अर्थात् "कर्म की गति अत्यंत कठिन है।" इस पथ पर मात्र कर्म का प्रारंभ भर हो जाए तो उस बीज का कभी नाश नहीं होता। साधन क्रम टूटने पर अगले जन्म चक्र में जीव फिर पूर्व स्थिति से ही साधना के पथ पर चल पड़ता है। जो योगी पूर्ण रूप से परमात्मा के परायण हो कर्म योग में रत रहते हैं, उनके योगक्षेम, भले-बुरे का भार स्वयं परमात्मा वहन करते हैं तथा स्वयं परमात्मा के पर्यवेक्षण में उनका कर्म फलित होता है।

□

अथ सप्तमोऽध्याय:

सर्वत्र परम तत्त्व ही व्याप्त

विगत अध्याय में वर्णित विभिन्न प्रकार के योग, जो भगवत सिद्धि के मार्ग के सोपान सदृश हैं, उनका वर्णन करते हुए, "मद्गतेनांतरात्मना" (6.47) अर्थात् "मुझ में संपूर्ण भाव से अंत:करण वाला योगी ही श्रेष्ठ है," कह श्रीकृष्ण ने स्पष्ट कर दिया है कि मन को परमात्मा में एकाग्र करने से ही मनुष्य परमात्मा की दिव्यता को जान सकता है। जहाँ संशय आदि विकार शेष हैं, वहाँ ऐसा हो पाना संभव नहीं। तृतीय अध्याय में इंद्रियों के संयम का महत्त्व प्रतिपादित करते हुए भगवान् ने कहा कि काम-क्रोध आदि इंद्रिय जनित विकार जीव के वास्तविक ज्ञान को ढककर उसे मोहित कर देते हैं (गीता 3.40)। इसलिए उन्होंने प्रारंभ में ही अर्जुन से इंद्रियों को वश में करके इन विकारों का शमन करने को कहा (गीता 3.41)। तथा पिछले अध्याय में योग युक्त जीवात्मा की विशिष्टता बताते हुए कहा कि इंद्रिय निग्रह के द्वारा ज्ञान-विज्ञान से तृप्त हुआ योगयुक्त जीव समस्त भूतादिकों में परमात्मा को और परमात्मा में समस्त जीवों को देखता है। इस प्रकार इंद्रिय-निग्रह की युक्ति बता देने के उपरांत यह स्पष्ट करना आवश्यक हो गया कि ज्ञान तथा विज्ञान का स्वरूप क्या है तथा परमात्मा को तत्त्व सहित विदित कर कर्मों का त्याग न करते हुए अनासक्त कर्मयोग की किन विधियों से परम मोक्ष की प्राप्ति की जा सकती है ? अत: श्रीभगवान् इस विषय को आगे स्पष्ट करते हुए कहते हैं—

श्री भगवानुवाच

मय्यासक्तमना: पार्थ योगं युञ्जन्मदाश्रय:।
असंशयं समग्रं मां यथा ज्ञास्यसि तच्छृणु॥ 1॥

"श्रीभगवान् कृष्ण ने कहा, "हे पार्थ! मुझमें अनन्य प्रेम से आसक्त हुए अंत:करण वाला तथा अनन्य भाव से आत्म-साक्षात्कार हेतु सतत अभ्यास करता हुआ पुरुष, मुझे

मेरी दिव्य विभूतियों, बल, ऐश्वर्य आदि अनंत गुणों से युक्त समस्त जीवों के आत्मरूप में जिस प्रकार संशय रहित होकर जानेगा, उसको सुनो।"

छठवें अध्याय के अंतिम श्लोक में श्रीभगवान् कृष्ण ने श्रेष्ठ योगी की विशिष्टता बताते हुए कहा कि ऐसा योगी वही होता है, जो पूर्ण समर्पण भाव से परमात्मा में ही स्थित हो गया हो। इसीलिए प्रस्तुत श्लोक में 'मेरा ही आश्रय ग्रहण करके' इन शब्दों के साथ 'योग' शब्द का प्रयोग विशिष्ट है, जिससे वे स्पष्ट करते हैं कि योग अर्थात् कर्मयोग का आचरण करते समय 'यथा' अर्थात् जिस विधि से मनुष्य उनको (परमात्मा को) संशय विहीन होकर पूर्णतया विदित कर सकेगा, वह युक्ति वे बता रहे हैं, आगे के श्लोक में उन्होने इसे 'ज्ञान-विज्ञान' कहा है। 'मय्यासक्तमनाः' अर्थात् 'मुझमें आसक्त हुए चित्तवाला', अन्य कोई बाह्य वृत्ति नहीं, अपितु 'मदाश्रयः'—मेरे आश्रित हो, योगंयुजंनः—अर्थात् कर्मयोग का आचरण करे तो परमात्मा को विदित करना सहज ही संभव हो सकेगा। इसलिए श्रीकृष्ण के द्वारा परम तत्त्व को जानने-बूझने के लिए जो विधि यहाँ बताई गई है, उसके प्रत्येक शब्द का विशिष्ट महत्त्व है। 'तच्छृणु' अर्थात् 'मुझसे सुनो' कहकर श्रीकृष्ण अर्जुन को सावधान करते हैं, क्योंकि यदि स्वयं परमात्मा ही अपने परम दिव्य गोपनीय रहस्य को न बताएँ तो भला इसे अन्य कोई कैसे बता पाएगा!

ज्ञानं तेऽहं सविज्ञानमिदं वक्ष्याम्यशेषतः।
यज्ज्ञात्वा नेह भूयोऽन्यज्ज्ञातव्यमवशिष्यते॥ 2॥

"मैं तुम्हारे लिए इस तत्त्व ज्ञान को रहस्य सहित संपूर्णता से कहूँगा। इसे जानकर जगत् में फिर तुम्हें जानने के लिए और कुछ भी शेष न रहेगा।"

वस्तुतः श्रीकृष्ण यह स्पष्ट कर चुके हैं कि ज्ञान का अर्थ भौतिक विषय-वस्तुओं का ज्ञान नहीं है। वह ज्ञान संपूर्ण रूप से खोखला है, जो परम तत्त्व के चेतन स्वरूप को समझ एवं अभिव्यक्त नहीं कर पाता, क्योंकि ऐसा विवेक ही ज्ञान है, जो परमात्मा के अमृत तत्त्व की प्राप्ति की अनुभूति में मिलता है। परमात्मा एक होते हुए भी सर्वव्याप्त हैं, सर्वशक्तिशाली हैं, सर्वात्म हैं। वे न दिखाई देते हुए भी सब जगह उपस्थित रहते हैं। जो अव्यक्त, अजर, अचिंत्य, अज, अव्यय, अनिर्देश्य, अरूप, पाणि-पादादिशून्य, व्यापक, सर्वगत, नित्य, भूतों का आदिकरण, स्वयं कारणहीन है और जिससे संपूर्ण संसार व्याप्त और व्यापक रूप में प्रकट हुआ है, उस रहस्यमयी कार्य प्रणाली का नाम ही विज्ञान है। जिसे ज्ञानीजन देखते हैं, उस विज्ञान सहित ज्ञान को श्रीकृष्ण ने संपूर्णता से अर्जुन से कहा, जिसे जानकर संसार में फिर और कुछ भी उसके जानने योग्य शेष नहीं रहा। 'छांदोग्य उपनिषद्' में श्वेतकेतु से उसके पिता ने यह प्रश्न किया है, "येन…अविज्ञातं

विज्ञात भवति", अर्थात् वह क्या है, जिस एक के जान लेने से सबकुछ जान लिया जाता है और फिर आगे इसका स्पष्टीकरण दिया गया है, "यथा सौम्यैकेन मृत्पिंडेन सर्वं मृण्मयं विज्ञातं स्याद्वाचारंभरणं विकारो नामधेयं मृत्तिकेत्येव सत्यम्" (छा.उ. 6.1.4) अर्थात् "हे सोम्य! जिस प्रकार मिट्टी के गोले के भीतरी भेद को जान लेने से यह ज्ञात हो जाता है कि शेष मिट्टी के पदार्थ उसी मिट्टी के विभिन्न नाम रूप धारण करनेवाले विकार हैं, और कुछ नहीं, इसी प्रकार ब्रह्म को जान लेने के बाद कुछ भी और जानने के लिए शेष नहीं रहता।"

मनुष्याणां सहस्त्रेषु कश्चिद्यतति सिद्धये।
यततामपि सिद्धानां कश्चिन्मां वेत्ति तत्त्वतः॥ 3॥

"हजारों मनुष्यों में से कोई एक इस परमसिद्धि की प्राप्ति के लिए प्रयत्नशील होता है और उन प्रयत्न करनेवालों में से कोई विरला ही मेरे परायण हो मुझे तत्त्व से जान पाता है।"

बड़े-बड़े योगी तो क्या बड़े-बड़े देवता भी वासुदेव के स्वरूप को जान नहीं पाते—'मुह्यान्ति यत्सूरयः। माँ तु वेद न कष्च्न।' भगवान् कहते हैं कि कोई भी उन्हें उस रूप में तत्त्वतः नहीं जानता, जैसे कि वे हैं और यदि कोई जानता है—'स महात्मा सुदुर्लभः'—तो ऐसा महापुरुष विरला ही होता है।' भगवतभक्ति में पूर्ण समर्पित व आकंठ डूबा वह निष्काम कर्मयोगी ही उस परम सत्ता के संबंध में कुछ-कुछ जान सकता है, जिस पर 'प्रभु-कृपा' हो। 'भक्ति रसामृत सिंधु' में कथन है—

"**अतः श्रीकृष्णनामादि न भवेद्ग्राह्यमिंद्रियैः।**
सेवान्मुखे हि जिह्वादौ स्वयमेव स्फुरत्यदः॥"(1.2.234)

अर्थात् 'दुराग्रही इंद्रियों के द्वारा ब्रह्म तत्त्व को विदित करना संभव नहीं, किंतु भक्तों द्वारा की गई निष्काम दिव्य सेवा से अभिभूत होकर भगवान् भक्तों को आत्म तत्त्व विदित करा देते हैं।' आगे श्रीकृष्ण परमात्म ज्ञान के क्षर-अक्षर विचार और क्षेत्र-क्षेत्रज्ञ विचार पर प्रकाश डालते हैं।

भूमिरापोऽनलो वायुः खं मनो बुद्धिरेव च।
अहङ्कार इतीयं मे भिन्ना प्रकृतिरष्टधा॥ 4॥

"पृथ्वी, जल, अग्नि, वायु, आकाश, मन, बुद्धि और अहंकार, इन आठ भागों में विभक्त मेरी अष्टधा प्रकृति अपरा मूल की है।"

यह भौतिक जगत् परमात्मा की शक्तियों में से एक का क्षणिक प्राकट्य है। भौतिक शक्ति आठ रूपों में व्यक्त होती है। इनमें से प्रथम पाँच—पृथ्वी, जल, अग्नि,

वायु, आकाश—स्थूल हैं, जिनके पाँच इंद्रिय विषय-शब्द, स्पर्श, रूप, रस तथा गंध हैं। भौतिक विज्ञान में ये दस तत्त्व ही हैं, किंतु अन्य तीन तत्त्व-मन, बुद्धि और अहंकार, अंतःकरण तथा मानसिक अनुभूतियों से संबंध रखते हैं। वे भौतिक विज्ञान शास्त्रियों तथा दार्शनिकों के द्वारा उपेक्षित रहते हैं। इसीलिए वे अध्यात्म का वास्तविक स्वरूप व भारतीय वेद-उपनिषदों में उल्लिखित तत्त्व ज्ञान के मर्म को समझ नहीं पाते, जबकि ये तो परमात्मा की अपरा शक्तियों का अंश मात्र ही हैं। सांख्य शास्त्र में सृष्टि की अचेतन अर्थात् जड़ प्रकृति और सचेतन पुरुष, दोनों को स्वतंत्र तत्त्व बताते हुए कहा गया है कि इन दोनों तत्त्वों से ही सब पदार्थ उत्पन्न हुए हैं। इन दोनों से परे तीसरा तत्त्व नहीं है, किंतु गीता में प्रकृति और पुरुष को एक ही परमेश्वर की दो विभूतियाँ बताया गया है। इसी को श्रीकृष्ण आगे स्पष्ट करते हैं—

अपरेयमितस्त्वन्यां प्रकृतिं विद्धि मे पराम्।
जीवभूतां महाबाहो ययेदं धार्यते जगत्॥ 5॥

"यह आठ प्रकार के भेदोंवाली अष्टधा प्रकृति अपरा है, जो मेरी जड़ (निकृष्टा) प्रकृति है और हे महाबाहो! दूसरी को मेरी वह जीवरूप परा अर्थात् चेतन (उत्कृष्टा) प्रकृति जानो, जिससे यह संपूर्ण जगत् धारण किया जाता है।"

श्रीभगवान् स्पष्ट करते हैं कि जीव परमेश्वर की परा प्रकृति (शक्ति) है; जबकि पृथ्वी, जल, अग्नि, वायु, आकाश इन पंच तत्त्वों से निर्मित स्थूल देह व मन, बुद्धि तथा अहंकार सूक्ष्म रूप में परमात्मा की अपरा प्रकृति के प्रतिरूप हैं। इस प्रकार स्थूल रूप में इस भौतिक संसार में जो कुछ भी दृष्टिगोचर होता है, वह परमात्मा की अपरा शक्ति के प्रतिफल पंच तत्त्वों से निर्मित स्थूल तत्त्व है, किंतु इस दृष्टिमान भौतिक जगत् में चाहे जो कुछ हो, कार्य करने की शक्ति तब तक नहीं आती, जब तक परमात्मा की परा शक्ति द्वारा जीव गतिशील नहीं रहता। यह परा प्रकृति ही वह कुंडलिनी शक्ति है, जिसके गतिशील होने पर ही स्थूल तत्त्वों को गति प्राप्त होती है। यह गतिशीलता प्रदान करनेवाली ऊर्जा या प्राणशक्ति, संसार के समस्त प्राणियों में परमात्मा की परा शक्तिवश ही आती है। जीव सदा परमात्मा द्वारा ही नियंत्रित होता है। अपनी पराशक्ति से परमात्मा सबके नियंता हैं। स्थूल व सूक्ष्म अपरा शक्ति को गतिमान करते हुए परा शक्ति जीव को अपने वास्तविक मन तथा बुद्धि की विस्मृति करा देती है। विस्मृति का कारण जीव पर जड़ प्रकृति का प्रभाव है, परंतु जैसे ही जीव माया के स्वरूप को समझता है, वह उसके बंधन को काट मुक्तिपद धाम ईश्वर के साक्षात्कार के प्रति अग्रसर हो जाता है। इसी को भगवान् श्रीकृष्ण आगे स्पष्ट करते हैं—

एतद्योनीनि भूतानि सर्वाणीत्युपधारय।
अहं कृत्स्नस्य जगतः प्रभवः प्रलयस्तथा॥ 6॥

"इसलिए तुम जान लो कि संपूर्ण जगत् के सृष्ट पदार्थ जिनके जन्म के स्रोत, उनकी ये नाना योनियाँ, इन दोनों परा-अपरा प्रकृतियों से ही उत्पत्तिवाले हैं और मैं संपूर्ण जगत् की उत्पति तथा प्रलय का कारण हूँ।"

श्रीकृष्ण कहते हैं कि संपूर्ण जगत् का मूल कारण वे हैं। यही उल्लेख कठोपनिषद् में भी आया है—'नित्यो नित्यानां चेतनष्चेतनानाम;'—'वे परमेश्वर ही नित्य एवं समस्त चेतन-अचेतन के कारणों के कारण हैं।' संपूर्ण सृष्टि के समस्त भूत-प्राणी, चर-अचर सभी कुछ ईश्वरीय परा व अपरा प्रकृति के ही स्वरूप हैं। उनकी उत्पत्ति एवं प्रलय का ईश्वर ही मूल कारण हैं। उत्पत्ति के उपरांत जब कर्मयोगी प्रकृति पर पार पा लेता है, तब भगवान् ही महाप्रलय भी हैं। सृष्टि की उत्पत्ति व प्रलय के संबंध में जिज्ञासाओं का अंत नहीं। कोई प्रलय को जगत् के विनाश के रूप में देखता है तो कोई इसे वह 'कयामत' कहता है, जिस दिन सबका फैसला सुनाया जाएगा, किंतु पद्मनाभ भगवान् श्रीकृष्ण प्रकृति को अपनी परा व अपरा शक्ति का प्रतिरूप बता उसे परिवर्तनशील बताते हैं, जो अनादि रूप से चलती रहती है, कभी नष्ट नहीं होती। श्रीमद्भागवत महापुराण के द्वादश स्कंध के आठवें तथा नौवें अध्याय में ऋषि शौनकजी ने सूतजी से प्रश्न किया, "लोग कहते हैं कि मार्कंडेय ऋषि चिरायु हैं और जिस समय प्रलय ने सारे संसार को निगल लिया था उस समय वे बचे रहे, परंतु वे तो हमारे कल्प में हमारे वंश में उत्पन्न हुए और जहाँ तक हम जानते हैं, इस कल्प में अब तक कोई प्रलय नहीं हुआ है। ऐसी स्थिति में यह बात कैसे सत्य हो सकती है कि जिस समय सारी पृथ्वी प्रलयकालीन समुद्र में डूब गई थी, उस समय मार्कंडेयजी उसमें डूब-उतरा रहे थे और उन्होंने अक्षय वट के पत्ते में सोए हुए बालमुकुंद का अद्भुत दर्शन किया?" सूतजी ने कहा, "यह सुंदर प्रश्न है। इससे लोगों का भ्रम मिट जाएगा।" मार्कंडेयजी ने विधि-पूर्वक वेदों का अध्ययन, स्त्राध्याय एवं आजीवन बह्मचर्य व्रत का पालन करते हुए छह मनवंतर तक तपस्या की। सातवें मन्वंतर में इंद्र ने उन्हें हिमालय में पुश्पभद्रा नदी के किनारे चित्रा नाम की शिला पर तपस्यालीन देख अप्सराओं व कामदेव के द्वारा उन्हें मोहित करने का प्रयास किया, किंतु असफल रहे। उनकी तपस्या से प्रसन्न हो जब नर-नारायण भगवान् ने दर्शन दिए तो मार्कंडेयजी ने वर माँगा, "मैं आपकी वह माया देखना चाहता हूँ, जिससे मोहित होकर सभी लोक और लोकपाल अद्वितीय वस्तु ब्रह्म में अनेकों प्रकार के भेद-विभेद देखने लगते हैं।" श्रीभगवान् नर नारायण 'तथास्तु' कह अंतर्धान हो गए। एक दिन संध्या के समय उपासना के दौरान मार्कंडेयजी ने देखा कि एकाएक भयंकर आँधी चलने लगी, भयंकर बारिश के साथ बिजली कड़कने लगी। चारों ओर से समुद्र समूची पृथ्वी को

निगलते हुए उमड़ा आने लगा। जगत् के समस्त प्राणी व जीव व्याकुल हो गए। द्वीप, पर्वत, पृथ्वी, अंतरिक्ष, स्वर्ग, ज्योतिर्मंडल (ग्रह, नक्षत्र और तारों का समूह) और दिशाओं के साथ तीनों लोक जल में डूब गए। मार्कंडेयजी भूखे-प्यासे, व्याकुल हो, प्राण बचाने को इधर-उधर भाग रहे थे। वे थककर बेहोश हो गए और प्रलयकाल में अनंत वर्षों तक भटकते रहे। फिर उन्होंने एक टीले पर बरगद के पेड़ के पत्तों के दोने पर एक सुंदर शिशु को अपने कर कमलों से एक चरण कमल को अपने मुख में डालकर चूसते हुए देखा। विस्मय से देखते हुए शिशु की श्वास के द्वारा मार्कंडेयजी उसके उदर में घुस गए। शिशु के पेट में जाकर उन्होंने सारी-की-सारी वही सृष्टि देखी, जैसी उन्होंने प्रलय से पहले देखी थी; वही आकाश, अंतरिक्ष, ज्योतिर्मंडल, देवता, दैत्य, वन, देश, नदियाँ, नगर, किसानों के गाँव, अहीरों की बस्तियाँ, आश्रम, भूत-प्राणी, वर्ण, आचार-व्यवहार, पचंमहाभूत, भूतों से बने प्राणियों के शरीर तथा पदार्थ, अनेक युगों और कल्पों के भेद से युक्त काल आदि। देखते-ही-देखते वे उस दिव्य शिशु की श्वास के द्वारा बाहर आ गए और फिर प्रलयकालीन समुद्र में गिर पड़े। मुसकराते हुए उस दिव्य शिशु के अंतर्धान होते ही मार्कंडेय ऋषि ने देखा कि वे पहले के समान ही अपने आसन पर आश्रम में बैठे हुए हैं। अतः प्रलय योगी के हृदय में परमात्मा की दिव्य अनुभूति है, जहाँ सिद्धिकाल में जगत् का प्रवाह सिमट जाता है तथा अव्यक्त परमात्मा ही व्यक्त हो शेष बचता है। यह स्थिति विरले साधकों को ही प्राप्त होती है। परमात्मा मकड़ी के समान अपने से ही इस विश्व को प्रकट करते हैं और फिर स्वयं अपने में ही लीन भी कर लेते हैं। वे चराचर का पालन एवं नियमन करनेवाले हैं।" श्रीकृष्ण पुनः आगे इसे और स्पष्ट करते हैं—

मत्तः परतरं नान्यत्किञ्चिदस्ति धनञ्जय।
मयि सर्वमिदं प्रोतं सूत्रे मणिगणा इव॥ 7॥

"इसलिए हे धनंजय! मेरे अतिरिक्त कुछ भी किंचित मात्र भी सत्य नहीं है। जिस प्रकार मोती धागे में गुँथे रहते हैं, उसी प्रकार संपूर्ण जगत् सूत्र की मणियों के समान मुझमें गुँथा हुआ है।"

वस्तुतः एक ही प्रकाश विभिन्न रंगों के शीशों को पार करते हुए भिन्न-भिन्न रंगों का प्रतीत होता है। यही स्थिति विश्व में प्रचलित विभिन्न मतों, संप्रदायों, धर्मों की भी है। सभी में महान् संत पैदा हुए हैं, किंतु कहते सब एक ही बात हैं, जो कि शाश्वत सत्य है। यह भला हो भी क्यों नहीं, क्योंकि अमृत का प्रभाव कभी भी विशैला नहीं हो सकता।

रसोऽहमप्सु कौंतेय प्रभास्मि शशिसूर्ययोः।
प्रणवः सर्ववेदेषु शब्दः खे पौरुषं नृषु॥ 8॥

"हे कौंतेय! मैं जल में रस (स्वाद) हूँ तथा मैं ही सूर्य, चंद्रमा का प्रकाश हूँ। संपूर्ण वेदों में ओंकार (प्रणव अक्षर) मैं हूँ, आकाश में ध्वनि मैं हूँ तथा पुरुषों का पुरुषत्व मैं हूँ।"

पद्मनाभ भगवान् वासुदेव स्पष्ट कर रहे हैं कि किस प्रकार अपनी परा व अपरा शक्तियों से वे सर्वव्यापी हैं। उनकी निराकार सत्ता की अनुभूति उनमें रम कर ही हो सकती है। जल यदि सुस्वादु होता है तो पीने में रूचिकर होता है अन्यथा समुद्र का खारा पानी कौन पी सकता है? इसलिए जल का स्वाद ही उसका मूलभूत गुण है। सूर्य का प्रकाश व उसकी ऊष्णता ही जगत् के जीवन का आधार है तथा चंद्रमा का सूर्य के प्रकाश से देदीप्यमान होना जगत् की वनस्पतियों को जीवन देता है, जो मूल रूप से परब्रह्म की ही अभिव्यक्ति है। समस्त वैदिक मंत्रों में ओंकार (प्रणव) का उच्चारण भी ब्रह्मभावनामृत ही है।

पुण्यो गन्धः पृथिव्यां च तेजश्चास्मि विभावसौ।
जीवनं सर्वभूतेषु तपश्चास्मि तपस्विषु॥ 9॥

"पृथ्वी में पवित्र गंध और अग्नि की ऊष्मा मैं हूँ और समस्त जीवों में उनका जीवन मैं हूँ अर्थात् जिस शक्ति से वे जीते हैं, वह मैं हूँ तथा तपस्वियों का तप भी मैं हूँ।"

बीजं मां सर्वभूतानां विद्धि पार्थ सनातनम्।
बुद्धिर्बुद्धिमतामस्मि तेजस्तेजस्विनामहम्॥ 10॥

"हे पार्थ! तुम संपूर्ण भूत प्राणियों का सनातन कारण अर्थात् आदि बीज मुझे ही जानो। मैं बुद्धिमानों की बुद्धि और तेजस्वियों का तेज हूँ।"

बलं बलवतां चाहं कामरागविवर्जितम्।
धर्माविरुद्धो भूतेषु कामोऽस्मि भरतर्षभ॥ 11॥

"हे भारतश्रेष्ठ! मैं बलवानों की आसक्ति और कामनाओं से रहित बल-सामर्थ्य हूँ तथा समस्त जीवों में वह काम हूँ, जो धर्म के विरुद्ध नहीं है।"

बलिष्ठ पुरुषों को अपने बल का प्रयोग अपने स्वार्थ एवं तृष्णाओं की पूर्ति हेतु न कर समाज के निर्बल वर्ग की अन्याय से रक्षा के लिए करना चाहिए। इसी प्रकार काम का उचित प्रयोग संतति द्वारा प्रजा के उत्थान के लिए करना चाहिए न कि अपनी वासना-तृप्ति के लिए।

ये चैव सात्त्विका भावा राजसास्तामसाश्च ये।
मत्त एवेति तान्विद्धि नत्वहं तेषु ते मयि॥ 12॥

"तुम जान लो कि मेरी शक्ति द्वारा सारे गुणों का उद्भव व प्राकट्य होता है। जो सत्त्व गुण, रजोगुण और तभोगुण से भी उत्पन्न होनेवाले भाव हैं, उन सबको तुम मेरे द्वारा उत्पन्न होनेवाला ही जानो, परंतु वास्तव में उनमें मैं और मुझमें वहनहीं है।"

श्रीकृष्ण कहते हैं, "सबकुछ मुझमें होते हुए भी मैं स्वतंत्र हूँ, क्योंकि मैं प्रकृति के गुणों के अधीन नहीं हूँ; अपितु वे मेरे अधीन हैं। इस प्रकार वे मुझमें हैं, मैं उनमें नहीं।" यह गहन अर्थ का विषय है। प्रकट में सभी पदार्थ व जीव परमेश्वर से उत्पन्न हुए हैं। इसलिए मोतियों के धागे के समान इन चर-अचर पदार्थों का गुण धर्म भी यद्यपि परमात्मा ही हैं, तब भी परमात्मा की व्याप्ति यहीं तक सीमित नहीं रहती। हमें समझना चाहिए कि इनको व्याप्त कर उनके परे भी वही ईश्वर है तथा वह इस समस्त जगत् को अपने एकांश से व्याप्त कर रहा है। त्रिगुणात्मक जगत् के नानात्व का निर्माण उसी परमेश्वर से है, किंतु नानात्व परमात्मा के निर्गुण स्वरूप में नहीं रहता। इस प्रकार परमेश्वर की व्याप्ति समस्त जगत् से भी आगे और असीम है। इसीलिए परमात्मा के सच्चे स्वरूप को पहचानने के लिए उन्हें इस मायाजाल रूपी जगत् में व्याप्त परा व अपरा शक्तियों से भी परे जानना चाहिए। इसी को श्रीकृष्ण कहते हैं—

त्रिभिर्गुणमयैर्भावैरेभिः सर्वमिदं जगत्।
मोहितं नाभिजानाति मामेभ्यः परमव्ययम्॥ 13॥

"गुणों के कार्यरूप सत, रज और तम इन तीनों प्रकारों के भावों से अर्थात् राग-द्वेष आदि विकारों से और संपूर्ण विषयों से यह समस्त जगत् मोहित हो रहा है। इन गुणों से परे मुझ निर्गुण, अव्यक्त ईश्वर को यह जगत् तत्त्व से नहीं जानता।"

वस्तुतः ईश्वर की परा व अपरा शक्तियों की माया इतनी प्रबल है कि कहा गया है कि 'माया महाठगिनी हम जानी'; (कबीर) परंतु माया का अज्ञान तो त्रिगुणात्मक देह व उसकी इंद्रियों का धर्म है, न कि आत्मा का। आत्मा तो शाश्वत, ज्ञानमय और प्रकाश स्वरूप है, किंतु इंद्रियों की विषयजनित कामनाएँ जीव को भ्रम में डाल देती हैं। अतः इस माया को जो पार कर जाते हैं, वे ही प्रभु शरण के अधिकारी हो पाते हैं। इसी को महाभारत के नारायणीयोपाख्यान में कहा गया है कि नारद को विश्वरूप दिखाकर अंत में श्रीपद्मनाभ भगवान् बोले—

"माया ह्येशा मया सृष्टा यन्मां पष्यसि नारद।
सर्वभूतगुणेर्युक्तं नैव त्वं ज्ञातुर्मह्यसि॥" (शा. 339.44)

"हे नारद! तुम जिस सृष्टि को देख रहे हो वह मेरी ही उत्पन्न की हुई माया है। तू मुझे सब प्राणियों के गुणों से युक्त मत समझ।" इसी को श्रीकृष्ण इस प्रकार कह रहे हैं—

दैवी ह्येषा गुणमयी मम माया दुरत्यया।
मामेव ये प्रपद्यन्ते मायामेतां तरन्ति ते॥ 14॥

"क्योंकि मेरी यह अलौकिक अर्थात् अत्यंत अद्‌भुत त्रिगुणमयी योगमाया अत्यंत दुष्कर है, परंतु जो योगी मुझे ही अनन्य व सतत रूप से भजते हैं, वे इस माया के भँवर के पार हो संसार से मुक्त हो जाते हैं।"

परमात्मा की त्रिगुणमयी दैवी 'माया' को अत्यंत 'दुरत्यया' (अति कठिन) बताया गया है, क्योंकि इसी माया से मोहित हुए जीव भगवान् को नहीं जानते। यही जीवात्मा तथा परमात्मा के बीच पड़ा आवरण है, जिसके कारण जीव सर्वव्यापी अंतर्यामी ईश्वर को नित्य समीप होने पर भी देख नहीं पाता। इसी 'दुर्रत्यय' को कठोपनिषद् (1.3.11) में 'परमव्यक्तम्' कहकर यह भाव दिया गया है कि जीव अपनी शक्ति से इस माया रूपी आवरण को हटा नहीं सकता, मात्र परमात्मा की अनन्य भाव से शरण ग्रहण करने पर उनकी कृपा के बल से ही वह इससे पार हो सकता हैं। श्वेताश्वतरोपनिषद् में उल्लेख है—

"माया तु प्रकृति विद्यान्मायिनं तु महेश्वरम।
तस्वावयवभूतैस्तु व्याप्तं सर्वमिदं जगत॥" (श्वे.4.10)

"माया तो ईश्वर की शक्तिरूपा प्रकृति है और उस माया नाम से जानी जानेवाली शक्तिरूपा प्रकृति के अधिपति परब्रह्म परमात्मा महेश्वर हैं।" इस प्रकार इन दोनों को पृथक्-पृथक् जानना चाहिए। उस परमेश्वर की शक्तिरूपा प्रकृति के ही अद्‌भुत कारण, 'कर्मसमुदाय' से यह संपूर्ण जगत् व्याप्त हो रहा है। 'मामेव' शब्द विशिष्ट है, 'माम्' अर्थात् 'मुझे निश्चय ही' अर्थात् अनन्य भाव से, अन्य देवताओं को नहीं मात्र मुझे, ही जो जपता है वह इस दुष्कर माया के बंधन से मुक्त हो जाता है।

न मां दुष्कृतिनो मूढाः प्रपद्यन्ते नराधमाः।
माययापहृतज्ञाना आसुरं भावमाश्रिताः॥ 15॥

"ऐसा मुक्ति का सुगम मार्ग होते हुए भी जो निपट मूर्ख हैं, मनुष्यों में अधम हैं, जिनका ज्ञान माया द्वारा हर लिया गया है और जिनका स्वभाव आसुरी है, वे मूढ़ लोग मुझे नहीं भजते हैं।"

मोह-माया प्रवृत्त हो, रजो एवं तमो गुणों के आधिक्य के कारण; 'दुष्कृतिनो', 'मूढाः', 'नराधमाः', 'माययापहृतज्ञाना' व 'आसुरं भावमाश्रिताः' वाले मनुष्य अपने जीवन के उद्‌देश्य की पूर्ति का मार्ग मात्र इंद्रियजनित भोग-विलासों व भौतिक साधनों में ढूँढ़ते हैं, जिसके कारण वे संसार के भवसागर में उलझ जन्म-मृत्यु के दुःखदायी चक्र में फँस जाते हैं।

चतुर्विधा भजन्ते मां जनाः सुकृतिनोऽर्जुन।
आर्तो जिज्ञासुरर्थार्थी ज्ञानी च भरतर्षभ॥ 16॥

"हे भरतश्रेष्ठ! उत्तम कर्मवाले अर्थार्थी अर्थात् सांसारिक पदार्थों के लिए भजनेवाले, 'आर्त' अर्थात् निवारण के लिए भजनेवाले, जिज्ञासु अर्थात् मुझको यथारूप से जानने की इच्छा से भजनेवाले, और ज्ञानी अर्थात् निष्काम भावना से मेरे भजन में रत; ऐसे चार प्रकार के भक्तजन मुझको भजते हैं।"

श्रीकृष्ण भगवान् ने इस श्लोक में 'सुकृतिनो' अर्थात् चार प्रकार के पुण्यात्माओं का उल्लेख किया है। आर्त अर्थात् रोग से पीड़ित, अर्थार्थी अर्थात् द्रव्य आदि काम्य वासनाओं की तृष्णाओं को मन में रखनेवाला; जिज्ञासु अर्थात् ज्ञान प्राप्त करने की इच्छा करनेवाला तथा ज्ञानी अर्थात् परमात्मा का ज्ञान पाकर कृतार्थ हो जाने से अधिक और कुछ न पाने की इच्छा रख निष्काम बुद्धि से भक्ति करनेवाला। इनमें से प्रथम तीन स्वार्थ-बुद्धि को मन में रखकर किसी विशेष उद्देश्य पूर्ति के लिए भगवत-भक्ति करते हैं, किंतु यह भगवत-भजन की निम्न श्रेणी है। जिज्ञासु की भक्ति भी अभी परिपक्व नहीं, क्योंकि अभी तक उसने परमात्म तत्त्व को भलीभाँति जाना नहीं है। इन सबमें निष्काम भक्ति ही श्रेष्ठ है, जो मुक्ति का मार्ग प्रदर्श करती है। इसी को भगवान् श्रीकृष्ण आगे और स्पष्ट करते हैं—

तेषां ज्ञानी नित्ययुक्त एकभक्तिर्विशिष्यते।
प्रियो हि ज्ञानिनोऽत्यर्थमहं स च मम प्रियः॥ 17॥

"उनमें भी नित्य मुझमें एकीभाव से समर्पित हुआ अनन्य शुद्ध प्रेमाभूत भक्तिवाला ज्ञानी भक्त अति उत्तम है, क्योंकि मुझको तत्त्व से जाननेवाले ज्ञानी को मैं ही पूर्ण रूप से अभीष्ट हूँ और ऐसा भक्त भी मुझको अत्यधिक प्रिय है।"

वस्तुतः जब तक साधक की खोज चलती रहती है, तब तक सांसारिक विषयों की द्वैतता भी बनी रहती है, किंतु जैसे-जैसे उसे आत्म तत्त्व का ज्ञान होने लगता है, वैसे-वैसे उसे परमात्मा के दिव्य स्वरूप व तत्त्वों की अनुभूति होने लगती है तथा वह परम भाव में एकीभाव हो जाता है।

उदाराः सर्व एवैते ज्ञानी त्वात्मैव मे मतम्।
आस्थितः स हि युक्तात्मा मामेवानुत्तमां गतिम्॥ 18॥

"यद्यपि ये सब उदार चित्त मनुष्य श्रद्धा सहित मेरे भजन के लिए तत्पर व समर्पित होने के कारण उत्तम हैं, परंतु ज्ञानी तो साक्षात् मेरा स्वरूप ही है। उसे मैं अपने समान ही मानता हूँ, क्योंकि वह मेरी दिव्य सेवा में तत्पर रहकर मुझ सर्वोच्च उद्देश्य को निश्चित रूप से प्राप्त करता है।"

चारों प्रकार के वर्णित व्यक्तियों में से दो जब अपनी भक्ति के बदले कुछ लाभ चाहते हैं तो भगवान् सबको उदार क्यों कह रहे हैं? उन्हें तो स्वयं कोई चाह नहीं। वास्तव में यदि भक्त प्रभु की ओर तत्पर हो जाए तो भी स्नेह का विनिमय तो होता ही है। जब तक भक्त कामना करता है, प्रभु उसे पूरी करते हैं, किंतु भक्त कर्म बंधन से मुक्त नहीं हो पाता। धीर-धीरे जब वह माया चक्र को समझने लगता है तो प्रभु की ओर उसकी लगन, चाह, भक्ति दिन-प्रतिदिन निखरती हुई स्थिर होती जाती है। संपूर्ण रूप से परमात्म भाव में एकीभाव ज्ञानी प्रभु को इसलिए अधिक प्रिय है, क्योंकि उसका उद्देश्य तो मात्र परम तत्त्व में लीन हो जाना होता है। इसी को श्रीमद्भागवत (9.4.68) में भगवान् कहते हैं—

"साधवो हृदयं मह्यम् साधूनां हृदयं त्वहम्
मदन्यत् ते न जानंति नाहं तेभ्यो मनागति"

अर्थात् "दुर्वासाजी! मैं आपसे और क्या कहूँ! मेरे प्रेमी भक्त तो मेरे हृदय हैं और उन प्रेमी भक्तों का हृदय स्वयं मैं हूँ। वे मेरे अतिरिक्त और कुछ नहीं जानते तथा मैं उनके अतिरिक्त और कुछ भी नहीं जानता।"

बहूनां जन्मनामन्ते ज्ञानवान्मां प्रपद्यते।
वासुदेवः सर्वमिति स महात्मा सुदुर्लभः ॥ 19 ॥

"जो जन्म-जन्मांतरों के उपरांत अंतिम जन्म में तत्त्वज्ञान को प्राप्त हुआ ज्ञानी यह जानता है कि सबकुछ वासुदेव ही हैं अर्थात् मुझ वासुदेव के अतिरिक्त अन्य कुछ भी नित्य नहीं है और इसी प्रकार मुझे भज मेरी शरण में आता है, ऐसा महात्मा अति दुर्लभ है।"

विष्णुपुराण में पराशर ऋषि के कथन का उल्लेख आता है कि पूर्व काल में खांडिक्य जनक के पूछने पर कुषाध्वज ने भगवान् अनंत 'वासुदेव' नाम की यथार्थ व्याख्या इस प्रकार की—

"भूतेषु वसते सोऽंतर्वसंत्यत्र च तानि यत्।
द्याता विधाता जगतां वासुदेवस्ततः प्रभुः।" (विष्णुपुराण VI .5.82)

'प्रभु समस्त भूतों में व्याप्त हैं और संपूर्ण भूत भी उन्हीं में रहते हैं तथा वे ही संसार के रचयिता और रक्षक हैं। इसीलिए वे 'वासुदेव' कहलाते हैं। ऐसा ज्ञानी जो वासुदेव के ऐसे सर्वव्यापी तत्त्व को जान लेता है, उसे ही श्रीकृष्ण भगवान् ज्ञानी, महात्मा व तत्त्वदर्शी कहते हैं।

कामैस्तैस्तैर्हृतज्ञानाः प्रपद्यन्तेऽन्यदेवताः।
तं तं नियममास्थाय प्रकृत्या नियताः स्वया ॥ 20 ॥

"ऐसे पुरुष जिनकी बुद्धि भौतिक विषयों और कामनाओं में आसक्ति के कारण

विषयासक्त हो गई है, वे देवताओं की शरण में जाते हैं और वे अपने-अपने स्वभाव के अनुसार, जिस-जिस देवता की पूजा के लिए जो-जो नियम लोक में प्रसिद्ध हैं, उस-उस नियम विधि-विधान से उन देवताओं को भजते हैं।"

पद्‌मनाभ श्रीकृष्ण वासुदेव पहली बार अन्य देवताओं का उल्लेख करते हुए बहुदेववादी पूजा की व्यवस्था को स्वयं स्पष्ट करते हुए कहते हैं कि जो अल्पज्ञानी व विषयों में आसक्त हैं, वे अपने पूर्व जन्म के संस्कारवश अपनी कामनाओं की पूर्ति के लिए विभिन्न देवताओं को विभिन्न प्रचलित विधियों से पूजते हैं। श्रीवासुदेव कृष्ण पुनः आगे इसे और स्पष्ट करते हैं—

यो यो यां यां तनुं भक्तः श्रद्धयार्चितुमिच्छति।
तस्य तस्याचलां श्रद्धां तामेव विदधाम्यहम्॥ 21॥

"प्रत्येक जीव के अंत:करण में मैं ही परमात्म स्वरूप में स्थित हूँ। जो-जो सकामी जिस-जिस देवता के स्वरूप को श्रद्धा से पूजना चाहता है, उस-उस भक्त की मैं उस ही देवता के प्रति श्रद्धा स्थिर करता हूँ।"

वस्तुतः परमात्मा जीवों के मनोभावों को जानते हुए उन्हें उनकी प्रकृति-अनुकूल पूर्ण स्वतंत्रता प्रदान करते हैं। कुछ लोग प्रश्न कर सकते हैं कि सर्वशक्तिमान सर्वव्यापी ब्रह्म जीवों को ऐसी स्वतंत्रता प्रदान कर मायाजाल में फँसने ही क्यों देते हैं? स्पष्ट है कि अपनी कामनाओं को पाना या उन्हें नियंत्रित रखना परमात्मा ने जीवों पर छोड़ा है। वह ईश्वर के सर्वव्यापी वासुदेव स्वरूप को न समझ अपनी विभिन्न इच्छाओं के निमित्त विभिन्न देवताओं की; जैसे स्वास्थ्य के लिए अश्विनी कुमारों, धन के लिए लक्ष्मी-कुबेर, प्रेम के लिए शिव-पार्वती, वीरता के लिए दुर्गा, विद्या के लिए सरस्वती, तंत्र-मंत्र के लिए भैरव व काली आदि की उपासना करता है, परंतु ये सारे देवता परमेश्वर के विराट् स्वरूप की विभिन्न विभूतियाँ ही तो हैं। परमात्मा रूप में समस्त जीवों के हृदय में स्थित वासुदेव ही पूजित देवता के माध्यम से जीवों की इच्छा पूर्ति करते हैं।

स तया श्रद्धया युक्तस्तस्याराधनमीहते।
लभते च ततः कामान्मयैव विहितान् हि तान्॥ 22॥

"ऐसी श्रद्धा से युक्त हुआ वह पुरुष देवता विशेष की पूजन करने की चेष्टा करता है, किंतु सच्चाई यह है कि ये समस्त इच्छित भोगों की प्राप्ति उसे उस देवता के माध्यम से; मेरे द्वारा ही किए गए विधान के फलस्वरूप प्राप्त होती है।"

श्रीकृष्ण भगवान् स्पष्ट कर रहे हैं कि संपूर्ण ब्रह्मांड में सार्वभौमिक शाश्वत सत्ता मात्र एक परब्रह्म ही है। अन्य सब देवी-देवता आदि परब्रह्म की ही विभिन्न विभूतियाँ

हैं, जो विभिन्न दिव्य व्यवस्थाओं के तारतम्य में मणियों की माला की भाँति गुँथे हुए हैं। इसीलिए जो भी जीव जिस देवता के निमित्त, अपनी जिस अभिलाषा की पूर्ति के लिए, भजन-पूजन करते हैं, उन्हें उसके प्रारब्ध के अनुरूप फल श्रीभगवान् ही प्रदान करते हैं।

अन्तवत्तु फलं तेषां तद्भवत्यल्पमेधसाम्।
देवान्देवयजो यान्ति मद्भक्ता यान्ति मामपि॥ 23॥

"अल्पज्ञ व्यक्ति देवताओं की पूजा करते हैं, किंतु उन्हें प्राप्त होनेवाले फल नाशवान, सीमित व क्षणिक होते हैं। वे देवताओं को पूजनेवाले उन देवताओं के लोकों को प्राप्त होते हैं, परंतु मेरे भक्त चाहे जैसे भजें; अंततः वे मेरे परम धाम को प्राप्त होते हैं।"

इससे पूर्व पद्मनाभ श्रीकृष्ण आत्मा तथा जगत् का स्वरूप स्पष्ट करते हुए कह चुके हैं कि "मैं वासुदेव ही शाश्वत हूँ। ऐसे अल्प बुद्धि मूढ़ पुरुष, जिनकी बुद्धि नाना प्रकार के विषय, कामनाओं, भोग-विलासों की तृष्णाओं से आक्रांत है, ही अन्य देवताओं की पूजा करते हैं। देवता नाम की कोई सक्षम सत्ता है ही नहीं। स्वयं ब्रह्मा, समस्त देवता, पितर, दैत्य-दानव, ऋषि, सूर्य, चंद्र, नक्षत्रमंडल, आकाशगंगा, ये सब परमब्रह्म के द्वारा सृजित सृष्टि के भाग ही जब स्वयं मरणधर्मा हैं, तो भला उनके द्वारा प्रदत्त वस्तुएँ क्या शाश्वत हो सकती हैं? इसलिए जहाँ लोगों की श्रद्धा विनयवत होती है, वहाँ पर श्रीभगवान् ही उस देवता के स्वरूप में उनकी श्रद्धा व इच्छा को पुष्ट करते हैं, लेकिन उनके भजन-पूजन से प्राप्त हुआ फल कालांतर में भोगने में आकर, क्षीण हो, नष्ट हो जाता है। अंतिम मुक्ति नियत विधि से की गई श्रीभगवान् की उपासना से ही हो पानी संभव है।

अव्यक्तं व्यक्तिमापन्नं मन्यन्ते मामबुद्धयः।
परं भावमजानन्तो ममाव्ययमनुत्तमम्॥ 24॥

"ऐसा होने पर भी सब मनुष्य मेरा भजन नहीं करते, क्योंकि ऐसे अल्पज्ञ मुझको भलीभाँति समझ न पाने के कारण सोचते हैं कि मैं अविनाशी, अजन्मा पहले निराकार था और अब मैंने इस स्वरूप को धारण कर लिया है।"

अपनी अल्पज्ञता व बुद्धिहीनता के कारण कुछ मनुष्य श्रीकृष्ण की अविनाशी तथा सर्वोच्च प्रकृति को बिना जाने अज्ञानतावश उन अव्यक्त पुरुष को व्यक्तिभाव प्राप्त हुआ मनुष्य ही मानते हैं। इससे पूर्व चतुर्थ अध्याय में श्रीकृष्ण स्पष्ट कर चुके हैं कि वे सामान्य व्यक्ति की तरह जन्म नहीं लेते, बल्कि वे अविनाशी, अजन्मा होते हुए भी अपनी अंतरंगा शक्ति योगमाया से प्रकृति को वश में कर मानव शरीर में अवतरित होते हैं। शरीरधारी होने के कारण अविवेकी मनुष्य उन्हें भी अपने सदृश ही समझते हैं। (गीता 4.6) आगे श्रीकृष्ण स्वयं यह स्पष्ट भी कर देते हैं कि लोग उनके वास्तविक

सार्वभौमिक स्वरूप को समझ क्यों नहीं पाते।

नाहं प्रकाशः सर्वस्य योगमायासमावृतः।
मूढोऽयं नाभिजानाति लोको मामजमव्ययम्॥ 25॥

"अपनी अंतरंगा शक्ति योगमाया के आवरण के कारण मैं सबके लिए प्रत्यक्ष व प्रकट नहीं होता। इसीलिए अल्पज्ञ मनुष्य मेरे अजन्मे, अविनाशी परमात्म तत्त्व को न जानकर मुझे भी सामान्य मनुष्य की भाँति ही समझता है।"

वस्तुतः माया का आवरण बड़ा गहन है और श्रीकृष्ण द्वारा परमात्म सिद्धि का जो विधान अभी तक बताया गया है, उसके द्वारा ही इस आवरण को हटाकर दिव्य साक्षात्कार संभव हो पाता है। श्रीमद्भागवत में स्वयं ब्रह्माजी श्रीकृष्ण की स्तुति करते हुए कहते हैं—

'तथापि भूमना महिमागुणस्य ते विबोद्धुमर्हत्यमलांतरात्मभि।
अविक्रियात स्वानुभवादरूपतो ह्यनन्यबोध्यात्मतया न चान्यथा॥'

(10.14.6)

अर्थात् "हे अनंत! आपके सगुण-निर्गुण दोनों स्वरूपों का ज्ञान कठिन होने पर भी निर्गुण स्वरूप की महिमा इंद्रियों का प्रत्याहार करके शुद्ध अंतःकरण से जानी जा सकती है। जानने की प्रक्रिया यह है कि विशेष प्रकार के परित्याग के द्वारा आत्मा का अंतःकरण में ही साक्षात्कार किया जाए। यह आत्मावलोकन पटादि के समान ज्ञेय नहीं है, वरन् एक प्रकार का आवरण मात्र है। यह साक्षात्कार 'यह ब्रह्म है', 'मैं ब्रह्म को जानता हूँ'; इस प्रकार नहीं, बल्कि स्वयं प्रकाश रूप से ही होता है (10.14.6)। जिन समर्थ पुरुषों ने अनेक जन्मों तक परिश्रम करके पृथ्वी के एक-एक परमाणु, आकाश के हिमकणों तथा उसमें चमकने वाले नक्षत्रों एवं तारों को गिन डाला है; उनमें भी भला ऐसा कौन हो सकता है, जो परमात्मा के सगुण स्वरूप के अनंत गुणों को गिन सके? प्रभु तो केवल संसार के कल्याण के लिए ही अवतीर्ण हुए हैं। सो आपकी महिमा का ज्ञान तो बड़ा ही कठिन है (10.14.7)।" क्या आज का विज्ञान इस स्तर तक पहुँचा है कि वह पृथ्वी के प्रत्येक परमाणु, आकाश के ओस कण व नक्षत्र के तारों को गिन ले? अभी भी NASA मंगल ग्रह तक सिमटा है तथा कुछ यान शुक्र, शनि की थोड़ी ही जानकारी ही जुटा पाए हैं। अन्य धर्मों के प्रचारक भगवान् राम व श्रीकृष्ण को मात्र राजा दशरथ का पुत्र व वासुदेव यदुवंशी सामंत के पुत्र तक सीमित कर उनके सार्वभौमिक दिव्य स्वरूप की बातों को उपहास में उड़ाते हैं।

वेदाहं समतीतानि वर्तमानानि चार्जुन।
भविष्याणि च भूतानि मां तु वेद न कश्चन॥ 26॥

"हे अर्जुन! जो कुछ भी भूतकाल में घटित हो चुका है, जो वर्तमान में घटित हो रहा है और भविष्य में जो कुछ भी घटित होनेवाला है, वह सब मैं जानता हूँ। सारे जीवों को भी मैं जानता हूँ, लेकिन मुझे कोई भी नहीं जानता।"

श्रीकृष्ण स्पष्ट कर रहे हैं कि वे परमतत्त्व में स्थित समस्त प्राणियों के भूत, भविष्य और वर्तमान के विषय में सबकुछ जानते है, किंतु उनकी योगमाया के आवरण से ढका ये सबकुछ अन्य किसी को दिखाई नहीं देता।

इच्छाद्वेषसमुत्थेन द्वन्द्वमोहेन भारत।
सर्वभूतानि संमोहं सर्गे यान्ति परन्तप॥ 27॥

"क्योंकि हे भारतवंशी! हे परंतप! संसार में इच्छा और द्वेष से उत्पन्न हुए सुख-दुःख आदि के द्वंद्व से सम्मोहित, समस्त प्राणी अति अज्ञानता को प्राप्त हो रहे हैं।"

वस्तुतः प्राणी माया के विभिन्न सांसारिक साधनों, संबंधों, पदार्थों के प्रति इस प्रकार मोहपाश में जकड़ा रहता है कि वह राग-द्वेष, सुख-दुःख की स्थिति में फँसा ईश्वर की दैवीय महिमा को न तो समझ पाता है और न ही उसको जानने-समझने के लिए प्रेरित ही हो पाता है।

येषां त्वन्तगतं पापं जनानां पुण्यकर्मणाम्।
ते द्वन्द्वमोहनिर्मुक्ता भजन्ते मां दृढव्रताः॥ 28॥

"जिन मनुष्यों ने अपने पूर्वजन्मों में तथा इस जन्म में भी पुण्य कर्मों तथा निष्काम भक्ति का सतत आचरण किया है; जिसके कारण उनके पापकर्में का पूर्णतया क्षय हो चुका है, ऐसे राग-द्वेष आदि के द्वंद्वों के मोह से मुक्त पुरुष दृढतापूर्वक मेरी भक्ति में तत्पर होते हैं।"

जरामरणमोक्षाय मामाश्रित्य यतन्ति ये।
ते ब्रह्म तद्विदुः कृत्स्नमध्यात्मं कर्म चाखिलम्॥ 29॥

"जो वृद्धावस्था तथा मृत्यु से मुक्ति (मोक्ष) पाने के लिए प्रयत्नशील रहते हैं, ऐसे विवेकशील पुरुष मेरी भक्ति की शरण ग्रहण करते हैं। वे पुरुष उस ब्रह्म को, संपूर्ण अध्यात्म को और संपूर्ण कर्म को जानते हैं।"

वस्तुतः पंचभूतों से निर्मित यह काया तो जन्म, मृत्यु, जरा, व्याधि के दुःखद चक्र में फँसी ही रहती है, किंतु जो अपने सूक्ष्म आध्यात्मिक अंतःकरण में 'मामाश्रित्य' अर्थात् 'मात्र मेरे (अर्थात् ईश्वर) आश्रित हो' समर्पण भाव से प्रयत्नशील रहते हैं, वे अंततः मोक्ष प्राप्ति व परमात्म तत्त्व जानने के अधिकारी हो जाते हैं।

साधिभूताधिदैवं मां साधियज्ञं च ये विदुः।
प्रयाणकालेऽपि च मां ते विदुर्युक्तचेतसः॥ 30॥

"जो योगी आधिभूत (भौतिक जगत् के नियम), आधिदेव (देव शक्तियों के नियामक नियम) तथा आधियज्ञ (समस्त यज्ञों के नियामक नियम) के सहित सर्वस्व का आत्मरूप मुझको जानते हैं, वही विवेकी चित्त पुरुष अंतकाल में मुझे प्राप्त करते हैं।"

जैसे भाप, बादल, धूप, पानी और बर्फ ये सभी जल के स्वरूप हैं, वैसे ही आधिभूत, आधिदेव और आधियज्ञ सब परमात्मस्वरूप हैं। ऐसा जो जानते हैं ऐसे विवेकी चित्त वाले पुरुष अंत काल में भी श्रीभगवान् को ही प्राप्त होते हैं।

ॐ तत्सदिति श्रीमद्भागवदगीतासूपनिषत्सु ब्रह्मविधायाँ योगशास्त्रे श्रीकृष्णार्जनु संवादे ज्ञानविज्ञानयोगो नाम सप्तमोऽध्यायः

अतएव श्रीमद्भागवदगीता उपनिषद् के ब्रह्मविद्यांतर्गत योग शास्त्र में श्रीकृष्ण-अर्जुन के संवाद में 'ज्ञानविज्ञानयोग' नामक सातवाँ अध्याय पूर्ण हुआ।

अमृत सार

अप्रत्यक्ष ज्ञान को अनुभव में ढालकर अनुभूत करना ही विज्ञान है। गीता के इस रहस्य को प्रस्तुत करते हुए भगवान् श्रीकृष्ण कहते हैं कि परमात्मा एक होते हुए भी सर्वव्याप्त, अव्यक्त, अज, अव्यय, अचिंत्य, सर्वगत, शाश्वत, भूतादिकों के आदि एवं स्वयं कारणहीन होते हुए भी वह दिव्य ज्योति हैं जिनकी परम गोपनीय रहस्यमय कार्यप्रणाली की अनुभूति का नाम ही विज्ञान है, जिसको विरले ज्ञानीजन ही देख पाते हैं। उस विज्ञान सहित ज्ञान को संपूर्णता से अर्जुन से श्रीकृष्ण ने कहा जिसे जानकर संसार में फिर अन्य कुछ जानने योग्य शेष नहीं रहता। यह भौतिक जगत् परमात्मा की अष्टधा मूल जड़ अपरा शक्ति का क्षणिक प्राकट्य है, जिसमें स्थूल पंचभूत तत्त्व तथा सूक्ष्म अन्य तीन तत्त्व मन, बुद्धि एवं अहंकार हैं तथा दूसरी पराशक्ति है, जिससे संसार को चैतन्यता व गतिशीलता मिलती है। विश्व के भौतिक विज्ञान के विद्वानों एवं दार्शनिकों को मात्र पाँच स्थूल तत्त्व—पृथ्वी, जल, अग्नि, वायु, आकाश जिनके इंद्रिय-विषय-शब्द, स्पर्श, रूप, रस तथा गंध हैं, यही समझ में आते हैं। इसीलिए वे भारतीय अध्यात्म के वास्तविक स्वरूप तथा तत्त्व ज्ञान के मर्म को समझ नहीं पाते, किंतु इस दृष्टिमान भौतिक जगत् में चाहे जो कुछ हो, कार्य करने की शक्ति तब तक नहीं आती, जब तक परमात्मा की परा शक्ति द्वारा अपरा शक्ति की अष्टधा प्रकृति में गतिशीलता या प्राणशक्ति का संचार नहीं कर दिया जाता। अपनी परा शक्ति से परमात्मा सबके नियंता हैं। जो जीव इस परा-अपरा

से व्याप्त माया के स्वरूप को तत्त्व से विदित कर लेता है, वह कर्म-संस्कारों के बंधन काटकर, परमात्म प्राप्ति के लिए उन्मुख हो जाता है। मकड़ी के समान परमात्मा स्वयं इस विश्व को प्रकट करते हैं और फिर स्वयं अपने में ही विलीन कर लेते हैं। जैसे विभिन्न शीशों से निकलता हुआ एक ही प्रकाश भिन्न-भिन्न रंगों का प्रतीत होता है, वैसे ही विश्व में प्रचलित विभिन्न धर्म, संप्रदायों तथा मतों में उत्पन्न हुए संत-महापुरुष, परमात्मा के शाश्वत स्वरूप के बारे में एक ही मत व्यक्त करते हैं, किंतु परमात्मा की योगमाया के आवरण से ढके जगत् में जीव विभिन्न सांसारिक साधनों, संबंधों और पदार्थों के प्रति इस प्रकार मोहपाश में जकड़ा रहता है कि परमात्मा के दिव्य अलौकिक तत्त्व को न जानकर श्रीकृष्ण को भी सामान्य मनुष्य की भाँति ही समझता है और सांसारिक वस्तुओं की कृत्रिम परछाईं में खोया रहता है। इस आनंद की खोज का एकमात्र मार्ग है—पूर्ण समर्पण भाव के साथ भक्ति। भक्ति तीन प्रकार की बताई गई है—सकाम, निष्काम तथा ज्ञान सहित संपूर्ण भक्ति। जब तक सकाम भक्त कामना करता है, प्रभु उसे पूरा करते हैं, किंतु वह कर्म बंधन से मुक्त नहीं हो पाता। जब धीरे-धीरे वह माया-चक्र की नश्वरता को समझने लगता है तो उसकी लगन व भक्ति दिन-प्रतिदिन स्थिर होती जाती है। निष्काम परंतु एकांगी भक्त भी तीन प्रकार के हैं- आर्त, जिज्ञासु तथा अर्थार्थी। 'आर्त' होता है परमात्मा का प्रेम रस पाने को अधीर एवं व्याकुल; 'जिज्ञासु' भक्त अपनी अपार जिज्ञासा से परमात्मा के गुण-धर्म को विदित करता है; अर्थार्थी अपने प्रत्येक कर्म को जगत् के हित के अर्थ में देखता है। इस प्रकार समस्त कर्मों को प्रेम की दृष्टि से देखनेवाला 'आर्त', ज्ञान की दृष्टि से देखनेवाला 'जिज्ञासु' तथा जगत् के समस्त भूतादिकों को कल्याण की दृष्टि से देखनेवाला है 'अर्थार्थी'। ये तीनों भक्त हैं तो निष्काम, किंतु एकांगी हैं, क्योंकि एक कर्म के द्वारा, दूसरा हृदय के द्वारा तथा तीसरा बुद्धि के साधन से परमात्मा के प्रति उन्मुख होता है। ज्ञान सहित भक्ति में रत ज्ञानी भक्त को जगत् में सर्वत्र परमात्मा ही दृष्टिगोचर होते हैं। उसका यह आभास ही उसे पूर्ण भक्ति की प्राप्ति करा देता है। ऐसा ज्ञानी जो वासुदेव के सर्वव्यापी तत्त्व को जान लेता है उसे ही भगवान् श्रीकृष्ण ज्ञानी, महात्मा व तत्त्वदर्शी कहते हैं। इस प्रकार भगवान् श्रीकृष्ण शाश्वत सत्ता का ज्ञान तथा इसकी दिव्यता को स्पष्ट करते हुए सांसारिक विषयों में व्याप्त भ्रामकता को परमात्मा की माया का आवरण बताते हैं तथा आश्वासन देते हैं कि जो भी व्यक्ति अनन्य भाव से निष्काम सेवा के द्वारा परमतत्त्व की शरणागत होगा, वह समस्त कर्म-बंधनों से मुक्त हो परमधाम का अधिकारी बन जाएगा। □

अथाष्टमोऽध्यायः

भगवद्-प्राप्ति ही एकमात्र साधन

विगत अध्याय में ब्रह्म, अध्यात्म, कर्म, अभिभूत, अधिदेव तथा अधियज्ञ के सहित परमात्मा के सर्व तत्त्व को विदित कर लेनेवाले भक्त की महिमा का वर्णन करते हुए कहा गया कि मृत्यु काल में मनुष्य के मन में जो विचार प्रबल रहते हैं, उसी के अनुरूप उसे आगे जन्म मिलता है तथा 'प्रयाणकालेऽपि' शब्द के द्वारा यह सिद्धांत भी प्रतिपादित किया कि 'मृत्यु काल में भी', यानी कि 'भी' शब्द से संकेत किया कि अंतिम समय से पहले परमात्मा का पूर्ण ज्ञान हुए बिना केवल अंतिम प्रयाणकाल में ही यह ज्ञान नहीं हो सकता। इसलिए मनुष्य की देह में (अधिदेह), सब प्राणियों में (अधिभूत), सब यज्ञों में (अधियज्ञ) सब देवताओं में (अधिदेव), सब कर्मों व वस्तुओं के सूक्ष्म स्वरूपों (अध्यात्म) में एक ही परम तत्त्व समाया हुआ है और देवता, यज्ञ इत्यादि नानात्व या विविधताओं का ज्ञान सत्य नहीं हैं। इसी को यहाँ और अधिक स्पष्ट करते हुए परमात्मा के सगुण-निर्गुणरूप तथा ओंकार का वर्णन प्रस्तुत किया गया है।

अर्जुन उवाच

किं तद्ब्रह्म किमध्यात्मं किं कर्म पुरुषोत्तम।
अधिभूतं च किं प्रोक्तमधिदैवं किमुच्यते॥ 1॥
अधियज्ञः कथं कोऽत्र देहेऽस्मिन्मधुसूदन।
प्रयाणकाले च कथं ज्ञेयोऽसि नियतात्मभिः॥ 2॥

"हे मधुसूदन! यहाँ अधियज्ञ कौन है और वह इस शरीर में कैसे रहता है? आत्मसंयम युक्त चित्तवाले पुरुषों के द्वारा अंत समय (मृत्यु) में आप किस प्रकार जानने में आते हैं? हे पुरुषोत्तम! जिसका आपने वर्णन किया है, वह ब्रह्म क्या है? आत्मा क्या है? सकाम कर्म क्या है और अधिभूत नाम से क्या कहा गया है? अधिदेव नाम से क्या कहा जाता है?"

मूलतः अर्जुन के प्रश्न विगत अध्याय में भगवान् श्रीकृष्ण द्वारा प्रयुक्त शब्द ब्रह्म, अध्यात्म, कर्म, अधिभूत और अधियज्ञ शब्दों के अभिप्राय को जानने के लिए हैं। इसके अतिरिक्त अर्जुन ने अधिदेह शब्द का भी तात्पर्य जानना चाहा है, जिसे भगवान् श्रीकृष्ण आगे स्पष्ट करते हैं—

श्री भगवानुवाच

अक्षरं ब्रह्म परमं स्वभावोऽध्यात्ममुच्यते।
भूतभावोद्भवकरो विसर्गः कर्मसंज्ञितः॥ 3॥

"श्रीभगवान् कृष्ण ने कहा, 'परम अजर अर्थात् जिसका कभी नाश नहीं होता, ऐसा अविनाशी और दिव्य जीव ब्रह्म कहलाता है और उसकी अपनी सनातन प्रकृति व स्वरूप अध्यात्म या आत्मा कहलाती है। भूतों के भाव को उत्पन्न करनेवाला शास्त्रविहित यज्ञ, दान, होम आदि के निमित्त जो द्रव्यादिकों का त्याग है, वह कर्म नाम से कहा गया है।"

अधिभूतं क्षरो भावः पुरुषश्चाधिदैवतम्।
अधियज्ञोऽहमेवात्र देहे देहभृतां वर॥ 4॥

"क्षर अर्थात् उपजे हुए सब प्राणियों की उत्पत्ति और विनाश के कारण निरंतर परिवर्तनशील यह भौतिक प्रकृति अधिभूत (भौतिक अभिव्यक्ति) कहलाती है। ईश्वर का विराट् स्वरूप जिसमें सूर्य, चंद्र आदि में जो पुरुष अर्थात् सचेतन अधिष्ठाता है, वह अधिदेव कहलाता है। हे देहधारियों में श्रेष्ठ अर्जुन! जिसे अधियज्ञ अर्थात् सब यज्ञों का अधिपति कहते हैं, वह मैं ही इस शरीर में अधिदेह हूँ।"

तीसरे श्लोक में 'परम' शब्द को 'अक्षर' शब्द के विशेषण के रूप में प्रयुक्त किया गया है, क्योंकि सांख्यवादी अव्यक्त प्रकृति को अक्षर मानते हैं। इसी संशय को स्पष्ट करने के लिए श्रीकृष्ण ने 'अक्षर' शब्द के आगे 'परम' रखकर ब्रह्म की व्याख्या की है, क्योंकि जो परम तत्त्व है, वह अक्षय होने के कारण कभी क्षय नहीं होता। 'स्वभावोऽध्यात्ममुच्यते' अर्थात् स्वयं में स्थिर भाव ही अध्यात्म है। जब व्यक्ति अपने इंद्रियजनित भावों को स्थिर कर अपने आत्मभाव में ढाल लेता है तो आत्मा का ही अंत:करण में प्रवाह हो जाता है और यही अध्यात्म है। समस्त जीव मनसा-वाचा-कर्मणा अपने भावों में कुछ-न-कुछ संकल्प करते ही रहते हैं। उनके ये अच्छे-बुरे संकल्प ही उनके संस्कारों की संरचना करते रहते हैं और उनका विसर्ग या विसर्जन ही कर्म की उन्नति है, क्योंकि जब कर्म इंद्रियजनित विषयों का शमन कर परमात्मा के चिंतन में लीन हो जाता है तो वह सकाम से निष्काम बन जाता है और यही यज्ञ बन जाता है जहाँ कोई संकल्प शेष नहीं रह जाता। श्रीकृष्ण कहते हैं, "मनुष्य तन में 'मैं' ही अधियज्ञ हूँ, क्योंकि

सब यज्ञों का प्रभु और भोक्ता मैं ही हूँ (9.24)।" इस प्रकार 'अध्यात्म' की विशेषता स्पष्ट करते हुए श्रीकृष्ण कहते हैं, "इस देह में 'अधियज्ञ' मैं ही हूँ अर्थात् मनुष्य देह में अधिदेह और अधियज्ञ भी 'मैं' ही हूँ।" यहाँ 'मैं ही हूँ' शब्द केवल 'अधियज्ञ' अथवा 'अधिदेह' के लिए ही प्रयुक्त नहीं हुआ है, बल्कि इसका अर्थ अध्यात्म आदि पूर्व पदों में भी निहित है। अत: समग्र अर्थ है कि अनेक प्रकार के यज्ञ, पदार्थों के अनेक देवी-देवता, विनाशवान पंचमहाभूत, पदार्थ मात्रा के सूक्ष्म भाग अथवा विभिन्न आत्मा, सूत्रात्मा, हिरण्यगर्भ, प्रजापति, ब्रह्म, कर्म अथवा भिन्न-भिन्न मनुष्यों की देह—इन सबमें 'मैं ही हूँ' अर्थात् सबमें एक ही परमेश्वर तत्त्व है। नानारूपात्मक यह वर्णन उन लोगों को लक्ष्य करके किया गया है, जो ब्रह्म, आत्मा, देवता और यज्ञनारायण आदि भेद करके नाना प्रकार की उपासना में उलझे रहते हैं। इसीलिए पहले वे लक्षण बताए गए हैं, जो उन लोगों के अपने विवेक व समझ के अनुसार होते हैं और फिर यह भेद बताया गया है कि 'यह सब मैं ही हूँ'; अस्तु, उपासना के लिए अधिभूत, अधिदेव, अध्यात्म, अधियज्ञ और अधिदेह प्रभृति अनेकानेक भेद करने पर भी यह नानात्व सच नहीं है। यथार्थ में एक ही परमेश्वर सब में व्याप्त हैं। अब श्रीकृष्ण अर्जुन के इस प्रश्न का प्रत्युत्तर देते हैं कि अंतकाल में यह सर्वव्यापी परमेश्वर कैसे जानने में आते हैं—

अन्तकाले च मामेव स्मरन्मुक्त्वा कलेवरम्।
यः प्रयाति स मद्भावं याति नास्त्यत्र संशयः॥ 5॥

"जो पुरुष जीवन के अंतकाल में मेरा स्मरण करता हुआ, अपने शरीर का त्याग करता है वह मेरे साक्षात् स्वरूप को प्राप्त होता है, इसमें कुछ भी संशय नहीं है।"

यहाँ 'स्मरन्' शब्द अत्यंत सारगर्भित है, क्योंकि जीवन भर अंत:करण में जो भाव पलते-पोषित होते हैं वही अंत समय में भी प्रस्फुटित होते हैं। यदि मन नाना काम-विषयों में रत है तो वही भाव चिंतन में भी छाए रहेंगे। यदि कहीं कोई अशुद्धि है तो परमेश्वर के महान् नाम का स्मरण हो पाना अत्यंत दुष्कर हो जाता है। इसी को भगवान् श्रीकृष्ण आगे स्पष्ट करते हैं—

यं यं वापि स्मरन्भावं त्यजत्यन्ते कलेवरम्।
तं तमेवैति कौंतेय सदा तद्भावभावितः॥ 6॥

"हे कौंतेय! मनुष्य अंतकाल में जिस-जिस भी भाव का स्मरण करता हुआ अपने शरीर का त्याग करता है, उसको उसी के अनुसार ही गति प्राप्त होती है।"

मनुष्य सदा जिस भाव का चिंतन करता है, अंतकाल में भी प्राय: उसे उसी भाव का स्मरण होता है। अंतिम समय में ईश्वर-स्मरण का अकाट्य महत्त्व है, किंतु इससे कोई ये

न समझे कि ईश्वर का नाम अंतिम समय में लेने से ही काम चल जाएगा, क्योंकि जो भाव व चिंतन जन्म भर मन में रहता है, वह मरण-काल में भी छूटता नहीं। छांदोग्य उपनिषद् में भी कथन है, "यथा क्रतुरस्मिंलोके पुरुषो भवति तथेतः प्रेत्य भवति।"(3.14.1) अर्थात् इस लोक में मनुष्य के जैसे कृत्य अर्थात् संकल्प होते हैं, मरने पर उसे वैसी ही गति मिलती है। प्रश्नोपनिषद् में भी उल्लेख आया है, "यच्चित्तस्ते नैश प्राणमायाति प्राणस्तेजसा युक्तः सहात्मना यथासकंल्पितं लोकं नयति।" (3.10) अर्थात् मृत्युकाल में आत्मा का जैसा संकल्प होता है, मन अंतिम क्षण में जिस भाव का चिंतन करता है, उस संकल्प के सहित मन, इंद्रियों को साथ लिये हुए मुख्य प्राण में स्थित हो जाता है। यह मुख्य प्राण उदान वायु से मिलकर अपने सहित; मन और इंद्रियों से युक्त; जीवात्मा को उस अंतिम संकल्प के अनुसार यथायोग्य भिन्न-भिन्न लोकों अथवा योनियों में ले जाता है। अतः मनुष्य को यथेष्ट है कि अपने मन में निरंतर एक ही भगवान् का चिंतन करे, दूसरा संकल्प न आने दे, क्योंकि जीवन अल्प और अनित्य है, न जाने कौन सा पल इस जीवन का अंतिम पल हो।

तस्मात्सर्वेषु कालेषु मामनुस्मर युध्य च।
मय्यर्पितमनोबुद्धिर्मामेवैष्यस्यसंशयम्॥ 7॥

"इसलिए तुम सदैव सतत एवं निरंतर मेरा ही चिंतन करो और साथ ही अपने युद्ध कर्म का निर्वहन भी करो। इस प्रकार अपने कर्मों को मुझे अर्पित करके तथा मन एवं बुद्धि को मेरे प्रति स्थिर करके तुम निःसंदेह मुझको प्राप्त होंगे।"

जो लोग भगवद्गीता का विषय प्रतिपादित करते हुए कहते हैं कि संसार को छोड़ दो और केवल भक्ति का ही अवलंबन करो, उन्हें श्रीकृष्ण यहाँ स्पष्ट कर देते हैं कि परम मुक्ति या मोक्ष तो परमेश्वर की ज्ञानयुक्त निष्काम भक्ति से ही मिलता है। यह भी निर्विवाद है कि मरणकाल में भी उसी भावना को स्थिर रखने का जन्म भर अभ्यास करना चाहिए, किंतु उसके लिए कर्मों को छोड़ नही देना चाहिए, बल्कि स्वधर्म के अनुसार जो कर्म प्राप्त होते जाएँ उन्हें हर भगवद भक्त को निष्काम बुद्धि से करते रहना चाहिए। इसीलिए श्रीकृष्ण द्वारा यहाँ यह कहा गया है कि "मेरा सदैव चिंतन कर और युद्ध कर।" 'मामनुस्मर युध्य च' अर्थात् यह युद्ध तो असत्य व अन्याय के शमन के लिए है। जैसे एक नर्तकी नृत्य करते समय अपने सिर पर रखे घड़े का ध्यान रखते हुए भी संगीत की विभिन्न लहरों व तरंगों के अनुसार नृत्य करती रहती है, उसी प्रकार सुहृदय भगवत भक्त को संसार में अपने कर्तव्य निर्वहन के प्रति पूर्ण सजग रहते हुए भी अपने मन को परमात्मा के श्री चरणों से विचलित नहीं करना चाहिए। इसी को श्रीकृष्ण प्रभु आगे कहते हैं—

अभ्यासयोगयुक्तेन चेतसा नान्यगामिना।
परमं पुरुषं दिव्यं याति पार्थानुचिन्तयन्॥ 8॥

"हे पार्थ! जो पुरुष परमात्मा के ध्यान में अपना मन निरंतर लगाए रखकर, अभ्यासयुक्त हो, अन्य किसी ओर न जानेवाले चित्त से मेरे परम प्रकाशयुक्त दिव्य स्वरूप में ही सारा ध्यान केंद्रित रखता है, वह मुझको अवश्य ही प्राप्त होता है।"

श्रीभगवान् ने निरंतर स्मरण के सतत प्रयास पर इसलिए बल दिया है, क्योंकि माया अत्यंत प्रबल है। वह प्रत्येक पल आपके मन को विचलित कर विभिन्न सांसारिक विषयों, काम-वासनाओं, इच्छा-तृष्णाओं की ओर चलायमान करेगी एवं स्थिर मन में नाना प्रकार के उद्वेग व तरंगें भेजकर चित्त को संयमित करने की राह में विविध प्रकार की बाधाएँ पैदा करेगी। इन उद्वेगों, तरंगों व बाधाओं पर विजय पाने का सतत प्रयास ही युद्ध है। इस युद्ध की विजय ही अंतिम मुक्ति की परिणीति है। मृत्यु के अंतिम क्षणों में जीवन भर धन-पद-काम आदि के पीछे भागने के पश्चात् होनेवाले पश्चात्ताप की अग्नि में जलने से काम नहीं बनेगा। इसके लिए जीवन भर श्रीकृष्ण के द्वारा दिखाए रास्ते पर नियमित कर्म साधना से परमात्मा में ही आत्मा का सतत समर्पण कर देने से ही दिव्यानंद की अनुभूति व परम का दिव्य साक्षात्कार सहज हो पाएगा। इसी को पद्मनाभ भगवान् पुनः स्पष्ट करते हैं—

कविं पुराणमनुशासितार मणोरणीयांसमनुस्मरेद्यः।
सर्वस्य धातारमचिन्त्यरूप मादित्यवर्णं तमसः परस्तात्॥ 9॥

"ऐसे कर्मयोगी को चाहिए कि परम पुरुष परमेश्वर का ध्यान सर्वज्ञ, अनादि, समस्त प्राणियों के शुभ-अशुभ कर्मों के अनुसार सबके नियंता, सूक्ष्म से भी अति सूक्ष्म, समस्त चराचर जगत् का धारण-पोषण करनेवाले अचिंत्यरूप, समस्त भौतिक अविद्या से अति परे, भुवन भास्कर सूर्य के सदृश, नित्य चेतन प्रकाशरूप, शुद्ध शाश्वत आनंदस्वरूप में करे।"

श्वेताश्वतरोपनिषद् में इसी का समर्थन इस प्रकार है—

"यस्मात् परं नामरमस्ति किंचिद् यस्मान्नाणीयो न ज्यायोऽस्ति कश्चित्
वृक्ष इव स्तब्धो दिवि तिश्ठत्येकस्तेनेद पूर्ण पुरुषेण सर्वम्॥" (3.9)

अर्थात् उन परमदेव परमात्मा से श्रेष्ठ दूसरा कुछ भी नहीं है। जितने भी सूक्ष्म तत्त्व हैं उन सबसे अधिक सूक्ष्म वे ही हैं, उनसे अधिक सूक्ष्म कोई भी नहीं है। इसी से वे छोटे-से छोटे जीव के शरीर में प्रविष्ट होकर स्थित हैं। इसी प्रकार जितने भी महान् व्यापक तत्त्व हैं, उन सबसे महान् तथा अधिक व्यापक वे परब्रह्म हैं। उनसे बड़ा, उनसे अधिक व्यापक कोई भी नहीं है। इसी से प्रलय काल में वे संपूर्ण ब्रह्मांड को अपने अंदर लीन कर

लेते हैं, जैसा ऋषि मार्तंड के प्रकरण में पहले उल्लिखित किया गया है। जो अकेले ही वृक्ष की भाँति निश्चल भाव से परमधाम रूप में प्रकाशमान हो दिव्य आकाश में स्थित है, उस परब्रह्म परमात्मा से यह समस्त जगत् व्याप्त है। वे परम पुरुष परमेश्वर ही निराकार रूप में सारे जगत् में व्याप्त हैं। वे तामसी अंधकार से परे 'आदित्यवर्ण तमसः परस्तात' (श्वेत.उप.3.8) अर्थात् 'अविद्या रूपी कालिमा से सर्वथा अतीत सूर्य की भाँति स्वयं प्रकाश रूप हैं।" 'अचिंत्य' मानव की कल्पना या विचार शक्ति से परे है, क्योंकि जब तक चित्त व चित्त में उठनेवाली तरगें हैं, तब तक उसका स्वरूप दृष्टिगोचर नहीं होता। चित्त के संयम व तृष्णाओं के निरोध तथा विलय काल में ही वह अनुभव में विदित होता है। इसी परमात्म चिंतन की विधि को श्रीकृष्ण प्रभु स्पष्ट करते है—

प्रयाणकाले मनसाऽचलेन
भक्त्या युक्तो योगबलेन चैव।
भ्रुवोर्मध्ये प्राणमावेश्य सम्यक्
स तं परं पुरुषमुपैति दिव्यम्॥ 10॥

"मृत्यु के समय अंतकाल में जो भक्ति युक्त पुरुष भौंहों के मध्य में अपने योग बल से प्राण को भलीभाँति स्थिर करके निश्चल मन से परमात्मा का स्मरण करता है, वह निश्चित रूप से दिव्य स्वरूप परमात्मा को ही प्राप्त होता है।"

नारदपांचरात्र में वर्णन है, 'मूलाधार, स्वाधिष्ठान, मणिपूरक, अनाहत, विशुद्ध और आज्ञा नामक शट्चक्र की हृदय में भावना करके योग एवं कुंडलिनी के साथ सस्त्रदलपद्म स्थित परमात्मा का ध्यान करके द्विभुज और पीत कौशेय वस्त्रपरिहित, प्रसन्न, हास्ययुक्त, सुंदर तथा विशुद्ध और नवीन मेघ की भाँति परम प्रभाव विशिष्ट श्रीकृष्ण चंद्र भगवान् के दर्शन करें।' श्रीकृष्ण (7.4) ने कहा है कि "मेरी मायारूप प्रकृतिभूमि, जल, अनल, वायु, आकाश, मन, बुद्धि और अहंकार-इन आठ प्रकारों में विभक्त है।" उन्होंने (7.5) में कहा है, "हे महाबाहो! यह प्रकृति अपरा (निकृष्टा) है। इसके अतिरिक्त मेरी एक जीव स्वरूप परा (उत्कृष्टा) प्रकृति है। वह इस जगत् को धारण कर रही है।" यह परा प्रकृति ही कुंडलिनी शक्ति है। योग बल से कुंडलिनी-शक्ति मूलाधार चक्र से ऊपर उठकर स्वाधिष्ठान और मणिपूरक चक्र का भेदन करती हुई अनाहत चक्र तक पहुँच जाती है। भूः, भुवः तथा स्वः—इन तीनों लोकों के सारे कार्य मूलाधार, स्वाधिष्ठान तथा मणिपूरक चक्रों में होते हैं। इस त्रिलोकी में ही समस्त कामनाओं-वासनाओं आदि का जंजाल व्याप्त रहता है। कुंडलिनी-शक्ति जब इन तीन चक्रों को भेदकर अनाहत चक्र में पहुँच जाती है, तब ये सारे जंजाल अपने आप ही विलीन हो जाते हैं। अनाहत चक्र 'महः' लोक है, जो हृदय में स्थित है, जहाँ पहुँचकर

सतत योग बल अभ्यास से कुंडलिनी अपने उर्ध्व मुख को विशुद्ध चक्र, जो कंठ में स्थित होता है, में चढ़ा देती है। इस विशुद्ध–पद्‌म का ध्यान करने पर साधक जरा और मृत्यु के पाश से मुक्त हो सब भोगादि प्राप्त करता है। पूर्वोक्त योगक्रिया से कुंडलिनी विशुद्ध पद्‌म में पहुँचकर अपने उर्ध्व मुख को दो भौंहों के मध्य स्थित आज्ञापद्‌म नामक चक्र में चढ़ा लेती है। इस चक्र के भीतर निर्मल त्रिकोण मंडल है। त्रिकोण के तीनों कोणों में सत, रज, तम—ये तीनों गुण विराजमान होते हैं। आज्ञाचक्र के ऊपर इड़ा, पिंगला और सुषुम्ना—इन तीनों नाड़ियों के मिलने का स्थान है, जिसे त्रिकुट या त्रिवेणी कहते हैं। इस आज्ञा चक्र का दूसरा नाम ज्ञान चक्र भी है। इसके अधिष्ठाता परमात्मा हैं एवं इच्छा उनकी शक्ति है। इस पद्‌म के ध्यान द्वारा दिव्य ज्योति के दर्शन पाने पर योग का चरम फल अर्थात् मोक्ष प्राप्त हो जाता है। इसके ऊपर फिर सस्त्रार चक्र है, जहाँ परब्रह्म का साक्षात्कार होता है, जो महाज्योतिर्मय है। इन्हीं को चिंतामणि के घर में माया से आच्छादित परमात्मा कहते हैं, जहाँ ध्यान करने से जगदीश्वरत्व प्राप्त हो जाता है। इसलिए भगवान् श्रीकृष्ण ने 'प्रयाणकाल' में भौंहों के मध्य आज्ञा चक्र पर ध्यान केंद्रित करने की नियत योग क्रिया का महत्त्व प्रतिपादित किया है।

यदक्षरं वेदविदो वदन्ति विशन्ति यद्यतयो वीतरागाः।
यदिच्छन्तो ब्रह्मचर्यं चरन्ति तत्ते पदं संग्रहेण प्रवक्ष्ये॥ 11॥

"वेद के ज्ञाता विद्वान् जिस सच्चिदानंदरूप परम पद का ओंकार (ॐ) नाम से उच्चारण करते हैं और आसक्ति रहित यत्नशील योगीजन, जिसमें प्रवेश करते हैं तथा जिस परम पद को चाहनेवाले ब्रह्मचर्य का आचरण करते हैं, उसी परम पद को प्राप्त करने की विधि तुझे मैं संक्षेप में बताऊँगा, जिससे कोई भी मनुष्य मुक्ति लाभ कर सकता है।"

कठोपनिषद् में यमराज भी नचिकेता को यही सत्य इस प्रकार बताते हैं—

'सर्वे वेदा यत् पदमामनंति, तपाँऽसि सर्वाणि च यद् वदन्ति
यदिच्छन्तो ब्रह्मचर्यं चरन्ति तत्ते पदम् सग्रंहेण ब्रवीम्योमित्येतत्"

—(1.2.15)

अर्थात् "समस्त वेद नाना प्रकार और नाना छंदों से जिसका प्रतिपादन करते हैं, संपूर्ण तप आदि साधनों का जो एकमात्र परम एवं चरम लक्ष्य है तथा जिसको प्राप्त करने की इच्छा से साधक निष्ठापूर्वक ब्रह्मचर्य का अनुष्ठान किया करते हैं; उस पुरुषोत्तम भगवान् का परम तत्त्व मैं तुम्हें संक्षेप में बताता हूँ और वह है 'ॐ'; यह एक अक्षर।" भगवान् श्रीकृष्ण इससे पूर्व के श्लोक में षटचक्र योग विधि द्वारा प्राण को भौंहों के मध्य स्थिर करने की विधि का वर्णन कर चुके हैं, किंतु ऐसे साधक, जिनके लिए उसका

अभ्यास संभव न हो पाए, उनके लिए अनासक्त भाव से ब्रह्मचर्य द्वारा ध्यान संभव बताया है। ब्रह्मचर्य का बृहदरूप में तात्पर्य है 'ब्रह्म के अनुरूप आचरण', जिसका पूर्व में स्पष्ट विवरण दिया जा चुका है, अर्थात् बाह्यस्पर्शों-काम वासनाओं को मन से त्याग उन्हें संयमित कर परमात्मा का सतत चिंतन। ब्रह्मचर्य परम का साक्षात्कार करा परम शांति प्रदान करा देता है, जिससे इंद्रिय-संयम स्वतः सकलेंद्रिय-संयम व निःस्पृहता का रूप ले लेता है।

सर्वद्वाराणि संयम्य मनो हृदि निरुध्य च।
मूर्ध्न्याधायात्मनः प्राणमास्थितो योगधारणाम्॥ 12॥

"समस्त इंद्रियों की क्रियाओं से निःस्पृहता या विरक्ति को योग की स्थिति या योगधारण कहा जाता है। इंद्रियों के समस्त द्वारों को रोककर अर्थात् इंद्रियों को सांसारिक विषयों से हटाकर, मन को हृदय में स्थित करके तथा प्राण वायु को मस्तक पर केंद्रित करके मनुष्य स्वयं को योग में स्थापित करता है।"

स्पष्ट है कि योगाभ्यास के पथ पर सबसे प्रथम मन को इंद्रियजनित विषयों, कामनाओं, इच्छाओं के जंजाल से मुक्त कर; परमात्मा पर ध्यानस्थ कर; प्राण वायु को मस्तक में स्थिर करना आवश्यक है, जिससे अविचलित दिव्य समाधि में बने रहना सहज हो जाता है।

ओमित्येकाक्षरं ब्रह्म व्याहरन्मामनुस्मरन्।
यः प्रयाति त्यजन्देहं स याति परमां गतिम्॥ 13॥

"जो पुरुष 'ॐ' (ओंकार) इस एक अक्षर रूपी ब्रह्म का उच्चारण करता हुआ और उसके अर्थ स्वरूप मेरा चिंतन करता हुआ शरीर का त्याग करता है, वह निश्चित रूप से परम गति को प्राप्त करता है।"

'हरि अनंत, हरि कथा अनंता'—'हरि के अनंत रूप, अनंत नाम और अनंत लीलाएँ हैं।' वे किसी एक नाम तक सीमित नहीं हैं। ओंकार में चार मात्राएँ हैं—अ,उ,म् और अव्यवहार्य। जगत के सब प्रकार के भेद अर्थात् जाग्रत्, स्वप्न तथा सुषुप्ति, इन तीनों अवस्थाओं के संपूर्ण भेदों के वाचक अ, उ तथा म ये तीनों मात्राएँ हैं। इन तीनों को पिंडित अर्थात् मिलाकर एकाकार कर देने से जिस अविभक्त ज्योतिर्मय ज्ञान का उदय होता है, उसे ही बिंदु कहते हैं। इसकी उपलब्धि भूमध्य में होती है। अ, उ और म को क्रमशः ब्रह्मा, विष्णु और शिव के वाचक होने पर भी संपूर्ण ब्रह्म नहीं कहा जा सकता, परंतु बिंदु व अव्यवहार्य नाद के साथ ही ओंकार शब्द परमेश्वर को पूर्णतः प्रतिलक्षित करता है। अनंतर शुद्धचिद्रूप, आत्माचिद्रूप और ओंकार के अव्यवहार्यरूप भी एक ही

हैं। इस ध्यान योग के द्वारा ब्रह्म का साक्षात्कार होता है। श्रीगोडपादाचार्य ने इसी 'ॐ' (प्रणव) का महत्त्व इस प्रकार प्रतिपादित किया है—

"युज्जीत प्रणवे चेतः प्रणवो ब्रह्म निर्भयम्
प्रणवे नित्ययुक्तस्य न भयं विद्यते क्वचित्॥"

'प्रणव में चित्त को स्थिर करें, प्रणव ही निर्भय ब्रह्म का स्वरूप है। प्रणवोपासक के हृदय में भय, शंका, आदि दोष नष्ट हो जाते हैं।' प्रणवाक्षर में जिस प्रकार स्वर स्वतंत्र होते हैं, उसी प्रकार 'अ' तथा 'उ' दोनों स्वर होने के कारण स्वतंत्र हैं तथा मायावाचक 'म' परतंत्र है, क्योंकि वह व्यंजन है। प्रणव की चौथी मात्रा अमात्र है, अतएव अव्यवहार्य है। कतिपय साधकों को भ्रम हो जाता है कि ओंकार की चतुर्थ मात्रा नहीं होती, पर ऐसा नहीं है, क्योंकि चौथी मात्रा नादरूप है—वह स्वर, व्यंजन, संधात के अनुरणन् से ही लक्षित होती है। परमात्मा के 'ॐ' प्रणवाक्षर की यही विशिष्टता होने के कारण भगवान् श्रीकृष्ण ने इसी नाम से परमात्म-चिंतन का महत्त्व स्पष्ट किया है। महर्षि पतंजलि का भी अनुभव था कि प्रणव के जाप और उसके अर्थ (ईश्वर) का चिंतन करने से एकाग्रता की प्राप्ति होती है तथा आत्मनिरीक्षण सधता है, साथ ही एकाग्रता में आनेवाली बाधाओं से भी मुक्ति मिलती है। (योगसूत्र 1.27)

अनन्यचेताः सततं यो मां स्मरति नित्यशः।
तस्याहं सुलभः पार्थ नित्ययुक्तस्य योगिनः॥ 14॥

"हे पार्थ! जो पुरुष मुझमें अनन्य-चेता अर्थात् अविचलित मन से, अनन्य चित्त से स्थिर है, सदैव निरंतर मुझको नियमित रूप से स्मरण करता है; उस सदैव मुझमें युक्त हुए योगी को मैं सहज सुलभ हो जाता हूँ।"

इस प्रकार 'ॐ' प्रणव अक्षर के अर्थस्वरूप मेरे स्वरूप का चिंतन, निरंतर व सतत रूप से करने से परमात्मा की प्राप्ति सहज हो जाती है। निरंतर चिंतन आवश्यक है, क्योंकि समस्त संस्कारों की समष्टि तो हमारे मन में ही विद्यमान है। ये संस्कार क्रमशः अणु से अणुतर होकर अव्यक्त भाव धारण करते हैं, किंतु वे बिल्कुल लुप्त नहीं हो जाते हैं; वरन् मन के भीतर ही बने रहते हैं और जैसे ही उन्हें कोई यथोचित अवसर मिलता है, वैसे ही वे चित्तरूपी सागर की सतह पर उठ आते हैं। परमाणु-कंपन कभी शांत नहीं होता। भले ही सृष्टि, सूर्य, चंद्र, नक्षत्र, पृथ्वी आदि प्रलय में विलय हो जाएँ, परंतु परमाणुओं में कंपन बचा रहता है। ब्रह्मांड में जो घटित होता है, वही प्रत्येक परमाणु में घटित होता है। हमारे चित्त की भी ऐसी ही स्थिति है। चित्त में होनेवाले सब कंपन संयम की अग्नि में दग्ध होते हुए तो प्रतीत होते हैं, किंतु परमाणुओं के कंपन के समान ही उनकी भी सूक्ष्म गति अक्षुण्ण बनी रहती है और जैसे ही कोई तरंग या संवेग उनसे टकराता है, वैसे ही

वे पुनः बाहरी सतह पर लौटने लगते हैं। इसीलिए ओंकार का निरंतर जप और उसके अर्थ रूप में परमात्मा की दिव्य ज्योति के मनन पर भगवान् श्रीकृष्ण ने यहाँ पर्याप्त बल दिया है, जिससे मन के अंदर के उत्तम संस्कार धीरे-धीरे पूर्ण रूप से जाग्रत् हो सकें तथा अंतर्दृष्टि के विकास और योग से मानसिक तथा शारीरिक अंतर्द्वंद्वों के विघ्न व विकार शनैः-शनैः समाप्त हो जाएँ और आत्म साक्षत्कार को सार्थक कर सकें। इसी को भगवान् श्रीकृष्ण आगे कहते हैं—

मामुपेत्य पुनर्जन्म दुःखालयमशाश्वतम्।
नाप्नुवन्ति महात्मानः संसिद्धिं परमां गताः ॥ 15 ॥

"मुझ परमात्मा को, परम सिद्धि को, प्राप्त करके महात्माजन, जो ऐसे भक्ति चित्त युक्त कर्मयोगी हैं, कभी भी दुःख-संतापों से पूर्ण इस नश्वर जगत् में नहीं लौटते अर्थात् मुझको प्राप्त होकर वे पुनर्जन्म को प्राप्त नहीं होते।"

भला जिस महापुरुष की गति, परमगति को प्राप्त हो गई हो उसे इस नश्वर, जरा, व्याधि, क्लेश व मृत्यु तुल्य जन्मों से क्या प्रयोजन! जो प्राप्त करना अभीष्ट था, उसका मूल परमात्मा ही सिद्ध हो गया तो क्षुद्र लोकों की क्षुद्र कामनाओं के पीछे भागना ही क्यों?

आब्रह्मभुवनाल्लोकाः पुनरावर्तिनोऽर्जुन।
मामुपेत्य तु कौंतेय पुनर्जन्म न विद्यते ॥ 16 ॥

"क्योंकि हे अर्जुन! ब्रह्मलोक से लेकर अन्य समस्त देव लोकों की प्रकृति पुनरावर्ती है, जिससे प्राणी को इन लोकों की प्राप्ति होने पर भी वहाँ अपने कर्म फलों का भोग, भोगकर, पुनः इसी संसार में आना पड़ता है। हे कौंतेय! जो महापुरुष मुझे प्राप्त होता है उसका पुनर्जन्म नहीं होता; क्योंकि मैं कालातीत हूँ और यह ब्रह्मलोक पर्यंत समस्त लोक; काल की अवधि वाले होने से; अनित्य हैं।"

'पुनरावर्तिन' शब्द का तात्पर्य मनुष्य के कर्म फलों के पुण्य क्षय हो जाने पर भूलोक में लौट आने से है। स्पष्ट है कि यज्ञ व देवताओं की आराधना तथा वेदाध्ययन, स्वाध्याय आदि कर्मों से ब्रह्मलोक, इंद्रलोक, सूर्यलोक आदि की प्राप्ति हो सकती है, किंतु ये लोक भी नित्य नहीं हैं तथा काल क्रम में नाश को प्राप्त होते हैं। इसलिए पुण्यांश के क्षय होते ही, या इन लोकों की भी समाप्ति पर पुनर्जन्म के गर्त में पुनः गिरना ही पड़ता है। मात्र परमेश्वर के ज्ञान एवं प्राप्ति से ही पुनर्जन्म नष्ट होता है।

सहस्त्रयुगपर्यन्तमहर्यद्ब्रह्मणो विदुः।
रात्रिं युगसहस्त्रान्तां तेऽहोरात्रविदो जनाः ॥ 17 ॥

"ब्रह्म का जो एक दिन है, उसको हजार चौकड़ी युग तक अवधि वाला और रात्रि को भी हजार चौकड़ी युग तक अवधि वाली जो पुरुष, तत्त्व से जानते हैं, अर्थात् काल-चक्र की सीमा में बँधा होने से ब्रह्मलोक को भी अनित्य जानते हैं, वे महापुरुष काल के तत्त्ववेत्ता हैं।"

ज्योतिष शास्त्र की संहिता—सूर्य सिद्धांत (1.15-20) मनुस्मृति (1.69-73.79) के अनुसार इस भौतिक ब्रह्मांड की आयु कल्पों के चक्र रूप में प्रकट होती है। यह कल्प ब्रह्मा का एक दिन है, जिसमें चतुर्युग-सत्य, त्रेता, द्वापर तथा कलि हैं। सतयुग 17,28,000 वर्ष, त्रेता युग 12,96,000 वर्ष, द्वापर 8,64,000 वर्ष तथा कलियुग 4,32,000 वर्ष तक चलता है। ये चारों युग एक सहस्त्र चक्र पूर्ण करने पर ब्रह्मा के एक दिन के तुल्य होते हैं। इतने ही वर्षों की एक रात्रि होती है। ब्रह्मा की आयु ऐसे एक सौ वर्ष होती है जो लगभग 32 करोड़ वर्ष के लगभग होती है। इन गणनाओं से ब्रह्मा की आयु अत्यंत विचित्र तथा समाप्त न होनेवाली लगती है, किंतु ब्रह्मा नित्य व शाश्वत नहीं हैं। वर्तमान गणना के अनुसार ब्रह्मा की सौ वर्ष की आयु में से आधी बीत गई है, अर्थात् इक्यावनवें वर्ष के पहले दिन अथवा 'श्वेतवारहा' नामक कल्प अब प्रारंभ हुआ है और इस कल्प के चौदह मन्वंतरों में से छह मन्वंतर बीत चुके हैं तथा सातवें 'वैवस्वत' मन्वंतर के 71 महायुगों में से 27 महायुग पूर्ण हो गए हैं। इस समय 28वें महायुग के कलियुग का प्रथम चरण अर्थात् चतुर्थ भाग चल रहा है। संवत 1953 (शक 1820) में इस कलयुग के ठीक 5,000 वर्ष बीत चुके थे। भारतीय खगोल शास्त्र के अनुसार ग्रह-उपग्रह की गति आदि की इतनी सटीक गणना हो चुकी है कि वर्तमान में भी ग्रहों की स्थिति, सूर्यग्रहण, चंद्रग्रहण आदि की पल-पल की गणना सही सिद्ध होती रही है। यहाँ तो भगवान् श्रीकृष्ण ने स्पष्ट संकेत कर दिया है कि स्वयं सृष्टि-सृष्टा ब्रह्मा भी मरणधर्मा हैं तो अन्य देवों की क्या कहें! इस प्रकार ब्रह्मा से लेकर कीट-पतंग, चर-अचर सभी लोक मरणधर्मा व पुनरावर्ती हैं। केवल मनुष्य योनि में कर्म मुक्ति की प्राप्ति की जा सकती है जहाँ से पुनरावर्तन नहीं है। कर्मों के अनुसार वे ही कीट-पतंग से लेकर देवता की योनि तक प्राप्त कर सकते हैं।

अव्यक्ताद्व्यक्तयः सर्वाः प्रभवन्त्यहरागमे।
रात्र्यागमे प्रलीयन्ते तत्रैवाव्यक्तसंज्ञके॥ 18॥

"इसीलिए ये तत्त्वेत्ता महापुरुष यह भी जानते हैं कि समस्त दृश्यमात्र भूतगण-जीव ब्रह्मा के दिन के प्रवेश काल में अव्यक्त अर्थात् ब्रह्मा के सूक्ष्म शरीर से उत्पन्न होते हैं और ब्रह्मा के सूक्ष्म शरीर में विलीन हो जाते हैं।"

इस प्रकार, ब्रह्मा के दिन के शुभारंभ में सारे भूतगण अव्यक्त स्थिति से व्यक्त

होते हैं और फिर रात्रि में पुनः अव्यक्त में लीन हो जाते हैं। वस्तुतः सूक्ष्म रूप में दिखाई देता है कि सृष्टि का सूत्रपात करनेवाले ब्रह्मा भी उस परम सत्ता के अधीन हैं। मनुष्य की बुद्धि जब अपने इष्ट में प्रवेश करती है तभी से ब्रह्मा की रचना आकार लेने लगती है, जिसके चार सोपान; चतुर्युग भी; सूक्ष्म में हैं—'ब्रह्मवित' जो बुद्धि ब्रह्मविद्या से युक्त हो, 'ब्रह्मविद्वर'—जिसे ब्रह्मविद्या में श्रेष्ठता प्राप्त हो; 'ब्रह्माविद्वरीयान'—जो ब्रह्मविद्या में पारंगत ही नहीं, बल्कि उसका नियंत्रक भी बन गया है; तथा 'ब्रह्मविद्वरिष्ठ' अर्थात् बुद्धि का अंतिम चरम, जिसमें इष्ट प्रवाहित हो गया हो। इन चार सोपानों तक बुद्धि व मन अलग हैं। यहाँ तक माया चक्र सक्रिय होता है। प्रकाशकाल में अचेत भूत सचेत हो जाते हैं तथा परम लक्ष्य की समीपता अनुभूत होने लगती है, किंतु अविद्या के रात्रिकाल में प्रवेश होते ही सभी भूत अचेत हो जाते हैं। यही ब्रह्मा का दिन और यही ब्रह्मा की रात है। ईश्वरीय परमज्योति रूपी दिन के प्रकाश में बुद्धि की सहस्त्रों परतों में विद्या का प्रकाश दैदीप्यमान हो जाता है और अविद्या रूपी रात्रि में इन्हीं सहस्त्रों परतों में अवचेतना का अंधकार छा जाता है। विद्या तथा अविद्या दोनों की प्रवृत्तियाँ जब शांत हो जाती हैं तथा मनुष्य के संकल्पों का प्रवाह भी अंत:करण में विलीन हो जाता है तो अव्यक्त बुद्धि से अत्यंत परे शाश्वत अव्यक्त भाव अनुभूत हो जाता है; जो कभी न नष्ट होनेवाली सनातन प्रज्ञा स्थिति है, क्योंकि वहाँ माया का द्वंद्व मिट जाता है और अंत:करण की अविद्या भी समाप्त हो जाती है। वहीं प्रकाश और अंधकार की सीमा भी होती है। इसके पश्चात् परम तत्त्व के दिव्य प्रकाश में विद्या-अविद्या विलीन हो जाती हैं तथा काल का भेद मिटने से पुरुष काल से भी अतीत हो जाता है। इसी को भगवान् श्रीकृष्ण आगे स्पष्ट करते हैं—

भूतग्रामः स एवायं भूत्वा भूत्वा प्रलीयते।
रात्र्यागमेऽवशः पार्थ प्रभवत्यहरागमे॥ 19॥

"वही यह समस्त जीवों का समुदाय असहायवत बारंबार जन्म लेकर, प्रकृति के वश में हो रात्रि के प्रवेश काल में विनष्ट हो जाता है और दिन के प्रवेश काल में पुनः प्रकट होता है। हे पार्थ! इस प्रकार ब्रह्मा के एक सौ वर्ष पूर्ण होने से अपने लोकसहित ब्रह्मा भी शांत हो जाता है,"

इस प्रकार पुण्य कर्मों से जीव को ऐसा ब्रह्मलोक प्राप्त भी हो जाए तो भी प्रलयकाल में ब्रह्मलोक का भी नाश हो जाने से फिर नए कल्प के प्रारंभ में जगत् के चराचर भूतप्राणियों को जन्म-मृत्यु के बंधन से मुक्ति नहीं मिलती। अब भगवान् श्रीकृष्ण इस जन्म-मृत्यु के बंधन से मुक्त होने का उपाय भी आगे स्पष्ट करते हैं—

परस्तस्मात्तु भावोऽन्योऽव्यक्तोऽव्यक्तात्सनातनः।
यः स सर्वेषु भूतेषु नश्यत्सु न विनश्यति॥ 20॥

"परंतु इस अव्यक्त से अति परे अन्य विलक्षण जो अव्यक्त भाव है, वह शाश्वत एवं नित्य है और इस व्यक्त तथा अव्यक्त पदार्थ से परे है। ये परा और कभी नष्ट न होनेवाले पूर्ण ब्रह्म परमात्मा हैं, जो सब भूतों के नष्ट होने पर भी नष्ट नहीं होते।"

यहाँ दो प्रकार के अव्यक्त भावों का भेद स्पष्ट किया गया है; एक तो ब्रह्मा जो इंद्रियों से दृष्टिगोचर न होनेवाली बुद्धि का अव्यक्त भाव है और दूसरा जो इससे भी परे दिव्य, अपरिवर्तनीय एवं शाश्वत अव्यक्त भाव है, जो भूतादिकों के विनष्ट हो जाने पर भी नष्ट नहीं होता, जो शुद्ध तत्त्व है व शाश्वत एवं अव्यक्त है, जो उत्पन्न होने व नष्ट होने की निरंतर प्रक्रिया से अत्यंत परे परम अव्यक्त परब्रह्म है, जो सदैव सर्वदा अपरिवर्तनीय एवं शाश्वत है। इसी को भगवान् श्रीकृष्ण आगे भी स्पष्ट करते हैं—

अव्यक्तोऽक्षर इत्युक्तस्तमाहुः परमां गतिम्।
यं प्राप्य न निवर्तन्ते तद्धाम परमं मम॥ 21॥

"जो वह अव्यक्त, अक्षर ऐसे जाना जाता है, उस ही अक्षर नामक अव्यक्त भाव को परमगति कहते हैं तथा जिस शाश्वत नित्य सत्य अव्यक्त भाव को प्राप्त होकर मनुष्य पुनर्जन्म की पुनरावृत्ति को प्राप्त नहीं होते, वह मेरा परमधाम है।"

कठोपनिषद् में भी यही उल्लेख है-

"महतः परमव्यक्तमव्यक्तात पुरुषः परः
पुरुषान्न परं किंचित्सा काष्ठा सा परा गतिः" (1.3.11)

यहाँ 'अव्यक्त' भगवान् की त्रिगुणमयी दैवी माया शक्ति के लिए प्रयुक्त हुआ है, जिसके कारण जीव सर्वव्यापी अंतर्यामी परमेश्वर को नित्य समीप होने पर भी देख नहीं पाता। इंद्रियों, मन और बुद्धि इन सब पर आत्मा का अधिकार है। इंद्रियों से विषय बलवान हैं। वे साधक की इंद्रियों को बलपूर्वक अपनी ओर आकर्षित करते हैं। अतः साधक के लिए उचित है कि इंद्रियों को विषयों से दूर रखे। विषयों से बलवान मन है। यदि मन की आसक्ति विषयों में न रहे तो इंद्रियाँ और विषय-ये दोनों साधक की कोई हानि नहीं कर सकते। मन से भी बलवान बुद्धि है। अतः बुद्धि द्वारा विचार करके मन को राग-द्वेष से रहित कर वश में कर लेना चाहिए। बुद्धि से भी बलवान 'आत्मा' है। अतः मनुष्य को आत्मशक्ति का अनुभव करके उसके द्वारा बुद्धि को संयमित करना चाहिए, परंतु इस 'आत्मा' से भी बलवान एक और तत्त्व है, जिसका नाम 'अव्यक्त' है। कोई उसे प्रकृति और कोई माया कहता है। इसी से जीव मोहित होकर उसके वश में हो जाते हैं। अतः इससे भी बलवान जो उसके स्वामी परम पुरुष परमेश्वर हैं, जो बल, क्रिया

और ज्ञान आदि सभी शक्तियों के परम आधार हैं, उन्हीं की शरण वांछित है। जब वे दया करके इस मायारूपी परदे को स्वयं हटा देंगे तो उसी क्षण परम प्रभु की प्राप्ति हो जाएगी। 'काष्ठा सा परा गतिः' कठोपनिषद् (1.3.11) अर्थात् यही परम धाम वह श्रेष्ठ धाम है, जहाँ एक बार पहुँचकर पुनः वापस नहीं आना होता। 'अक्षरं ब्रह्म परमम्' (गीता, 8.3); यह दूसरा अव्यक्त ही 'अक्षर' है, जो सब भूतों का नाश होने पर भी नष्ट नहीं होता। वही अक्षर-ब्रह्म है, जिसकी प्राप्ति ही परमगति है। वही प्रभु का परम धाम है, जिसकी प्राप्ति के बाद इस मरणधर्मा संसार में पुनरागमन नहीं होता।

पुरुषः स परः पार्थ भक्त्या लभ्यस्त्वनन्यया।
यस्यान्तःस्थानि भूतानि येन सर्वमिदं ततम्॥ 22॥

"हे पार्थ! वह परम पुरुष, जिससे बढ़कर कोई भी नहीं है, समस्त भूतादि उसी परमात्मा के अंतर्गत हैं और समस्त ब्रह्मांड में वह सर्वव्यापी है, वह सनातन अव्यक्त परम पुरुष अनन्य, अविचल भक्ति के द्वारा प्राप्त किया जा सकता है।"

इस श्लोक में 'यस्यान्तःस्थानि' विशिष्ट है, जिसका अभिप्राय है कि जगत् के प्रत्येक जीव व पदार्थ में परमात्मा की परा या अपरा शक्ति निहित है, जिसके द्वारा वे सर्वव्यापी हैं। 'भक्त्या' शब्द द्वारा स्पष्ट सूचित किया गया है कि परम धाम, जहाँ प्रति क्षण आनंद चिन्मय रस की वर्षा होती रहती है, वहाँ अनन्य भक्ति के द्वारा ही प्रवेश संभव है; किसी अन्य विधि द्वारा नहीं। श्वेताश्वतर उपनिषद् (6.7) में स्पष्ट किया गया है—

'तमीश्वराणां परमं महेश्वरं तं देवतानां परमं च दैवतम्
पतिं पतीनां परमं परस्ताद् विदाम देवं भुवनेषमीडय़म् (6.7)

वे परब्रह्म पुरुषोत्तम समस्त देवों के भी आराध्य हैं। वे समस्त पतियों-रक्षकों के परम पति हैं तथा समस्त ब्रह्मांडों के स्वामी हैं। उन स्तुति करने योग्य परम देव को हम सबसे परे जानते हैं, अर्थात् उनसे श्रेष्ठ कोई नहीं है। वे ही सर्वरूप होकर सर्वथा पृथक् हैं। 'परास्य शक्तिर्विविधैव श्रूयते, स्वाभाविकी ज्ञानबलक्रिया च' (श्वेत. उप. 6.8) अर्थात् उनकी शक्तियाँ इतनी व्यापक हैं कि वे कण-कण में व्याप्त होते हुए भी बिना किसी त्रुटि के समस्त क्रियाएँ सुचारू रूप से संचालित करते रहते हैं। ऐसे परमेश्वर को अनन्य भक्ति से ही प्राप्त किया जा पाना संभव है।

यत्र काले त्वनावृत्तिमावृत्तिं चैव योगिनः।
प्रयाता यान्ति तं कालं वक्ष्यामि भरतर्षभ॥ 23॥

"हे भरतश्रेष्ठ! तुझसे मैं अब उन विभिन्न कालों के संबंध में कहूँगा, जिनमें

विभिन्न प्रकार के योगीजन अपने अंतिम प्रयाणकाल में जब प्राण त्याग करते हैं तो उनका इस संसार में पुनरागमन नहीं होता तथा जिनमें ऐसे योगी पुनरागमन को प्राप्त होते हैं।"

अग्निर्ज्योतिरहः शुक्लः षण्मासा उत्तरायणम्।
तत्र प्रयाता गच्छन्ति ब्रह्म ब्रह्मविदो जनाः ॥ 24 ॥

"जब ज्योतिर्मय अग्नि हो, दिवस का समय हो, सूर्यनारायण चमक रहे हों, शुक्ल पक्ष में चंद्रमा उन्नति की ओर अग्रसर हो, सूर्य उत्तर दिशा की तरफ उत्तरायण में स्थित हो, ऐसे छः मासों में शरीर त्याग करनेवाले ब्रह्मवेत्ता पुरुष अपनी परमात्म उपासना से परमेश्वर के परम तत्त्व को विदित कर ब्रह्म को प्राप्त होते हैं। उनका पुनर्जन्म नहीं होता।"

यहाँ अग्नि वस्तुतः 'ब्रह्मतेज'; सूर्य का दिन का प्रकाश-'मन में प्रदीप्त ज्ञान का प्रकाश'; 'शुक्लपक्ष'—अंतःकरण की निर्विकार निर्मलता; षट्मास—'षडैश्वर्य, बुद्धि, वैराग्य, शम, दम, तेज और प्रज्ञा' हैं; तथा सूर्य का उत्तरायण की ओर प्रयाण करना—'मन की ऊर्ध्वरेता स्थिति' है जहाँ मन निःस्पृह भाव से उत्तरोत्तर परम तत्त्व की अनुभूति को शनैः-शनैः, क्रमानुसार उच्च से उच्चतर स्तर में प्राप्त करता जाता है। ऐसे योगी ब्रह्म से एकरूप हो जाने के कारण पुनः जन्म-मृत्यु की आवृत्तियों से मुक्त हो परम गति को प्राप्त हो जाते हैं।

धूमो रात्रिस्तथा कृष्णः षण्मासा दक्षिणायनम्।
तत्र चान्द्रमसं ज्योतिर्योगी प्राप्य निवर्तते॥ 25 ॥

"ऐसा मार्ग जो धूम्र से आच्छादित हो, रात्रि का समय हो, चंद्रमा कृष्ण पक्ष में लगातार ह्रास को उन्मुख हो, सूर्य की गति दक्षिण की ओर षटमार्ग में प्रवृत्त हो, उस मार्ग से अपने अंतिम काल में प्रयाण करनेवाला सकाम पुरुष चंद्रमा की ज्योति प्राप्त कर स्वर्ग में अपने शुभ कर्मों को भोगकर पुनः पुनर्जन्म प्राप्त करता है।"

यहाँ धूम्र से आच्छादित काल, कर्मकांडों के द्वारा यज्ञों की अग्नि का प्रतीक है। रात्रिकाल अविद्या की रात्रि है, जहाँ निष्काम विद्या की जगह सकाम विवेक की उपस्थिति है। कृष्णपक्ष का ह्रास होता हुआ चंद्र वस्तुतः कामनाओं-तृष्णाओं से आवृत्त उत्तरोत्तर बढ़ती कालिमा है, तथा दक्षिणायन सूर्य अभी भी बहिर्मुखी अंतःकरण में व्याप्त षट्विकार-काम, क्रोध, मद, लोभ, मोह और मत्सर हैं, जहाँ कामनाओं की पूर्ति के लिए की गई साधना के फलस्वरूप पुरुष चंद्रलोक में अपनी कामनाओं को भोग कर कर्मफल क्षय होने पर पुनः इस नश्वर लोक में लौट आता है।

शुक्लकृष्णे गती ह्येते जगतः शाश्वते मते।
एकया यात्यनावृत्तिमन्ययाऽऽवर्तते पुनः॥ 26॥

"जगत् के दो प्रकार के प्रयाण के मार्ग हैं—एक शुक्ल अर्थात् प्रकाश का जो देवयान मार्ग कहा गया है और दूसरा कृष्ण अर्थात् अंधकार का जो पितृयान मार्ग कहा गया है।"

जो मनुष्य प्रकाश अर्थात् शुक्ल मार्ग से प्रयाणकाल में प्राण त्यागता है, वह परम गति को प्राप्त हो पुनर्जन्म के चक्र से मुक्त हो जाता है तथा जो मनुष्य कृष्णमार्ग से प्रयाणकाल में प्राण त्यागता है, वह पुनर्जन्म को प्राप्त होता है तथा जन्म-मृत्यु के चक्रपाश से मुक्त नहीं हो पाता। स्पष्ट है कि जब तक साधनापथ में अंतःकरण की कामनाएँ मूर्त रूप में यथावत रहती हैं तथा परमात्मा में पूर्ण समर्पण का अभाव बना रहता है, तब तक इस अविद्या की कालिमा तो बनी ही रहती है। जब तक यह कालिमा दूर नहीं होती, तब तक पूर्णता प्राप्त होने तक हर जन्म में भजन तो करना ही पड़ेगा।

नैते सृती पार्थ जानन्योगी मुह्यति कश्चन।
तस्मात्सर्वेषु कालेषु योगयुक्तो भवार्जुन॥ 27॥

"हे पार्थ! इस प्रकार दोनों मार्गों को तत्त्व से जानता हुआ कोई भी विवेकीजन सांसारिक माया से मोहित नहीं होता है। ऐसा योगी मायापाश को काट कर निष्काम कर्म भाव से साधना में रत होता है तथा काम-विकारों के द्वंद्व में नहीं फँसता। इस कारण हे अर्जुन! तू सर्व काल में समत्व बुद्धि रूपी योग से युक्त हो निरंतर मेरी प्राप्ति हेतु भजन कर।"

वस्तुतः जिस मनुष्य ने देवयान (प्रकाशपथ) और पितृयान (निशापथ) इन दोनों मार्गों के तत्त्व-भेद को विदित कर लिया कि देवयान-मार्ग से मोक्ष मिल जाने पर पुनरागमन नहीं होता और पितृयान-मार्ग स्वर्गप्रद होते हुए भी मोक्षप्रद नहीं है, तो वह दूसरी निम्न मार्ग की साधना का चयन नहीं करेगा तथा उत्तम मार्ग का ही अनुसरण करेगा। जो भी मार्ग हो परमब्रह्म स्मृति में बने रहना चाहिए।

वेदेषु यज्ञेषु तपःसु चैव दानेषु यत्पुण्यफलं प्रदिष्टम्।
अत्येति तत्सर्वमिदं विदित्वा योगी परं स्थानमुपैति चाद्यम्॥ 28॥

"जो कर्मयोगी इस रहस्य को तत्त्व से विदित कर वेदों के अध्ययन, यज्ञ, विभिन्न प्रकार की तपस्याएँ करने में, दान-कर्म करने में नाना प्रकार के जो पुण्य फल कहे गए हैं, उनका निश्चय ही उल्लंघन कर मात्र भक्ति व समर्पण से उन समस्त फलों को प्राप्त करता है, वह अंत में परम नित्य धाम को प्राप्त होता है।"

'इदं विदित्वा' शब्द विशिष्ट हैं। जिसने वेद को विदित कर लिया, उसने अविदित परम तत्त्व को तत्त्व से जान लिया। जब जीव यज्ञ अर्थात् नियत कर्म विधि से अपने अंत:करण की समस्त इंद्रियजनित कामनाओं को संयम रूपी अग्नि में दग्ध कर, मन को निर्विकार रूप में तपा कर, सर्वस्व भाव को परम में ही समर्पित कर दे तो ऐसी दिव्य स्थिति का पुण्य फल है परमात्मा की दिव्यता का साक्षात्कार, जहाँ सब तत्त्व परम में विलय हो जाते हैं। ऐसी स्थिति में कुछ भी पाने को शेष नहीं रह जाता है। यही परमात्मा में योगी का विलय है। यही परमात्मा में आत्मा का महाप्रयाण है।

ॐ तत्सदिति श्रीमद्‌भागवदगीतासूपनिषत्सु ब्रह्मविधायाँ योगशास्त्रे श्रीकृष्णार्जनु संवादे अक्षरब्रह्मयोगो नामाष्टमोऽध्याय:

अतएव श्रीमद्‌भागवदगीता उपनिषद् के ब्रह्ममविद्यांतर्गत योग शास्त्र में श्रीकृष्ण-अर्जुन के संवाद में 'अक्षरब्रह्मयोगो' नामक आठवाँ अध्याय पूर्ण हुआ।

अमृत सार

भगवत भजन के लिए अधिभूत, अधिदेवता, अध्यात्म, अधियज्ञ, अधिदेह प्रभृति नाना प्रकार के भेदों में प्रतीत होनेवाला नानात्व सत्य नहीं है, अपितु एक ही परमेश्वर में व्याप्त है। अनेक प्रकार के यज्ञ, पदार्थों के अनेक देवी-देवता, पंचमहाभूत तत्त्व, पदार्थों के सूक्ष्म अंश, हिरण्यगर्भ, प्रजापति, ब्रह्मा, कर्म अथवा भिन्न-भिन्न मनुष्यों की देह इन सब में एक ही परमेश्वर व्याप्त है। यह नानारूपात्मक भेदों का वर्णन उन लोगों को लक्ष्य करके किया गया है, जो ब्रह्म, आत्मा, देवता यज्ञ आदि भेद करके नाना प्रकार की उपासना व पूजा पद्धतियों में उलझे रहते हैं। इसीलिए भगवान् श्रीकृष्ण ने पहले वे लक्षण बताए, जो उन लोगों के अपने विवेक व समझ के अनुसार होते हैं तथा फिर यह भेद स्पष्ट किया कि 'यह सब मैं ही हूँ।'

श्रीकृष्ण ने फिर यह सिद्धांत बताया कि जो विचार मृत्यु के समय स्पष्टत: उभरता है, वही अगले जन्म का आरंभ है। चाहे कर्मों की कितनी भी बड़ी-बड़ी संख्याएँ हों, परंतु संक्षेप बनाते-बनाते अंत में एक अथवा शून्य उत्तर आता है। इसी तरह जीवन में संस्कारों की अनेक संख्याएँ अंतत: एक बलवान संस्कार में ही सार रूप में सिमट जाती हैं। यदि मन स्वतंत्र रहेगा तो फिर अच्छे संस्कार अंकित नहीं हो पाएँगे, क्योंकि हमारी प्रत्येक कृति छेनी बनकर हमारे जीवन रूपी पत्थर को गढ़ती है। यदि हम थोड़ा भी अच्छा करेंगे तो वह व्यर्थ नहीं जाएगा। लेशमात्र भी बुरे संस्कारों को पनपने न दें। अच्छे संस्कारों की एक-एक बूँद को धारा में बदल दें। संस्कारों का प्रवाह एक ही दिशा में होना चाहिए अन्यथा जैसे पर्वत पर हुई वर्षा का पानी यदि चारों ओर सभी दिशाओं में छोटी-छोटी

धारा में परिवर्तित हो बह जाएगा तो वह नदी नहीं बनेगी, किंतु यदि सारा जल एक ही दिशा में प्रवाहित होगा तो वह छोटी धारा से बड़ी धारा, बड़ी धारा से नदी, नदी से गंगा तथा गंगा से गंगासागर तक पहुँच जाएगा। इसी प्रकार यदि जीवन में संस्कारों का पवित्र प्रवाह सतत प्रवाहित होता रहेगा तो अंत में वह जीवन के बंधनों को काटता हुआ परम तत्त्व रूपी शाश्वत सागर में विलीन हो चिदानंद स्वरूप हो जाएगा। स्मरण का रहस्य बताते हुए श्रीकृष्ण ने स्पष्ट किया कि बाह्य व अंतर्जगत् में व्याप्त सृष्टि में मन, विषयों व इंद्रियों का संघर्ष सतत चलता रहता है। इसलिए सतत भगवत-चिंतन से शुभ कार्य सहजता से होने लगेंगे। इसलिए बाहर से निरंतर स्वधर्म का आचरण तथा अंतर्मन में परमात्मा का चिंतन रूपी चित्त-शुद्धि क्रिया में व्यवहार किया जाए तो इस जीवन संघर्ष में सदैव विजय ही होगी।

उत्तरायण-दक्षिणायण के रूपक के द्वारा परमात्मा ने जीवन जीने का कला कौशल बताया, जहाँ अग्नि नियत स्वकर्म रूपी यज्ञ का प्रतीक है, सूर्य ज्ञान के प्रकाश का प्रतीक है, चंद्रमा मानव के मन का प्रतीक है, शुक्लपक्ष शुभ व शुद्ध भावनाओं का प्रतीक है, आकाश हृदय की अनासक्त भावना का प्रतीक है तथा उत्तरायण, इस हृदय में आसक्ति रूपी बादल के न रहने का प्रतीक है। यदि मनुष्य अंतिम समय तक अपने नियत स्वकर्म को करता हुआ ज्ञानसहित परमात्मा को विदित करता हुआ, मन को शुक्लपक्ष की पूर्णिमा के चंद्र की तरह आसक्तियों से निर्लिप्त व शुद्ध रखता हुआ, मन को उत्तरोत्तर परमतत्त्व की शनैः-शनैः अनुभूति कराता हुआ उच्च-से-उच्च स्तर प्राप्त करता जाता है, तो ऐसा योगी परमात्मा से एकरूप हो जाने के कारण जन्म-मृत्यु के पुनरावृत्ति चक्र से मुक्त हो परमधाम पाता है; अन्यथा जब तक साधना पथ में अंतःकरण की इच्छाएँ यथावत बनी रहती हैं तथा परमात्मा में पूर्ण समर्पण का अभाव बना रहता है तो अविद्या की कालिमा भी बनी रहती है। जब तक यह कालिमा दूर होकर शुचिता को प्राप्त नहीं हो जाती है, तब तक हर जन्म में भजन तो करना ही होगा। इच्छाएँ हैं तो 'मृत्यु' है; यदि इच्छाओं का अंत हो जाए और भक्ति की अमृत धारा प्रवाहित होने लगे तो 'मुक्ति' है।

□

अथ नवमोऽध्याय:

परम गुह्य ज्ञान-अनन्य भक्ति व शरणागति

परमेश्वर अनादि, अनंत और अव्यक्त हैं। ऐसे परमेश्वर से प्रेम करने व उनमें अपना सारा ध्यान एवं वृत्तियाँ लीन करने के लिए, मन के सामने कुछ-न-कुछ प्रत्यक्ष एवं व्यक्त रूप में रखना होता है। जैसे हम लाल, हरे, नीले, पीले इत्यादि व्यक्त रंगों को आँखों से प्रत्यक्ष रूप में देख लेते हैं, तभी रंग की सामान्य एवं अव्यक्त कल्पना हमारे मन में जाग्रत् होती है। इसी प्रकार देहधारी मनुष्य भी अपने मन के स्वभाव को अलग नहीं कर सकता। इसीलिए तो भक्ति साधना निर्गुण की तुलना में सगुण में तथा उसमें भी अव्यक्त सगुण की अपेक्षा व्यक्त सगुण में आने से अधिक सुगम हो जाती है। ज्ञान मार्ग की विधा के समान भक्ति मार्ग अव्यक्त नहीं है। वह प्रत्यक्ष आँखों से दिखाई देनेवाला है। इसीलिए उसका आचरण भी सुगमता से किया जा सकता है। यही कारण है कि गीता में जो मधुरता व प्रेम रस भरा पड़ा है उसमें भक्ति रस का तड़का लगा हुआ है। इस अध्याय में भक्ति मार्ग का ही विशेष प्रतिपादन किया गया है।

श्री भगवानुवाच

इदं तु ते गुह्यतमं प्रवक्ष्याम्यनसूयवे।

ज्ञानं विज्ञानसहितं यज्ज्ञात्वा मोक्ष्यसेऽशुभात्॥ 1॥

"श्रीभगवान् कृष्ण ने कहा, "तुम जैसे दोष दृष्टि रहित भक्त के लिए मैं इस अत्यंत गुह्य गोपनीय ज्ञान को अनुभूत किए जानेवाले ज्ञानरूपी विज्ञान के सहित बताऊँगा, जिसे जानकर तुम इस जगत् के समस्त क्लेशों से मुक्त हो जाओगे।"

यहाँ श्रीकृष्ण ने अर्जुन को 'अनसूयवे' अर्थात् ईर्ष्या आदि दोष-दृष्टि रहित पाया, क्योंकि अब श्रीकृष्ण ने प्रारंभ के अर्जुन की तुलना में अर्जुन के नए रूप को देखा है। विगत अध्यायों में की गई ज्ञान-वर्षा के फलस्वरूप, अर्जुन अब उन्हें परम तत्त्व के परम

गूढ़ रहस्य को समझ पाने का अधिकारी दिख रहा है। शुद्ध बुद्धि ब्रह्मात्मैक्य-ज्ञान से ही सुलभ है। यह गुह्य ज्ञान है, क्योंकि जब बड़े-बड़े ज्ञानी पुरुष भी विनाशी नाना रूपात्मक माया से आच्छादित होकर परमात्मा के अमृतस्वरूपी ब्रह्मतत्त्व का वर्णन करने में 'नेति-नेति' कह चुप हो जाते हैं, तो साधारण मानव की समझ में वह कैसे आएगा? वेदसूक्त में ऐसा ही एक प्रसंग आता है, जब बाष्कलि ने बाहव् से पूछा, "मुझे कृपा कर बताइए कि ब्रह्म किसे कहते हैं?" तब बाहव् कुछ न बोले। बाष्कलि ने पुनः वही प्रश्न पूछा, तो भी बाहव् चुप ही रहे। कई बार ऐसा हुआ, तब अंत में बाहव् ने बाष्कलि से कहा, "अरे! मैं तेरे प्रश्नों का उत्तर कब से दे रहा हूँ, परंतु तेरी समझ में नहीं आया, मैं क्या करूँ? ब्रह्म स्वरूप किसी प्रकार बताया नही जा सकता।" इसीलिए यहाँ ज्ञान एवं विज्ञान शब्दों का प्रयोग भी विशिष्ट है, क्योंकि उपरोक्त संदर्भ में ज्ञान का तात्पर्य परम सत्ता के तत्त्वों को विदित करना है तो विज्ञान का तात्पर्य उस परम के तत्त्वों को अपनी अनुभूति में क्रमशः प्राप्त कर लेना है। अचिंत्य, अनिर्वाच्य एवं अद्भुत परब्रह्म मुँह बंद करके बताया जा सकता है, आँखों से दृष्टिगोचर न होने पर भी देखा जा सकता है और समझ में न आने पर भी ज्ञात होने लगता है [केनोपनिषद् (खंड 2.3.4)]।

राजविद्या राजगुह्यं पवित्रमिदमुत्तमम्।
प्रत्यक्षावगमं धर्म्यं सुसुखं कर्तुमव्ययम्॥ 2॥

यह ज्ञान 'राजविद्या' अर्थात् समस्त विद्याओं का राजा है। 'राजगुह्यं' जो समस्त गोपनीय रहस्यों में सर्वाधिक गोपनीय रहस्य है, जो दिव्य परम शुद्धतम है और चूँकि यह आत्मा को प्रत्यक्ष अनुभूति करानेवाला है; इसलिए यह साधन अत्यंत सुगम, अविनाशी एवं अत्यंत सुखपूर्वक संपादित किए जानेवाला है।

भक्ति-मार्ग की व्यक्त ब्रह्म की उपासना रूपी विद्या इन सब गुह्य विधाओं में श्रेष्ठ अथवा सभी ज्ञान की विद्याओं का राजा है। जिसे परमतत्त्व की उपासना का परम गुह्य ज्ञान प्राप्त है, वह सिद्ध एवं दिव्य है। यह आँखों से प्रत्यक्ष दिखाई पड़नेवाला और इसी से आचरण में सुलभ है। इसी संदर्भ में 'राजविद्या', 'राजगुह्य' तथा 'प्रत्यक्षावगमं' शब्द प्रयुक्त हुए हैं। यह गुह्यतम है, क्योंकि गुह्य या दिव्य ज्ञान में आत्मा तथा शरीर के अंतर को विदित किया जाता है। 'अंतवंत इमे देहा नित्यस्योक्ताः शरीरिणः' (गीता 2.18) इस अनश्वर नित्य स्वरूप आत्मा के सब शरीर नश्वर हैं। यही ज्ञान का गुह्य अंश है कि आत्मा शरीर से भिन्न निर्विकार, अविनाशी और नित्य है। अव्यक्तोपासना (ज्ञानमार्ग) और व्यक्तोपासना (भक्तिमार्ग), दोनों साधन आदिकाल से प्रचलित रहे हैं। इस श्लोक में राजविद्या और राजगुह्य दोनों समानार्थी शब्द हैं। स्वयं भगवान् श्रीकृष्ण, जो परमेश्वर के प्रत्यक्ष अवतार हैं, उनके द्वारा गीता का कथन हुआ है, उन्होंने अज्ञेय परब्रह्म का कोरा

ज्ञान नहीं कहा है, अपितु स्थान-स्थान पर प्रथम पुरुष का प्रयोग करके, अपने सगुण और अव्यक्त स्वरूप को लक्ष्य कर कहा है, "मुझ में यह सब गुँथा हुआ है (7.7)। यह सब मेरी माया है (गीता 7.14)। मुझसे भिन्न और कुछ भी नहीं है (गीता 7.7)। मेरे लिए शत्रु और मित्र दोनों बराबर हैं (गीता 9.29)। मैंने इस जगत् को उत्पन्न किया है" (गीता 9.4) आदि। इस प्रकार सारी मानव जाति को यह स्पष्ट कर दिया है कि वे ही साक्षात् पुरुषोत्तम हैं, जो सामने खड़े हैं। यहाँ तक कि कहीं कोई शंका न करे, इसलिए ग्यारहवें अध्याय में अपना परम दिव्य, विराट्, विश्वस्वरूप भी अर्जुन को तथा संजय को दिखा दिया है।

अश्रद्दधानाः पुरुषा धर्मस्यास्य परन्तप।
अप्राप्य मां निवर्तन्ते मृत्युसंसारवर्त्मनि॥ 3॥

"हे परंतप! जो लोग भक्ति में श्रद्धा नहीं रखते हैं तथा तत्त्व ज्ञान रूपी धर्म के प्रति श्रद्धा रहित ही रहते हैं, ऐसे पुरुष मुझको प्राप्त न कर मृत्यु रूपी संसार चक्र में ही विचरण करते रहते हैं।"

संपूर्ण विश्वास, श्रद्धा व आस्था से रहित भक्ति-भजन निष्फल रहता है। यह श्रद्धा व विश्वास मात्र ब्रह्म पर नहीं, बल्कि स्वयं पर भी होता है। जब तक साधक को अपने समर्पण व निष्ठा पर विश्वास नहीं होगा, तब तक उसे परम के गूढ़ तत्त्वों की दिव्यता का एहसास ही कहाँ होगा! जब तक स्वयं में तथा स्वयं के समर्पण की पूर्णता एवं निष्ठा पर विश्वास नहीं होगा, तब तक साधक का भजन भी श्रद्धा से पूर्ण नहीं हो सकता। जब प्राणी अपने अंत:करण स्थित इष्ट में स्वयं को संपूर्ण रूप से समर्पित कर देता है, तभी भजन प्रारंभ होता है। इस संबंध में एक प्रसंग अत्यंत रोचक है—एक स्त्री थी, जिसका निश्चय था कि वह जो भी कर्म करेगी, उसे श्रीकृष्ण को समर्पित कर देगी। वह घर की रसोई घर लीपने के बाद जो गोबर बचता, उसका गोला बनाकर बाहर फेंकती हुई कहती, 'हे कृष्ण ये तुम्हें अर्पित!' वह गोला वहाँ से उठकर गाँव के मंदिर में भगवान् की मूर्ति पर जा चिपकता। उस मंदिर का पुजारी मूर्ति साफ करता और गोबर का गोला प्रतिदिन सुबह-शाम मूर्ति से जा चिपकता। सारे ग्राम में कौतूहल हुआ तो सच्चाई पता लगी। जब तक वह स्त्री जीवित रही प्रतिदिन गोबर का गोला मूर्ति पर चिपकता रहा। पुजारी की बहुत कोशिशों के पश्चात् भी मूर्ति साफ न हो सकी। एक दिन वह स्त्री बीमार पड़ गई और उसकी मृत्यु का समय आ गया तो उसने अपनी मृत्यु भी श्रीकृष्ण को अर्पित कर दी। उसी समय वह मूर्ति खंड-खंड हो गई। स्वर्ग से स्त्री को लेने दिव्य विमान आया तो विमान भी उस स्त्री ने भगवान् को अर्पित कर दिया। वह विमान मंदिर से टकराकर टूट गया, क्योंकि श्रीकृष्ण गीता में भी अर्जुन को कह चुके हैं कि स्वर्ग से भी आगे मेरा परमधाम है, जो मुक्ति का द्वार है। इसलिए श्रद्धापूर्ण भक्ति भाव से जो भी हमारे कर्म हैं,

उन्हें भगवान् को अर्पित कर देने से भगवान् स्वयं भक्त की डोर अपने हाथ में ले लेते हैं।

मया ततमिदं सर्वं जगदव्यक्तमूर्तिना।
मत्स्थानि सर्वभूतानि न चाहं तेष्ववस्थितः॥ 4॥

"यह समस्त दृश्य जगत् मुझ परमात्मा के अव्यक्त रूप द्वारा व्याप्त है। समस्त भूत-प्राणी, चर-अचर मेरे अंतर्गत; संकल्प के आधार पर स्थित हैं, किंतु मैं उन में नहीं हूँ।"

श्रीकृष्ण द्वारा यह स्पष्ट किया गया है, "मैं सर्वत्र हूँ तथा प्रत्येक वस्तु मुझमें है तो भी मैं पृथक् हूँ।" समस्त ब्रह्मांड और वस्तुएँ वस्तुतः परमात्मा का विस्तार हैं। इसलिए वे अणु से अणुतम में होते हुए भी उससे पृथक् हैं। इसी को श्रीकृष्ण भगवान् आगे कहते हैं—

न च मत्स्थानि भूतानि पश्य मे योगमैश्वरम्।
भूतभृन्न च भूतस्थो ममात्मा भूतभावनः॥ 5॥

"यद्यपि मेरे द्वारा उत्पन्न की हुई समस्त वस्तुएँ, भूत-भूतादिक मुझमें स्थित नहीं हैं, किंतु मेरी अचिंत्य योगमाया और मेरे प्रभाव को देख। मैं ही समस्त चराचर जगत् का पालक हूँ और सर्वत्र व्याप्त हूँ, तथापि मैं इस विराट् अभिव्यक्ति का अंश नहीं हूँ, अपितु मैं ही समस्त सृष्टि की समस्त अभिव्यक्तियों का कारण स्वरूप हूँ।"

परमात्मा अपनी माया के द्वारा अचिंत्य, आश्चर्यजनक और अद्भुत लीलाएँ प्रति क्षण करते रहते हैं। उनका व्यक्तित्व नानात्मक विभूतियों व आभाओं से परिपूर्ण है। यही सूक्ष्म रूप में उनका 'योगमैश्वरम्'-'योगमाया' का प्रसार है, जहाँ ब्रह्मांड की सारी वस्तुएँ उन पर टिकी हैं। अनंत आकाशगंगाएँ शून्य में तैर रही हैं, किंतु वे उनमें व्याप्त होते हुए भी उनसे पृथक् स्थित हैं। वे समस्त जीव-जगत् के सृष्टा और पालनकर्ता होते हुए भी जिस अलौकिक गति से विचरण करते हैं, उसको देखा या स्पर्श नहीं किया जा सकता। उनका 'आत्म' तत्त्व प्रकृति से सर्वदा पृथक् एवं भिन्न रहता है। न तो वह उनमें रहता है और न वे ही उसमें रहते हैं। एक होते हुए भी एक-दूसरे से पृथक् रहते हैं। इसी को श्रीकृष्ण पहले अपनी अष्टधा प्रकृति कह आए हैं, जो आज के वैज्ञानिकों, दार्शनिकों तथा विद्वानों की मेधा शक्ति के परे है और इसीलिए वे परमात्मा के गूढ़ तत्त्व को समझ नहीं पाते।

यथाऽऽकाशस्थितो नित्यं वायुः सर्वत्रगो महान्।
तथा सर्वाणि भूतानि मत्स्थानीत्युपधारय॥ 6॥

"जिस प्रकार आकाश से उत्पन्न हुई सर्वत्र विचरनेवाली महान् वायु सदैव आकाश

में ही स्थित रहती है, वैसे ही मेरे संकल्प द्वारा उत्पन्न होने से समस्त प्राणियों को मुझमें ही स्थित जानो। महान् वायु आकाश में स्थित व स्थिर रहते हुए भी कभी तूफान, कभी आँधी, कभी विशाल सामुद्रिक तूफानों को रचती रहती है।"

वायु वही है, जो पहले से ही वायुमंडल में थी, किंतु उसका वेग कभी सम, कभी शिथिल और कभी तीक्ष्ण होता रहता है, किंतु इसका कारण दृष्टिगोचर नहीं होता। उसी प्रकार सामान्य जीव यह समझ नहीं पाता कि अनंत ब्रह्मांड में स्थित, अनंत नक्षत्रों से युक्त, अनंत आकाशगंगाओं में रहनेवाले चल-अचल जीव-जंतु व वस्तुएँ तथा विशाल सृष्टि; भगवान् पर किस प्रकार आश्रित एवं उनके द्वारा संचालित हैं। इसीलिए इस उदाहरण द्वारा यह स्पष्ट किया गया है कि आकाश तथा उसमें रहनेवाली वायु की गति का वेग उस परब्रह्म की सत्ता की मात्र अणुतम अभिव्यक्ति हैं, जो परम इच्छा के फलस्वरूप गतिशील रहता है। यह विशाल अनंत ब्रह्मांड उन परमेश्वर की सत्ता की अंश मात्र अभिव्यक्ति है, जिसमें वे सर्वव्याप्त रहते हुए, संचारण करते हुए भी, उससे पृथक् बने रहते हैं। पुनः इसको स्पष्ट करते हुए श्रीभगवान् आगे कहते हैं—

सर्वभूतानि कौंतेय प्रकृतिं यान्ति मामिकाम्।
कल्पक्षये पुनस्तानि कल्पादौ विसृजाम्यहम्॥ 7॥

"हे कौंतेय! कल्प के अंत में समस्त भूतादिक मेरी प्रकृति में प्रवेश करते हैं अर्थात् प्रकृति में लय होते हैं तथा दूसरे कल्प के आरंभ होने पर मैं पुनः उन्हें रचता हूँ।"

इस श्लोक के स्थूल एवं सूक्ष्म दोनों भाव महत्त्वपूर्ण हैं। स्थूल में तो ब्रह्म के कल्प के क्षय हो जाने के उपरांत समष्टि सृष्टि का विलय हो जाता है, जो महाप्रलय काल है तथा उसके उपरांत अगले कल्प के आदि में परमात्मा पुनः इस सृष्टि को अपनी लीला के अनुरूप अपनी परा-अपरा शक्ति से योगमाया के द्वारा रचते हैं। सूक्ष्म में देखें तो जो योगी परमतत्त्व को विदित कर परमात्मा का दिव्य साक्षात्कार अपने अंतःकरण में अनुभूत कर लेते हैं, वे इस प्रकृति के पार हो, जन्म-मृत्यु के कल्प से मुक्त हो, मोक्ष को प्राप्त होते हैं। श्रीकृष्ण कहते हैं कि जो योगीजन परमतत्त्व विदित करने के साधना पथ में शिथिल हैं या प्रारंभ करके उससे विमुख हो सांसारिक विषयों से दिग्भ्रमित हो गए हैं, उनको वे पुनः जाग्रत् करते हैं तथा कल्प के लिए प्रेरित कर पुनः परम पथ पर उत्थानोमुख कर उनके अंतःकरण में उनके कल्याण व मुक्ति के लिए दैवी-संपद का प्रसार व विस्तार करते हैं।

प्रकृतिं स्वामवष्टभ्य विसृजामि पुनः पुनः।
भूतग्राममिमं कृत्स्नमवशं प्रकृतेर्वशात्॥ 8॥

"संपूर्ण विराट् जगत् मेरी त्रिगुणमयी माया के अधीन है। यह मेरी इच्छा से, स्वभाव

के वश हुए संपूर्ण भूतादिकों को बार-बार उनके कर्मों के अनुसार रचता है और मेरी इच्छा से ही अंत में इनका विनष्टीकरण भी होता है।"

भगवान् श्रीकृष्ण पहले भी स्पष्ट कर चुके हैं कि यह सांसारिक जगत् तो परब्रह्म की परा व अपरा शक्तियों की अभिव्यक्ति मात्र है। सृष्टि के आदिकाल में यह शक्ति महतत्त्व के रूप में प्रकट होती है, जिसमें परब्रह्म परमेश्वर अपने प्रथम पुरुष अवतार, 'महाविष्णु' के रूप में प्रवेश कर कारणार्णव में शयन करते हैं और उनके श्वास से अनंत ब्रह्मांडों की रचना होती है। हर एक ब्रह्मांड में वे गर्भोदकशायी विष्णु के रूप में प्रवेश करते हैं। इस प्रकार हर एक ब्रह्मांड की सृष्टि होती है। वे इससे भी आगे अपने आपको क्षीरसागर में शेषनाग की शय्या पर प्रकट करते हैं और यह विष्णु प्रत्येक वस्तु, प्रत्येक अणु में प्रविष्ट रहता है। जीवात्माएँ इस भौतिक प्रकृति में गर्भस्थ की जाती हैं और वे अपने-अपने पूर्व कर्मों एवं संस्कारों के अनुरूप विभिन्न योनियाँ ग्रहण करती हैं, जिससे इस भौतिक जगत् के कार्यकलाप प्रारंभ होते हैं। मनुष्य, जीव, जंतु ये सब एक साथ उत्पन्न होते हैं तथा पूर्व महाप्रलय के समय जो उनकी इच्छा, कर्म और संस्कार थे, उनके ही अनुरूप वे स्वरूप व योनि प्रतिरूप धारण करते हैं, जिसके संकेत 'अमवशं' शब्द से इस श्लोक में अभिप्रेरित हैं। यही भगवान् की अचिंत्य शक्ति, विद्या या अविद्या, परा, अपरा, विष्णुमाया या योगमाया के द्वारा प्रतिफलित होती है। इसलिए भगवान् श्रीकृष्ण ने कहा है कि वे कुछ नहीं करते, घटनाएँ स्वतः ही कर्मवश घटित होती हैं।

न च मां तानि कर्माणि निबध्नन्ति धनञ्जय।
उदासीनवदासीनमसक्तं तेषु कर्मसु॥ 9॥

"हे धनंजय! उन कर्मों में आसक्ति रहित होते हुए, जिसके संपूर्ण कार्य, कर्तव्य भाव के बिना, अपने आप सत्तामात्र से ही होते हैं, ऐसे उदासीन सदृश्य स्थित हुए मुझ परमात्मा को कर्म में नहीं बाँधते।"

उदासीन भाव से सारे भौतिक कर्मों से विरक्त रहने के कारण परमात्मा कर्म-बंधन से परे रहते हैं। गीता (8.18) में श्रीकृष्ण भगवान् स्पष्ट कर चुके हैं कि कल्प के आरंभ होते ही अव्यक्त प्रकृति से व्यक्त सृष्टि स्वतः बनने लगती है। परमात्मा इन सब चक्र से परे उदासीन रहते हैं। ब्रह्मसंहिता (5.6) में कथन है, 'आत्मारामस्य तस्यास्ति प्रकृत्या न समागमः' अर्थात् परमात्मा सतत दिव्य आनंदमय अध्यात्म में रत रहते हैं, किंतु भौतिक कर्मों से उनका कोई सरोकार नहीं रहता। सृष्टि के कार्य उनकी विभिन्न शक्तियों से स्वतः कर्म-फल के अनुरूप संपन्न होते रहते हैं। वस्तुतः सृष्टि के सृजन एवं विसर्जन में उनकी कोई आसक्ति नहीं रहती है—वैषम्यनैर्घृण्ये न सापेक्षत्वात्तथा हि दर्शयति (ब्रह्मसूत्र 2.1.34) कि परमात्मा में विषमता व निर्दयता का दोष नहीं आता, क्योंकि वे भूतादिकों

के शुभाशुभ कर्मों के सापेक्ष ही सृष्टि रचते हैं, ऐसा कथन श्रुति दिखलाता है। वे इस जगत् के विषयों व द्वंद्व में लिप्त नहीं हैं, अपितु समस्त चराचर जगत् के प्राणी अपने पूर्व कर्म संस्कारों के प्रतिरूप विभिन्न योनियों में स्वरूपस्थ होते रहते हैं। परमात्मा तो अनासक्त, उदासीन भाव से सतत आनंदमय अध्यात्म में रत रहते हैं। श्रीकृष्ण इसी रहस्य को पुन: स्पष्ट करते हैं—

मयाऽध्यक्षेण प्रकृतिः सूयते सचराचरम्।
हेतुनाऽनेन कौंतेय जगद्विपरिवर्तते॥ 10॥

"हे कौंतेय! मुझ अधिष्ठाता की अध्यक्षता व निर्देशन में यह मेरी माया, जड़ और जंगम सहित, समस्त सृष्टि को रचती है और इस ऊपर कहे हुए कारण से ही यह जगत् बारंबार सृजन-विसर्जन के आवागमन रूपी चक्र में चलायमान रहता है।"

'जगद्विपरिवर्तते' में विवर्तवाद का अभिप्राय यही है कि व्यक्त का अव्यक्त में और अव्यक्त का व्यक्त में जगत् का बनना-बिगड़ना सदैव चलता रहता है। श्रीकृष्ण यह भी कह आए हैं कि विभिन्न योनियों में विचरण करनेवाले जीवों के वे परम पिता हैं। वे चितवन मात्र से अपनी परा-अपरा, विष्णुमाया या अष्टधा मूल त्रिगुणमयी माया से प्रकृति पर दृष्टिपात करते हैं तो प्रकृति क्रियाशील हो उठती है और उसके गर्भ से सारे जड़-जंगम जीव उत्पन्न हो जाते हैं। वे अपनी अंतिम इच्छाओं और कर्मों के तद्रूप विभिन्न रूपों तथा योनियों में प्रकट होते हैं। आवागमन का चक्र घूमता रहता है, जिसमें काल का परिवर्तन चलायमान रहता है। परमात्मा के रचित विधान के अनुसार प्रकृति स्वयं ही परिवर्तित होती रहती है। वे स्वयं कुछ नहीं करते। इससे पूर्व श्रीकृष्ण यह भी कह आए हैं कि कल्प सारसाधना का संचार एवं पूर्तिपर्यंत मार्गदर्शन, कल्प महापुरुष स्वयं करते हैं। इस प्रकार एक स्थिति में वे कर्ता हैं, जहाँ सृजन विशिष्ट रूप में होता है। यहाँ कर्ता प्रकृति है, जो केवल जीवों के कर्मों के अनुरूप परिवर्तन करती है। भगवान् श्रीकृष्ण ने सर्वशक्तिमान परब्रह्म के रूप में ही अपने को व्यक्त किया है। इसीलिए विद्वान् आनंदगिरि ने विचार व्यक्त किया है कि हमें सृष्टि के सृजन आदि के उद्देश्य को लेकर प्रश्न नहीं उठाना चाहिए, क्योंकि हम यह निश्चित रूप से नहीं कह सकते कि इसका उद्देश्य परब्रह्म के आनंद का हेतु है, क्योंकि परमात्मा की तो इस सृजन-विध्वंस के प्रति उदासीन भावना ही प्रवृत्त है। इसीलिए कहा जाता है कि परमात्मा की इच्छा के बिना एक पत्ता भी नहीं हिलता। ये सब कार्य प्रकृति प्रधान होने से मूलत: उनकी अपरा शक्ति द्वारा नियोजित व व्यवस्थित होते हैं।

अवजानन्ति मां मूढा मानुषीं तनुमाश्रितम्।
परं भावमजानन्तो मम भूतमहेश्वरम्॥ 11॥

"इतना होते हुए भी संपूर्ण भूतों के महान् परमेश्वर रूप, मेरे परमभाव को न जाननेवाले मूढ़ लोग मुझ परमात्मा को; मनुष्य का रूप धारण करने के कारण मुझे अन्य मनुष्यों की भाँति साधारण मनुष्य मानकर मेरा उपहास उड़ाते हैं। वे यह नहीं जान पाते कि अपनी योगमाया से संसार के उद्धार के लिए मैं मनुष्य रूप में साधारण मनुष्य की भाँति विचरण कर रहा हूँ।"

भला साधारण मनुष्य की क्या शक्ति, जो परमात्मा को मनुष्य रूप में पहचान सके! वह तो मात्र बाहरी आवरण देखता है। यह तो स्वयं परमात्मा की माया का ही फेर है कि जब ब्रह्मा आदि देवता भी उनकी माया से मोहित हो उन्हें समझ नहीं पाते तो सामान्य मनुष्य कैसे समझ पाएगा? श्रीकृष्ण साधारण दृष्टि में मनुष्य ही तो दिखाई पड़ते हैं। इसीलिए तो ग्यारहवें अध्याय में भगवान् श्रीकृष्ण अर्जुन के समस्त संशयों को दूर करने के लिए; उसे दिव्य दृष्टि प्रदान कर; अपने अलौकिक दिव्य, अद्भुत, विश्व विराट् स्वरूप का साक्षात् दर्शन देते हैं। श्रीमद्भागवत में भगवान् स्वयं कहते हैं—

"अहं सर्वेषु भूतेषु भूतात्मावस्थितः सदा,
तमवज्ञाय माँ मर्त्यः कुरूतेऽर्चाविडम्बनमं" (3.29.21)

अर्थात् "मैं आत्मारूप में सदा सभी जीवों में स्थित हूँ। इसलिए जो लोग मुझ सर्वभूतस्थित परमात्मा का अनादर करके केवल प्रतिमा में ही मेरा पूजन करते हैं, उनकी वह पूजा स्वांग मात्र है।" "भूतेषु वद्धवैरस्य न मनः शांतिमृच्छति" (3.29.23) अर्थात् "उनके मन को कभी शांति नहीं मिलती।"

मोघाशा मोघकर्माणो मोघज्ञाना विचेतसः।
राक्षसीमासुरीं चैव प्रकृतिं मोहिनीं श्रिताः॥ 12॥

"जो मनुष्य निष्फल तृष्णाओं, निष्फल कामनापूर्ण कर्मों, निष्फल ज्ञान में ही मोहग्रस्त रहते हैं, वे आसुरी तथा तामसी स्वभाव के प्रति आकृष्ट रहते हुए प्रकृतिजन्य मोहनेवाले विषयों की शरण में रत रहते हैं, वे संसार के परिवर्तनशील, मरणधर्मा और नश्वर आकर्षणों के वास्तविक छद्म स्वरूप को न समझ पाने के कारण प्रकृति की मोहिनी माया के फेर में 'विचेतसः' अर्थात् विशेष से अचेत हुए, आसुरी-संपद के प्रभाव से परिपूर्ण हो परमात्मा से विमुख हो जाते हैं।"

महात्मानस्तु मां पार्थ दैवीं प्रकृतिमाश्रिताः।
भजन्त्यनन्यमनसो ज्ञात्वा भूतादिमव्ययम्॥ 13॥

"हे पार्थ! इस स्थिति के विपरीत, जो महापुरुष दैवी-संपद के आधिपत्य में रहते हैं, वे तो मुझ ब्रह्म को ही समस्त चराचर जगत् के प्राणियों का सनातन कारण तथा अविनाशी

अक्षर स्वरूप जान कर; अनन्य भाव से; मेरी भक्ति में ही निमग्न रहते हैं।"

मूलतः इस श्लोक तथा इससे पहले के श्लोक में दैवी संपद एवं आसुरी संपद भाव के प्राणी के हृदय क्षेत्र में प्रभुत्व के प्रभाव को ही स्पष्ट करते हुए कहा गया है कि ईश्वर से विमुख हो; प्रकृति के नाना मोहित करनेवाले आकर्षणों में खोकर; व्यक्ति अपनी आत्मा के पराभव को प्राप्त हो; तामसी प्रवृत्ति प्रधान हो जाता है, किंतु समस्त चराचर, जड़-जंगम में ईश्वरानुभूति के भाव से दैवी संपद के प्रभुत्व को देखता हुआ निष्कामी महापुरुष, ईश भक्ति में ही अनन्य भाव से डूब; दिव्यामृत को प्राप्त करता है।

सततं कीर्तयन्तो मां यतन्तश्च दृढव्रताः।
नमस्यन्तश्च मां भक्त्या नित्ययुक्ता उपासते॥ 14॥

"ऐसे दृढव्रत, दृढसंकल्पी भक्तजन सदैव मेरे नाम, महिमा एवं गुणों का कीर्तन करते हुए तथा मेरी प्राप्ति का सतत प्रयास करते हुए; मुझे बारंबार नमन करते हुए, सदा मेरे ध्यान में निमग्न हुए अनन्य भक्ति से मेरी उपासना करते हैं।"

परमात्म भाव में निरंतर चिंतन, मनन, ध्यान, नमन करते हुए महापुरुष गण सदैव ईश्वर से संयुक्त हो अविरल उपासना में लगे रहते हैं।

ज्ञानयज्ञेन चाप्यन्ये यजन्तो मामुपासते।
एकत्वेन पृथक्त्वेन बहुधा विश्वतोमुखम्॥ 15॥

"ऐसे महात्माजनों में से कुछ तो मुझ विराटस्वरूप परमात्मा की ज्ञानयज्ञ के द्वारा उपासना करते हुए एकत्वभाव से अर्थात् संपूर्ण ब्रह्मांड में जो कुछ भी है, वह सब वासुदेवमय है; इस भाव से भजते हैं और अन्य दूसरे पृथक् भाव से, अर्थात् स्वामी-सेवक भाव से और कोई-कोई अन्य विविध रूपों में भी उपासना करते हैं।"

ज्ञानयज्ञ (4.33) में श्रीकृष्ण पहले ही कह आए हैं कि परमेश्वर के स्वरूप का ज्ञान से आकलन करके, उसके माध्यम से सिद्धि प्राप्ति हो सकती है, किंतु परमेश्वर का यह ज्ञान भी द्वैत-अद्वैत आदि भेदों से भरा पड़ा है। इसी प्रकार ज्ञान यज्ञ भी विभिन्न प्रकार के हो सकते हैं, किंतु इस श्लोक में स्पष्ट किया गया है कि विभिन्न भेदों के होने पर भी परमेश्वर के विश्वतोमुख होने के कारण सारे यज्ञ उस परम तक ही पहुँचते हैं। इस श्लोक में परमात्मा का जो एकत्व और पृथकत्व बताया गया है, उसी को और स्पष्ट कर श्रीकृष्ण बताते हैं कि पृथकत्व में एकत्व क्या है—

अहं क्रतुरहं यज्ञः स्वधाऽहमहमौषधम्।
मंत्रोऽहमहमेवाज्यमहमग्निरहं हुतम्॥ 16॥

"वैदिक अनुष्ठान, कर्मकांड मैं हूँ, यज्ञ अर्थात् पन्चमहायज्ञादिक स्मार्तकर्म मैं हूँ, स्वधा अर्थात् पितरों के निमित्त दिया जानेवाला अन्न मैं हूँ, औषधि अर्थात् वनस्पतियाँ मैं हूँ। मंत्र मैं हूँ, घृत मैं हूँ, अग्नि मैं हूँ तथा हवन रूप क्रिया भी मैं ही हूँ।"

प्रत्येक पुरुष में कर्म भाव के प्रेरक परमात्मा ही होते हैं। इसी प्रकार नियत यज्ञकर्म विधि का सृजन भी इष्ट द्वारा ही किया गया है। परम भाव की प्राप्ति का कारण भी वे ही हैं। संसार रूपी भवसागर में आकंठ डूबे प्राणी को पार लगाने वाली औषधि भी वे ही हैं। पूर्वजों को दिए जानेवाला तर्पण रूपी स्वधा भी वे ही हैं। नाना कर्म के प्रेरक तत्त्व उस परमब्रह्म से प्रेरित हैं। जब तक उसकी कृपा नहीं होती, तब तक पार नहीं लगता। 'बिनु हरिकृपा मिलहिं नहिं संता' (रामचरितमानस, सुंदरकांड)—समस्त तत्त्व, कर्म, भाव उन्हीं से प्रेरित हैं।

पिताऽहमस्य जगतो माता धाता पितामहः।
वेद्यं पवित्रमोंकार ऋक् साम यजुरेव च॥ 17॥

"मैं ही इस संपूर्ण सृष्टि का धाता अर्थात् धारण-पालन-पोषण करनेवाला हूँ। मैं ही कर्मों का फल देनेवाला तथा पिता, माता तथा पितामह हूँ और मैं ही जानने योग्य पवित्र ओंकार, ऋग्वेद, सामवेद और यजुर्वेद हूँ।"

गतिर्भर्ता प्रभुः साक्षी निवासः शरणं सुहृत्।
प्रभवः प्रलयः स्थानं निधानं बीजमव्ययम्॥ 18॥

"प्राप्त होने योग्य एवं पालन-पोषण करनेवाला, सबका स्वामी, सभी का शुभ-अशुभ कर्ता, सबका आश्रयस्थल, सबका निवास तथा प्रति-उपहार न चाहकर हित करनेवाला और उत्पत्ति, प्रलय रूप तथा सबका आधार, प्रलयकाल में संपूर्ण भूत जगत् को सूक्ष्म रूप से लय कर लेनेवाला निधान तथा अविनाशी कारण भी मुझमें ही निहित है।"

'गति' अर्थात् 'गंतव्य' या लक्ष्य, जो प्राप्त होने योग्य परमात्म का सायुज्य है, 'भर्ता'—सभी का पालक, 'प्रभुः'—परमात्म, परब्रह्म, 'साक्षी'—दृष्टा रूप में प्रत्येक प्राणी के हृदयक्षेत्र में स्थित आत्मतत्त्व; 'निवास'—सभी का धाम, 'शरणं'—आश्रयस्थल, 'प्रभवः'—सृष्टि, 'सुहृत्'—शुभचिंतक मित्र; 'प्रलयः'—प्रयाणकाल; 'बीजम'—बीज कारण, 'अव्ययम्'—अविनाशी शाश्वत तत्त्व-ये सब वे वासुदेव ही हैं।

तपाम्यहमहं वर्षं निगृह्णाम्युत्सृजामि च।
अमृतं चैव मृत्युश्च सदसच्चाहमर्जुन॥ 19॥

"हे अर्जुन! मैं ही समस्त लोकों को ताप प्रदान करता हूँ। मैं ही वर्षा को रोकने

तथा भेजने का कारण हूँ। मैं ही अमर तत्त्व हूँ और साक्षात् मृत्यु भी मैं ही हूँ तथा सत् एवं असत दोनों का प्रादुर्भाव भी मुझसे ही है।"

सत-अविनाशी या शाश्वत तथा असत-विनाशी या नश्वर, इन्हीं अर्थों में ये शब्द प्रयोग हुए हैं। ऋग्वेद के नारदीय सूत्र में 'सत' का प्रयोग दृश्य सृष्टि के लिए हुआ है तथा गीता में 'सत' शब्द का प्रयोग परब्रह्म-शाश्वत सत्ता के लिए हुआ है तथा 'दृश्य-दृष्टि' को 'असत' कहा गया है, किंतु यहाँ दोनों शब्दों के लयबद्ध प्रयोग से इनमें दृश्य-सृष्टि और परमात्म दोनों का समावेश कर लिया गया है। श्रीकृष्ण कहते हैं कि 'सत' और 'असत' दोनों वे ही हैं।

त्रैविद्या मां सोमपाः पूतपापा
यज्ञैरिष्ट्वा स्वर्गतिं प्रार्थयन्ते।
ते पुण्यमासाद्य सुरेन्द्रलोक
मश्नन्ति दिव्यान्दिवि देवभोगान्॥ 20॥

"जो तीन वेदों, ऋग्, यजु तथा साम में दिए गए विधान के अनुसार सकाम कर्मों को करते हैं तथा अपनी कुंडली जाग्रत् कर, सातों चक्रों का भेदनकर, सहस्त्रार चक्र में स्थित ब्रह्मरंध्र से निःसृत होनेवाले ब्रह्मपीयूष का पान करते हैं, वे स्वर्ग प्राप्ति हेतु; पापों से पवित्र होने के लिए; मुझे यज्ञ-क्रियाविधि से पूज कर स्वर्ग की अभिलाषा रखते हैं। ये पुरुष अप्रत्यक्ष रूप से मेरी ही पूजा करते हैं तथा अपने उपरोक्त पुण्यों के फलस्वरूप इंद्रलोक को प्राप्त होकर देवताओं के तुल्य भोगों को भोगते हैं।"

इस श्लोक में 'सोमपाः' शब्द का यहाँ विशिष्ट महत्त्व है—सोम (संस्कृत में) अथवा 'होम' अवेस्ता—भाषा में, पुरातन काल में आर्यों तथा ईरानियों का पेय था। ऋग्वेद के 'सोममंडल' के 114 मंत्रों में सोम के ऊर्जादायी गुणों का वर्णन किया गया है। 'सोम' शब्द के विभिन्न पर्यायों में इसका एक शाब्दिक अर्थ 'अमृत' भी है, जिसका समान अर्थ का यूनानी भाषा में शब्द 'एंब्रोसिया' (Ambrosia) है। ऋग्वेद (1.16.6) में उल्लेख आया है, "ओऽम्! इमे सोमास इंद्रवः सुतासो अधि बर्हिषि, ताँ इंद्र सहसे पिब" अर्थात् "हे इंद्र! (इमे ये इन्दवः) आनंद देनेवाले (सोमासः) सोम को (बर्हिषि+अधि) आसन पर (सुतासः) कूट कर रखते हैं। (तान्) इसका (सहसे) बल के लिए (पिब) पान कर।" सोम एक औषधि का नाम है, जिसे कुशासन पर कूटा, छाना, पीसा जाता है तथा इसके सेवन से जीव को बल व तेज की प्राप्ति होती है और उसका कायाकल्प हो जाता है। योग की भाषा में कुंडली को जाग्रत् करने के लिए मूलाधार, स्वाधिष्ठान, मणिपूरक, अनाहत, विशुद्ध, आज्ञाचक्र का भेदन करते हुए प्राण-वायु को जब सहस्त्रार चक्र में स्थित किया जाता है तथा यह क्रिया क्रमबद्ध रूप से होने लगती है तो यह ब्रह्मपीयूष

सहस्त्रार चक्र स्थित ब्रह्मरंध्र से निःसृत हो मणिपूरक चक्र के समीप एकत्रित होने लगता है। यह ब्रह्मपीयूष ऐसा अमृत है, जो इस क्रिया को साधनेवाले साधकों को भूख-प्यास की स्थिति अनुभूत नहीं होने देता। इसी क्रिया के कारण पुरातन काल में ऋषि-मनीषीगण सहस्त्रों वर्षों तक घोर तप की अवस्था में साधना कर पाए। कहा जाता है कि त्रेतायुग में लंकापति रावण ने भी कैलाश पर्वत पर दस हजार वर्ष तक महादेव की घोर तपस्या की थी तथा इस अवधि में उसके सहस्त्रार चक्र से निःसृत ब्रह्मपीयूष से उसकी नाभि में अमृत-कुंड बन गया था, जिसको अग्निबाण के द्वारा भगवान् श्रीराम ने नष्ट कर रावण का वध किया था। अतः इस शब्द का प्रयोग भक्ति पथ के पथिक के द्वारा प्रयुक्त साधनों के रूप में करना ही यथेष्ट प्रतीत होता है। मूलतः तीन वेदों-ऋग्वेद, यजुर्वेद, सामवेद का ही उल्लेख किया गया है, क्योंकि अथर्ववेद की रचना इस काल के उपरांत हुई। इन तीनों वेदों में निहित ईश्वर तत्त्व की साधना व प्रार्थना; समत्व का आचरण करते हुए, यज्ञ कर्म के नियत विधान का पालन करते हुए; निष्पाप हुए, ज्ञानीजन चूँकि स्वर्ग की कामना से करते हैं, इसलिए वे स्वर्ग प्राप्त कर, देवतुल्य आनंदों को भोगकर; कर्मफल क्षय हो जाने पर; पुनः मृत्युलोक में पुनरावृत्ति करते हैं। श्रीकृष्ण कहते हैं कि जिन्होंने भोग की इच्छा से सकाम कर्म किया, उन्हें वे तद्नुसार ही स्वर्ग के भोग प्रदान करते हैं। इसी को आगे भी स्पष्ट करते हुए वे कहते हैं कि—

ते तं भुक्त्वा स्वर्गलोकं विशालं क्षीणे पुण्ये मर्त्यलोकं विशन्ति।
एव त्रयीधर्ममनुप्रपन्ना गतागतं कामकामा लभन्ते॥ 21॥

"ऐसे वे सकामी पुरुष, उसी विशाल स्वर्ग लोक के दिव्य सुखों को भोगकर, पुण्य क्षीण होने पर, पुनः मृत्युलोक को प्राप्त होते हैं। स्वर्ग प्राप्ति के साधन स्वरूप तीनों वेदों में वर्णित सकाम कर्म भाव के शरण हुए तथा भोगों की लालसा व कामना वाले पुरुषगण आवागमन के चक्र में पड़े रहते हैं। वे पुण्य कर्मों के फलस्वरूप स्वर्ग प्राप्त करते हैं और पुण्य क्षीण होने पर पुनः मृत्यलोक में आते हैं।"

इस प्रकार त्रयी धर्म अर्थात् वेदों में दिए गए यज्ञभाग आदि श्रोत-धर्म कर्म में लीन; काम्य उपभोग की इच्छा रखनेवाले; जन्म-मृत्यु के आवागमन चक्र में फँसे रहते हैं। इसी को भगवान् श्रीकृष्ण 2.42, 4.34, 6.41, 7.23, 8.16 आदि में बार-बार इंगित कर चुके हैं तथा वे मोक्ष हेतु निष्काम भजन-साधना को ही उपयुक्त बताते हैं, जिससे इस मृत्युलोक में पुनरावृत्ति नहीं होती।

अनन्याश्चिन्तयन्तो मां ये जनाः पर्युपासते।
तेषां नित्याभियुक्तानां योगक्षेमं वहाम्यहम्॥ 22॥

"जो पुरुष अनन्य भाव अर्थात् अन्य किसी देवी-देवता या लक्ष्य हेतु भजन-साधना न कर मेरे दिव्य स्वरूप का ध्यान करते हुए, निष्काम भाव से केवल मेरा ही निरंतर चिंतन करते हैं, उन नित्य एकीभाव से मुझमें स्थिति वाले महापुरुषों की योगक्षेम मैं स्वयं निर्वाह करता हूँ।"

अप्राप्य वस्तु का प्राप्त होना योग है तथा प्राप्त हुई वस्तु की रक्षा करना क्षेम है। इसी भाव को नारायणीय धर्म में इस प्रकार लिया गया है, "मनीषिणों हि चे केचित यतयो मोक्षधर्मिण:। तेषा विच्छिन्नतृष्णानां योगक्षेमवहो हरि:" (म.भा.शा. 348.72)। अंग्रेजी सृष्टिशास्त्री स्पेंसर (Herbert Spencer) ने अपनी कृति 'The Data of Ethics' में कहा है कि समाज की पूर्णावस्था में प्रत्येक मनुष्य ज्ञानी होगा। प्राचीन काल में ग्रीस देश के तत्त्वज्ञानी पुरुषों ने यही सिद्धांत ग्रहण किया था। यूनानी दर्शनशास्त्री प्लेटो (Plato) ने अपने ग्रंथ में लिखा है कि तत्त्वज्ञानी पुरुष को जो कर्म प्रशस्त लगे, वही शुभकारक और न्यायकारक है। साधारण मनुष्यों को ये धर्म विदित नहीं होते, इसलिए उन्हें तत्त्वज्ञ पुरुष के निर्णय को ही मान लेना चाहिए। (अरस्तू) एरिस्टॉटल (Aristotle) नामक दूसरे ग्रीक विद्वान् दर्शनशास्त्री ने कहा है कि ज्ञानी पुरुष का यह निर्णय सदैव अचूक रहता है कि वह सच्चे तत्त्व को जानता है और उसका यह निर्णय व्यवहार ही औरों के लिए प्रमाणभूत है। एपिक्यूरस (Epicurus) नामक ग्रीक तत्त्वशास्त्रवेत्ता के अनुसार भी, "परम ज्ञानी पुरुष शांत और सम बुद्धिवाला होता है और परमात्मा के समान सदा आनंदमय रहता है। उसको लोगों से अथवा उससे लोगों को तनिक सा भी कष्ट नहीं होता।" इसी को गीता में 'आत्मन्येवात्मना तुष्ट:'(2.55) कहा गया है। ग्रीक विद्वानों ने गीता के ही 'स्थिरप्रज्ञ' अवस्था वाले पुरुष को उपरोक्त रूप में वर्णित किया है और ऐसे ही पुरुष की योगक्षेम स्वयं परमात्मा निर्वाह करते हैं।

येऽप्यन्यदेवता भक्ता यजन्ते श्रद्धयाऽन्विता:।
तेऽपि मामेव कौंतेय यजन्त्यविधिपूर्वकम्॥ 23॥

"हे कौंतेय! जो पुरुष अन्य देवताओं की भक्ति या पूजन करते हैं तथा श्रद्धापूर्वक उन देवताओं की पूजा करते हैं, वे भी वास्तव में मेरी ही पूजा करते हैं, किंतु उनकी पूजा अविधिपूर्वक एवं त्रुटिपूर्ण है।"

श्रीकृष्ण स्पष्ट कर रहे हैं कि ब्रह्मांड में परम ब्रह्म ही एक मात्र शाश्वत एवं परम सत्ता है। यहाँ तक की सृष्टि के रचयिता के रूप में ब्रह्मा भी एक कल्प के उपरांत नाश को प्राप्त होते हैं। श्रीकृष्ण अध्याय सात के श्लोक 20-22 तक में भी स्पष्ट कह आए हैं कि ऐसे मूढ़ बुद्धि पुरुष, जिनकी कामनाओं द्वारा उनके ज्ञान को हर लिया गया है, वे नाना प्रकार के देवी-देवताओं का पूजन करते हैं, किंतु सत्य तो यह है कि और

किसी देवी-देवता की कोई सत्ता है ही नहीं। वे अन्य देवताओं के रूप में भी मुझे ही पूजते हैं। श्रद्धा-भावना का भी अन्य भक्तगणों में अभाव नहीं है, किंतु उनकी यह पूजा अविधिपूर्वक है; उससे कामनाएँ तो पूर्ण हो जाती हैं, किंतु मेरी प्राप्ति हो पाना संभव नहीं है।"

अहं हि सर्वयज्ञानां भोक्ता च प्रभुरेव च।
न तु मामभिजानन्ति तत्त्वेनातश्च्यवन्ति ते॥ 24॥

"संपूर्ण यज्ञों का एकमात्र भोक्ता और स्वामी भी मैं ही हूँ, परंतु ये मूढ़ लोग मुझ अधियज्ञस्वरूप परमात्मा को तत्त्व से नहीं जानते हैं। इसीलिए वे पतन को प्राप्त होते हैं तथा जन्म-मृत्यु के भँवर में भवसागर को पार नहीं कर पाते।"

ईश्वर के स्वरूप का अनुभवात्मक ज्ञान कि सब जीवों में एक ही परमात्मा है, इसकी व्यावहारिकता के संबंध में श्रीकृष्ण ने (गीता के 15 वें अध्याय में) स्वयं कहा है कि अव्यक्त में चित्त की एकाग्रता करनेवाले को बहुत कष्ट होते हैं, क्योंकि इस अव्यक्त गति को पाना देहधारी मनुष्यों के लिए स्वभावतः कष्टदायक है। जब परमात्मा के अनादि अनंत, अनिर्वाच्य, अचिंत्य रूप का अनुभव होता है तब उपास्य में उपासक रूपी द्वैतभाव शेष नहीं रहता, क्योंकि तद्रूप होने की अद्वैत स्थिति की प्राप्ति के लिए उपासना केवल एक साधन है। अतएव उस उपासना में जिस वस्तु को स्वीकार करना पड़ता है, उसका सगुण होना आवश्यक हो जाता है। इसीलिए वह सगुण, प्रेमगम्य, व्यक्त अर्थात् प्रत्यक्ष-रूपधारी सुलभ परमात्मा ही के स्वरूप का सहारा भक्ति के लिए स्वभावतः लिया करता है, जबकि वस्तुतः परमात्मा अचिंत्य और 'एकमेवाद्वितीयम' है। उपनिषदों में भी जहाँ-जहाँ परमात्मा की उपासना का वर्णन है, वहाँ-वहाँ प्राण, मन इत्यादि सगुणों पर केवल अव्यक्त वस्तुओं का अभिप्राय ग्रहण न कर उनके साथ-साथ सूर्य, अग्नि आदि अन्य सगुण व्यक्त पदार्थों की उपासना भी की गई है। श्वेताश्वतर उप. (4.10) में कहा गया है कि 'माया तु प्रकृतिं विधान्मायिनं तू महेश्वरम्' अर्थात् 'प्रकृति को ही माया और इस माया के अधिपति को ही महेश्वर जानो।' इसी को श्रीकृष्ण भगवान् ने इस अध्याय के प्रारंभ में राजविद्या व राजगुह्य कहा है, क्योंकि यद्यपि साध्य परमात्मा एक ही है, तथापि अध्यात्म विद्या का साधनात्मक ज्ञान मार्ग केवल 'बुद्धिगम्य' है। इसीलिए इसे 'व्यक्त' और 'दुःखकारक' कहा गया है। ऋग्वेद (1.164.46) में उल्लेख है, 'एकं सद्विप्रा बहुधा वदन्त्यग्ंनिं यमं मातरिश्वानमाहु' अर्थात् परमेश्वर एक है, परंतु विद्वानगण उसको अग्नि, यम, मातरिखा (वायु) आदि कहा करते हैं। परमात्मा के एक होने पर भी उसकी ही अनेक विभूतियों का वर्णन किया गया है। म.भा. शांतिपर्व (341) में उल्लेख है कि 'ब्रह्मा, शिव अथवा अन्य देवताओं को भजने वाले भक्तगण भी मुझको ही प्राप्त होते हैं।'

इस प्रकार भक्ति ही मूल है, देवता रूप प्रतीक गौण है। उपासना तो एक ही ब्रह्म की होती है, फिर भागवत धर्म व शैव धर्म में झगड़ा-विवाद निर्मूल है। दोनों वैसे ही एक ही ब्रह्म के स्वरूप हैं, जैसे एक सिक्के के दो पहलू।

यान्ति देवव्रता देवान् पितृन्यान्ति पितृव्रताः।
भूतानि यान्ति भूतेज्या यान्ति मद्याजिनोऽपि माम्॥ 25॥

"देवताओं को पूजनेवाले देवताओं अर्थात् स्वर्ग को प्राप्त होते हैं। पितरों को पूजनेवाले पितरों अर्थात् पितृलोक को प्राप्त होते हैं। भूतों को पूजनेवाले उन्हीं भूतों में ही प्राप्त हो उलझे रहते हैं और मेरे भक्त मुझको प्राप्त होते हैं। उनको पुनः जन्म मृत्यु के फेर में नहीं पड़ना पड़ता।"

वस्तुतः साधना का सहज नियम यही है कि प्राणीमात्र की उपासना जिस कामना के लिए होती है, उसके अनुरूप ही उसको प्रतिफल की प्राप्ति भी होती है। जैसा भाव जीव के अंत:करण में होता है, जिसके लिए उसका समर्पण होता है, उसी गति को वह अंततः प्राप्त होता है। गौण समर्पण भक्तिभाव को गौण स्थिति तथा परमात्म समर्पण भाव को परमात्मा की प्राप्ति होती है।

पत्रं पुष्पं फलं तोयं यो मे भक्त्या प्रयच्छति।
तदहं भक्त्युपहृतमश्नामि प्रयतात्मनः॥ 26॥

"मेरे पूजन में यह सहजता भी है कि पत्र, पुष्प, फल, जल इत्यादि जो कोई भक्त मुझे प्रेम से अर्पण करता है, उसका प्रेमपूर्वक अर्पण किया हुआ सबकुछ मैं अत्यंत प्रेम सहित ग्रहण करता हूँ।"

परमात्मा तो समस्त सृष्टि जगत् को अपने एक अंश में धारण करते हैं। उनके लिए क्या बहुमूल्य और क्या न्यून! वे तो मात्र प्राणी के भाव के भूखे हैं। इसीलिए तो सुदामा के सूखे चावलों में उन्हें दिव्य व्यंजनों से ज्यादा स्वाद आता है। इसीलिए तो वे एक हाथी की पुकार पर उसे मगरमच्छ से बचाने के लिए दौड़े आते हैं। हरि की महिमा व लीलाएँ तो अपार और अनंत हैं। वे सबकुछ होते हुए भी अपने भक्त के भाव और समर्पण के भूखे हैं, न कि स्वर्ण-रत्नों के अंबार के।

यत्करोषि यदश्नासि यज्जुहोषि ददासि यत्।
यत्तपस्यसि कौंतेय तत्कुरुष्व मदर्पणम्॥ 27॥

"हे कौंतेय! तुम जो कुछ भी कर्म करते हो, जो कुछ भी खाते हो, जो कुछ भी दान स्वरूप अर्पित करते हो, जो भी स्वधर्मानुसार तप-भजन करते हो, वह सब मुझको ही

अर्पित करते हुए करो।"

श्रीकृष्ण ने अपनी उपासना की बड़ी सहज-सरल विधि बताते हुए प्रत्येक कर्म, दान, तप इत्यादि को परमात्मा के निमित्त अर्पित करते हुए निष्काम व बिना किसी आसिक्त के करने का उपाय बता दिया है, जिसे चौथे अध्याय में 'ब्रह्मार्पण' 'ब्रह्महवि' (4.24) तथा तीसरे ही अध्याय में अर्जुन से कहा है, "मयि सर्वाणि कर्माणि संन्यस्याध्यात्मचेतसा" (3.30), अर्थात् "मुझमें सब कर्मों का पूर्ण त्याग करके युद्ध कर।"; पाँचवें अध्याय में कहा कि 'ब्रह्म' में कर्मों को अर्पण करके संगरहित कर्म करनेवाले को कर्म का लेप नहीं लगता। (5.10) इस प्रकार श्रीकृष्ण भगवान् अनेक स्थानों पर स्पष्ट कर चुके हैं कि अनासक्त भाव से किए गए कर्म बंधनकारी नहीं होते। श्रीकृष्ण इसी को पुनः आगे कहते हैं—

शुभाशुभफलैरेवं मोक्ष्यसे कर्मबन्धनैः।
संन्यासयोगयुक्तात्मा विमुक्तो मामुपैष्यसि॥ 28॥

"इस विधि से अपने कर्मों को मुझे अर्पण करते हुए संन्यास योग से युक्त हुए मनवाला तू शुभ एवं अशुभ फलरूपी कर्मबंधनों से मुक्त हो जाएगा तथा उनसे मुक्त होकर मेरे परम धाम को प्राप्त होगा।"

इस प्रकार इन उपर्युक्त श्लोक में श्रीकृष्ण भगवान् ने अपने अलौकिक व दिव्य भाव को स्पष्ट कर दिया है कि वे मात्र साधक के भाव व भावना को महत्त्व देते हैं। फल-फूल से लेकर जप-तप, दान-दक्षिणा में उन्हें मात्र निष्काम भाव व परमात्मा के प्रति अर्पण-समर्पण भाव चाहिए। वस्तुएँ चाहे अमूल्य हों या मूल्यहीन, जगत् के विशाल से विशाल व अणु से अणुतम सब में वही तो विद्यमान हैं, सबका आस्तित्व उन्हीं से है। वे ही मात्र सत्य व शाश्वत सत्ता हैं, उन्हें कुछ नहीं चाहिए। वे तो सभी प्राणियों के कल्याण में ही रत रहते हैं। उन्हें तो भक्त से मात्र निष्काम समर्पण व श्रद्धा चाहिए।

समोऽहं सर्वभूतेषु न मे द्वेष्योऽस्ति न प्रियः।
ये भजन्ति तु मां भक्त्या मयि ते तेषु चाप्यहम्॥ 29॥

"मैं समस्त भूत प्राणियों में समभाव से व्यापक हूँ। मैं न तो किसी के प्रति कोई द्वेष या अप्रिय भाव रखता हूँ और न ही मैं किसी के साथ कोई पक्षपात ही करता हूँ, किंतु जो भक्त मुझे प्रेम व श्रद्धा से भजता है, वह मुझमें स्थित रहता है तथा मैं उसके लिए प्रत्यक्ष प्रकट हूँ।"

परमात्मा तो संपूर्ण ब्रह्मांडमय सृष्टि के रचियता हैं। वे भला किसी से भेद-भाव क्यों करेंगे! उनका सबके लिए समभाव होता है, किंतु—'ये यथा माँ प्रपद्यपन्ते तांस्तथैव

भजाम्यहम्' (4011) अर्थात् 'जो मेरी शरण में आ जाते हैं, वे मुझे विशेष प्रिय हैं।' 'मयि ते' अर्थात् 'वे मुझमें हैं।' अपने भक्त की भक्ति की श्रेष्ठता स्पष्ट करते हुए वे आगे कहते हैं—

अपि चेत्सुदुराचारो भजते मामनन्यभाक्।
साधुरेव स मन्तव्यः सम्यग्व्यवसितो हि सः॥ 30॥

"मेरी भक्ति के प्रभाव को भी सुन। यदि कोई जघन्य से जघन्य दुराचारी भी अनन्य भाव से मेरा भक्त हो मुझको निरंतर भजता है तो उसे साधु मानना चाहिए, क्योंकि वह अपने संकल्प में अडिग रहता है।"

अर्थात् उसने भलीभाँति यह निश्चय कर लिया है कि परमात्मा की परम भक्ति के तुल्य अन्य कुछ भी इस सांसारिक मोह-माया से भ्रमित जगत् में नहीं है। महान् कवि तुलसीदास ने स्पष्ट किया है कि एक कोयले का टुकड़ा भी अपनी कालिमा तब छोड़ देता है, जब आग की चिनगारी उसमें प्रविष्ट हो जाती है। वाल्मीकि नाम का एक दुर्दांत अत्याचारी लुटेरा था जो वन में जाते हुए किसी भी राहगीर को मार कर उसकी धन-संपत्ति लूट लेता था। एक बार भगवत प्रेरणा से सप्तऋषिगण उस वन से गुजरे तो वाल्मीकि ने उन्हें भी मारकर लूटने का प्रयास किया। सप्तर्षिगण ने जब उससे पूछा, "तुम ऐसा जघन्य पाप कर्म क्यों करते हो," तो उसने कहा कि स्वयं के तथा परिजनों के भरण-पोषण के लिए। तो ऋषिगणों ने कहा, "अपने परिजनों से पूछो कि क्या वे भी तुम्हारे पाप-कर्म में भागीदार हैं। तब आकर हमें मारना।" वाल्मीकि ऋषियों को बाँधकर घर गया। पत्नी, माता, पिता व बच्चों, सब से अलग-अलग पूछा कि क्या वे उसके पाप कर्म में भागीदार हैं। उन सबने कहा कि उनके पालन-पोषण का दायित्व वाल्मीकि का है, वह कैसे कर्म करके उन्हें पालता-पोसता है, वह उसका दायित्व है। वे उसके किसी पाप के भागीदार नहीं हैं। वाल्मीकि स्तब्ध रह गया। उसने वापस वन में जा, ऋषियों को बंधन से मुक्त कर क्षमा माँगी तथा प्रायश्चित्त हेतु मार्ग दिखाने का अनुरोध किया। ऋषियों ने उससे 'राम' बोलने को कहा, किंतु उसके मुँह से 'मरा' ही निकला। उसके संस्कार उसके जघन्य पाप कर्मों से इतने दूषित हो गए थे कि पवित्र 'राम' शब्द का उच्चारण भी वह 'मरा' ही कर पा रहा था। सप्तर्षियों ने उसे यही जपने को कहा। वह अडिग भाव से तप में लग गया। भयंकर तप के उपरांत ब्रह्माजी ने उसे दर्शन दे आशीर्वाद दिया तथा उसने भगवान् राम की जीवन गाथा को 'वाल्मीकि रामायण' के रूप में संस्कृत में भगवान् श्रीराम के अवतरित होने से पूर्व ही रच डाला। इसी से यह उक्ति प्रसिद्ध हुई—'उलटा नाम जपत जग जाना वाल्मीकि भये ब्रह्म समाना।' इसीलिए श्रीकृष्ण का स्पष्ट मंतव्य है कि उन्हें अच्छे-बुरे किसी से कोई आसक्ति नहीं है। जो अडिग भक्ति से उन्हें जपता है उसे वे प्राप्त होते हैं। ऐसे अनंत

उदाहरण भारतीय आध्यात्मिक साहित्य में प्रचुर संख्या में विद्यमान हैं। इसी को भगवान् श्रीकृष्ण आगे कहते हैं—

क्षिप्रं भवति धर्मात्मा शश्वच्छान्तिं निगच्छति।
कौंतेय प्रतिजानीहि न मे भक्तः प्रणश्यति॥ 31॥

"हे कौंतेय! वह शीघ्र ही अपनी अडिग भक्ति से धर्मात्मा बन जाता है और सदैव स्थायी रहनेवाली चिर शांति को प्राप्त होता है। इसलिए तुम इस सत्य को निश्चयपूर्वक जान लो कि मेरा भक्त कभी भी विनाश को प्राप्त नहीं होता।"

जिस भी भक्त ने भक्ति रूपी साधन को प्रारंभ कर दिया हो, वह निश्चय ही पार लगेगा। यदि एक जन्म में नहीं कर पाया तो अगले जन्म में वह उसी स्थिति से प्रारंभ करेगा, जहाँ उसने अपने विगत जन्म में छोड़ा था। उसका पूर्व में किया गया निष्काम भक्ति कर्म कभी भी नाश को प्राप्त नहीं होता है और अंततः प्रयास करता हुआ वह साधक परम गति को प्राप्त कर लेता है।

मां हि पार्थ व्यपाश्रित्य येऽपि स्युः पापयोनयः।
स्त्रियो वैश्यास्तथा शूद्रास्तेऽपि यान्ति परां गतिम्॥ 32॥

"हे पार्थ! स्त्री हो, वणिक हो, शूद्र हो या पाप योनिवाला कोई भी हो; जो मेरी शरण में आता है तथा भक्ति के द्वारा प्रयास करता है, वह अंततः मेरी परमगति को प्राप्त कर भवसागर से तर जाता है।"

श्रीकृष्ण का यह स्पष्ट अभिमत है कि उनकी भक्ति में किसी भी रंग, जाति, स्त्री-पुरुष या व्यवसाय के व्यक्ति के साथ कोई भेदभाव नहीं होता है। वे तो सारे प्राणियों को समभाव से देखते हैं। इसलिए कोई यह न सोचे कि वह स्त्री है या वणिक है या निम्न जाति का है। भगवान् के दरबार में सभी बराबर होते हैं। भारतीय धर्मग्रंथों में अनेकानेक उदाहरण हैं, जैसे अनुसूयाजी का जिन्होंने ब्रह्मा-विष्णु-महेश तीनों को नवजात शिशु में परिवर्तित कर दिया था। गार्गी, मैत्रेयी, विद्योत्तमा प्रभृति ब्रह्मविदुशी स्त्रियों तथा विदुर, व्यास, रामदास, कबीर, सूरदास प्रभृति पुरुषों को ज्ञान व भक्ति की प्राप्ति होकर सिद्धि प्राप्त हुई। महाभारत के वनपर्वांतर्गत ब्राह्मण-व्याध संवाद में मांस बेचनेवाले व्याध ने पहले तो ब्राह्मण को आत्मज्ञान का गूढ़ उपदेश दिया, फिर अंत में "हे द्विजोत्तम! च पश्य द्विजोत्तम" (महाभारत वनपर्व 213.3), ऐसा कहकर उस ब्राह्मण को वह व्याध अपने वृद्ध माता-पिता के समीप लाकर बोला, "ये ही मेरे 'प्रत्यक्ष' देवता हैं और पूर्ण मनोभाव से इनकी सेवा-सुश्रुषा करना ही मेरा प्रत्यक्ष धर्म है।" महाभारत के शांति पर्व में तुलाधार नामक वणिक ने जाजलि नामक तपस्वी ब्राह्मण को यह निरूपण सुनाया है

कि स्वधर्म के अनुसार निष्काम बुद्धि से आचरण करने ही से मोक्ष कैसे मिल जाता है (महा. शा. 260)। बौद्ध धर्म ग्रंथों में भी मिलिंद प्रश्न (3.7.2) में एक कथा है, जिसमें गौतम बुद्ध ने वैशाली की नगरवधू आम्रपाली नामक वैश्या को तथा अंगुलीमाल नामक दुर्दांत जघन्य डाकू को दीक्षा दी थी। भगवान् राम ने गुह नामक निशादराज को अपनी राजसभा में अपने भाई भरत के समान सम्मान दिया था। श्रीराम ने ही शबरी नाम की; साधुओं द्वारा अपवित्र समझी जानेवाली; महिला के द्वारा प्रेम से अर्पित किए गए झूठे बेरों को भी बड़े प्रेम से ग्रहण किया था। श्रीकृष्ण स्वयं कह चुके हैं—चातुर्वर्ण्य मया सृश्टं गुण-कर्म विभागश:" (4.13) अर्थात् चारों वर्णों की सृष्टि स्वयं उन्होंने की है, जन्म के आधार पर नहीं वरन् प्राणी के गुण-कर्म के आधार पर, तो फिर भेदभाव कैसा? चारों वर्ण तो भक्ति, ज्ञान और प्राप्ति की उत्तरोत्तर सीढ़ियाँ हैं, जिनसे नीचे से ऊपर की ओर हर प्राणी शनै:-शनै: जाता है। यही प्रकरण श्री आदि शंकराचार्य की काशी यात्रा के समय भी आता है, जिसमें काशी के समीप वन मार्ग में भगवान् शिव ने चांडाल का रूप धारण कर उनका मार्ग रोक लिया था। आदि शंकराचार्य के शिष्यों ने उसे नीच समझकर मार्ग से हटने के लिए कहा तो उस चांडाल ने आदि शंकराचार्य से पूछा कि जब समस्त प्राणियों में परमात्मा की शाश्वत प्राण शक्ति ही 'आत्मा' रूप में निवास करती है तो कोई जीव कार्य व रंग-रूप के आधार पर उच्च या नीच कैसे हो सकता है? प्रश्न के मर्म को समझ शंकराचार्य ने उस चांडाल से उन्हें ज्ञान प्रदान करने को कहा। यही भाव यहाँ भगवान् श्रीकृष्ण का भी है कि लिंग, जाति या व्यवसाय से किसी भी प्राणी में कोई भेद नहीं होता है। वे तो मात्र प्राणी मात्र के भाव, भक्ति और समर्पण को देखते हैं। श्रीमद्भागवत में शुकदेवजी इसी स्थिति को इस प्रकार स्पष्ट करते हैं—

"किरातहूणान्ध्र पुलिन्दपुल्कसा आभीरककाँ यवना खसादय:।
येऽन्ये च पापा यदपाश्रयाश्रया षुध्यन्ति तस्मै प्रभविशणवे नम:॥" (2.4.18)

अर्थात् "किरात, हूण, आंध्र, पुलिंद, पुल्कसा, आभीर, ककाँ, यवन, और खस आदि तथा अन्य दूसरे पापी भी उन सर्व शक्तिमान भगवान् के शरणागत हो भक्ति करने से पवित्र हो जाते हैं।"

किं पुनर्ब्राह्मणा: पुण्या भक्ता राजर्षयस्तथा।
अनित्यमसुखं लोकमिमं प्राप्य भजस्व माम्॥ 33॥

"फिर धर्मात्मा-पुण्यशील, ब्राह्मणजन तथा राजर्षियों का तो कहना ही क्या है! वे तो अपने अनंत भक्तिभाव और समर्पण के द्वारा परम गति को प्राप्त होते हैं। इसीलिए तुम सुखरहित नाशवान इस मनुष्य गति को प्राप्त होकर सदैव मेरा ही भजन करो।"

तात्पर्य यही है कि मानव योनि बड़ी दुर्लभ है, परंतु है अनित्य तथा सुखरहित।

अत: काल का भरोसा न करके तथा अज्ञानवश बाह्य रूप से सुख प्रतीत होनेवाले विषय-भोगों के जाल में न फँसकर प्रभु के भजन-भक्ति की ओर तत्पर होना। ब्राह्मण एवं राजर्षि आदि साधना-पथ की विशिष्ट स्थितियाँ हैं, जो गुण एवं कर्म के आधार पर प्राप्त होती हैं न कि जन्म के आधार पर। इस संबंध में महर्षि वशिष्ठ तथा राजर्षि विश्वामित्र का उदाहरण अनुकरणीय है। प्रभु-भक्ति पथ पर कहीं भी जाति, नस्ल, लिंग या रंग आदि के आधार पर कोई भेदभाव या पक्षपात नहीं होता है। जो भी विशिष्ट है, वह अपने निष्काम व सतत कर्म के आधार पर है न कि किसी अन्य भेदभाव के कारण। 'अनित्यंसुखं लोकं'-"मृत्यु धर्मा यह जगत् अनित्य, दु:खमय व क्षणिक है।" जो वस्तुएँ या आकर्षण प्रकृति में दिखाई पड़ते हैं, वे सब मिथ्या एवं माया के भ्रम रूपी इंद्रजाल मात्र हैं। इसीलिए मन व इंद्रियों का शुद्धीकरण कर व विषय विकारों से नि:स्पृह होकर ही भक्ति-पथगामी व्यक्ति सहजता से परम गति पा सकता है।

मन्मना भव मद्भक्तो मद्याजी मां नमस्कुरु।
मामेवैष्यसि युक्त्वैवमात्मानं मत्परायण: ॥ 34 ॥

"अपने मन को नित्य-सतत मेरे चिंतन में लगाओ, मेरे भक्त बनो, मेरी ही उपासना करो। मेरा ही नमन करो। इस प्रकार अपनी आत्मा को पूर्ण रूप से मेरी भक्ति में अनुरक्त करो। इससे तुम निश्चय ही मुझको प्राप्त होंगे।"

इस प्रकार परमात्मा को ही अनन्य प्रेम से नित्य एवं सतत, श्रद्धा तथा निष्काम भाव से भजते हुए; ईश शरण में आया हुआ पुरुष; अपनी आत्मा को परमात्मा में एकीभाव करके उनको प्राप्त होगा, क्योंकि प्रकृति का फैलाव व नामरूपात्मक संपूर्ण दृष्टिगोचर होनेवाली सृष्टि अनित्य एवं नश्वर है। परमात्मा ही नित्य एवं शाश्वत हैं। अतएव परमात्मा को ही भजना चाहिए और उनमें मन स्थिर कर तथा उनकी ही शरण में जाना चाहिए। इस प्रकार भक्ति करके मत्परायण होता हुआ, योग में रत रहकर, कर्म बंधन से मुक्त हो, नि:संदेह मनुष्य परमात्मा को प्राप्त कर लेगा।

ॐ तत्सदिति श्रीमद्भागवदंगीतासूपनिषत्सु ब्रह्मविधायाँ योगशास्त्रे
श्रीकृष्णार्जनु संवादे राजविद्याराजगुह्ययोगो नाम नवमोऽध्याय:

अतएव श्रीमद्भागवदगीता उपनिषद् के ब्रह्मविद्यांतर्गत योग शास्त्र में श्रीकृष्ण-अर्जुन के संवाद में 'राजविद्याराजगुह्ययोगो' नामक नवाँ अध्याय पूर्ण हुआ।

अमृत सार

जिस प्रकार एक राजा अपने राजमहल या राज्य कार्य के गोपनीय तथ्यों को मात्र

अपने राज्य के पात्र अधिकारी को ही बताता है, उसी प्रकार भगवान् श्रीकृष्ण अर्जुन को ईर्ष्या-राग आदि दोषों से मुक्त देखकर परमतत्त्व के परम गूढ़ ज्ञान को उससे कहते हैं, क्योंकि शुद्ध बुद्धि के सुपात्र को ही परम गुह्यतम राजविद्या का ज्ञान सुलभ हो सकता है। यह गुह्यतम है, क्योंकि इस गोपनीय ज्ञान से ही आत्मा तथा शरीर के अंतर को समझा जाता है। जब बड़े-बड़े ज्ञानी पुरुष भी नाना रूपात्मक माया से आच्छादित होकर परमात्मा के अमृतस्वरूपी परमतत्त्व का वर्णन करने में 'नेति-नेति' कहकर चुप हो जाते हैं तो साधारण मानव की समझ में यह ज्ञान कैसे आएगा? इस शाश्वत नित्य स्वरूप आत्मा के सब शरीर नश्वर व नष्टप्राय हैं। यही ज्ञान का मुख्य अंश है कि आत्मा शरीर से भिन्न निर्विकार, अविनाशी तथा शाश्वत है। श्रीकृष्ण ने कहा, "राजविद्या राजगुह्यं पवित्रमिदमुत्तमम्" अर्थात् जो राजविद्या है, वह अपूर्व तथा प्रत्यक्ष अनुभव करने को सुगम है। भगवान् जो अनादि, अनंत एवं अव्यक्त हैं, उनसे प्रेम करने व उनमें अपना संपूर्ण ध्यान एवं वृत्तियाँ लीन करने के लिए मन के सामने कुछ-न-कुछ प्रत्यक्ष व्यक्त करना आवश्यक है, क्योंकि शरीरधारी जीव अपने मन के स्वभाव को अलग नहीं कर सकता। इसीलिए भक्त के निर्गुण से सगुण तथा उसमें भी अव्यक्त सगुण की अपेक्षा व्यक्त सगुण में आने की प्रक्रिया सुगम हो जाती है। ज्ञान मार्ग की विद्या के समान भक्ति-मार्ग अव्यक्त नहीं है। भक्ति प्रत्यक्ष आँखों से दिखाई व अनुभव की जा सकती है। इसी से उसका आचरण भी सुगमता से संभव है तथा गीता में जो मधुरता व प्रेम रस भरा पड़ा है, उसमें भक्ति की अमृतधारा सर्वत्र बह रही है। भगवान् ने अज्ञेय परमात्मा का कोरा ज्ञान नहीं कहा है अपितु स्थान-स्थान पर प्रथम पुरुष का प्रयोग करके अपने सगुण तथा अव्यक्त स्वरूप को लक्ष्य कर कहा है, "मैं सर्वत्र हूँ तथा प्रत्येक वस्तु मुझमें है तो भी मैं पृथक् हूँ।" सृष्टि के कार्य उनकी परा-अपरा प्रकृति व योगमाया से स्वतः कर्म-फल अनुरूप घटित होते रहते हैं। सृष्टि के सृजन, विसर्जन, विषयों व द्वंद्वों में उनकी कोई आसक्ति नहीं रहती है। वे चितवन मात्र से अष्टधा मूल त्रिगुणमयी माया से प्रकृति पर दृष्टिपात करते हैं तो प्रकृति क्रियाशील हो उठती है और उसके गर्भ से चराचर जीव उत्पन्न हो जाते हैं। वे अपने कर्म-संस्कारों के अनुसार विभिन्न योनियों में प्रकट व नष्ट होते रहते हैं। ये आवागमन का काल चक्र सतत चलता रहता है। वे स्वयं कुछ नहीं करते। मूढ़ व अज्ञानी उन्हें शरीरधारी समझ उनकी दिव्य माया को नहीं देख पाते तथा उनका उपहास उड़ाते हैं। जो लोग कामनाओं से ग्रसित हो नाना प्रकार के देवी-देवताओं का पूजन करते हैं तथा यह नहीं जानते कि परम सत्ता मात्र एक है, वे अन्य देवताओं के रूप में भगवान् श्रीकृष्ण को ही पूजते हैं तथा वे ही उनकी कामनाएँ भी पूर्ण करते हैं, किंतु उनकी श्रद्धा अविधिपूर्वक होने के कारण उन्हें परम तत्त्व की प्राप्ति नहीं होती। जिसका जैसा भाव रहता है, वह वैसी ही गति प्राप्त करता है। मोक्ष न विद्वत्ता पर आधारित है

और न ही कर्म-कलाप पर; उसके लिए सीधी सरल भक्ति ही पर्याप्त है। इसलिए जीव जो करे उसे ईश्वर को अर्पित कर दे और प्रत्येक कर्म को ईश्वर से जोड़ दे। भावपूर्वक परमात्मा से जुड़ जाने का अर्थ है—भक्तियोग। राजयोग में कर्मयोग तथा भक्तियोग का अद्‍भुत मिश्रण हो जाता है। जीव जो भी कर्म करता है, उसका कुछ-न-कुछ परिणाम तो होगा ही। इसलिए जो काम करें उसको वैसा ही ईश्वर को अर्पण कर देना चाहिए। मन भी साधन है और इंद्रियाँ भी। उन्हें भी परमेश्वर को अर्पण कर देना चाहिए। जीवन भावनामय है। श्रीकृष्ण कहते हैं, "तुम जो-जो कर्म करते हो, खाते हो, पीते हो, दान-जप-तप करते हो उन सबको मुझे अर्पित कर दो। पत्र-पुष्प-फल-जल भी जो प्रेम से अर्पित करता है, मैं सबको ग्रहण करता हूँ।" समस्त सृष्टि को अपने एक अंश से धारण करनेवाले भगवान् तो सुदामा के सूखे-चावलों तथा शबरी के झूठे बेरों को भी प्रेम से ग्रहण करते हैं। उनके समक्ष बहुमूल्य पदार्थ व रत्नों का नहीं 'भावना' का, श्रद्धा-प्रेम का मूल्य है। इसीलिए सारी क्रियाओं को परमात्मा के प्रति अर्पण करने से जीवन में माधुर्य का दिव्य रस आ जाएगा तथा परम मुक्ति सहज प्राप्त हो जाएगी। यही गुह्यज्ञान सभी ज्ञानों का राजा है; राजविद्या तथा राजयोग है।

□

अथ दशमोऽध्यायः

परमात्मा की विभूतियाँ व ऐश्वर्य

नश्वर शरीर में स्थित शाश्वत आत्मा वस्तुतः अपने मूल स्रोत परमात्मा से विलग हो परमात्मा की सृष्टि के विभिन्न आयामों व विचित्र आवृत्तियों से भरे लोक-लुभावने विषय-विकारों के दिग्जाल के भँवर में फँस अपने व परमात्मा के मध्य परम संबंध को विस्मृत कर देती है। इसीलिए भगवान् श्रीकृष्ण ने अनित्य शरीर में निहित आत्मा के कल्याणार्थ परमात्मा की प्राप्ति के सहज एवं सरल रहस्य को इस प्रकार उद्घटित किया है कि जीव अपनी निष्काम कर्म साधना से प्रकृति के माया रूपी आवरण को विदीर्ण कर परमात्म के स्वरूप में ढल सके। पथ में जहाँ नाना प्रकार के मायावी प्रलोभन साधक को मार्ग से विचलित करने का स्वाँग रचते रहते हैं, वहीं महापुरुष उसे यथोचित मार्गनिर्देशन दे उसका मार्ग प्रशस्त करते रहते हैं, किंतु जब तक साधक तथा परमात्मा में दूरी बनी रहती है तथा प्राप्ति की स्थितियाँ समीपस्थ होते हुए भी प्राप्ति पूर्ण नहीं होती हैं, तब तक विभिन्न परीक्षाओं के चक्र में कहीं साधक विचलित हो पथभ्रष्ट न हो जाए, इसलिए सद्गुरु रूपी महापुरुष लगातार पथ प्रदर्शन न करें तो निकट पहुँचकर प्राप्ति से वंचित होना संभव है। अतः श्रीकृष्ण अपने भक्त के कल्याणार्थ पुनः आगे कहते हैं—

श्री भगवानुवाच

भूय एव महाबाहो श्रृणु मे परमं वचः।
यत्तेऽहं प्रीयमाणाय वक्ष्यामि हितकाम्यया॥ 1॥

"श्रीभगवान् कृष्ण ने कहा, 'हे महाबाहो अर्जुन! और आगे सुनो। तुम मेरे प्रिय सखा हो, मुझसे अतिशय प्रेम रखनेवाले हो। इसलिए परम रहस्य भरे ज्ञानयुक्त वचन मैं तम्हारे कल्याण की इच्छा से कहूँगा।'"

श्रीकृष्ण चौथे अध्याय के प्रारंभ में ही स्पष्ट कह चुके हैं कि सृष्टि के आदि कल्प

मे उन्होंने वैवस्वत सूर्य से इस अविनाशी योग को कहा था। इस योग के बारे में सूर्य ने मनु से तथा मनु ने इक्ष्वाकु से कहा। यही दिव्य ब्रह्म योग का अविनाशी तत्त्व कालांतर में वेदों, उपनिषदों, पुराणों, सूक्तों, स्मृतियों में विभिन्न स्वरूपों में अलग-अलग मनी षियों ने उद्धृत किया तथा कालांतर में उनके द्वारा प्रदत्त योग के विभिन्न अपभ्रंश व विकारों का भी प्रादुर्भाव उन आदि धर्म-अध्यात्म विषयों में हो गया। यही वह ज्ञान है, जो धर्मराज ने नचिकेता से कहा तथा अष्टावक्र ने जनक से कहा। यही ज्ञान वेदों-उपनिषदों में कतिपय अंतरों के साथ, श्रुति-स्मृति की गुरु-शिष्य परंपरा में विभिन्न युगों में प्रसारित होता रहा। उसी परम रहस्यमयी गोपनीय ज्ञान के वे तत्त्व जो अभी तक अकथनीय हैं उन्हें भी श्रीकृष्ण अपने प्रिय भक्तों के हितार्थ अर्जुन के माध्यम से कहने जा रहे हैं जिससे परमात्मा के नाना रूपों, विभूतियों व ऐश्वर्यों की एक झलक भक्तगण पा सकें।

न मे विदुः सुरगणाः प्रभवं न महर्षयः।
अहमादिर्हि देवानां महर्षीणां च सर्वशः॥ 2॥

"न तो देवतागण और न ही बड़े-बड़े ऋषि-महर्षि ही मेरी उत्पत्ति या ऐश्वर्य को जान पाते हैं, क्योंकि मैं ही समस्त देवगणों तथा महर्षियों का भी आदि-उद्गम और कारण स्वरूप हूँ।"

अप्रत्यक्ष रूप से भगवान् स्वयं यह इंगित कर रहे हैं कि वे साक्षात् सम्मुख हैं; जो जानना हो, जान सकते हो अन्यथा अचिंत्य और असीम परम भाव को जान पाना दुष्कर है। म.भा. भीष्म पर्व (5.12) में उल्लेख है—

अचिंत्याः खलु ये भावान तांस्तर्केश साधयेत्।
प्रकृतिभ्यः परं यत्तु तदचिंत्यस्य लक्षणम्॥

"जो पदार्थ इंद्रियातीत हैं और जिनका चिंतन भी नहीं हो सकता; उनका निर्णय केवल तर्क या अनुमान से नहीं कर लेना चाहिए, क्योंकि मूल प्रकृति से भी परे जो पदार्थ है, वह चिंतन की सीमा से भी परे है।"

यही भाव आदि शंकराचार्य के वेदांतभाष्य में भी दृष्टव्य है। कठोपनिषद् में इसी को इस प्रकार कहा गया है—

'न नरेणावरेण प्रोक्त एष सुविज्ञेयो बहुधा चिंत्यमानः।
अनन्यप्रोक्ते गतिरत्र नास्ति, अणीयान् ह्यतर्क्यमणुप्रमाणात॥' (1.2.8)

प्रकृतिपर्यंत जो भी सूक्ष्म से अति सूक्ष्म तत्त्व हैं, आत्म तत्त्व उससे भी ज्यादा सूक्ष्म है। अल्पज्ञ मनुष्य द्वारा बताए जाने या बहुत प्रकार से चिंतन करने पर भी आत्म तत्त्व की गहनता को समझना कठिन है। महापुरुष, जो परम प्राप्ति का स्तर पा चुके हैं, वही इस गहन एवं गुह्य आत्मतत्त्व को समझ सकते हैं; जो तर्क से सर्वथा परे है; क्योंकि उनके

कर्म और विभूतियाँ दिव्य एवं अलौकिक होने के कारण लौकिक तर्कों और अनुमानों से परे अपार व अचिंतनीय हैं।

यो मामजमनादिं च वेत्ति लोकमहेश्वरम्।
असम्मूढः स मर्त्येषु सर्वपापैः प्रमुच्यते॥ 3॥

"जो मुझको अजन्मा, अनादि, समस्त लोकों के परम ईश्वर के रूप में जानता है, केवल वही मनुष्य मोह रहित होने के कारण, अन्य मरणशील जीवों से परे, सारे पाप कर्मों से मुक्त हो जाता है।"

परमात्मा अज अर्थात् अजन्मा है। श्रीकृष्ण पहले कह चुके हैं कि वे अपनी माया पराशक्ति को वश में करके मानव के आधारवाले शरीर में अवतरित होते हैं। यही उल्लेख रामायण में भी आया है कि चतुर्भुज परम शक्ति ने दिव्य दर्शन दे कौशल्या व दशरथ को बताया कि वे उनके पूर्व जन्मों के पुण्य स्वरूप पुत्र रूप में अवतरित हो रहे हैं। कंस की जेल में; अपने दिव्य अलौकिक रूप में प्रकट हो; श्रीपद्मनाभ प्रभु ने; शिशु रूप में; यही वासुदेव-देवकी को भी बताया तथा अपने अव्यक्त रूप से शिशु रूप में परिवर्तित हो गए। इसी स्थिति को श्रीकृष्ण बता चुके हैं कि वे अजन्मा होने के कारण जन्म नहीं लेते। वे अवतरित होते हैं। 'वेत्ति लोकमहेश्वरम्' अर्थात् ज्ञानी जानते हैं कि वे ही समस्त लोकों के परम स्वामी हैं। 'मनुष्याणां सहस्त्रेषु कश्चिद्‌दतति सिद्धये' अर्थात् सहस्त्रों मनुष्यों में से विरला ही आत्मा-साक्षात्कार की आत्म-सिद्धि कर पाता है। अब भगवान् इसका निरूपण करते हैं कि वे किस प्रकार समस्त लोकों के महेश्वर हैं—

बुद्धिर्ज्ञानमसंमोहः क्षमा सत्यं दमः शमः।
सुखं दुःखं भवोऽभावो भयं चाभयमेव च॥ 4॥

"निश्चय ही बुद्धि एवं तत्त्व, ज्ञान और अमूढ़ता, क्षमा, सत्य तथा इंद्रियों का संयम तथा मन का निग्रह तथा सुख-दुःख, उत्पत्ति-प्रलय, भय-निर्भीकता तथा"

अहिंसा समता तुष्टिस्तपो दानं यशोऽयशः।
भवन्ति भावा भूतानां मत्त एव पृथग्विधाः॥ 5॥

"अहिंसा, समभाव, संतोष, स्वधर्म के आचरण से इंद्रियों को शुद्ध करने के लिए की गई तपस्या, दान, यश तथा अपयश जैसे ये प्रणियों के विविध गुण मेरे ही द्वारा उत्पन्न हैं।"

आधुनिक शिक्षा में आत्मा व परमात्मा को छोड़कर अन्य भौतिक तत्त्वों व पंचभूता प्रकृति के विभिन्न अवयवों का ही ज्ञान दिए जाने से ऐसी विद्या पूर्ण नहीं है। 'बुद्धि' तो वास्तव में नीर-क्षीर का भी भेद कर लेने वाला विवेक है। 'ज्ञान' वह है जो जीव को

आत्मा एवं पदार्थ को तत्त्वों से ज्ञात करता है। 'असम्मोह:' (श्लोक 4) अर्थात् संशय व मोह से मुक्ति भी, अनासक्त हो, परम तत्त्व को विदित करने से ही प्राप्त होती है। 'सत्यं' वह है जो शाश्वत है। 'दम' इंद्रियों का निग्रह है। 'शम' मन का निग्रह है। ईश्वर साधना का भाव ही सुख तथा उसका त्याग ही दु:ख है। 'भवोऽभावो' भी शरीर के जन्म-मृत्यु से संबंधित है, किंतु आत्मा तो शाश्वत है। 'भय' इस लौकिक जगत् में भविष्य की चिंता से उद्भूत है। 'अहिंसा' अपने स्वार्थ की सिद्धि के लिए अन्य किसी को कष्ट न पहुँचाना है। सबके प्रति समभाव ही समानता है। सर्वकर्म निरूपण ही पुरुष के कर्मों की विभिन्न स्थितियाँ हैं जो अंतत: परम भाव से ही निर्दिष्ट हैं—वह परमभाव जो इनसे गुणातीत व निर्विकार भाव में लीन है।

महर्षय: सप्त पूर्वे चत्वारो मनवस्तथा।
मद्भावा मानसा जाता येषां लोक इमा: प्रजा: ॥ 6 ॥

"सप्तर्षिगण तथा उनसे भी पहले होनेवाले चार सनकादिक तथा स्वायम्भुव आदि चौदह मनु; ये सब मेरे मन से उत्पन्न हैं तथा विभिन्न लोकों में निवास करनेवाले समस्त भूत-प्राणी उनसे ही उद्भूत प्रजा हैं।"

इस श्लोक का अभिप्राय पौराणिक पुरुषों को इंगित करना है। ब्रह्मा के एक कल्प में चौदह मन्वंतर होते हैं और प्रत्येक मन्वंतर के मनु, देवता एवं सप्तर्षि भिन्न-भिन्न होते हैं (हरिवशं 1.7, विष्णुपुराण 3.1)। इसीलिए सप्तर्षि प्रसिद्ध हैं। वर्तमान में वैवस्वत मन्वंतर चल रहा है, जिसके सप्तर्षिगण, महाभारत के शांतिपर्व के नारायणीयोपाख्यान के अनुसार-मरीचि, अंगिरस, अत्रि, पुलस्त्य, क्रतु और वसिष्ठ ही यहाँ विवक्षित हैं। इन सप्तर्षियों में अंगिरस ऋषि के स्थान पर कुछ जगह भृगु ऋषि का नाम पाया जाता है। "पहले के चार" ये शब्द प्राचीन काल के किन्हीं चार ऋषियों अथवा पुरुषों का बोध कराते हैं। इस क्रम में कुछ विद्धान-सनक, सनंद, सनातन और सनत कुमार को पहले के चार ऋर्षि मानते हैं, किंतु ये चारों ब्रह्मा के मानसपुत्र हैं तथा जन्म से संन्यासी होने के कारण ये प्रजावृद्धि नहीं कर सकते थे। "येशां लोक इमा: प्रजा:" का अर्थ होता है, 'जिनसे इस लोक में प्रजा हुई।' इसलिए 'पहले के चार' में उनकी गणना नहीं की जा सकती। भागवत धर्म में सृष्टि के उद्भव में मरीचि आदि सात ऋषियों से पहले वासुदेव (आत्मा), संकर्षण (जीव), प्रद्युम्न (मन) और अनिरूद्ध (अहंकार) को 'चतुर्व्यूह' कहा गया है। गीता में एक ही परमेश्वर से चतुर्व्यूह आदि की उत्पत्ति बताई गई है। अत: व्यूहात्मक वासुदेव आदि चतुर्व्यूह को स्वतंत्र न मानकर ये चारों एक ही परमेश्वर अर्थात् सर्वव्यापी वासुदेव के ही भाव हैं, जैसा कि सातवें अध्याय में कहा गया है। इस प्रकार 'पहले के चार', इन शब्दों का प्रयोग वासुदेव आदि चतुर्व्यूह के लिए अभिप्रेरित

है, जो सप्तर्षियों के पूर्व उत्पन्न हुए थे। इस प्रकार 'सात महर्षि' अर्थात् मरीचि आदि, 'पहले के चार' अर्थात् वासुदेव आदि चतुर्व्यूह और मनु अर्थात् जो उस समय से पहले हो चुके थे और वर्तमान सब मिलकर स्वायंभुव आदि सात मनु स्थूल दृष्टि से यहाँ विवक्षित हैं। प्रतीकात्मक सूक्ष्म दृष्टि से देखें तो 'महर्शयः सप्त'—शुभेच्छा, तनुमानसा, सत्वापत्ति, सुविचारणा, असंसक्ति, पदार्थ भावना और तुर्यग'—ये योग की सात क्रमिक स्थितियाँ; 'पूर्वे चत्वारो'—मन, बुद्धि, चित्त और अहंकार—ये योग से पहले की योगी के अंतःकरण की स्थिति तथा उक्त के अनुरूप योगी की मनःस्थिति; जिससे संकल्पों का उद्भव होता है और जिसके अनुरूप वे प्राणी के हृदय में दैवी संपद का संचार करते हैं—ऐसा भाव इस श्लोक में लिया गया है।

एतां विभूतिं योगं च मम यो वेत्ति तत्त्वतः।
सोऽविकम्पेन योगेन युज्यते नात्र संशयः ॥ 7 ॥

"जो कोई भी पुरुष मेरी इन समस्त विभूतियों तथा योग को तत्त्व से विदित कर लेता है, ऐसा वह पुरुष मेरी निश्चल अनन्य भक्ति द्वारा मुझमें ही एकीभाव से स्थित होता है। इसमें तनिक भी संशय नहीं है।"

अहं सर्वस्य प्रभवो मत्तः सर्वं प्रवर्तते।
इति मत्वा भजन्ते मां बुधा भावसमन्विताः ॥ 8 ॥

"मैं वासुदेव इस संपूर्ण आध्यात्मिक एवं भौतिक जगत् की उत्पत्ति का कारण हूँ। सभी वस्तुएँ मुझसे ही उद्भूत हैं और मुझसे ही सारा जगत् चेष्टा करता है।"

इस प्रकार तत्त्व से इस सत्य को विदित कर, श्रद्धा एवं भक्ति से युक्त हो, ज्ञानीजन मुझ परमात्मा का ही निरंतर भजन करते हैं। केनोपनिषद् में परमात्मा की महिमा के संबंध में एक कथा है कि "ब्रह्म ह देवेभ्यो विजिग्ये तस्य ह ब्रह्मणों विजये देवा अमहीयन्त ता ऐक्षन्तास्माकमेवायं विजयोऽस्माकमेवायं महिमेति" (3.1); परब्रह्म ने देवताओं पर कृपा करके उन्हें शक्ति प्रदान की जिससे उन्होंने असुरों पर विजय प्राप्त कर ली। देवता तो निमित्त मात्र थे पर वे इस विजय को अपनी महिमा समझ अभिमान करने लगे। अहंकार पतन का कारण है। इसलिए परब्रह्म उनके अहंकार को समाप्त करने के लिए दिव्य, साकार यक्ष रूप में प्रकट हो गए। उन्हें देख विस्मय से भरे देवगणों ने अग्निदेवता को यक्ष का परिचय लेने भेजा। अग्नि देव ने उस यक्ष के पास जाकर गर्व से कहा, "मैं जातवेद के नाम से प्रसिद्ध अग्नि हूँ", तो यक्ष ने कहा, "आपकी क्या शक्ति है?' अग्निदेव ने सगर्व उत्तर दिया कि "मैं चाहूँ तो सारे भूमंडल आदि एवं दृष्टव्य पदार्थों को जलाकर राख कर दूँ।" यक्ष रूपी परब्रह्म ने एक तिनका उनके सामने डालकर कहा,

"सूखे तृण को ही जला दीजिए।" अग्निदेव ने अपनी पूरी शक्ति लगा दी, किंतु उस तिनके को नहीं जला सके। वे लज्जा से लौट गए, तो देवताओं ने वायुदेव को भेजा। वायुदेव ने यक्ष के समीप जाकर पूछा कि वे कौन हैं तो यक्ष ने पूछा, "आप कौन है? वायुदेव ने गर्व से कहा, "मैं मातरिश्रवा प्रसिद्ध वायु हूँ। मैं चाहूँ तो पृथ्वी पर जो कुछ है, उसे आकाश में उड़ा दूँ।" यक्ष ने सूखा तिनका उनके सामने डालकर उसे उड़ाने को कहा। वायुदेव अपनी सारी शक्ति लगाकर भी तिनके को हिला नहीं पाए और अग्निदेव की भाँति ही लज्जित हो लौट गए। सारे देवताओं ने देवराज इंद्र से यक्ष के पास जाने को अनुरोध किया। इंद्र के पहुँचते ही यक्ष अंतर्धान हो गए। इंद्र में सबसे अधिक अभिमान भरा था। इसलिए उसे वार्त्तालाप करने का अवसर देना भी यक्ष ने उचित नहीं समझा, परंतु इंद्र में अभिमान रूपी विकार होते हुए भी वह अन्य गुणों से युक्त था। इसीलिए उसे ब्रह्मतत्त्व का ज्ञान कराना आवश्यक समझ उसके लिए अन्य व्यवस्था की। जिस जगह से दिव्य यक्ष अदृश्य हुआ था, उसी जगह हिमाचल कुमारी उमा देवी प्रकट हुईं। इंद्र ने उनसे उस दिव्य यक्ष का रहस्य पूछा तो भगवती उमा देवी ने उसे बताया कि वह जिन दिव्य यक्ष को देख रहा था, वे साक्षात् परब्रह्म परमेश्वर थे तथा उन्हीं की शक्ति व कृपा से उन लोगों ने असुरों पर विजय प्राप्त की थी। उनकी महिमा को अपनी महिमा मान वे लोग अहंकार करने लगे। इसीलिए अग्नि व वायु के अहंकार को चूर कर उन्हें वास्तविक ब्रह्मविद्या का ज्ञान देने के लिए उन्हें प्रेरित किया गया था। उमा देवी ने कहा कि उन सब में शक्ति का जो भी अंश है, वह सब आदिब्रह्म प्रदत्त ही है और कुछ भी नहीं। इसी प्रकार देवर्षि नारद को भी उनके पूर्वजन्म में क्षण भर के लिए अपनी दिव्य झाँकी दिखाकर भगवान् अंर्तधान हो गए थे; जिसका उल्लेख श्रीमद्भागवत के स्कंध 1.6.19 में है। यही श्रीकृष्ण अर्जुन को स्पष्ट कर रहे हैं कि उनके अतिरिक्त कहीं कुछ नहीं है। वे ही संपूर्ण जगत, समस्त देवरूपी विभूतियों और चेष्टाओं की उत्पत्ति का कारण हैं। वेदों का ही कथन है—'ब्रह्मण्यो देवकीपुत्रः' (नारायण उपनिषद्-4)। फिर यही कहा गया, "एको वे नारायण आसीन्न ब्रह्मा न ईषानो नापो नाग्निसमौ नेमे द्यावापृथिवी न नक्षत्राणि न सूर्यः' अर्थात् सृष्टि के आरंभ में केवल भगवान् नारायण थे; न ब्रह्मा थे, न शिव, न अग्नि, न चंद्रमा, न नक्षत्र, न सूर्य, क्योंकि परब्रह्म परमात्मा तो एक ही हैं। त्रिदेव तथा अन्य देव-देवी आदि सृष्टि के व्यवस्थापन के लिए उन्हीं परब्रह्म परमात्मा की दिव्य विभूतियों के अंश रूप में उत्पन्न होते हैं। श्रीकृष्ण अध्याय 8 (श्लोक 18) में स्पष्ट कर चुके हैं कि सृष्टि के सृजनकर्ता ब्रह्मा भी मरणधर्मा हैं तथा अध्याय 9 (श्लोक 10) में कह चुके हैं कि उनकी अध्यक्षता में जगत् बारंबार सृजित और विनष्ट होता रहता है। त्रिदेव ब्रह्मा-विष्णु-महेश सब उन्हीं परब्रह्म परमात्मा की दिव्य विभूतियाँ हैं, उनसे पृथक् नहीं। वे ही सबों का मूल कारण हैं। समस्त तत्त्व उन्हीं

के अधीन हैं। उनके परे या ऊपर कोई भी नहीं है।

मच्चित्ता मद्गतप्राणा बोधयन्तः परस्परम्।
कथयन्तश्च मां नित्यं तुष्यन्ति च रमन्ति च॥ 9॥

"मेरे भक्त जिनके मन मुझमें रमे हुए हैं तथा जिनका जीवन मुझे अर्पित है और वे एक-दूसरे को ज्ञान का उपदेश देते हुए, मेरी भक्ति की चर्चा के द्वारा आपस में मेरे प्रभाव को जानते हुए तथा गुण एवं प्रभाव सहित मेरा वर्णन करते हुए, परम संतोष तथा आनंद का अनुभव करते हैं।"

पूर्ण निष्ठा तथा श्रद्धा युक्त भक्ति में रत भक्त, परमात्मा के गुणों तथा उनकी लीलाओं में निरंतर निमग्न रह प्रारंभिक अवस्था में सेवा भाव में दिव्य आनंद व तुष्टि का अनुभव करते हैं तथा क्रमोत्तर परिपक्वावस्था प्राप्त करते हुए सर्वोच्च सिद्धि प्राप्त कर लेते हैं।

तेषां सततयुक्तानां भजतां प्रीतिपूर्वकम्।
ददामि बुद्धियोगं तं येन मामुपयान्ति ते॥ 10॥

"उन निरंतर मेरे ध्यान में प्रेम भाव से सदैव लीन रहनेवाले भक्तों को मैं वह तत्त्व ज्ञान रूप योग का ज्ञान प्रदान करता हूँ जिससे वे मुझको ही प्राप्त होते हैं।"

बुद्धियोग अर्थात् पूर्ण भक्ति भरे प्रेम-भाव से ईश्वर प्राप्ति में प्रयासरत मनुष्य की समत्व-बुद्धि को उन्नत कर जागृति की परम उत्तम अवस्था में प्रवेश भी परमात्मा की कृपा से ही मिलना संभव है। मनुष्य के मन में जैसे ही निष्काम कर्म योग की जिज्ञासा जाग्रत् हो जाती है तथा परमात्मा के चरण-कमलों में अटूट लगन लग जाती है, वैसे ही प्रभु कृपा से वह अपने-ही-आप परम सिद्धि की ओर खिंचा चला जाता है और आत्मसाक्षात्कार में मगन हो जाता है।

तेषामेवानुकम्पार्थमहमज्ञानजं तमः।
नाशयाम्यात्मभावस्थो ज्ञानदीपेन भास्वता॥ 11॥

"अपने ऐसे भक्तों पर अनुग्रह करने के लिए मैं स्वयं उनके हृदय में वास करते हुए अज्ञान से उत्पन्न हुए अंधकार को प्रकाशमय तत्त्वज्ञान रूपी दीपक द्वारा दूर करता हूँ।"

वस्तुत: प्रत्येक जीव अपने नाना जन्म-जन्मांतरों में विषय-वासनाओं की कालिमा से अपने हृदय-दर्पण को धूमिल कर लेता है। परमात्मा की दूरी उसके अंत:करण को विभिन्न अंतर्विकारों से दूषित कर तमोमयी बना देती है। यह तम है अज्ञान का तथा यह अज्ञान है जीव के अपने वास्तविक स्वरूप के बोध का अभाव। श्रीकृष्ण ने गीता में प्रारंभ

से ही इसीलिए आत्मा के स्वरूप व विशेषताओं का उल्लेख करते हुए यह बताया है कि आत्मा कभी नाश को प्राप्त नहीं होती, वह मात्र शरीर बदलती है। जिस प्रकार मनुष्य पुराने जीर्ण-शीर्ण वस्त्रों को त्याग कर नवीन वस्त्रों को धारण करता है, उसी प्रकार आत्मा भी एक शरीर को त्याग कर अपने कर्म-संस्कारों से प्रेरित हो नए शरीर को धारण करती है। मात्र एक शाश्वत सत्य परम ज्योति परमात्मा हैं। संसार व सृष्टि क्षणभंगुर हैं। जीव को मानव योनि की प्राप्ति अत्यंत दुर्लभ है। इसी योनि में वह अपनी ज्ञान-भक्ति द्वारा बुद्धि योग से परमात्मा की प्राप्ति की ओर उन्मुख हो सकता है या काम-वासनाओं के भँवर में फँस जन्म-मृत्यु के चक्र में जकड़ा रह सकता है। सत्य का बोध तो मनुष्य को सद्गुरु या तत्त्वदर्शी महापुरुष की उपस्थिति में ही हो पाता है। आत्मभाव को जाग्रत् कर सद्गुरु, मनुष्य के अंत:करण में व्याप्त अज्ञान के गहन अंधकार को शनै:-शनै: छाँटता हुआ कम करता जाता है। साधक अपने आत्मोत्सर्ग के प्रयास में रत हो पूर्ण समर्पण, श्रद्धा व भक्ति द्वारा परमात्मा की ओर प्रयत्नशील होता है तो मन का मलिन दर्पण परमात्मा की दिव्य कृपा से स्वच्छ होता जाता है। अनासक्त भाव से पूर्ण अटूट भक्ति के बुद्धियोग द्वारा जीव के अंत:करण में ज्ञान का दीपक प्रज्वलित हो जाता है और जीव परमात्मा का सायुज्य प्राप्त कर लेता है।

अर्जुन उवाच

परं ब्रह्म परं धाम पवित्रं परमं भवान्।
पुरुषं शाश्वतं दिव्यमादिदेवमजं विभुम्॥ 12॥
आहुस्त्वामृषयः सर्वे देवर्षिर्नारदस्तथा।
असितो देवलो व्यासः स्वयं चैव ब्रवीषि मे॥ 13॥

"भगवान् श्रीकृष्ण के वचन सुनकर अर्जुन ने निवेदन किया कि "आप परम ब्रह्म, परम धाम, परम पवित्र हैं। आप शाश्वत, दिव्य, आदि पुरुष, अजन्मे तथा महान् ऐश्वर्य पूर्ण विभूतियों के स्वामी हैं। देवर्षि नारद, असित, देवल तथा व्यास जैसे मनीषी ऋषिगण भी आपके इस सत्य की पुष्टि करते हैं तथा स्वयं आप भी मुझको स्वयं यह सत्य प्रकट कर रहे हैं।'"

श्रीकृष्ण भगवान् के द्वारा अपने तत्त्वों का जो निरूपण किया गया है, उससे अर्जुन का संशय समाप्त हो जाता है। उसे यह स्वीकार्य हो जाता है कि श्रीकृष्ण जो उसको इस ब्रह्म ज्ञान की गुह्य विद्या का इस प्रकार उपदेश कर रहे हैं, वे कोई साधारण मनुष्य नहीं, अपितु समस्त ब्रह्मांड की सर्वोच्च सर्वव्यापी सत्ता और अजन्मे परमब्रह्म हैं, जिसके कारण वह अपने को भगवान् के प्रति समर्पित कर देता है। अर्जुन यह समझ जाता है कि जो परमात्मा की पूर्ण समर्पित भाव से भक्ति करता है, वही परमात्मा की दिव्यता व

विभूतियों को समझ सकता है। उसके समकालीन महर्षियों तथा स्वर्गलोक प्रवास के दौरान उसके संपर्क में आए देवर्षि नारद तुल्य मनीषियों की संगत में उसे जो परमात्मा के दिव्य तत्त्वों का ज्ञान मिला था, उसी के अनुकूल उसे इस तथ्य की अनुभूति हो चुकी थी कि जो परम तत्त्व वेदों तथा महर्षियों ने बताए हैं, वही शाश्वत सत्य स्वयं पद्मनाभ परमेश्वर उसको प्रकट कर रहे हैं।

सर्वमेतदृतं मन्ये यन्मां वदसि केशव।
न हि ते भगवन् व्यक्तिं विदुर्देवा न दानवाः ॥ 14 ॥

"हे केशव! आप जो कुछ भी मेरे प्रति कहते हैं, मैं उसे पूर्णतया सत्य मानता हूँ। हे भगवन! आपके दिव्य लीलामय रूप को न तो असुर ही जानते हैं और न देवतागण ही विदित कर पाते हैं।"

आधुनिक जगत् के दर्शनशास्त्रियों तथा वैज्ञानिकों की कल्पना शक्ति एवं तर्कशीलता के परे जो शाश्वत दिव्य सत्ता है, उसका आभास उन्हें नहीं हो पाता है तथा वह महाभारत-रामायण में उल्लिखित प्रसंगों को निराधार बता इनको पौराणिक काल्पनिक गाथाएँ (mythological legends) कह उपहास उड़ाते हैं। इसी सच को महाभारतकालीन भारत में उस समय समाज में प्रचलित तथ्यों के दृष्टिगत अर्जुन ने स्पष्ट स्वीकार कर लिया है कि परम-तत्त्व के शाश्वत सत्य की तत्त्व-मीमांसा को समझ पाना न तो असुरों के वश में है और न ही देवताओं के। उसको तो भक्ति से अपने अंत:करण में ही अनुभूत किया जा सकता है, स्थूल रूप में नहीं। बाह्य रूप से तो श्रीकृष्ण भगवान् भी मानव शरीर में ही अर्जुन के सम्मुख थे। इसी तथ्य को श्रीकृष्ण पहले कह चुके हैं कि जो उन्हें इस प्रकार शरीरी मानते हैं, वे वास्तव में मूढ़ हैं, क्योंकि वे उनके परम शाश्वत दिव्य तत्त्वों को देख-समझ नहीं पाते।

स्वयमेवात्मनाऽत्मानं वेत्थ त्वं पुरुषोत्तम।
भूतभावन भूतेश देवदेव जगत्पते ॥ 15 ॥

"हे पुरुषोत्तम, हे परमपुरुष, हे समस्त चराचर जगत् के उद्गम, हे देवों के देव, हे समस्त ब्रह्मांड के परमप्रभु! निश्चय ही एकमात्र स्वयं आप ही अपने को अपनी अंतरंग शक्ति को वश में करके जाननेवाले हो।"

वस्तुत: परमात्मा की महिमा और उनकी लीलाएँ अपार एवं अनंत हैं। उनके स्वरूप व तत्त्व को मात्र वे ही स्वयं जानते हैं या वे महापुरुष जिसके ऊपर कृपा कर, उसकी आत्मा में जाग्रत् होकर, भगवान् स्वयं उसे अपने स्वरूप की प्रतीति अनुभूत करा देते हैं, अन्यथा ज्ञान व बुद्धि की बड़ी-बड़ी डींगें हाँकनेवाले दार्शनिक या वैज्ञानिकों के

लिए भी वे विदित नहीं हैं। श्रीमद्भागवत में सूतजी कहते हैं—

वदन्ति तत्तत्त्वविदस्ततंब यज्ज्ञानमद्वयम्।
ब्रह्मेति परमात्मेति भगवानिति शब्दयते॥ (1.2.11)

"तत्त्ववेत्ता लोग ज्ञाता और श्रेय के भेद से रहित अखंड, अद्वितीय सच्चिदानंदस्वरूप ज्ञान को ही तत्त्व कहते हैं। उसी को कोई ब्रह्म, कोई परमात्मा और कोई भगवान् के नाम से पुकारता है।"

वक्तुमर्हस्यशेषेण दिव्या ह्यात्मविभूतयः।
याभिर्विभूतिभिर्लोकानिमांस्त्वं व्याप्य तिष्ठसि॥ 16॥

"इसलिए आप ही अपनी उन दिव्य विभूतियों को विस्तारपूर्वक कहने के योग्य हैं, जिनके द्वारा आप इन सब लोकों में व्याप्त हैं।"

भगवान् श्रीकृष्ण द्वारा अर्जुन को बताई गई, उनकी दिव्य सर्वव्यापकता को जिस रूप में व्यक्त किया गया है, सामान्य जन भगवान् की उसी सर्वव्यापकता के विषय में अधिक विचारशील रहते हैं। इसीलिए अर्जुन की यह जिज्ञासा स्वाभाविक रूप से जन सामान्य की ही जिज्ञासा है कि वे अपनी विभिन्न शक्तियों के द्वारा किस प्रकार सर्वव्यापी रूप में व्याप्त रहते हैं।

कथं विद्यामहं योगिंस्त्वां सदा परिचिन्तयन्।
केषु केषु च भावेषु चिन्त्योऽसि भगवन्मया॥ 17॥

"हे परम योगी! हे योगेश्वर! मैं किस तरह आपका चिंतन करता हुआ आपको जानूँ! हे भगवन! आपका किन-किन रूपों में, भावों में मेरे द्वारा चिंतन किया जाए!"

वस्तुतः परमात्मा की विभूतियों के संबंध में अर्जुन की जिज्ञासा इसलिए नहीं है कि भिन्न-भिन्न विभूतियों का ध्यान-जप देवता समझकर किया जाए, अपितु उन सभी विभूतियों में सर्वव्यापी परमेश्वर की सर्वव्यापकता की भावना को सहज स्वरूप में विदित करने के लिए है, क्योंकि भगवान् श्रीकृष्ण स्वयं ही कह आए हैं कि एक ही परमात्मा को सब स्थानों में व्याप्त जानना एक पहलू है तथा परमात्मा की भिन्न-भिन्न विभूतियों को भिन्न-भिन्न देवता मानना दूसरी बात है। इन दोनों दृष्टिकोणों में भक्ति-मार्ग की दृष्टि से अत्यंत भिन्नता है। 'योगिन' शब्द का प्रयोग इसी भाव में है, क्योंकि परमात्मा अपनी योगमाया के द्वारा विभिन्न स्वरूपों में प्रकट होते हैं। 'केशु केशु च भावेशु', भी इसी आशय से प्रयोग किया गया है कि जगत् के नाना प्रकार के प्राणी अपने हृदय में जैसे भाव रखते हैं, उसके अनुरूप ही वे एक ही परमात्मा की विभिन्न विभूतियों को विभिन्न रूपों में देखते हैं, जबकि परमात्मा तो सिर्फ एक ही हैं। नाना रूपेण ये जो भिन्नता है,

उसके वास्तविक स्वरूप को न समझ पाने के कारण वे भ्रमवश मायाजाल में उलझे रहते हैं और परमात्मा के आध्यात्मिक स्वरूप को विदित नहीं कर पाते।

विस्तरेणात्मनो योगं विभूतिं च जनार्दन।
भूयः कथय तृप्तिर्हि श्रृण्वतो नास्ति मेऽमृतम्॥ 18॥

"हे जनार्दन! आप अपनी योगशक्ति का तथा परम ऐश्वर्य रूप विभूतियों का पुनः विस्तार से वर्णन करिए। मैं आपके अमृतमय वचनों को सुनते हुए कभी भी तृप्त नहीं होता हूँ, क्योंकि जितना ही आपके विषय में सुनता हूँ, उतना ही आपकी अमृत वाणी को चखने की चाह प्रबल होती जाती है।"

श्री भगवानुवाच

हन्त ते कथयिष्यामि दिव्या ह्यात्मविभूतयः।
प्राधान्यतः कुरुश्रेष्ठ नास्त्यन्तो विस्तरस्य मे॥ 19॥

"अर्जुन की इस प्रकार की पृच्छाओं पर भगवान् श्रीकृष्ण ने अपने श्रीमुखारविंद से इस प्रकार कहा, 'हे कुरूश्रेष्ठ! हाँ, अब मैं तेरे लिए अपनी मुख्य-मुख्य दिव्य विभूतियों को प्रधानता से कहूँगा, क्योंकि मेरे विस्तार का अंत नहीं है।'"

परमात्मा का रूप स्वरूप, उनकी विभूतियाँ, उनकी शक्तियाँ, इतनी अनंत और रहस्यमय हैं कि उनको समझ पाना किसी जीवात्मा के लिए संभव नहीं है। इसीलिए श्रीकृष्ण अपने प्रधान स्वरूपों को ही अर्जुन से वर्णन करने हेतु तत्पर होते हैं।

अहमात्मा गुडाकेश सर्वभूताशयस्थितः।
अहमादिश्च मध्यं च भूतानामन्त एव च॥ 20॥

"हे गुडाकेश! मैं समस्त जीवों के हृदयों में स्थित परम आत्मा हूँ। मैं ही समस्त जीवों का आदि, मध्य और अंत हूँ।"

श्रीभगवान् का अर्जुन के लिए 'गुडाकेश' शब्द का संबोधन विशिष्ट है। 'गुडाकेश' का तात्पर्य है, 'निद्रा रूपी अंधकार को जीतनेवाला।' इस जगत् में जहाँ अधिकांश जीव अज्ञान रूपी कालनिशा में सुषुप्त हो भगवान् के दिव्य स्वरूप व तत्त्वों को समझ पाने में असमर्थ होते हैं, वहीं अर्जुन, अब श्रीभगवान् के ज्ञानोपदेश से ज्ञान को प्राप्त हो; अज्ञान रूपी अंधकार पर विजय कर; उनकी दिव्य विभूतियों को समझने के योग्य हो चुका है। इस दृष्ट-जगत् के समस्त जीवों में वे ही वह मूल महत्त्व हैं जो जीव को चैतन्य बनाता है—'प्रकृत्यादि सर्वभूतांतर्यामी सर्वशेषी च नारायणः'। ब्रह्मसंहिता में उल्लेख है, "विष्णोस्तु त्रीणि स्पाणि पुरुषाख्यान्यथो बिदुः" अर्थात् परमेश्वर ही इस सृष्टि में स्वयं

को तीन रूपों में व्यक्त करते है—'कारणोदकशायी विष्णु, गर्भोदकशायी विष्णु तथा क्षीरोदकशायी विष्णु।' समस्त जगत् के कारण भगवान् महाविष्णु के रूप में कारणार्णव में शयन करते हैं। श्रीमद्‌भागवत के एकादश स्कंध में श्रीभगवान् ने उद्धव को वही तथ्य बताए जो यहाँ अर्जुन का बताए हैं—

'अहमात्मोद्धवामीषां भूतानां सुहृदीश्वरः।
अहं सर्वाणि भूतानि तेषां स्थित्युभ्दवाप्ययः॥' (11.16.9)

"उद्धवजी! मैं समस्त प्राणियों का हितैषी, आत्मा, सुहृद और ईश्वर-नियामक हूँ। मैं ही इन समस्त प्राणियों और पदार्थों के रूप में हूँ और इनकी उत्पत्ति, स्थिति और प्रलय का कारण भी मैं हूँ।"

आदित्यानामहं विष्णुर्ज्योतिषां रविरंशुमान्।
मरीचिर्मरुतामस्मि नक्षत्राणामहं शशी॥ 21॥

"मैं ही द्वादश आदित्यों में विष्णु, प्रकाश में तेजस्वी सूर्य हूँ। मैं उनचास वायु देवताओं में मरीचि नामक वायु तथा नक्षत्रों में नक्षत्रों का अधिपति चंद्रमा हूँ।"

बारह आदित्यों में जो वैदिक देवताओं में प्रमुख हैं, उनमें प्रधान आदित्य विष्णु मैं ही हूँ। श्रीकृष्ण कहते हैं कि ज्योतियों में अंशुमान सूर्य वे ही हैं। उनचास वायुओं में मुख्य मरीचि नामक वायु वही हैं। इन उनचास वायुओं का संदर्भ श्रीतुलसीदास कृत रामचरितमानस के सुंदर कांड (25) में हनुमानजी द्वारा लंका दहन के समय इस प्रकार आया है—"हरि प्रेरित तेहि अवसर चले मरूत उनचास।" यहाँ यह भी संकेत है कि चंद्रमा एक नक्षत्र है। अत: टिमटिमाते तारे सूर्य न होकर चंद्रमा के समान हैं। परमात्मा समस्त पदार्थों में व्याप्त होते हुए भी कुछ में क्रमिक रूप से ज्यादा प्रबल रूप में दृष्टव्य हैं। इसलिए वे पदार्थों की तुलना में चेतना में, ऋषियों में, मनीषियों में, सिद्धों में उत्तरोत्तर अधिक व्यक्त रूप में स्थित हैं।

वेदानां सामवेदोऽस्मि देवानामस्मि वासवः।
इन्द्रियाणां मनश्चास्मि भूतानामस्मि चेतना॥ 22॥

"मैं वेदों में सामवेद हूँ, देवताओं में इंद्र हूँ, इंद्रियों में मन हूँ, तथा समस्त जीवों में चेतना रूपी जीवनशक्ति हूँ।"

विद्वान् नीलकंठ ने कहा है, 'सामवेदो ज्ञानेन् रमणीयात्वत' अर्थात् सामवेद अपने संगीतमय सौंदर्य के कारण वेदों में प्रमुख है। इसीलिए गीता में [प्रणवः सर्ववेदेशु'(7.8)] तथा 'श्रकसामयजुरेव च' (9.17) ऋग्वेद की अपेक्षा सामवेद को

अग्र स्थान दिया गया है। छांदोग्य उपनिषद् में ऊँकार को ही उद्गीथ बताते हुए लिखा है कि यह उद्गीथ सामवेद का सार है। 'एशां भूतानां पृथिवी रसः पृथिव्या आपो रसः, अपामोशधयो रस औशधीनां पुरुषों रसः पुरुषस्य वाग्रसो वाच श्रृग्रस श्रृचः साम रसः साम्न उद्गीथो रसः"—इस समस्त जगत् के चराचर प्राणियों की उत्पत्ति स्थिति व लय पृथ्वी में भी निहित होने का कारण उनका आधार पृथ्वी में है। पृथ्वी का रस जल है, जल का रस औषधियाँ हैं, औषधियों का रस पुरुष है, पुरुष का रस वाक् है, वाक् का रस श्रृक है, श्रृक का रस साम है और साम का रस उद्गीथ है। सामवेद ऋग्वेद का सार है (छांदो. उप. 1.1.2), परंतु भक्तिमार्ग में परमात्मा की मानयुक्त स्तुति को सदैव प्रधानता दी जाती है। नारायणीय धर्म में नारद ने भगवान् का वर्णन करते हुए कहा है कि 'वेदेषु सपुराणेषु सांगोपांगेषु गीसे'-(मभा.शा. 334.23)। इसलिए यज्ञकर्म आदि क्रियात्मक वेदों की तुलना में संगीत स्वर प्रधान सामवेद को संभवतया अधिक महत्त्व दिया गया है।

रुद्राणां शङ्करश्चास्मि वित्तेशो यक्षरक्षसाम्।
वसूनां पावकश्चास्मि मेरुः शिखरिणामहम्॥ 23॥

"मैं एकादश रूद्रों में शंकर हूँ और यक्ष तथा राक्षसों में धन का स्वामी कुबेर हूँ। मैं आठ वसुओं में अग्नि हूँ तथा शिखरवाले उत्तांग पर्वतों में सुमेरू पर्वत हूँ।"

पुरोधसां च मुख्यं मां विद्धि पार्थ बृहस्पतिम्।
सेनानीनामहं स्कन्दः सरसामस्मि सागरः॥ 24॥

"हे पार्थ! मुझे समस्त पुरोहितों में मुख्य पुरोहित बृहस्पति जानो। मैं ही सेनापतियों में स्वामी कार्तिकेय तथा समस्त जलाशयों में समुद्र हूँ।"

महर्षीणां भृगुरहं गिरामस्म्येकमक्षरम्।
यज्ञानां जपयज्ञोऽस्मि स्थावराणां हिमालयः॥ 25॥

"मैं महर्षियों में भृगु हूँ, वचनों में एक अक्षर अर्थात् दिव्य ओंकार हूँ और सब प्रकार के यज्ञों में जपयज्ञ और समस्त स्थिर अचल पदार्थों में हिमालय हूँ।"

सृष्टि की रचना के समय ब्रह्माजी ने विभिन्न योनियों के विस्तार के लिए अनेकानेक मानस पुत्रों को सृजित किया, जिसमें महर्षियों में भृगु ऋषि श्रेष्ठ माने गए हैं। दिव्य ध्वनि ओंकार ही परमब्रह्म की शब्दाध्वनि है। समस्त यज्ञों में प्रभु के नाम का जप ही सरलतम एवं श्रेष्ठ है। पिछले श्लोक में उल्लेखित मेरू तो कभी-कभी चलायमान भी हो जाता है, किंतु हिमालय सदैव अचल है। इसीलिए प्रलयकाल में मनु ने हिमालय के एक उत्तंग

शिखर में ही बँधकर शरण ली थी।

अश्वत्थः सर्ववृक्षाणां देवर्षीणां च नारदः।
गन्धर्वाणां चित्ररथः सिद्धानां कपिलो मुनिः॥ 26॥

"मैं समस्त वृक्षों में अश्वत्थ अर्थात् पीपल का वृक्ष हूँ, देवर्षियों में नारद ऋषि हूँ, मैं गंधर्वों में चित्ररथ हूँ और सिद्ध पुरुषों में कपिल मुनि हूँ।"

उच्चैःश्रवसमश्वानां विद्धि माममृतोद्भवम्।
ऐरावतं गजेन्द्राणां नराणां च नराधिपम्॥ 27॥

"देवासुर संग्राम के समय अमृत प्राप्ति के लिए किए गए समुद्र-मंथन में समुद्र से उत्पन्न उच्चैश्रवा अश्व मुझे ही जानो। उसी प्रकार समुद्र-मंथन से उत्पन्न ऐरावत हाथी को, जो गजराजों में श्रेष्ठ है, मुझे ही जानो। मनुष्यों में राजा मुझे ही जानो।"

राजा ही मनुष्यों का पालनकर्ता व संरक्षणदाता होता है। इसलिए उसे ईश्वर का प्रतिनिधि भी माना जाता है।

आयुधानामहं वज्रं धेनूनामस्मि कामधुक्।
प्रजनश्चास्मि कन्दर्पः सर्पाणामस्मि वासुकिः॥ 28॥

"मैं अस्त्र-शस्त्रों में वज्र हूँ, गायों में कामधेनु हूँ, संतति उत्पत्ति के कारणों में प्रेम का देवता कामदेव मैं ही हूँ तथा सर्पों में सर्पराज वासुकि मैं ही हूँ।"

अनन्तश्चास्मि नागानां वरुणो यादसामहम्।
पितृणामर्यमा चास्मि यमः संयमतामहम्॥ 29॥

"अनेक फनोंवाले नागों में शेषनाग मैं हूँ तथा जलचरों में उनका अधिपति वरुण मैं हूँ, मैं पितरों में अर्यमा नामक पित्रेश्वर हूँ तथा नियमों के निर्वाह और नियमनकर्ताओं में मैं मृत्यु का अधिपति यमराज हूँ।"

प्रह्लादश्चास्मि दैत्यानां कालः कलयतामहम्।
मृगाणां च मृगेन्द्रोऽहं वैनतेयश्च पक्षिणाम्॥ 30॥

"दैत्यों में मैं हिरण्यकश्यप दैत्य का पुत्र भक्तराज प्रह्लाद हूँ, दमन करनेवालों में मैं काल हूँ, पशुओं में सिंह तथा पक्षियों में गरुड़ हूँ।"

दैत्य तथा देवता कोई अलग नहीं, अपितु एक ही पिता की संतान थे, जिनकी दिति तथा अदिति नाम की दो पत्नियाँ परस्पर सगी बहनें थीं। अदिति के पुत्र आदित्य कहलाते

हैं और दिति के पुत्र दैत्य। सब आदित्यों में दैव संपदा का बाहुल्य प्रधान था और सारे दैत्यों में तामसिक आसुरी प्रवृत्तियों का बाहुल्य था। प्रह्लाद का जन्म दैत्य कुल में हुआ, किंतु वे बचपन से ही भगवान् श्रीहरिविष्णु के परम भक्त थे। प्रह्लाद अर्थात् पर-आहलाद अर्थात् 'परम के लिए विकलता'। यही वह भाव है, जहाँ जीव परमात्मा में प्रवेश पाता है। 'कलयतामहम्' अर्थात् दमन या मर्दन या हास। दमन करनेवाली स्थितियों में काल इस जगत् के प्रत्येक पदार्थ को क्षीण कर देता है। पशुओं में 'मृगेंद्र' अर्थात् वन में सिंह ही समस्त पशुओं को वश में रखता है। आहार, निद्रा, मैथुन, क्रोध-ये प्रवृत्तियाँ पशुओं तथा मनुष्यों में समान रूप से व्याप्त होती हैं, किंतु बुद्धि-विवेक का आधिक्य ही मनुष्य को पशुओं से श्रेष्ठ सिद्ध करता हुआ परम तत्त्व की प्राप्ति हेतु साधन पथ दिखाता है। पक्षियों में गरूड़-'पक्षियों की भाँति इंद्रियों के विभिन्न विषय कामनाओं में उड़ते हुए मन की स्वेच्छाचारी उड़ान पर ज्ञान रूपी गरुड़ ही संयमन कर सकता है, जो मन के सर्प रूपी संशयों को डस कर नियंत्रित करता रहता है।' परमात्मा विष्णु रूप में इस सृष्टि के अणु से अणुतम पदार्थ में विद्यमान हैं तथा विष्णु की सवारी गरुड़ मूलतः ज्ञान-विवेक का संवाहक बन; जीवात्मा को इंद्रियों पर संयम रखना सिखाते हुए; उसके मन को निःस्पृह बनाते हुए इष्ट प्राप्ति की ओर ले जाते हैं।

पवनः पवतामस्मि रामः शस्त्रभृतामहम्।
झषाणां मकरश्चास्मि स्रोतसामस्मि जाह्नवी॥ 31॥

"समस्त पवित्र करनेवालों में मैं वायु हूँ। शस्त्रधारियों में मैं राम हूँ, मछलियों में मैं मगर तथा प्रवाहमान नदियों में मैं गंगा नदी हूँ।"

वायु के वेग से जल-थल दोनों की दूषितता दूर होती रहती है। वायु अपने उनचास प्रकारों में सतत गतिमान रहती है। परमात्मा जो समस्त ब्रह्मांड के कण-कण में रमे हैं; जिनमें योगीजन सतत रमण करते हैं; वही परमात्मा इंद्रिय-संयम से विषय-विकार रूपी बाह्य-शस्त्रों से मन की रक्षा करते हुए परममुक्ति के मार्ग पर साधक को प्रशस्त करते हैं। जलचरों में मगरमच्छ बाह्य खतरों से मछलियों की रक्षा करते हैं। जिस जलाशय में मगर हों वहाँ शिकारी भयभीत रहते हैं। नदियों में गंगाजी का जल पवित्रता प्रदान करनेवाला होता है।

सर्गाणामादिरन्तश्च मध्यं चैवाहमर्जुन।
अध्यात्मविद्या विद्यानां वादः प्रवदतामहम्॥ 32॥

"हे अर्जुन! समस्त सृष्टियों का आदि, अंत और मध्य भी मैं ही हूँ तथा मैं समस्त विद्याओं में अध्यात्म विद्या हूँ। तर्कशास्त्रियों द्वारा तर्कों में तत्त्व निर्णय के लिए किया

जानेवाला निर्णायक सत्य भी मैं ही हूँ।"

परमब्रह्म ही ब्रह्मा के रूप में सृष्टियों का सृजन, विष्णु रूप में सृष्टि का पालन तथा रक्षण एवं महेश या शिवजी के रूप में सृष्टियों का संहार करते हैं। सृष्टियों में प्रत्येक क्रिया उन परमात्मा के ही निर्देशन में संपादित हो रही है। इसलिए भौतिक जगत् की अन्य सब विद्याओं में अध्यात्म ज्ञान 'श्रीभगवान्' ही हैं। शरीरी अनुभूति से आत्मा की अनुभूति को जाग्रत् कर देनेवाली अध्यात्म विद्या वे हैं। विद्वानों में होनेवाली चर्चाओं का निर्णायक अहम् तत्त्व भी वे ही हैं।

अक्षराणामकारोऽस्मि द्वन्द्वः सामासिकस्य च।
अहमेवाक्षयः कालो धाताऽहं विश्वतोमुखः॥ 33॥

"अक्षरों में ओंकार अर्थात् प्रथम शब्द मैं हूँ, सामासिक शब्दों अर्थात् समासों में द्वंद्व समास हूँ तथा अक्षय काल अर्थात् काल का भी महाकाल और विराटस्वरूप सबका धारण-पोषण करनेवाला भी मैं ही हूँ।"

ओंकार के बिना कोई स्वर उच्चरित नहीं हो सकता। इसीलिए वह आदि स्वर है। संस्कृत में कई सामासिक शब्द होते हैं जिसमें द्वंद्व नामक समास परमात्मा ही हैं, जो इंद्रियों से मन को परे ले जा; इंद्रियातीत हो; द्वंद्व को विजय कर; साधक को इष्ट में प्रवेश सुलभ करा देते हैं। काल के वश में सारा जगत् है। वह सर्वोपरि एवं सदैव परिवर्तनशील है, किंतु जब जीवात्मा शाश्वत मूल परमात्मा में लय हो जाती है तो वह अक्षय व शाश्वतता को प्राप्त होती है। ऐसी अवस्था की प्राप्ति मात्र परमात्मा में ही है। सर्वत्र व्याप्त सबका धाता-विधाता परमात्मा ही हैं।

मृत्युः सर्वहरश्चाहमुद्भवश्च भविष्यताम्।
कीर्तिः श्रीर्वाक्च नारीणां स्मृतिर्मेधा धृतिः क्षमा॥ 34॥

"मैं सबका क्षय करनेवाली मृत्यु, और आगे होनेवाली उत्पति का कारण हूँ तथा स्त्रियों में कीर्ति, श्री, वाक्, स्मृति, मेधा, धृति और क्षमा हूँ।"

वस्तुतः प्रत्येक जीव जन्म के उपरांत शनैः-शनैः क्षय को प्राप्त हो मृत्युगामी होता है। यह मृत्यु भी परमात्मा की ही एक विभूति है। जीवात्मा के गर्भ से मुक्ति उसमें होनेवाले छः क्रमिक परिवर्तनों में प्रथम है। इसी के उपरांत वह क्षीण होता हुआ समाप्ति की ओर बढ़ता है। इसीलिए प्रथम उत्पत्ति ही भावी कर्मों का शुभारंभ होने के कारण परमात्मा स्वरूप है। कीर्ति आदि सात ऐश्वर्य स्त्रीवाचक हैं जो बिना लिंग भेद के सभी में उपस्थित रहते हैं। इसलिए ये ऐश्वर्य परमात्मा की ही विभूतियाँ हैं।

बृहत्साम तथा साम्नां गायत्री छन्दसामहम्।
मासानां मार्गशीर्षोऽहमृतूनां कुसुमाकरः ॥ 35 ॥

"सामवेद के गीतों में मैं बृहत्साम हूँ, छंदों में मैं गायत्री मंत्र हूँ, समस्त महीनों में मार्गशीर्ष तथा समस्त ऋतुओं में बसंत ऋतु हूँ।"

श्रीभगवान् पूर्व में ही सामवेद के संबंध में स्वयं बता चुके हैं कि इस गीतोमयी सामवेद में अर्धरात्रि काल में गाए जानेवाले बृहत्साम की ध्वनि सुमधुर है। इंद्रिय-जनित काम-विषयों की अर्धनिशा की रात्रि में प्राप्त जागृति में समत्व को प्रेरित करनेवाली स्थिति स्वयं परमात्मा हैं। गायत्री मंत्र मात्र छंद नहीं, अपितु ईश्वर-साक्षात्कार का निमित्त है जिसे ऋषि विश्वामित्र ने ब्रह्मर्षि बनने के लिए किए जा रहे प्रयासों में तीन बार विचलन होने पर स्वयं को पूर्णतया परमात्मा की इच्छा के प्रति समर्पित करते हुए रचा था। 'ॐ भूर्भुवः स्वः तत्सवितुर्वरेण्यं भर्गो देवस्य धीमहि धियो यो नः प्रचोदयात्'—"भूः, भुवः और स्वः इन त्रिलोकों में मूल तत्त्व रूप में व्याप्त परब्रह्म, आप ही वंदनीय हैं। हमें ऐसे बुद्धि, विवेक और प्रेरणा दें, जिससे हम आपको प्राप्त कर लें।" जब जीवात्मा; अपने ज्ञानबुद्धि के अहंकार को त्याग कर अपने को संपूर्ण रूप से इष्ट के निमित्त अर्पित कर देता है, तभी वह परमतत्त्व को प्राप्त होता है। ऐसी भावना स्वयं परमात्मा से प्रेरित होती है। मासों में मार्गशीर्ष (अगहन) मास सर्वोत्तम माना गया है, क्योंकि भारतवर्ष में इस मास में खेतों से फसल काटी जाती है, जिससे अत्यंत प्रसन्नता का अवसर रहता है। बसंत ऋतु में सम मौसम के कारण वृक्षों पर हरियाली व फूल आने से संपूर्ण प्रकृति में उल्लास आ जाता है।

द्यूतं छलयतामस्मि तेजस्तेजस्विनामहम्।
जयोऽस्मि व्यवसायोऽस्मि सत्त्वं सत्त्ववतामहम्॥ 36 ॥

"मैं छल करनेवालों में द्यूत-क्रीड़ा अर्थात् जुआ हूँ और तेजस्वियों का तेज मैं हूँ, जीतने वालों की विजय मैं हूँ। निश्चय करनेवाले व्यवसायियों का साहस और सात्त्विक पुरुषों का सात्त्विक भाव मैं हूँ।"

'माया महा ठगनी हम जानी' (कबीरदास)-संपूर्ण प्रकृति माया के आवरण से आच्छादित है। उसके इस द्वंद्व से निकलकर, परमात्मा के भजन में लीन होनेवाला भाव ही वस्तुतः इस माया को छलकर जीव को मुक्ति दिला सकता है। तभी वह प्रकृति के विषयात्मक जुए में जीत आगे बढ़ सकता है। तेजस्वियों में जो आभा है वह परमात्मा का ही तेज है। विजयी बनाने में परमात्मा ही सहायक हैं। इसीलिए विजयी लोगों की विजय मूलतः वे ही हैं। व्यवसायियों का निश्चय बुद्धियात्मक साहस वही हैं, जिससे बुद्धि समरूप हो जाती है। सात्त्विक पुरुषों का सत् तत्त्व भी परमात्मा की ही देन है।

वृष्णीनां वासुदेवोऽस्मि पाण्डवानां धनंजयः।
मुनीनामप्यहं व्यासः कवीनामुशना कविः॥ 37॥

"वृष्णिवंशियों (जो यदुवंशियों में ही एक वंश था) में वासुदेव, पांडवों में धनंजय अर्जुन, मुनियों में वेदव्यास और महान् विचारकों में उशना (शुक्राचार्य) मैं ही हूँ।"

दण्डो दमयतामस्मि नीतिरस्मि जिगीषताम्।
मौनं चैवास्मि गुह्यानां ज्ञानं ज्ञानवतामहम्॥ 38॥

"अन्याय का दमन करनेवालों की दंड शक्ति मैं ही हूँ। जो जीतने के आकांक्षी हैं, उनकी नीति मैं हूँ और गोपनीयों में अर्थात् गुप्त रखने योग्य भावों में मैं मौन हूँ तथा ज्ञानवालों का तत्त्वज्ञान मैं हूँ।"

यच्चापि सर्वभूतानां बीजं तदहमर्जुन।
न तदस्ति विना यत्स्यान्मया भूतं चराचरम्॥ 39॥

"हे अर्जुन! इस सृष्टि में जो कुछ भी दृष्टिगोचर होता है तथा इसमें स्थित है, सबका बीज मैं ही हूँ, क्योंकि ऐसा चर और अचर कोई भी प्राणी नहीं है, जो मुझसे रहित हो। इसीलिए सबकुछ मेरा ही स्वरूप है।"

नान्तोऽस्ति मम दिव्यानां विभूतीनां परंतप।
एष तूद्देशतः प्रोक्तो विभूतेर्विस्तरो मया॥ 40॥

"हे परंतप! मेरी दैवी विभूतियों का कोई अंत नहीं है और यह जो मैंने अपनी विभूतियों का विस्तार तेरे लिए कहा है, वह तो मेरी अनंत विभूतियों के मात्र कुछ उदाहरणार्थ संकेत हें।"

यद्यद्विभूतिमत्सत्त्वं श्रीमदूर्जितमेव वा।
तत्तदेवावगच्छ त्वं मम तेजोंऽशसंभवम्॥ 41॥

"तुम यह सत्य जान लो कि इस सृष्टि में जो-जो ऐश्वर्य युक्त, सौंदर्यपूर्ण, तेजस्वी वस्तुएँ हैं, वे सब मेरे तेज के अंश मात्र से उद्भूत है।"

वस्तुतः सृष्टि में जो भी उल्लास एवं आनंद का भाव है, वह सब परम पुरुष परमात्मा के पुरुष से प्रकृति के संयोजन के फलस्वरूप दृष्टव्य है। जब भी कहीं कोई ह्रास या अवनति मानव जाति में देखने को मिलती है, तब परमात्मा अपने किसी साधन से मनुष्य को उन्नति की ओर प्रशस्त कर देते हैं। इसी स्थिति को श्रीकृष्ण भगवान् पूर्व में कह आए हैं कि पृथ्वी पर जब-जब धर्म की हानि होती है तथा अधर्म का प्रादुर्भाव होता

है, तब-तब वे अपने को प्रकट कर संतजनों तथा सात्त्विक प्रवृत्तियों की रक्षा करते हैं। वे मात्र भारतवर्ष के जीवात्माओं की बात नहीं कर रहे हैं, अपितु विश्व में किसी भी स्थान पर ऐसा होता है तो आसुरी व तामसिक वृत्तियों के दमन के लिए, वे ही विभिन्न स्वरूपों में समाज का रक्षण, पालन-पोषण व अभ्युदय करते हैं।

अथवा बहुनैतेन किं ज्ञातेन तवार्जुन।
विष्टभ्याहमिदं कृत्स्नमेकांशेन स्थितो जगत्॥ 42॥

"इसलिए हे अर्जुन! इतने वृहद विशद ज्ञान को जानने का तेरा क्या प्रयोजन है? मैं तो इस संपूर्ण जगत् में व्याप्त होते हुए भी अपनी योगमाया के एक अंश मात्र से इसको धारण करता हूँ।"

श्रीमद्भागवत में श्रीभगवान् का उपदेश है कि—

'अहमवासवाग्रे नान्यद् यत् सदसत् परम्।
पश्चादेहं यदेतच्च योऽवशिष्येत सोऽस्म्यहम्॥ (2.7.32)

"सृष्टि के पूर्व में केवल मैं-ही-मैं था। मेरे अतिरिक्त न स्थूल था, न सूक्ष्म और न तो दोनों का कारण अज्ञान। जहाँ यह सृष्टि के रूप में जो कुछ प्रतीत हो रहा है, वह भी मैं हूँ और जो कुछ बचा रहेगा, वह भी मैं ही हूँ।" इसीलिए भगवान् श्रीकृष्ण कहते हैं, "अर्जुन, मेरी विभूतियाँ तो वृहद एवं विशद हैं। उन सबको जानने से भला क्या प्रयोजन सिद्ध होगा! वे पूर्व में ही कह चुके हैं कि समस्त शून्य-अशून्य को वे अपने अंश मात्र से धारण करते हैं। ऋग्वेद की ऋचा पुरुषसूक्त में भी यही उल्लेख आया है, 'पादोस्य विश्वा भूतानि त्रिपादस्यामृंत दिवि' (10.90..3) और यही छांदोग्य उपनिषद् (3.12.6) में भी वर्णित है। स्पष्ट है कि जब परमात्मा अपने एक अंश से ही इस संपूर्ण जगत् को धारण करते हैं तब इसकी अपेक्षा परमात्मा का विभुत्व व प्रभुत्व कितना विशद, विशाल व अनंत होगा, जो कि महान् विदुषी विद्वानों की समझ व परिकल्पना से कहीं अधिक परे होगा; जहाँ न तो उनका कोई विवेकशील तर्क पहुँच पाएगा और न ही उनकी चैतन्यता! इसलिए जीव समस्त हेतु व कारणों से अपनी निष्ठा एवं श्रद्धा समेट कर; एकीभाव हो; परमात्मा की भक्ति में रम जाए, रस जाए तभी वह परमभाव के तत्त्वों को विदित कर पाएगा।

ॐ तत्सदिति श्रीमद्भागवदगीतासूपनिषत्सु ब्रह्मविधायाँ योगशास्त्रे
श्रीकृष्णार्जनु संवादे विभूतियोगो नाम दशमोऽध्यायः

अतएव श्रीमद्भागवदगीता उपनिषद् के ब्रह्मविद्यांतर्गत योग शास्त्र में श्रीकृष्ण-अर्जुन के संवाद में 'विभूतियोगो' नामक दसवाँ अध्याय पूर्ण हुआ।

अमृत सार

सारे संसार का निमित्त एवं कारण स्वरूप परमात्मा ही हैं तथा यह सारा जगत् उन्हीं में तथा उन्हीं से निर्मित, स्थित एवं संचालित है। ऐसे भगवान् यदि किसी के वश में हैं तो मात्र अपने भक्त के। इसीलिए भगवान् श्रीकृष्ण अपने प्रिय भक्तों के कल्याणार्थ उस परम रहस्यमयी, गोपनीय ज्ञान को अर्जुन के माध्यम से उजागर करते हैं, जिससे भक्तजन परमात्मा की नाना रूपेण दिव्य विभूतियों एवं ऐश्वर्य की झलक प्राप्त कर सकें तथा अनन्य भक्ति-भाव तथा निष्काम नियत कर्मसाधना से प्रकृति के घने माया रूपी आवरण को काटकर परमात्मा के स्वरूप में ढल सकें। परमात्मा के द्वारा प्रदत्त परम रहस्यमय ज्ञान उनसे अतिशय प्रेम तथा सखा भाव रखनेवाले अनन्य भक्त को ही सुलभ है अन्यथा बड़े-बड़े ऋषि, महर्षि, देवतागण भी परमात्मा की उत्पत्ति, ऐश्वर्य, वैभव, विभूतियों, नाम, रूप, गुणों आदि को जान नहीं पाते। इसी दुर्लभ मानव योनि में मनुष्य अपनी ज्ञान-भक्ति द्वारा बुद्धि योग से परमात्मा की ओर उन्मुख हो सकता है या फिर काम-वासनाओं के भव-सागर में फँस पुनार्गमन के चक्र में जकड़ा रह सकता है। ऐसे परम तत्त्व का बोध तो जीव को सद्गुरु या तत्त्वदर्शी की प्रेरणा से ही हो पाता है, जो आत्मभाव का उत्सर्ग कर मनुष्य के अंत:करण में व्याप्त अज्ञान के गहन अंधकार को धीरे-धीरे काटता-छाँटता हुआ मनुष्य के हृदय में ज्ञान का दीपक प्रज्वलित कर उसे परमात्मा की प्राप्ति करा देता है। भगवान् की महिमा और लीलाएँ अपार, अनंत एवं परम रहस्यमयी हैं। इसीलिए अर्जुन उनकी स्तुति करते हुए जिज्ञासा व्यक्त करता है कि स्वयं परमात्मा ही अपनी दिव्य विभूतियों का वर्णन करने तथा वह विधि बता सकने में सक्षम हैं, जिससे यह जाना जा सके कि भक्त के द्वारा भगवान् का किन-किन रूपों तथा भावों में चिंतन किया जाए। अर्जुन की यह जिज्ञासा इसलिए नहीं है कि भिन्न-भिन्न विभूतियों का ध्यान-जप देवता समझकर किया जाए, अपितु उन सभी विभूतियों में सर्वव्यापी परमेश्वर की सर्वव्यापकता की भावना को सहज रूप से विदित करने के लिए है, क्योंकि जगत् के नाना प्रकार के जीव अपने अंत:करण में जैसे भाव रखते हैं, उसी के अनुसार वे एक ही परमात्मा की नाना रूपेण विभूतियों को विभिन्न रूपों में देखते हैं, जबकि परमात्मा तो सिर्फ एक हैं। अर्जुन के अनुरोध पर श्रीकृष्ण ने अपनी इक्कयासी विभूतियों का वर्णन करते हुए कहा कि उनकी दैवी-विभूतियों का कोई अंत नहीं है। ये मात्र कुछ उदाहरण हैं, क्योंकि सृष्टि में जो-जो ऐश्वर्य, सौंदर्य तेज से युक्त वस्तुएँ हैं, वे सब उनके तेज के एक अंश मात्र से उद्भूत हैं तथा वे तो इस संपूर्ण सृष्टि में व्याप्त होते हुए भी अपनी योगमाया के अंश मात्र से उनको धारण करते हैं। अत: समस्त शून्य-अशून्य को मात्र अपने एक अंश से धारण करनेवाले परमेश्वर का विभुत्व

व प्रभुत्व कितना अनंत, विशाल होगा, उसकी परिकल्पना करना भी विदुषी जनों की समझ व विवेकशील तर्कों की पहुँच से परे है। इसीलिए, समस्त हेतुओं, कारणों से अपनी निष्ठा समेट कर परमात्मा में अनन्य श्रद्धापूर्वक एकीभाव हो उनकी भक्ति में रम जाना ही एकमात्र उपाय है।

□

अथैकादशोऽध्यायः

विराट् स्वरूप
स्वयमेव शाश्वत सत्ता का प्रमाण

परमात्मा की माया, उसकी परा-अपरा शक्तियों के तत्त्वों का रहस्य अत्यंत विशुद्ध, विराट्, गुह्यतम एवं असीम है। उसके तत्त्व ज्ञान का श्रीकृष्ण भगवान् ने अत्यंत सहज व सरल रूप में अर्जुन को बोध कराया। सातवें अध्याय में संक्षिप्त में ही ज्ञान व विज्ञान के निरूपण से आरंभ कर सातवें व आठवें अध्याय में परमात्मा के असीम, अनंत अक्षर, एक अव्यक्त स्वरूप के कतिपय तत्त्वों का तथा नवें व दसवें अध्याय में परमात्मा के अनेक व्यक्त स्वरूपों का जो ज्ञान दिया गया, उसे सुनकर अर्जुन को परमात्मा के विश्वस्वरूप को साक्षात् देखने की इच्छा उत्पन्न हुई। इसलिए वह कहता है—

अर्जुन उवाच

मदनुग्रहाय परमं गुह्यमध्यात्मसंज्ञितम्।
यत्त्वयोक्तं वचस्तेन मोहोऽयं विगतो मम॥ 1॥

"अर्जुन ने कहा, 'मुझ पर अनुग्रह करने के लिए आपने जिन अत्यंत गोपनीय आध्यात्मिक विषयों का मुझे उपदेश दिया है, उन्हें सुनकर मेरा अज्ञान नष्ट हो गया है।'"

अर्जुन को यह भ्रम था कि यह संसार स्वयमेव ही अस्तित्व में रहता है तथा समस्त व्यवस्थाएँ भी स्वयमेव बनती एवं मिटती रहती हैं। समस्त भूतादिक, ईश्वरीय सत्ता से पृथक, स्वयं ही विकास व विनाश को प्राप्त होते हैं। अपने प्रथम अध्याय में अज्ञानतावश किए गए आचरण का उसे आभास हो गया था। इसीलिए वह यहाँ यह स्वीकार करता है कि परमात्मा श्रीकृष्ण के द्वारा उपदेशित अत्यंत गुह्य विषयों को जानकर उसका मोह रूपी अविवेक समाप्त हो चुका है।

भवाप्ययौ हि भूतानां श्रुतौ विस्तरशो मया।
त्वत्तः कमलपत्राक्ष माहात्म्यमपि चाव्ययम्॥ 2॥

"हे राजीव नयन! मैंने आपसे समस्त भूत-प्राणियों की उत्पत्ति तथा प्रलय के विषय में विस्तार से सुना है तथा आप की अक्षय, अविनाशी महिमा का अनुभव किया है।"

एवमेतद्यथात्थ त्वमात्मानं परमेश्वर।
द्रष्टुमिच्छामि ते रूपमैश्वरं पुरुषोत्तम॥ 3॥

"हे परमेश्वर! आप अपने को जैसा कहते हो ठीक वैसा ही आपको मैं अपने समक्ष वास्तविक रूप में देख रहा हूँ, किंतु हे पुरुषोत्तम! मैं आपके ज्ञान, ऐश्वर्य, शक्ति, बल, वीर्य और तेजयुक्त रूप; जिससे आप इस जगत् में प्रविष्ट हुए हैं; उसी स्वरूप का प्रत्यक्ष दर्शन करना चाहता हूँ।"

मन्यसे यदि तच्छक्यं मया द्रष्टुमिति प्रभो।
योगेश्वर ततो मे त्वं दर्शयाऽत्मानमव्ययम्॥ 4॥

"इसलिए हे प्रभु! यदि मुझमें आपका वह स्वरूप देखने का सामर्थ्य हो तो कृपा करके मुझे आप अपने असीम विश्वस्वरूप का दर्शन कराइए।"

अभी तक अर्जुन भगवान् श्रीकृष्ण के मानवीय रूप को ही देख रहा था। श्रीकृष्ण भगवान् अर्जुन को अपने वास्तविक शाश्वत स्वरूप की कतिपय विभूतियों का वर्णन कर यह कहते हैं कि मेरी विभूतियों के वर्णन से तेरा क्या प्रयोजन है? यह समस्त ब्रह्मांड तो मात्र मैं अपने अंश रूप में धारण करता हूँ।" उनका ऐसा कथन स्वाभाविक रूप से यह संकेत दे रहा है कि भौतिक इंद्रियों से परमात्मा के स्वरूप को देख, सुन व समझ पाना संभव नहीं है। मात्र दिव्य प्रेमाभक्ति व संपूर्ण समर्पण के उपरांत ही परमात्मा की कृपा और इच्छा से उनकी दिव्यता को अनुभूत किया जा सकता है। इसीलिए अर्जुन भगवान् से अनुरोध करता है कि यदि वह उसे अपने दिव्य विश्वस्वरूप को देखने के योग्य समझते हों तो उसे उस रूप का दर्शन करा दें। श्रीकृष्ण ने अपने भक्त व सखा अर्जुन से कोई दुराव-छुपाव नहीं रखा तथा अत्यंत प्रेम से अपने स्वरूप के दिव्य दर्शन अर्जुन को सुलभ करा दिए।

श्री भगवानुवाच

पश्य मे पार्थ रूपाणि शतशोऽथ सहस्रशः।
नानाविधानि दिव्यानि नानावर्णाकृतीनि च॥ 5॥

"अर्जुन के उक्त अनुरोधात्मक अनुनय-विनय को सुन श्रीकृष्ण भगवान् बोले,

हे पार्थ! मेरे सैकड़ों तथा हजारों, नाना प्रकार के वर्ण, रंग और आकृति वाले दिव्य 'अलौकिक रूप को देखो।'"

पश्यादित्यान्वसून्रुद्रानश्विनौ मरुतस्तथा।
बहून्यदृष्टपूर्वाणि पश्याऽश्चर्याणि भारत॥ 6॥

"हे भारत! तुम आदित्यों अर्थात् अदिति के बारह पुत्रों को, आठ वसुओं को, एकादश रूद्रों को, दोनों अश्विनी कुमारों को, उन्यासी मारूतियों को तथा और भी इसके पूर्व न देखे गए अनेकों नाना प्रकार के आश्चर्यमय रूपों को देखो जिन्हें पहले किसी ने न तो कभी देखा है और न सुना है।"

इहैकस्थं जगत्कृत्स्नं पश्याद्य सचराचरम्।
मम देहे गुडाकेश यच्चान्यद्द्रष्टुमिच्छसि॥ 7॥

"हे गुडाकेश! तुम जो भी देखना चाहते हो, उसे एक ही स्थान पर, जहाँ चराचर समस्त जगत् है, तुम मेरे इस शरीर में तत्क्षण देखो। तुम इस समय तथा भविष्य में भी, जो भी देखना चाहते हो, उसको मेरे इस विश्वरूप में देखो,"

आज विज्ञान की अद्यतन जो भी प्रगति हुई है, उसके माध्यम से कोई भी विद्वान् या वैज्ञानिक समस्त विश्व में पल-पल में क्या घटित हो रहा है, नहीं देख सकता तो ब्रह्मांड में अन्य आकाशगंगाओं में घटित होनेवाले घटना-क्रमों का तो कहना ही क्या? किंतु श्रीकृष्ण ने तो अर्जुन को समस्त चराचर जगत्, भूत, भविष्य, वर्तमान सबकुछ अपने विश्वरूप के अंतर्गत सामने दृष्टव्य करा दिया। कहते-कहते भगवान् श्रीकृष्ण सहसा रुक जाते हैं और कहते हैं—

न तु मां शक्यसे द्रष्टुमनेनैव स्वचक्षुषा।
दिव्यं ददामि ते चक्षुः पश्य मे योगमैश्वरम्॥ 8॥

"किंतु तुम अपनी इस स्थूल पार्थिव दृष्टि से मेरे इन दिव्य रूपों को देखने में समर्थ नहीं हो। इसलिए मैं तुम्हारे चक्षुओं में वह दिव्य अलौकिक दृष्टि देता हूँ जिससे तुम मेरे प्रभाव तथा योग ऐश्वर्य को देख सकोगे।"

वस्तुतः भौतिक पार्थिव दृष्टि तो भगवान् के दिव्य स्वरूप को नहीं पकड़ पाती है। इसीलिए अर्जुन भी श्रीकृष्ण को अपने समकालीन समाज के अन्य लोगों की भाँति सामान्य मानव देहधारी के रूप में ही देख रहा था। उनकी दिव्य सत्ता तो दिव्य चक्षुओं से ही देखे जाने योग्य है, वह भी तब, जब वे स्वयं ऐसी दिव्य दृष्टि प्रदान करें। श्रीकृष्ण तो सामने वैसे ही दो हाथ-पाँव धारी रूप में खड़े थे, जैसा कि पार्थिव दृष्टि से देखा जा

पाना संभव था। वे ब्रह्मांड को कैसे अपने स्वरूप में समेटे हैं या उनका विश्वरूप कितना दिव्य है, यह तो साधारण मनुष्य के लिए देख पाना संभव नहीं था। श्रीकृष्ण का लक्ष्य तो उस ब्रह्म-ज्ञान का उपदेश अर्जुन को प्रदान करना था, जिसे वे अभी तक गीता के द्वितीय अध्याय से प्रारंभ करते हुए, यहाँ तक प्रदान करते आए हैं तथा अपनी जिन दिव्य असीम विभूतियों में से कुछ को अंशतया बता आए हैं, उन्हें कोई संसारी व्यक्ति उपहास न समझे, इसलिए अर्जुन को उन विभूतियों के संबंध में अवगत कराना ही पर्याप्त नहीं था, बल्कि उसको साक्षात् प्रकट रूप में दरशाना भी आवश्यक था, जिससे मनुष्य उसे गंभीरता से ग्रहण कर उसका अनुशीलन व अनुसरण कर सके। साथ-ही-साथ प्रमाण के लिए, अर्जुन के साथ-साथ इस समस्त घटना क्रम को; महर्षि वेदव्यासजी की कृपा से दिव्य दृष्टि पाए; संजय ने भी देखा, जिसे उन्होंने कौरव पक्ष के धृतराष्ट्र को वर्णित किया। यह भगवान् की अद्भुत लीला व महिमा ही तो है।

सञ्जय उवाच

एवमुक्त्वा ततो राजन्महायोगेश्वरो हरिः।
दर्शयामास पार्थाय परमं रूपमैश्वरम्॥ 9॥

"संजय ने धृतराष्ट्र से कहा, 'हे राजन! ऐसा कहकर महायोगेश्वर, परम शक्तिशाली श्रीभगवान् हरि ने अर्जुन को अपना परम ऐश्वर्ययुक्त दिव्य विश्वरूप दिखाया।'"

वस्तुतः जो अर्जुन ने देखा, वही संजय ने भी देखा। अर्जुन को दिव्य दृष्टि मिलते ही संजय को भी भगवान् श्रीकृष्ण का दिव्य अपार स्वरूप दिखाई देने लगा।

अनेकवक्त्रनयनमनेकाद्भुतदर्शनम्।
अनेकदिव्याभरणं दिव्यानेकोद्यतायुधम्॥ 10॥

"अर्जुन ने उस दिव्य विश्वस्वरूप में असंख्य मुख, असंख्य नेत्र, असंख्य अद्भुत दर्शनोंवाले दृश्य देखे, जिनमें श्रीकृष्ण असंख्य दिव्य आभूषणों से अलंकृत थे तथा असंख्य दिव्य अस्त्र-शस्त्रों को सहस्त्रों हाथों में धारण किए हुए थे।"

दिव्यमाल्याम्बरधरं दिव्यगन्धानुलेपनम्।
सर्वाश्चर्यमयं देवमनन्तं विश्वतोमुखम्॥ 11॥

"दिव्य मालाएँ तथा दिव्य वस्त्रों को धारण किए हुए तथा अनेकानेक दिव्य सुगंधों से लिपायमान एवं नाना ललित प्रकार के आश्चर्यों से युक्त, असीम, अनंत, विराट् स्वरूप परमपिता परमेश्वर को अर्जुन ने देखा।"

दिवि सूर्यसहस्त्रस्य भवेद्युगपदुत्थिता।
यदि भाः सदृशी सा स्याद्भासस्तस्य महात्मनः ॥ 12 ॥

"आकाश मंडल में सहस्त्रों सूर्यों के एक साथ उदित होने से जो प्रकाश उत्पन्न होगा, वह भी विश्वस्वरूप परमात्मा के दिव्य आलोक की तेजपूर्ण आभा से कदाचित ही कोई समता कर सके।"

वस्तुतः अर्जुन जो तेजोमयी आभा व स्वरूप देख रहा था, वह अकल्पनीय, अकथनीय व अचिंतनीय था। संजय जो धृतराष्ट्र से वर्णन कर रहा है, परमेश्वर की वह छवि अकथनीय है।

तत्रैकस्थं जगत्कृत्स्नं प्रविभक्तमनेकधा।
अपश्यद्देवदेवस्य शरीरे पाण्डवस्तदा॥ 13 ॥

"ऐसे आश्चर्यमय स्वरूप को देखते हुए अर्जुन ने इस समय में भगवान् के विराट् स्वरूप में, एक ही स्थान पर, नाना प्रकार से हजारों पृथक्-पृथक् भागों में विभक्त ब्रह्मांड के अनंत अंशों को देखा।"

ततः स विस्मयाविष्टो हृष्टरोमा धनञ्जयः।
प्रणम्य शिरसा देवं कृताञ्जलिरभाषत॥ 14 ॥

"उसके उपरांत अत्यंत विस्मयकारी दृश्यों को देखकर, आश्चर्य से युक्त हो; रोमांचित होते हुए अर्जुन ने विश्व विराट् स्वरूप परमात्मा को श्रद्धा से नमन कर, दोनों हाथों को जोड़कर प्रार्थना की।"

अभी तक अर्जुन श्रीकृष्ण को असाधारण दिव्य शक्तियों से युक्त विशिष्ट पुरुष तो मानता था, किंतु उसने स्वप्न में भी कभी यह नहीं सोचा था कि श्रीकृष्ण स्वयं समस्त ब्रह्मांड के कर्ता-धर्ता हैं और उनका स्वरूप इतना विराट् व असीम है। उसने श्रीकृष्ण से विभूतियों के संबंध में पूछा तो श्रीकृष्ण ने कतिपय विभूतियों को बता कर कहा, "अर्जुन, तुम मात्र इतना समझ लो कि समस्त सृष्टि व युगों को मैं मात्र अपने एक अंश में धारण करता हूँ तो विभूतियों के विशद वर्णन से क्या प्रयोजन है।" भक्त जब तक सत्य को सुनता है, देखता नहीं, तब तक उसका हृदय उस सत्य को ग्रहण नहीं कर पाता। इसीलिए अर्जुन ने श्रीकृष्ण से उसे विश्वस्वरूप को दिखाने का अनुरोध किया। श्रीकृष्ण ने तो मानव स्वरूप में अवतार ही मानव जाति के कल्याण व पुनरुत्थान के लिए लिया था। इसलिए उन्होंने अर्जुन को अपना वह विश्वरूप दिखाया, जिसे उन्होंने न तो नारद को दिखाया था और न ही शांति प्रस्ताव लेकर हस्तिनापुर आने पर; दुर्योधन द्वारा उन्हें बंदी बनाने के असफल प्रयास करने के अवसर पर; दिखाया था; किंतु अर्जुन तथा

साथ ही देख रहे संजय को कृपा करके अपना जो स्वरूप दिखाया, वह अकल्पनीय व अविश्वसनीय था। उसकी अलौकिकता शब्दों से परे है। इसीलिए आश्चर्य से अर्जुन को रोमांच हो आया तथा वह हाथ जोड़कर विनयपूर्वक कहने लगा—

अर्जुन उवाच

पश्यामि देवांस्तव देव देहे
सर्वांस्तथा भूतविशेषसङ्घान्।
ब्रह्माणमीशं कमलासनस्थ
मृषींश्च सर्वानुरगांश्च दिव्यान्॥ 15॥

"हे परम देव! मैं आपके शरीर में समस्त कोटि के देवताओं तथा अनेकानेक भूतों के समुदायों को विशेष रूप से एकत्रित हुआ देख रहा हूँ और कमल पर आसीन ब्रह्मा, शिवशंकर महादेव, और समस्त ऋषियों तथा दिव्य सर्पों को देख रहा हूँ।"

वस्तुतः श्रीकृष्ण भगवान् की दिव्य अनुकंपा से अर्जुन एक ही स्थान पर बैठे-बैठे सृष्टि के विभिन्न तलों, लोकों, समस्त देवगणों, ब्रह्मा, महादेव, वासुकि आदि दिव्य सर्पों को एक ही स्थान पर देख सका, जो कोई कोरी कल्पना या पौराणिक गाथा नहीं, अपितु सत्य का प्रत्यक्ष दर्शन था।

अनेकबाहूदरवक्त्रनेत्रं
पश्यामि त्वां सर्वतोऽनन्तरूपम्।
नान्तं न मध्यं न पुनस्तवादिं
पश्यामि विश्वेश्वर विश्वरूप॥ 16॥

"हे विश्वेश्वर! हे समस्त ब्रह्मांड के स्वामी! आपको अनेकानेक हाथ, पेट, मुख तथा आँखों से युक्त और सब ओर से अनंत रूपोंवाला देखता हूँ। हे विश्वरूप! आपके न अंत को देखता हूँ, न मध्य को और न आदि को ही देखता हूँ।"

वस्तुतः जो परमात्मा अपने वास्तविक स्वरूप में अनंत, असीम व अपंपार हैं, उनको अंशतः देख पाना भी उन्हीं परमात्मा की कृपापूर्ण अनुकंपा पर ही निर्भर करता है, क्योंकि वे तो निर्णयों से अतीत हैं।

किरीटिनं गदिनं चक्रिणं च
तेजोराशिं सर्वतोदीप्तिमन्तम्।
पश्यामि त्वां दुर्निरीक्ष्यं समन्ता
द्दीप्तानलार्कद्युतिमप्रमेयम्॥ 17॥

"आपके गहन और अप्रेमय स्वरूप को उसके चकाचौंध तेज के कारण देख पाना कठिन है, क्योंकि वह अत्यंत प्रज्वलित अग्नि और सहस्त्रों सूर्यों के अपार तेजोमयी प्रकाश की भाँति सर्वत्र, चारों ओर प्रसारित हो रहा है। तो भी मैं इस अनेकों मुकुटों, सहस्त्रों गदाओं तथा चक्रों से विभूशित आपके तेजोमयी स्वरूप को सर्वत्र देख पा रहा हूँ।"

त्वमक्षरं परमं वेदितव्यं
त्वमस्य विश्वस्य परं निधानम्।
त्वमव्ययः शाश्वतधर्मगोप्ता
सनातनस्त्वं पुरुषो मतो मे॥ 18॥

"आप ही जानने योग्य परम अक्षर हैं। आप ही इस समस्त ब्रह्मांड के परम आधार परब्रह्म परमात्मा हैं तथा आप ही अनादि धर्म के रक्षक हैं और आप ही अविनाशी सनातन पुरुष हैं। यही मेरा मत है।"

अनादिमध्यान्तमनन्तवीर्य
मनन्तबाहुं शशिसूर्यनेत्रम्।
पश्यामि त्वां दीप्तहुताशवक्रम्
स्वतेजसा विश्वमिदं तपन्तम्॥ 19॥

"मैं आपको आदि, मध्य और अंत से रहित तथा अपार सामर्थ्य से युक्त और अनंत हाथोंवाला देखता हूँ। सूर्य तथा चंद्रमा आपके नेत्र हैं और मैं आपको प्रज्वलित अग्निरूप मुखवाला तथा अपने तेज से इस जगत् को तपायमान करता हुआ देखता हूँ।"

अभी पूर्व में अर्जुन ने श्री प्रभु के हजारों हाथ देखे थे। अभी वे हाथ अनंत हो गए हैं। परमात्मा की पहुँच तो संपूर्ण सृष्टि के प्रत्येक वस्तु-जीव-प्राणी व भौतिक चर-अचर के कण-कण में है, उनके तो हाथ भी अनंत हैं, जो कोई सीमा नहीं जानते। सूर्य का तेजोमयी प्रकाश तथा चंद्रमा की अमृतमयी शीतलता दोनों ही उनकी दृष्टि में समाहित हैं। समस्त ब्रह्मांड ही उनके एक अंश में गुँथा हुआ है, जिसे पूर्णता से देख पाना संभव नहीं है। इसीलिए अर्जुन को उनके आदि-मध्य-अंत का विस्तार समझ में नहीं आ रहा है।

द्यावापृथिव्योरिदमन्तरं हि
व्याप्तं त्वयैकेन दिशश्च सर्वाः।
दृष्ट्वाऽद्भुतं रूपमुग्रं तवेदं
लोकत्रयं प्रव्यथितं महात्मन्॥ 20॥

"हे महापुरुष! यद्यपि आप एक ही हैं, किंतु बाह्य आकाश से लेकर पृथ्वी पर्यंत

तथा इसके मध्य में भी समस्त दिशाएँ आप से ही परिपूर्ण एवं व्याप्त हैं तथा आपके इस अलौकिक, अद्‌भुत एवं उग्र रूप को देखकर तीनों ही लोक विचलित एवं भयभीत हैं।"

'लोकत्रयम्' तथा 'द्यावा-पृथिव्यो'—तीनों लोक तथा पृथ्वी से आकाश पर्यंत व मध्य का उल्लेख अति विशिष्ट है, क्योंकि उनके इस दिव्य स्वरूप और उपदेशों का मात्र अर्जुन व संजय ही नहीं, अपितु समस्त लोकों के अन्य महात्मन भी आनंद ले रहे हैं, जैसे कि भीम के पुत्र घटोत्कच का पुत्र बर्बरीक, जिसका कटा हुआ सिर भी श्रीकृष्ण द्वारा प्रदान की गई दिव्य शक्ति से महारभारत के युद्ध के प्रत्येक दृश्य को कुरुक्षेत्र के समीप पहाड़ की चोटी से देख, युद्ध की प्रत्येक घटना का साक्षी बना। इसी प्रकार तीनों लोकों में स्थित महान् महर्षि यथा वेदव्यास तथा देवगण भी भगवान् श्रीकृष्ण व अर्जुन के मध्य हो रहे घटनाक्रम व संवाद को अपनी दिव्य दृष्टियों से देख पा रहे थे।

अमी हि त्वां सुरसङ्घाः विशन्ति
केचिद्भीताः प्राञ्जलयो गृणन्ति।
स्वस्तीत्युक्त्वा महर्षिसिद्धसङ्घाः
स्तुवन्ति त्वां स्तुतिभिः पुष्कलाभिः॥ 21॥

"वे समस्त देवताओं के समूह आपकी शरण में, आप में ही प्रवेश कर रहे हैं तथा उनमें से कई अत्यंत भयभीत हो, हाथ जोड़कर, आपके नाम व गुणों के उच्चारण द्वारा आपकी प्रार्थना कर रहे हैं तथा महर्षि तथा सिद्धों के समुदाय 'कल्याण हो' कहकर नाना प्रकार के वैदिक स्त्रोतों का पाठ करते हुए आपका स्तुति गान कर रहे हैं।"

रुद्रादित्या वसवो ये च साध्या
विश्वेऽश्विनौ मरुतश्चोष्मपाश्च।
गन्धर्वयक्षासुरसिद्धसङ्घा
वीक्षन्ते त्वां विस्मिताश्चैव सर्वे॥ 22॥

"शिव के स्वरूप एकादश रूद्र, द्वादश आदित्य, आठों वसु, साध्यगण, विश्वदेव, दोनों अश्विनी कुमार, उनचास मरूतगण तथा पितरों का समुदाय तथा गंधर्व, यक्ष, राक्षस एवं सिद्ध गणों के नाना समुदाय ये सब अत्यंत विस्मय के साथ आपको देखते हैं।"

रूपं महत्ते बहुवक्त्रनेत्रं
महाबाहो बहुबाहूरुपादम्।
बहूदरं बहुदंष्ट्राकरालं
दृष्ट्वा लोकाः प्रव्यथितास्तथाऽहम्॥ 23॥

"हे महाबाहो! आपके इन नाना प्रकार के मुखों और नेत्रों तथा नाना प्रकार के हाथों, जंघाओं एवं पैरोंवाले और बहुत उदरोंवाले तथा बहुत से विकराल दाँतों व दाढ़ोंवाले महान् रूप को देखकर सभी लोग व्याकुल व भयभीत हो रहे हैं तथा मैं भी अत्यंत व्याकुल हो रहा हूँ।"

नभःस्पृशं दीप्तमनेकवर्णं
व्यात्ताननं दीप्तविशालनेत्रम्।
दृष्ट्वा हि त्वां प्रव्यथितान्तरात्मा
धृतिं न विन्दामि शमं च विष्णो॥ 24॥

"हे सर्वव्यापी विष्णु! नाना ललित प्रकार के ज्योतिर्मय वर्णों से युक्त आपको समस्त आकाश में व्याप्त हुए, देदीप्यमान, अनेकानेक रूपों से युक्त तथा फैलाए हुए मुख के साथ प्रकाशमान विशाल नेत्रों वाला देखकर भय से मेरा मन विचलित हो रहा है। मैं न तो अपने अंतःकरण में धैर्य ही धारण कर पा रहा हूँ और न ही अपनी मानसिक विह्वलता को संतुलित ही कर पा रहा हूँ।"

दंष्ट्राकरालानि च ते मुखानि
दृष्ट्वैव कालानलसन्निभानि।
दिशो न जाने न लभे च शर्म
प्रसीद देवेश जगन्निवास॥ 25॥

"हे देवों के स्वामी! हे जगत् के आश्रय धाम! आपके दाढ़ों से युक्त विकराल और प्रलयकालीन अग्नि के समान प्रज्वलित मुखों को देखकर मुझे दिशाओं का भान भी नहीं रह गया है तथा इसका कोई समाधान न पा सकने के कारण सब ओर से मोह से ग्रस्त हो रहा हूँ। इसलिए आप प्रसन्न हो जाएँ।"

अमी च त्वां धृतराष्ट्रस्य पुत्राः
सर्वे सहैवावनिपालसङ्घैः।
भीष्मो द्रोणः सूतपुत्रस्तथाऽसौ
सहास्मदीयैरपि योधमुख्यैः॥ 26॥

"मैं देखता हूँ कि राजाओं के समुदाय के साथ धृतराष्ट्र के पुत्र, भीष्म पितामह, द्रोणाचार्य, सूतपुत्र कर्ण और हमारे पक्ष के भी प्रधान-प्रधान योद्धा"

वक्त्राणि ते त्वरमाणा विशन्ति
दंष्ट्राकरालानि भयानकानि।
केचिद्विलग्ना दशनान्तरेषु
संदृश्यन्ते चूर्णितैरुत्तमाङ्गैः॥ 27॥

"अत्यंत वेग से आपके विकराल दाढ़ोंवाले इन भंयकर मुखों में प्रवेश करते जा रहे हैं और कई योद्धा तो चूर्ण हुए सिरों सहित आपके दाँतों के बीच फँसे हुए लग रहे हैं।"

यथा नदीनां बहवोऽम्बुवेगाः
समुद्रमेवाभिमुखाः द्रवन्ति।
तथा तवामी नरलोकवीरा
विशन्ति वक्त्राण्यभिविज्वलन्ति॥ 28॥

"जिस प्रकार नदियों की तरंगें बड़े वेग से समुद्र की ओर दौड़ती हैं, उसी प्रकार अनेकानेक शूरवीर योद्धाओं के समुदाय भी आपके प्रज्वलित मुखों में अत्यंत गति से प्रवेश कर रहे हैं।"

यथा प्रदीप्तं ज्वलनं पतङ्गा
विशन्ति नाशाय समृद्धवेगाः।
तथैव नाशाय विशन्ति लोका
स्तवापि वक्त्राणि समृद्धवेगाः॥ 29॥

"जिस प्रकार तीव्र प्रज्वलित अग्नि में कीट-पतंगें मोह के वश अत्यंत वेग से प्रवेश करते हुए नष्ट होते रहते हैं, उसी प्रकार ये सब शूरवीर योद्धाओं के समुदाय बड़े तीव्र वेग के साथ नष्ट होने के लिए आपके मुखों में प्रवेश करते जा रहे हैं।"

लेलिह्यसे ग्रसमानः समन्ता
ल्लोकान्समग्रान्वदनैर्ज्वलद्भिः।
तेजोभिरापूर्य जगत्समग्रं
भासस्तवोग्राः प्रतपन्ति विष्णो॥ 30॥

"हे विश्व के प्रत्येक अणु में वास करनेवाले विष्णु! मैं देखता हूँ कि आप उन समस्त लोगों को अपने प्रज्वलित मुखों से सभी दिशाओं में ग्रसित करते हुए सब ओर से चाट रहे हैं तथा आपका उग्र प्रकाश समस्त ब्रह्मांड को अपने तेज से आपूरित करता हुआ तपायमान कर रहा है।"

आख्याहि मे को भवानुग्ररूपो
नमोऽस्तु ते देववर प्रसीद।
विज्ञातुमिच्छामि भवन्तमाद्यं
न हि प्रजानामि तव प्रवृत्तिम्॥ 31॥

"हे देवश्रेष्ठ! कृपा करके मुझे बताइए कि इतने विकराल उग्र रूपवाले आप कौन हैं? आपको मैं नमन करता हूँ। मुझ पर अनुग्रह करके आप प्रसन्न होइए। आप ही आदि परम तत्त्व हैं। आपको मैं तत्त्व से विदित करना चाहता हूँ, क्योंकि मैं आपकी प्रवृत्ति व प्रयोजन को नहीं जान पा रहा हूँ।"

श्री भगवानुवाच

कालोऽस्मि लोकक्षयकृत्प्रवृद्धो
लोकान्समाहर्तुमिह प्रवृत्तः।
ऋतेऽपि त्वां न भविष्यन्ति सर्वे
येऽवस्थिताः प्रत्यनीकेषु योधाः॥ 32॥

"श्रीभगवान् ने कहा, 'मैं लोकों का नाश करने को प्रवृत्ति प्रबुद्ध रूप को प्राप्त महाकाल हूँ। इन समस्त लोगों के समुदाय का विनाश करने हेतु मैं उद्यत हूँ। इसलिए प्रतिपक्षियों के सैन्यबल में जो भी योद्धा हैं, वे सब तेरे बिना भी नहीं रहेंगे।'"

श्रीकृष्ण कहते हैं कि अर्जुन युद्ध न भी करे तो भी शत्रु पक्ष के योद्धा नाश को प्राप्त होंगे ही। श्रीकृष्ण पहले भी अर्जुन को बता चुके हैं कि वे ही ब्रह्मा रूप में सृजन, विष्णु रूप में पालन-पोषण तथा शिव रूप में सृष्टि का संहार करते हैं। यहाँ पर अपने स्वरूप में सृष्टि के समस्त तत्त्व, पदार्थ, क्रियाओं व सभी मुख्य-मुख्य देवताओं को दिखा देने के उपरांत श्रीकृष्ण अपना काल रूपी संहारक पक्ष भी अर्जुन को दिखा रहे हैं तथा स्पष्ट कर रहे हैं कि वह तो निमित्त मात्र है। वह युद्ध न भी करे, तब भी सभी प्रतिपक्षियों का कालकवलित होना अवश्यंभावी है, क्योंकि प्रकृति के नियम के अनुसार उनके विनाश का समय आ चुका है। कठोपनिषद् में यमराज नचिकेता को बताते हैं—

'यस्य ब्रह्म च क्षत्रं च उभे भवत ओदनः
मृत्युर्यस्योपसेचन का इत्था वेद यत्र सः॥'(1.2.25)

"संहारकाल में ब्राह्मण-क्षत्रिय सभी परमात्मा का भोजन बन जाते हैं। अन्य मनुष्य तो भोजन के साथ लगातार खाए जानेवाले चटनी-तरकारी की भाँति हैं।" 'यमेवैष वृणते तेन लभ्यस्तस्यैष आत्मा विवृणुते तनूँस्वाम्, (कठोपनिषद् 1.2.23) अर्थात् 'न बुद्धि, न प्रवचन, न बहुत सुनने से वे परमेश्वर को प्राप्त होते हैं, अपितु जो अपनी बुद्धि या साधना पर भरोसा न करके उनकी कृपा की ही प्रतीक्षा करता है, ऐसे साधक पर ही कृपा कर;

योगमाया का परदा हटाकर; परमात्मा उसके सामने अपने स्वरूप को प्रकट कर देते हैं।' यही कृपा यहाँ अर्जुन पर परमात्मा ने की है। इसी को वे आगे कहते हैं—

तस्मात्त्वमुत्तिष्ठ यशो लभस्व
जित्वा शत्रून् भुङ्क्ष्व राज्यं समृद्धम्।
मयैवैते निहताः पूर्वमेव
निमित्तमात्रं भव सव्यसाचिन्॥ 33॥

"इसलिए उठो! युद्ध के लिए तैयार होओ तथा यश अर्जित करो। अपने शत्रुओं को जीतकर समृद्ध राज्य का उपभोग करो। ये सब शूरवीर योद्धा तो पहले ही मेरे द्वारा मारे जा चुके हैं, तुम केवल निमित्त मात्र ही हो।"

वस्तुतः सृष्टि का क्रम परमात्मा की इच्छानुसार ही संचारित व गतिमान है। अपने को बड़ा विद्वान्, दर्शनशास्त्री, रसायनशास्त्री या भौतिक विज्ञान या अन्य किसी भी विद्या का शास्त्री माननेवाले लोग, आत्मा-परमात्मा के अस्तित्व का उपहास करते हैं तथा स्थूल जगत् में जो हो रहा है, उसी को सत्य मानते हैं। ऐसी भ्रांति अर्जुन को भी थी। वह समझ रहा था कि गांडीव नीचे रख देने से युद्ध टल जाएगा तथा उसके बंधुजनों का विनाश नहीं होगा, किंतु श्रीकृष्ण स्पष्ट कहते ही नहीं, अपितु स्पष्ट रूप से अर्जुन को दिखा भी देते हैं कि इस युद्ध में प्रतिपक्षीगण तथा उसके पांडव पक्ष का भी विनाश अवश्यंभावी है। मात्र पाँच पांडव ही बचे रहेंगे। अर्जुन को तो मात्र मरे हुए लोगों को मार कर; निमित्त बन कर; जगत् में यश प्राप्त कर; वसुंधरा का भोग भोगना है। करनी-धरनी तो सब परमात्मा के इशारे पर निर्भर है।

द्रोणं च भीष्मं च जयद्रथं च
कर्णं तथाऽन्यानपि योधवीरान्।
मया हतांस्त्वं जहि मा व्यथिष्ठा
युध्यस्व जेतासि रणे सपत्नान्॥ 34॥

"द्रोणाचार्य, भीष्म, जयद्रथ, कर्ण तथा अन्य महान् शूरवीरों; जो मेरे द्वारा पहले ही मारे जा चुके हैं, का तुम वध करो तथा किसी भी प्रकार की कोई भी विकलता या व्याकुलता न रखो। तुम केवल युद्ध करो। तुम अवश्य ही युद्ध में अपने शत्रुओं को परास्त करोगे।"

निश्चय ही जीव नहीं जानता, किंतु ईश्वर सभी जीवों के कर्मों के लेखे-जोखे से सबका प्रारब्ध जानते हैं; चाहे वह जीव कितना भी महान् हो या कितना भी क्षुद्र। परमात्मा का न्याय निष्पक्ष होता है। इसीलिए वे अर्जुन को उसे अपने स्वधर्म-जनित कर्म करने को प्रेरित करते हैं। परिणाम तो ईश्वर की इच्छा पर निर्भर होता है।

सञ्जय उवाच

एतच्छ्रुत्वा वचनं केशवस्य
कृताञ्जलिर्वेपमानः किरीटी।
नमस्कृत्वा भूय एवाह कृष्णं
सगद्गदं भीतभीतः प्रणम्य॥ 35॥

"संजय ने कहा, 'हे राजन! परमात्मा के ऐसे वचन सुनकर भय से काँपते हुए किरीटधारी अर्जुन ने उन्हें बारंबार नमन करते हुए; काँपते हुए; अवरुद्ध स्वर से; प्रणाम करके ये वचन कहे।'"

अर्जुन उवाच

स्थाने हृषिकेश तव प्रकीर्त्या
जगत् प्रहृष्यत्यनुरज्यते च।
रक्षांसि भीतानि दिशो द्रवन्ति
सर्वे नमस्यन्ति च सिद्धसङ्घाः॥ 36॥

"अर्जुन ने कहा, 'हे हृषिकेश! यह उचित ही है कि आपके नाम और प्रभाव से सारा संसार आनंद, हर्ष को प्राप्त होता है और सभी लोग आपके प्रति अनुरक्त होते हैं। भयभीत हुए राक्षसगण इधर-उधर दिशाओं में भाग रहे हैं तथा सिद्धगणों के समुदाय आपका नमन एवं स्तुतिगान कर रहे हैं।'"

भगवान् श्रीकृष्ण के मुखारविंद से इस कुरुक्षेत्र के युद्ध का परिणाम सुन अर्जुन अवाक् था। वह समझ चुका था कि यह युद्ध निश्चित रूप से होना ही था, क्योंकि वह काल की विकरालता को देख चुका था तथा आध्यात्मिक शक्ति की प्रबलता का भी दर्शन कर चुका था। वह प्रत्यक्ष देख चुका था कि प्रत्येक जीव का प्रारब्ध परमात्मा ही निश्चित करते हैं तथा समस्त जगत् के समस्त पदार्थ उन्हीं की इच्छानुरूप व्यवहार करते हैं। वह तो मात्र एक निमित्त है। जैसे किसी वाद्ययंत्र पर वादक के हाथ स्वतः धुन के अनुरूप चलते हैं वैसे ही जगत् के समस्त जीवों का आचार-व्यवहार भी परम की इच्छा के अनुरूप ही घटित होता है। जीव आनंद एवं विह्वलता के चरम पर पहुँच परमात्मा की स्तुति करने लगता है। काल को शाश्वत संहारक शक्ति ही नहीं, अपितु परम तत्त्व की सृष्टि के नियंता के रूप में देख, अर्जुन जहाँ रोमांच से काँप रहा था, वहीं परमात्मा के दिव्य दर्शनों से उसका अंतःकरण आनंद से आह्लादित था।

कस्माच्च ते न नमेरन्महात्मन्
गरीयसे ब्रह्मणोऽप्यादिकर्त्रे।

अनन्त देवेश जगन्निवास
त्वमक्षरं सदसत्तत्परं यत्॥ 37॥

"हे महान् आत्मन्! आप ब्रह्मा से भी श्रेष्ठ एवं आदि परम सृष्टा हैं तो फिर वे श्रेष्ठ पुरुष आपका नमन क्यों न करें? हे अनंत, हे ईश, हे जगत् के आश्रय! आप ही अक्षर, अविनाशी, कारणों के भी कारण, दिव्य तथा सत्-असत् से परे हैं।"

अर्जुन भगवान् श्रीकृष्ण के दिव्य विशाल विश्वस्वरूप की सर्वव्यापकता, अनंतता, को प्रत्यक्ष रूप में देखकर, उन्हें अकथनीय परब्रह्म समझ, कुछ कह भी नहीं रहा है। जो भी उसके बोध में हैं, वे शब्द वह प्रभु के लिए प्रयुक्त कर रहा है।

त्वमादिदेवः पुरुषः पुराण
स्त्वमस्य विश्वस्य परं निधानम्।
वेत्तासि वेद्यं च परं च धाम
त्वया ततं विश्वमनन्तरूप॥ 38॥

"आप ही आदि परमपिता परमेश्वर और सनातन पुराण पुरुष हैं। आप ही इस जगत् के दिव्य आश्रयदाता हैं। आप ही समस्त तत्त्वों के वेत्ता हैं तथा आप ही सब जानने योग्य मूल तत्त्व हैं। हे अनंत रूपोंवाले! आप ही दिव्यता से परिपूर्ण परम आश्रय हैं और संपूर्ण दृश्य जगत् आपसे ही व्याप्त है।"

वायुर्यमोऽग्निर्वरुणः शशाङ्कः
प्रजापतिस्त्वं प्रपितामहश्च।
नमो नमस्तेऽस्तु सहस्त्रकृत्वः
पुनश्च भूयोऽपि नमो नमस्ते॥ 39॥

"आप ही वायु हैं, आप ही यम हैं, आप ही अग्नि, जल, चंद्रमा, प्रजापति हैं। आप ही प्रपितामह हैं। अतः आपको हजारों बार नमन है तथा पुनः-पुनः नमन है।"

नमः पुरस्तादथ पृष्ठतस्ते
नमोऽस्तु ते सर्वत एव सर्व।
अनन्तवीर्यामितविक्रमस्त्वं
सर्वं समाप्नोषि ततोऽसि सर्वः॥ 40॥

"हे अनंत पौरूष! आपको आगे, पीछे तथा सभी दिशाओं से नमस्कार है। आप ही अनंत, असीम बल के स्वामी हैं। आप ही समस्त दिशाओं से जगत् को व्याप्त करते हैं। अतः निःसंदेह आप ही सर्वरूप हैं।"

सखेति मत्वा प्रसभं यदुक्तं
हे कृष्ण हे यादव हे सखेति।
अजानता महिमानं तवेदं
मया प्रमादात्प्रणयेन वापि॥ 41॥

"हे परमात्मन! आपको सखा मानकर; आपके इस दिव्य वास्तविक स्वरूप व प्रभाव को न जानते हुए मेरे द्वारा स्नेहवश या प्रमाद से भी कभी आपको हे कृष्ण! हे माधव! हे सखे! इस प्रकार अनजाने में जो भी हठपूर्वक कहा गया है"

यच्चावहासार्थमसत्कृतोऽसि
विहारशय्यासनभोजनेषु।
एकोऽथवाप्यच्युत तत्समक्षं
तत्क्षामये त्वामहमप्रमेयम्॥ 42॥

"तथा हे अच्युत! यही नहीं, मैंने कई बार विश्राम करते समय या शय्या पर लेटे हुए या साथ-साथ भोजन करते या बैठे हुए, कभी अकेले में तो कभी मित्रों के साथ भी, जो अनजाने में आपका अनादर किया है, उन मेरे समस्त अपराधों को क्षमा करें।"

भगवान् के दिव्य विराट् स्वरूप को देखने के उपरांत अर्जुन को अनुभूति होती है कि कितने सरल भाव से परमात्मा उससे सखावत व्यवहार करते रहे। वह कितनी बार कई अवसरों पर उन्हें हे कृष्ण, हे यादव, हे सखा आदि शब्दों के द्वारा संबोधित करता रहा। यही तो प्रभु की प्रभुता है कि वे अपने भक्त को कभी भी अपनी परम सत्ता व परम शक्तियों का आभास नहीं होने देते तथा उस पर सदा कृपा की वर्षा करते रहते हैं तथा उसके उत्थान व कल्याण के लिए सामान्य जीव के रूप में ही आचरण करते हैं।

पितासि लोकस्य चराचरस्य
त्वमस्य पूज्यश्च गुरुर्गरीयान्।
न त्वत्समोऽस्त्यभ्यधिकः कुतोऽन्यो
लोकत्रयेऽप्यप्रतिमप्रभाव॥ 43॥

"आप ही इस चराचर जगत् के पिता हैं, आप ही परम पूज्य, गुरु से बड़े गुरु एवं अत्यंत यशस्वी, महिमावान व पूजनीय हैं। न तो कोई आपकी तुलना में है और न ही कोई आपके समान हो ही सकता है। हे अतिशय प्रभाव एवं अतुलनीय शक्ति वाले परमात्मन! भला तीनों लोकों में आप से बढ़कर कोई कैसे हो सकता है।"

पद्मनाभ श्रीकृष्ण की अर्जुन हर प्रकार से स्तुति व नमन कर रहा है, क्योंकि उस दिव्य सत्ता की विभूतियाँ, अकथनीय, अकल्पनीय, अपरिमेय व अगोचर हैं।

श्वेताश्वतरोपनिषद् में परमात्मा की इसी अपरिमेयता का दिव्य वर्णन है—

सस्त्रशीर्षा पुरुषः सस्त्राक्षः सस्त्रपात।
स भूमिं विश्वतो वृत्वात्यतिष्ठद्द शागुङ्लम्॥(3.14)

"उन परमपुरुष परमात्मा के हजारों सिर, हजारों आँखें तथा हजारों पैर हैं। वे सर्वशक्तिमान, समस्त जगत् को सब ओर से घेर कर, सर्वत्र व्याप्त होते हुए भी, नाभि से दस अंगुल ऊपर हृदयाकोश में स्थित हैं। सब अवयवों से रहित होते हुए भी उनके सिर, आँख और पैर असंख्य और अनंत हैं। वे सर्वव्यापी होते हुए भी हृदयरूप एकदेश में स्थित हैं।" यही मंत्र ऋग्वेद 10.90.1 तथा यजुर्वेद 31.1..2 तथा अथर्ववेद 19.6.1.4 में भी आया है। पुनः कहा गया है, 'सर्वेंद्रियगुणाभासं सर्वेंद्रियविवर्जितम्, सर्वस्य प्रभुमीज्ञानं सर्वस्य शरणं वृहत्' (श्वेता. उप., 3.17) अर्थात् वे ही समस्त इंद्रियों से रहित; देहेंद्रियादि-भेद से शून्य होकर भी; समस्त इंद्रियों के ज्ञाता, सबके स्वामी, परम समर्थ और परम आश्रय हैं। इसीलिए अर्जुन उनकी महिमा को प्रत्यक्ष देख अभिभूत हो रहा है।

तस्मात्प्रणम्य प्रणिधाय कायं
प्रसादये त्वामहमीशमीड्यम्।
पितेव पुत्रस्य सखेव सख्युः
प्रियः प्रियायार्हसि देव सोढुम्॥ 44॥

"अतः मैं अपने शरीर को आपके चरणों में रख, दंडवत प्रणाम करके, आप स्तुति योग्य परम पिता परमात्मा से मेरे प्रति प्रसन्न होने के लिए प्रार्थना करता हूँ कि हे प्रभो! जैसे पिता अपने पुत्र के; सखा अपने सखा के तथा पति अपनी प्रिय पत्नी के अपराधों को क्षमा कर देता है, उसी प्रकार आप भी मेरे द्वारा की गई धृष्टताओं, अपराधों व त्रुटियों को क्षमा कर, सहन करने की कृपा करें।"

"भला श्रीकृष्ण से अर्जुन क्या कहें, क्योंकि अभी तक दिव्य विराट् स्वरूप दिखाने से पूर्व वे अनेक स्थानों में स्वयं के लिए 'प्रथम पुरुष' में बोलते हुए अर्जुन को अपनी महिमा व विभूतियों से परिचित करा चुके हैं यथा, "मनुष्य रूप में अवतरित होता हूँ तो मूढ़ लोग मेरा उपहास करते हैं। वे मुझ परमात्मा के दिव्य स्वभाव को नहीं जानते।" अर्जुन भी ऐसी ही अवस्था में था। इसीलिए श्रीकृष्ण ने अर्जुन व उसके माध्यम से समस्त मानव जाति को न केवल ब्रह्मज्ञान का उपदेश दिया और अपनी कुछ विभूतियों का उल्लेख किया, अपितु उसके समस्त संशयों का निवारण करने के लिए अपने दिव्य, विराट्, अकथनीय रूप के दर्शन भी करा दिए। अर्जुन को अपनी मूढ़ता की पूर्ण अनुभूति हो गई थी। 'प्रत्यक्षं किम् प्रमाणं'—सब तो प्रत्यक्ष ही था, तो जिस-जिस प्रकार से क्षमा माँगी जा सकती है, अर्जुन भयभीत हो उन्हीं प्रकारों से क्षमा माँगते हुए गिड़गिड़ा रहा है;

किंतु श्रीकृष्ण तो परम दयालु हैं, कृपा के सागर हैं, वे तो भक्त को हर स्वरूप में स्वीकार करते हैं। इसीलिए अर्जुन निवेदन करता है—

अदृष्टपूर्वं हृषितोऽस्मि दृष्ट्वा
भयेन च प्रव्यथितं मनो मे।
तदेव मे दर्शय देव रूपं
प्रसीद देवेश जगन्निवास॥ 45॥

"मैं पहले कभी भी न देखे गए अद्भुत आश्चर्यमय आपके इस दिव्य विराट् स्वरूप का दर्शन करते हुए हर्षित हो रहा हूँ, किंतु साथ ही मेरा मन भय से अति व्याकुल भी हो रहा है। इसलिए हे प्रभो! आप मुझ पर कृपा कीजिए तथा हे देवों के ईश! हे जगत् के आश्रयदाता! आप प्रसन्न हों। मुझे अपने चतुर्भुज देव स्वरूप के ही दर्शन दीजिए।"

वस्तुतः विराट् स्वरूप की विहंगमता अद्भुत और अकथनीय है, जिसमें एक ही स्थान पर दिखाई देनेवाले नाना सौर मंडलों के विभिन्न ग्रहों व उपग्रहों में विभिन्न कर्मों में लीन वहाँ के भूतादिक आदि, उनका सृजन, पालन एवं संहार, भूमंडल के विभिन्न अवयवों की अपनी-अपनी क्रियाएँ, विभिन्न दैविक व भौतिक प्रवृत्तियों के क्रियाकलाप आदि सब मूलतः अकथनीय, विशद व विशाल हैं; जिन्हें अनेकानेक विस्तारों में देख पाना अत्यंत भयानक सा प्रतीत होता है। सृष्टि के समस्त विस्तारों को; जो आज के वैज्ञानिक शायद ही कभी देख पाएँ; उन्हें प्रत्यक्ष रूप से देखना अत्यंत अद्भुत व विशिष्ट है। इसीलिए अर्जुन श्रीकृष्ण भगवान् से पुनः अपने सौम्य दिव्य रूप को ही दिखाने के लिए अनुनय-विनय करता हुआ कहता है—

किरीटिनं गदिनं चक्रहस्त
मिच्छामि त्वां द्रष्टुमहं तथैव।
तेनैव रूपेण चतुर्भुजेन
सहस्त्रबाहो भव विश्वमूर्ते॥ 46॥

"हे विश्वमूर्ते! हे सस्त्रबाहो! मैं आपके मुकुटधारी चतुर्भुज दिव्य रूप के दर्शन का आकांक्षी हूँ, जिसमें आप अपने चारों हाथों में शंख, चक्र, गदा तथा पद्म धारण किए हुए हैं। कृपया आप अपने उसी रूप से युक्त हो जाइए।"

परमात्मा तो ब्रह्मांड के अणु से अणुतम तत्त्व में भी विभिन्न रूपों में लीलाएँ करते रहते हैं। एक ही समयकाल में वे सर्वत्र अपनी विभिन्न विभूतियों में विद्यमान रहते हैं। उनके समस्त तत्त्व अत्यंत गुह्य व रहस्यतम हैं। अर्जुन अब विश्वरूपी परमात्मा से चतर्भुज विष्णु स्वरूप ग्रहण करने का अनुरोध करता है।

श्री भगवानुवाच
मया प्रसन्नेन तवार्जुनेदं
रूपं परं दर्शितमात्मयोगात्।
तेजोमयं विश्वमनन्तमाद्यं
यन्मे त्वदन्येन न दृष्टपूर्वम्॥ 47॥

"अर्जुन के विनयशील आग्रह पर श्रीकृष्ण भगवान् ने कहा, 'हे अर्जुन! मैंने प्रसन्न होकर अपनी अतरंगाशक्ति योगमाया के प्रभाव से तुम्हें इस जगत् में अपना परम तेजोमय, सब तत्त्वों का आदि और असीम विराट् रूप दिखाया है, जो इससे पूर्व किसी ने भी कभी नहीं देखा।"

इसलिए ऋग्वेद में महर्षि वसिष्ठ ने कहा है, "न ते विष्णों जायमानो न जातो देवमहिम्नः परमंतमाप"(ऋग्वेद 7.99.2) कि "हे विष्णो! आपकी महिमा का पार न तो अब तक उत्पन्न हुए किसी भी व्यक्ति ने पाया है और न वह पा सकेगा, जो जन्म ले रहा है।" मंत्रदृष्टा ऋषि दीर्घतमस् ने कहा है, "यः पार्थिवानि विममे रजांसि, यो अस्कभौगययदुत्तरं सधस्थम्" (ऋग्वेद 1.154.1) कि "श्रीविष्णु ने इन पार्थिव लोकों का निर्माण किया है और गगन मंडल को भी स्वकक्ष में स्थापित किया है।" "सर्व खल्विदं ब्रह्म नेह नानास्ति किचंन", "जो कुछ दृश्य, अदृश्य, सद्सत विश्व तथा असंख्य ब्रह्मांड हैं, वे सब श्री विष्णु के ही स्वरूप हैं।" यहाँ तो संसार के कल्याण के लिए उन्होंने अर्जुन को वह रूप भी दिखा दिया, जो अभी तक किसी ने नहीं देखा था। प्रत्यक्ष दर्शन के उपरांत भी यदि हम इसको सत्य न मान मात्र एक काल्पनिक घटना मान लें तो यह तो मूढ़ता व धृष्टता ही है। विश्वस्वरूप का दर्शन प्रत्यक्ष रूप से उन जनों के लिए प्रासंगिक है, जिन्हें प्रत्येक सत्य पर मात्र सुनने से नहीं, अपितु प्रत्यक्ष देखने के उपरांत ही विश्वास होता है तथा परमात्मा ने अर्जुन के समस्त संशयों का निवारण करने के लिए जो कुछ किया, वह तो उन कृपालु प्रभु की अनुकंपा ही है। यह तो प्रभु स्वयं गीता में, 'अजोऽपि सन्नव्ययात्मा······मायया' (4.6) कह चुके हैं, "मैं अजन्मा और अविनाशी स्वरूप होते हुए भी तथा समस्त प्राणियों का ईश्वर होते हुए भी, अपनी प्रकृति को अधीन करके, अपनी योगमाया से प्रकट होता हूँ।" यहाँ इसी को भगवान् श्रीकृष्ण पुनः कहते हैं—

न वेदयज्ञाध्ययनैर्न दानै
र्न च क्रियाभिर्न तपोभिरुग्रैः।
एवंरूपः शक्य अहं नृलोके
द्रष्टुं त्वदन्येन कुरुप्रवीर॥ 48॥

"हे कुरु योद्धओं में श्रेष्ठ अर्जुन! तुम से पूर्व मेरे इस विश्वरूप को किसी ने नहीं देखा है, क्योंकि इस मनुष्य लोक में न वेद और न यज्ञों के अध्ययन से तथा न दान से, और न क्रियाओं से और न उग्र तथ्यों से मेरा यह दिव्य स्वरूप देखा जा सकता है।"

'वेदयज्ञाध्ययनैर्न'—समस्त वेद, अठारह पुराण, सारे उपनिषद्, वेदांत सूत्र या यज्ञ विधि के कल्पसूत्र तथा मीमांसा सूत्रों का अध्ययन भी विश्वरूप का बोध नहीं करा सकता। मात्र दिव्य दृष्टि से; वह भी तभी जब ऐसी प्रभु इच्छा हो; उनके दिव्य विश्वस्वरूप की विराटता की झलक पाना संभव है। ऐसा मात्र दृढ व निष्काम भक्ति द्वारा ही संभव है।

मा ते व्यथा मा च विमूढभावो
दृष्ट्वा रूपं घोरमीदृङ्ममेदम्।
व्यपेतभीः प्रीतमनाः पुनस्त्वं
तदेव मे रूपमिदं प्रपश्य॥ 49॥

"तुम मेरे इस घोर भयानकता से पूर्ण रूप को देखकर अत्यंत व्याकुल एवं मोहित हो गए हो। अतः मैं इस रूप को समेटता हूँ। इसलिए तुम समस्त चिंताओं से मुक्त हो, पुनः शांत चित्त से; मेरे प्रति प्रेम से; आह्लादित मन से; अब अपना इच्छित रूप देखो।"

सञ्जय उवाच

इत्यर्जुनं वासुदेवस्तथोक्त्वा
स्वकं रूपं दर्शयामास भूयः।
आश्वासयामास च भीतमेनं
भूत्वा पुनः सौम्यवपुर्महात्मा॥ 50॥

"इसके उपरांत संजय ने धृतराष्ट्र से कहा, 'हे राजन! श्रीभगवान् वासुदेव कृष्ण ने अर्जुन से ऐसा कहने के पश्चात् अपना चतुर्भुज स्वरूप प्रकट किया तथा फिर अपने दो भुजाओं वाले सौम्य रूप को प्रकट करके भयाकुल अर्जुन को धैर्य प्रदान किया।'"

श्रीकृष्ण द्वारा विश्व विराट् स्वरूप को समेट लेने के उपरांत स्वाभाविक मनुष्य रूप तो अर्जुन के समक्ष रहता ही है। इसलिए 'स्वकं रूपं' से तात्पर्य भगवान् के नित्य दिव्य चतुर्भुज निजी रूप से है, जिसके दर्शन हेतु अर्जुन ने निवेदन किया था तथा वही रूप प्रभु ने उसे 'दर्शयामास' दिखाया। तदोपरांत महात्मा श्रीकृष्ण ने 'सौम्यवपु' 'परमशांत श्याम सुंदर' मानव रूप में भय से आक्रांत अर्जुन को धैर्य दिलाया।

अर्जुन उवाच

दृष्ट्वेदं मानुषं रूपं तवसौम्यं जनार्दन।
इदानीमस्मि संवृत्तः सचेताः प्रकृतिं गतः ॥ 51 ॥

"भगवान् श्रीकृष्ण को पूर्ववत स्वरूप में देखकर अर्जुन ने कहा, 'हे जनार्दन! आपके इस शांत, सौम्य, अतीव सुंदर मानवीय रूप को देखकर अब मैं स्थिर चित्त हो गया हूँ तथा मैंने अपनी पूर्व चेतना एवं प्राकृत अवस्था प्राप्त कर ली है।'"

श्रीकृष्ण पूर्व में ही कह आए हैं कि वे अपनी परा-अपरा शक्ति को वश में कर योगमाया के द्वारा, मनुष्य रूप में अवतरित होते हैं, 'मानुषं रूपं'। इसीलिए अर्जुन ने जब भगवान् से; विनयवत हो; अपने सहज सौम्य रूप में आने का अनुरोध किया तो उन्होंने अपने दिव्य विस्तार को समेट कर, अर्जुन के समक्ष सुलभ चतुर्भुज रूप तथा पुनः मानुष रूप को प्रकट कर दिया।

श्री भगवानुवाच

सुदुर्दर्शमिदं रूपं दृष्टवानसि यन्मम।
देवा अप्यस्य रूपस्य नित्यं दर्शनकाङ्क्षिणः ॥ 52 ॥

"श्रीकृष्ण भगवान् ने कहा, 'तुम मेरे जिस रूप को इस समय देख रहे हो उसका दर्शन कर पाना अत्यंत दुर्लभ व दुष्कर है। यहाँ तक कि देवगण भी मेरे इस अत्यंत प्रिय रूप के दर्शन के लिए सदैव लालायित रहते हैं।'"

मूलतः परा-अपरा शक्तियों द्वारा अपनी योगमाया से श्रीभगवान् का स्वरूप आच्छादित है। इसीलिए अंतःकरण में दृढ भक्ति के द्वारा ही उनका रूप पकड़ में आता है। इसीलिए तो जो महापुरुष अपने हृदय-देश में दैवी संपद को इतना बलवती बना लेते हैं कि वे परमात्मा से सायुज्य प्राप्त कर सकें, वे भी परमात्मा के इस 'सुदुर्दर्शम्' स्वरूप को प्राप्त करने के आकांक्षी रहते हैं।

नाहं वेदैर्न तपसा न दानेन न चेज्यया।
शक्य एवंविधो द्रष्टुं दृष्टवानसि मां यथा ॥ 53 ॥

"तुम्हारे नेत्रों को प्रदत्त की गई दिव्य दृष्टि के द्वारा तुम जिस रूप का दर्शन कर रहे हो, उसे न तो कठिन वेदों के अध्ययन से, न तो कठिन तपस्या से, न दान से और न ही पूजन के द्वारा देख पाना संभव है।"

अर्जुन के समक्ष तो श्रीकृष्ण उपस्थित थे, तो क्या भगवान् का दर्शन अन्य कोई साधक नहीं कर सकेगा? श्रीभगवान् इसका उपाय बताते हैं—

भक्त्या त्वनन्यया शक्यमहमेवंविधोऽर्जुन।
ज्ञातुं दृष्टुं च तत्त्वेन प्रवेष्टुं च परंतप॥ 54॥

"हे अर्जुन! केवल अनन्य भक्ति के द्वारा ही मेरे इस स्वरूप की प्राप्ति संभव है, जिसे तुम इस समय अपने समक्ष देख पा रहे हो। हे परंतप! मैं प्रत्यक्ष देखने के लिए; तत्त्व से विदित होने के लिए तथा प्रवेश करने के लिए साक्षात् उपलब्ध हूँ। इस अनन्य भक्ति की विधि से ही तुम मेरे ज्ञान के रहस्य से तादात्मय कर सकते हो।"

मत्कर्मकृन्मत्परमो मद्भक्तः सङ्गवर्जितः।
निर्वैरः सर्वभूतेषु यः स मामेति पाण्डव॥ 55॥

"हे पांडुपुत्र! जो मेरे प्रति ही कर्म करने में रत है, सकाम कर्मों तथा मनोधर्म के क्लेशों से मुक्त होकर मुझको ही परम सत्ता मानते हुए, मेरी भक्ति में ही तत्पर रहता है, समस्त भूतादिकों में एकमात्र मुझ परमात्मा को व्याप्त देखता हुआ, किसी भी प्राणी में लेशमात्र भी राग या द्वेष न रखता हुआ, मेरे प्रति समर्पित भाव से समस्त कर्म करता है तथा मुझे ही अपने जीवन का अभीष्ट लक्ष्य मानता है; वह अनन्य भक्ति-भाव से निश्चय ही मुझे ही प्राप्त होता है।"

स्पष्ट है कि भक्ति में समर्पित बुद्धि भाव से भक्त को अपना आचार-व्यवहार इस आशय से; बिना किसी संशय या अहंकार के; करना चाहिए कि ब्रह्मांड के सभी कर्म परमात्मा से अभिप्रेरित हैं तथा परमात्मा ही समस्त कर्मों के कर्ता भी हैं तथा करानेवाले भी हैं। मनुष्य मात्र एक निमित्त है, जिसके द्वारा वे कर्म संपादित कर रहे हैं। इस समर्पण भाव से आचरण होने से वे कर्म बंधनकारी नहीं होते। इसीलिए मूल भाव यही है कि 'मत्कर्मकृन्मत' कि मनुष्य के समस्त कर्मों को; परमात्मा को ही कर्ता मानकर; परमात्मा में अर्पित बुद्धि-विवेक से करते हुए; निष्काम भाव से, साधना पथ पर रत रहना चाहिए। इसीलिए संगदोष अर्थात् जगत् के चराचर पदार्थों में कोई आसक्ति न रखते हुए, समस्त भूतादिकों को परमात्मा का ही स्वरूप समझते हुए व सभी में परमात्मा को ही व्याप्त समझते हुए; किसी भी प्राणी में लेशमात्र भी द्वेष या बैर भाव न रखते हुए, 'आनुकूल्यस्य संकल्पः प्रातिकूलयस्य वर्जनम्'-'अनुकूल भाव से परमात्मा में चिंतन रत रहकर कर्म करना चाहिए; प्रतिकूल भाव से नहीं, क्योंकि परमात्म तत्त्व ही सर्वोपरि व परम सार है।' ऐसी अवस्था प्राप्त होने पर प्रत्यक्ष दर्शन के साथ-साथ परमात्मा में प्रवेश पाना भी सुलभ हो जाता है।

ॐ तत्सदिति श्रीमद्भागवदगीतासूपनिषत्सु ब्रह्मविधायाँ योगशास्त्रे
श्रीकृष्णार्जनु संवादे विश्वरूपदर्शनयोगो नामैकादशोऽध्यायः।

अतएव श्रीमद्भागवदगीता उपनिषद् के ब्रह्ममविद्यांतर्गत योग शास्त्र में श्रीकृष्ण-अर्जुन के संवाद में 'विश्वरूपदर्शनयोगो' नामक ग्यारहवाँ अध्याय पूर्ण हुआ।

अमृत सार

भगवान् श्रीकृष्ण स्थान-स्थान पर प्रथम पुरुष में परमात्मा के दिव्य, असीम, अनंत, अव्यक्त स्वरूप एवं अलौकिक विभूतियों का वर्णन कर आए हैं, किंतु परम-तत्त्व को भक्त मात्र श्रवण ही नहीं करना चाहता, अपितु उसका साक्षात् दर्शन भी करना चाहता है। अर्जुन भी भगवान् श्रीकृष्ण के द्वारा दिए गए दिव्य ज्ञान के उपरांत यह स्वीकार करता है कि उसका यह समझना कि यह भौतिक जगत् स्वयमेव ही अस्तित्व में रहता है तथा इसकी समस्त व्यवस्थाएँ स्वयमेव बनती एवं मिटती रहती हैं; उसका अज्ञान था। अब उसका भ्रम एवं अज्ञान नष्ट हो जाने के कारण वह श्रीकृष्ण के ज्ञान, ऐश्वर्य, शक्ति, तेजयुक्त रूप, जिससे वे इस सृष्टि जगत् को धारण करते हैं; का प्रत्यक्ष दर्शन करना चाहता है। अर्जुन जैसे भक्त के अनुरोध को भगवान् ने लोक कल्याण के लिए स्वीकार किया, क्योंकि तत्कालीन समाज में अर्जुन ही नहीं, अन्य भी उन्हें सामान्य देहधारी ही समझ रहे थे। भगवान् श्रीकृष्ण अपनी जिन कतिपय दिव्य अलौकिक विभूतियों को बता आए हैं, उन्हें कोई संसारी व्यक्ति मात्र कल्पना या ढोंग न समझे, इसलिए अर्जुन को प्रमाणस्वरूप अपनी विभूतियों का साक्षात् प्रकट दर्शन कराना भी आवश्यक था, जिससे मानव जाति उनके दिव्य उपदेशों को गंभीरता से ग्रहण कर उनके अनुशीलन व अनुपालन से कल्याण के पथ पर अग्रसर हो सके। अतः श्रीकृष्ण ने अर्जुन को अनंत प्रकार के वर्ण, रंग, आकृतिवाले अलौकिक रूप, बारह आदित्यों, आठ वसुओं, एकादश रूद्रों, अश्विनी कुमारों, उन्यासी मारूतियों, अभी तक किसी के द्वारा भी न देखे गए आश्चर्यमय रूपों को, एक ही स्थान पर चराचर जगत् के साथ अपने दिव्य विराट् रूप में दिखाया, किंतु ऐसे अलौकिक रूपों को लौकिक दृष्टि से देख-समझ पाना असंभव था। इसलिए भगवान् श्रीकृष्ण ने अर्जुन को दिव्य दृष्टि भी प्रदान की। अर्जुन ने दिव्य चक्षुओं से सहस्त्रों सूर्यों के तेज से भी अधिक तेजोमयी आभा से युक्त भगवान् के अकल्पनीय, अकथनीय, अचिंतनीय विराट् स्वरूप में, एक ही स्थान पर नाना प्रकार से सहस्त्रों पृथक्-पृथक् भागों में विभक्त ब्रह्मांड के अनंत अंशों, विस्मयकारी दृश्यों, कमल पर आसीन ब्रह्मा, महादेव, ऋषियों, वासुकि सहित दिव्य सर्पों आदि को देखा, तो भय एवं रोमांच से काँपते हुए स्तुति करने लगा। अनंत मुखों, नेत्रों, हाथों, पैरों व बहुत से उदरों वाले, विकराल दाँतों एवं दाढ़ों में प्रवेश करते हुए कौरव व पांडव पक्ष के योद्धाओं को देख, अर्जुन व्याकुल हो प्रार्थना करने लगा तो भगवान् ने कहा, "अर्जुन तुम युद्ध न भी

करो तो भी शत्रु पक्ष के योद्धा मृत्यु को प्राप्त होंगे। इसलिए तुम मात्र निमित्त बनकर युद्ध करो।" अर्जुन अवाक् था। भगवान् तो पूर्व में ही अनेक स्थानों पर स्वयं के लिए 'प्रथम पुरुष' में बोलते हुए अर्जुन को अपनी महिमा व अलौकिक विभूतियों से परिचय करा चुके थे, परंतु अब तो जगत् के कल्याण और उसके समस्त संशयों का निवारण करने के लिए अपने दिव्य, अकथनीय, विराट् विश्व-स्वरूप के भी दर्शन करा दिए। अर्जुन अपनी मूढ़ता समझकर जिस-जिस प्रकार हो सकता था, क्षमा माँगने लगा। भगवान् ने बिना किसी दुराव-छुपाव के सत्य को साक्षात् प्रत्यक्ष कर दिया। प्रत्यक्ष को प्रमाण की क्या आवश्यकता ? अर्जुन गिड़गिड़ाकर पुनः भगवान् से उनके सौम्य चतुर्भुज स्वरूप को दिखाने की याचना करने लगा। भगवान् ने अपने इस विश्वरूप को; जिसे कभी किसी ने नहीं देखा था; समेटकर अपना चतुर्भुज रूप तथा फिर दो भुजाओंवाले मनुष्य रूप को प्रकट करके भयाकुल अर्जुन को धैर्य प्रदान करते हुए कहा, "अर्जुन दिव्य दृष्टि से तुमने जिस दिव्य स्वरूप के दर्शन किए हैं वह देवता, ऋषिगणों, वेदों के अध्ययन, कठिन तप, दान, पूजन द्वारा भी देख पाना संभव नहीं है।" तो क्या फिर अर्जुन के अलावा अन्य कोई इस स्वरूप के दर्शन नहीं कर पाएगा ? तो इसका उपाय बताते हुए भगवान् श्रीकृष्ण कहते हैं, "अनन्य भक्ति में समर्पित बुद्धि भाव से 'मैं' प्रत्यक्ष देखने, तत्त्व से विदित होने व प्रवेश करने के लिए साक्षात् उपलब्ध हूँ। इसलिए जो मेरे प्रति कर्म में रत है, मुझ परम सत्ता को ही सर्वत्र व एकमात्र व्याप्त देखता हुआ, समस्त भूतादिकों को समदृष्टि से देखता हुआ, मुझे ही अपने जीवन का एकमात्र लक्ष्य जानकर अनन्य भक्ति को प्राप्त होता है, वही इस प्रत्यक्ष दर्शन एवं मुझमें प्रवेश को सुलभ करता है।"

□

अथ द्वादशोऽध्यायः

अनन्य प्रेम व समर्पण ही परममुक्ति का द्वार

विगत अध्याय में श्रीभगवान् के दिव्य विराट् विश्व स्वरूप के प्राकट्य ने स्वयमेव यह सिद्ध कर दिया कि संपूर्ण सृष्टि में एक ही परमतत्त्व सर्वत्र कण-कण में व्याप्त है, किंतु भौतिकवादी सांसारिकता के विकारों में डूबे जीव को वह दृष्टिगोचर नहीं होता, इसी से यह आवश्यक हो जाता है कि जीव सतत रूप से परमात्मा की सर्वव्यापकता के प्रति सचेत रहकर सृष्टि के सकल चराचर प्राणियों व पदार्थों में परम तत्त्व को ही अभिन्न रूप से देखे। समस्त सृष्टि को अपने एक अंश में धारण करनेवाले परमात्मा की विराटता इतनी विशद, विशाल अकथनीय एवं अकल्पनीय है कि उनके अव्यक्त स्वरूप का ध्यान ज्ञानियों के लिए भी दुष्कर है। इसीलिए निर्गुण अव्यक्त की उपासना की तुलना में सगुण उपासना को श्रेष्ठ बताते हुए भगवत भक्ति के अनेकों साधनों का वर्णन करते हुए भगवान् श्रीकृष्ण ने इस अध्याय में भगवत भक्तों के लक्षणों का निरूपण किया है।

अर्जुन उवाच

एवं सततयुक्ता ये भक्तास्त्वां पर्युपासते।
येचाप्यक्षरमव्यक्तं तेषां के योगवित्तमाः ॥ 1 ॥

"अर्जुन ने कहा, 'इस प्रकार आपके द्वारा निर्दिष्ट की गई विधि के अनुसार जो भक्त आपकी निरंतर, तत्परतापूर्वक, आराधना करते हैं, या जो अव्यक्त निराकार अक्षर ब्रह्म की उपासना करते हैं, उन दोनों में से किसे अधिक उत्तम समझा जाए?'"

अर्जुन ने देखा कि भगवान् ने जगह-जगह निर्गुण ब्रह्म की तथा सगुण, साकार परमेश्वर न कहकर, 'मत्कर्मकृन्मत्परमो' से आरंभ होनेवाले अंतिम श्लोक में; विशेष रूप से सगुण-साकार परमात्मा के स्वरूप के भक्त की श्रेष्ठता की बड़ाई की। इसीलिए

अर्जुन के मन में स्वत: स्फुरित जिज्ञासा हुई कि निर्गुण-निराकार एवं सगुण-साकार दोनों में से कौन सी उपासना ज्यादा श्रेष्ठ है ?

श्री भगवानुवाच

मय्यावेश्य मनो ये मां नित्ययुक्ता उपासते।
श्रद्धया परयोपेतास्ते मे युक्ततमा मताः ॥ 2 ॥

"श्रीकृष्ण भगवान् ने प्रत्युत्तर दिया, "ऐसे भक्त, जो अपने मन को स्थिर व एकाग्र करके सतत मेरे भजन-ध्यान में पूर्ण श्रद्धा से युक्त होकर मुझ साकार परमात्मा की साधना में रत रहते हैं, वे मेरे द्वारा योगी जनों में अति परम सिद्ध योगी माने जाते हैं,"

भक्त की एकाग्र श्रद्धा-भक्ति में समर्पण आवश्यक है; जैसे मीरा राजसी सुख को त्याग कर, "मैं तो गिरधर प्रेम दीवानी" कहते हुए तन-मन से प्रभु भक्ति में लीन हो गई थीं, या जिस प्रकार प्रह्लाद अपने पिता हिरण्यकश्यप के द्वारा दी जानेवाली तमाम यातनाओं के बीच भी श्रीहरि की भक्ति में अचल बना रहा था। इसी प्रकार प्रभु की लीलाओं का स्मरण करते हुए स्थिर भाव से प्रभु को समर्पित होना ही परम सिद्ध योगीजनों का अभीष्ट है तथा ऐसे भक्त ही परमात्मा को परम प्रिय हैं।

ये त्वक्षरमनिर्देश्यमव्यक्तं पर्युपासते।
सर्वत्रगमचिन्त्यं च कूटस्थमचलं ध्रुवम् ॥ 3 ॥
संनियम्येन्द्रियग्रामं सर्वत्र समबुद्धयः।
ते प्राप्नुवन्ति मामेव सर्वभूतहिते रताः ॥ 4 ॥

"लेकिन जो लोग अपने समस्त इंद्रियजनित विषयों तथा कामनाओं को पूर्ण रूप से संयमित रखते हुए तथा समस्त भूतादिकों के प्रति समदर्शी समभाव रखकर, मन बुद्धि से परे सर्वव्यापी, अकथनीय, अकल्पनीय, अपरिवर्तित, नित्य, अचल, निराकार, शाश्वत परमात्मा को निरंतर एकीभाव से भजते हैं, वे संपूर्ण लोगों के कल्याण में रत रहकर सबके प्रति समान भाव रखते हुए मुझको ही प्राप्त होते हैं।"

वस्तुत: ज्ञान वही पूर्ण है, जो बुद्धिगम्य हो तथा श्रद्धा, दया, वात्सल्य, समदर्शिता इत्यादि से पूर्ण हो, अन्यथा जो ज्ञान इंद्रियों की मनोवृत्तियों को शुद्ध और जाग्रत् नहीं करता, ऐसा ज्ञान अधकचरा व कच्चा है। छांदोग्योपनिषद् में (6.12) में दृष्टांत है कि श्वेतकेतु के पिता ने यह सिद्ध करने के लिए कि अव्यक्त व सूक्ष्म परमात्म ही समस्त दृश्य जगत् का मूल कारण है, श्वेतकेतु से कहा कि सामने दिखने वाले बरगद का एक फल ले आओ और देखो कि उसके भीतर क्या है। श्वेतकेतु ने वैसा ही किया। उस फल को तोड़कर देखा और कहा, 'इसमें अणु-अणुतर अत्यंत छोटे दाने-बीज हैं।" उसके

पिता ने फिर कहा कि, "इन बीजों में से एक बीज को फोड़ो। श्वेतकेतु ने एक बीज तोड़ा तो पिता ने पूछा, "तुम्हें इसमें क्या दिखता है?" श्वेतकेतु ने कहा, "मैं इसमें कुछ नहीं देखता हूँ।" (6.12.1) पिता ने कहा, "अरे! यह जो तुम 'कुछ नहीं' देखते हो, उस वट बीज की अणिमा में ही न दिखाई देने वाली मोटी-मोटी शाखाएँ, स्कंधफल और पत्ते वाला यह महान् वटवृक्ष स्थित है। इसलिए विश्वास करो कि नाम-रूपादिमान स्थूल जगत् अत्यंत सूक्ष्म सत् से ही उत्पन्न हुआ है।" (6.12.2) वास्तविकता में इस श्रद्धा में ही संपूर्ण सृष्टि का मूल तत्त्व, अनादि, अनंत, अकल्पनीय, सर्वज्ञ चैतन्यरूप निहित है। इसी को भगवान् श्रीकृष्ण ने स्पष्ट किया है कि मुझ अव्यक्त की श्रद्धापूर्वक, समदर्शी हो, उपासना करनेवाले ही मुझे प्राप्त करते हैं। संपूर्ण प्राणियों में समान भाव से, सबके हित में रत, निर्गुण ब्रह्म की उपासना करनेवालों की कहीं भेदात्मक बुद्धि नहीं रहती, क्योंकि समस्त जगत् में एक ही परमात्मा से भिन्न किसी की सत्ता न होने के कारण उपासना का जो फल निर्गुण ब्रह्म की प्राप्ति का है, वह मेरी ही प्राप्ति है, क्योंकि मैं और ब्रह्म भिन्न-भिन्न नहीं हैं। उदाहरण के लिए परब्रह्म मानो मिट्टी या उपादान के समान हैं, जिससे नाना प्रकार की वस्तुओं का निर्माण हुआ है। मिट्टी के रूप में तो वे सब एक हैं, परंतु अपनी बाह्य-आकृतियों से वे भिन्न-भिन्न प्रतीत होते हैं। एक ही मिट्टी का बना खरगोश कभी मिट्टी का शेर नहीं हो सकता, क्योंकि गढ़े जाने के बाद उनकी आकृति ही उनमें विशेषत्व उत्पन्न कर देती है, जबकि मिट्टी की दशा मे दोनों एक ही थे। परमात्मा ही, उस निरपेक्ष सत्ता की उच्चतम अभिव्यक्ति हैं। वे आनंदमय भगवान् तो सगुण और निर्गुण दोनों हैं। सबकुछ वे ही एकमेवाद्वितीय ब्रह्म हैं। भक्त का उपास्य सगुण ईश्वर, ब्रह्म से अलग या पृथक् नहीं है। यह अवश्य है कि परमात्मा का निर्गुण स्वरूप अत्यंत सूक्ष्म व अव्यक्त होने के कारण प्रेम व उपासना के लिए कठिन है। श्रीकृष्ण आगे कहते हैं—

क्लेशोऽधिकतरस्तेषामव्यक्तासक्तचेतसाम्।
अव्यक्ता हि गतिर्दुःखं देहवद्भिरवाप्यते॥ 5॥

"जिन पुरुषों के मन परमात्मा के अव्यक्त, निराकार स्वरूप के प्रति अनुरक्त एवं आसक्त हैं, उनको प्राप्ति में अधिक कष्ट होते हैं, क्योंकि व्यक्त देहधारियों के लिए अव्यक्त की उपासना का मार्ग कष्ट से सिद्ध होता है।"

वस्तुतः जिस साधक की बुद्धि शुद्ध, स्थिर एवं सूक्ष्म होती है तथा जिसे अपनी देह पर अभिमान नहीं होता, वही निर्गुण परमात्म के गहन तत्त्व को समझ सकता है। इसलिए देहाभिमानियों को प्राप्ति बड़े परिश्रम के पश्चात् होती है। वहीं सगुण निराकार की उपासना सुगम है, क्योंकि वे परमात्मा पर निर्भर होकर भजन करते हैं। इसलिए स्वयं परमात्मा भी उनकी येन-केन-प्रकारेण सहायता कर प्राप्ति का मार्ग सुगम बना देते हैं।

सगुण एवं निर्गुण ब्रह्म उपासना के संबंध में उद्धव-गोपी संवाद का रोचक प्रसंग आता है। उद्धवजी भगवान् श्रीकृष्ण के प्रिय भक्त व मित्र थे तथा उन्हें निर्गुण ब्रह्मज्ञान पर बड़ा विश्वास था। वे प्रायः श्रीकृष्ण द्वारा राधाजी एवं गोपियों के संबंध में सुनते रहते तथा गोपियों के प्रति श्रीकृष्ण के प्रेम का उपहास मन-ही-मन उड़ाते, क्योंकि उद्धवजी को तो अपने निर्गुण ब्रह्मज्ञान का अहंकार था। उद्धवजी के अहंकार को दूर करने के लिए श्रीकृष्ण ने उन्हें अपने संदेश के साथ बृज भेजा। उद्धवजी ने सोचा कि विरह में जल रही गोपियों को निर्गुण ब्रह्म के प्रेम की शिक्षा देकर उन्हें सांसारिक प्रेम से हो रही पीड़ा से मुक्ति दिला देंगे। उद्धव जी ने गोपियों को श्रीकृष्ण का संदेश सुनाते हुए कहा कि समाधि लगाकर अपने मन में निर्गुण निराकार ब्रह्म का ध्यान करो। यह अज्ञेय, अविनाशी पूर्ण ब्रह्म सबके मन में बसा है। वेद-पुराण भी यही कहते हैं कि तत्त्वज्ञान के बिना मुक्ति संभव नहीं। इसी उपाय से वे सब विरह की पीड़ा से छुटकारा पा सकेंगी। कृष्ण के सगुण रूप को छोड़कर उनके निराकार रूप की आराधना करो। उद्धव के ऐसे वचन सुनकर प्रेममार्गी गोपियाँ व्यथित हो जाती हैं। गोपियाँ उत्तर देती हैं, "ये श्याम सुंदर के सखा उद्धव हमें ज्ञानयोग सिखाने आए हैं। यदि श्याम को इन्हें भेजना ही था तो हमें अद्भुत रास का रसमय आनंद क्यों दिया था? उनकी मुरली के स्वर में हम अपना सुध-बुध खो देती थीं। उनकी मनमोहक लीलाएँ ही हमारे ध्यान में घूमती रहती हैं। मन दस-बीस तो है नहीं। एक था, वह भी श्याम के साथ चला गया। अब किस मन से ईश्वर की आराधना करें?" कृष्ण के प्रति गोपियों के अनन्य प्रेम को देखकर, उद्धव भाव-विभोर हो कहते हैं, "मेरा मन आश्चर्यचकित है कि मैं आया तो निर्गुण ब्रह्म का उपदेश लेकर था, किंतु प्रेममय सगुण का उपासक बनकर जा रहा हूँ।" उद्धवजी अपने योग के बेड़े को गोपियों के प्रेमसागर में डुबकर, स्वयं प्रेम मग्न हो मथुरा लौट गए। प्रेम के आगे उद्धव का ज्ञान हार गया। वस्तुतः सगुण-निर्गुण परस्पर पूरक हैं। सगुण सुलभ है, निर्गुण कठिन है। सगुण क्या है और निर्गुण क्या, इसका निर्णय करना भी कठिन है। एक दृष्टि से जो सगुण है, वह दूसरी दृष्टि से निर्गुण सिद्ध हो सकता है। सगुण की उपासना एक पत्थर लेकर की जाती है। उस पत्थर में हम भगवान् की कल्पना कर लेते हैं, जबकि हमारे माता-पिता, गुरुजन, संतजन प्रत्यक्ष रूप से चेतन हैं, परंतु उन्हें हम ईश्वर मान कर नहीं पूजते। इनमें ईश्वर मानना सरल है, परंतु पत्थर में ईश्वर मानना कठिन है। फिर भी हम नर्मदा नदी के पत्थर को नर्मदेश्वर महादेव के रूप में मानते हैं। तो यह क्या निर्गुण-पूजा नहीं है? फिर यदि हम पत्थर में ईश्वर की कल्पना करते हैं तो क्या यह अनुचित है? पत्थर निर्विकार व शांत होता है। वह सर्दी-गरमी, अँधेरे-उजाले सब में समान बना रहता है। ऐसा यह विकार रहित पत्थर ही परमात्मा का प्रतीक होने योग्य है।

ये तु सर्वाणि कर्माणि मयि संन्यस्य मत्पराः।
अनन्येनैव योगेन मां ध्यायन्त उपासते॥ 6॥

"जो अपने समस्त कर्मों का संन्यास अर्थात् अर्पण करके, मेरे ही परायण होकर, मुझ सगुण रूप परमात्मा को ही अनन्य ध्यान योग से निरंतर लीन हो जपते हैं।"

तेषामहं समुद्धर्ता मृत्युसंसारसागरात्।
भवामि नचिरात्पार्थ मय्यावेशितचेतसाम्॥ 7॥

"हे पार्थ! और जो अपने चित्त को मुझ पर स्थिर करके निरंतर मेरे ध्यान व उपासना में रत रहते हैं, उनके लिए मैं जन्म-मृत्यु के भवसागर से शीघ्र ही उद्धार करानेवाला हूँ।"

वस्तुतः विराट् विश्व स्वरूप में अर्जुन ने देखा कि श्रीकृष्ण के सहस्त्रों मुख, सहस्त्रों हाथ, सहस्त्रों पैर हैं। उनके वर्ण नाना प्रकार के हैं। समस्त लोक, देव, यक्ष, गंधर्व, ऋषि, राक्षस इत्यादि परमात्मा के व्यक्त रूप की विराटता को देखकर विकल हो रहे हैं। श्रीकृष्ण अंशों में समस्त लोकों का संक्षिप्त दृश्यमान-स्वरूप दिखाते जा रहे हैं। कोई भक्त उनकी ऐसी विराटता देख उनको अपने ध्यान से ही पकड़ पाएगा। इसी सत्य को; दृष्टांत द्वारा; श्वेतकेतु को उसके पिता ने वट बीज की अणिमा में न दिखाई देनेवाले अव्यक्त परब्रह्म की छवि को विशाल वटवृक्ष में दिखाया। स्पष्ट है कि परमात्मा की निराकार अव्यक्त स्वरूप में, 'ज्ञानमार्गियों' द्वारा देहाभिमान कर, भक्ति करने से, परम की प्राप्ति दुष्कर है, किंतु परमात्मा के सगुण रूप की भक्ति सुगम है। इसलिए अर्जुन को प्रभु की विराटता के अंश रूप को भी देखने में इतना भयाकुलता हुई कि उसने प्रभु से अपने सौम्य रूप में आने का अनुरोध किया। परमात्मा तो विशुद्ध-बोध-संपन्न, नित्य, अजन्मे, अक्षय, अव्यय, अव्यक्त, अभेद, सर्वरूप, सर्वेश्वर, अनंत, अज, अविकारी, अकथनीय और अकल्पनीय हैं। इसीलिए ज्ञानयोग की तुलना में भक्तियोग का मार्ग श्रीकृष्ण भगवान् ने सुगम व सुलभ बतलाया है। ज्ञानयोग का साधना पथ यद्यपि साधक को उसी लक्ष्य तक पहुँचाता है, किंतु अत्यंत कष्टदायक होता है। इसलिए भटकाव व बिखराव की संभावना बनी रहती है, जबकि भक्ति योग का पथ परमात्मा की प्रत्यक्ष सेवा होने के कारण सुगम है। इसमें साधक समस्त आस्था, समर्पण, श्रद्धा व विश्वास मात्र परमात्मा में रखता है। इसीलिए परमेश्वर भी उसकी साधना को सुगम बना देते हैं। इसी स्थिति को भगवान् श्रीकृष्ण आगे और भी स्पष्ट करते हुए कहते हैं—

मय्येव मन आधत्स्व मयि बुद्धिं निवेशय।
निवसिष्यसि मय्येव अत ऊर्ध्वं न संशयः॥ 8॥

"इसलिए निश्चयात्मक रूप से मन को तथा बुद्धि को मुझ परमात्मा के प्रति ही

स्थिर करो। उसके उपरांत तुम मुझमें ही निवास करोगे, इसमें कोई भी संशय नहीं है।"

वास्तव में मनुष्य का मन चंचल है। उसमें तृष्णाएँ, कामनाएँ, इच्छाएँ व नाना विषय-विकारों की असंख्य तरंगें उसी प्रकार उठती रहती हैं जैसे सागर के अथाह जल में असंख्य लहरें पल-प्रतिपल उठती रहती हैं। इसीलिए ऐसे चंचल मन को बुद्धि-विवेक से परमात्मा के प्रति; जो चराचर जगत् में सर्वत्र व्याप्त, दयालु, कृपालु, दयासागर, सहृदय, दिव्य, प्रेममय, आनंदमय हैं, उन्हीं के प्रति तत्पर कर; परमात्मा के गुण, प्रभाव, रूप, लीला व धाम के तत्त्व-रहस्य को समझ कर; निरंतर, सदैव अटल व अचल रूप से रत रखना ही मन तथा बुद्धि को परमात्मा में लगाना है। यदि कोई साधक ऐसा न कर सके तो उसके लिए भगवान् कहते हैं—

अथ चित्तं समाधातुं न शक्नोषि मयि स्थिरम्।
अभ्यासयोगेन ततो मामिच्छाप्तुं धनञ्जय॥ 9॥

"हे धनंजय! यदि तुम उपर्युक्त विधि से अपने मन को मेरे प्रति अविचल भाव से स्थिर करने में समर्थ नहीं हो तो अभ्यास रूप भक्ति के विविध विधानों द्वारा मुझको प्राप्त करने की चाह उत्पन्न करो।"

वस्तुतः संसार की गति परमात्मा की योगमाया रूपी अपरा शक्ति से इस प्रकार आच्छादित है कि जगत् में प्रत्येक प्राणी की मनःस्थिति भिन्न एवं विचित्र रहती है। इसलिए सब पुरुषों की प्रकृति समान नहीं होती। इसी कारण सभी के लिए एक समान साधन निर्धारित करना न तो व्यावहारिक है और न ही उपयोगी। इसलिए अर्जुन को निमित्त बनाकर पद्मनाभ श्रीकृष्ण जगत् के समस्त प्राणियों के हितार्थ यह स्पष्ट कर रहे हैं कि चूँकि मन तथा बुद्धि का स्थिर व अटल कर पाना हर एक साधक के लिए स्वाभाविक रूप से संभव नहीं है। इसलिए निरंतर अभ्यास से चित्त को परमात्मा के नाम-रूप-लीला में लगाकर श्रद्धा एवं भक्ति से प्रयासरत रहना चाहिए।

अभ्यासेऽप्यसमर्थोऽसि मत्कर्मपरमो भव।
मदर्थमपि कर्माणि कुर्वन् सिद्धिमवाप्स्यसि॥ 10॥

"यदि तुम उपर्युक्त विधि से अभ्यास में भी असमर्थ रहते हो तो मेरे परायण होकर कर्म करने का प्रयास करो, क्योंकि इस प्रकार मेरे निमित्त कर्मों को करते हुए भी तुम मेरी सिद्धि की अवस्था को प्राप्त होगे।"

वस्तुतः श्रीकृष्ण कर्म को नियत विधि से समर्पित किया यज्ञ बता चुके हैं। श्रीकृष्ण ऐसे यज्ञ को ही सफल मानते हैं, जिसमें प्राणी अपनी समस्त ऐंद्रियजनित काम-वासनाओं को संयम की अग्नि में होमकर; निष्काम हो, मन को प्रभु की भक्ति में ही समर्पित करने

हेतु प्रयत्नरत रहता है। वे ही कर्म परमात्मा के प्रति यहाँ 'मत्कर्म' से अभिप्रेरित हैं, जो भगवत पूजा विषयक होते हैं तथा जिनको करने में किंचित मात्र भी व्यक्तिगत स्वार्थ, ममत्व या किसी आसक्ति इत्यादि का संबंध नहीं होता तथा जिन में जीव परमात्मा को ही अपना परम आश्रय मानते हुए; उन्हीं की कृपा प्राप्ति हेतु; अनन्य श्रद्धा व प्रेम से मनसा-वाचा-कर्मणा; कर्तव्य मानते हुए निरंतर उपासना करता है। ऐसी स्थिति को ही 'मत्कर्मपरमो भव' कहा गया है। सर्वथा कर्म, त्याग की अपेक्षा कर्मयोग का महत्त्व ही प्रतिपादित किया गया है तथा स्वधर्म के अनुरूप इस प्रकार कर्मों को करना भी भगवद्-प्राप्ति का सहज साधन बताया गया है। समस्त कर्मों को मात्र परमेश्वर के प्रति समर्पित करते हुए तथा किसी भी प्रकार के फल की कोई भी इच्छा मन में न रखते हुए, स्वयं को पूर्ण रूप से परमात्म भव में समर्पित करते हुए; 'मदर्थमपि कर्माणि'—'मेरे लिए कर्म करो' ऐसा भाव हृदय में रख; भगवत प्राप्ति के लिए कर्मों को करते हुए भी, जीव परमात्मा को ही प्राप्त होगा तथा ऐसे कर्म किसी प्रकार का कोई बंधन उत्पन्न नहीं करेंगे।

अथैतदप्यशक्तोऽसि कर्तुं मद्योगमाश्रितः।
सर्वकर्मफलत्यागं ततः कुरु यतात्मवान्॥ 11॥

"यदि तुम मेरे प्रति भक्ति में आश्रित होकर कर्म करने में भी असमर्थ हो तो तुम अपने कर्मों के समस्त प्रतिफलों को त्याग कर, कर्म करने तथा आत्मा को स्थिर कर चित्त को संयमित करने का प्रयत्न करो, 'यतात्मवान्' होओ।"

ऐसा जीव जिसने मन, बुद्धि, इंद्रियों सहित अपनी देह पर संयम कर लिया हो, वही 'यतात्मवान्' है। छठे, सातवें व आठवें श्लोक में जगत् के माया जाल से विरत हो सांसारिक विषय-वासनाओं से निःस्पृह हो, भगवत चरणों में ही रत रहने को भगवद्-प्राप्ति हेतु सिद्ध बताया है। नवें श्लोक में परमात्मा में ही मन-बुद्धि को एकीभाव करने का अभ्यास योग वर्णित किया गया है। दसवें श्लोक में इष्ट में आश्रित भाव से भक्ति करने को प्राप्ति हेतु निमित्त बताया गया है, किंतु इस श्लोक में 'यतात्मवान्' का प्रयोग करके मन-बुद्धि आदि को संयमित करने हेतु विशेष बल दिया गया है। इस प्रकार भगवान् श्रीकृष्ण ने पहले मन-बुद्धि को परमात्मोमुखी करने के लिए उपासना बताई। यदि फिर भी न हो तो अभ्यास-योग बताया; सेवा-भजन विषयक कर्म के लिए कहा। अंत में सर्व-कर्म-फल त्याग के लिए कहा। यदि एक उपाय साधक से न सधे तो दूसरे को निमित्त बना लेना चाहिए, क्योंकि सबका फल एक ही है—परमात्मा में प्रवेश; किंतु उक्त साधनों में से एक की दूसरे के ऊपर निम्नता या श्रेष्ठता के संबंध में कोई संशय पैदा न हो, इसको स्पष्ट करते हुए श्रीकृष्ण आगे कहते हैं—

श्रेयो हि ज्ञानमभ्यासाज्ज्ञानाद्ध्यानं विशिष्यते।
ध्यानात्कर्मफलत्यागस्त्यागाच्छान्तिरनन्तरम्॥ 12॥

"यदि संयमित चित्त से अभ्यास नहीं कर सकते तो अभ्यास से ज्ञान श्रेष्ठ है। ज्ञान से परमात्मा के स्वरूप का ध्यान श्रेष्ठ है तथा ध्यान से भी समस्त कर्मों के फल का त्याग श्रेष्ठ है, क्योंकि कर्मफल के त्याग से शीघ्र ही परम शांति सुलभ हो जाती है।"

वस्तुतः प्राण का अपान में न्यास, अपान का प्राण में न्यास, प्राणायाम, स्तुति स्रोत पाठ, नाम, जप आदि कर्म जिनमें विवेक, ज्ञान, ध्यान व निष्काम भाव का अभाव होता है ऐसे कर्म मात्र अभ्यास हैं। इसीलिए ऐसे अभ्यास से ज्ञान श्रेष्ठ है, क्योंकि विवेकहीन अभ्यास परमात्म प्राप्ति में उतना सहायक नहीं होता है जितना की अभ्यासहीन विवेक ज्ञान सहायक हो सकता है, क्योंकि वह परमात्म प्राप्ति की इच्छा का हेतु है। जिसे ज्ञान में फल प्राप्ति की इच्छा बनी रहती है, उससे भगवान् के स्वरूप के ध्यान को श्रेष्ठ बताया गया है, क्योंकि ध्यान द्वारा चित्त स्थिर होने पर मन की चंचलता व मलिनता का क्षय हो जाता है, परंतु ऐसा ध्यान भी परमात्म प्राप्ति में तभी सहायक है जब तक मनुष्य की कामनाएँ व कर्मफल की आसक्तियाँ समाप्त नहीं हो जातीं। इसीलिए ऐसे ध्यान से भी कर्म-फल की आसक्ति और समस्त सांसारिक भोग-वासनाओं का सर्वथा त्याग श्रेष्ठ है, क्योंकि विषय-विकारों में आसक्ति मनुष्य को कर्म-बंधनों में बाँधने वाली होती है और इसका त्याग होने के पश्चात् भगवत-प्राप्ति स्वतः सुलभ हो जाती है। इसीलिए इस श्लोक में अनासक्त कर्म भाव की प्रधानता दिखाने के लिए अभ्यास, ज्ञान और ध्यान आदि साधनों को क्रिया की दृष्टि से एक की तुलना में दूसरे को ज्यादा सात्त्विक और निवृत्तिपरक होने के आधार पर क्रम से श्रेष्ठ बताया गया है। सब उपायों में कर्मफल का त्याग व अनासक्ति भाव को ही श्रेष्ठतम बताया गया है। स्पष्ट है कि जब कर्म के फल के प्रति कोई मोह, लालसा या इच्छा मन में शेष ही नहीं रह गई हो तो मनःस्थिति पूर्णतया शांत व निर्मल हो जाती है, जो कि परमात्म प्राप्ति का आधारभूत तत्त्व है। अब श्रीकृष्ण अगले श्लोक में भगवत प्राप्त भक्तों के लक्षणों के संबंध में बताते हैं—

अद्वेष्टा सर्वभूतानां मैत्रः करुण एव च।
निर्ममो निरहङ्कारः समदुःखसुखः क्षमी॥ 13॥

"जो किसी के प्रति कोई द्वेष भाव नहीं रखता, जो समस्त भूतादिकों व जीवों के प्रति मैत्री भाव रखता है, जो करुणा व दयालुता से परिपूर्ण है, जो ममत्व या स्वामित्व की भावना से रहित है, जो मिथ्या अहंकार से दूर है, जो सुख या दुःख में सम भाव रखता है एवं जो क्षमावान है।"

सन्तुष्टः सततं योगी यतात्मा दृढनिश्चयः।
मय्यर्पितमनोबुद्धिर्यो मद्भक्तः स मे प्रियः॥ 14॥

"जो सदैव संतुष्ट रहता है, आत्म संयमी है, जो निरंतर दृढ संकल्प के साथ मेरी भक्ति में रत रहता है, जिसने अपने मन तथा बुद्धि को मेरे प्रति पूर्ण समर्पित कर दिया है, ऐसा वह कर्मयोगी मुझे अत्यंत प्रिय है।"

सच्चा भक्त मुसीबत में भी यही भाव रखता है कि भगवत कृपा से वह विगत जन्मों के कर्म-फलों के अनुरूप ज्यादा कष्ट नहीं भोग रहा है। इसलिए कठिन परिस्थितियों में भी वह भगवान् पर ही पूर्ण विश्वास के साथ शांत व राग-द्वेष से रहित रहता है। वह अपने भौतिक शरीर को मात्र आत्मा का आश्रय मानता है। अहंकार भाव उसे छू भी नहीं पाता। सच्चा भक्त सुख-दुःख में विचलित न हो, समदर्शी, सहिष्णु व संतुष्ट बना रहता है तथा दृढ निश्चय शक्ति से परमात्मा के प्रति तत्पर हो, अपने मन व बुद्धि को ईश्वर में केंद्रित रखता है। वह स्वयं को मात्र निमित्त मान परमात्मा को ही समस्त कारणों का कर्ता मानता है। इसीलिए ऐसा भक्त ईश्वर को प्रिय होता है।

यस्मान्नोद्विजते लोको लोकान्नोद्विजते च यः।
हर्षामर्षभयोद्वेगैर्मुक्तो यः स च मे प्रियः॥ 15॥

"जो कोई ऐसा कर्म नहीं करता, जिससे अन्य किसी भी जीव को कोई कष्ट पहुँचे और न ही अन्य किसी के द्वारा विचलित किया जाता है; जो हर्ष या शोक में, भय तथा चिंता में भी उद्विग्न नहीं होता, ऐसा भक्त मुझको प्रिय है।"

वस्तुतः साधक का आचरण 'सर्व जन हिताय' होना चाहिए। उसके किसी भी कर्म से अन्य किसी जीव का कोई अहित नहीं होना चाहिए। यदि कोई उसका अहित करता भी है तो भी उसे शांत व उद्वेगों से रहित रहना चाहिए। जो अपमान-सम्मान, सुख-दुःख, आशा-निराशा, विजय-पराजय, लाभ-हानि, शुभ-अशुभ सभी स्थितियों में समभाव रहता है तथा प्रत्येक क्रिया को भगवान् की महिमा या लीला मानता है, सदा अविचल व अटल रहता है, वही परमात्मा को प्राप्त होता है।

अनपेक्षः शुचिर्दक्ष उदासीनो गतव्यथः।
सर्वारम्भपरित्यागी यो मद्भक्तः स मे प्रियः॥ 16॥

"ऐसा पुरुष जो इच्छा-तृष्णाओं से रहित है, जिसका अंतःकरण शुद्ध हो गया है; जो दक्ष है, पक्षपात से रहित है; समस्त कष्टों व चिंताओं में भी दृढ है तथा किसी भी आकांक्षा या फल प्राप्ति के लिए प्रयत्नशील न रह परमात्मा में ही आश्रित रहता है; ऐसा भक्त मुझे अत्यंत प्रिय है।"

साधक; समस्त संकल्पों, कामनाओं व घटित होनेवाली क्रियाओं को परमात्मा की इच्छा के अधीन समझते हुए; इस माया रूपी आवरण से ढके खोल में, अपने को मात्र एक निमित्त मानकर ईश्वर-इच्छा अधीन कार्य करता है। उसे किंचित मात्र भी यह अहंकार नहीं होता कि वह अपनी ओर से इस सब में कुछ भी करता है, अपितु कर्तापन का अभिमान उसे तनिक छू भी नहीं पाता। इसीलिए उसकी स्थिति 'सर्वारंभपरित्यागी' की रहती है, जो परमात्मा को अत्यंत प्रिय है।

यो न हृष्यति न द्वेष्टि न शोचति न काङ्क्षति।
शुभाशुभपरित्यागी भक्तिमान्यः स मे प्रियः॥ 17॥

"जो न कभी हर्षित होता है, न कभी कोई शोक करता है, न उसे किसी तरह का कभी कोई पछतावा होता है और जो न कोई कामना ही करता है, जो शुभ तथा अशुभ दोनों प्रकार के कर्मों तथा वस्तुओं का परित्याग कर देता है, ऐसा भक्त मुझे अत्यंत प्रिय है।"

समः शत्रौ च मित्रे च तथा मानापमानयोः।
शीतोष्णसुखदुःखेषु समः सङ्गविवर्जितः॥ 18॥

"जो मित्रों व शत्रुओं दोनों के प्रति समभाव रखता है तथा मान-अपमान, सर्दी-गरमी तथा दुःख-सुख सभी स्थितियों में विकल न हो सर्वथा शांत बना रहता है तथा समस्त प्रकार की संगति से मुक्त है;"

तुल्यनिन्दास्तुतिर्मौनी सन्तुष्टो येनकेनचित्।
अनिकेतः स्थिरमतिर्भक्तिमान्मे प्रियो नरः॥ 19॥

"जो निंदा करनेवालों या प्रशंसा करनेवालों दोनों को समान दृष्टि से देखता है; जो मननशील रहता है तथा प्रत्येक स्थिति में स्वयं के अंतःकरण में पूर्ण संतुष्टि का भाव रखता है; जो किसी भी प्रकार के निवास स्थान के प्रति किसी भी प्रकार की ममता या आसक्ति नहीं रखता, जिसका बुद्धि-विवेक चलायमान न रहकर स्थिर बना रहता है तथा इस प्रकार जो मेरी भक्ति साधना में लीन रहता है; ऐसा भक्त मुझे अत्यंत प्रिय है।"

'अनिकेतः' शब्द का अर्थ गीता के 4.21 में आए 'व्यक्तसर्वपरिग्रहः' तथा 18.52 में आए 'विविक्तसेवी' से जोड़कर, कतिपय विद्वान्, घर-बार छोड़, संन्यास ग्रहण कर भिक्षाटन बताते हैं, किंतु गीता में अनेक स्थानों पर भगवान् श्रीकृष्ण ने कर्म को त्यागने के लिए नहीं, अपितु कर्म के फल की आकांक्षा को त्यागने पर ही बल दिया है। इससे स्पष्ट है कि साधक अपने समस्त सामाजिक दायित्वों का निर्वहन करते हुए मात्र अपने

परिवार या किसी समुदाय विशेष के हितों के प्रति विशेष प्रयत्नशील रहने के स्थान पर समस्त मानव जाति के कल्याण के लिए प्रयासरत रहे। किसी स्थान या निवास विशेष में आसक्ति न रख, सर्व भूतादिकों के हित की कामना से अपना सर्वस्व परमात्मा के प्रति अर्पण करके, घर में रहते हुए भी, अनासक्त भाव से बिना घर वाला, 'अनिकेत' है।

ये तु धर्म्यामृतमिदं यथोक्तं पर्युपासते।
श्रद्दधाना मत्परमा भक्तास्तेऽतीव मे प्रियाः ॥ 20 ॥

"इस प्रकार जो मेरे परायण होकर; धर्म रूपी अमृत पर; जिस प्रकार से जैसा कहा गया है, मुझ परमात्मा को ही सबकुछ मानते हुए, श्रद्धा के साथ; पूर्णतया तत्पर रहते हैं, ऐसे भक्तजन मुझे अत्यंत प्रिय हैं।"

श्रीकृष्ण भगवान् पहले कह चुके हैं कि 'सदृशं चेष्टते स्वस्याः प्रकृतेर्ज्ञानवानपि' (3.33); अर्थात् सभी जीव अपनी प्रकृति के अनुसार ही अपने स्वभाव से परवश होकर, कर्म में भाग लेते हैं। ज्ञानी भी अपनी प्रकृति के अनुसार ही प्रयासरत होता है। जिस प्राणी की जैसी प्रवृत्ति होती है वह वैसा ही कार्य करता है। ममता, राग-द्वेष, सुख-दुःख, काम-क्रोध आदि अज्ञानजनित विकारों का अभाव तथा समदृष्टि व परम शांति, ये लक्षण सभी में समान रूप से पाए जाते हैं, किंतु मित्रता व करुणा भाव ये भक्तिमार्गी साधक में विशेष रूप से रहते हैं। संसार, शरीर तथा कर्मों में उपरामता-यह ज्ञानमार्ग से परमात्म प्राप्ति वाले साधकों में विशेष रूप से रहती है। इसी प्रकार मन व इंद्रियों को संयम में रखते हुए, अनासक्त भाव से कर्मों में तत्पर होना; तेरहवें से लेकर उन्नीसवें इन सात श्लोक में परमात्म-प्राप्त ज्ञानी जनों के ये जो लक्षण बताए गए हैं; यही मानवता का सच्चा स्वरूप है। इनके अनुसरण में ही मानव जीवन की उपयोगिता है, क्योंकि इनके पालन से भक्तजनों को जन्म-मृत्यु के भँवर से मुक्ति मिल, अमृतरूप परमात्मा की प्राप्ति सुलभ हो जाती है। इसे ही 'धर्म्यामृतमिदं' कहा गया है। जो भक्त परमात्मा की प्राप्ति कर चुके हैं और उनका नित्य तादात्म्य परमात्मा से हो गया है; उनमें तो यह गुण सहज ही उपलब्ध रहते हैं, किंतु जिनको अभी परमात्मा-प्राप्ति नहीं हुई है, फिर भी वे तन-मन-धन सर्वस्व परमात्मा को अर्पण कर निरंतर उन्हीं का निष्काम भाव से श्रद्धापूर्वक भजन करते रहते हैं; वे चूँकि बिना दर्शन के भी मात्र विश्वास पर निर्भर रहते हैं; इसीलिए वे परमात्मा को अतिशय प्रिय होते हैं।

ॐ तत्सदिति श्रीमद्भागवदगीतासूपनिषत्सु ब्रह्मविधायाँ योगशास्त्रे
श्रीकृष्णार्जनु संवादे भक्तियोगो नाम द्वादशोऽध्यायः

अतएव श्रीमद्भागवदगीता उपनिषद् के ब्रह्मविद्यांतर्गत योग शास्त्र में श्रीकृष्ण-अर्जुन के संवाद में 'भक्तियोगो' नामक बारहवाँ अध्याय पूर्ण हुआ।

अमृत सार

इस अध्याय में पद्मनाभ भगवान् श्रीकृष्ण के मुखारविंद से भक्ति रस की महिमा की अमृतधारा बही है। पाँचवें अध्याय में अर्जुन ने कर्म के विषय में जैसा प्रश्न पूछा था ठीक वैसा ही प्रश्न इस अध्याय में सगुण एवं निर्गुण भक्ति के संबंध में पूछा है। कर्म के विषय में भगवान् ने कर्म तथा विकर्म की सहायता से जीव द्वारा अकर्म-दशा की प्राप्ति के तत्त्वों को बताते हुए एक को 'संन्यास' तथा दूसरे को 'योग' बताते हुए कहा कि शब्द भले ही दो हों, पर दोनों ही समान योग्यता रखते हैं। यहाँ पर सगुण-निर्गुण का प्रश्न भी कुछ ऐसा ही है। एक सगुण भक्त परमात्मा की सेवा में बाह्य रूप में मग्न दिखाई देता है, परंतु उसके अंतःकरण में सतत रूप से चिंतन चलता रहता है। निर्गुण भक्त यद्यपि बाह्य रूप से कुछ भी प्रत्यक्ष सेवा करता हुआ प्रतीत नहीं होता है, किंतु उसके अंतःकरण में परमात्मा की सतत सेवा निरंतर चलती रहती है। दोनों ही भक्त अंदर से एकरूप हैं, भले ही बाह्य रूप से वे भिन्न दिखाई देते हों। दोनों ही परमात्मा के प्रिय हैं फिर भी सगुण भक्ति अधिक सहज, सरल व सुलभ बताई गई है। वस्तुतः परमात्मा की निष्कपट भाव से खोज ही भक्तियोग है, जिसका आरंभ, मध्य तथा अंत परमात्मा के प्रति उत्कट प्रेम में ही होता है। यद्यपि ज्ञान तथा भक्ति दोनों ही मार्गों के अनुयायियों का भक्ति के प्रभाव में विश्वास होता है, फिर भी दोनों में थोड़ा सा मतभेद है। ज्ञान की दृष्टि में भक्ति मात्र मुक्ति का एक साधन है, परंतु भक्त के लिए वह साधन भी है और साध्य भी। ज्ञानी और भक्त अपनी-अपनी साधना पद्धति की श्रेष्ठता के विषय में भले ही कुछ भी कहें, किंतु यह सत्य है कि पूर्ण भक्ति के उदय होने से पूर्ण ज्ञान बिना माँगे ही मिल जाता है। इसी प्रकार पूर्ण ज्ञान के साथ पूर्ण भक्ति भी अपने आप ही आ जाती है। जैसे एक पात्र से दूसरे पात्र में तेल डालने पर वह एक अखंड धारा में सतत गिरता है, वैसे ही किसी ध्येय वस्तु के सतत स्मृति को ही ध्यान कहते हैं तथा जब इस प्रकार की ध्यानावस्था परमात्मा के प्रति प्राप्त हो जाती है तो सारे बंधन टूट जाते हैं। इसीलिए भगवान् श्रीकृष्ण ने स्वयं कहा है, "जो मुझमें सतत युक्त हैं तथा प्रेमपूर्वक मेरा भजन करते हैं, उन्हें मैं ऐसा बुद्धियोग देता हूँ, जिससे वे मुझे प्राप्त हो जाते हैं।" अतः उन परमात्मा को यह स्मृति अत्यंत प्रिय है। यह निरंतर स्मृति ही 'भक्ति' शब्द द्वारा अभिहित हुई है। स्पष्ट है कि परमात्मा के निराकार व्यक्त स्वरूप में ज्ञानमार्गियों द्वारा देहाभिमान कर भक्ति में रत होने से परमात्मा की प्राप्ति कठिन है, किंतु परमात्मा के सगुण रूप की भक्ति सुगम है। ज्ञानयोग से भी पथिक यद्यपि उसी लक्ष्य तक पहुँचते हैं, किंतु इस मार्ग के कठिन होने के कारण उनके भटकाव व बिखराव की संभावना बनी रहती है। भक्तियोग परमात्मा की प्रत्यक्ष सेवा होने के कारण सरल है। इसीलिए श्रीकृष्ण कहते हैं कि निश्चयात्मक रूप से मन तथा बुद्धि

को परमात्मा के प्रति स्थिर करो, जिससे निश्चय ही परमात्मा की प्राप्ति होगी। उन्होंने स्वयं ही अभ्यास द्वारा भक्ति के विविध विधान बताते हुए अपने मन को अचल भाव से उनमें स्थिर करने को कहा। उन्होंने कहा कि यदि ऐसा भी संभव न हो तो अपने कर्मों के समस्त फलों के प्रति आसक्ति त्याग कर; मन व बुद्धि को संयमित कर 'यतात्मवान' बनो। श्रीकृष्ण ने अनासक्त कर्म भाव की प्रधानता दिखाने के लिए अभ्यास, ज्ञान, ध्यान आदि साधनों को; क्रिया की दृष्टि से; एक की तुलना में दूसरे को ज्यादा सात्त्विक एवं श्रेष्ठ बताया तथा सब उपायों में कर्मफल का त्याग एवं अनासक्ति भाव को ही श्रेष्ठतम बताया। इसके उपरांत उन्होंने भक्त के लक्षण बताते हुए कहा कि स्थितप्रज्ञ के लक्षणों की भाँति ही नित्य जीवन में इन लक्षणों को भी अपने आचरण में ढालते एवं मनन करते हुए हमें अपना जीवन शनैः-शनैः परमात्मा के प्रति उन्मुख करना चाहिए।

□

अथ त्रयोदशोऽध्यायः

परमात्मा में ही आनंद की प्राप्ति संभव

पिछले अध्याय के प्रारंभ में अर्जुन ने जिज्ञासावश भगवान् से पूछा था कि सगुण तथा निर्गुण दोनों में से कौन सी उपासना श्रेष्ठ है। श्रीभगवान् ने दूसरे श्लोक में सगुण साकार उपासकों की श्रेष्ठता संक्षिप्त में प्रतिपादित करते हुए तीसरे से पाँचवें श्लोक में निराकार ब्रह्म की उपासना का स्वरूप, उसका प्रतिफल तथा ज्ञानी देहाभिमानियों के लिए ऐसी उपासना की दुष्करता को स्पष्ट किया। छठे श्लोक से बीसवें श्लोक तक उन्होंने सगुण उपासना का महत्त्व, फल, प्रकार तथा भगवत् भक्तों के लक्षणों को प्रतिपादित किया, किंतु निर्गुण उपासना के तत्त्व, महिमा और प्राप्ति के साधनों का प्रतिपादन अवशेष रह गया। अब भगवान् विश्लेषित करते हुए क्षेत्र (शरीर) एवं क्षेत्रज्ञ (आत्मा) के लक्षण बताते हैं—

श्री भगवानुवाच

इदं शरीरं कौंतेय क्षेत्रमित्यभिधीयते।

एतद्यो वेत्ति तं प्राहुः क्षेत्रज्ञ इति तद्विदः॥ 1॥

"श्रीभगवान् ने कहा, "हे कौंतेय! इस शरीर को ही क्षेत्र कहते हैं तथा इस शरीर रूपी क्षेत्र को जो जानता है उस तत्त्व ज्ञानी को ज्ञानी लोग 'क्षेत्रज्ञ' कहते हैं।"

यदि यह शरीर ही क्षेत्र है तो यह शरीर क्या है ? यह शरीर पंचभूत तत्त्वों, मन, बुद्धि व इंद्रियजनित विषयों से बना हुआ है, जिसमें बुद्धजीव विभिन्न इंद्रिय-जनित तृप्तियों को भोगता है। अतः यह कर्म-क्षेत्र शरीर है, जो मनुष्य को प्रकृति पर प्रभुत्व दिखाने की क्षमता के अनुसार प्राप्त होता है। इसी शरीर के अंतराल में दैवी संपद भी विद्यमान है तथा आसुरी संपद भी। जब परमतत्त्व की ओर प्रवृत्त पुण्यमयी शक्तियों का बाहुल्य होता है तो यही शरीर धर्मक्षेत्र बन जाता है तथा जब तामसिक व आसुरी प्रवृत्तियों का बाहुल्य

होता है तो यही शरीर कुरुक्षेत्र बन जाता है। मनुष्य की चेतन आत्मा इससे पूर्णतया विलक्षण एवं निःस्पृह है। इसलिए जो व्यक्ति अपने आपको शरीर (क्षेत्र) मानता है, वही क्षेत्रज्ञ कहलाता है। यह चैतन्य आत्म तत्त्व अत्यंत गुह्य व गहन है। इसी चेतन आत्मा को परम प्रकृति, अक्षर पुरुष और अध्यात्म भी कहा गया है। यह आत्मा समस्त विकारों से रहित, नित्य एवं चैतन्य ज्ञानरूप है। स्वयं अपने पिंड क्षेत्र अथवा शरीर के तथा मन के व्यापारों का निरीक्षण करके यह विवेचन करना कि क्षेत्रज्ञ रूपी आत्मा कैसे उत्पन्न होती है; को ही क्षेत्र-क्षेत्रज्ञ विचार कहते हैं। स्वयं अपने शरीर तथा मन का इस प्रकार विचार करने से निष्पन्न होनेवाला तत्त्व एक है या भिन्न, इसे 'क्षर-अक्षर' विचार अथवा व्यक्त-अव्यक्त विचार कहते हैं। सृष्टि के समस्त नाशवान पदार्थों में जो सारभूत नित्य शाश्वत तत्त्व है उसे 'अक्षर' या 'अव्यक्त' कहते हैं तथा ये दोनों तत्त्व जिससे निष्पन्न हुए हैं और इन दोनों क्षर व अक्षर के परे जो सबका मूलभूत आधार तत्त्व है, उसी को 'परमात्मा' कहते हैं।

क्षेत्रज्ञं चापि मां विद्धि सर्वक्षेत्रेषु भारत।
क्षेत्रक्षेत्रज्ञयोर्ज्ञानं यत्तज्ज्ञानं मतं मम॥ 2॥

"हे भारत! समस्त क्षेत्र रूपी शरीरों में क्षेत्र का ज्ञाता, क्षेत्रज्ञ, भी मुझको ही जान। कर्म क्षेत्र अर्थात् शरीर एवं क्षेत्र का ज्ञाता क्षेत्रज्ञ को तत्त्व से जानना ही ज्ञान है, ऐसा मेरा मत है।"

श्रीकृष्ण स्पष्ट कर रहे हैं कि "क्षेत्रज्ञ मैं, परमेश्वर हूँ" तथा 'चापि' से तात्पर्य है कि "न केवल क्षेत्रज्ञ ही, अपितु क्षेत्र भी मैं ही हूँ" अर्थात् जो पिंड में है वही ब्रह्मांड में है, क्योंकि शरीर या क्षेत्र जिन पंच महाभूत तत्त्वों से बनता है, वह परमात्मा की परा प्रकृति की ही एक विभूति है। इसीलिए क्षेत्र एवं क्षेत्रज्ञ का जो ज्ञान है, वही मेरा या परमात्मा का ज्ञान है।" श्वेताश्वतरोपनिषद् में उल्लेख है- "भोक्ता भोग्यं प्रेरितारं च मत्वा, सर्वं प्रोक्तं त्रिविधिं ब्रह्ममेतत्" (1-12) अर्थात् इन एक को जानने से ही सबका ज्ञान हो जाता है। मनुष्य भोक्ता (जीवात्मा), भोग्य (जड़वर्ग) और इन दोनों के प्रेरक परमात्मा को जानकर सबकुछ जान लेता है, फिर कुछ भी जानना शेष नहीं रहता। जिनके ये तीन भेद बताए गए हैं, वे ही समग्र ब्रह्म हैं अर्थात् जड़ प्रकृति, चेतन आत्मा और उन दोनों के आधार तथा नियामक परमात्मा-ये ब्रह्म के ही रूप हैं।

तत्क्षेत्रं यच्च यादृक् च यद्विकारि यतश्च यत्।
स च यो यत्प्रभावश्च तत्समासेन मे श्रृणु॥ 3॥

"यह क्षेत्र क्या है, वह किस प्रकार का है, उसमें कौन-कौन से विकार हैं, उनमें

क्या परिवर्तन होता है, यह कहाँ उत्पन्न होता है और इसको जाननेवाला कौन है, यह तुम मुझसे संक्षेप में सुनो।"

जिस क्षेत्र एवं क्षेत्रज्ञ के तत्त्व निरूपण हेतु श्रीभगवान् ने इंगित किया है, उसे उपनिषद्, वेदों तथा ब्रह्मसूत्र में भी कहा गया है तथा महान् ऋषियों ने भी उसके संबंध में लिखा है। उसका उल्लेख करते हुए श्रीकृष्ण कहते हैं—

ऋषिभिर्बहुधा गीतं छन्दोभिर्विविधैः पृथक्।
ब्रह्मसूत्रपदैश्चैव हेतुमद्भिर्विनिश्चितैः ॥ 4 ॥

"बुद्धिमान ऋषियों द्वारा अनेक प्रकार से क्षेत्र व क्षेत्रज्ञ को वर्णित किया गया है तथा नाना प्रकार के वैदिक मंत्रों में भी पृथक्-पृथक् विभाग-पूर्वक इनका वर्णन किया है, तथा वेदांत सूत्रों के नीतिवचनों द्वारा भी निश्चित रूप से कार्य-कारण तर्कों के साथ इनके संबंध में विनिश्चित कर मत दिया गया है।"

क्षेत्र एवं क्षेत्रज्ञ के विषय में भगवान् द्वारा संक्षिप्त में जो विषय वस्तु वर्णित की जा रही है, वह ऐसी नहीं है कि भगवान् ही उन सिद्धांतों को प्रतिपादित कर रहे हैं, अपितु मंत्रों के दृष्टा एवं वेद, पुराणों, शास्त्रों, स्मृतियों, उपनिषदों के रचयिता विवेकी ऋषिगणों द्वारा भी क्षेत्र एवं क्षेत्रज्ञ का अनेकानेक प्रकार से वर्णन किया गया है। ऋग्वेद, यर्जुवेद, सामवेद, अथर्ववेद के 'संहिता' एवं 'ब्राह्मण' दोनों वेदों में, उपनिषदों की भिन्न-भिन्न शाखाओं में सबके द्वारा जो तत्त्व पृथक्-पृथक् अनेक प्रकार से वर्णित किया गया है तथा ब्रह्मसूत्र के पदों द्वारा युक्तिपूर्वक समझाया गया है, वह सब भी क्षेत्र-क्षेत्रज्ञ के विषय में विविध प्रकार से कहा गया है। श्रीभगवान् उन सबका सार संक्षिप्त में वर्णित कर रहे हैं। पूर्व में क्षेत्र एवं क्षेत्रज्ञ के विषय में कहा जा चुका है तब भी श्रीभगवान् को उन्हीं सिद्धांतों का संक्षिप्त प्रतिपादन करने की आवश्यकता पड़ी, क्योंकि अनेक ऋषियों तथा तत्त्वदर्शियों ने भिन्न-भिन्न कालों या स्थानों में स्फुरित अध्यात्म विचारों के अनुसार इन ग्रंथों की रचना की तथा वे विचार बिना किसी पारस्परिक संबंध के परस्पर विरुद्ध व सीमित दृष्टि के जान पड़ते हैं। इसी परिप्रेक्ष्य में भगवान् श्रीकृष्ण ने यहाँ 'विधि' तथा 'पृथक' शब्दों को प्रयुक्त किया है। यद्यपि आचार्य बादनारायण ने उनके सिद्धांतों की एकवाक्यता करने के लिए ब्रह्म सूत्रों या वेदांत सूत्रों की रचना की, जिसमें उपनिषदों के सब विषयों को लेकर उनके रहस्य सिद्धांतों को प्रतिपादित भी किया है, किंतु उस समय से चली आ रही विभिन्न वैचारिक मान्यताओं के मूल को संशयहीन करने के उद्देश्य से श्रीकृष्ण ने यह विषय संक्षिप्त में लिया है।

महाभूतान्यहङ्कारो बुद्धिरव्यक्तमेव च।
इन्द्रियाणि दशैकं च पञ्च चेन्द्रियगोचराः ॥ 5 ॥

"पंचमहाभूत स्थूल तत्त्व पृथ्वी, जल, अग्नि, वायु तथा आकाश, अहंकार, बुद्धि और अव्यक्त प्रकृति, दस (सूक्ष्म) इंद्रियाँ (पाँच कर्मेंद्रियाँ—वाणी, हाथ, पैर, गुदा तथा लिंग; पाँच ज्ञानेंद्रियाँ—नेत्र, कान, नाक, जीभ तथा त्वचा) तथा मन, पंच इंद्रिय विषय (शब्द, स्पर्श, रूप, रस तथा गंध);"

इच्छा द्वेषः सुखं दुःखं सङ्घातश्चेतनाधृतिः।
एतत्क्षेत्रं समासेन सविकारमुदाहृतम् ॥ 6 ॥

"इच्छा, द्वेष, सुख, दुःख, संघात, चेतना अर्थात् प्राण आदि का व्यापार, और धृति अर्थात् धैर्य-इस प्रकार (31 विकारों) के समुदाय को सविकार क्षेत्र कहते हैं। यह क्षेत्र तथा उसके विकारों के संक्षिप्त लक्षण हैं, जिसमें पहले तो पृथ्वी, जल, अग्नि, वायु तथा आकाश शरीर के पंच स्थूल कारक हैं, फिर अहंकार, बुद्धि तथा तीनों गुणों की—सत्, रज, तम की अव्यक्त अवस्था आती है।"

इसके पश्चात् पाँच ज्ञानेंद्रियाँ व पाँच कर्मेंद्रियाँ हैं। इन इंद्रियों के ऊपर मन होता है जो आंतरिक एवं सूक्ष्म इंद्रिय है। इस प्रकार ग्यारह इंद्रियाँ हुईं। फिर इन इंद्रियों के पाँच विषय—गंध, स्वाद, रूप, स्पर्श व ध्वनि हैं। इस प्रकार इन चौबीस तत्त्वों का समूह कार्यक्षेत्र है। फिर इच्छा है, जिसमें आसक्तियुक्त कामना, वासना, तृष्णा, आशा, लालसा तथा स्पृहा आदि विकार हैं। फिर द्वेष है, जिसमें बैर, ईर्ष्या, घृणा, क्रोध आदि अंत:करण के विकार हैं। फिर सुख व दु:ख की गणना भी विकारों में की गई है। फिर संघात है, जो पंचभूतों से निर्मित स्थूल शरीर का पिंड है। (प्राण निकल जाने के उपरांत जो स्थूल शरीर है वह संघात है, जिसमें पंचभूतों का विकार होने के कारण इसकी गणना भी क्षेत्र के विकारों में ही की गई है)। फिर चेतना है जो अंत:करण की ज्ञान शक्ति है। अत: यह भी क्षेत्र के विकार के रूप में गिनी गई है। धृति या धैर्य भी अंत:करण का विकार माना गया है। इस प्रकार यह शरीर ही क्षेत्र है जो इन तत्त्वों व विकारों का समुदाय पिंड है। यही क्षेत्र का संक्षिप्त स्वरूप है जिसमें कर्म के अनुसार जनित संस्कारों के बीज उगते हैं। जब तक इसमें विकार रहेंगे, यह शरीर रूपी पिंड भी रहेगा। अब श्रीकृष्ण क्षेत्रज्ञ का स्वरूप बताते हैं—

अमानित्वमदम्भित्वमहिंसा क्षान्तिरार्जवम्।
आचार्योपासनं शौचं स्थैर्यमात्मविनिग्रहः ॥ 7 ॥

"विनम्रता, (जिसमें मान-अपमान का अभाव है); दंभविहीनता, (जो मान-सम्मान-बड़ाई की इच्छा से रहित है); अहिंसा, (जिसमें दूसरों का कोई अहित नहीं करता); सहनशीलता व सहिष्णुता, सरलता, आचार्योपासना, (श्रद्धा भक्ति से गुरु की सेवा में समर्पित रहना); पवित्रता (जो मनसा-वाचा-कर्मणा आचरण में ढली है); दृढता (आध्यात्मिक उन्नति हेतु दृढसंकल्प); आत्मसंयमी (जिसकी मन व इंद्रियाँ निःस्पृह हैं)।"

इन्द्रियार्थेषु वैराग्यमनहङ्कार एव च।
जन्ममृत्युजराव्याधिदुःखदोषानुदर्शनम्॥ 8॥

"नाना प्रकार के विषय-वासनाओं तथा भोगों में आसक्ति का अभाव, अहंकार-हीनता, जन्म-मृत्यु, वृद्धावस्था तथा रोग आदि में दुःख, दोषों का बार-बार विचार कर इनके प्रति वैराग्य भाव को रखना;"

असक्तिरनभिष्वङ्गः पुत्रदारगृहादिषु।
नित्यं च समचित्तत्वमिष्टानिष्टोपपत्तिषु॥ 9॥

"कर्म में अनासक्ति, बाल-बच्चों, घर-गृहस्थी में ममत्व एवं आसक्ति का अभाव; इष्ट या अभीष्ट की प्राप्ति या हानि; दोनों ही स्थितियों में चित्त की सर्वदा समवृत्ति ही रखना,"

मयि चानन्ययोगेन भक्तिरव्यभिचारिणी।
विविक्तदेशसेवित्वमरतिर्जनसंसदि॥ 10॥

"मुझ परमात्मा के प्रति अनन्य भाव से अव्यभिचारिणी अर्थात् बिना किसी व्यवधान के भक्ति योग, एकांत एवं शुद्ध स्थानों का आकांक्षी तथा विषय-विकार से पूरित जनसमुदाय से विलगाव,"

इस श्लोक में—'मयि चानन्ययोगेन भक्तिरव्यभिचारिणी' महत्त्वपूर्ण है, क्योंकि ज्ञान की प्रक्रिया का अवसान परमात्मा के प्रति पूर्ण समर्पित अनन्य भक्ति में ही होता है। यदि अनन्य भक्ति से भजन नहीं तो अन्य गुणों का भी कोई महत्त्व नहीं है। यदि अनन्य भक्ति भाव से समर्पण है तो अन्य गुण स्वयमेव प्रकट हो जाते हैं। इसी स्थिति को श्रीमद्भागवत में इस प्रकार कहा गया है, "यस्यास्ति भक्तिर्भगवत्यकिन्चना सर्वेर्गुणैस्तत्र समासते सुराः"(5.18.12) कि 'जिसने भक्ति की स्थिति प्राप्त कर ली, उसमें ज्ञान सहित अन्य सारे गुण विकसित हो जाते हैं।'

अध्यात्मज्ञाननित्यत्वं तत्त्वज्ञानार्थदर्शनम्।
एतज्ज्ञानमिति प्रोक्तमज्ञानं यदतोन्यथा॥ 11॥

"आत्मा के नित्य, शाश्वत चैतन्य, निर्विकार आत्मतत्त्व का सतत चिंतन व मनन करना; तथा तत्त्वज्ञान के अर्थरूप परमपिता परमात्मा को ही जानना–यही वास्तव में ज्ञान है और इसके अतिरिक्त जो भी कुछ है वह सब अज्ञान है।"

इस प्रकार क्षेत्र तथा क्षेत्रज्ञ के विषय में श्रीभगवान् ने जो वर्णित किया है उसी को कोई यह न समझ ले कि शरीर का नाम 'क्षेत्र' है तथा इसके अंदर रहनेवाला ज्ञाता 'क्षेत्रज्ञ' है; और यह बात हमने समझ ली, बस हो गया हमको ज्ञान प्राप्त। यथार्थ में सत्य यह है कि जिन गुणों तथा साधनों का उल्लेख किया गया है, उनको मात्र जानने से ही नहीं, अपितु उनके सतत अभ्यास तथा जीवन में यथार्थ रूप से व्यवहार में उतार कर ही उनके यथार्थ स्वरूप को विदित किया जा सकता है। इसलिए कठोपनिषद् में उल्लेख है—"नायमात्मा प्रवचेन लभ्यो न मेधया न बहुना श्रुतेन"—(1.2.23) कि जिन परमात्मा की महिमा का वर्णन हुआ है, वे न तो उनको मिलते हैं जो शास्त्रों को पढ़कर लच्छेदार भाषा में परमात्म तत्त्व की नाना प्रकार से गाथा गाते हैं और न ही उन तर्कशील बुद्धिमान मनुष्यों को ही मिलते हैं, जो बुद्धि के अभिमान में चूर हो तर्क व विवेचन करके उन्हें समझने की चेष्टा करते हैं और न ही उनको मिलते हैं, जो परमात्मा के विषय में बहुत कुछ सुनते हैं। परमात्मा तो उसी को प्राप्त होते हैं, जिसको वे स्वयं स्वीकार कर लेते हैं। स्वीकार वे उसी को करते हैं, जो उनके लिए उत्कट इच्छा अनन्य योग से करता है। तभी वे उसके समक्ष से योगमाया का आवरण हटाकर स्वयं अपना स्वरूप प्रकट कर देते हैं।

ज्ञेयं यत्तत्प्रवक्ष्यामि यज्ज्ञात्वाऽमृतमश्नुते।
अनादिमत्परं ब्रह्म न सत्तन्नासदुच्यते॥ 12॥

"तुझे अब मैं जानने योग्य अर्थात् 'ज्ञेय' के विषय में बताऊँगा, जिसको विदित कर लेने से मरणशील मनुष्य अमृत तत्त्व अर्थात् मोक्ष रूपी परमगति को प्राप्त करता है। यह परम ब्रह्म जो अनादि है और मेरे अधीन है, वह न तो सत् ही कहा जाता है और न असत ही।"

गत श्लोक में ज्ञान के साधनों के उल्लेख से स्वत: यह जिज्ञासा उत्पन्न हो जाती है कि उन ज्ञान के साधनों को जानने की उपयोगिता भला क्या है तथा इन साधनों के द्वारा जानने योग्य 'ज्ञेय' वस्तु क्या है? इसी को स्पष्ट करते हुए यहाँ श्रीकृष्ण भगवान् कहते हैं, 'ज्ञेयम्' वह है जो परमात्मा के निर्गुण तथा सगुण स्थिति का उद्भाषक है तथा उस ज्ञेय को जानने से प्राप्त होनेवाला ज्ञान 'अमृत' है। वास्तविकता में उस जानने योग्य परमात्मा के ज्ञान से मनुष्य जन्म-मृत्यु के चक्रों के भवसागर से मुक्त हो परम की स्थिति प्राप्त कर मोक्ष रूपी अमृततत्त्व का पान कर लेता है। इसी प्रकार प्रकृति और जीवात्मा, इन दोनों का आधिपत्य परमात्मा में ही निहित होने के कारण वह 'अनादिमत्'

अर्थात् अनादिवाला कहा जाता है। गीता के नवें अध्याय के उन्नीसवें श्लोक में परम प्रभु श्रीकृष्ण ने कहा है, "सत भी मैं हूँ तथा 'असत' भी मैं ही हूँ", किंतु इस श्लोक में वे कहते हैं कि उस जानने योग्य परमात्मा को न 'सत' कहा जा सकता है और न 'असत'। यह विरोधाभास ईश्वर के स्वरूप की वर्णन विधि के कारण है, क्योंकि परमात्मा का स्वरूप अकथनीय, अकल्पनीय व असीम होने के कारण उनके साक्षात् स्वरूप का वर्णन न तो विधि मुख से और न निषेध मुख से वाणी द्वारा किया जा सकता है। इसलिए वह न तो 'सत' कहा जाता है और न ही 'असत'; अर्थात् श्रीकृष्ण भगवान् जिस ज्ञेय वस्तु का वर्णन कर रहे हैं वह मन तथा वाणी का अविषय है और उनके सामर्थ्य से भी परे है। इस ज्ञेय तत्त्व की गूढ़ता व गहनता को समझाने के लिए वे पुन: उसके लक्षणों का परिचय कराते हैं—

सर्वत: पाणिपादं तत्सर्वतोऽक्षिशिरोमुखम्।
सर्वत: श्रुतिमल्लोके सर्वमावृत्य तिष्ठति॥ 13॥

"उसके, सब ओर हाथ-पैर, सब ओर आँखें, सिर तथा मुख हैं तथा सब ओर कान हैं और वही इस लोक में समस्त वस्तुओं में सर्वज्ञ व्याप्त हो स्थित है।"

यहाँ ज्ञेय तत्त्व की सर्वव्यापकता को रेखांकित करते हुए श्रीकृष्ण कहते हैं कि संसार में वही एक परमात्मा सर्वव्याप्त है। चूँकि विश्व के प्रत्येक प्राणी में परमात्मा ही आत्मा रूपी चेतन तत्त्व के रूप में व्याप्त रहते हैं, इसीलिए जगत् के समस्त प्राणियों का जीवन स्रोत एक ही परब्रह्म परमात्मा हैं तथा उनका कुटुंब भी वही हैं। इसीलिए भारतीय मानस में 'वसुधैव कुटुंबकम्' के रूप में प्रत्येक प्राणी को; इस व्यापक विश्व की अणुतम इकाई होते हुए भी; समस्त विश्व को एक ही परिवार के रूप में देखने का विश्व एकता का मंत्र दिया गया है। इसी कथन को श्वेताश्वतरोपनिषद् में इस प्रकार उद्भीत किया गया है—

"सर्वत: पाणिपादं तत् सर्वतोऽक्षिषिरोमुखम्।
सर्वत: श्रुतिमल्लोके सर्वमावृत्य तिश्ठति॥" (3.16)

अर्थात् "वे परमपुरुष सब जगह हाथ-पैरवाले, सब जगह आँख, सिर और मुख वाले, सब जगह कानोंवाले हैं। वे ब्रह्मांड में सबको सब ओर से घेरकर स्थित हैं।" वस्तुत: बिना ज्ञान के इसकी सर्वव्यापकता की अनुभूति नहीं होती। आधुनिक जगत् के इतिहास, भूगोल, रसायन, जैविकी, वनस्पति, पदार्थ शास्त्र आदि किसी भी शास्त्र में नाम रूपात्मक विवेचन ही रहता है। यद्यपि मनुष्य को इंद्रियों के नाम रूप के अलावा अन्य कोई प्रत्यक्ष ज्ञान नहीं है तो भी इन अनित्य विनाशशील नाम रूपों से आच्छादित, किंतु आँखों से न दिखाई देनेवाला अव्यक्त भी रहता ही है; जिसके कारण सारी सृष्टि में एकता

का आभास रहता है। जो भी ज्ञान मनुष्य को है, वह आत्मा को भी होता है। इसलिए आत्मा ही ज्ञाता हुई और इस ज्ञाता को नामरूपात्मक सांसारिक पदार्थों का ही ज्ञान होता है। अत: नाम रूपात्मक बाह्य सृष्टि 'ज्ञान' हुई तथा इस नाना रूपात्मक सृष्टि जगत् के मूल में जो कुछ वस्तु तत्त्व है, वही ज्ञेय है। इसीलिए ज्ञाता को क्षेत्रज्ञ आत्मा और ज्ञेय को इंद्रियातीत शाश्वत परमात्मा कहा गया है। श्रीभगवान् आगे इसको और स्पष्ट करते हैं—

सर्वेन्द्रियगुणाभासं सर्वेन्द्रियविवर्जितम्।
असक्तं सर्वभृच्चैव निर्गुणं गुणभोक्तृ च॥ 14॥

"परमात्मा समस्त इंद्रियों का मूल स्रोत हैं। उनमें सब इंद्रियों के गुणों का आभास है, किंतु यथार्थ में वे इंद्रियों से रहित हैं। वे सबसे अनासक्त होते हुए भी समस्त जीवों के पालनकर्ता हैं तथा निर्गुण होते हुए भी गुणों का उपभोग करते हैं।"

श्वेताश्वतरोनिषद् (3.19) में इसी सत्य को बताया गया है कि परमात्मा समस्त इंद्रियों से रहित होकर भी सब इंद्रियों के विषय को जानते हैं, क्योंकि वे हाथों से रहित होने पर भी जगत् की समस्त वस्तुओं को ग्रहण कर लेते हैं तथा पैरों से रहित होकर भी वे बड़े वेग से इच्छानुसार सर्वत्र गमनागमन करते हैं, वे आँखों से रहित होकर भी सब जगह सबकुछ देखते हैं; और कानों से रहित होकर भी सबकुछ सुनते हैं। वे समस्त जानने योग्य और जानने में आने वाले जड़-चेतन पदार्थों को भलीभाँति जानते हैं, परंतु उनको कोई नहीं जानता। जो समस्त सृष्टि के कण-कण से अवगत हैं उन्हें भला कौन जान सकता है! इसीलिए ज्ञानीजन उनको सबका आदि, पुरातन एवं परम पुरुष पुरुषोत्तम कहते हैं।

बहिरन्तश्च भूतानामचरं चरमेव च।
सूक्ष्मत्वात्तदविज्ञेयं दूरस्थं चान्तिके च तत्॥ 15॥

"जड़ तथा जंगम समस्त जीवों के बाहर भी तथा भीतर भी परमात्मा स्थित हैं। अत्यंत सूक्ष्म होने से वे मानवीय इंद्रियों के द्वारा जानने या देखने से परे होने के कारण अविज्ञेय हैं तथा दूरस्थ स्थित होते हुए भी समस्त भूतादिकों के समीप भी हैं।"

इसलिए उपनिषदों में भी परमात्मा के अज्ञेय स्वरूप के विषय कहा गया है, 'नेति-नेति' कि परमात्मा वह नहीं हैं जिनके विषय में कुछ कहा जा सके, ब्रह्म उससे परे है। वेह आँखों से दिखाई नहीं पड़ते। वे वाणी तथा मन को भी अगोचर हैं—"यतो वाचो निवर्तन्ते अप्राप्य मनसा सहा।" वह सर्वत्र भूतादिकों में अंदर भी तथा बाहर भी स्थित हैं, जैसे जलाशय में पड़े बर्फ के टुकडों के अंदर व बाहर, दोनों ही स्थानों पर, जल-ही-जल होता है। कठोपनिषद् में उल्लेख है, "आसीनो दूरं व्रजति श्यानो याति सर्वत:

(1.2.21)"; कि वह परमात्मा बैठा हुआ भी दूर पहुँच जाता है तथा सोता हुआ भी सब ओर चलता है।

अविभक्तं च भूतेषु विभक्तमिव च स्थितम्।
भूतभर्तृ च तज्ज्ञेयं ग्रसिष्णु प्रभविष्णु च॥ 16॥

"यद्यपि प्रथमदृष्टया परमात्मा समस्त भूतादिकों के बीच विभाजित से प्रतीत होते हैं, किंतु वे वास्तव में विभाजित या विभक्त नहीं हैं। वे ही प्रत्येक जीव के पालनकर्ता हैं। वे ही सब के संहारकर्ता हैं तथा वही सब जीवादिकों को उत्पन्न करनेवाले हैं।"

आकाश विभिन्न स्थलों व लोकों में विभक्त सा प्रतीत होता हुआ भी वास्तव में एक ही होता है। इस श्लोक में परमात्मा के एकत्व को भगवान् श्रीकृष्ण ने पुनः एक बार फिर रेखांकित किया है। इसी तथ्य का तैत्तिरीयोपनिषद् में उल्लेख है, "यतो वा इमानि भूतानि जायन्ते, येन जातानि जीवन्ति यत्प्रयन्त्यभिसंविशंति।" (भृगुवल्ली प्रथम अनुवाक) कि "संपूर्ण जगत् की जिससे उत्पत्ति होती है, जिसमें स्थिति होती है तथा जिसमें विलय होता है, वही ब्रह्म है।" स्वामी करपात्रीजी महाराज ने ईश्वरीय एकता के इसी क्रम में स्पष्ट किया है कि तत्तद् गुणों की प्रधानता से ब्रह्म ही रज के संबंध से ब्रह्मा, तम के संबंध से रूद्र तथा सत्त्व के संबंध से विष्णु बन जाता है। उत्पादक-पालक-संहारक दृष्टि से ब्रह्मा, विष्णु तथा रूद्र की अनंतता ही सिद्ध होती है अन्यथा सर्वशक्तिमान विष्णु परमात्मा से पालित जगत् का संहार दूसरा कोई कैसे कर सकता है! यदि सर्वसंहारक रूद्र महादेव को ही परमेश्वर मानें तो फिर विश्व का पालनकर्ता कौन हो सकता है? यदि रूद्र विष्णु से भिन्न हैं, तब सर्वसंहारक रूद्र के द्वारा विष्णु के भी संहार का अवसर उपस्थित हो जाएगा। इसलिए विष्णु तथा महादेव को एक ही परमेश्वर मानना ही समुचित है। कोई भी संहारक अपनी आत्मा का संहार नहीं कर सकता; तभी सर्वसंहारक शिव के आत्मा होने से ही विष्णु बने रहते हैं। अनेक ईश्वरों को मानना सर्वथा युक्ति सिद्ध भी नहीं है, क्योंकि जब मतभेद होगा और साथ ही विरुद्ध प्रकार के संकल्प होंगे, तब दो ईश्वर का भाव भी कदापि टिक नहीं सकता। यदि परस्पर के विरुद्ध संकल्प से दोनों के ही संकल्प प्रतिरूद्ध होकर असत्य हो जाएँगे, तब तो दोनों ही अनीश्वर सिद्ध होंगे। यदि एक के संकल्प से दूसरे का संकल्प कट गया तो जिसका संकल्प सिद्ध हुआ वही परमेश्वर हुआ, दूसरा नहीं। इसीलिए जगत् का उत्पादक, पालक तथा संहारक एक ही परमेश्वर है, उसका भले ही किसी भी नाम से व्यवहार हो, क्योंकि परब्रह्म के तो अनंत नाम रूप हैं। उत्पत्ति, स्थिति तथा लय का कारण एक ही है। उसमें नानात्व नहीं है। इसीलिए 'अविभक्तं च भूतेषु'; यहीं श्रीकृष्ण भगवान् ने अविभक्त एकीभाव को इंगित कर परमात्मा के जानने योग्य एकत्व का प्रतिपादन किया है कि प्रभु 'विष्णु' के रूप में जगत् की उत्पत्ति,

'भूतभर्तृ' के रूप में जगत् का पालन, तथा 'ग्रसिष्णु' के रूप में जगत् का संहार करते हैं अर्थात् ब्रह्मा-विष्णु-महेश एक ही परमात्मा की भिन्न स्थितियाँ हैं, परंतु परमात्मा वास्तव में एक है तथा वही सर्वत्र परिपूर्ण व्याप्त हैं।

ज्योतिषामपि तज्ज्योतिस्तमसः परमुच्यते।
ज्ञानं ज्ञेयं ज्ञानगम्यं हृदि सर्वस्य विष्ठितम्॥ 17॥

"वह परमात्मा ही समस्त प्रकाशमान ज्योतियों का मूल स्रोत व उद्गम स्वरूप ज्योति है, जो अविद्या, अज्ञान से परे है। वही वह ज्ञान है जो जानने योग्य है, वही ज्ञेय है तथा वही ज्ञानगम्य अर्थात् ज्ञान से ही विदित होनेवाला भी है तथा वही सबके हृदय में स्थित है।"

बृहदारण्यकोपनिषद् (IV.4.16) मे उल्लेख है, 'तद्देवा ज्योतिषां ज्योतिरायुर्होपासतेऽमृतम्' कि उस आदित्यादि ज्योतियों के ज्योतिस्वरूप अमृत की देवगण 'आयु' इस प्रकार उपासना करते हैं। वह परमात्मा ही अमृत ज्योति है; अन्य ज्योतियाँ तो नष्ट हो जाती हैं, किंतु यह ज्योति सभी की आयु है। ब्रह्मांडमयी आकाशगंगा के समस्त सौरमंडलों के सूर्य, चंद्र व नक्षत्र हों या जो भी ज्ञान स्वरूपी आध्यात्मिक ज्योति पुंज हों; वे सब परमात्मा के प्रकाश से ही प्रकाशवान हैं। अज्ञान, अविद्या का तमोमयी अंधकार उस परम ज्योति से परे है, क्योंकि अंधकार तो प्रकाश की उपस्थिति से स्वयं ही समाप्त हो जाएगा। इसीलिए वही ज्ञान हैं, वही ज्ञेय हैं तथा वही जानने योग्य परब्रह्म सबों के हृदय में परम नियंता एवं परम देदीप्यमान ज्योति के रूप में स्थित हैं।

इति क्षेत्रं तथा ज्ञानं ज्ञेयं चोक्तं समासतः।
मद्भक्त एतद्विज्ञाय मद्भावायोपपद्यते॥ 18॥

"इस प्रकार मैंने क्षेत्र (शरीर), ज्ञान तथा जानने योग्य ज्ञेय परमात्म के स्वरूप का संक्षिप्त में वर्णन किया है। मेरा भक्त इसको तत्त्व से जानकर मेरे स्वरूप व स्वभाव को प्राप्त करता है।"

इस प्रकार ज्ञाता, ज्ञेय तथा जानने की विधि, ये तीनों मिलकर विज्ञान कहलाते हैं, जिसके द्वारा अनन्य भक्त परमात्मा के स्वरूप-स्वभाव के तत्त्वों को विदित कर सकता है। इस प्रकार पाँचवें व छठे श्लोक में भौतिक तत्त्वों तथा जीवन के लक्षणों की कुछ अभिव्यक्तियों का विवेचन हुआ, जो मिलकर शरीर अथवा कार्यक्षेत्र का निर्माण करती हैं। सातवें से ग्यारहवें श्लोक में कार्यक्षेत्र के ज्ञाताओं-आत्मा व परमात्मा के ज्ञान के बीस साधनों का वर्णन हुआ है तथा बारहवें से सतरहवें श्लोक में जानने योग्य परमात्मा के स्वरूप का वर्णन हुआ है, किंतु अभी क्षेत्र के स्वभाव का तथा क्षेत्रज्ञ के स्वरूप का

वर्णन नहीं हुआ है, जिसके लिए प्रभु श्रीकृष्ण पुनः प्रकृति एवं पुरुष के द्वारा क्षेत्र एवं क्षेत्रज्ञ को इंगित करते हैं—

प्रकृतिं पुरुषं चैव विद्ध्यनादी उभावपि।
विकारांश्च गुणांश्चैव विद्धि प्रकृतिसंभवान्॥ 19॥

"प्रकृति तथा पुरुष को अनादि ही समझो तथा राग-द्वेष एवं विषयजनित कामनाओं आदि विकारों और प्रकृति के तीनों गुणों को भी प्रकृति से उत्पन्न हुआ ही जानो।"

इस प्रकार शरीर क्रिया क्षेत्र तथा प्रकृति जन्य तत्त्वों व गुणों से निर्मित है तथा शरीर के भीतर बद्ध प्राणमयी शक्ति, आत्मा ही पुरुष है; जो उसका ज्ञाता है। परमात्मा के साक्षात् अंश के रूप में आत्मा उसी परमात्मा की एक अभिव्यक्ति है। इसी कारण प्रकृति एवं पुरुष दोनों को अनादि बताया गया है। इसीलिए 'च' एवं 'एव' (चैव) इन पदों का प्रयोग कर दोनों को ही अनादि बताने का अभिप्राय है कि जीव का प्रकृति के साथ संबंध आदि रहित है। इसी प्रकार परमात्मा की शक्ति, यह प्रकृति, भी अनादि सिद्ध है। इसी प्रकार राग-द्वेष आदि विकारों तथा सत-रज-तम इन तीनों गुणों को प्रकृति से उत्पन्न ही समझना चाहिए, क्योंकि इन तीनों गुणों का नाम प्रकृति नहीं है, अपितु प्रकृति अनादि है तथा ये तीनों गुण सृष्टि के आदि में उससे उत्पन्न होते हैं। इसीलिए इन तीनों गुणों को उनके कार्य सहित प्रकृतिजन्य समझना चाहिए। इसी प्रकार विकारों को भी प्रकृति से उत्पन्न समझना चाहिए। संख्यामतावलंबी 'प्रकृति' व 'पुरुष' दोनों को न केवल अनादि समझते हैं, बल्कि दोनों को स्वावलंबी व स्वतंत्र मानते हैं, किंतु गीता में प्रकृति एवं पुरुष दोनों को स्वतंत्र न मानकर एक ही परमात्मा के दो गौण एवं श्रेष्ठ अभिव्यक्त स्वरूप माना गया है।

कार्यकारणकर्तृत्वे हेतुः प्रकृतिरुच्यते।
पुरुषः सुखदुःखानां भोक्तृत्वे हेतुरुच्यते॥ 21॥

"'कार्य' अर्थात् शरीर के तथा 'करण' अर्थात् इंद्रियों के कर्तव्य के लिए प्रकृति ही कारण कही जाती है तथा कर्ता न होने पर भी पुरुष (क्षेत्रज्ञ) इस संसार में विविध सुख-दुःख के भोग का कारण कहा जाता है।"

इस श्लोक में प्रकृति में स्थित पुरुष के स्वरूप का वर्णन है। यह शरीर ही नाना प्रकार की इंद्रियों के द्वारा किए जानेवाले कार्यों का माध्यम है। इंद्रियजनित इच्छाओं की पूर्ति के लिए की जानेवाली चेष्टाएँ ही प्रकृति के त्रिगुणों के अनुरूप जीव को भिन्न-भिन्न गतियों में पहुँचाती हैं। जीव स्वयं ऐसी गति पाने तथा मिलने वाले सुख-दुःख का कारण होता है। एक ही शरीर जलचर, नभचर आदि योनियाँ प्राप्त कर तद्स्वरूप ही

व्यवहार करता है, जैसे गरूण, हंस, काक योनि आदि प्राप्त होने पर वह आकाश में विचरण करते हुए ही जीता है, मछली जल में ही वास करने को बाध्य होती है, मांसाहारी सिंह या शाकाहारी मृग तद्नुसार ही आचरण करते हैं। देव योनि या यक्ष योनि प्राप्त होने पर तद्नुसार ही वे अपने शरीर से आचरण करते हैं। यही प्रकृति का नियम है। समस्त स्थितियों में परमात्मा जीव के साथ ही रहते हैं। मुण्डक उपनिषद् (3.1.1) में उल्लिखित किया गया है कि मनुष्य शरीर मानो एक वृक्ष है। ईश्वर तथा जीव, ये सदा साथ रहनेवाले दो मित्र पक्षी हैं। ये इस शरीर रूपी वृक्ष पर एक साथ ही, हृदय रूपी घोंसले में रहते हैं। इन दोनों में से एक पक्षी, 'जीव' तो अपने पूर्व कर्मों के अनुसार प्रारब्धजन्य सुख-दुःख को राग-द्वेष सहित भोगता है और दूसरा पक्षी, 'आत्मा' उन कर्म फलों से लेष मात्र भी संबंध न रखकर केवल देखता रहता है।

पुरुषः प्रकृतिस्थो हि भुङ्क्ते प्रकृतिजान्गुणान्।
कारणं गुणसङ्गोऽस्य सदसद्योनिजन्मसु॥ 21॥

"इस प्रकार प्रकृति की भौतिकता में स्थित जीव प्रकृति से जनित तीनों गुणों का भोग करता हुआ प्रकृति में ही जीवन बिताता है। इस तरह प्रकृतिजन्य, इन गुणों का संग ही, इस जीव के उत्तम तथा अधम योनियों में जन्म लेने का कारण बनता है।"

इस श्लोक में प्रकृति में स्थित जीव के स्वरूप बताते हुए कहा गया है कि सत्, रज तथा तम गुणों से जनित सांसारिक द्रव्य-पदार्थों या शरीर के स्थूल, सूक्ष्म और कारण स्वरूप के प्रति लगाव व मोह जब तक बना रहता है, तब तक जीवात्मा प्रकृति में ही स्थित रहती है। जिस मनुष्य का जिस गुण या पदार्थ में आकर्षण होगा, वैसी ही उसकी कामना होगी तथा उसी काम्य पदार्थ के अनुरूप उसे पुनर्जन्म प्राप्त होगा। गीता (4.13) में श्रीकृष्ण ने कहा है कि चारों वर्णों की रचना उन्होंने की है तथा उन्हें गुण व कर्म के अनुसार बाँटा है तथा (8.6) में कहा है कि अंतकाल में मनुष्य जिस भाव का स्मरण करता है, उसी स्थिति को प्राप्त होता है। वास्तव में मनुष्य का जैसा भाव रहता है, वह वैसे ही कर्म करता है तथा वैसी ही संगति में रहता है। उसी के अनुरूप उसके संस्कार जनित होते हैं तथा उसी के अनुरूप अंतकाल में भी उसकी स्मृति बनी रहती है। अनायास कुछ भी नहीं होता तथा यही प्रकृतिस्थ मनुष्य का स्वरूप है।

उपद्रष्टाऽनुमन्ता च भर्ता भोक्ता महेश्वरः।
परमात्मेति चाप्युक्तो देहेऽस्मिन्पुरुषः परः॥ 22॥

"तो भी इस शरीर में आत्मा स्थित दिव्य भोक्ता परमात्मा है, जो प्रकृति के गुणों को समीप बैठकर देखनेवाला उपदृष्टा, अंतर्यामी रूप में सद्मति चाहनेवाले को अनुमति

देनेवाला अनुमंता, सबका पालनकर्ता होने के कारण कर्ता, समस्त भोगों को भोगनेवाला भोक्ता, समस्त लोकपाल-दिक्पाल-ब्रह्मादि देवों का भी नियंता होने के कारण महेश्वर तथा समस्त गुणों से परे परमात्मा, ऐसा कहलाता है।"

इस प्रकार इस श्लोक में भगवान् श्रीकृष्ण ने जीवात्मा तथा परमात्मा का एकात्म बताते हुए आत्मा के गुणातीत स्वरूप को स्पष्ट कर दिया है। साधना के प्रति लगाव की स्थिति में परमात्मा ही समीप बैठकर देखनेवाले उपदृष्टा हैं। साधना का सही क्रम पकड़ लेने पर वही अनुमंता है। अनुभूति की स्थिति में वही भर्ता बन उसका पालनकर्ता हो जाता है, साधना में उत्थान की स्थिति में वह भोक्ता बन उसे ग्रहण करने लगता है। शनैः-शनैः पूर्णता की ओर बढ़ने पर वह शरीरातीत प्रकृति का स्वामी बन महेश्वर की गति पा लेता है। पूर्ण अवस्था में रत होने पर वही पुरुष परमात्मा का सायुज्य पा कर परम की स्थिति प्राप्त कर लेता है। इस प्रकार वह एक परमात्मा ही नानात्वों के भिन्न-भिन्न होने के कारण भिन्न-भिन्न स्थितियों को प्रदर्शित करता है।

य एवं वेत्ति पुरुषं प्रकृतिं च गुणैःसह।
सर्वथा वर्तमानोऽपि न स भूयोऽभिजायते॥ 23॥

"जो पुरुष इस प्रकार प्रकृति, जीव तथा प्रकृति के गुणों में निहित तत्त्वों को विदित कर लेता है, वह पुरुष उन तत्त्वों में स्थित हुआ कर्तव्य का पालन करता हुआ पुनः पुनर्जन्म को प्राप्त नहीं होता; चाहे वर्तमान में उसकी स्थिति कैसी भी क्यों न हो।"

वस्तुतः यह संसार प्रकृति से जनित अनित्य, जड़ व क्षणभंगुर है। इस प्रकृति से अतीत परमात्मा शाश्वत, सर्वव्यापी, शुद्ध व चैतन्यस्वरूप है। इस तत्त्व को विदित कर स्वधर्म के अनुसार कर्म करने से ही पुरुष मुक्ति एवं परम के साक्षात्कार का अधिकारी बनता है। अब श्रीकृष्ण इस तत्त्व ज्ञान को विदित करने के साधनों पर प्रकाश डालते हैं—

ध्यानेनात्मनि पश्यन्ति केचिदात्मानमात्मना।
अन्ये सांख्येन योगेन कर्मयोगेन चापरे॥ 24॥

"कुछ भक्तगण परमात्मा को अपने अंतःकरण में ध्यान के द्वारा देखते हैं। अन्य साधकगण ज्ञान के अनुशीलन के द्वारा देखते हैं तथा अन्य कितने ही निष्काम कर्मयोग के द्वारा प्राप्त करते हैं।"

इस प्रकार, प्रकृति, आत्मा तथा परमात्मा के तत्त्वों को विदित कर, उनके अंतःसंबंध को समझ लेने पर मनुष्य इस नश्वर प्रकृतिजन्य मृत्युलोक के बंधनों से मुक्ति पाकर परमधाम की प्राप्ति का अधिकारी बन जाता है। अंतःकरण में परमात्मा का ध्यान, अपने विवक व ज्ञान से परमात्म प्राप्ति की ओर उन्मुखता तथा निष्काम समर्पण योग द्वारा कर्म

में अग्रसर होना, आदि साधनों द्वारा अभिन्न भाव से परमात्मा की प्राप्ति संभव है। वे एक ही परमात्मा ध्यानयोग, ज्ञानयोग व निष्काम कर्मयोग द्वारा प्राप्त किए जाने हेतु सुलभ हैं।

अन्ये त्वेवमजानन्तः श्रुत्वाऽन्येभ्य उपासते।
तेऽपि चातितरन्त्येव मृत्युं श्रुतिपरायणाः॥ 25॥

"ऐसे भी दूसरे पुरुष हैं, जो परब्रह्म के आध्यात्मिक तत्त्वों को इस प्रकार न जानते हुए भी अन्य तत्त्व वेत्ताओं से परमात्मा के विषय में श्रवण कर तदानुसार उनका भजन-पूजन करते हैं तथा ऐसे लोग भी तत्त्व वेत्ताओं से परमात्मा विषयक प्रसंग सुनने की रुचि रखने के कारण नश्वर जीवन-मृत्यु के भवसागर को पार कर जाते हैं।"

उक्त श्लोक वर्तमान संदर्भ में भी अत्यंत प्रासंगिक है, क्योंकि वर्तमान में लोगों को भौतिक विद्या का ही ज्ञान आधुनिक शिक्षा पद्धति के द्वारा दिया जा रहा है। इससे वे आध्यात्मिक तत्त्व व उसके ज्ञान से वंचित रहते हैं। ऐसी स्थिति में यदि पूर्व में वर्णित साधनों तक उनकी पहुँच नहीं भी हो पाती है, तो वे सत्संग के माध्यम से भजन करें। सच्चे संतों व तत्त्वदर्शियों का सान्निध्य प्राप्त कर उनकी सेवा में प्रस्तुत रहें, जिससे भगवत कृपा का पात्र बन सकें।

यावत्सञ्जायते किञ्चित्सत्त्वं स्थावरजङ्गमम्।
क्षेत्रक्षेत्रज्ञसंयोगात्तद्विद्धि भरतर्षभ॥ 26॥

"हे भरतवर्षियों में श्रेष्ठ अर्जुन! इस जगत् में तुम्हें जो भी स्थावर एवं जंगम जीवों का अस्तित्व दिखाई दे रहा है, उन सबको तुम क्षेत्र एवं क्षेत्रज्ञ के संयोग से ही उत्पन्न हुआ जानो।"

मानव, देव, जलचर, नभचर, थलचर आदि समस्त चर जीव तथा वृक्ष, पौधे, लताएँ, पहाड़, पत्थर ये सब स्थिर रहनेवाले स्थावर प्राणी हैं। भौतिक एवं आध्यात्मिक जगत् का संयोग परमात्मा द्वारा नियंता के रूप में कराया जाता है। वे परा तथा अपरा प्रकृतियों के नियामक हैं। ये स्थावर एवं जंगम जगत् ही क्षेत्र या अपरा प्रकृति है तथा चैतन्य तत्त्व ही 'क्षेत्रज्ञ' या परा प्रकृति है। प्रकृतिस्थ जीवात्मा का प्रकृतिजन्य भिन्न-भिन्न सूक्ष्म एवं स्थूल शरीरों के साथ संबंध होना ही क्षेत्र एवं क्षेत्रज्ञ का संयोग है।

समं सर्वेषु भूतेषु तिष्ठन्तं परमेश्वरम्।
विनश्यत्स्वविनश्यन्तं यः पश्यति स पश्यति॥ 27॥

"समस्त भूत-प्राणियों में जो समभाव से; एक सा रहनेवाला, तथा सब जीवों के नष्ट हो जाने पर भी जो विनष्ट नहीं होता; ऐसे परमात्मा को जो स्थित देखता है, वही

पुरुष यथार्थ में परमात्मा के सच्चे तत्त्व को देखता है, क्योंकि वह जानता है कि इस नश्वर देह में स्थित आत्मा नष्ट नहीं होती और न ही परमात्मा कभी विनष्ट होता है।"

जो पुरुष-देह, देह की स्वामिनी रूप 'आत्मा' तथा आत्मा के मूल स्रोत-परमात्मा को एक साथ संयुक्त रूप में देखता है वही सच्चा ज्ञानी है, किंतु जब यह शरीर विनष्ट हो गया तो जो यह समझता है कि सबकुछ समाप्त हो गया वह अज्ञानी है, क्योंकि नष्ट होना शरीर का धर्म है, आत्मा का नहीं। आत्मा तो शाश्वत एवं नित्य है। शरीर के नाश हो जाने पर वह देहांतरण कर अपने संस्कारों के अनुरूप अन्य शरीर रूपी वस्त्र धारण कर लेती है। इसीलिए शरीरों के भेद से भिन्न-भिन्न प्रतीत होनेवाले संसार के समस्त मनुष्यों में वस्तुतः एक ही समभाव से आत्म तत्त्व स्थित है। इसी प्रकार यहाँ 'परमेश्वरम्' से अभिप्राय प्रकृति से सर्वथा परे उस निर्विकार चैतन्यता से है जो परमात्मा है, परम चेतन तत्त्व है जो अविनाशी व नित्य है। यह आत्म तत्त्व तथा परमात्म तत्त्व सृष्टि के विनष्ट हो जाने के उपरांत भी शाश्वत रहता है।

समं पश्यन्हि सर्वत्र समवस्थितमीश्वरम्।
न हिनस्त्यात्मनाऽऽत्मानं ततो याति परां गतिम्॥ 28॥

"जो पुरुष सर्वत्र, सभी भूतादिकों में परमात्मा को समान रूप से व्याप्त व स्थित देखता है, वह अपने मन को इंद्रियजनित वासनाओं की तृप्ति के प्रति आकृष्ट कर मात्र अपनी इच्छाओं की तृप्ति में ही लिप्त रहकर अपने आपके साथ घात नहीं करता, अपितु मन को संयमित कर स्वधर्मानुसार कल्याणकारी कार्यों हेतु प्रेरित करता है तथा इस प्रकार दिव्य परम स्थिति को प्राप्त होता है।"

वस्तुतः अहंकारवश या अज्ञानवश मनुष्य सृष्टि के भूत-प्राणियों से भेदभाव पूर्ण आचरण करता है तथा इंद्रियजनित विषय भोगों में ही लीन रहता है। इसी कारण वह जन्म-मृत्यु के भवसागर में गिरता रहता है। ऐसे आचरण में लिप्तता मनुष्य को ही अपने आप नष्ट करनी होती है, किंतु जब उसकी बुद्धि व मन सम हो जाते हैं तो सृष्टि की प्रत्येक वस्तु में उसे परमात्मा ही व्याप्त व स्थित दृष्टिगोचर होते हैं। उसका मन परमात्मा की ओर उन्मुख हो, सकारात्मक कर्म में लीन हो, परमात्मा में ही स्थिति प्राप्त कर लेता है।

प्रकृत्यैव च कर्माणि क्रियमाणानि सर्वशः।
यः पश्यति तथाऽऽत्मानमकर्तारं स पश्यति॥ 29॥

"जो पुरुष यह देखता है कि जो सारे कर्म शरीर द्वारा संपादित किए जा रहे हैं वे सब इस प्रकृतिजन्य शरीर के द्वारा वास्तव में प्रकृति के ही द्वारा किए जा रहे हैं अर्थात् जो

पुरुष यह देखता है कि आत्मा कुछ भी नहीं करती, बल्कि आत्मा मात्र अकर्ता है, वही यथार्थ में देखता है।"

वस्तुतः त्रिगुणात्मक प्रकृति में ही सत, रज व तम गुण निहित हैं तथा इंद्रियाँ, मन तथा बुद्धि मात्र इन गुणों का प्रसार व विस्तार हैं। इसीलिए गुणों का गुणों में रहना या इंद्रियों का इंद्रियों में व्यवहार करना वास्तव में सब प्रकृतिजन्य कर्म ही हैं। इसके विपरीत आत्मा शाश्वत, निर्विकार व निर्मल है। वह प्रकृति से आच्छादित न हो उससे परे है। इसीलिए वह मनुष्य के किए जा रहे प्रकृतिजन्य कर्मों में अकर्ता है। जो पुरुष इस तत्त्व भेद को विदित कर लेता है, वही यथार्थ दृष्टा है।

यदा भूतपृथग्भावमेकस्थमनुपश्यति।
तत एव च विस्तारं ब्रह्म सम्पद्यते तदा॥ 30॥

"जब यह जीव समस्त चराचर भूतादिकों में दृष्टिगोचर पृथक्-पृथक् भाव को, एकता से एक परमात्मा में व्याप्त व स्थित देखने लगता है; तथा सभी में उन्हीं परमात्मा का प्रसार व विस्तार देखता है; तो वह परमब्रह्म के बोध को प्राप्त होता है।"

वस्तुतः नाना प्रकार के चराचर भूतादिकों के स्वरूप उनके जन्म-जन्मांतरों की इच्छाओं एवं संस्कारों के कारण भिन्न-भिन्न दिखाई देते हैं। यह भिन्नता हमारी भौतिक दृष्टि के कारण दिखाई देती है, क्योंकि सब ही में वही आत्म तत्त्व विराजमान है जिसे भगवान् श्रीकृष्ण (13.26 में) क्षेत्र-क्षेत्रज्ञ के संयोग में कह चुके हैं। स्वरूपों में नाना प्रकार की भिन्नता होते हुए भी, सभी में आत्म तत्त्व प्रवाहित रहता है। इसी से सर्वत्र उसी परमात्मा का ही विस्तार व्याप्त रहता है। जो योगी जैसे ही इस वास्तविक तत्त्व को जान लेता है, वैसे ही वह परम-बोध को प्राप्त कर लेता है। आगे श्रीकृष्ण बताते हैं कि समस्त जीवों में व्याप्त रहने पर भी आत्मा किस प्रकार निर्मल व अकर्ता रहती है।

अनादित्वान्निर्गुणत्वात्परमात्मायमव्ययः।
शरीरस्थोऽपि कौंतेय न करोति न लिप्यते॥ 31॥

"हे कौंतेय! अनादि, अविनाशी, निर्गुण होने के कारण यह अव्यक्त परमात्मा शरीर में व्याप्त रहते हुए भी न तो कुछ करता है और न ही देहधारी जीव के कर्मों में लिपायमान होता है।"

यद्यपि आधुनिक काल के विद्वान् व मनीषीगण सृष्टि का प्रारंभ मात्र कुछ हजार वर्ष पूर्व ही होना प्रमाणित करते हैं, क्योंकि उनकी स्थूल दृष्टि स्थूल अवशेषों तक ही प्रमाणों के रूप में सीमित रहती है, किंतु सृष्टि का सृजन करोड़ों युगों से गतिमान है जिसे परमात्मा अपनी परा-अपरा शक्तियों से योगमाया के माध्यम से समय-समय पर

प्रकट करते हैं। इसीलिए परमात्मा व उनकी अंश आत्मा अनादि, अविनाशी, गुणातीत व निर्विकार हैं। उन्हें देहात्म में बँधे जीव के कर्म व विकार ग्रसित नहीं करते। आत्मा अकर्ता के रूप में रहते हुए कभी भी जीवात्मा के कर्मों से लिपायमान नहीं होती।

यथा सर्वगतं सौक्ष्म्यादाकाशं नोपलिप्यते।
सर्वत्रावस्थितो देहे तथाऽऽत्मा नोपलिप्यते॥ 33॥

"जिस प्रकार समस्त दिशाओं में व्याप्त आकाश अपनी सूक्ष्म प्रकृति के कारण किसी भी वस्तु या विकार में लिप्त नहीं होता है, उसी प्रकार आत्मा प्राण रूप में चैतन्य अंश की भाँति प्रत्येक भूतादिक के शरीर में स्थित रहती है, किंतु भूतादिकों के शरीरों के गुणों-अवगुणों में कदापि लिप्त नहीं होती।"

पंचभूतों में आकाश ऐसा तत्त्व है जो अग्नि, वायु, जल एवं पृथ्वी में सर्वत्र समान भाव से व्याप्त रहता है, किंतु उनके दोष या विकार आकाश को लिपायमान नहीं कर पाते। उसी प्रकार जीव के देह में सर्व-स्थित एवं व्याप्त रहते हुए भी आत्मा के सूक्ष्म स्वरूप को जीव की इंद्रियों के विषय-विकार, बुद्धि, मन, तथा शारीरिक गुण-दोष, कभी भी लिपायमान नहीं कर पाते। जो कर्म होता है वह देहधारी करता है। आत्मा तो मात्र दृष्टा के रूप में रहते हुए असंक्रमित रहती है।

यथा प्रकाशयत्येकः कृत्स्नं लोकमिमं रविः।
क्षेत्रं क्षेत्री तथा कृत्स्नं प्रकाशयति भारत॥ 33॥

"हे भारत! जिस प्रकार एक सूर्य ही अपने प्रकाश से सारे जगत् को प्रकाशित करता है, उसी प्रकार क्षेत्र रूपी इस शरीर को क्षेत्रज्ञ रूपी आत्मा सर्वत्र अपनी चेतना शक्ति से प्रकाशित करती है।"

जैसे हमारे सौरमंडल में सूर्य एक ही स्थान पर अवस्थित रह समस्त पृथ्वी को अपने प्रकाश से प्राण शक्ति व ऊर्जा देता है, उसी प्रकार आत्मा जब तक शरीर में रहती है, तब तक वह चैतन्य रहता है तथा जैसे ही आत्मा शरीर को त्याग देती है; शरीर निर्जीव हो जाता है। इसलिए शरीर की चेतना पदार्थ के संयोग से नहीं बनी। यह जीव का एक लक्षण है, जो परमात्मा के प्रतिनिधि अंश के रूप में शरीर में व्याप्त हो उसे चैतन्य रखता है, यद्यपि वह स्वयं में परमात्मा नहीं है। यही परम चेतना तथा व्यष्टि चेतना में भेद है।

क्षेत्रक्षेत्रज्ञयोरेवमन्तरं ज्ञानचक्षुषा।
भूतप्रकृतिमोक्षं च ये विदुर्यान्ति ते परम्॥ 34॥

"जो पुरुष ज्ञान चक्षुओं के द्वारा क्षेत्र तथा क्षेत्रज्ञ रूपी शरीर के ज्ञाता को तत्त्व से

भेदपूर्वक जानते हैं तथा बंधन से मुक्ति पाने को (मोक्ष को) भी तत्त्व से विदित कर लेते हैं, ऐसे बुद्धिजन अपने परम लक्ष्य परमात्मा में प्रवेश पा जाते हैं।"

इस श्लोक में भगवान् श्रीकृष्ण क्षेत्र एवं क्षेत्रज्ञ की विषयवस्तु का पटाक्षेप कर, ज्ञान के तत्त्वों को विस्तार से स्पष्ट करते हुए कहते हैं कि शरीर पदार्थ के रूप में स्थूल अभिव्यक्ति है। चौबीस महाभूतादि तत्त्वों का समष्टि रूप शरीर ही 'क्षेत्र' है। मन एवं मनोवैज्ञनिक तत्त्व सूक्ष्म अभिव्यक्ति हैं तथा इस क्षेत्र का विस्तार समग्र जगत् की मूल प्रकृति व अंतरिक्षों तक है, किंतु वह परिवर्तनशील, नाशवान, समझ में आने वाला तथा नाना विकारों से युक्त है; जबकि उस क्षेत्र को जाननेवाला ज्ञाता 'क्षेत्रज्ञ' नित्य, चेतन, विकारों से रहित, निर्मल, ज्ञानस्वरूप तथा एक है। इस प्रकार क्षेत्र से क्षेत्रज्ञ विलक्षण एवं भिन्न है। दोनों में कोई संबंध नहीं है। जो क्षेत्र एवं क्षेत्रज्ञ को एक मानते हैं, वे अज्ञानी हैं। इसी प्रकार भूत या जीव प्रकृतिजन्य स्थूल तत्त्वों का विस्तार है तथा प्रकृति उसका कारण है। इसीलिए कार्य सहित प्रकृति से परे हो जाना ही भूतप्रकृति मोक्ष है। अत: क्षेत्र एवं क्षेत्रज्ञ के भेद को जानना तथा क्षेत्रज्ञ की प्रकृति से भिन्न परमात्म तत्त्व को जानना ही ज्ञान है। इस प्रकार तत्त्व ज्ञान प्राप्त होने से अज्ञान का अंधकार समाप्त हो परमात्मा के दिव्य प्रकाश का आनंदमयी साक्षात्कार देदीप्यमान हो जाता है।

ॐ तत्सदिति श्रीमद्भागवदगीतासूपनिषत्सु ब्रह्मविधायाँ योगशास्त्रे श्रीकृष्णार्जनु संवादे क्षेत्रक्षेत्रज्ञविभागयोगो नाम त्रयोशोऽध्याय:।

अतएव श्रीमद्भागवदगीता उपनिषद् के ब्रह्ममविद्यांतर्गत योग शास्त्र में श्रीकृष्ण-अर्जुन के संवाद में 'क्षेत्रक्षेत्रज्ञविभागयोगो' नामक तेरहवाँ अध्याय पूर्ण हुआ।

अमृत सार

भगवान् श्रीकृष्ण क्षेत्र एवं क्षेत्रज्ञ के परस्पर विलक्षण संबंध तथा ज्ञान, अज्ञान का स्वरूप बताते हुए प्रकृति, पुरुष तथा ज्ञेय के विषय में बताते हैं। जैसे खेत में बोए गए बीजों के अनुरूप ही समय पर फल की प्राप्ति होती है वैसे ही कर्मक्षेत्र रूपी शरीर में बोए हुए कर्म-संस्कारों के अनुसार ही जीव का स्वरूप होता है। इसीलिए इस शरीर को ही 'क्षेत्र' कहते हैं, जो चौबीस तत्त्वों के समुदाय से बना परमात्मा की 'अपरा' प्रकृति के फलस्वरूप आकार ग्रहण करता है। परमात्मा की 'परा प्रकृति' से अभिपेरित इस शरीर रूपी क्षेत्र में व्याप्त चेतना तत्त्व ही 'क्षेत्रज्ञ' है। इसीलिए जो व्यक्ति अपने आपको शरीर (क्षेत्र) मानता है, वही क्षेत्रज्ञ है। स्वयं अपने पिंड क्षेत्र या शरीर एवं मन के व्यापारों का आत्मावलोकन कर यह देखना कि इस क्षेत्रज्ञ रूपी आत्मा का स्वरूप क्या है, क्षेत्र-क्षेत्रज्ञ विचार कहलाता है। श्रीकृष्ण यह भी स्पष्ट करते हैं कि इस प्रकार क्षेत्र एवं क्षेत्रज्ञ को

जानना ही ज्ञान है तथा सभी का क्षेत्र तथा क्षेत्रज्ञ भी वे ही हैं अर्थात् जो पिंड में है वही ब्रह्मांड में है। इस सिद्धांत का वर्णन पूर्व में भी ऋषियों द्वारा वेदों-स्मृतियों, ब्रह्मसूत्रों आदि में किया जा चुका है। पुन: इस विवेचन की आवश्यकता पड़ी, क्योंकि ऋषिगणों तथा तत्त्वदर्शियों की भिन्न-भिन्न कालों या स्थानों में की गई रचनाओं में परिस्थितिजन्य स्फुरित अध्यात्म विचारों में परस्पर तारतम्य न रहने के कारण वे विचार परस्पर विरुद्ध एवं सीमित प्रतीत होते हैं। इसीलिए महाभारत काल में चल रही वैचारिक मान्यताओं के मूल सार को संशयविहीन करने के उद्देश्य से श्रीकृष्ण ने यह विषय संक्षिप्त में लिया है। मात्र 'शरीर' को क्षेत्र तथा इसके ज्ञाता को 'क्षेत्रज्ञ' समझने को ही कोई ज्ञान न समझ ले इसके लिए श्रीकृष्ण ने उन गुणों तथा साधनों का भी उल्लेख किया जिनको सिर्फ जानने से ही नहीं, बल्कि उन्हें सतत अभ्यास द्वारा जीवन में यथार्थ व्यवहार में उतारकर ही उनका यथार्थ स्वरूप विदित किया जा सकता है। पुन: वे उन ज्ञान के साधनों को जानने की उपयोगिता तथा इन साधनों के द्वारा जानने योग्य 'ज्ञेय' की विशिष्टताएँ भी बताते हुए कहते हैं कि 'ज्ञेयम्' परमात्मा की निर्गुण तथा सगुण स्थिति का उद्भाषक है तथा उस ज्ञेय को जानने से प्राप्त होनेवाला ज्ञान ही वह अमृत है, जिसका पान कर जीव मोक्ष रूपी अमृत तत्त्व को प्राप्त कर लेता है। इस प्रकार ज्ञाता, ज्ञेय तथा जानने की विधि, ये तीनों मिलकर विज्ञान कहलाते हैं, जिसके द्वारा अनन्य भक्त परमात्मा के स्वभाव के तत्त्वों को विदित कर सकता है। इस तरह पाँचवें व छठे श्लोक में भौतिक तत्त्वों तथा जीवन के लक्षणों की कुछ अभिव्यक्तियों का विवेचन हुआ है, जो मिलकर शरीर अथवा कार्यक्षेत्र का निर्माण करती हैं। फिर सातवें से ग्याहरवें श्लोक में कार्य क्षेत्र के ज्ञाताओं-आत्मा व परमात्मा के ज्ञान के लगभग बीस साधनों का वर्णन हुआ है तथा बारहवें से सतरहवें श्लोक में जानने योग्य परमात्मा के स्वरूप का वर्णन हुआ है। अठारहवें से इक्कीसवें श्लोक में परमात्मा के स्वरूप की प्राप्ति का वर्णन करते हुए प्रकृति के स्वरूप और कार्य तथा क्षेत्रज्ञ के स्वरूप को बताया गया। बाईसवें से पच्चीसवें श्लोक में परमात्मा तथा आत्मा की एकता को प्रतिपादित करते हुए गुणों सहित प्रकृति व पुरुष को जानने का फल बताकर परमात्म-प्राप्ति के विभिन्न उपायों के विषय में बताया गया है। फिर छब्बीसवें से तीसवें तक क्षेत्र-क्षेत्रज्ञ के संयोग से समस्त जड़-जंगम प्राणियों की उत्पत्ति बताकर श्रीकृष्ण ने कहा कि परमात्मा समयभाव से स्थित अविनाशी और अकर्ता हैं तथा जितने भी कर्म होते हैं वे प्रकृति के द्वारा ही किए जाते हैं तथा संसार में जो भी है वह परमात्मा से ही अभिभूत तथा उन्हीं में स्थित है। इक्तीसवें से तैतीसवें श्लोक तक श्रीकृष्ण ने आत्मा के प्रभाव का निरूपण करते हुए उसके अकर्तापन व निर्लिप्तता को बताया है तथा अंत में श्रीकृष्ण ने क्षेत्र एवं क्षेत्रज्ञ की विषयवस्तु का पटाक्षेप करते हुए कहा कि क्षेत्र एवं क्षेत्रज्ञ के भेद को जानना तथा क्षेत्रज्ञ की प्रकृति से भिन्न परमात्म तत्त्व को जानना ही

ज्ञान है। इसीलिए यह विवेक, यह ज्ञान हमारे रोम-रोम में, हृदय में व्याप्त एवं संचारित होना चाहिए। ऐसी स्थिति हो जानी चाहिए कि सारी ज्ञानेंद्रियाँ तथा कर्मेंद्रियाँ विचारपूर्वक कर्म में ही रत रहें। हमारी आत्मा स्वयं में पूर्ण है। उसे कुछ करने की आवश्यकता नहीं है। आत्मा की गति स्वभावत: ही ऊर्ध्वगामी होती है, किंतु जब हम आत्मा पर देह की सत्ता कायम करना चाहते हैं तब इस शरीर का बोझ आत्मा को नीचे खींचकर ले जाता है। इसलिए भगवान् श्रीकृष्ण के द्वारा बताए गए उपायों से यदि हम देह तथा आत्मा को अलग कर दें तथा आत्मा के पैरों से यह देह रूपी बेड़ी काट दें तो फिर मनुष्य स्वतंत्र हो जाएगा। इस प्रकार शरीर, शरीर के स्वामी तथा परमात्मा के भेद को विदित कर जो संपूर्ण भौतिक जगतमयी सृष्टि को आत्मा तथा तत्त्वों के संयोग से जनित हुई मानता है और परमात्मा की स्थिति को भी देखता है, वह परमधाम की प्राप्ति का अधिकारी बन जाता है।

□

अथ चतुर्दशोऽध्यायः

स्वधर्म की सही पहचान

वेद, उपनिषदों, पुराणों, स्मृतियों व ब्रह्मसूत्रों में अध्यात्म तत्त्व का गहन एवं विशद चिंतन एवं विवेचन नाना प्रकार की विधियों से किया गया है, जो प्रकृति-पुरुष, आत्मा-परमात्मा के विभिन्न आयामों का गहन विश्लेषणात्मक ज्ञान प्रदान कराता है। भगवान् श्रीकृष्ण शास्त्रों में उल्लिखित उपदेशों में से उस श्रेष्ठ ज्ञान को वर्णित करने का इस अध्याय में संकल्प कर रहे हैं जो जीवात्मा को प्रकृतिजन्य त्रिगुणों के विषयात्मक बंधनों से सदैव के लिए मुक्ति दिलाकर सीधे-सीधे परम शाश्वत आनंद में प्रवेश दिलानेवाला है।

श्री भगवानुवाच

परं भूयः प्रवक्ष्यामि ज्ञानानां ज्ञानमुत्तमम्।
यज्ज्ञात्वा मुनयः सर्वे परां सिद्धिमितो गताः॥ 1॥

"श्रीभगवान् ने कहा, 'दिव्य ज्ञानों में भी जो परम श्रेष्ठ ज्ञान है उसे मैं तुमसे पुनः कहूँगा जिसको जान लेने पर समस्त मुनिजनों, सिद्धों व मनीषियों ने इस संसार के भवसागर से मुक्त होकर परम सिद्धि को प्राप्त किया है।"

इस श्लोक में 'भूयः' शब्द का प्रयोग कर इस तथ्य पर बल दिया गया है कि यद्यपि परम तत्त्व का ज्ञान अत्यंत गुह्य एवं विशद है तथापि उसको विदित करने में कोई भ्रांति न रहे। इसलिए पहले बताए हुए ज्ञान के गूढ़ रहस्यों को पुनः स्पष्ट करने के लिए उनका तत्त्व विवेचन किया जा रहा है जिसे जान लेने से मुनियों-मनीषियों को भी शरीर बंधन से सदैव के लिए मुक्ति मिल परम गति प्राप्त हो जाती है।

इदं ज्ञानमुपाश्रित्य मम साधर्म्यमागताः।
सर्गेऽपि नोपजायन्ते प्रलये न व्यथन्ति च॥ 2॥

"जो मनुष्य इस ज्ञान का आश्रय लेता है; वह मेरे समान; मेरे जैसे दिव्य स्वभाव को प्राप्त कर लेता है। फिर उसे न तो इस सृष्टि के समय उत्पन्न होना पड़ता है और न ही प्रलयकाल में वह किसी प्रकार विचलित होता है।"

ऐसा ज्ञान प्राप्त व्यक्ति जन्म-मृत्यु के चक्र से मुक्ति पा जाता है। श्रीकृष्ण भगवान् के द्वारा बताए गए दिव्य ज्ञान को मन में स्थित कर तद्नुसार कर्म व आचरण करने से ऐसा पुरुष परमात्मा के निर्गुणात्मक अभेद भाव को प्राप्त हो अच्छी-बुरी योनियों के चक्र से सदा के लिए मुक्त हो जाता है, क्योंकि प्रकृति तथा पुरुष के परस्पर स्वरूप को गुणों के साथ विदित कर लेने से वह परमभाव में स्थित हो जाता है।

मम योनिर्महद्ब्रह्म तस्मिन् गर्भं दधाम्यहम्।
संभवः सर्वभूतानां ततो भवति भारत॥ 3॥

"हे भारत! मेरी महत्-ब्रह्म रूपा मूल प्रकृति समस्त जीवों के गर्भाधान का स्थान है और मैं उसमें चेतन-समुदाय रूपी बीज को गर्भस्थ करता हूँ जिससे समस्त जीवों की उत्पत्ति संभव होती है।"

यह श्लोक समस्त सृष्टि को परमात्मा की ही अभिव्यक्ति दरशाते हुए यह स्पष्ट करता है कि मानव यदि मात्र प्रकृति की ही वस्तु होता तो कभी भी असीम में प्रवेश नहीं कर सकता था, क्योंकि जगत् की कारणरूपा, जो मूल प्रकृति है, वह अव्यक्त है। उसे 'मम' कहकर श्रीकृष्ण उससे अपना अनादि संबंध बताते हैं। इसीलिए जो कुछ सृजित होता है वह क्षेत्र (शरीर) तथा क्षेत्रज्ञ (आत्मा) के संयोग से होता है, जिसे स्वयं परमात्मा द्वारा संभव बनाया जाता है। पृथ्वी, जल, अगन, गगन, समीर आदि चौबीस तत्त्व 'महद्ब्रह्म' अर्थात् भौतिक प्रकृति के अवयव हैं। इससे परे एक अन्य परा शक्ति, 'जीव' होती है। जब परमात्मा की इच्छा के अधीन यह परा-प्रकृति भौतिक (अपरा) प्रकृति में गर्भस्थ कर दी जाती है तो इस भौतिक प्रकृति के सारे जीव उत्पन्न होते हैं। इस प्रकार भौतिक प्रकृति जीवों की उत्पत्ति का कारण नहीं होती, बल्कि बीजारोपण परमात्मा द्वारा प्रदत्त है। इसी से वे प्रकृति से उत्पन्न हुए प्रतीत होते हैं। प्रत्येक जीव अपने पूर्व कर्मों व संस्कारों के अनुरूप भिन्न-भिन्न शरीर प्राप्त करता है तथा सुख-दुःख भोगता है।

सर्वयोनिषु कौंतेय मूर्तयः सम्भवन्ति याः।
तासां ब्रह्म महद्योनिरहं बीजप्रदः पिता॥ 4॥

"हे कौंतेय! विविध प्रकार की समस्त योनियों में जो भी शरीरधारक जीव जन्म लेते हैं, उनकी गर्भ धारण करनेवाली माता प्रकृति है तथा मैं बीज-प्रदाता पिता हूँ।"

इस प्रकार समस्त भूतादिकों का अस्तित्व भौतिक प्रकृति तथा आध्यात्मिक प्रकृति का संयोग है, जो सूक्ष्म-स्थूल तत्त्व हैं। वे चौबीस तत्त्व प्रकृति के ही अंश से बने हैं तथा उनमें जो चेतन आत्मा है, वह परमात्मा का ही अंश है। अत: प्रकृति ही माता तथा परमात्मा ही पिता हैं। इसके अतिरिक्त अन्य कोई माता-पिता नहीं है। इस लोक में ही नहीं, समस्त लोकों में समस्त जीव इसी प्रकार उत्पन्न हुए हैं तथा सृष्टिकाल में अपने पूर्व कर्म-संस्कारों के अनुसार जगत् के कार्य-व्यवहार में रत रहते हैं।

सत्त्वं रजस्तम इति गुणाः प्रकृतिसंभवाः।
निबध्नन्ति महाबाहो देहे देहिनमव्ययम्॥ 5॥

"सतोगुण, रजोगुण तथा तमोगुण से प्रकृति इस प्रकार संभव होती है। हे महाबाहो! जब नित्य शाश्वत जीव प्रकृति के संसर्ग में आता है तो त्रिगुणमयी प्रकृति के इन गुणों से बँध जाता है।"

इस प्रकार दिव्य, नित्य एवं शाश्वत होने के कारण जीव का प्रकृति से कोई लेना-देना नहीं है, किंतु इन तीनों गुणों के अनुरूप भोग-लालसा तथा शरीर के प्रति आसक्ति, ममत्व व अहंकार उसे इस शरीर के बंधन में बाँध देता है। जीव इन गुणों के वशीभूत होकर उनके अनुरूप ही व्यवहार करता है। यही उसके सुख-दु:ख का मूल है। अब श्रीकृष्ण सत् गुण के स्वरूप तथा उसकी विशेषता के बारे में बताते हैं—

तत्र सत्त्वं निर्मलत्वात्प्रकाशकमनामयम्।
सुखसङ्गेन बध्नाति ज्ञानसङ्गेन चानघ॥ 6॥

"हे अनघा! हे निष्पाप! सत् गुण अन्य गुणों की तुलना में अधिक शुद्ध होने से, प्रकाशित करनेवाला तथा मनुष्यों को सारे पाप-विकारों से मुक्त करनेवाला है। जो लोग इस गुण में स्थित होते हैं, वे भी सुख तथा ज्ञान के भाव से बंधन में बँध जाते हैं।"

इस प्रकार सत् गुण निर्मल व शुद्ध होने के कारण प्रकाशक तथा अनामय तो है, परंतु है प्रकृति का ही एक तत्त्व। सच्चा साधक वही है जो अनासक्त है, किंतु सुख तथा ज्ञान की अनुभूति में आसक्ति हो जाने पर वह भी गुणातीत की अवस्था से वंचित हो बंधनकारी हो जाता है।

रजो रागात्मकं विद्धि तृष्णासङ्गसमुद्भवम्।
तन्निबध्नाति कौंतेय कर्मसङ्गेन देहिनम्॥ 7॥

"हे कौंतेय! रजो गुण की उत्पत्ति अत्यधिक आकांक्षाओं तथा कामनाओं से जानें। इसी के कारण ये देहधारी जीव कर्मों तथा उनके फल के बँधन में बँध जाता है।" रजो

गुणी अपनी कामनाओं तथा इंद्रिय तृप्ति, संतान, स्त्री तथा गृहादि की लालसा में कर्मबद्ध रह ऐसे कर्मों के फल के बंधन से बँध जाता है।

तमस्त्वज्ञानजं विद्धि मोहनं सर्वदेहिनाम्।
प्रमादालस्यनिद्राभिस्तन्निबध्नाति भारत॥ 8॥

"हे भारत! तमो गुण देहधारियों के अज्ञान से उत्पन्न होता है तथा वह सब प्राणियों को मोह में डालकर प्रमाद, आलस्य एवं निद्रा से प्राणियों को बंधन में बाँध लेता है।"

वस्तुतः शास्त्रों में अज्ञान की उत्पत्ति तमो गुण से कही गई है। यह अत्यंत विचित्र एवं सतो गुण का सर्वथा विपरीत है। जीव के अंतःकरण एवं इंद्रियों में ज्ञान का अभाव ही, मोह उत्पन्न कर उसे व्यर्थ चेष्टाओं, प्रमाद, आलस्य, निद्रा की ओर आकृष्ट करता है तथा जीवन-बंधन से मुक्ति के साधनों से परे ले जाकर उसे जन्म-मृत्यु के गर्त में गिराता है, क्योंकि अज्ञान एवं मोह के अंधकार में जीव किसी वस्तु का यथारूप नहीं देख पाता। अब श्रीकृष्ण त्रिगुणों के सामूहिक स्वरूप को बताते हैं—

सत्त्वं सुखे सञ्जयति रजः कर्मणि भारत।
ज्ञानमावृत्य तु तमः प्रमादे सञ्जयत्युत॥ 9॥

"हे भारत! सत् गुण जीव को सुख से बाँधता है, रजो गुण उसे सकाम कर्म बंधन में बाँधता है तथा तमो गुण जीवात्मा के ज्ञान को आच्छादित कर प्रमाद में लिप्त करता है।"

इस प्रकार सत् गुणी पुरुष सांसारिक विषय-वासनाओं, प्रमाद, आलस्य से परे आत्मचिंतन आदि के द्वारा सात्त्विक सुख की ओर उन्मुख रहता है। रजो गुणी विविध कामनाओं व तृष्णाओं की पूर्ति के लिए प्रवृत्त रहता है। तमो गुणी अपनी विवेकशक्ति को अनावृत कर प्रमाद में तथा अंतःकरण एवं इंद्रियों की चैतन्यता को क्षीण कर आलस्य व निद्रा में ही रत रहता है।

रजस्तमश्चाभिभूय सत्त्वं भवति भारत।
रजः सत्त्वं तमश्चैव तमः सत्त्वं रजस्तथा॥ 10॥

"हे भारतपुत्र अर्जुन! कभी रज तथा तम को दबाकर सत् प्रबल हो जाता है, कभी सत् तथा तम को परास्त कर रज प्रबल हो जाता है, तो कभी सत् तथा रज को दबाकर तम प्रबल हो जाता है।"

वस्तुतः ये तीनों गुण कभी भी पृथक्-पृथक् नहीं रहते, अपितु ये सभी गुण प्रत्येक मनुष्य में विद्यमान रहते हैं; यद्यपि उनकी स्थिति न्यून या अधिक हो सकती है। कोई भी कार्य करना सत् गुण का लक्षण है तथा उस काम को भले कार्य की ओर प्रवृत्त करना

रज गुण का लक्षण है। इस प्रकार प्रत्येक व्यक्ति में इन गुणों का विभिन्न मात्राओं में मिश्रण रहता है। किसी भी पुरुष में जिस गुण की बाहुल्यता होती है, उसी के अनुरूप वह सतगुणी, तमोगणी या रजोगुणी कहलाता है। सतगुण की बाहुल्यता में विवेक, वैराग्य, मन व इंद्रियों में ज्ञान का प्रकाश बढ़ जाने से व्यक्ति शांत व सुखमय हो जाता है। रजोगुण की प्रधानता होने पर मन में चंचलता, अशांति, तृष्णा तथा भोग विलास की प्रवृत्ति प्रबल रहती है तथा तमोगुण में मन में मोह बढ़ने से प्रमाद व विवेक-शून्यता की स्थिति प्रधान हो जाती है।

सर्वद्वारेषु देहेऽस्मिन्प्रकाश उपजायते।
ज्ञानं यदा तदा विद्याद्विवृद्धं सत्त्वमित्युत॥ 11॥

"जब इस शरीर के समस्त द्वारों में (इंद्रियों में) तथा अंत:करण में ईश्वरीय चैतन्यता व विवेक बोध का प्रकाश अर्थात् निर्मल ज्ञान उत्पन्न होता है, तब समझना चाहिए कि सत्वगुण बढ़ा हुआ है।"

वस्तुत: ऐसी स्थिति में मन को परमात्मा के ध्यान में एकाग्रचित्त करने की चेष्टा करनी चाहिए, जिससे सत् स्थिर हो सके तथा तम व रज को प्रभावी होने का अवसर न मिल पाए।

लोभ: प्रवृत्तिरारम्भ: कर्मणामशम: स्पृहा।
रजस्येतानि जायन्ते विवृद्धे भरतर्षभ॥ 12॥

"हे भरतश्रेष्ठ! जब रजोगुण की वृद्धि होती है तो अशांति, अत्यधिक लोभ, सकाम कर्म, अनियंत्रित इच्छाएँ व तृष्णाओं की अधिकता के लक्षण उत्पन्न होते हैं।"

इस प्रकार मन में लोभ के आधिक्य से धनसंचय की विशेष इच्छा जाग्रत् होना, भोगों की तृप्तियों हेतु सचेष्ट रहना, मन के चंचल होने से विविधात्मक कर्मों के प्रति उत्कट भावों में लीन रहना, ये रजोगुण के बढ़ने की मन:स्थिति है।

अप्रकाशोऽप्रवृत्तिश्च प्रमादो मोह एव च।
तमस्येतानि जायन्ते विवृद्धे कुरुनन्दन॥ 13॥

"हे कुरूनंदन! तमोगुण की वृद्धि होने पर मन तथा इंद्रियों में प्रकाश रूपी ज्ञान के अभाव की प्रवृत्ति, निष्क्रियता, प्रमाद, जड़ता एवं मोह का प्राकट्य हो जाता है।"

वस्तुत: प्रकाश तो ज्ञान की उपस्थिति का द्योतक है, जिसके आलोक में ईश्वरीय सत्ता की दिव्यता का बोध होता है, किंतु तमोगुणी, ईश्वरीय दिव्य प्रकाश की ओर उद्यत होने के विपरीत, अज्ञान रूपी अंधकार की ओर चलायमान रहता है। इस प्रकार प्रवृत्ति

विरोधी भाव का बाहुल्य हो जाने के कारण उसमें कर्तव्य की विस्मृति, कुछ भी न करने का आलस्य, मन में शास्त्रविहित कर्मों की अवहेलना तथा व्यर्थ की चेष्टाओं का अविरल प्रवाह बना रहता है; जो उसे अधोगति में गिराता है। इस प्रकार मनुष्य की जीवित अवस्था में इन तीन गुणों के कारण उसके स्वभाव के अंतर को बताते हुए श्रीकृष्ण यह बताते हैं कि इन तीनों प्रकार के मनुष्यों को कौन सी गति मिलती है—

यदा सत्त्वे प्रवृद्धे तु प्रलयं याति देहभृत्।
तदोत्तमविदां लोकानमलान्प्रतिपद्यते॥ 14॥

"जब कोई मनुष्य सतोगुण में वृद्धि को प्राप्त अवस्था में मृत्यु को प्राप्त होता है, तब उसे उत्तम कर्म करनेवाले महर्षियों के विशुद्ध उत्तम दिव्य लोक की प्राप्ति होती है।"

यहाँ 'अमलान' शब्द विशिष्ट है, जिसका तात्पर्य है, "रजो तथा तमोगुण से मुक्त शुद्ध अवस्था।" विभिन्न जीवों के लिए उनकी स्थिति के अनुसार विभिन्न प्रकार के लोक हैं। निष्काम कर्म भावना से उपासना में लीन सत् गुण प्रधान पुरुष, उत्तम पुरुषों को प्राप्त ब्रह्मलोक को प्राप्त करते हैं, किंतु त्रिगुणातीत न होने के कारण उनको परम विष्णु धाम प्राप्त नहीं होता।

रजसि प्रलयं गत्वा कर्मसङ्गिषु जायते।
तथा प्रलीनस्तमसि मूढयोनिषु जायते॥ 15॥

"जब रजोगुण की वृद्धि होने पर कोई पुरुष मृत्यु को प्राप्त करता है तो वह सकाम कर्म करनेवाले जीवों के बीच में जन्म ग्रहण करता है तथा जब तमोगुण की वृद्धि होने पर किसी पुरुष की मृत्यु होती है तो वह कीट, पशु आदि मूढ़ योनियों में जन्म प्राप्त करता है।"

इसीलिए भारतीय सनातन धर्म शास्त्रों में सदैव कहा गया है कि मनुष्य की योनि विरलों को ही मिलती है, क्योंकि यह देवताओं को भी दुर्लभ है। देव योनि को भोग योनि माना गया है। इसलिए मनुष्य को जीवनपर्यंत सत् गुणों को प्रधानता प्रदान करते हुए शनैः-शनैः अपने भजन-उपासना को त्रिगुणातीत करते हुए, निष्काम भाव से, परमपद की प्राप्ति के लिए भगवान् श्रीकृष्ण के द्वारा बताई गई नियत विधि से सदैव सचेष्ट रहना चाहिए।

कर्मणः सुकृतस्याहुः सात्त्विकं निर्मलं फलम्।
रजसस्तु फलं दुःखमज्ञानं तमसः फलम्॥ 16॥

"श्रेष्ठ पुण्यकर्मों का फल सात्त्विक एवं निर्मल कहा गया है, परंतु रज गुण प्रधान

कर्मों का फल दु:ख तथा तम गुण प्रधान कर्मों का फल अज्ञान कहा गया है।"

वस्तुतः प्रकृति त्रिगुणात्मक है तथा जीव भी प्रकृति के तत्त्वों से ही पुरुष के संयोग से स्वरूप पाता है। इसीलिए सत-रज-तम तीनों प्रकार के गुण मनुष्य के कर्म-संस्कार से उसके अंत:करण में निहित रहते हैं। जिस समय जैसे संस्कारों का प्रादुर्भाव होता है उन्हीं के अनुरूप सत-रज-तम भावों के अनुसार मनुष्य आचरण करते हैं व उन्हीं के अनुसार उनके नवीन कर्म फलित होते हैं। कर्मों से संस्कार, संस्कारों से सत-रज-तम गुणों में से किसी एक या अनेक की विभिन्न सम्मिश्रणों में वृद्धि, उसी के अनुरूप स्मृति, स्मृति के अनुरूप पुनर्जन्म तथा तदोपरांत संस्कार-जनित कर्मों का प्रारंभ-इस प्रकार सृष्टि का उत्पत्ति-विलय का चक्र चलता रहता है एवं मनुष्य को उसके गुण व कर्मों के अनुरूप ही अच्छी-बुरी गति प्राप्त होती है।

सत्त्वात्सञ्जायते ज्ञानं रजसो लोभ एव च।
प्रमादमोहौ तमसो भवतोऽज्ञानमेव च॥ 17॥

"सतोगुण से यथार्थ ज्ञान उत्पन्न होता है तथा रजोगुण से निश्चय ही लोभ उत्पन्न होता है और तमोगुण से प्रमाद, मोह तथा अज्ञान उत्पन्न होते हैं।"

सतोगुण का विकास ही ईश्वरीय दिव्य सत्ता का यथार्थ ज्ञान सुलभ कराता है। रजोगुण में लोभ का आधिक्य होने से इंद्रियभोग की लालसा की कोई सीमा नहीं रहती। इसीलिए भले ही ऐसे पुरुष के पास प्रचुर धन-संपदा व इंद्रिय-तृप्ति के पर्याप्त साधन उपलब्ध हों, तो भी उसको मन की शांति व सुख नहीं मिलता। तमोगुणी निद्रा, आलस्य, अज्ञान और प्रामाद में रत रह अपने जीवन को पतन के गर्त में गिराते रहते हैं।

ऊर्ध्वं गच्छन्ति सत्त्वस्था मध्ये तिष्ठन्ति राजसाः।
जघन्यगुणवृत्तिस्था अधो गच्छन्ति तामसाः॥ 18॥

"जो पुरुष सत् गुणों में स्थित हैं वे क्रमशः उच्च लोकों को प्राप्त करते हुए उच्चतम गति की ओर अग्रसर रहते हैं, जबकि रजोगुणी पुरुष मध्य में इसी पृथ्वी लोक में ही रह जाते हैं और जो अत्यंत जघन्य तमोगुण में स्थित हैं वे निम्न कोटि की गति यथा कीट-पशु आदि योनियों तथा नरक लोकों को प्राप्त होते हैं।"

वस्तुतः जन्म-मृत्यु के चक्र के ये फल प्रत्येक मनुष्य को उसकी चतुर्दिश व्याप्त प्रकृति अर्थात् बुद्धि के सत-रज-तम गुणों के उत्कर्ष-अपकर्ष के कारण प्राप्त होते हैं, परंतु यह स्वर्गादिक फल भी अनित्य है। अत: जिसे इस भवसागर से पार पाना है, उसके लिए त्रिगुणातीत होकर; अनासक्तपूर्ण समर्पण भक्तिभाव के अतिरिक्त अन्य कोई मार्ग नहीं है जो उसे कैवल्य पद प्राप्त करा सके।

नान्यं गुणेभ्यः कर्तारं यदा द्रष्टानुपश्यति।
गुणेभ्यश्च परं वेत्ति मद्भावं सोऽधिगच्छति॥ 19॥

"जब कोई दृष्टा यह जान लेता है कि समस्त कार्यों में प्रकृति के तीनों गुणों के अतिरिक्त अन्य कोई कर्ता नहीं है तथा तीनों गुणों से परे वह परमात्मा को तत्त्व से जान लेता है, तो वह मेरे दिव्य परम स्वरूप को प्राप्त होता है।"

वस्तुतः स्वभावतया मनुष्य अपने को देहधारी समझकर कर्ता-धर्ता-भोक्ता बना रहता है और वह कर्म तथा उसके फल के संबंध को नहीं समझता, किंतु जब किसी तत्त्वदर्शी या सद्गुरु की संगत उसे मिल जाती है तो वह यह समझ पाता है कि गुण ही गुण से अंतः क्रिया करते हैं तथा गुणों के अतिरिक्त अन्य कोई कर्ता नहीं होता है। ऐसा होते ही वह दृष्टा बन जाता है और उसे विदित होता है कि परमात्मा तीनों गुणों से परे हैं। स्वयं को उस परम सत्ता से अभिन्न समझते हुए सर्वत्र उस परम तत्त्व को ही देखना ईश्वरीय सत्ता को तत्त्व से जानना है। ऐसी दशा प्राप्त होते ही उसे अभिन्न भाव से परम में स्थिति प्राप्त हो जाती है।

गुणानेतानतीत्य त्रीन्देही देहसमुद्भवान्।
जन्ममृत्युजरादुःखैर्विमुक्तोऽमृतमश्नुते॥ 20॥

"जब देहधारी जीव इस भौतिक शरीर की उत्पत्ति के कारण स्वरूप, इन तीनों गुणों को लाँघने में समर्थ हो जाता है तो वह जन्म, मृत्यु, वृद्धावस्था तथा उसके कष्टों से मुक्त हो सकता है तथा इसी जीवन में परमानंद रूपी अमृत को प्राप्त हो जाता है।"

वस्तुतः प्रकृति के माया जाल में फँसकर, जब तक मोहवश वृथाभिमान के कारण जीव इस प्रकृति के कर्तव्य को स्वयं अपना ही कर्तव्य मानता रहता है तथा वह जन्म-मृत्यु, जरा-व्याधियों के पाश में स्वयं को फँसाकर रखता है; तब तक उसे मोक्ष या मुक्ति मिलना संभव नहीं है, परंतु जिस अवस्था में पुरुष को यह ज्ञान हो जाए कि त्रिगुणात्मक प्रकृति भिन्न है और वह भिन्न है, उस समय वह मुक्त ही है, क्योंकि यथार्थ में पुरुष न तो कर्ता है और न बँधा ही है। वह स्वतंत्र, निःसर्ग एवं अकर्ता है। जो कुछ होता है वह सब प्रकृति का ही खेल है। मन तथा बुद्धि भी प्रकृति के ही विकार हैं तथा उसकी देह चौबीस प्रकृतिजन्य तत्त्वों से बना पिंड है। इसलिए बुद्धि को जो ज्ञान होता है वह भी प्रकृति के कार्य का ही फल है। यह ज्ञान तीन प्रकार का सत-रज-तम गुणों का होता है। सत् गुण के बाहुल्य की अवस्था में पुरुष को पता होता है कि मैं प्रकृति से भिन्न हूँ और जब धीरे-धीरे उन्नति होते-होते अंत में पुरुष को यह ज्ञान हो जाता है कि वह त्रिगुणात्मक प्रकृति से भिन्न है तो उसमें सत्व-रज-तम में से कोई गुण शेष नहीं रहता। इन तीनों गुणों के पार हो जानेवाला पुरुष निर्हेतुक होता है। अभेद भाव से परमात्मा की गई उपासना को निर्गुण

भक्ति कहते हैं, जहाँ जीव अमृतस्वरूप ईश्वरीय दिव्यता को अभिन्न भाव से प्रत्यक्ष अनुभव कर लेता है। इस रहस्य को सुन अर्जुन को जिज्ञासा होती है और वह पूछता है—

अर्जुन उवाच

कैर्लिंगैस्त्रीन्गुणानेतानतीतो भवति प्रभो।
किमाचारः कथं चैतांस्त्रीन्गुणानतिवर्तते॥ 21॥

"हे प्रभो! जो पुरुष इन तीनों गुणों से परे होता है उसको किन-किन लक्षणों के द्वारा पहचाना जाता है? उसका आचरण किस प्रकार का होता है? वह किस प्रकार इन तीनों गुणों से परे होता है?"

वस्तुतः अर्जुन की जिज्ञासा स्वाभाविक है क्योंकि गुणातीत होने के साधनों व उसके आचरण का विदित होना आवश्यक है जिससे उन गुणों से पार पाया जा सके।

श्री भगवानुवाच

प्रकाशं च प्रवृत्तिं च मोहमेव च पाण्डव।
न द्वेष्टि सम्प्रवृत्तानि न निवृत्तानि काङ्क्षति॥ 22॥

"हे पांडुपुत्र! जो प्रकाश, प्रवृत्ति तथा मोह (क्रमशः प्रकृति जनित त्रिगुणों सत्त्व, रज तथा तम) के फलस्वरूप जनित होनेवाले कार्यों के फल प्राप्त होने से उनसे घृणा नहीं करता और यदि प्राप्त न हों तो उनकी आकांक्षा नहीं करता तथा"

उदासीनवदासीनो गुणैर्यो न विचाल्यते।
गुणा वर्तन्त इत्येव योऽवतिष्ठति नेङ्गते॥ 23॥

"जो गुणों के कर्मफल के संबंध में उदासीन सा रहता है, जिसे गुणों के द्वारा चलायमान या विचलित नहीं किया जा सकता तथा जो गुण ही गुणों में बर्तता है, जो ऐसा समझकर, एकीभाव से, स्थिर रहता है एवं उस स्थिति से डिगता नहीं है, वह मनुष्य उदासीन है।"

ऐसे मनुष्य का किसी वस्तु या घटना से कोई संबंध नहीं होता। इसीलिए गुणातीत पुरुष तीनों गुणों तथा उनके कार्यरूप देह, इंद्रियों, अंतःकरण की प्रवृत्तियों, समस्त पदार्थों व क्रियाओं से कोई संबंध न रख, निर्विकार भाव से उदासीन सदृश स्थित रहता है। मन, बुद्धि, इंद्रियाँ आदि समस्त कारण व विषय, ये सभी गुणों के ही विस्तार हैं। इसीलिए ऐसा पुरुष सदा के लिए परमात्म भाव में ही स्थित हो जाता है तथा गुणों का प्रवाह उसे विचलित नहीं कर पाता, क्योंकि परमात्मा में एकात्म भाव से लीन हो जाने से जीव की भिन्न सत्ता का ही लोप हो जाता है तो फिर कोई कैसे विचलित होगा?

समदुःखसुखः स्वस्थः समलोष्टाश्मकाञ्चनः।
तुल्यप्रियाप्रियो धीरस्तुल्यनिन्दात्मसंस्तुतिः॥ 24॥

"जो सुख तथा दुःख को एक समान समझता है; जो मिट्टी, पत्थर तथा स्वर्ण के टुकड़ों को समान दृष्टि से देखता है; जो स्वयं में स्थिर रहता है; जो प्रिय-अप्रिय, निंदा तथा स्तुति में समान भाव रखता है, जो सदा धैर्य से युक्त है,"

मानापमानयोस्तुल्यस्तुल्यो मित्रारिपक्षयोः।
सर्वारम्भपरित्यागी गुणातीतः स उच्यते॥ 25॥

"जो मान तथा अपमान में समान भाव से रहता है, जो शत्रु तथा मित्र के साथ समान व्यवहार करता है और जो इस भाव से कि प्रकृति सबकुछ करती है, संपूर्ण प्रारंभों में कर्तापन के अहंकार से रहित है, वह पुरुष गुणातीत कहा जाता है।"

इस प्रकार भगवान् श्रीकृष्ण ने त्रिगुणातीत पुरुष के लक्षण तथा आचरण के विषय में बताया जो द्वितीय अध्याय में कहे गए स्थितप्रज्ञ तथा बारहवें अध्याय में कहे गए भगवद्भक्त के लक्षणों के समान ही है। सिद्धि-प्राप्त पुरुष के लक्षण व आचरण सभी मार्गों में एक से ही रहते हैं तथा निष्काम कर्म किसी के भी छूट नहीं सकते। अतः स्थितप्रज्ञ, भगवद भक्त या त्रिगुणातीत ये सभी वस्तुतः कर्म-योग मार्ग की ही स्थितियाँ हैं। अब श्रीकृष्ण तीनों गुणों से परे जाने की विधि बताते हैं—

मां च योऽव्यभिचारेण भक्तियोगेन सेवते।
स गुणान्समतीत्यैतान् ब्रह्मभूयाय कल्पते॥ 26॥

"जो पुरुष मुझे ही सब कर्म अर्पण करने के अव्यभिचार अर्थात् एकनिष्ठ भक्तियोग से निरंतर मुझे भजता है व मेरी सेवा करता है, वह इन तीनों गुणों से परे जाकर परब्रह्म परमात्मा की स्थिति पा लेने में समर्थ हो जाता है।"

ब्रह्मसूत्र (3.2.5) में उल्लेख है, "पराभिध्यानातु विरोहितं ततो ह्यस्य बन्धविपर्ययो" कि जीव परमात्मा का ही अंश है। इसलिए वह भी ईश्वर के सदृश गुणोंवाला है, परंतु उसके सब गुण छिपे हुए हैं। इस कारण उनका उपयोग देखा नहीं जा सकता, उस परमात्मा का निरंतर ध्यान करने से जीव के वे छिपे हुए गुण पुनः प्रकट हो सकते हैं। इसी से भारतीय शास्त्रों में कहा गया है, 'ब्रहमैव सन्ब्रह्माप्येति' कि गुणात्मक रूप से मनुष्य को ब्रह्म से एकाकार हो जाना चाहिए। जिस प्रकार सोने के कण सोने की खान का ही अंश होते हैं, उसी प्रकार जीव का व्यष्टि आत्मरूप भी उसी समष्टि परमात्मा का ही अंश होता है। वही उसके गुरु, माता-पिता एवं बन्धु सभी कुछ हैं। इसी भाव से अनासक्त, स्वार्थरहित, अनन्य श्रद्धा-प्रेम से परमात्मा के प्रति स्थिर व अटल अभिन्न भाव के साथ

समर्पण ही अव्यभिचारी भक्तियोग है, जिसको पा लेने के पश्चात् कुछ भी पाना शेष नहीं रहता तथा जीव को सहज ही परमात्मा की प्राप्ति हो जाती है।

ब्रह्मणो हि प्रतिष्ठाऽहममृतस्याव्ययस्य च।
शाश्वतस्य च धर्मस्य सुखस्यैकान्तिकस्य च॥ 27॥

"क्योंकि निश्चय ही मैं निराकार ब्रह्म ज्योति का आश्रय हूँ। अमृत, अविनाशी तथा शाश्वत स्वाभाविक आनंद की चरम स्थिति मैं ही हूँ।"

वस्तुतः परब्रह्म परमात्मा ही परम सत्य के चरम हैं। वही साकार हैं। वही निराकार हैं। प्रकृति तो परमात्मा की अपरा शक्ति की अभिव्यक्ति है। जब परमात्मा इस अपरा प्रकृति में परा प्रकृति को गर्भस्थ करते हैं तो वह भौतिक प्रकृति के लिए एक आध्यात्मिक स्पर्श होता है, जिसके कारण प्रकृति के चौबीस तत्त्वों से निर्मित जीव, अध्यात्म का अनुशीलन कर, ब्रह्म बोध की ओर उन्मुख होता है। जीव की अवस्थानुसार परब्रह्म परमात्मा के ही अधिकारी-भेद से भक्ति के लिए भिन्न-भिन्न रूप बताए गए हैं। परमात्मा का जो अचिंत्य, निर्गुण, मायातीत स्वरूप है, वह तो एक ही है। सगुण रूप के दो भेद-साकार तथा निराकार होते हैं। जो स्वरूप जगत् में सर्वत्र व्याप्त है, सबका धर्ता-भर्ता-हर्ता है, सबका आश्रय है, वह तो सगुण अव्यक्त निराकार रूप है। श्रीकृष्ण भगवान् के विराट्, विश्व साकार स्वरूप में अर्जुन ने देखा कि उनका कोई रंग नहीं है, कोई वर्ण नहीं है और कोई सीमा भी नहीं है। उनमें नाना प्रकार के देवों, पशुओं और जीवों की मुखाकृतियाँ दिख रही हैं। ऋषि-मुनि, गंधर्व, राक्षस और यक्ष विकल हो रहे हैं (भगवान् विष्णु, महादेव, श्रीराम, श्रीकृष्ण आदि भगवान् के साकार रूप हैं)। समस्त ब्रह्मांड तथा ईश्वरीय विभूतियाँ परमात्मा के विराट् विश्वरूप में समाई हुई हैं। इस समस्त नानात्व का आश्रय एक ही परमात्मा हैं, उनसे भिन्न कुछ भी नहीं। तैत्तिरीयोपनिषद् (2.7.2) में कथन है, 'यद्वै तत्सुकृतं रसो वै सः। रसँह्येवायं लब्ध्वाऽनंदी भवति' अर्थात् निश्चय ही जो वह सुकृत हैं, वे परब्रह्म परमात्मा सचमुच रसस्वरूप आनंदमय हैं। वे ही वास्तविक आनंद हैं, क्योंकि अनादिकाल से जन्म-मृत्यु रूपी घोर दुःख का अनुभव करनेवाला जीव इन रसमय परमात्मा के संयोग से ही आनंदयुक्त होता है। परमात्मा जब स्वयं अवतरित हो लीला करने के लिए प्रकट होते हैं तो उनका यह प्राकट्य अन्य जीवों की भाँति, अव्यक्त से व्यक्त में परिवर्तित होने के समान नहीं होता है। वह अलौकिक हैं। इसीलिए सातवें अध्याय (7.24) में उन्होंने कहा है कि जो बुद्धिहीन मनुष्य मुझे अव्यक्त से व्यक्त हुआ मानते हैं वे मुझको भलीभाँति न जानने के कारण सोचते हैं कि मैं (श्रीकृष्ण) पहले निराकार था तथा अब मैंने इस स्वरूप को धारण कर लिया है। वे अपनी अज्ञानता के कारण मेरी अविनाशी, शाश्वत अलौकिक प्रकृति को समझ नहीं पाते।

ॐ तत्सदिति श्रीमद्भागवदगीतासूपनिषत्सु ब्रह्मविधायाँ योगशास्त्रे श्रीकृष्णार्जनु संवादे गुणत्रयविभागयोगो नाम चतुर्दशोऽध्यायः।

अतएव श्रीमद्भागवदगीता उपनिषद् के ब्रह्ममविद्यांतर्गत योग शास्त्र में श्रीकृष्ण-अर्जुन के संवाद में 'गुणत्रयविभागयोगो' नामक चौदहवाँ अध्याय पूर्ण हुआ।

अमृत सार

क्षेत्र-क्षेत्रज्ञ के विवेचन में स्पष्ट किया गया है कि सब कर्तव्य प्रकृति का ही है तथा प्रकृति के गुणों की संगति के कारण ही जीव इस भौतिक जगत् में बद्ध है। पुरुष अर्थात् क्षेत्रज्ञ तो उदासीन रहता है। इसीलिए अब श्रीकृष्ण यह बताते हैं कि प्रकृति का यह कर्तव्य क्यों चलता है। प्रकृति के वे कौन-कौन से गुण हैं, वे किस प्रकार क्रिया करते हैं; किस प्रकार बाँधते हैं तथा किस प्रकार परमगति प्रदान करते हैं तथा इन गुणों से परे जाकर परमात्मा को प्राप्त जीव के क्या लक्षण हैं? संसार में सबकुछ क्षेत्र (शरीर) तथा क्षेत्रज्ञ (आत्मा) के संयोग से ही घटित होता है। जब ईश्वर-इच्छा से परा प्रकृति को भौतिक चौबीस अवयवों से बनी अपरा प्रकृति में गर्भस्थ कर दिया जाता है तो इस भौतिक प्रकृति के सारे जीव उत्पन्न होते हैं। इस प्रकार प्रकृति जीवों की उत्पत्ति का कारण नहीं होती, अपितु इसमें गर्भाधान परमात्मा द्वारा प्रदत्त है। इसी से वे प्रकृति से उत्पन्न हुए प्रतीत होते हैं। इस तरह प्रत्येक जीव को उसके पूर्व कर्मों के अनुसार ही शरीर प्राप्त होता है जो इस भौतिक प्रकृति द्वारा रचित है। जीव अपने पूर्व कर्मों के अनुरूप सुख-दुःख भोगता है। भौतिक प्रकृति-सत-रज-तम इन तीनों गुणों से युक्त है। जीव जैसे ही प्रकृति के संसर्ग में आता है, इन तीनों गुणों से बद्ध हो वह कर्म करने को प्रेरित होता है। यही उसके अनेकानेक सुख-दुःखों का मूल कारण है। अन्य गुणों की अपेक्षा 'सतगुण' अधिक शुद्ध होने के कारण ज्ञान रूपी प्रकाशदायक एवं मनुष्य को पापकर्मों से मुक्त करनेवाला है तथा सतोगुणी मनुष्य मरने पर उच्चलोक पाता है। 'रजोगुण' की उत्पत्ति अत्यधिक इच्छाओं से होने के कारण इस गुण का धारक सकाम कर्मों से बँध बार-बार सकाम कर्मियों के बीच जन्म लेता है। अज्ञान से उत्पन्न 'तमोगुण' देहधारी को मोह में बाँध; प्रमाद, आलस्य व निद्रा के वशीभूत कर; निम्न योनियों में गिराता है। जिस गुण का मनुष्य में बाहुल्य होता है, वैसा ही उसका स्वरूप व आचरण होता है। स्वभावतया मनुष्य स्वयं को देहधारी समझकर कर्ता-धर्ता-भोक्ता बना रहता है तथा वह कर्म तथा उसके फल के संबंध को नहीं समझता, किंतु जब किसी सदगुरु या तत्त्वदर्शी की संगत उसे प्राप्त हो जाती है तो वह अनुभूत करता है कि गुण ही गुण में व्यवहार करते हैं तथा गुणों के अतिरिक्त अन्य कोई कर्ता नहीं होता। ऐसा होते ही वह दृष्टा बन विदित

कर लेता है कि परमात्मा इन तीनों गुणों से अतीत है तथा वह स्वयं को भी उस परमसत्ता से अभिन्न समझते हुए सर्व समभाव से उस परम ईश्वरीय सत्ता को ही देखता है। ऐसी दशा प्राप्त होते ही वह कैवल्यपद का अधिकारी बन जाता है। जब तक मोहवश प्रकृति के मायाजाल में उलझकर जीव इस प्रकृति के कर्तव्य को ही स्वयं का कर्तव्य मानता है तब तक वह जरा-व्याधि व जन्म-मृत्यु के चक्र में फँसा रहता है। जिस अवस्था में जीव को यह ज्ञान हो जाए कि वह त्रिगुणात्मक प्रकृति से भिन्न है, उस समय वह मुक्त ही है, क्योंकि यथार्थ में जीव न तो कर्ता है तथा न ही बँधा है। वह तो स्वतंत्र एवं अकर्ता है। मन, बुद्धि तथा चौबीस तत्त्वों से बना उसका शरीरी पिंड, ये सब प्रकृति जन्य हैं। जो कुछ होता है वह सब प्रकृति का खेल है, किंतु बुद्धि को होनेवाला यह ज्ञान भी प्रकृति के कार्य का ही फल है। वस्तुतः सत-गुण के बाहुल्य की अवस्था में जीव को अनुभव होता है कि वह प्रकृति से भिन्न है। ऐसी त्रिगुणातीत अवस्था प्राप्त होने पर सत-रज-तम में से कोई गुण शेष नहीं रहता तथा इन प्रकृतिजन्य गुणों से ऊपर उठ उसे परमानंद रूपी अमृत प्राप्त हो जाता है। अर्जुन जिज्ञासा करता है कि ऐसा गुणातीत पुरुष किन लक्षणों तथा आचरण से जाना जाता है ? तो भगवान् श्रीकृष्ण ने दूसरे अध्याय में बताए स्थितप्रज्ञ के लक्षण तथा बारहवें अध्याय में बताए गए भक्तिमान के लक्षणों के समान ही त्रिगुणातीत पुरुष के लक्षण बताते हुए कहा कि अनासक्त, सर्वारंभ-परित्यागी, सभी गुणों, पदार्थों व क्रियाओं से कोई संबंध न रखकर उदासीन सदृश स्थित, सुख-दुःख में समभाव, शत्रु-मित्र के प्रति समान व्यवहार करता हुआ वह अपने अंतःकरण में यह भाव रखता है कि प्रकृति ही सबकुछ करती है। ऐसा पुरुष गुणातीत कहा जाता है। वह परमात्मा के परायण हो समस्त कर्म करता हुआ; एकनिष्ठ भक्तियोग से; परमात्मा को भजता है तथा प्रकृति के गुणों को लाँघकर ब्रह्मपद के स्तर तक पहुँच जाता है तथा अनादिकाल से चल रहे पुनर्जन्म-मृत्यु के घोर दुःख के भवसागर को पार कर, शाश्वत स्वाभाविक आनंद के अनंत धाम परमात्मा के संयोग से युक्त हो जाता है।

□

अथ पञ्चदशोऽध्याय:

जीव, जगत् एवं जगदीश्वर

प्रकृति तो क्षर अर्थात् परिवर्तन को प्राप्त हो विनाशशील है तथा इसको भोगनेवाला जीव-समुदाय अविनाशी अक्षर तत्त्व है, इन दोनों क्षर-अक्षर तत्त्वों के नियंता परमेश्वर हैं। इसी संबंध को शास्त्रों में विविध रूपों व दृष्टांतों से समझाने के प्रयास किए गए हैं। भगवान् श्रीकृष्ण ने संसार की उपमा 'अश्वत्थ' वृक्ष के रूप में करते हुए कहा कि उसे वैराग्य रूपी तलवार से काटकर नाशवान जड़ क्षेत्र (क्षर) से सर्वदा अतीत तथा अविनाशी जीवात्मा (अक्षर) से भी उत्तम परमपुरुष पुरुषोत्तम का आश्रय ग्रहण करना चाहिए, क्योंकि वे ही संसार के मूल आधार एवं जानने योग्य परम तत्त्व हैं। इसी को समझाते हुए भगवान् श्रीकृष्ण इस अध्याय में कहते हैं कि—

श्री भगवानुवाच

ऊर्ध्वमूलमध:शाखमश्वत्थं प्राहुरव्ययम्।
छन्दांसि यस्य पर्णानि यस्तं वेद स वेदवित्॥ 1॥

श्रीभगवान् ने कहा, "उस अश्वत्थ वृक्ष को शाश्वत कहा गया है, जिसकी जड़ें ऊपर आकाश की ओर हैं तथा उसकी अनेकानेक शाखाएँ नीचे की ओर हैं तथा जिसके पत्ते वैदिक स्रोत हैं। जिसने इस कभी नाश न होनेवाले वृक्ष को जान लिया वही पुरुष सच्चा वेदों के तत्त्वों का ज्ञाता है।"

अश्वत्थ वृक्ष जिसे ब्रह्म वृक्ष या संसार वृक्ष भी कहा गया है, के संबंध में ऋग्वेद (1.24.7) में उल्लेख है कि वरुण लोक में एक ऐसा वृक्ष है कि जिसकी किरणों की जड़ ऊपर है पर किरणें नीचे फैलती हैं। (म.भा. शांतिपर्व) में 'विष्णु सहस्त्रनाम' से भगवान् विष्णु के तीन वृक्षात्मक नाम—'न्यग्रोधोदुम्बरोऽश्वत्थ'— औदुंबर, बरगद (न्यग्रोथ) और अश्वत्थ (पीपल) लिये गए हैं, किंतु गीता में इसका अर्थ पीपल वृक्ष से

ही है, क्योंकि गीता (10.26) में प्रभु ने अपनी विभूतियों का वर्णन करते हुए 'अश्वत्थ: सर्ववृक्षाणाम्' कहकर इसे अपनी विभूति बताया है। कठोपनिषद् (2.3.1) में कहा गया है 'उर्ध्वमूलोऽवाक्षाख एषोऽश्वत्थ: सनातन:'-कि ऊपर की ओर मूल वाला तथा नीचे की ओर शाखावाला यह प्रत्यक्ष जगत् सनातन पीपल का वृक्ष है। संसारी वृक्ष तो कल तक भी रहनेवाला नहीं, जाने कब कोई काट दे। इसीलिए इस भौतिक जगत् की तुलना अश्वत्थ वृक्ष से की गई है। जब तक व्यक्ति सांसारिक काम-वासनाओं में लिप्त रहता है तब तक ऐसे वृक्ष का कोई अंत नहीं। वह एक शाख से दूसरी में तथा दूसरी से अन्य में ही भटकता रहता है। इसीलिए आसक्त के लिए मुक्ति की संभावना नहीं, किंतु आत्मोन्नति के लिए वेद विहित कर्मों से वृक्ष को पत्तों की भाँति ढक; वैदिक ज्ञान के माध्यम से; संसार की नश्वर चमक-दमक रूपी माया में न फँस; निष्काम भाव से परमात्मा की शरण में जाना चाहिए। इस संसार रूपी वृक्ष को जानना ही वेदों को विदित कर लेना है। ऊर्ध्व मूल वृक्ष का अर्थ ऊपर की ओर मूल वाला अर्थात् परमात्मा से शक्ति पाकर पोषित होनेवाला है। ऐसा जानना ही वेदों को विदित कर लेना है।

अधश्चोर्ध्वं प्रसृतास्तस्य शाखा गुणप्रवृद्धा विषयप्रवाला:।
अधश्च मूलान्यनुसन्ततानि कर्मानुबन्धीनि मनुष्यलोके॥ 2॥

"इस वृक्ष की शाखाएँ प्रकृति के तीनों गुण सत-रज तथा तम द्वारा पोषित हो नीचे तथा ऊपर सर्वत्र फैली हुई हैं तथा इसमें शब्द-स्पर्श-रूप-रस और गंध आदि विषयों-भोगों के अंकुर फूटे हुए हैं और अंत में कर्मों के अनुरूप बंधनों में बाँधने वाली जड़ें भी मनुष्य लोक में नीचे और ऊपर लोगों में व्याप्त हो दूर तक चली गई हैं।"

अश्वत्थ वृक्ष का विस्तार बताते हुए स्पष्ट किया गया है कि प्रकृति के तीनों गुणों से ही इसकी शाखाएँ पोषित होती हैं। मनुष्य की पाँचों कर्मेंद्रियों तथा पाँचों ज्ञानेंद्रियों के अनुरूप विषय-वासनाओं-तृष्णाओं की टहनियाँ, प्रसार व विस्तार का रूप लेती हैं। यह संसार वृक्ष ऊपर ब्रह्मलोक, देवलोक से लेकर नीचे पाताल लोक तक फैला हुआ है तथा राग-द्वेष, वासना-तृष्णा के अनुसार किए गए कर्म ही जीव का बंधन हैं जो उसे कीट-पतंग, जलचर-नभचर-पशुचर योनियों से लेकर देव-गंधर्व-यक्ष जैसी उच्च योनियों तक का आवागमन कराते हैं।

न रूपमस्येह तथोपलभ्यतेनान्तो न चादिर्न च संप्रतिष्ठा।
अश्वत्थमेनं सुविरूढमूल मसङ्गशस्त्रेण दृढेन छित्त्वा॥ 3॥

"इस जगत् में अश्वत्थ वृक्ष के वास्तविक स्वरूप का स्थूल रूप से अनुभव नहीं किया जा सकता, क्योंकि इस वृक्ष का विस्तार एवं आकार इतना वृहद है कि उसके ओर-

छोर का पता नहीं लगता। कोई भी यह समझ नहीं पाता कि इसका आदि कहाँ है, अंत कहाँ है या इसका आधार कहाँ है? मनुष्य को चाहिए कि इस त्रिगुणात्मक उर्ध्व मूल वाले वृक्ष की दृढ मूलों को 'मसङ्शस्त्रेण' वैराग्य एवं अनासक्ति की तलवार से काट गिराए।"

ततः पदं तत्परिमार्गितव्य यस्मिन्गता न निवर्तन्ति भूयः।
तमेव्र चाद्यं पुरुषं प्रपद्ये यतः प्रवृत्तिः प्रसृता पुराणी॥ 4॥

"तत्पश्चात् उसे ऐसे स्थान की खोज करनी चाहिए जहाँ पहुँचकर फिर उसे कभी वापस न लौटना पड़े। अतः उसे यह संकल्प करना चाहिए कि जिस परमपिता परमेश्वर से इस पुरातन संसार रूपी वृक्ष की प्रवृत्ति, विस्तार एवं प्रसार पाए हुए हैं, उसी आदि परम पुरुष परमात्मा की शरण की ओर वह जाए।"

इस प्रकार का दृढ संकल्प करके परमात्मा के ही चिंतन-भजन व उपासना में उसे अविरत लीन होना चाहिए। भगवान् श्रीकृष्ण ने पहले कहा है, "अहं सर्वस्य प्रभवो"(10.8)-कि "प्रत्येक वस्तु का उद्गम मैं हूँ।" उन्होंने यह भी कहा है "गहना कर्मणो गतिः"(4.17) कि "कर्म की गति अत्यंत कठिन है।" इसीलिए कर्म का बंधन भी बड़ा कठिन है। कर्म से कोई छूट नहीं सकता। सूर्य-चंद्र-वायु-अग्नि-पृथ्वी-सागर-नदी आदि सब अपना-अपना कर्म ही करते हैं। यहाँ तक कि परब्रह्म की साकार नामरूपात्मक विभूतियाँ ब्रह्मा-विष्णु-महेश भी अपने-अपने कर्म-सृजन-पालन-संहार से बँधे हुए हैं तो इंद्र आदि देवताओं का तो कहना ही क्या! सगुण का अर्थ है नामरूपात्मक। नामरूपात्मक का अर्थ है कर्म या कर्म का परिणाम। यही मायात्मक कर्म तथा कर्म-चक्र में फँसने का कारण है, क्योंकि जो शक्ति आज किसी एक नामरूप विशेष से दिखाई पड़ती है, वही शक्ति उस नामरूप के विनाश के उपरांत अन्य भिन्न नामरूपों से प्रकट हो जाती है। इसीलिए भगवान् ने कहा है कि आत्मा न तो जन्म धारण करती है और न ही मरती है। वह मात्र पुराने वस्त्र त्यागकर अपने कर्म-बंधन व संस्कारों के फलस्वरूप देहांतरण कर अन्य देह प्राप्त कर लेती है। इसी तरह से पुरुष-प्रकृति का यह माया रचित भव-चक्र चलता रहता है। इसीलिए भगवान् श्रीकृष्ण ने (7.22, गीता) कहा है, "लभते च ततः कामान्मयैव विहितान् हि तान्" कि "मैं जिस फल का निश्चय कर दिया करता हूँ, वही इच्छित फल मनुष्य को मिलता है।" इसीलिए कर्म का फल मनुष्य के हाथ में न होकर ईश्वर के हाथ में है। ये कर्म फल प्रत्येक व्यक्ति के कर्म-अकर्म की योग्यता के अनुरूप बिना किसी भेद-भाव के दिए जाते हैं, क्योंकि 'समोऽहं सर्वभूतेषु' (गीता 9.29) कि 'परमात्मा सबके लिए समान हैं।' वेदांत सूत्र में कहा गया है, "वैषम्यनैर्घृण्ये ने सापेक्षत्वात्तथा हि दर्शयति" (2.1.34) कि "परमात्मा में विषमता या निर्दयता का दोष नहीं आता, क्योंकि वह जीवों से शुभाशुभ कर्मों की अपेक्षा रखकर सृष्टि करते हैं।"

ऐसा ही श्रुति दिखाती है। श्रीकृष्ण यही पुनः स्पष्ट कर रहे हैं। त्रिगुणमयी इस प्रकृति के इस अश्वत्थ वृक्ष को, जिसका कोई ओर-छोर, अंत-आदि नहीं दिखाई पड़ता, वैराग्य की तलवार से काटकर, परमपथ की प्राप्ति का ही प्रयत्न करना चाहिए। 'तमेव चाद्यं पुरुषं प्रपद्ये यतः प्रवृत्तिः'—जहाँ जाने पर फिर पीछे कर्मबंधन के भव-चक्र में लौटना नहीं पड़ता, उस स्थान को खोजना चाहिए तथा जहाँ से सृष्टि की उत्पत्ति हुई है, उसी परम पिता परमेश्वर में अनन्य आस्था व विश्वास के साथ आश्रय ग्रहण करना चाहिए।

निर्मानमोहा जितसङ्गदोषा
अध्यात्मनित्या विनिवृत्तकामाः।
द्वन्द्वैर्विमुक्ताः सुखदुःखसंज्ञै
र्गच्छन्त्यमूढाः पदमव्ययं तत्॥ 5॥

"जिन पुरुषों ने झूठे मान-अपमान, मोह तथा कुसंगति से मुक्ति प्राप्त कर ली है, जिन्होंने सांसारिक कामनाओं-वासनाओं को नष्ट कर दिया है, जो सुख तथा दुःख के द्वंद्व से मुक्त हो चुके हैं, जिन्होंने परमात्म स्वरूप में शाश्वत स्थिति पा ली है तथा मोह रहित होकर परमात्मा में शरणागत होना जानते हैं, ऐसे ज्ञानीजन परमपद को प्राप्त करने के अधिकारी बन जाते हैं।"

इस प्रकार परमात्मा की परा-अपरा शक्तियों के मायारूपी आवरण में प्रसार एवं विस्तार पाए इस संसार रूपी अश्वत्थ वृक्ष से सर्वथा अतीत होकर, स्वयं के प्रकृति का स्वामी होने के मिथ्या अहंकार को छोड़कर मोह, आसक्ति, सुख-दुःख के द्वंद्व को जीतकर, उस परमपद स्वरूप परमात्म को प्राप्त कर लेना ही 'पदमव्ययं'—अव्यय पद को सिद्ध कर लेना है।

न तद्भासयते सूर्यो न शशाङ्को न पावकः।
यद्गत्वा न निवर्तन्ते तद्धाम परमं मम॥ 6॥

"जहाँ पहुँचकर फिर वापस लौटना नहीं पड़ता, ऐसा मेरा परमधाम है; जहाँ न तो सूर्य या चंद्रमा तथा न ही अग्नि आदि प्रकाशित करते हैं।"

वस्तुतः सूर्य-चंद्र-नक्षत्र मंडल, अग्नि आदि भी मात्र नामरूपात्मक ही हैं तथा वे भी परमात्मा के तेज से ही प्रकाशवान हैं। जो कर्मयोगी स्वयं परमात्मा का धाम पा गया हो तो उसे ब्रह्मनिर्वाण मोक्ष स्वतः प्राप्त हो जाता है। इसी को श्वेताश्वतरोपनिषद् में इस प्रकार कहा गया है—

'न तत्र सूर्ये भाति न चंद्रतारकं नेमा विद्युतो भान्ति कुतोऽयमग्निः।
तमेव भान्तमनुभाति सर्वं तस्य भासा सर्वमिदं विभाति॥' (6.14)

"वहाँ न तो सूर्य प्रकाश फैला सकता है, न ही चंद्रमा, नक्षत्र मंडल और न ये बिजलियाँ ही प्रकाशित हो सकती हैं, लौकिक अग्नि की तो बात ही क्या है, क्योंकि जगत् में जो भी प्रकाशवान तत्त्व हैं, वे सब परमात्मा के अंश रूपी प्रकाश से आलोकित हैं।" यही सत्य कठोपनिषद् एवं मुंडक उपनिषद् में भी उल्लिखित है। 'परमं मम' अत्यंत सार्थक है, क्योंकि दिव्य जगत् समस्त ऐश्वर्यों से परिपूर्ण व दिव्य प्रकाश से आलोकित है, जहाँ मात्र परमात्मा की प्रेममयी शरणागति से ही पहुँचा जा सकता है, किसी अन्य साधन से नहीं।

ममैवांशो जीवलोके जीवभूतः सनातनः।
मनःषष्ठानीन्द्रियाणि प्रकृतिस्थानि कर्षति॥ 7॥

"इस बद्ध जगत् में प्रत्येक जीवात्मा की देह में मेरा ही सनातन अंश है तथा वही इस प्रकृति में स्थित मन और पाँचों इंद्रियों को आकर्षित करता है।"

भगवान् श्रीकृष्ण कह चुके हैं कि इस जगत् के सृष्टा, पालनकर्ता व संहारकर्ता वे ही हैं (गीता 14.3,4); जीवों में चैतन्यता वे ही हैं तथा जो अंश चेतन है वह जड़ नहीं हो सकता। इंद्रियाँ, यद्यपि मन सहित ग्यारह हैं, तदापि कर्मेंद्रियों का कार्य पाँच ज्ञानेंद्रियों पर ही निर्भर करता है। इसीलिए जब जीवात्मा देहांतरण कर दूसरी देह धारण करती है तब पूर्व देह में से मन सहित इंद्रियों को आकर्षित करके साथ ले जाती है। विषयों को अनुभव करने में मन तथा पाँच ज्ञानेंद्रियों की भूमिका प्रधान होने के कारण ही मन तथा पाँचों इंद्रियों को आकर्षित करना कहा गया है। जीवात्मा परमात्मा का सनातन अंश रूप है। प्रत्येक जीव का आत्मा रूप में अपना व्यक्तित्व एवं सूक्ष्म स्वातंत्र्य होता है जिसका सदुपयोग कर वह मुक्ति पाता है, तो दुरूपयोग कर भव-सागर में बद्ध होता है। इसीलिए 'कर्षति'-'संघर्ष करता है', शब्द महत्त्वपूर्ण है मानो बद्ध जीव लौह श्रृंखलाओं से बँधा हो, अर्थात् मिथ्या अहंकार, माया, मोह तथा वासनाओं में आसक्ति ही उसे जीवन-मृत्यु के भव बंधन में बाँधती है। इस श्लोक में यही स्पष्ट किया गया है कि बद्ध जीव मन तथा इंद्रियों समेत भौतिक शरीर से आवृत्त है। जब वह परम मोक्ष प्राप्त करता है तो सांसारिक आवरण नष्ट हो जाता है। इसी तात्पर्य से 'ममैवांशो' शब्द का प्रयोग हुआ है कि प्रत्येक जीव की देह में परमात्मा का अंश विद्यमान है। यही भगवान् द्वितीय अध्याय में (श्लोक 13) 'देहिनोऽस्मिन्यथा देहे' के रूप में पूर्व में भी कह आए हैं।

शरीरं यदवाप्नोति यच्चाप्युत्क्रामतीश्वरः।
गृहीत्वैतानि संयाति वायुर्गन्धानिवाशयात्॥ 8॥

"जीव अपने मन सहित इंद्रियों को एक शरीर से दूसरे शरीर में उसी प्रकार ले

जाता है जैसे वायु सुगंध को ग्रहण कर एक स्थान से दूसरे स्थान पर ले जाती है। इस प्रकार जीवात्मा एक शरीर ग्रहण करती है तथा फिर उसे त्याग कर दूसरे शरीर को धारण करती है।"

वस्तुतः जीवात्मा का जो अपना व्यक्तित्व व सूक्ष्म स्वातंत्र्य होता है, उससे वह नियत विधि; जैसा कि श्रीकृष्ण भगवान् पूर्व में कहते आ रहे हैं; का अनुसरण करता हुआ; लोक कल्याण के भाव में; परमात्मा के निमित्त अनासक्त हो; उच्चतर योनियों को भी प्राप्त कर सकता है अन्यथा निम्नतर योनियों में भी जा सकता है। इस सीमित रूप में इस श्लोक में जीव को ईश्वर की भाँति अपने शरीर का नियामक कहा गया है, क्योंकि वर्तमान शरीर तथा वर्तमान कार्यकलाप ही जीव के शरीर त्याग के पश्चात् अगले शरीर का आधार बनते हैं। उसका 'एतानि'–'मन सहित इंद्रियों का समुदाय रूपी सूक्ष्म शरीर'; 'उत्क्रामती'–'पूर्व शरीर का त्याग कर', 'अवाप्नोति'–नवीन शरीर ग्रहण करने का आधार बनता है। 'संयाति' शब्द द्वारा जीवात्मा के एक स्थूल शरीर से सूक्ष्म शरीर के द्वारा दूसरे स्थूल शरीर में देहांतरण की प्रक्रिया को रेखांकित किया गया है। सूक्ष्म शरीर द्वारा संस्कार रूपी बीजों को दूसरे शरीर में ले जाने की प्रक्रिया को वायु के द्वारा एक स्थान से दूसरे पर सुगंध ले जाने सदृश चित्रित करते हुए देहांतरण की स्थिति स्पष्ट की गई है।

श्रोत्रं चक्षुः स्पर्शनं च रसनं घ्राणमेव च।
अधिष्ठाय मनश्चायं विषयानुपसेवते॥ 9॥

"इस प्रकार दूसरा स्थूल शरीर ग्रहण करके जीवात्मा कान, आँख, त्वचा, रसना, नाक तथा मन को स्थित करके, इन सबके आश्रय से ही इंद्रिय विषयों का सेवन करती है।"

इस प्रकार जीवात्मा का मन तथा उसकी इंद्रियाँ जिन विषयों में लिप्त रहती हैं वही जीवात्मा के अगले जन्मों का आधार बनती हैं, क्योंकि उसकी चैतन्यता या आत्मा न तो कर्मों की कर्ता ही है और न ही उन कर्मों के फलस्वरूप जनित विषयों एवं सुख–दुःख की भोक्ता ही है, अपितु प्रकृति तथा उसके कार्यों के साथ जो उसका अज्ञान मूलक अनादि संबंध है, उसके कारण कर्ता तथा भोक्ता दोनों वही बनी हुई है।

उत्क्रामन्तं स्थितं वापि भुञ्जानं वा गुणान्वितम्।
विमूढा नानुपश्यन्ति पश्यन्ति ज्ञानचक्षुषः॥ 10॥

"अज्ञानी व मूर्ख व्यक्ति न तो शरीर का त्याग करते हुए, न ही शरीर में स्थित रहते हुए और न ही शरीर का भोग करते हुए यह देख पाता है कि वह किस प्रकार प्रकृति के गुणों व मायाजाल के अधीन होकर कार्य कर रहा है। जिन जीवात्माओं के ज्ञान चक्षु खुले

हैं, मात्र वे ही उसको पहचान सकते हैं।"

ज्ञानीजन ही प्रकृति के गुणों को तत्त्व से जाननेवाले होते हैं। वस्तुतः अज्ञानी एवं मूढ़ व्यक्ति सांसारिक सुख-भोग विषयों में ही रत रहते हुए अपने जीवन-काल या मृत्यु के समय भी अपने यथार्थ स्वरूप को समझ नहीं पाता तथा फलस्वरूप संसार की माया को ही सत्य समझ भटकता रहता है; लेकिन विवेकशील ज्ञानी शरीर की नश्वरता व उसके आत्मा से संबंध को समझते हुए इस भवबंधन से मुक्त हो परमात्म प्राप्ति हेतु प्रयत्नरत रहते हैं।

यतन्तो योगिनश्चैनं पश्यन्त्यात्मन्यवस्थितम्।
यतन्तोऽप्यकृतात्मानो नैनं पश्यन्त्यचेतसः॥ 11॥

"इसी प्रकार जो योगीजन प्रयत्न करनेवाले होते हैं वे ही अपने हृदय स्थित आत्मा को तत्त्व से जानते हैं, परंतु जिनका मन अभी भी शुद्ध व विकसित नहीं हुआ है तथा जो आत्म-साक्षात्कार को प्राप्त नहीं हैं, ऐसे लोग प्रयत्न करके भी यह नहीं देख पाते कि क्या हो रहा है।"

इस श्लोक में 'योगिन' शब्द उन विवेकी पुरुषों के लिए प्रयुक्त किया गया है, जो जीवात्मा तथा शरीर के संबंध को जानने के लिए चिंतन-मनन, सत्संग-न्यास-योग द्वारा सदैव प्रयत्नशील रहते हैं, किंतु 'अकृतात्मानो' एवं 'अचेतसः' ऐसे जीव हैं, जिनका मन अस्थिर एवं मलिन है तथा विविध इंद्रिय-जनित वासनाओं की तृप्ति में लिपायमान है, जिसके कारण उनमें आत्मा के यथार्थ स्वरूप का बोध कर लेने की स्थिति का नितांत अभाव है। इसीलिए विवेकीजन प्रयास करके यथार्थ विदित करने का यत्न करते हैं, किंतु मूढ़जन प्रयास करने पर भी समझ नहीं पाते।

यदादित्यगतं तेजो जगद्भासयतेऽखिलम्।
यच्चन्द्रमसि यच्चाग्नौ तत्तेजो विद्धि मामकम्॥ 12॥

"सूर्य का प्रकाश जो समस्त जगत् के अंधकार को दूर करता है तथा जो तेज चंद्रमा में विद्यमान है तथा जो ऊष्मा अग्नि में है- उसको तुम मुझसे से उत्पन्न जानो।"

वस्तुतः मूढ़जनों को यह समझने का प्रयास करना चाहिए कि सूर्य-चंद्र-अग्नि का तेज व प्रकाश कहाँ से आ रहा है, क्योंकि इनके अभाव में जगत् में प्राणशक्ति व ऊर्जा का अभाव हो जाएगा। भौतिकता की चमक में खोए जीव को इस संसार रूपी भवसागर में दुर्गति की अपनी स्थिति से उबरने के लिए प्रयत्नशील होना चाहिए तथा उसे चिंतन कर यह देखना चाहिए कि जिस नश्वर शरीर व जगत् के प्रति वह इतना मोहित हो रहा है, उसकी प्राण शक्ति तो सूर्य-चंद्र व अग्नि की ऊष्मा, शीतलता व तेज में निहित है,

जिसके अभाव में चर-अचर सभी का जीवन ही लोप हो जाएगा। इसलिए उसे इन सबके उद्गम श्री परमात्मा के साथ अपने अंतर्निहित संबंध को जानने का प्रयास करना चाहिए। बद्धजीव परमात्मा का ही अंश है। अत: उसकी उन्नति व मुक्ति के भाव से जनमानस के कल्याण के लिए श्रीभगवान् उसे अवसर प्रदान कर रहे हैं।

गामाविश्य च भूतानि धारयाम्यहमोजसा।
पुष्णामि चौषधीः सर्वाः सोमो भूत्वा रसात्मकः॥ 13॥

"मैं ही पृथ्वी सहित समस्त लोकों में प्रवेश करता हूँ तथा मेरी शक्ति से ही समस्त लोक शून्य अंतरिक्ष में अपनी कक्षा में स्थित हो विचरण करते हैं तथा मैं ही चंद्रमा के माध्यम से संपूर्ण वनस्पतियों को जीवन रस प्रदान करके पोषित करता हूँ।"

पूर्व में भी श्रीभगवान् बता आए हैं कि समस्त सृष्टि-ब्रह्मांड को वे अपने एक अंश से धारण करते हैं। इस श्लोक में वे पुन: कह रहे हैं कि समस्त चराचर प्राणी जगत् का वे स्वयं अपनी सर्वव्यापनी शक्ति से धारण-पोषण करते हैं तथा चंद्रमा की किरणों की शीतलता व प्रकाश द्वारा समस्त जगत् की वनस्पतियों में रस का संचार कर उन्हें पुष्ट व स्वादिष्ट बनाते हैं।

अहं वैश्वानरो भूत्वा प्राणिनां देहमाश्रितः।
प्राणापानसमायुक्तः पचाम्यन्नं चतुर्विधम्॥ 14॥

"मैं ही समस्त जीवों के शरीरों में वैश्वानर नामक पाचक अग्नि हूँ तथा मैं श्वास-प्रश्वास, प्राण वायु से युक्त होकर भक्ष्य, चोश्य, लेह्य और पेय ऐसे चार प्रकार के अन्नों को पचाता हूँ।"

जैसे कि श्रीकृष्ण कह आए हैं कि अग्नि का प्रकाश व ऊष्मा उनके तेज का अंश होता है। इसी अग्नि का एक प्रकार वैश्वानर नाम की अग्नि है, जो कि जीव द्वारा भोजन के रूप में लिये गए पदार्थों का पाचन अपनी ऊष्मा से सुलभ बनाता है। यह शक्ति भी उन्हीं के तेज के फलस्वरूप कार्य करती है।

सर्वस्य चाहं हृदि सन्निविष्टो मत्तः स्मृतिर्ज्ञानमपोहनं च।
वेदैश्च सर्वैरहमेव वेद्यो वेदान्तकृद्वेदविदेव चाहम्॥ 15॥

"मैं ही समस्त भूतादिकों के हृदय में अधिष्ठित हूँ तथा स्मृति, ज्ञान तथा अपोहन या विस्मृति भी मैं ही करता हूँ। समस्त वेदों के द्वारा जानने योग्य भी मैं ही हूँ तथा वेदांत का कर्ता और वेदों को जाननेवाला भी मैं ही हूँ।"

मूलत: जीव के अंतर्मन में परमात्म का सूक्ष्म स्वरूप अदृश्य रूप में स्थित हो प्राण

ऊर्जा का संचार करता है। मनुष्य का मस्तिष्क, चेतन, अचेतन व अवचेतन अवस्था, उसकी प्रकृति एवं परमात्म के विविध तत्त्वों की स्मृति की अवस्था को प्रतिबिंबित करता है। पूर्व जन्मों के संस्कार-वश वह परम तत्त्व के ज्ञान को प्राप्त होता है। ये स्मृति या ज्ञान की अवस्था परमात्मा की इच्छा अनुरूप ही बनती-सँवरती या लुप्त होती है, जिसके अनुरूप जीवात्मा के अंत:करण में सम्यक् भावों की उत्पत्ति होती है। इसीलिए कहा गया है, 'अंतः प्रविष्टः शास्ता जनानाम्'—कि 'जीव जैसे ही शरीर को त्यागता है, उसको वह जन्म विस्मृत हो जाता है।' परमात्मा की प्रेरणा से वह पुनः जीवन-व्यापार में लग जाता है, किंतु उसके अवचेतन व अचेतन में पुरानी स्मृतियाँ बनी रहती हैं। चतुर्थ अध्याय के प्रारंभ में भगवान् श्रीकृष्ण ने बताया है कि सृष्टि के कल्प के प्रारंभ में उन्होंने ब्रह्मज्ञान को विवस्वान सूर्य से कहा, विवस्वान सूर्य ने मनु से कहा तथा मनु ने इक्ष्वाकु से कहा। श्रीभगवान् के द्वारा प्रदत्त इस ज्ञान को ही कालांतर में ऋषियों-मनीषियों ने वेद-उपनिषद्-वेदांत, स्मृतियों में विभिन्न रूपों तथा अवयवों में सँजोया, लेकिन ज्ञान का मूल रूप ज्यों-का-त्यों रहा। इन सबका मूल परमात्मा को विदित कर परम पद प्राप्ति हेतु प्रयत्नशील होना ही है। इसी यथार्थ को पद्मनाभ भगवान् ने यहाँ स्पष्ट किया है।

द्वाविमौ पुरुषौ लोके क्षरश्चाक्षर एव च।
क्षरः सर्वाणि भूतानि कूटस्थोऽक्षर उच्यते॥ 16॥

"इस जगत् में क्षर (नाशवान) तथा अक्षर (अविनाशी) ये दो प्रकार के पुरुष हैं। समस्त भूतादिकों को नाशवान होने के कारण 'क्षर' कहते हैं तथा इन समस्त जीवों में कूटस्थ अर्थात् इन जीवात्माओं के मूल में (कूट) रहनेवाले कृतिरूप अव्यक्त अविनाशी तत्त्व को अक्षर कहते हैं।"

जीवों की दो श्रेणियाँ हैं। जीव परमात्मा के सनातन पृथक् किए हुए नाना विभिन्न अंश हैं। सभी जीव कीट-पतंग से ब्रह्मा पर्यंत सभी नश्वर हैं। इसीलिए कहा गया है, 'क्षरः सर्वाणि भूतानि'-यह नश्वर जीव मन तथा पाँच इंद्रियों से युक्त शरीर द्वारा जन्म, बाल्यकाल, किशोरावस्था, युवावस्था, जरावस्था में परिवर्तन को प्राप्त होता हुआ विनाश को प्राप्त होता है; किंतु जो जीव परमात्मा से एकीभाव प्राप्त करने के लिए प्रयत्नरत रहते हुए परम तत्त्व को विदित कर लेते हैं, वे अक्षर स्थिति को प्राप्त कर लेते हैं, जिसमें परिवर्तन नहीं होता। वे किसी प्रकार के क्षय या विनाश को प्राप्त नहीं होते। यह अवस्था 'अक्षर' पुरुष की है।

उत्तमः पुरुषस्त्वन्यः परमात्मेत्युदाहृतः।
यो लोकत्रयमाविश्य बिभर्त्यव्यय ईश्वरः॥ 17॥

"इन दोनों से भिन्न एक अन्य उत्तम पुरुष है, जिसको परमात्मा कहते हैं, जो तीनों लोकों में व्याप्त होकर सबका पालन-पोषण करता है। वही साक्षात् अविनाशी परम पिता परमेश्वर है।"

कठोपनिषद् में भी यही कथन किया गया है, "नित्यो नित्यानां चेतनष्चेतनानामेको बहूनां यो विदधाति कामान्" (2.2.13) अर्थात् "जो नित्यों का भी नित्य है और चेतनों का भी चेतन है, वह अकेला ही इन विविध जीवों के कर्मफल भोगों का विधान करता है।" जो धीर-ज्ञानी अपने अंतर में वास करनेवाले के लिए निरंतर ध्यानस्थ रहते हैं वे ही शाश्वत शांति एवं परम मुक्ति को प्राप्त करते हैं, क्योंकि क्षर तथा अक्षर इन दोनों पुरुषों से भिन्न, श्रेष्ठ व उत्तम वह परमात्मा ही पुरुषोत्तम है, जो तीनों लोकों का नियामक स्वामी एवं नियंता है।

यस्मात्क्षरमतीतोऽहमक्षरादपि चोत्तमः।
अतोऽस्मि लोके वेदे च प्रथितः पुरुषोत्तमः॥ 18॥

"चूँकि मैं क्षर अर्थात् नश्वरता को प्राप्त जड़ वर्ग से सर्वथा परे हूँ तथा अक्षर अविनाशी जीवात्मा से भी उत्तम हूँ, अतएव मैं इस लोक में तथा वेदों में भी पुरुषोत्तम के रूप में विख्यात हूँ।"

इस श्लोक में अपने पुरुषोत्तम तत्त्व के रहस्य की परतें उजागर करते हुए भगवान् स्पष्ट करते हैं कि क्षर जीव अपनी बद्ध अवस्था के कारण उनसे परे है, जबकि अक्षर जीव से वे अतीत तो नहीं हैं, क्योंकि उसमें परम तत्त्व की चैतन्यता शाश्वत होती है; परंतु उससे श्रेष्ठ अवश्य हैं, क्योंकि वह भी 'प्रकृतिस्थ' होने से अभी भी अल्पज्ञ है। श्रीकृष्ण कहते हैं कि वे प्रकृति के तीनों गुणों से अतीत होने के कारण सर्वव्यापी एवं चरम प्रकाश हैं। इसी कारण संपूर्ण ब्रह्मांड तथा वेद-शास्त्रों में उन्हें 'पुरुषोत्तम' कहा गया है।

यो मामेवमसम्मूढो जानाति पुरुषोत्तमम्।
स सर्वविद्भजति मां सर्वभावेन भारत॥ 19॥

"जो भी प्राणी संशय रहित होकर इस प्रकार तत्त्व से पुरुषोत्तम परम पुरुष के स्वरूप को विदित कर लेता है, वह सबकुछ जाननेवाला है। इसीलिए हे भरतपुत्र! ऐसा वह पुरुष मेरी भक्ति में रत हो मुझे निरंतर भजता है।"

वस्तुतः जब कोई ज्ञानी पुरुष परमात्मा को तत्त्व से जानकर उनके दिव्य पुरुषोत्तम स्वरूप में स्थिति पा लेता है तो वह अनन्य भाव से उनकी भक्ति में लीन हो जाता है। मुण्डकउपनिषद्, (मुण्डक 2 खंड 1.1) में उल्लेख है कि जिस प्रकार प्रज्वलित अग्नि से उसी के जैसे रूप-रंग वाली हजारों चिनगारियाँ चारों ओर फैलती हैं, उसी प्रकार परम

पुरुष परमात्मा से सृष्टिकाल में नाना प्रकार के भाव और मूर्त-अमूर्त पदार्थ उत्पन्न होते हैं, जो प्रलयकाल में पुन: उन्हीं में लीन हो जाते हैं। वे दिव्य पुरुषोत्तम परमात्मा नि:संदेह आकार रहित तथा समस्त जगत् के बाहर एवं भीतर भी परिपूर्ण हैं। वे जन्म आदि विकारों से रहित विशुद्ध हैं, क्योंकि उनके न तो प्राण हैं, न इंद्रियाँ हैं और न मन है। वे इन सबके बिना सबकुछ करने में समर्थ हैं। इसलिए वे सर्वशक्तिमान परमात्मा अविनाशी जीव से अत्यंत श्रेष्ठ तथा सर्वथा उत्तम हैं। इसी कारण जो क्षर तथा अक्षर दोनों के यथार्थ सत्य को समझकर उनसे भी श्रेष्ठ व उत्तम पुरुषोत्तम के तत्त्व को विदित कर लेता है वही 'सर्वविद' है। मनुष्य जब परमात्मा के पुरुषोत्तम स्वरूप के तत्त्व, लीला, नाम, रूप, महिमा को समझ लेता है तो वह स्वयमेव भक्ति में लीन हो उनके सर्वव्यापी स्वरूप को ही सर्वभाव से भजता है।

इति गुह्यतमं शास्त्रमिदमुक्तं मयाऽनघ।
एतद्बुद्ध्वा बुद्धिमान्स्यात्कृतकृत्यश्च भारत॥ 20॥

"हे अनघ! हे निष्पाप अर्जुन! यह अत्यंत गुह्य से भी अधिक गुह्य रहस्य युक्त शास्त्र मेरे द्वारा कहा गया, जिसको तत्त्व से जानकर मनुष्य ज्ञानवान तथा कृतकृत्य हो जाएगा।"

यहाँ अर्जुन को 'अनघ' अर्थात् 'निष्पाप' कहकर संबोधित किया गया है, क्योंकि जब तक मनुष्य पाप कर्मों व अज्ञान से मुक्त नहीं होता, तब तक परमात्मा के तत्त्व व स्वरूप के गोपनीय रहस्य को समझना संभव नहीं है। यहाँ व्यक्त भाव को परम गोपनीय कहने का तात्पर्य भी यही है। इन उपदेशात्मक कथनों में उन सगुण परमात्मा के गुण, तत्त्व, लीला के रहस्यों को प्रधानता से उल्लिखित किया गया है, जिसे वे अपात्र के समक्ष उद्घाटित नहीं करते हैं। अत: इसे पात्र तथा निष्पाप को ही व्यक्त करना चाहिए। "शास्त्रं-इदमुक्तम्-मय", अर्थात् "यह शास्त्र मेरे द्वारा कहा गया", ऐसा कहकर भी भगवान् श्रीकृष्ण ने यह भाव स्पष्ट कर दिया कि "यह मुझ सर्वव्यापी-सर्वशक्तिशाली-सर्वज्ञ परमात्मा द्वारा उपदिष्ट है", जो समस्त वेद-उपनिषद्-सूत्रों आदि शास्त्रों का मूल सार है, जिसको विदित कर लेना स्वयं परमात्म-तत्त्व को समझ लेना है तथा परमात्मा में प्रवेश के फल को प्राप्त कर लेना ही कृतकृत्य हो जाना है।

ॐ तत्सदिति श्रीमद्भागवदगीतासूपनिषत्सु ब्रह्मविधायाँ योगशास्त्रे
श्रीकृष्णार्जनु संवादे पुरुषोत्तमयोगो नाम पंचोदशोऽध्याय:।

अतएव श्रीमद्भागवदगीता उपनिषद् के ब्रह्मविद्यांतर्गत योग शास्त्र में श्रीकृष्ण-अर्जुन के संवाद में 'पुरुषोत्तमयोगो' नामक पंद्रहवाँ अध्याय पूर्ण हुआ।

अमृत सार

इस अध्याय में गीता ही नहीं, वेदों का सार-तत्त्व भी उड़ेल दिया गया है। किसी भी आध्यात्मिक शास्त्र के सार में चार विषय मुख्य रहते हैं- संसार का स्वरूप क्या है, मैं कौन हूँ, परमात्मा क्या हैं तथा संसार, मुझमें तथा परमात्मा में क्या संबंध अंतर्निहित है? यहाँ संसार की तुलना ऐसे अश्वत्थ वृक्ष से की गई है जो ऊपर मूलवाला तथा नीचे की ओर शाखावाला सनातन वृक्ष है जिसकी शाखाएँ प्रकृति के सत-रज-तम-तीनों गुणों से पोषित हो नीचे-ऊपर सर्वत्र फैली हैं तथा जिसमें विषय-वासनाओं के अंकुर फूटे हुए हैं। इस वृक्ष का कोई ओर-छोर नहीं है तथा उसका आधार अनादि व अनंत है। त्रिगुणों के विकार से आवृत्त इस प्रकृति के इस अश्वत्थ वृक्ष को; जिसका कोई आदि-अंत नहीं दिखाई पड़ता; उसे वैराग्य की तलवार से दृढता से काटकर तथा स्वयं को प्रकृति का स्वामी होने के मिथ्या अहंकार, मोह, आसक्ति, सुख-दुःख के द्वंद्व को जीतकर परमात्मा के शरणागत होना चाहिए। जीव परमात्मा का सनातन अंश है। जीव के मन सहित इंद्रियाँ जिन विषयों व कार्यकलापों में लिप्त रहती हैं, वही उसके अगले जन्मों का आधार बनते हैं। उसका चेतन तत्त्व आत्मा न तो कर्मों की कर्ता ही है और न ही उन कर्मों के फलस्वरूप जनित विषयों एवं सुख-दुःख की भोक्ता ही है, अपितु प्रकृति तथा उसके कार्यों के साथ जो उसका अज्ञान मूलक अनादि संबंध है उसी के कारण वह कर्ता तथा भोक्ता बना संसार की माया को ही सत्य समझ भटकता रहता है। जो ज्ञानी, इस शरीर तथा आत्मा की भिन्नता को समझते हैं, वे इस भवबंधन को पहचान कर परमात्मा की प्राप्ति हेतु सदैव प्रयत्नरत रहते हैं। फिर तीसरा विषय ईश्वर का लिया गया है। परमात्मा कोई दूर स्थित सत्ता नहीं हैं; अपितु सर्वत्र व्याप्त व कण-कण में विद्यमान वे समस्त सृष्टि का कर्ता-भर्ता-संहारक होते हुए भी सभी के नियामक हैं। वे ही सूर्य-चंद्र व अग्नि की ऊष्मा, शीतलता व तेज हैं। वे ही समस्त चराचर प्राणी जगत् को अपनी सर्वव्यापी शक्ति से धारण व पोषित करते हैं। वे ही चंद्रमा की किरणों से जगत् की वनस्पतियों में रस का संचार करते हैं तथा समस्त जीवों के शरीर में वे ही वैश्वानर नामक पाचक अग्नि हैं, जो जीव के भोज्य पदार्थों के पाचन को अपनी ऊष्मा से सुलभ बनाते हैं। वे ही समस्त भूतादिकों में अधिष्ठित ज्ञान, स्मृति तथा वेदों द्वारा जानने योग्य स्वरूप हैं। अंतिम तथा चतुर्थ विषय जीव, जगत् तथा परमात्मा के परस्पर संबंध का है। इस जगत् में क्षर (नश्वर) तथा अक्षर (अविनाशी) ये दो प्रकार के पुरुष हैं। समस्त भूतादिकों को नाशवान होने के कारण 'क्षर' कहते हैं तथा इन जीवों के मूल में गुह्य रहनेवाले अव्यक्त अविनाशी तत्त्व को 'अक्षर' कहते हैं। जीव ईश्वर का सनातन पृथक्कीकृत अंश है। जब जीवों का संसर्ग भौतिक जगत् से होता है तो वे क्षर (च्युत) जीवभूत कहलाते हैं। जो

जीव परमात्मा से एकत्व स्थापित कर लेते हैं, वे अक्षर (अच्युत) कहलाते हैं। इन दोनों से भिन्न एक अन्य पुरुष है, जिसको परमात्मा कहते हैं। इसी से वेदों में उन्हें पुरुषोत्तम कहा गया है। जो क्षर तथा अक्षर दोनों के यथार्थ सत्य को समझकर उनसे भी श्रेष्ठतम 'पुरुषोत्तम' के तत्त्व को अपनी अनन्य भक्ति से विदित कर लेता है, वही 'सर्वविद्' है। अंत में श्रीकृष्ण कहते हैं, "मुझ सर्वव्याप्त सर्वज्ञ परमात्मा द्वारा अब तक जीवन के जो सिद्धांत इस गीता रूपी शास्त्र में उपदिष्ट किए गए हैं, वे परम गोपनीय तथा समस्त वेद-शास्त्रों का परम सार हैं, जिनको तत्त्व से जानकर मनुष्य ज्ञानवान तथा कृतकृत्य हो जाता है।"

□

अथ षोडशोऽध्यायः

दैवी व आसुरी प्रवृत्तियों का संयमन

'देव' शब्द द्योतनार्थक 'दिव्' धातु से सिद्ध हुआ है, जिसका अभिप्राय शास्त्रालोकित इंद्रियवृत्तियाँ हैं तथा इसके विपरीत जो अपने ही असुओं (प्राणों) में यानी विविध विषयों में जानेवाली प्राण क्रियाओं में ही रमण करनेवाली होने के कारण स्वभाव से ही तमोमयी इंद्रिय वृत्तियाँ हैं, वे ही 'असुर' कहलाती हैं। सातवें अध्याय में आसुरी वृत्ति का उल्लेख करते हुए श्रीकृष्ण ने कहा कि "मूर्ख, अधम तथा जिनका ज्ञान माया द्वारा हर लिया गया है, ऐसे आसुरी स्वभाव के मूढ़ लोग मुझे नहीं भजते हैं।" (7.15) नवें अध्याय के ग्यारहवें तथा बारहवें श्लोक में आसुरी प्रकृति के प्राणियों तथा तेरहवें में दैवी संपद प्रधान पुरुषों का उल्लेख करते हुए उन्होंने मनुष्यों की दो प्रधान वृत्तियों को इंगित किया। अतएव इस अध्याय में श्रीकृष्ण दैवी व आसुरी वृत्तियों के लक्षणों एवं स्वभाव का विस्तारपूर्वक वर्णन कर यह स्पष्ट करते हैं कि मनुष्य-मनुष्य में ही परस्पर भेद क्यों हुआ करते हैं।

श्री भगवानुवाच

अभयं सत्त्वसंशुद्धिः ज्ञानयोगव्यवस्थितिः।
दानं दमश्च यज्ञश्च स्वाध्यायस्तप आर्जवम्॥ 1॥

"श्रीभगवान् ने कहा, "पूर्ण निर्भयता, अंतःकरण की संपूर्ण प्रकार से शुद्धि, ज्ञानयोग व्यवस्थिति अर्थात् ज्ञान तथा कर्मयोग में संयुक्त होने की स्थिति, दान देने की प्रवृत्ति, इंद्रियों के काम्य विषयों का दमन, यज्ञपरायणता, स्व-स्वरूप को विदित करने के साथ वेद-शास्त्रों का अध्ययन और तत्परता, तपस्या अर्थात् मन-बुद्धि सहित इंद्रियों को परमात्मा की प्राप्ति हेतु साध लेना, मानसा-वाचा-कर्मणा आचरण में सहज सरलता"

वस्तुतः परमात्मा को विदित कर उन्हें प्राप्त करने के लिए अपेक्षित सद्गुणों का

विकास ही दैवी संपद का विस्तार है। इसके विपरीत तमो गुणों का विकास 'आसुरी संपद' के नाम से निरूपित किया गया है। यहाँ दैवी संपद के गुणों का निरूपण किया गया है, जिसमें 'अभय' वह स्थिति है जो भय रूपी विकार को मन से विनष्ट करती है तथा परमात्मा से कोई दूरी होने या अन्य किसी सांसारिक अनिष्ट की आशंका का निवारण करती है। मूलत: साधक के मन में यह दृढ विश्वास रहना चाहिए कि परमात्मा सदैव उसके साथ हैं तथा कोई भी अनिष्ट की स्थिति उनकी इच्छा के बिना उत्पन्न ही नहीं होती, क्योंकि वे अपने भक्त की उसी प्रकार रक्षा करते हैं, जैसे माता-पिता अपने शिशु की। 'सत्त्वसंशुद्धि' भी मन के कलुषित भावों की सम्यक् शुद्धि ही है। 'ज्ञ्रानयोग व्यवस्थिति:' में परमात्मा को तत्त्व से जानना ही यथार्थ को जानना है। वही ज्ञान है। इसी ज्ञान की प्राप्ति हेतु निरंतर परमात्मा के चिंतन में लीन रहना ही यह स्थिति है। प्रत्येक वस्तु को परमात्मा द्वारा प्रदत्त जान उसे निष्काम भाव से पात्र जीवों को सुलभ कराना ही दान है। आत्मसंयम ही दमन है। अपने इंद्रिय जनित विषय-विकारों को आत्मसंयम की अग्नि में दग्ध करते हुए, मन-कर्म-वचन से प्रभु भक्ति में लीन होना ही सच्चा 'यज्ञ' है।

अहिंसा सत्यमक्रोधस्त्यागः शान्तिरपैशुनम्।
दया भूतेष्वलोलुप्त्वं मार्दवं ह्रीरचापलम्॥ 2॥

"अपने कर्म या आचरण से किसी को क्षति न पहुँचाना, सत्यता का पालन, क्रोध की भावना का सर्वथा त्याग, कर्म फल का कर्म के कर्तव्य भाव के साथ संपूर्ण त्याग, मन की चंचलता को शांत रखने की मनोवृत्ति, छिद्रान्वेषण की क्षुद्र दृष्टि एवं निंदा में रस लेने की भावना को तिरोहित करना, सभी जीवों के प्रति करुणा का भाव, सांसारिक विषयों में लिप्सा का अभाव, भद्रता, लोक-लज्जा के भाव का संपोषण, निरर्थक चेष्टाओं का परित्याग"

वस्तुत: अहिंसात्मक आचरण मात्र अन्य जीवों या पशुओं के विरुद्ध हिंसा के प्रयोग नहीं करने मात्र तक ही सीमित न होकर स्वयं अपनी आत्मा को अधोगति में पहुँचने से रोकना भी है, क्योंकि यदि जीवात्मा अपने स्वकर्म द्वारा अपने आत्म-उद्धार के लिए परमात्म-साधना मार्ग से विमुख होती है तो इससे भी सत्त्व गुणों का ह्रास ही होगा। आत्मा ही सत्य, शाश्वत है। यही तो हमारे स्वरूप का मूल है। यदि इसे विदित नहीं किया तो सत्य का संधान ही कहाँ हुआ, यही तो दैव संपदा के उत्थान की कुंजी है जो जीव में आध्यात्मिक अनुभूति को क्रमश: उच्चतर पायदानों पर ले जाती है।

तेजः क्षमा धृतिः शौचमद्रोहो नातिमानिता।
भवन्ति सम्पदं दैवीमभिजातस्य भारत॥ 3॥

"तेजस्विता, क्षमा, धैर्य, पवित्रता (आचार-व्यवहार व आहार की शुद्धता), राग-द्वेष-ईर्ष्या तथा सम्मान पाने की अभिलाषा का अभाव- हे भरत श्रेष्ठ! ये सब दैवी-संपद के लक्षण हैं, जो दैवी प्रकृति से जन्मे पुरुषों में पाए जाते हैं।"

दैवी-संपद से युक्त सात्त्विक पुरुषों के छब्बीस गुण इन तीन श्लोक में बताए गए हैं, किंतु प्रत्येक गुण के लक्षण को दूसरे से सर्वथा भिन्न मानना उचित नहीं होगा, क्योंकि यदि प्रत्येक गुण की विशेषताओं का विश्लेषण किया जाए तो विषय अत्यंत वृहद् हो जाएगा। इन गुणों का समुच्चय इसीलिए बताया गया है कि उससे दैवी संपद के सात्त्विक स्वरूप की कल्पना यथासंभव पूर्ण हो जाए तथा यदि कोई भाव या निहितार्थ किसी गुण नाम से छूट गया हो तो दूसरे शब्द में उसका समावेश हो जाए, जिससे धारण करने योग्य गुणों से साधक अपने को युक्त कर सकें। आगे श्रीकृष्ण तमो गुण प्रधान आसुरी संपद के दुर्गुणों के लक्षण बताते हैं, जिससे उनको त्यागा जा सके।

दम्भो दर्पोऽभिमानश्च क्रोधः पारुष्यमेव च।
अज्ञानं चाभिजातस्य पार्थ सम्पदमासुरीम्॥ 4॥

"हे पार्थ! दंभ, दर्प, अभिमान, क्रोध, कठोरता या निष्ठुरता तथा अज्ञान, ये सब आसुरी वृत्तियाँ लेकर जन्मे व्यक्तियों के लक्षण हैं।"

इस श्लोक में अज्ञान को आसुरी संपद का लक्षण बता देने से यह स्पष्ट हो जाता है कि ज्ञान दैवी संपद का गुण है, क्योंकि यदि सत्य तथा यथार्थ की समझ ही न हो तो परमात्मा की प्राप्ति संभव नहीं होती। इसीलिए तो परमात्मा के अस्तित्व के प्रति संशय व दुराशय रखनेवाले लोग तामसी प्रवृत्तियों की ओर उन्मुख हो जाते हैं। इस प्रकार भौतिक जगत् में पाए जानेवाले इन दो स्वभावों का उल्लेख करने के उपरांत श्रीकृष्ण दोनों संपदाओं का फल बताते हैं।

दैवी सम्पद्विमोक्षाय निबन्धायासुरी मता।
मा शुचः सम्पदं दैवीमभिजातोऽसि पाण्डव॥ 5॥

"दैवी संपदा का बाहुल्य मोक्ष प्रप्ति के लिए अनुकूल है, जबकि आसुरी-संपदा का बाहुल्य जीवात्मा को जन्म-मृत्यु के भव-बंधन में बाँधने वाला होता है। हे पांडु श्रेष्ठ! इसीलिए तुम शोक मत करो, क्योंकि तुम दैवी संपद प्रधान गुणों से युक्त होकर जन्मे हो।"

इस प्रकार दैवी तथा आसुरी संपदों की विशेषताएँ स्पष्ट करते हुए भगवान् श्रीकृष्ण अर्जुन को आश्वस्त करते हैं कि वह दैवी संपदा के साथ जन्मा है। इसलिए स्वकर्म का पालन करने के लिए आततायियों का वध करना समस्त विधियों से परिस्थिति-सम्मत,

विधिक एवं उचित है। श्रीकृष्ण कहते हैं कि ऐसा करके अर्जुन मोक्ष को अर्थात् उनको ही प्राप्त होगा।

द्वौ भूतसर्गौ लोकेऽस्मिन् दैव आसुर एव च।
दैवो विस्तरशः प्रोक्त आसुरं पार्थ मे श्रृणु॥ 6॥

"हे पार्थ! इस जगत् में सृजित प्राणी समुदाय दो ही प्रकार का है; एक तो दैवी प्रवृत्तिवाला तथा दूसरा आसुरी प्रवृत्तिवाला। दैवी प्रवृत्ति वाले जीवों के गुण एवं लक्षण मैं पहले ही बता चुका हूँ। इसीलिए तुम अब आसुरी प्रवृत्ति प्रधान पुरुषों के विषय में विस्तार से सुनो।"

यहाँ जगत् में लोगों के दो समुदाय बताए गए हैं, जिनमें जो सत् गुण प्रधान है, वह तो दैवी संपदा के बाहुल्य से दैवी प्रकृतिवाला है तथा दूसरा जो रजो मिश्रित तमो गुण प्रधान है, वह आसुरी प्रवृत्तिवाला है। प्रथम प्रकृति का विस्तार में वर्णन हो चुका है। इसीलिए श्रीकृष्ण दूसरी प्रवृत्ति, जो आसुरी है, के लक्षण स्पष्ट करते हैं, जिससे अर्जुन उनके प्रति सजग रह सके।

प्रवृत्तिं च निवृत्तिं च जना न विदुरासुराः।
न शौचं नापि चाचारो न सत्यं तेषु विद्यते॥ 7॥

"आसुरी स्वभाववाले लोग यह नहीं जानते कि प्रवृत्ति क्या है या निवृत्ति क्या है अर्थात् उन्हें इस तत्त्व का ज्ञान नहीं होता है कि क्या करना चाहिए तथा क्या नहीं करना चाहिए। उनमें न तो आंतरिक या बाह्य पवित्रता ही होती है और न तो उचित आचरण तथा सत्य ही पाया जाता है।"

वस्तुतः वह कर्म जिसकी ओर प्रवृत्त होने से मनुष्य का लोक-परलोक दोनों में कल्याण हो, वही उसका कर्तव्य होता है। इसीलिए ऐसे कर्म को करने के लिए अग्रसर होना चाहिए तथा जिस कर्म से अहित होता हो उससे निवृत्त होना चाहिए अर्थात् उसका त्याग कर देना चाहिए। आसुरी संपद प्रधान व्यक्ति कर्म-संबंधी-प्रवृत्ति या निवृत्ति समझ न आने के कारण मनमाने ढंग से कार्य करते हैं तथा स्वार्थ सिद्धि के लिए मन-कर्म-वचन से अशुद्ध, दुराचारी व झूठा आचरण करते हैं, जो न तो उनके हित में होता है और न ही उस समाज के हित में, जिसके परिवेश में वे रहते हैं।

असत्यमप्रतिष्ठं ते जगदाहुरनीश्वरम्।
अपरस्परसम्भूतं किमन्यत्कामहैतुकम्॥ 8॥

"ऐसे आसुरी प्रवृत्ति के लोग कहते हैं कि यह जगत् असत्य है, इसका कोई आधार

नहीं है तथा इसका कोई नियामक या ईश्वर नहीं है। यह जगत् अपरस्पर संभूत अर्थात् एक-दूसरे के बिना ही हुआ है। यह बिना ईश्वर के स्वयमेव मात्र स्त्री-पुरुष के संयोग से जनित है। अतएव काम को छोड़ अर्थात् विषय-वासना के अतिरिक्त मनुष्य का और क्या काम हो सकता है?"

इस प्रकार आसुरी प्रवृत्ति के लोग ईश्वर की सत्ता में विश्वास नहीं रखते हैं। वे जगत् में आत्मा या पुनर्जन्म या कर्म बंधन को नहीं मानते। इस प्रकार वे सृष्टि-नियामक या रचयिता के अस्तित्व को सिरे से नकराते हुए जगत् के पदार्थों को 'अपरस्परसंभूतं' मानते हैं। वे नहीं मानते हैं कि ये पदार्थ एक-दूसरे से किसी-न-किसी क्रम में उत्पन्न हुए हैं। 'किमन्यत्कामहैतुकम्'-'काम को छोड़कर जगत् का तथा जगत् के पदार्थों का और क्या हेतु होगा?' वे संसार के समस्त प्राणियों व पदार्थों को मात्र मनुष्य के भोग के लिए ही मानते हैं। वर्तमान काल में भी अधिकांश धार्मिक संप्रदाय आत्मा या पुनर्जन्म को नहीं मानते हैं। वे ईश्वर को जगत् का नियामक न मान अपने कार्यों तथा विज्ञान-तकनीकी के अनुसंधानों को ही आधुनिक प्रगति का आधार मानते हैं। वे यह दृश्य जगत् आकस्मिक भौतिक क्रियाओं व प्रतिक्रियाओं के कारण मानते हैं, जैसे किसी मृत जीव के शरीर में कीटों का उत्पन्न हो जाना, जलवायु परिवर्तन के कारण विविध प्रकार के कीड़े-मकोड़ों इत्यादि का उत्पन्न हो जाना आदि। वे प्रकृति को ही संसार का कारण स्वरूप समझते हैं। वे श्रीकृष्ण भगवान् के इन वाक्यों पर कोई विश्वास नहीं करते कि "मयाऽध्यक्षेण प्रकृतिः सूयते सचराचरम्" (9.10)—"सारा जगत् मेरे ही निर्देश के अंतर्गत संचालित व गतिमान हैं।" ऐसे लोग अपनी भौतिकतावादी सोच के अंतर्गत जगत् के पदार्थों को किसी नियमित क्रम में घटित होता हुआ न मान जगत् को भोग-विलास का साधन समझ आनंदित होते रहते हैं। आधुनिक जगत् के भौतिकतावादी विद्वान् सूक्ष्म शरीर या कारण शरीर को न समझ पाने के कारण आत्मा या पुनर्जन्म का स्थूल साक्ष्य चाहते हैं, किंतु पहले ही यह कहा जा चुका है कि आत्मा तो बाल के अग्र भाग के सस्त्रांश से भी अणुतम है तो भला इतने सूक्ष्म साक्ष्य वे भला कैसे समझ पाएँगे! स्वयं अर्जुन को भगवान् श्रीकृष्ण अपना दिव्य विश्वस्वरूप दिखा रहे थे, किंतु वह देख न सका। श्रीभगवान् ने उसके चक्षुओं को दिव्य दृष्टि दी तभी वह उनके विराट् विश्व स्वरूप को देख पाया। अन्य संप्रदाय या विश्व के भौतिकशास्त्री इन सत्यों का तथ्यात्मक साक्ष्य चाहते हैं। उन्होंने भौतिक साक्ष्यों में लगभग 17.50 लाख वर्ष पुराना रामसेतु और द्वारिका के समुद्र में डूबे हुए 32,000 वर्ष पुराने अवशेष देखे। यत्र-तत्र भारत में ऐसे भौतिक साक्ष्य भी बिखरे हैं जो अभी तक रिसर्च या अनुसंधानों में नहीं मिल पाए हैं। हो सकता है कि विज्ञान की क्रमिक प्रगति की उच्चावस्था में वे साक्ष्य भी उपलब्ध हो जाएँ। फिर भी वे अपने कुतर्कों का जाल बुनकर सत्य को नकारते रहते हैं।

एतां दृष्टिमवष्टभ्य नष्टात्मानोऽल्पबुद्धयः।
प्रभवन्त्युग्रकर्माणः क्षयाय जगतोऽहिताः ॥ 9 ॥

"इस प्रकार के दृष्टिकोण को स्वीकार करके उसका अनुगमन करते हुए ऐसे अल्प बुद्धि वाले लोग, जिन्होंने आत्मज्ञान को खो दिया है, जिनकी विवेकशीलता मंद हो गई है, वे ऐसे अनुपयोगी अपकार करनेवाले भयावह कर्मों में प्रवृत्त होते हैं, जो इस संसार के क्षय एवं विनाश को आमंत्रित करनेवाले होते हैं।"

वे देहवादी या भौतिकतावादी जिन्हें आत्मा के अस्तित्व या परमात्मा की नियामक सत्ता पर कोई विश्वास नहीं होता है वरन् जो ऐसा सोचते हैं कि विज्ञान व तकनीक के क्षेत्र में वे दिन-प्रतिदिन प्रगति के नए आयाम जोड़ रहे हैं, वे ये नहीं देखते कि उनके कार्यों से पर्यावरण को लगातार गंभीर क्षति पहुँच रही है, जिससे धरती का तापमान लगातार बढ़ रहा है, जिससे हिमाच्छादित क्षेत्रों में हिम लगातार पिघल रहा है व समुद्रों का जल स्तर बढ़कर मानव जाति को विनाश की ओर धकेल रहा है। इसीलिए श्रीकृष्ण भगवान् ने ऐसे भौतिकवादी व नास्तिक जनों को 'अल्पबुद्धयः', 'अहिताः', 'नष्टात्मानो', 'उग्रकर्माणः' व 'क्षयाय जगत' कहा है। परमात्मा से विमुख हो ऐसे लोग भौतिक आविष्कारों की दौड़ में लगे रहते हैं। आत्म-हनन कर ऐसे लोग इंद्रिय तृप्ति हेतु उपलब्ध संसाधनों को ही मानव जाति का विकास समझते हैं। परमाणु एवं नाभिकीय अस्त्रों की विशाल भयावहता आज संपूर्ण मानव जाति व जगत् के विनाश को नित्य नए प्रकारों से आमंत्रित कर रही है।

काममाश्रित्य दुष्पूरं दम्भमानमदान्विताः।
मोहाद्गृहीत्वासद्ग्राहान्प्रवर्तन्तेऽशुचिव्रताः ॥ 10 ।

"नाना प्रकार की अतृप्त कामनाओं तथा तृष्णाओं का आश्रय लेकर ऐसे आसुरी संपद प्रधान पुरुष दंभ, अहंकार एवं मिथ्या मान-अभिमान के मद में डूबे हुए, मोह में ग्रस्त होकर, झूठे विश्वास अर्थात् क्षणभंगुर कल्पना जगत् से आवृत्त हो भ्रष्ट आचरण को धारण कर, अपवित्र कार्य करने के लिए प्रवृत्त रहते हैं।"

वस्तुतः इच्छाएँ अनंत हैं; एक तृप्त होती है तो अन्य पुनः घेर लेती हैं। एक बार समुद्र ने अपने भीतर के रत्न बाहर उड़ेल दिए। वहाँ के राजा ने लोगों को रत्न दान करना शुरू कर दिया। सभी लोग इच्छानुसार रत्न लेकर जाने लगे। एक दिन एक आदमी ने राजा से कहा कि उसके पात्र को भर दे। पात्र में रत्न डाले गए, किंतु वह भरा नहीं। एक-एक करके सारे रत्न उसमें समा गए। जनता को बड़ा आश्चर्य हुआ कि यह कैसा पात्र है, जो असंख्य रत्नों से भी नहीं भरा। राजा ने उस आदमी से पूछा कि यह क्या है तो उसने उत्तर दिया कि वह मनुष्य की खाली खोपड़ी का कपाल है। यही स्थिति यहाँ भी उल्लिखित है कि मनुष्य की इच्छाएँ कभी तृप्त नहीं होतीं। मद, अहंकार, मिथ्या ज्ञान

का अवलंबन आदि मनुष्य की सहृदयता को सुखा कर उसे निष्ठुर बना देते हैं। उसका आचरण भ्रष्ट हो लिप्साओं से आवृत्त हो जाता है तथा वह पतन को प्राप्त होता है।

चिन्तामपरिमेयां च प्रलयान्तामुपाश्रिताः।
कामोपभोगपरमा एतावदिति निश्‌चिताः॥ 11॥

"इसी प्रकार इंद्रियों की विषय-कामनाओं की तृप्ति को जीवन का परम लक्ष्य समझकर मानव मृत्यु-पर्यंत, सुख भोगने के साधनों का विकास करने की अपार चिंताओं में ही डूबे रहते हैं, और निश्चयपूर्वक उसी को सर्वस्व मानते हैं।"

वस्तुतः यह स्थिति मानव की महाभारत काल में भी थी, जब दुर्योधन जैसे लोगों के लिए कर्ण ने अश्वमेध यज्ञ कर पृथ्वी पर्यंत अन्याय के दुराचार का राज्य स्थापित करना चाहा तथा आज भी मनुष्य सुख-संसाधनों के लिए पृथ्वी से आकाश-पर्यंत नए-नए अनुसंधानों में जुटा है, जिससे वह काम-विषयों को ज्यादा- से-ज्यादा भोग ले। यही उसके जीवन का अंतिम लक्ष्य है।

आशापाशशतैर्बद्धाः कामक्रोधपरायणाः।
ईहन्ते कामभोगार्थमन्यायेनार्थसञ्चयान्॥ 12॥

"वे अपनी सहस्त्रों कामनाओं, विषय-वासनाओं, तृष्णाओं के पाशों में बँधकर, काम-क्रोध के आवेग में लीन होकर सुख भोगने के लिए अन्यायपूर्वक चेष्टाओं से अत्यधिक धन-संचय करने हेतु परायण रहते हैं।"

वस्तुतः भौतिकतावादी मनुष्य की एक कामना पूर्ण होती है तो वह दूसरी की ओर खिंचता है, कभी कहीं तो कभी कहीं। अतृप्त काम-विषयों की सहस्त्रों डोरें उसे बाँधे रहती हैं, जिनमें फँसकर वह अच्छे कर्म-विचारों को भूल जाता है तथा इच्छा-पूर्ति हेतु ही सजग रहता है। तृप्त न होने पर क्रोध में भर कामनाओं को पूरा करने की चेष्टा करता है तथा अनंत इच्छाओं की पूर्ति हेतु येन-केन-प्रकारेण लोभ में चूर हो अपार धन संचय में लीन रहता है।

इदमद्य मया लब्धमिमं प्राप्स्ये मनोरथम्।
इदमस्तीदमपि मे भविष्यति पुनर्धनम्॥ 13॥

"ऐसे व्यक्ति सोचते हैं कि उन्होंने आज प्राप्त कर लिया है और कल उस मनोरथ को सिद्ध करेंगे। इस समय उनके पास इतना धन है, किंतु भविष्य में यह धन बढ़कर और भी अधिक हो जाएगा।"

इस प्रकार आसुरी संपद प्रधान व्यक्ति की, अपना मनोरथ सिद्ध करने के लिए,

धन-संचय की असीम इच्छा बनी रहती है। इसके लिए वह साम-दाम-दंड-भेद सभी प्रकार की चेष्टाओं में लिप्त रहता है। कुछ प्राप्त कर लेता है तो उसके आगे की योजनाओं के चिंतन में रत हो धनसंचय की प्रवृत्ति में ही डूबा रहता है कि मैंने आज यह प्राप्त कर लिया है तथा कल और भी प्राप्त कर लूँगा।

असौ मया हतः शत्रुर्हनिष्ये चापरानपि।
ईश्वरोऽहमहं भोगी सिद्धोऽहं बलवान्सुखी॥ 14॥

"मैंने अपने इस शत्रु को मार दिया है तथा अन्य शत्रुओं को भी मैं मार डालूँगा। मैं ही ईश्वर हूँ, मैं ही समस्त भोग-योग्य वस्तुओं का भोक्ता हूँ, मैं ही सिद्ध हूँ, मैं ही बलाढ्य हूँ और मैं ही सुखी हूँ।"

वस्तुतः आसुरी प्रवृत्ति-प्रधान व्यक्ति में सत्ता प्राप्ति की तृष्णा उन्माद का रूप ले उसे इतना मदांध बना देती है कि रास्ते में आनेवाली प्रत्येक बाधा उसे शत्रुवत प्रतीत होती है तथा स्वार्थ-पूर्ति के लिए सारी बाधाएँ हटाने के लिए वह किसी का वध या विनाश भी कर सकता है। इसके लिए वह निर्बल लोगों का अनावश्यक रूप से खून बहाता है तथा स्वयं को ही समस्त सुख व ऐश्वर्य का भोक्ता मान अपने को ईश्वर तुल्य समझने लगता है।

आढ्योऽभिजनवानस्मि कोऽन्योऽस्ति सदृशो मया।
यक्ष्ये दास्यामि मोदिष्य इत्यज्ञानविमोहिताः॥ 15॥

"ऐसे व्यक्ति में यही भाव रहता है कि मैं ही समस्त धन-संपत्ति का स्वामी हूँ तथा मेरे आस-पास मेरे कुलीन परिजन-संबंधी गण हैं। अन्य कोई भी व्यक्ति न तो मेरे समान शक्तिशाली है और न ही मेरे समान सुखी। मैं यज्ञ करूँगा, दान दूँगा तथा आमोद-प्रमोद मनाऊँगा। इस प्रकार ऐसे व्यक्ति अज्ञानतावश मोहग्रस्त रहते हैं।"

अनेकचित्तविभ्रान्ता मोहजालसमावृताः।
प्रसक्ताः कामभोगेषु पतन्ति नरकेऽशुचौ॥ 16॥

"इस प्रकार अनेकानेक प्रकार से भ्रमित चित्त से उद्विग्न होकर तथा मोहरूपी जाल में बँधकर वे विविध प्रकार से इंद्रियजनित विषयों के भोग हेतु अत्यधिक प्रबल रूप से आसक्त रहते हैं तथा अपवित्र नरक में गिर पतन को प्राप्त होते हैं।"

आत्मसम्भाविताः स्तब्धा धनमानमदान्विताः।
यजन्ते नामयज्ञैस्ते दम्भेनाविधिपूर्वकम्॥ 17॥

"अन्य की तुलना में स्वयं को ही श्रेष्ठ मानने वाले, अत्यंत घमंड भरा आचरण करनेवाले, धन-संपत्ति की मिथ्या प्रतिष्ठा के मद में मोह से ग्रसित हो; ऐसे पुरुष; बिना किसी विधि-विधान का अनुसरण किए ही; केवल नाम मात्र के लिए; अपने झूठे अभिमान के दिखावे के लिए; यज्ञ-भजन का पाखंड करते हैं।"

वस्तुतः संपूर्ण मानव जाति के इतिहास में स्वयं को दूसरे से श्रेष्ठ साबित करने की अंधी होड़ लगी हुई है। हर वंश-जाति स्वयं को श्रेष्ठतम सिद्ध साबित करने पर तुली है। मैं कौन ? मैं ही कुलीन! भारत में सप्तर्षियों, ब्रह्मर्षियों, महर्षियों, सूर्य वंश, चंद्र वंश आदि से अपने गोत्र व कुल को जोड़कर चलने की होड़ लगी है। इसी प्रकार पश्चिमी जगत् में स्वयं को नार्मन, नोमाड, ग्रीक उच्च राज्यवंशियों की वंश परंपरा से जोड़कर अपने को श्रेष्ठतम सिद्ध करने की होड़ लगी है। इसी सत्य को श्रीकृष्ण भगवान् उजागर कर रहे हैं कि मिथ्या कुल-वंश परंपरा का आचरण छोड़ो। यदि श्रेष्ठता सिद्ध ही करनी है तो अपने कर्मों से और आचरण से करो। झूठ का आडंबर पूर्ण आचरण ही आसुरी वृत्ति है।

अहङ्कारं बलं दर्पं कामं क्रोधं च संश्रिताः।
मामात्मपरदेहेषु प्रद्विषन्तोऽभ्यसूयकाः॥ 18॥

"मिथ्या अभिमान, बल, दर्प, काम-विषय भोगों में लीन तथा क्रोधादि के मोह में डूबे ऐसे आसुरी प्रवृत्ति प्रधान व्यक्ति, अपनी तथा दूसरे की देह में स्थित, मुझ अंतर्यामी परमात्मा से ही द्वेष करनेवाले होते हैं।"

मूलतः परमात्मा में आस्था का अभाव तथा सृष्टि के नियामक तत्त्व के अज्ञान का बीज ही आसुरी प्रवृत्ति वाले मनुष्य के मिथ्या अहंकार, घमंड, काम और क्रोध में छिपा होता है, जिसका अधंकार इतना गहन होता है कि वह नहीं जानता कि उसका प्रत्येक कर्म उसके अगले जन्मों को किस प्रकार प्रभावित करता है। वह परमात्मा के अस्तित्व के विरुद्ध अनर्गल झूठे तर्क प्रस्तुत करता है। दूसरे लोगों के प्रति ईर्ष्या-राग-द्वेष का भाव ही उसकी दुगर्ति का आधार बनता है, क्योंकि परमात्मा ही समस्त जीवों में समान रूप से स्थित हैं तथा किसी का भी अनिष्ट करना स्वयं अपना व दूसरे की देह में स्थित परमात्मा से द्वेष रखना ही है। इसी को श्रीकृष्ण आगे कहते हैं—

तानहं द्विषतः क्रूरान्संसारेषु नराधमान्।
क्षिपाम्यजस्त्रमशुभानासुरीष्वेव योनिषु॥ 19॥

"मैं उन क्रूर, ईर्ष्यालु तथा अधर्म का परायण करनेवाले नराधमों को बार-बार विभिन्न अशुभ एवं आसुरी योनियों के भवसागर में पटकता रहता हूँ।"

भगवान् श्रीकृष्ण पहले ही गीता (7.22) में कह आए हैं, "लभते च ततः कामान्

मयैव विहितान् हि तान्"—"मैं जिस फल का निश्चय कर दिया करता हूँ उसी के अनुसार मनुष्य को फल प्राप्त होता है।" ये फल हर मनुष्य के अच्छे-बुरे कर्मों के अनुरूप ही निश्चित किए जाते हैं, क्योंकि, "समोऽहं सर्वभूतेषु" (गीता 9.29) कि "परमात्मा समस्त प्राणियों के लिए समान हैं।" बृहदारण्यकोपनिषद् में उल्लेख है "पुण्यो वै पुण्येन कर्मणा भवति पाप: पापेनेति" (3.2.13) कि "निश्चय ही यह जीव पुण्य कर्म से पुण्यशील हो पुण्य योनि में जन्म पाता है और पाप-कर्म से पापशील हो पाप योनि में जन्म ग्रहण करता है।" ब्रह्म सूत्र में भी स्पष्ट किया गया है 'वैशम्यनैर्घृण्ये न सापेक्षत्वात्तथा हि दर्षयति' (2.1.34), "परमात्मा में विषमता तथा निर्दयता का दोष नहीं होता, क्योंकि वे जीवों के शुभ-अशुभ कर्मों के अनुरूप ही उन्हें भिन्न-भिन्न योनियों को प्रदान करते हुए सृष्टि रचते हैं, ऐसा ही श्रृति दिखाती है"। इसी को श्रीकृष्ण भगवान् ने स्पष्ट भाव से कहा है कि "मैं परमात्मा ऐसे नराधमों को निरंतर आसुरी योनियों में गिराता हूँ।" श्रीकृष्ण पुन: आगे कहते हैं—

आसुरीं योनिमापन्ना मूढा जन्मनि जन्मनि।
मामप्राप्यैव कौंतेय ततो यान्त्यधमां गतिम्॥ 20॥

"हे कौंतेय! ऐसे मूढ़ पुरुष आसुरी योनि में जन्म-जन्मांतरों में बार-बार जन्म ग्रहण करते हुए कभी भी मुझ परमात्मा को प्राप्त नहीं कर पाते तथा धीरे-धीरे वे उससे भी अधम-नीच गति को प्राप्त होते हैं।"

वस्तुत: समस्त योनियों में मनुष्य योनि को दुर्लभ माना गया है, क्योंकि इस योनि में वह भगवत भक्ति द्वारा परमात्मा की प्राप्ति को सुलभ कर सकता है। जब वह मनुष्य-जीवन के वास्तविक प्रयोजन को भूल कर; अपने दंभ व अहंकार में चूर हो; माया के भ्रमजाल में फँस; विषय-वासनाओं की प्राप्ति; सुखभोग के साधनों को जुटाने तथा धनसंचय में ही लीन हो; भौतिक सुख प्राप्ति को ही जीवन का लक्ष्य समझने लगता है; तो दया के सागर परमात्मा की कृपा का पात्र नहीं बन पाता तथा अधोगति को प्राप्त हो, आसुरी प्रवृत्तियों से लिप्त हो और नीची योनियों में गिरता चला जाता है। तो क्या इस दुर्गति से बचकर परमात्मा को प्राप्त करने का कोई उपाय नहीं है? इस पर श्रीकृष्ण भगवान् आगे कहते हैं—

त्रिविधं नरकस्येदं द्वारं नाशनमात्मन:।
काम: क्रोधस्तथा लोभस्तस्मादेतत्त्रयं त्यजेत्॥ 21॥

"आत्मा को अधोगति में पहुँचाकर नर्क के लिए अग्रसर करनेवाले ये तीन द्वार हैं—काम, क्रोध तथा लोभ। इसीलिए इन तीनों दोषों को त्याग देना ही उचित है।"

वस्तुतः माया के इंद्रजाल में फँसा मनुष्य सदैव अपने नाना प्रकार के इंद्रिय-जनित विषय-विकारों व कामनाओं की पूर्ति में तत्पर रहता है। कामनाओं का आवेग इतना प्रबल होता है कि एक कामना की पूर्ति होते ही दूसरी अनेक कामनाएँ सुरसा के मुँह की तरह फैलती जाती हैं। पूर्ति न होने पर क्रोध का आवेग छा जाता है तथा पूर्ति होते जाने पर अन्य कामनाओं को पूरा करने का लोभ बना रहता है। इसीलिए इन त्रिविध दोषों की प्रवृत्ति अत्यंत विकट मानी गई है। जो इन्हीं में उलझा रहता है वह अपनी आत्मा को अधोगति में धकेलते हुए उसका हनन करता रहता है। इस प्रकार काम, क्रोध, लोभ—ये तीनों संसार को नाच-नचाकर नर्क की ओर धकेल रहे हैं। ये तीनों ही आसुरी संपद के तीन स्तंभ हैं जिन पर लोभ, लालच, अन्याय, दुराचार, आतंक, भ्रष्टाचार, सत्ता की लोलुपता आदि दुर्गणों की विकृतियाँ टिकी हुई हैं। अतः इनका त्याग ही परम गति प्राप्ति का मार्ग प्रशस्त करता है।

एतैर्विमुक्तः कौंतेय तमोद्वारैस्त्रिभिर्नरः।
आचरत्यात्मनः श्रेयस्ततो याति परां गतिम्॥ 22॥

"हे कौंतेय! अज्ञान रूपी अंधकार से आवृत्त इन तीनों प्रकार के नरकों के द्वारों से जो व्यक्ति बच जाता है तथा आत्म तत्त्व के साक्षात्कार हेतु मंगलमय कल्याणकारी आचरण करता है, वह तत्पश्चात् परम गति अर्थात् मुझ परमात्मा को प्राप्त होता है।"

भारत के सनातन धर्म-शास्त्रों में अतल, वितल, सुतल, तलातल, महातल, रसातल तथा पाताल—ये सात अधोलोक कहे गए हैं तथा अंधकार व दुर्गंध से भरे दुःखदायक कुंभीपाक, रौरवादि, घोर नरक भी कहे गए हैं, जिनके लिए 'तमोद्वार' शब्द का प्रयोग किया गया है। अज्ञान रूपी तम से उत्पन्न काम, क्रोध व लोभ के वशीभूत हुए व्यक्ति अपना पतन करते हैं तथा इनका त्याग कर दैवी संपद के सद्गुणों के अनुसार आचरण करते हुए निष्काम सेवा भाव से कल्याणपथगामी होकर मनुष्य परम गंतव्य को प्राप्त करते हैं।

यः शास्त्रविधिमुत्सृज्य वर्तते कामकारतः।
न स सिद्धिमवाप्नोति न सुखं न परां गतिम्॥ 23॥

"जो पुरुष शास्त्रों में प्रतिपादित किए गए विधि-विधानों के अनुकूल आचरण न करता हुआ, काम के वशीभूत हुआ, मनमाने ढंग से अपना कार्य-व्यवहार करता है, उसे न तो सिद्धि प्राप्त होती है, न ही सुख प्राप्त होता है तथा न ही परमगति की प्राप्ति ही होती है।"

वस्तुतः भगवान् श्रीकृष्ण ने चौथे अध्याय के प्रारंभ में स्वयं कहा है कि सृष्टि के

आदि कल्प में स्वयं उन्होंने ज्ञान के दिव्य रहस्य को विवस्वान सूर्य को, सूर्य ने मनु को तथा मनु ने इक्ष्वाकु को प्रकट किया। यही दिव्य ज्ञान वेदों के सृजन में कुंजी था। वेदांत, उपनिषद्, मीमांसा, ब्रह्मसूत्र आदि शास्त्र महर्षियों व संतों के वह अनुभूत सत्य हैं, जो उन्होंने अपने अनुभव में प्रयुक्त किए। इसलिए नरक के तीन द्वारों की ओर उन्मुख करनेवाले काम, क्रोध व लोभ से बचने के लिए इन सनातन शास्त्रों में दिए गए विधि-विधानों का अनुकरण करना ही प्रासंगिक है। व्यर्थ की शंका या संशय से उद्धार नहीं होनेवाला। इसीलिए लोक संग्रह में विश्वास करना चाहिए न कि काम संग्रह में। काम-क्रोध-लोभ के वशीभूत हो मनमानी करना सर्वथा स्वयं के विनाश को आमंत्रित करना है।

तस्माच्छास्त्रं प्रमाणं ते कार्याकार्यव्यवस्थितौ।
ज्ञात्वा शास्त्रविधानोक्तं कर्म कर्तुमिहार्हसि॥ 24॥

"अतएव कर्तव्य क्या है तथा अकर्तव्य क्या है? इसका निर्णय करने के लिए तुझे शास्त्रों में दिए गए विधान एवं प्रमाणों का अनुसरण करना चाहिए। शास्त्रों में जो कुछ कहा गया है उसे विदित करके कर्म करना ही उचित है, जिससे तुम इस लोक में उत्कर्ष को प्राप्त कर सको।"

मूलत: काम, क्रोध, लोभ का आलंबन नरकगामी तथा आसुरी संपद का मूल आधार-स्तंभ है। अतएव इन आधार-स्तंभों को आत्मसंयम की तलवार से ध्वस्त कर शास्त्र शिरोमणि-'गीता' में बताए गए नियत कर्म का आचरण ही हमें संसार रूपी भवसागर के पार लगा सकता है। आत्म संयम रूपी कमल की भाँति सांसारिक विषय विकारों की कीचड़ में रहकर भी उससे निर्लिप्त रहा जा सकता है। जब मन सध जाएगा तथा कर्म आचरण में ढल जाएगा तो आत्मोत्थान के उच्च शिखर पर चढ़कर यदि हम देखेंगे तो इस संसार का विशाल विस्तार हमें क्षुद्र ही दिखाई देगा और संसार के समस्त आकर्षण फीके ही लगेंगे।

ॐ तत्सदिति श्रीमद्भागवदगीतासूपनिषत्सु ब्रह्मविधायाँ योगशास्त्रे
श्रीकृष्णार्जनु संवादे दैवासुरसंपद्धिभागयोगो नाम शोडषोऽध्याय:।

अतएव श्रीमद्भागवदगीता उपनिषद् के ब्रह्मविद्यांतर्गत योग शास्त्र में श्रीकृष्ण-अर्जुन के संवाद में 'दैवासुरसंपद्धिभागयोगो' नामक सोलहवाँ अध्याय पूर्ण हुआ।

अमृत सार

प्रथम पाँच अध्यायों में जीवात्मा को अज्ञान एवं रूढ़िवादिता से बाहर निकाल कर, जीवन के शाश्वत सत्य को उद्‌घाटित करते हुए, विस्तार से उस नियत विधि का

निरूपण किया गया है, जिसके सतत अनुसरण से जीवात्मा स्वयं का परमात्मा में प्रवेश सुलभ करा सकता है। छठे से ग्यारहवें अध्याय में भक्ति के भिन्न-भिन्न तत्त्वों के विचार के साथ ही परमात्मा की विभूतियाँ व उनके दिव्य विश्व स्वरूप के दर्शन हमने किए। बारहवें अध्याय में परमात्मा की सगुणात्मक तथा निर्गुणात्मक भक्ति के विवेचन में अंतर्निहित भक्ति के तथ्यों को हमने परखा, किंतु ज्ञान के स्वरूप का उल्लेख रह गया जिसे हमने तेरहवें, चौदहवें तथ पंद्रहवें अध्यायों में देखा जहाँ बताया गया है कि सत-रज-तम तीनों गुणों को जीतकर आत्मा को शरीर से पृथक् करते हुए; अंत में सर्वत्र परमात्मा की व्याप्ति को अनुभूत करने के उपरांत; पुरुषोत्तम योग में ही जीवन पूर्णतः की ओर उत्कर्ष को प्राप्त करता है और कर्म-ज्ञान-भक्ति को समस्त प्रक्रिया में एक-दूसरे में पिरोया हुआ पाता है। हमारे अंतःकरण में एक ओर दैवी संपद रूपी सद्गुण तो दूसरी ओर आसुरी संपद रूपी दुर्गुण अपनी-अपनी व्यवस्थित व्यूह-रचना में खड़े हैं। जिस प्रकार प्रत्येक व्यूह रचना में सेनापति सबसे आगे होता है, उसी प्रकार दैवी संपद के सद्गुणों में सर्वप्रथम नाम है—"अभय", क्योंकि बिना अभय के कोई गुण विकसित नहीं हो सकता। भयभीत वातावरण में सद्गुण पनपते नहीं हैं, अपितु वे भी दुर्गुण बन जाते हैं तथा सत्य प्रवृत्तियाँ कमजोर हो जाती हैं। इसीलिए 'निर्भयत्व' सब सद्गुणों का नायक होता है। सामान्य आक्रमण सामने से होता है, किंतु आसुरी प्रवृत्तियाँ पीछे से भी आक्रमण कर सकती हैं। इसीलिए दैवी-संपदा का सामने से सेनापतित्व 'अभय' करता है तो पीछे से 'नम्रता' रक्षा करती है। दैवी संपदा के कुल छब्बीस गुण बताए गए हैं, किंतु यदि एक भी गुण कम हो व व्यूह में अहंकार का प्रवेश हो जाए तो व्यूह रचना ध्वस्त हो सकती है। इसीलिए नम्रता आवश्यक होती है, क्योंकि नम्रता रहेगी तो अहंकार प्रवेश नहीं कर सकेगा। इस प्रकार निर्भयता तथा नम्रता के मध्य जो अन्य चौबीस गुण रखे गए हैं, उनमें अहिंसा तथा सत्य ऐसे सद्गुण हैं, जो अपने आप में अन्य गुणों का समावेश कर लेते हैं। इसीलिए सत्य तथा अहिंसा की पूँजी लेकर निर्भयतापूर्वक, विनम्रता के साथ; जीवन के सागर में उतरते चले जाने पर मुक्ति तथा परमात्म सिद्धि श्री मिल जाती हैं। आसुरी संपद प्रधान दुर्गुण-दंभ, दर्प, अहंकार, क्रोध, अज्ञान एवं निष्ठुरता आदि; जिन पर मनुष्य को विजय प्राप्त करनी है; पाप के मूल हैं, जिनका आधार 'अज्ञान' में निहित है, क्योंकि अज्ञान के बिना पाप होना संभव नहीं। यह अज्ञान ही आसुरी संपद के तीन मूल स्तंभ-काम, क्रोध तथा लोभ का आधार होता है। ये ही नरक के तीन द्वार हैं। इस नरक का रास्ता बहुत चौड़ा होता है। इसी में लोग सुपरसोनिक जेट, वायुयानों, मोटर वाहनों, बुलेट ट्रेनों से दौड़ रहे हैं। अन्य ग्रहों में भी उपग्रहों का प्रेषण कर उनमें भी सत्ता को स्थापित करने की चाह पीछा नहीं छोड़ती। आधुनिक सुविधाओं तथा संचार संसाधनों के तीव्र विकास की दौड़ में मानवता के आधारभूत सिद्धांत अपनी धार तेजी से खोते जा रहे हैं।

जगत् की प्राचीनतम संस्कृतियों में से एक सनातन धर्म के सिद्धांतों को भूल भारतवासी भी विश्व की भौतिकतावादी भीड़ में अपनी पहचान खोते जा रहे हैं। वस्तुतः मानव के मन में तथा उसके मन के दर्पण-स्वरूपी समाज में इस प्रकार दो वृत्तियों का, दो संस्कृतियों अथवा दो संपदाओं का संघर्ष सदैव से रहा है। इसीलिए मानव जाति के उत्कर्ष के लिए दैवी संपद के उत्थान के प्रति ही प्रयत्नरत रहना चाहिए।

□

अथ सप्तदशोऽध्यायः

साम्य व संतुलन ही सृष्टि का मूल

विगत अध्याय में भगवान् कृष्ण ने नैष्कर्म भाव से दैवी संपद के लक्षणात्मक गुणों को निरूपित करते हुए आसुरी संपदा से युक्त पुरुषों के लक्षण बताए तथा काम-क्रोध-लोभ को नरक के तीन द्वार बताते हुए आत्मोन्नति कि लिए इन दुर्गणों का त्याग आवश्यक बताया। उन्होंने यह भी स्पष्ट किया कि वेद-शास्त्रों में निहित विधि-विधान की अवहेलना करते हुए स्वेच्छचारिता-पूर्ण आचरण करने से परम गति प्राप्त नहीं होती। इस पर अर्जुन के अंत:करण में यह स्वाभाविक जिज्ञासा उत्पन्न हुई कि जो पुरुष शास्त्रोक्त आचरण न कर मनमाने ढंग से आचरण करते हैं, उनको वांछित फल प्राप्त नहीं होते, किंतु ऐसे व्यक्ति भी होते हैं, जो शास्त्रोक्त विधि-विधान का ज्ञान न होने या किसी अन्य कारण से विधान का त्यागकर बैठते हैं, लेकिन यज्ञ-भजन-पूजन श्रद्धापूर्वक करते हैं तो उनकी क्या स्थिति होती है ?

अर्जुन उवाच

ये शास्त्रविधिमुत्सृज्य यजन्ते श्रद्धयाऽन्विताः।
तेषां निष्ठा तु का कृष्ण सत्त्वमाहो रजस्तमः ॥ 1 ॥

"अर्जुन ने पूछा, 'हे कृष्ण! जो मनुष्य शास्त्रों में बताए गए विधान का पालन न करके श्रद्धापूर्वक भजन करते हैं, उनकी निष्ठा या स्थिति कौन सी होती है ? वे सतोगुणी हैं या रजोगुणी या तमोगुणी ?"

विगत अध्याय में भगवान् श्रीकृष्ण ने 'बर्तते कामकारत:' (16.23) कहकर उन लोगों के आचरण के विषय में बताया था, जो शास्त्र विधि की अवहेलना करते हुए; अपनी इच्छानुसार; जिस कर्म-विधि को उचित मानते हैं, उसी के अनुरूप कर्म-आचरण करते हैं। अर्जुन यहाँ 'यजन्ते श्रद्धयान्विता:'—के द्वारा उन व्यक्तियों की स्थिति जानना

चाहता है, जो श्रद्धापूर्वक भजन करते हैं तथा जिनके मन में अवहेलना करने जैसा कोई भाव नहीं होता है, किंतु जिन्हें शास्त्र विधि की जानकारी सुलभ नहीं हो पाई होती है, चाहे उसका कारण प्रतिकूल परिस्थितियाँ रही हों या विधि को जानने की रुचि का अभाव रहा हो। अत: श्रीभगवान् कहते हैं—

श्री भगवानुवाच

त्रिविधा भवति श्रद्धा देहिनां सा स्वभावजा।
सात्त्विकी राजसी चैव तामसी चेति तां श्रृणु॥ 2॥

"श्रीकृष्ण भगवान् ने कहा, 'शरीरधारी मनुष्य के द्वारा अर्जित संस्कारों तथा गुणों के अनुरूप उसकी श्रद्धा तीन प्रकार की हो सकती है-सतोगुणी, रजोगुणी तथा तमोगुणी। अब तुम इनके विषय में मुझसे सुनो।"

यहाँ 'देहिनां सा स्वभावजा'—का प्रयोग विशिष्ट है, क्योंकि जीव अपने पूर्वजन्म के कर्मों के अनुसार ही देह एवं स्वभाव की प्राप्ति करता है तथा तद्नुसार ही उसके पूर्व जन्मों के कर्म-बीज उसके स्वभाव व संस्कारों में जनित होते हैं। प्रकृति के सत्-रज-तम, इन तीनों गुणों, के विभिन्न सम्मिश्रण या इनमें से किसी एक गुण की विशेष प्रबलता ही उसके स्वभाव, संस्कार व मनोवृत्तियों में प्रतिलक्षित होते हैं। इसी को भगवान् आगे कहते हैं—

सत्त्वानुरूपा सर्वस्य श्रद्धा भवति भारत।
श्रद्धामयोऽयं पुरुषो यो यच्छ्रद्धः स एव सः॥ 3॥

"हे भारत! सभी मनुष्यों की श्रद्धा उनके अपने-अपने सत्त्व के अनुसार, अर्थात् प्रकृति स्वभाव के अनुसार, विकसित होती है। मनुष्य श्रद्धामय है। इसीलिए जिस मनुष्य की जैसी श्रद्धा रहती है, उसी के अनुरूप वह स्वयं भी होता है।"

मूलत: मनुष्य के जैसे गुण होते हैं वैसा ही उसका स्वभाव ढलता है और वैसा ही स्वभाव उसके अंत:करण में रहता है। मनुष्य का यथार्थ स्वरूप तो गुणातीत होता है, परंतु यहाँ उस पुरुष का उल्लेख है जो प्रकृति में स्थित है। प्रकृति त्रिगुणामयी है, इसलिए गुणजन्य भेद 'प्रकृतिस्थ पुरुष' में ही संभव है, 'गुणातीत पुरुष' में नहीं। इसीलिए जिस पुरुष की जैसी निष्ठा या स्थिति होती है वह वैसी ही श्रद्धा रखता है तथा वही उसका स्वरूप होता है। श्रद्धा मूलत: सतोगुण से उद्भूत होती है। व्यक्ति की श्रद्धा किसी देवता, किसी कृत्रिम ईश्वर या संप्रदाय में हो सकती है। भौतिकवादी और बंधनकारी जीवन-व्यवहार में कोई भी कार्य पूर्णतया शुद्ध नहीं होता, अपितु उसमें रज-तम का पर्याप्त

मिश्रण रहता है, क्योंकि शुद्ध सत् दिव्य है जिसमें रहकर ही परमात्मा के निर्मल तत्त्व को ग्रहण किया जा सकता है। प्रबल श्रद्धा सत-कार्यों से ही उत्पन्न होती है तथा जब तक श्रद्धा पूर्णतया सात्त्विक नहीं होती, तब तक वह प्रकृतिजन्य विकारों से दूषित हो सकती है। इसीलिए विविध श्रद्धाओं के अनुसार विविध स्वभाव मनुष्यों में दृष्टिगोचर होते हैं।

यजन्ते सात्त्विका देवान्यक्षरक्षांसि राजसाः।
प्रेतान्भूतगणांश्चान्ये यजन्ते तामसा जनाः॥ 4॥

"ऐसे पुरुष जो सात्त्विक वृत्ति के हैं अर्थात् जिनका स्वभाव सत्त्व गुण प्रधान है, वे देवताओं को पूजते हैं। रजोगुणी पुरुष यक्षों व राक्षसों का पूजन करते हैं तथा तमोगुणी पुरुष भूत-प्रेतों का पूजन किया करते हैं।"

भगवान् श्रीकृष्ण नवें अध्याय में कह चुके हैं कि "पितरों को पूजनेवाले पितरों के लोक में भूतों को पूजनेवाले भूतों के लोक में जाते हैं तथा मेरी भक्ति करनेवाले मुझको प्राप्त होते हैं" (गीता 9.25) तथा "ये यथा माँ प्रपद्यन्ते तांस्तथैव भजाम्यहम्" (गीता 4.11) अर्थात् "जो जिस प्रकार मुझे भजते हैं, मैं उन्हें उसी प्रकार भजता हूँ।" फल हमारे भाव में होता है, प्रतीक में नहीं। इसलिए जिन्हें शास्त्रों में प्रदत्त विधि-विधान का ज्ञान नहीं है वे अपनी प्रवृत्तियों व गुणों के अनुरूप पूजन-भजन करते हैं, किंतु ऐसे पुरुष जिन्हें शास्त्रोक्त प्रक्रिया का ज्ञान भी नहीं है तथा श्रद्धा भी नहीं है फिर भी अथक परिश्रम से जप-तप करते हैं उनके बारे में श्रीकृष्ण बताते हैं--

अशास्त्रविहितं घोरं तप्यन्ते ये तपो जनाः।
दम्भाहङ्कारसंयुक्ताः कामरागबलान्विताः॥ 5॥

"जिसका शास्त्रों में कोई विधान निर्दिष्ट नहीं किया गया, उसे भी जो पुरुष दंभ तथा अहंकार से अभिभूत होकर कठोर तप से भजते हैं तथा काम-राग तथा आसक्ति से ग्रसित हो प्रेरित होते हैं;"

कर्षयन्तः शरीरस्थं भूतग्राममचेतसः।
मां चैवान्तःशरीरस्थं तान्विद्ध्यासुरनिश्चयान्॥ 6॥

"जो भ्रमित मनोवृत्ति वाले मूर्ख, शरीर के भीतर स्थित पंच भूत-भौतिक तत्त्वों के समुदाय को तथा अंतःकरण में स्थित मुझ परमात्मा को भी कष्ट पहुँचाने वाले हैं, उन अज्ञानियों को तुम निश्चय ही आसुरी वृत्ति वाला जानो।"

शास्त्रों में विहित विधियों से आडंबरपूर्ण आचरण करते हुए ऐसे श्रद्धाहीन पुरुष शरीर तथा इंद्रियों को ही कष्ट नहीं पहुँचाते, अपितु अंतःकरण में आत्मा रूप में स्थित

परमात्मा को भी कष्ट पहुँचाते हैं। ऐसे लोग काम विषयों तथा भोगों के प्रति आसक्त हो; ढोंग-पाखंड रचते हुए; जनसामान्य को ठगने व अहंकारपूरित प्रतिष्ठा पाने के लिए, कठोर तामस तप करनेवाले, आसुरी संपदा से युक्त आसुरी स्वभाववाले होते हैं।

आहारस्त्वपि सर्वस्य त्रिविधो भवति प्रियः।
यज्ञस्तपस्तथा दानं तेषां भेदमिमं श्रृणु॥ 7॥

"प्रत्येक व्यक्ति को जो भोज्य-पदार्थ प्रिय होते हैं, वे भी वस्तुतः प्रकृति के गुणों के अनुसार तीन प्रकार के होते हैं। यही नहीं, यज्ञ, तप तथा दान भी तीन-तीन प्रकार के होते हैं। अतः तुम उनके भिन्न-भिन्न भेदों को सुनो।"

प्रकृति के त्रिगुणात्मक रूप के अनुसार ही आहार, यज्ञ, जप-तप तथा दान के भी पृथक्-पृथक् भेदों के विषय में बताया गया है। अतः श्रीकृष्ण आगे कहते हैं—

आयुःसत्त्वबलारोग्यसुखप्रीतिविवर्धनाः।
रस्याः स्निग्धाः स्थिरा हृद्या आहाराः सात्त्विकप्रियाः॥ 8॥

"जो भोज्य पदार्थ सात्त्विक पुरुष को प्रिय होते हैं, वह आयु को बढ़ानेवाले, जीवन को शुद्ध आचरण से युक्त करनेवाले, बल-बुद्धि, आरोग्यवर्धक, सुख तथा संतोष प्रदान करनेवाले होते हैं। ऐसा भोजन रसयुक्त, स्निग्ध (चिकना) स्वास्थ्यप्रद तथा हृदय को प्रिय लगने वाला होता है।"

भगवान् श्रीकृष्ण ने सात्त्विक प्रवृत्ति के मनुष्यों के भोज्य पदार्थों के गुण व स्वभाव के संबंध में बताया है कि वे बल-बुद्धि-आरोग्य-वर्धक, सुख व प्राप्ति बढ़ाने वाले, चिकने तथा रसीले होते हैं। उन्होंने पदार्थों का नाम नहीं लिया जो स्वतः इस सत्य को प्रमाणित करता है कि भोज्य पदार्थ स्वयं में सात्त्विक, राजसी या तामसी नहीं होता है, अपितु उसके गुण, उसके प्रयोग के अनुसार होते हैं। भारतवर्ष विभिन्नताओं में एकता का देश है। यहाँ कहीं रोटी तो कहीं चावल, कहीं दाल-सब्जी तो कहीं मछली, इत्यादि आहार की महत्त्वपूर्ण सामाग्रियाँ हैं। समुद्रतटीय स्थानों तथा टापुओं में जहाँ मछली का प्रयोग में बहुतायत होता है, वहीं अरब में ऊँट व दुम्का, चीन में मेंढक, केकड़ा, साँप, मंगोलिया में घोड़ा तो अमेरिका-यूरोप में अन्य पदार्थों के साथ ही गाय व सुअर दोनों को खाया जाता है। भौगोलिक परिस्थितियों के अनुरूप; उपलब्धता के आधार पर; विभिन्न जातियों-जनजातियों में भोज्य पदार्थों को आहार के लिए चुना जाता है। भारतवर्ष में जहाँ शाकाहारी भोज्य पदार्थ पर्याप्त मात्रा में उपलब्ध हैं, वहाँ मांस-मदिरा का सेवन युक्तिसंगत नहीं माना गया है, क्योंकि अनुभव में ये आध्यात्मिक मार्ग में प्रतिकूल मनोभावों को उत्पन्न कर भजन-पूजन को भ्रष्ट करनेवाले देखे गए हैं।

कट्वम्ललवणात्युष्णतीक्ष्णरूक्षविदाहिनः।
आहारा राजसस्येष्टा दुःखशोकामयप्रदाः॥ 9॥

"अत्यंत कड़वे, खट्टे, नमकीन, अत्यंत गरम-चटपटे, शुष्क तथा जलन उत्पन्न करनेवाले भोज्य पदार्थ, दुःख, शोक तथा रोग कारक होते हैं, जो राजस-प्रवृत्ति के लोगों को प्रिय होते हैं।"

यातयामं गतरसं पूति पर्युषितं च यत्।
उच्छिष्टमपि चामेध्यं भोजनं तामसप्रियम्॥ 10॥

"जो भोजन ग्रहण करने से एक प्रहर पहले का पका हुआ है, स्वाद-रहित है, दुर्गंधयुक्त है, खराब व सड़ा हुआ है, जो अन्य लोगों का जूठन है तथा जो अस्पृश्य वस्तुओं से युक्त है, वह भोजन तामसी प्रवृत्ति प्रधान लोगों को प्रिय होता है।"

भगवान् श्रीकृष्ण के द्वारा सात्त्विक, राजसी तथा तामसी आहारों के गुण-लक्षणों को उद्‌भाषित करने का ध्येय यही है कि मनुष्य जो आहार ग्रहण करता है, वही आहार रस बनकर उसके शरीर में दौड़ता है। फलस्वरूप वह मनुष्य के स्वभाव के निर्धारण एवं इंद्रिय संयम में महत्त्वपूर्ण स्थान रखता है। छांदोग्योपनिषद् में कथन है, "तस्यामाहारशुद्धौ सत्याँ तद्धतोऽन्तःकरणस्य सत्त्वस्य शुद्धिर्नैर्मल्यं भवति, सत्त्वशुद्धौ च सत्यांयथावगते भूमात्मनि"(7.26.2)- अर्थात् "जब आहार शुद्ध होता है तो ऐसे भोजन को खाने वाले व्यक्ति का अंतःकरण भी शुद्ध एवं निर्मल हो जाता है। जब व्यक्ति का अंतःकरण शुद्ध-निर्मल हो जाता है, तो उसकी स्मृति भी निर्मल हो जाती है तथा ऐसी निर्मल स्मृति प्राप्त होने पर पूर्व जन्मों में अनुभूत हुई कठिनताओं को दूर करने के लिए अविधिपूर्वक क्रियाओं में लीन रहने से होनेवाले अनर्थ का भी सूक्ष्म रूप से नाश हाने पर व्यक्ति का चित्त शुद्ध एवं सात्त्विक हो जाता है। इसलिए आहार शुद्धिमूलक होना चाहिए। शरीर रूपी यंत्र को गतिमान रखने के लिए ऊर्जा आवश्यक होती है तथा ये ऊर्जा हमें आहार के रूप में ग्रहण करनी होती है। इसलिए आहार से जनित रस व ऊर्जा मनुष्य के मन, बुद्धि तथा स्वभाव को भी प्रभावित करती है। अतएव 'जैसा आहार, वैसा विचार' कहा गया है। इस प्रकार आहार के तीन भेद बताकर श्रीकृष्ण यज्ञ के भी तीन भेद बताते हैं।

अफलाकाङ्क्षिभिर्यज्ञो विधिदृष्टो य इज्यते।
यष्टव्यमेवेति मनः समाधाय स सात्त्विकः॥ 11॥

"ऐसा यज्ञ जो शास्त्रों में कथित विधि-विधान के निर्देशानुसार, कर्तव्य मान कर तथा मन को स्थिर करके; निष्काम भाव से संपादित किया जाता है, वह यज्ञ सात्त्विक होता है।"

गीता के चतुर्थ अध्याय में यज्ञ को विशाल अर्थ में लेते हुए इंगित किया गया है कि मनुष्य के साथ समाज तथा समाज के साथ मनुष्य को परमात्मा ने रचा है। सृष्टि, समाज और शरीर, इन तीनों को मिलाकर ही ऐसी सार्थक, भव्य, सृष्टि की संस्थापना होगी, जिसमें जिसे जितना बुद्धि बल, सत्ता बल, धन बल या शारीरिक सामर्थ्य, स्वधर्म के पालन से प्राप्त हो; वह उसके अनुसार ही, यथाशक्ति, संसार के धारण-पोषण में योगदान करे; तब ही संसार की अपार घटनाओं तथा कार्यों की व्यवस्था नियमित रूप से हो पाएगी। इस सृष्टि में राजा से लेकर रंक तक सबकी अपनी-अपनी भूमिका है। यहाँ सब अपनी भूमिका कर्तव्य जानकर निभाएँ, ठीक वैसे ही जैसे किसी बड़ी मशीन के बड़े कल-पुर्जों से लेकर छोटे कल-पुर्जों तक का अपने-अपने स्थान पर बराबर महत्त्व होता है, क्योंकि मशीन का बड़ा चक्का भी एक नट-बोल्ट के टूटने से चल नहीं सकता। इसी प्रकार यदि चर्मकार चमड़े की वस्तुएँ तैयार नहीं करेगा, कुम्हार अपने चाक से घड़े आदि मिट्टी के बरतन तैयार नहीं करेगा, लोहार यदि खेती आदि के लिए लोहे के उपकरण तैयार नहीं करेगा या जुलाहा कपड़े तैयार नहीं करेगा तो राजा या बड़े व्यवसायियों के द्वारा समाज के रक्षण का कर्तव्य-निर्वहन होने पर भी लोक संग्रह का कार्य पूर्ण नहीं हो सकेगा। इसीलिए राजा जनक संन्यास लेकर भी जीवनपर्यंत राज्य करते रहे। वेदव्यास के समान ज्ञानी ने लोकसंग्रह के लिए ही वेदों, उपनिषदों व पुराणों को लिपिबद्ध करने का कार्य किया। वसिष्ठ ने सूर्यवंशी राजाओं यथा दशरथ तथा भगवान् राम को; समाज को व्यवस्था देने के लिए; जीवनपर्यंत मार्गदर्शन दिया। इसीलिए श्रीकृष्ण पहले कह चुके हैं—स्वधर्ममपि चावेक्ष्य न विकम्पितुमर्हसि (गीता 2.31) कि स्वधर्म के अनुरूप जो कर्म प्राप्त हैं, उनके लिए रोना उचित नहीं। इसीलिए तो ज्ञानी पुरुष को लोकसंग्रहार्थ कर्म करना चाहिए। श्रीकृष्ण स्वयं अपना उदाहरण देते हैं कि उन्हें स्वयं कोई स्थिति अप्राप्य नहीं है, फिर भी वे कर्म करते हैं अन्यथा वे स्वयं वर्णसंकर करनेवाला हो जाएँगे (3/24 गीता)। इसलिए यहाँ पर श्रीकृष्ण भगवान् ने सात्त्विक यज्ञ का भाव प्रकट करते हुए स्पष्ट किया है कि अपने-अपने स्वधर्म के अनुसार जिस यज्ञ का जिसके लिए शास्त्रों में विधान है, उसको निष्काम कर्म भावना से संपादित करना ही यथेष्ट है।

अभिसंधाय तु फलं दम्भार्थमपि चैव यत्।
इज्यते भरतश्रेष्ठ तं यज्ञं विद्धि राजसम्॥ 12॥

"हे भरतश्रेष्ठ! जो यज्ञ घमंड पूर्ण आचरण के लिए या किसी कामना सिद्धि के लिए, फल को दृष्टि में रखकर किया जाता है, ऐसे यज्ञ को तुम राजसी जानो।"

अपने मिथ्या अहंकार प्रदर्शन के लिए या लोक-परलोक में विषयजनित काम-

भोगों की सिद्धि के लिए किए जानेवाला यज्ञ शास्त्रों के अनुसार तथा श्रद्धायुक्त होने पर भी राजसी यज्ञ होता है।

विधिहीनमसृष्टान्नं मन्त्रहीनमदक्षिणम्।
श्रद्धाविरहितं यज्ञं तामसं परिचक्षते॥ 13॥

"ऐसा यज्ञ जो शास्त्रों में दिए गए विधि-विधान की अवहेलना करके, अन्न-फल आदि का वितरण किए बिना, शास्त्रों में दिए गए मंत्रों का उच्चारण किए बिना, ब्राह्मण या पुरोहित को यज्ञ-दक्षिणा दिए बिना तथा श्रद्धा से रहित होकर संपादित किया जाता है, उसको तुम तामसी जानो।"

ऐसा यज्ञ जो लोक कल्याण के लिए नहीं किया गया है तथा जिसमें अंत:करण में उत्पन्न होनेवाले विषय-भोगों को संयमित करने की क्षमता का अभाव है, जिसमें अहम् को तिरोहित कर समर्पण का भाव नहीं है तथा जो परमात्मा की नियंता शक्ति के प्रति श्रद्धा-भाव से रहित है, वह अनुष्ठान तामसी है।

देवद्विजगुरुप्राज्ञपूजनं शौचमार्जवम्।
ब्रह्मचर्यमहिंसा च शारीरं तप उच्यते॥ 14॥

"परमदेव परमात्मा, योग्य ब्राह्मण, गुरु, माता-पिता तथा परमात्मा के स्वरूप को भलीभाँति विदित करनेवाले श्रेष्ठ ज्ञानी जनों का पूजन, पवित्रता, सरलता, ब्रह्मचर्य तथा अहिंसा का पालन ही शारीरिक तपस्या कही जाती है।"

वस्तुतः मन की चंचलता मनुष्य को बाह्य आकर्षणों की ओर खींचती है। अतः मन को अन्यत्र स्वच्छंद विचरण करने के स्थान पर उपर्युक्त क्रियाओं में लीन रखना और शरीर की इंद्रियों को शरीर सहित उसके अवगुणों से रहित कर पवित्र बना लेना ही शारीरिक तप है।

अनुद्वेगकरं वाक्यं सत्यं प्रियहितं च यत्।
स्वाध्यायाभ्यसनं चैव वाङ्मयं तप उच्यते॥ 15॥

"जिसकी भाषा से किसी भी व्यक्ति के मन में कोई उद्वेग उत्पन्न न हो, जिसकी भाषा में सत्य हो, जो दूसरों को प्रिय लगने वाली हो एवं सभी के लिए हितकर हो तथा जो स्वयं वेदों व शास्त्रों के स्वाध्याय द्वारा परम पिता परमेश्वर की प्राप्ति के लिए जप-तप-चिंतन द्वारा अभ्यास में लीन रहे—उसका ऐसा आचरण वाणी संबंधी तपस्या है।"

मनुस्मृति (4.138) में भी कथन है—"सत्यं ब्रूयात् प्रियं ब्रूयात्" कि सत्य बोलना चाहिए। जो प्रिय लगे वह बोलना चाहिए, परंतु अप्रिय सच नहीं बोलना चाहिए।'

'स्वाध्यायाभ्यसनं' शब्द का प्रयोग भी विशिष्ट है—'स्व' अर्थात् स्वयं का, 'ध्याय' अर्थात् अध्ययन, चिंतन-मनन; अर्थात् स्वयं का चिंतन कि "मैं कौन हूँ? कहाँ से आया हूँ? क्यों आया हूँ?" इन प्रश्नों के उत्तर व्यक्ति विशेष को अपने अनन्य स्त्रोत् परम पिता परमात्मा से जोड़ते हैं, वहाँ ले जाते हैं, जहाँ शाश्वत सत्ता विराजती है तथा परमात्मा के दिव्य स्वरूप व महिमा का आभास कराते हैं। ऋषियों-महर्षियों के द्वारा चिंतन में अनुभूत सत्य का जो उद्घाटन, चिंतन व विश्लेषण आध्यात्मिक शास्त्रों में वर्णित किया गया है, उसका अभ्यास करके; मनसा-वाचा-कर्मणा; साधक परम सत्य से जुड़ अपना उद्धार कर सकता है।

मनःप्रसादः सौम्यत्वं मौनमात्मविनिग्रहः।
भावसंशुद्धिरित्येतत्तपो मानसमुच्यते॥ 16॥

"अंतःकरण में संतोष तथा हर्ष का भाव, सौम्यत्व अर्थात् दूसरों के प्रति छल-कपट पूर्ण आचरण का अभाव, मौन रूपी गंभीरता, आत्म नियंत्रण एवं संयम, स्वभाव का शुद्धीकरण, ये मन की तपस्या कहे जाते हैं।"

वस्तुतः मन का स्वभाव ऐसा है कि उसकी एक कामना पूर्ण होती है तो अनंत अन्य कामनाएँ उसे घेर लेती हैं। आधुनिक युग में तकनीकी व औद्योगिक प्रगति के नित्य नए आयामों ने मनुष्य की इंद्रिय-तृप्ति की अग्नि को और अधिक प्रबल कर दिया है। फलस्वरूप उसकी समस्त ऊर्जा धनार्जन एवं सुख-सुविधा के नए-नए साधनों को जुटाने में ही लगी रहती है। उसके चित्त में संतोष नहीं होता है। उसका चित्त अतृप्त कामनाओं-वासनाओं की पूर्ति के लिए अधीर रहता है। इसीलिए इस श्लोक में मन की तपस्या का महत्त्व रेखांकित किया गया है। जब मन में संतोष नहीं तो प्रसन्नता व आनंद का भाव कहाँ होगा? दूसरे के प्रति कपटपूर्ण व्यवहार का त्याग ही स्वभाव में सौम्यता दरशाता है। संतोष व सौम्यता से पुरुष गंभीरता की ओर प्रवृत्त होता है तथा ईश्वर के स्वरूप का चिंतन व आत्मसंयम उसके स्वभाव को सरल व शुद्ध बना देता है। यही मन की तपस्या है, जो मन को समस्त उद्वेगों, क्लेशों से शुद्ध कर परम पवित्र बना देती है।

श्रद्धया परया तप्तं तपस्तत्त्रिविधं नरैः।
अफलाकाङ्क्षिभिर्युक्तैः सात्त्विकं परिचक्षते॥ 17॥

"इन तीनों प्रकार के शरीर, वाणी तथा मन से किए गए तपों को यदि पुरुष, कर्म के फल की आकांक्षा को त्याग कर, उत्तम श्रद्धा से तथा योग युक्त बुद्धि से निष्पादित करता है, तो ऐसी दिव्य तपस्या सात्त्विक तप कहलाती है।"

मूलतः कोई भी तप मनसा-वाचा-कर्मणा तब ही सात्त्विक होता है, जब जीव का

मन अनासक्त, शुद्ध एवं संयमित हो तथा ऐसी परम श्रद्धा से युक्त हो जो बड़े-बड़े विघ्न व संकटों की स्थिति में भी चलायमान नहीं हो। अब राजस तप के लक्षण बताते हुए श्रीकृष्ण कहते हैं—

सत्कारमानपूजार्थं तपो दम्भेन चैव यत्।
क्रियते तदिह प्रोक्तं राजसं चलमध्रुवम्॥ 18॥

"जो तप अपने सत्कार, सम्मान या पूजा के लिए अथवा दंभपूर्वक संपन्न किया जाता है, वह न तो स्थायी होता है और न ही शाश्वत। ऐसे तप को राजसी कहा जाता है।"

वस्तुत: जब तपस्या का ध्येय लोगों को आकर्षित करना हो, जिससे मनुष्य को मिथ्या मान-सम्मान मिल सके तो ऐसा स्वार्थ सिद्धि के लिए, दंभपूर्वक किया गया तप, राजस होता है तथा उसका प्रतिफल भी क्षणिक एवं अस्थायी होता है।

मूढग्राहेणात्मनो यत्पीडया क्रियते तपः।
परस्योत्सादनार्थं वा तत्तामसमुदाहृतम्॥ 19॥

"मूढ़तापूर्वक, हठ से, आत्म-उत्पीड़न के लिए या दूसरों को विनष्ट करने या सताने के लिए जो तप किया जाता है वह तामसी कहलाता है।"

वस्तुत: शास्त्रों के प्रतिकूल अपने हठ व अहंकार से अपने शरीर को जलते कोयले पर रखना, पेड़ से लटककर या काँटों पर बैठकर या अन्य विविध प्रकारों से अपने शरीर को कष्ट देना दुराग्रह है। स्वयं को हानि पहुँचाना अपने शरीर के पंचभूत तत्त्वों के साथ-साथ हृदय में स्थित परमात्मा को भी कष्ट पहुँचाना होता है। इसी प्रकार दूसरों के अनिष्ट की कामना से किया गया तप भी अशास्त्रीय होने के कारण तमोगुण-प्रधान-तामसी होता है।

दातव्यमिति यद्दानं दीयतेऽनुपकारिणे।
देशे काले च पात्रे च तद्दानं सात्त्विकं स्मृतम्॥ 20॥

"जो दान पुरुष द्वारा अपना कर्तव्य समझकर दिया जाता है तथा जिस दान को देते समय मन में दान लेनेवाले से किसी भी प्रत्युपकार की आशा नहीं रहती है तथा जो दान उचित स्थान पर, उचित काल में तथा योग्य पात्र को दिया जाता है, वह दान सात्त्विक दान माना जाता है।"

मूलत: सृष्टि के सभी पदार्थ, चाहे वे कितने भी मूल्यवान या मूल्यहीन क्यों न प्रतीत होते हों, वे सब परमात्मा के द्वारा ही सृजित हैं। व्यक्ति चाहे धनी हो या मध्मवर्गीय या निर्धन, वह स्थिति व्यक्ति के पूर्व जन्म के कर्म-संस्कारों का ही फल होती है। जब कोई

बच्चा पैदा होता है तो उसके माता-पिता कौन होंगे, क्या कुल होगा, वह धनाढ्य होगा या निर्धन, कहाँ तथा किस परिस्थिति में पैदा होगा, आदि अनेकानेक स्वाभाविक तथ्य न तो पैदा होनेवाले बच्चे की इच्छा पर निर्भर करते हैं तथा न ही उसके माता-पिता, भाई-बहन या सगे-संबंधियों की इच्छा पर। इसलिए कोई कहाँ, कैसे, किस कुल में पैदा हुआ है, यह सब उसके पूर्व जन्मों के कर्म नियत करते हैं। मोहवश वैज्ञानिक आदि ही नहीं, अपितु साधारण लोग भी इस बात को स्वीकार करने से पूर्व इसका प्रमाण माँगते हैं। चूँकि समस्त पदार्थ ईश्वर इच्छा के अधीन हैं, इसलिए कोई भी साधन-संपन्न व्यक्ति वस्तुतः उस धन-उपयोग का ट्रस्टी मात्र होता है तथा उसे उन साधनों का उपयोग पात्र व्यक्तियों के लिए उनके देश, काल, परिस्थिति व पात्रता के सम्यक् परीक्षणोपरांत, निष्काम एवं कर्तव्य भाव से करना चाहिए। इंद्रप्रस्थ में राजा युधिष्ठिर ने राजसूय यज्ञ का आयोजन किया तो यज्ञ के संपन्न होने पर ब्राह्मणों को भोजन-दान-दक्षिणा देकर विदा किया। उसी समय वहाँ पर एक नेवला आया, जिसका आधा शरीर सोने का था। यज्ञ के उपरांत बचे हुए भोजन का जूठन खाने के बाद वह युधिष्ठिर से बोला कि "आपका यह यज्ञ तो निर्धन ब्राह्मण के यज्ञ के तुल्य भी नहीं है।" युधिष्ठिर सहित सभी पांडव आश्चर्य में पड़ उससे कारण पूछने लगे तो नेवले ने बताया कि पास के ही एक राज्य में बड़ा अकाल पड़ा था, जिसके कारण एक दरिद्र ब्राह्मण को अपने परिवार के लिए खाने योग्य कोई पदार्थ कई दिन तक नहीं मिला। एक दिन भिक्षा में उसे सत्तू मिला जिसे घर लाकर उसने उसके तीन भाग किए तथा एक भाग अपने सामने रखकर बाकी के दो भाग अपने भूखे बेटे व पत्नी के सामने पत्तलों में रखे। ज्यों ही वे भोजन शुरू करनेवाले थे कि कहीं से एक भिक्षुक आकर भिक्षा माँगने लगा कि उसने कई दिन से भोजन नहीं किया है। यदि उसे कुछ खाने को नहीं मिला तो वह मर जाएगा। ब्राह्मण ने अपनी पत्तल का सत्तू उसे दे दिया। उसे खाने से भी उसकी भूख शांत न हुई तो उसकी पत्नी ने अपनी पत्तल भी उसको दे दी, किंतु फिर भी उस भिक्षु की भूख शांत नहीं हुई तो पुत्र ने भी अपनी पत्तल उसे दे दी। तीनों ने पानी पीकर गुजारा किया। उस ब्राह्मण की झोंपड़ी में उस पत्तल की जूठन चाटने से उस नेवले का आधा शरीर सोने का हो गया था। नेवले ने कहा, "महाराज युधिष्ठिर! मैंने आपके दान-धर्म की बहुत ख्याति सुनी थी। इसलिए मैं आपके अनुष्ठान में आया, किंतु मेरे शरीर का दूसरा आधा हिस्सा सोने का नहीं हुआ। इसीलिए आपका अनुष्ठान उतना उत्तम नहीं है, जितना कि उस ब्राह्मण का था।" पांडव समझ गए कि जो यज्ञ-दान उन्होंने किया है, उससे उन्हें यह भ्रम नहीं पालना चाहिए कि उनका अनुष्ठान-दान आदि अत्यंत श्रेष्ठ था। इसीलिए बिना यश-मान-इच्छा के दान करना ही सात्त्विक दान कहा गया है। परमात्मा का हमारे प्रति असीम, अथाह प्यार है। उसने हमें सारी वस्तुओं का भंडार सौंप रखा है। उसने हमें इतनी शक्ति तथा शौर्य प्रदान कर रखा है कि हम उसकी

प्रदत्त वस्तुओं को समाप्त नहीं कर सकते, किंतु उनका उपयोग विवेकपूर्वक, यथा-आवश्यकता अनुसार ही होना चाहिए। जितना हम प्रकृति से लेते हैं, उसको उतना वापस भी लौटाना चाहिए। हजारों वर्षों से हम जमीन जोतकर अनाज, फल-फूल, वनस्पतियाँ उगा रहे हैं। पृथ्वी की उत्पादकता बनाए रखने के लिए हमारा कर्तव्य है कि हम जमीन में हल चला उसे जोतें, जिससे उसमें सूर्य का प्रकाश, वायु व जल जा सके तथा उर्वरकों का प्रयोग कर हमें उसकी उर्वरक शक्ति बनाए रखनी चाहिए। पृथ्वी की जो क्षति हुई है, वह हमारे सिर पर उसका ऋण है तथा इस ऋण को चुकाने के लिए किया गया प्रयास ही सेवा-यज्ञ है, कोई परोपकार या दान नहीं। इसी प्रकार द्रव्य-यज्ञ, तपो-यज्ञ भी है। दान का अर्थ परोपकार नहीं, देना होता है। देते रहना अपार सुखकर होता है। देते रहने से परमात्मा की अनंत सकारात्मक ऊर्जा का प्रवाह दाता की ओर मुड़ जाता है। दाता का भंडार कभी खाली नहीं होता। भगवान् का अथाह प्रेम हमें चारों ओर से घेरे हुए है। हमारे शरीर, मन तथा प्राण के कण-कण को वह अपने दिव्य प्रेम रस में डुबोए हुए है, परंतु जब तक हम उस प्रेम को पहचानते नहीं तथा पहचान कर उसे अपनी चेतना में सँजोते नहीं, तब तक उस परमात्मा का साक्षात्कार नहीं हो पाता।

यत्तु प्रत्युपकारार्थं फलमुद्दिश्य वा पुनः।
दीयते च परिक्लिष्टं तद्दानं राजसं स्मृतम्॥ 21॥

"परंतु जो दान प्रत्युपकार की भावना से प्रेरित होकर या कर्म फल की इच्छा से या क्लेशपूर्वक अनिच्छा से दिया जाता है, वह दान राजस श्रेणी का माना गया है।"

वस्तुतः विशेष पर्वों व मुहूर्तों में, लोक-परलोक में फल-प्राप्ति के लिए दिया गया दान अथवा भय या किसी दवाब में आकर मन में पश्चात्ताप, क्लेश, दुःख का अनुभव करते हुए किया गया दान, राजस होता है।

अदेशकाले यद्दानमपात्रेभ्यश्च दीयते।
असत्कृतमवज्ञातं तत्तामसमुदाहृतम्॥ 22॥

"जो दान किसी अशुद्ध स्थान में, अनुचित समय में, किसी आपात्र व्यक्ति को या बिना समुचित सत्कार भाव से तिरस्कारपूर्वक दिया जाता है, वह दान तामसी कहा जाता है।"

भगवान् श्रीकृष्ण ने यज्ञ, तप तथा दान के तीन-तीन भेद सत्-रज-तम गुणों के निरूपण के सापेक्ष बताए, किंतु यदि सूक्ष्म रूप से देखा जाए तो इन तीनों में कोई भेद नहीं है, क्योंकि मानव से ही समाज बनता है तथा समाज सृष्टि के बाहर नहीं है। इसलिए मानव, समाज तथा सृष्टि एक ही भव्यता की भिन्न-भिन्न संस्थाएँ हैं ही नहीं। मानव शरीर

रूपी यंत्र को गतिमय रखने के लिए आहार रूपी ईंधन की आवश्यकता होती है। आहार प्राप्ति के लिए जो भोज्य पदार्थ हम सृष्टि से प्राप्त करते हैं, उससे सृष्टि को जो हानि होती है; जैसे हम जो भूमि हजारों वर्षों से जोतते आ रहे हैं तथा प्राकृतिक संसाधनों का दोहन करते आ रहे हैं, उसकी क्षतिपूर्ति के लिए नवीन सृजन हेतु कर्म आवश्यक हो जाता है। इसीलिए कपास पैदा करना, सूत कातना, अनाज उगाना, फल-वृक्ष लगाना भी एक यज्ञ क्रिया है, जो हमें सृष्टि के ऋण चुकाने के लिए करनी चाहिए। इसलिए गीता यज्ञार्थ कर्म या यज्ञ-साधन रूपी कर्म का महत्त्व निरूपित करती है। इन सबके मूल में श्रद्धा होनी चाहिए अर्थात् हमारे समस्त सेवा-कर्म, ईश्वरीय-समर्पण भाव से होने चाहिए। इसीलिए ये सभी तत्त्व परस्पर एक-दूसरे के पूरक हैं। हमें उत्पादन के लिए जो श्रम करना है, जो दान देना है, जो तप करना है, वह सब व्यापक अर्थ में एक ही अनुष्ठान है; एक ही यज्ञ है। इसी अर्थ में गीता के चौथे अध्याय में बताए गए द्रव्य-यज्ञ, तपो-यज्ञ आदि भी विशाल व्यापकता धारण किए हुए हैं। यज्ञ, दान तथा तप से सृष्टि में साम्यावस्था होती है। इन तीनों में परस्पर साम्य एवं संतुलन ही सृष्टि का संयमन है। यदि इसमें शुद्धि तथा नैष्कर्म्यता रहेगी तो दूषित तामसी भाव स्वतः नष्ट हो जाएँगे।

तत्सदिति निर्देशो ब्रह्मणस्त्रिविधः स्मृतः।
ब्राह्मणास्तेन वेदाश्च यज्ञाश्च विहिताः पुरा॥ 23॥

"ॐ-तत्-सत्"—ये तीन शब्द सृष्टि के आदि काल से परब्रह्म परमात्मा की स्मृति को इंगित करने के लिए प्रयुक्त किए जाते रहे हैं तथा ब्राह्मणों द्वारा वैदिक मंत्रों का उच्चारण तथा यज्ञ कर्म करते समय परमात्मा को लक्षित करने के लिए इनका उपयोग किया जाता रहा है।"

कठोपनिषद् में यमराज नचिकेता को 'ॐ' के महत्त्व को बताते हुए कहते हैं—

'सर्वे वेदा यत् पदमामनंति तपाँसि सर्वाणि च यद् वदन्ति।
यदिच्छन्तो ब्रह्मचर्यं चरन्ति तत्ते पदँ सग्रंहेण ब्रवीम्योमित्येतत्॥

(कठोपनिषद् 1.2.15)

कि "संपूर्ण वेद जिस परम पद का बारंबार प्रतिपादन करते हैं और संपूर्ण तप जिस पद को लक्ष्य कराते हैं अर्थात् जिसके वे साधन हैं, जिसको चाहनेवाले साधकगण ब्रह्मचर्य का पालन करते हैं, उसे तुम्हें मैं संक्षेप में बताता हूँ। वह है 'ओम', एक अक्षर, क्योंकि यह अक्षर ही तो ब्रह्म है और यह अक्षर ही परमब्रह्म है। इसीलिए 'एतत्' एवं इस अक्षर को जानकर जो 'यत्' जिसको चाहता है, उसको 'तत्' वही मिल जाता है।" (1.2.16) परमात्मा की महिमा अनंत है। इसीलिए उनके नाम भी अनंत हैं, किंतु 'ओम'-'ॐ' उन सब नामों में श्रेष्ठ है। ॐ या ओंकार परब्रह्म परमेश्वर का वाचक है तथा

ब्रह्मांड का नाद है। यह मनुष्य के अंतर में स्थित परमात्मा का प्रतीक है। ओंकार में चार मात्राएँ हैं—अ, उ, म् और अव्यवहार्य। 'अ', 'उ' स्वर होने के कारण स्वतंत्र हैं तथा 'म्' व्यंजन होने के कारण परतंत्र मायावाचक है। प्रणय ओंकार की चौथी मात्रा अमात्र है। वह नादरूप है तथा अव्यवहार्य है। 'अ' ब्रह्मा का वाचक है। उच्चारण द्वारा हृदय में उसका त्याग होता है। 'उ' विष्णु का वाचक है, उसका त्याग कंठ में होता है तथा 'म' रूद्र का वाचक है और उसका त्याग तालुमध्य में होता है। तदंतर अव्यवहार्य या बिंदु है, जो स्वयं परब्रह्म का रूप है। भूमध्य में बिंदु का त्याग होता है। नाद सदाशिव रूपी है, ललाट से मूर्धा तक के स्थान में उसका त्याग होता है। जगत् के सब प्रकार के भेद अर्थात् जाग्रत्, स्वप्न और सुषुप्ति इन तीनों अवस्थाओं के संपूर्ण भेदों की वाचक 'अ', 'उ' और 'म' ये तीन मात्राएँ हैं। इन तीनों को पिंडित अर्थात् तीनों को मिलाकर एकाकार कर देने से जिस अविभक्त ज्योतिर्मय ज्ञान का उदय होता है, उसे ही बिंदु कहते हैं, जिसकी उपलब्धि भूमध्य में होती है। बिंदु मन का ही रूप है। मात्रा विभाग के साथ मन अधिकाधिक सूक्ष्म होता जाता है। अमात्र स्थिति में मन, काल, देवता, प्रपंच आदि कुछ भी नहीं रहते तथा ध्यान की यह स्थिति उन्मनी कही गई है, जहाँ सहस्त्रों सूर्यों के प्रकाश से भी अधिक प्रकाशवान परब्रह्म निरंतर रहते हैं। इसीलिए 'ओंकार' 'ॐ' यह एक शब्द ब्रह्मांड का सार माना जाता है। अमेरिकन रिसर्च एजेंसी नासा (NASA) ने अपने अनुसंधान में पाया है कि सूर्य से सदैव 'ओंकार' की प्रतिध्वनि जनित होती रहती है। इसी कारण 'ॐ', 'तत्' तथा 'सत्', ये तीनों परमात्मा के नाम आदिकाल से वेदशास्त्रों में प्रधान माने गए हैं। परब्रह्म परमात्मा के स्वरूप का ज्ञान 'ॐ तत्सत्' इन तीन शब्दों से 'निर्देशो ब्रह्मणस्त्रिविधः स्मृतः'–ब्रह्म को निर्देश करता है और स्मृति दिलाता है कि जब यह वर्णाक्षर रूपी ब्रह्म ही जगत् के प्रारंभ में था तब समस्त क्रियाओं का आरंभ उन्हीं से हुआ। 'तत्'= वह जो सामान्य कर्म से परे निष्काम बुद्धि से किया हुआ सात्त्विक कर्म है; और 'सत्' का अर्थ उस कर्म से है जो फल की कामना सहित तो हो, परंतु नियत शास्त्र विधि से किया गया हो तथा शुद्ध हो। अतएव इस श्लोक का संकेत है कि 'ॐ तत्सत्' संकल्प ही सृष्टि का मूल है। अब इस संकल्प के तीनों पदों का कर्मयोग की दृष्टि से पृथक् निरूपण करते हुए श्रीकृष्ण आगे कहते हैं—

तस्मादोमित्युदाहृत्य यज्ञदानतपःक्रियाः।
प्रवर्तन्ते विधानोक्ताः सततं ब्रह्मवादिनाम्॥ 24॥

"अतएव (तस्मात्) श्रेष्ठ ज्ञानी जन परमात्मा की प्राप्ति के लिए वेद-शास्त्रों में प्रदत्त की गई विधि के अनुसार यज्ञ, दान तथा तप की समस्त क्रियाओं का शुभारंभ सदैव 'ॐ' के उच्चारण के साथ करते हैं।"

परमात्मा अव्यक्त, सर्वव्यापी, अंतर्यामी, कण-कण में व्याप्त अगोचर हैं। उनकी लीला तथा महिमा अनंत है। उनके स्वरूप भी अनंत एवं असीम हैं। उनके अनंत नामों में से एक नाम 'ओंकार' का उच्चारण करके यज्ञ, दान तथा तप आदि क्रियाएँ प्रारंभ करना प्रधानतया इस शब्द की महिमा को निरूपित करते हुए यह संकेत देता है कि समस्त कर्मों को ईश्वरार्पण भाव से परमार्थ के लिए करना चाहिए। जब साधक का जीवन सेवामय हो जाएगा तथा उसके कार्यों में लेशमात्र भी स्वार्थ या आसक्ति नहीं रह जाएगी तो ओंकार का आंतरिक नाद तथा बाह्य जीवन कला का, लोक कल्याण के लिए, सम्यक् मेल हो जाएगा। परमात्मा को क्रिया अर्पण कर देने से स्वार्थ, परार्थ तथा परमार्थ सब एकरूप हो जाते हैं। सूर्य को यदि देखना है तो किरणों सहित देखना चाहिए, क्योंकि वह किरणों से दूर नहीं रह सकता। सूर्य तो निष्पक्ष भाव से जगत् के प्रत्येक अंग पर अपने प्रकाश की वर्षा करता है; बिना किसी स्वार्थ या अपेक्षा के। इसलिए सूर्य अपनी किरणों को नहीं भूलता, क्योंकि किरणों के माध्यम से ही तो प्रकाश, ऊष्मा और ऊर्जा का संचार वह जग के कण-कण में करता है। इसी प्रकार 'ओम' के उच्चारण से हमारा प्रत्येक यज्ञ, दान, तप, कर्म ईश्वर का चिंतन करते हुए, ईश्वर को अर्पित हो जाएगा। इसी को भगवान् आगे कहते हैं—

तदित्यनभिसन्धाय फलं यज्ञतप:क्रिया:।
दानक्रियाश्च विविधा: क्रियन्ते मोक्षकाङ्क्षिभि:॥ 25॥

"'तत्' शब्द के उच्चारण से पुरुष को यह भाव अंत:करण में रखते हुए कि 'तत्' नाम से कहे जानेवाले परमात्मा की कृपा से ही सबकुछ संभव हो रहा है, ऐसे निष्काम भाव से विविध प्रकार के यज्ञ, तप तथा दान रूप क्रियाएँ परमार्थ के लिए मोक्ष प्राप्ति हेतु की जानी चाहिए।"

वस्तुत: 'तत्' का अर्थ होता है 'वह'—इस सृष्टि से निर्लिप्त तथा भिन्न। परमात्मा समस्त सृष्टि को अपने एक अंश से धारण करते हुए उससे निर्लिप्त तथा भिन्न रहते हैं। जिस प्रकार सूर्योदय होते ही कमल सहित कोटि-कोटि पुष्प खिल उठते हैं, पक्षी उड़कर चहचहाने लगते हैं, मृग वन में कुलाँचे मारने लगते हैं, भूतप्राणी जागकर अपने-अपने कार्यों में लग जाते हैं, परंतु 'सूर्य' तो गगनमंडल में दूर ही रहता है तथा वह इन सब क्रियाओं तथा परिणामों से बिल्कुल अलग तटस्थ रहता है, उनमें कहीं भी लिपायमान नहीं होता। उसी प्रकार मनुष्य अपने स्वकर्मों के निर्वहन में अनासक्त भाव से निर्लिप्त रहे तो उसके जीवन में 'तत्' का प्रवेश हो जाता है।

सद्भावे साधुभावे च सदित्येतत्प्रयुज्यते।
प्रशस्ते कर्मणि तथा सच्छब्द: पार्थ युज्यते॥ 26॥

"परम तत्त्व परमात्मा के स्वभाव तथा भक्त के साधु भाव को 'सत्' शब्द से अभिहित किया जाता है और हे पार्थ! इसी प्रकार प्रशस्त अर्थात् उत्तम कर्मों के लिए भी 'सत्' शब्द का प्रयोग किया जाता है।"

परमात्मा सत् है, शाश्वत है, शुभ है अर्थात् मंगलमय है। साधक को इसी भावना से अभिभूत होकर परमात्मा के मांगल्य को सकल सृष्टि में अनुभव करना चाहिए। सृष्टि रूपी नदी अविरल बहती हुई अपने वेग से प्रतिपल शुद्ध हो रही है। यदि नदी से एक कलश जल निकाल लो तो निकले हुए जल की रिक्तता पल भर में पूर्ण हो जाएगी। यही मांगल्य है। यही परमात्मा की प्राणी मात्र के लिए स्नेहपूर्ण वर्षा है। जैसे बहती हुई नदी रिक्तता नहीं छोड़ती, तत्काल उसे भर देती है, उसी प्रकार परमात्मा की कृपा-वर्षा भी अविरल हम पर होती रहती है। यावत जगत् में सब शुभ और मंगल है। हमें अपने कर्मों में भी यही भाव रखना चाहिए। परमात्मा के इस 'सत्' नाम को आत्मसात् करने के लिए, संपूर्ण समर्पण भाव से हमारी यज्ञ, दान, तप सहित सभी क्रियाएँ निर्मल, भक्तिमय तथा परमार्थ भाव से अविरल संपादित होनी चाहिए। इसी को भगवान् श्रीकृष्ण आगे कहते हैं—

यज्ञे तपसि दाने च स्थितिः सदिति चोच्यते।
कर्म चैव तदर्थीयं सदित्येवाभिधीयते॥ 27॥

"यज्ञ, तप तथा दान में स्थिति अर्थात् स्थिर भावना रखने को भी 'सत्' शब्द से अभिप्रेरित किया जाता है तथा इसके निमित्त उस परमात्मा के लिए किए हुए कर्म का नाम भी 'सत्' ही है।"

श्रद्धा, प्रेम व निष्ठा से परमात्म-परायण होकर परमार्थ हेतु यज्ञ, दान, तप आदि क्रियाओं में रत रहना ही मन-बुद्धि से प्राप्ति की स्थिति को स्थिर कर परमात्म में प्रवेश दिला देता है। इसीलिए यह 'सत्य' से अभिहित स्थिति है। कर्तापन के भाव का अभाव स्वार्थहीन साधक के अंतःकरण को शुद्ध बनाकर उसे परमात्मा के सायुज्य में पहुँचा देता है। इसीलिए उसे 'सत' कहते हैं। अन्य कर्मों के फल अनित्य होने से उन्हें 'सत्' नहीं कहा जा सकता। इसीलिए प्रत्येक कर्म के शुभारंभ में यह 'ॐ तत्सत' ब्रह्मसंकल्प कहा जाता है, जिसमें 'तत्' तथा 'सत्' दोनों कर्मों का समावेश होने से इसे ब्रह्मानुकूल समझा जाता है।

अश्रद्धया हुतं दत्तं तपस्तप्तं कृतं च यत्।
असदित्युच्यते पार्थ न च तत्प्रेत्य नो इह॥ 28॥

"हे पार्थ! श्रद्धा रहित भाव से किया गया यज्ञ, दान तथा तप या जो भी किया हुआ

शुभ कार्य है वह 'असत्' या 'नश्वर' कहा जाता है तथा जन्म तथा मरने के पश्चात् दोनों में ही यह अफलप्रद या व्यर्थ जाता है।"

परमात्मा में पूर्ण अवलंबन के साथ ही किए गए कर्म सार्थक होते हैं, चाहे वे यज्ञ, जप-तप, दान आदि कुछ भी क्यों न हों। यदि पुण्य कार्य किए किंतु अहंकार आ गया, तो परमात्मा विस्मृत हो जाते हैं। इसीलिए पाप कर्म भी उतना बड़ा पाप नहीं है, जितना की पुण्य का अहंकार। यदि मन जो इंद्रिय विषयों के साथ कर्ता तथा भोक्ता रूप में जुड़ा है और जिसे बुद्धि, अहंकार आदि नामों से जानते हैं, वह यदि जीव की सत्ता होता, तो जीव और इंद्रिय-विषयों के परस्पर संबंध का भले ही नाश नहीं हो सकता था, किंतु यथार्थ में जीवात्मा तो परमात्मा के शाश्वत स्वरूप से तद्रूप है। उसका इंद्रिय विषयों के साथ आपात-संबंध उस पर मन के अभ्यास के कारण है। अतएव अपने को ब्रह्म से एक जानकर और इंद्रिय विषयों की अनित्यता का विचार करते हुए साधक को उनसे दूर हट जाना चाहिए तथा परमात्मा की पूर्ण श्रद्धा, निष्ठा और समर्पण भाव से उपासना करनी चाहिए जिससे वह अपने वास्तविक अनंत शाश्वत आत्म स्वरूप में अवस्थित हो सके।

ॐ तत्सदिति श्रीमद्भागवदगीतासूपनिषत्सु ब्रह्मविधायाँ योगशास्त्रे श्रीकृष्णार्जनु संवादे श्रद्धात्रयविभागयोग नाम सप्तदशोऽध्यायः।

अतएव श्रीमद्भागवदगीता उपनिषद् के ब्रह्मविद्यांतर्गत योग शास्त्र में श्रीकृष्ण-अर्जुन के संवाद में 'श्रद्धात्रयविभागयोग' नामक सत्रहवाँ अध्याय पूर्ण हुआ।

अमृत सार

विगत अध्याय में भगवान् श्रीकृष्ण ने मत दिया कि हमारे कर्म, भाव व प्रयत्न अपने स्वार्थसिद्धि से प्रेरित न होकर शास्त्रसम्मत होने चाहिए तो अर्जुन को जिज्ञासा हुई कि ऐसे जीव जिनकी पहुँच शास्त्रों तक न हो तथा उनमें श्रद्धा का भी कोई अभाव न हो तो वे कैसे जानें कि उनके प्रयास सही दिशा की ओर हैं। भगवान् श्रीकृष्ण ने कहा कि मनुष्य श्रद्धामय है तथा उसकी श्रद्धा उसके पूर्व अर्जित संस्कारों व त्रिगुणों के अनुरूप उसकी प्रकृति व स्वभाव में विकसित होती है। प्रत्येक जीव तीन संस्थाएँ साथ लेकर जन्म लेता है-पहली संस्था है जीव का शरीर, जिसमें उसके पूर्व संस्कार व गुण निहित रहते हैं। दूसरी संस्था है वह समाज, जिसमें उसके माता-पिता, सहोदर, रिश्ते-नाते, अड़ोसी-पड़ोसी, गुरुजन आदि रहते हैं तथा तीसरी संस्था है वह अपार ब्रह्मांड जिसका जीव व समाज दोनों अंश हैं। हम प्रतिदिन इन तीनों संस्थाओं का

उपभोग कर इन्हें छिजाते हैं। इसीलिए हमारा दायित्व है कि हमारे उपभोग से जो इनमें कमी या छीजन आती है, उसे पूर्ण करें, जिससे ये भविष्य के लिए भी उपयोगी रह सकें। यज्ञ, दान, तप, इन तीनों के योग से ही हम इस छीजन या कमी की पूर्ति करते हैं। प्रकृति से जितना हम लेते हैं, उसको उतना ही लौटाना चाहिए। हजारों वर्षों से पृथ्वी जोतकर अनाज आदि का जो उत्पादन हम कर रहे हैं, उससे पृथ्वी की उर्वरकता को हुई क्षति को पूरा करना तथा पर्यावरण की रक्षा करना ही सेवा यज्ञ है। इसी प्रकार समाज जो हमारे लिए नाना उपकार करता है, उस ऋण को चुकाने के लिए दान की व्यवस्था कोई परोपकार नहीं है, अपितु समाज से जो जीव ने अपार सेवा ली है, दान उस ऋण की प्रतिपूर्ति मात्र है। इसी प्रकार यह शरीर भी तभी काम में आ सकेगा, जब हम उसे आवश्यकतानुसार आहार देंगे। इस प्रकार यज्ञ हमारा सृष्टि एवं ईश्वर के प्रति दायित्व है, दान समाज के प्रति तथा तप हमारे शरीर के प्रति दायित्व है। 'यज्ञ' से सृष्टि संस्था में साम्यावस्था प्राप्त होती है। 'दान' से समाज में साम्यावस्था आती है तथा 'तप' से शरीर में साम्यावस्था आती है। इन तीनों में साम्य व संतुलन ही सृष्टि का संयमन है। ये यज्ञ, दान, तप तीनों स्वभाववश सात्त्विक, राजसी व तामसिक होते हैं। जब हमारी क्रियाएँ ईश्वर के प्रति अनन्य भाव से अर्पित होंगी तो वे सात्त्विक, यदि उन क्रियाओं में सकामता होगी तो वे राजसी तथा जब क्रियाएँ दूषित मन से विधिहीन व निष्फल होंगी तो वे तामसिक होती हैं। तप को भी मनसा-वाचा-कर्मणा इन तीन भेदों में बाँटा गया है, किंतु हठपूर्वक स्वयं को क्षति पहुँचाने की चेष्टाओं के प्रति सावधान भी किया गया है। आहार शुद्धि से मन की शुद्धि होगी, तभी शरीर को बल मिल सकेगा तथा समाज सेवा भी उचित रूप से हो पाएगी। मन में संतोष रहेगा तो समाज में भी संतोष व्याप्त रहेगा। इसीलिए कर्म में धीरे-धीरे राजसी एवं तामसी प्रवृत्ति को कम करते हुए सात्त्विक वृत्ति को बढ़ाने की आवश्यकता पर बल दिया गया है। भगवान् श्रीकृष्ण कहते हैं कि 'ॐ-तत्-सत्', ये तीन शब्द सृष्टि के प्रारंभ से ही ब्राह्मणों द्वारा वैदिक मंत्रों के उच्चारण एवं यज्ञ कर्म करते समय परमात्मा को लक्षित करने के लिए प्रयोग किए जाते रहे हैं। 'ॐ-तत्-सत्' संकल्प ही सृष्टि का मूल है। 'ॐ' वर्णाक्षर रूपी ब्रह्म ही जगत् के प्रारंभ में था तथा समस्त क्रियाओं का आरंभ उसी से होता है। परमात्मा के अनंत नामों में से एक नाम 'ओंकार' का उच्चारण करके यज्ञ, दान, तप, आदि क्रियाओं को प्रारंभ करना प्रधानत: इस शब्द की महिमा को विशिष्ट बताता हुआ यह संकेत देता है कि समस्त कर्मों को ईश्वरार्पण भाव से परमार्थ के लिए करना चाहिए। 'तत्' के उच्चारण से यह भाव अंत:करण में होना चाहिए कि समस्त कर्म परमात्मा की कृपा से ही संभव हो रहे हैं। शुभ, उत्तम व मंगलमय कर्मों को 'सत्' से अभिहित किया जाता है। परमात्मा सत् है, शाश्वत

है, मंगलमय है। यदि अविरल बहती नदी से एक कलश जल निकाल लो तो निकले हुए जल की रिक्तता पल भर में पूर्ण हो जाती है। यही मांगल्य है। यही परमात्मा की प्राणीमात्र के लिए कृपापूर्ण वर्षा है। अन्य कर्मों का फल अनित्य होने से उन्हें सत् नहीं कहा जा सकता। इसीलिए प्रत्येक यज्ञ, दान, तप आदि कर्म के शुभारंभ में यह 'ॐ तत्सत्' ब्रह्मसंकल्प कहा जाता है, जिससे 'तत' तथा 'सत' दोनों कर्मों का समावेश होने से इसे ब्रह्मानुकूल माना जाता है।

□

अथाष्टादशोऽध्यायः

निःसंग भाव से प्रभु शरण ही मोक्ष का आधार

प्रकृति स्वभावतया अधोगामिनी है। यदि निरंतर ऊँचे उठने-उठाने का प्रयास न किया जाए तो स्वाभाविक रूप से ही प्रकृति पतन की ओर बढ़ती है। उसे पतन से बचाने के लिए सदा जाग्रत् रहने तथा प्रयत्न करने की आवश्यकता होती है। समष्टि जगत् में भी जीवों के कर्मवश ही; परमात्मा की प्रेरणा से; प्रकृति का नियमन व संचालन होता है। तद्नुसार ही जीव के प्रारब्धजन्य संस्कारों व गुणों के अनुरूप ही वर्ण-व्यवस्था की संरचना आकार लेती है, जिसमें प्रत्येक जीव को अपने स्वभाव-प्रदत्त गुणों व कर्मों के अनुरूप व्यवहार करना होता है। नियत कर्म का स्वभाव से त्याग उचित नहीं होता है, क्योंकि स्वभाव, प्रकृति या ईश्वर-इच्छा, ये सब प्राणी के स्वयं के पूर्व-अर्जित कर्म संस्कारों के फलस्वरूप ही होते हैं। परमात्मा या आत्मा तो पूर्णतया शुद्ध व निर्विकार है। वह तो जीव के हृदय-क्षेत्र में निवास करते हुए, उसे उसके कर्मों के अनुसार जगत् की माया में घुमाते रहते हैं। इसीलिए भगवान् श्रीकृष्ण ने इस अध्याय में त्याग एवं त्यागी के लक्षण बताते हुए ज्ञान, कर्म, कर्ता, बुद्धि, धृति तथा सुख के भेदों का; गुणों के आधार पर अर्जुन के सम्मुख चित्र सा खींचकर यह स्पष्ट कर दिया कि सृष्टि के भिन्न-भिन्न व्यापारों में गुण-भेद से किन-किन प्रकार की विभिन्नताएँ स्वरूप लेती हैं तथा क्यों इन समस्त भेदों में 'सात्विकता' ही श्रेष्ठ, ग्राह्य एवं मुक्ति प्रदान कराने वाली है। इस अंतिम अध्याय में भगवान् श्रीकृष्ण ने गीता का उपसंहार प्रस्तुत किया है। यहाँ उन्होंने केवल अर्जुन के द्वारा पूछे गए प्रश्नों के उत्तर ही नहीं दिए, अपितु जो प्रश्न वह नहीं पूछ सका, उन गोपनीय विषयों को भी वर्णित किया, जिससे मानव जाति को भविष्य में सृष्टि, जीव व परमात्मा के परम गुह्य रहस्यों के प्रति कोई संशय न रहे। मंगलमय परमेश्वर का कोई भी विधान मंगल से रहित हो ही नहीं सकता। इसी से भगवान् ने कहा है, "अर्जुन! तुम सब आसक्ति छोड़कर भगवान् के कर्मों का संपादन करो" (तदर्थं कर्म कौंतेय मुक्तसंगः

समाचर:)। जिस साधक की प्रत्येक कर्म में यह दृष्टि रहती है तथा वह बिना किसी आसक्ति तथा कामना के इस प्रकार कर्तव्य-कर्म करता है, उसकी कर्तव्य-बुद्धि भी भगवान् की विशुद्ध और स्पष्ट संचालन-क्रिया के अंदर विलुप्त हो जाती है। वे जो कुछ कराते हैं, वह वही करता है। वस्तुत: तात्विक दृष्टि से परमात्मा से भिन्न उसका कोई पृथक् अस्तित्व प्रत्यक्ष अनुभव ही नहीं होता है। भगवान् के भजन की शरण में जाने से मनुष्य सब संकटों से पार हो सकता है।

अर्जुन उवाच

संन्यासस्य महाबाहो तत्त्वमिच्छामि वेदितुम्।
त्यागस्य च हृषिकेश पृथक्केशिनिषूदन॥ 1॥

"अर्जुन ने कहा- हे महाबाहो! हे हृषिकेश! मैं संन्यास के तत्त्व को जानना चाहता हूँ। हे केशिदैत्य-निषूदन! मैं त्याग के तत्त्व को भी पृथक्-पृथक् जानना चाहता हूँ।"

अर्जुन का यह प्रश्न मात्र 'संन्यास' तथा 'त्याग' का अर्थ-भेद जानने के लिए नहीं है, क्योंकि यह तो अर्जुन जानता ही था कि दोनों शब्दों का धात्-अर्थ 'छोड़ना' ही है। गीता-भाष्य में भगवान् श्रीकृष्ण कर्म छोड़ने की आज्ञा कहीं भी नहीं देते तथा जहाँ कहीं भी 'संन्यास' का वर्णन है, वहाँ उन्होंने यही कहा है कि केवल फल की आशा का 'त्याग' करके परमात्मा में सब कर्मों का संन्यास करो अर्थात् कर्म परमात्मा को अर्पित कर दो। अतएव अर्जुन वद शास्त्रों में कहे गए कर्म-त्याग प्रधान संन्यास धर्म के अर्थ का स्पष्टीकरण निवेदित करते हुए ज्ञानयोग के संन्यास का स्वरूप, भाव, उसमें बाधक तत्त्व तथा फलायुक्ति के त्यागरूप कर्मयोग का स्वरूप, साधन आदि का निरूपण व स्पष्टीकरण पृथक्-पृथक् स्वरूपों व लक्षणों के साथ जानना चाह रहा है, जिससे एक में दूसरे का मिश्रण न हो तथा स्पष्ट रूप से उनके भेद उसकी समझ में आ जाएँ। इस संदर्भ में अर्जुन ने हृषिकेश तथा 'केशिनिषूदन' संबोधन का प्रयोग किया है। 'हृषिकेश' ही समस्त इंद्रियों के स्वामी हैं, जो मन को संयमित कर, उसकी लगाम थामकर, इंद्रियरूपी घोड़ों को मन रूपी रथ में नियंत्रित करते हैं। 'केशिनिषूदन' इसलिए कहा गया है कि केशी नाम के अत्यंत दुर्जेय असुर को श्रीकृष्ण ने मारा था। अर्जुन चाहता है कि उसके मन में उपजे संशय रूपी असुर का भी श्रीकृष्ण उसी प्रकार नाश करें।

श्री भगवानुवाच

काम्यानां कर्मणां न्यासं संन्यासं कवयो विदुः।
सर्वकर्मफलत्यागं प्राहुस्त्यागं विचक्षणाः॥ 2॥

"संन्यास एवं त्याग के संबंध में भगवान् श्रीकृष्ण विद्धानों के मध्य प्रचलित

दृष्टिकोण को बताते हुए कहते हैं कि कुछ ज्ञानीजन काम्य कर्मों के त्याग को ही संन्यास समझते हुए केवल नित्य तथा नैमित्तिक कार्यों का ही निर्वहन करते हैं तथा कर्मों का स्वरूप से त्याग ही संन्यास मानते हैं।"

दूसरे प्रकार के ज्ञानीजन कर्मों को कर्तव्य समझकर निर्वहन करते हैं, किंतु कर्मों के फल के प्रति कोई आसक्ति न रखते हुए फलांश का त्याग करते हैं।

त्याज्यं दोषवदित्येके कर्म प्राहुर्मनीषिणः।
यज्ञदानतपःकर्म न त्याज्यमिति चापरे॥ 3॥

"कई ज्ञानीजनों का कथन है कि कर्म दोष युक्त है। अतएव उसका सर्वथा त्याग करना चाहिए तथा अन्य दूसरे ज्ञानीजनों का कथन है कि यज्ञ, दान, तप तथा कर्म कभी भी त्यागने नहीं चाहिए।"

उक्त दो श्लोक में संन्यास तथा त्याग के संबंध में ज्ञानीजनों में प्रचलित मतभेदों को बताकर भगवान् श्रीकृष्ण अब उक्त विषय में अपना मत बताते हुए कहते हैं—

निश्चयं श्रृणु मे तत्र त्यागे भरतसत्तम।
त्यागो हि पुरुषव्याघ्र त्रिविधः संप्रकीर्तितः॥ 4॥

"हे भरतश्रेष्ठ! अब त्याग के विषय में मेरा निर्णय सुनो! हे नरशार्दूल! त्याग तीन प्रकार का सात्त्विक, राजस तथा तामस कहा गया है।"

अर्जुन ने भगवान् श्रीकृष्ण से 'त्याग' तथा 'संन्यास' के तत्त्व भेद को बताने का अनुरोध किया था। इसलिए इन दोनों में से प्रथम 'त्याग' के तत्त्व को सुनने के लिए अर्जुन को सजग करते हुए; शास्त्रों में प्रचलित मत को भी समाहित करते हुए; श्रीकृष्ण ने त्याग के तीन भेद-सात्त्विक, राजस तथा तामस बताए हैं। गीता में पूर्व में श्रीभगवान् ने जीवन में कर्म के तीन भेदों को सत-रज-तम गुणों के अनुसार बताते हुए कहा है कि इन तीनों में से राजस तथा तामस का त्याग करके सात्त्विक को ग्रहण करो। उन्होंने स्थान-स्थान पर अपना दृष्टिकोण स्पष्ट किया है कि कर्म का त्याग न करो। कर्म तो सतत करो, किंतु कर्म के फल में आसक्ति न रखो। कर्म के फल का त्याग करते रहो। लेकिन यह एक ही पक्ष हुआ। दूसरा पक्ष है कि कुछ कर्म किए जाएँ तथा कुछ का त्याग किया जाए। इसी परिप्रेक्ष्य में अर्जुन द्वारा यह जिज्ञासा व्यक्त की गई है कि कुछ कर्म त्यागने योग्य अर्थात् त्याज्य होते हैं तथा कुछ कर्म कर्तव्यवश करने योग्य होते हैं, तो इन दोनों में किस प्रकार सामंजस्य बिठाया जाए। इसीलिए भगवान् श्रीकृष्ण ने कर्म के भेद निरूपित करते हुए बताया है कि जो काम्य कर्म हैं; जिनके मूल में कामना की पूर्ति निहित होती है; उनका फल त्याग करो। यदि कर्म के फल का त्याग कर दिया जाए तो स्वतः स्पष्ट हो

जाता है कि कौन से कर्म किए जाएँ और कौन से नहीं। लूटपाट-चोरी-डकैती अनीतिपूर्ण तरीकों से धन का अर्जन तथा हिंसात्मक कार्य मूलतः स्वार्थ पूर्ति की दृष्टि से ही किए जाते हैं। इसलिए फल-त्याग की कसौटी पर कसते ही ये कर्म हवा में ठीक वैसे ही उड़ जाते हैं, जैसे सूर्य का प्रकाश होते ही रात्रि का अंधकार नष्ट हो जाता है। इसीलिए त्याग-सात्त्विक, राजसी तथा तामसी तीन प्रकार का बताया गया है, किंतु त्याग का तत्त्व सुनने के लिए अर्जुन को सजग करते हुए श्रीकृष्ण त्याग का स्वरूप कहने से पहले शास्त्रों में कहे गए शुभ कर्मों के विषय में अपना अभिमत व्यक्त करते हैं—

यज्ञदानतपःकर्म न त्याज्यं कार्यमेव तत्।
यज्ञो दानं तपश्चैव पावनानि मनीषिणाम्॥ 5॥

"यज्ञ, दान, तप रूपी कर्मों का परित्याग कभी भी नहीं करना चाहिए। उन्हें अवश्य संपन्न करना चाहिए। निःसंदेह यज्ञ, दान तथा तप कर्म बुद्धिमानों के लिए चित्त को शुद्ध करनेवाले हैं।"

भगवान् श्रीकृष्ण के द्वारा कर्मों के संबंध में प्रचलित भिन्न-भिन्न मतों का कथन इस सत्य को इंगित करता है कि महाभारतकालीन मनीषियों के मध्य भी कई मत-मतांतर प्रचलित थे तथा उन सभी मतों में से श्रेष्ठ और जनकल्याणकारी मत को स्पष्ट कर देना ही श्रीकृष्ण प्रभृति महापुरुषों के लिए यथेष्ट था। 'काम्य' शब्द का दूसरे श्लोक में प्रयोग शास्त्रों में वर्णित नित्य, नैमित्तिक, काम्य और निषिद्ध कर्म भेद से अभिपेरित नहीं है। कर्म-योग मार्ग में सब कर्मों के दो ही भाग किए जाते हैं; एक 'काम्य' अर्थात् फल की इच्छा से किए गए कर्म तथा दूसरे 'निष्काम' अर्थात् फल की आशा को छोड़कर किए गए कर्म। कर्म चाहे नित्य हों, नैमित्तिक हों, काम्य हों, कायिक हों, वाचिक हों, मानसिक हों अथवा सात्त्विक; भेद के अनुसार किसी भी प्रकार के क्यों न हों; उन सबको 'काम्य' या 'निष्काम' कर्मों के इन दो वर्गों में आना ही होगा। कर्मयोग में 'काम्य' कर्मों का संन्यास करना पड़ता है। इसीलिए संन्यास का अर्थ 'काम्य कर्मों को सर्वथा छोड़ देना है तथा 'त्याग' का अर्थ है कि जो कर्म करना हो उसके प्रति आसक्ति न रखो। इसी क्रम में शास्त्रों में कहा गया है कि यज्ञ, दान, तप आदि कर्म, स्वर्ग आदि की प्राप्ति हेतु करो, किंतु यह भी सत्य है कि ये कर्म लोक कल्याण के लिए निष्काम कर्म भावना से ही किए जा सकते हैं। इसीलिए इन कर्मों को करना उचित बताते हुए कहा गया है कि ये कर्म सदैव पवित्र एवं चित्त को शुद्ध करने तथा परोपकार का भाव बढ़ानेवाले हैं।

एतान्यपि तु कर्माणि सङ्गं त्यक्त्वा फलानि च।
कर्तव्यानीति मे पार्थ निश्चितं मतमुत्तमम्॥ 6॥

"अतएव हे पार्थ! इन यज्ञ, दान, तप कर्मों को आसक्ति या फल की कामना किए बिना ही; कर्तव्य मानकर संपादित किया जाना चाहिए। यही मेरा निश्चय किया हुआ उत्तम मत है।"

'एतान्यपि' शब्द का निहितार्थ यही है कि अन्य निष्काम कर्मों के समान ही ये यज्ञ, दान, तप कर्म भी मात्र परमेश्वरार्पण बुद्धि भाव से संपादित किए जाने चाहिए। केवल काम्य कर्मों का स्वरूप से त्याग करने के उपरांत भी अन्य नित्य-नैमित्तिक कर्मों तथा उनके प्रतिफल में ममता, आसक्ति तथा कामना रहने से वे कर्म बंधनकारी बन जाते हैं। कर्तव्य, ममत्व तथा आसक्ति के भावों का त्याग किए बिना यदि समस्त कर्मों को दोष युक्त समझकर, कर्तव्य कर्मों का भी स्वरूप से त्याग दिया जाए, तो भी मनुष्य कर्म बंधन से मुक्त नहीं होगा, क्योंकि कर्म के त्याग रूप का भाव अभी भी उसने अपने अंत:करण में सँजोया हुआ है। इसीलिए भगवान् श्रीकृष्ण स्पष्ट मत दे रहे हैं कि यज्ञ, दान, तप कर्म मनीषियों के चित्त को पवित्रता प्रदान करनेवाले होते हुए भी बिना किसी ममता, अहंता, आसक्ति के साथ ही करने चाहिए। तभी मनुष्य कर्म बंधनों से मुक्त होकर परम पद को प्राप्त करता है। बृहदारण्यकोपनिषद् के शांकरभाष्यार्थ (4.4.22) में 'स वा एष' मंत्र में उल्लेख है—"वह यह महान् अजन्मी आत्मा जो कि प्राणों में विज्ञानमय है, जो यह हृदय में आकाश है, उसमें शयन करती है।" वह सबको वश में रखनेवाला, नियामक तथा सबका अधिपति है। वह शुभ कर्मों से बढ़ता नहीं और अशुभ कर्मों से छोटा नहीं होता। वह सर्वेश्वर है। इस आत्मा को वेदों के स्वाध्याय, यज्ञ, दान तथा निष्काम तप के द्वारा जानने की इच्छा करते हुए त्यागी पुरुष सबकुछ त्याग कर संन्यासी हो जाते हैं। इस संन्यास का कारण यह है कि पूर्ववर्ती विद्वान संतान तथा सकाम कर्म आदि की इच्छा न कर यह सोचते थे कि हमें प्रजा से क्या लेना है? हमको तो यह आत्मलोक अभीष्ट है। अत: वे पुत्र, वित्त और लोकेषणा को त्याग भिक्षाचर्या करते थे, क्योंकि संतान की कामना में ही अर्थ की कामना निहित होती है तथा कर्म की कामना में ही लोक की कामना निहित होती है। ये सब कामनाएँ ही हैं। आत्मा अग्राह्य है, वह ग्रहण नहीं की जाती। वह अशीर्य है, उसका नाश नहीं होता। आत्मा बँधी नहीं है, इसीलिए व्यथित नहीं होती तथा उसका क्षय भी नहीं होता। ऐसी आत्मा के आत्मज्ञ को ये दोनों पाप-पुण्य संबंधी शोक या हर्ष नहीं होते तथा वह इन दोनों ही स्थितियों में निरपेक्ष रहता है। इसीलिए भगवान् श्रीकृष्ण स्पष्ट कर रहे हैं कि यज्ञ, दान, तप, कर्मों को मात्र कर्तव्य समझकर करना चाहिए। कहीं भी यह अहंकार नहीं आना आना चाहिए कि मैंने कर्म फलों का त्याग किया है। संन्यास तथा त्याग के अर्थों का कर्मयोग की दृष्टि से स्पष्टीकरण करके, श्रीकृष्ण अब सात्त्विक भेदों के अनुसार कर्म करने की नाना विधियों का स्वरूप बताकर उसी अर्थ को दृढ करते हैं—

नियतस्य तु संन्यासः कर्मणो नोपपद्यते।
मोहात्तस्य परित्यागस्तामसः परिकीर्तितः॥ 7॥

"जो कर्म स्वधर्म के अनुसार कर्तव्य स्वरूप में निर्दिष्ट अर्थात् स्थिर किए गए हैं, उनका किसी को भी त्याग नहीं करना चाहिए। यदि मोहवश कोई अपने नियत कर्मों का परित्याग करता है तो ऐसा त्याग तामसी कहा जाता है।"

भगवान् श्रीकृष्ण पूर्व में भी "नियतं कुरु कर्म त्वं" (गीता 3.8) में नियत कर्म का स्वरूप बता आए हैं कि "तू अपने लिए नियत किए हुए कर्म ही कर।" उन्होंने पुनः यह भी कहा कि "तस्मादसक्तः सततं कार्यं कर्म" (3.19)—कि "अनासक्त भाव से निरंतर करने योग्य कर्म को कर, क्योंकि नियत कर्म का त्याग उचित नहीं।" जो मोह रूपी तमोगुण के वश में होकर, अपने कर्तव्य पथ से च्युत हो, 'कार्यम् कर्म' का त्याग करते हैं, वे तामसी हैं। यह मोह जीव को अधोगति में पतित करनेवाला होता है।

दुःखमित्येव यत्कर्म कायक्लेशभयात्त्यजेत्।
स कृत्वा राजसं त्यागं नैव त्यागफलं लभेत्॥ 8॥

"जो अपने नियत कर्म को शरीर को कष्ट होने के भय से या कष्टप्रद समझकर त्याग देता है, उसका त्याग राजस हो जाता है तथा त्याग का फल उसे नहीं मिलता।"

कर्मों को क्लेशकारक तथा दुःखकारक समझ शरीर व उसकी इंद्रियों को आराम पहुँचाने की भावना से कर्तव्य पथ का त्याग 'राजस त्याग' है, क्योंकि इसमें शरीर तथा उसकी इंद्रियों में आसक्ति का भाव रजोगुणी है। इसलिए इसमें कर्म का त्याग लोक कल्याण के लिए यथेष्ट नहीं है। यह त्याग जीवात्मा को जन्मों के बंधन में बाँधनेवाला है। इसलिए इस त्याग से मनुष्य को परमात्मा की प्राप्ति नहीं हो पाती।

कार्यमित्येव यत्कर्म नियतं क्रियतेऽर्जुन।
सङ्गं त्यक्त्वा फलं चैव स त्यागः सात्त्विको मतः॥ 9॥

"हे अर्जुन! जब नियत कर्म को कर्तव्य समझकर स्वधर्मानुसार कार्य संपादित किया जाता है तथा कर्म फल में किसी भी आसक्ति के भाव या सांसारिक विषयजन्य भाव का त्याग कर दिया जाता है तो ऐसा त्याग सात्त्विक होता है। ऐसा मेरा मत है।"

इस प्रकार शास्त्रोक्त विधि से नियत कर्म को कर्म संग दोष तथा फल कामना का त्याग करते हुए करना सात्त्विक त्याग माना गया है, क्योंकि नियत कर्म को कर्तव्य भाव से करने से ही सृष्टि का चक्र सुचारू व व्यवस्थिति रूप से संचालित होता है तथा लोक हित में वांछित सामंजस्य स्थापित रहता है। सृष्टि में पशु-पक्षी, नभचर-जलचर सभी अपने-अपने स्वभाव के अनुरूप व्यवहार करते हैं। शेर मांसाहार न करे तो हिरन,

खरगोश आदि सब वनस्पतियों को ही समाप्त कर दें। यदि शाकाहारी पशु वनस्पतियाँ न खाएँ तो जंगल अनियंत्रित हो जाएगा। यदि लोमड़ी, सियार या गिद्ध मृतकों के शरीरों को अपना आहार न बनाएँ तो वे वायु व वातावरण को दूषित व दुर्गंधमय बनाएँगे। यदि मनुष्य खेती न करे तो आहार कहाँ से आएगा? खनिज की खानों में खदान न हो तो विभिन्न कार्यों में प्रयोग होनेवाला लोहा, ताँबा, टीन आदि कहाँ से आएगा; व्यवसाय व उद्योग कैसे चलेंगे? इस प्रकार सृष्टि ने मनुष्यों सहित जीव-जंतुओं को नाना प्रकार से परिपूर्ण किया है तथा सभी का स्वभाववश कर्म भी नियत किया गया है। इसीलिए मनुष्य को अपने स्वकर्म सजगता से, असंग दोष तथा फल की कामना त्याग कर तथा त्याग का अहंकार त्याग कर करने चाहिए।

न द्वेष्ट्यकुशलं कर्म कुशले नानुषज्जते।
त्यागी सत्त्वसमाविष्टो मेधावी छिन्नसंशयः ॥ 10 ॥

"जो मुनष्य अकुशल अर्थात् अशुभ कर्म से द्वेष नहीं करता तथा कुशल अर्थात् कल्याणकारक कर्म में आसक्त या लिप्त नहीं होता तथा कर्म के विषय में कोई संशय नहीं रखता, उसे सतोगुण में स्थित बुद्धिमान तथा त्यागी मानना चाहिए।"

अशुभ या अकुशल कर्म ऐसे कर्म होते हैं जो शास्त्रों द्वारा निषिद्ध तथा पाप बुद्धि या काम्य बुद्धि से किए गए कर्म होते हैं, क्योंकि पाप कर्मों से व्यक्ति अधोगति को प्राप्त होता है तथा काम्य कर्म भी फल भोगने की कामना से पूरित होने के कारण बंधनकारी होते हैं। ये दोनों प्रकार के कर्म जन्म-मृत्यु के बंधन में बाँधनेवाले होते हैं। कुशल या कल्याणकारी कर्म जैसे यज्ञ, दान, तप-कर्म यदि निष्काम कर्म भावना के साथ किए जाते हैं तो वे पापों का नाश कर कर्म बंधन से मुक्ति प्रदान करनेवाले होते हैं। सतो गुण प्रधान त्यागी पुरुष अशुभ कर्मों से कोई द्वेष न रख मात्र अपने स्वकर्म-जन्य कर्तव्य का वहन करता हुआ; शुभ-अशुभ के संशय से दूर हो; निष्काम भाव से व्यवहार करता है। कर्म स्वरूपत: बाह्य रूप से त्यागने से नहीं छूटते। जो कर्म स्वधर्म के अनुसार सहज रूप से प्रवाहमयी होते हैं, उनका विरोध करने से अनावश्यक रूप से मनुष्य अपनी ऊर्जा ही नष्ट करेगा। यदि मनुष्य बहती हुई नदी के प्रवाह के विरुद्ध तैरने का प्रयास करेगा तो अंतत: थककर नदी के प्रवाह के साथ बह जाएगा। इसीलिए प्रवाह के अनुकूल ही क्रिया करते हुए उसे अपने तैरने का उपाय सोचना चाहिए। इससे उसके मन पर चढ़ा बाह्य आकर्षणों का मोह रूपी लेप शनै:-शनै: उतरता जाएगा तथा उसका अंत:करण शुद्ध होता जाएगा। धीरे-धीरे यह क्रिया अपने आप समाप्त हो जाएगी। प्रवाह के साथ बहना समाज के शास्त्रों में बताया गया कल्याणकारी कर्म है तथा प्रवाह के विरुद्ध जाना समाज की दी हुई व्यवस्था के विरुद्ध अपनी स्वार्थ सिद्धि या कामनाओं की तृप्ति के

लिए किया गया निषिद्ध कर्म। कुशल या अकुशल कर्म के भेद को विदित करने में संशय की स्थिति तमोगुणी है। इसीलिए कर्म के शुभत्व या अशुभत्व दोनों में से किसी के प्रति कोई आकर्षण या आसक्ति न रखते हुए; संशय रूपी सर्प से ग्रसित हुए बिना; जो अपने नियत स्वकर्म में उचित काल, उचित स्थान पर लीन रहता है तथा कर्म फल के प्रति कोई आसक्ति या लगाव नहीं रखता, वही कर्मयोगी सतोगुणवाला सच्चा त्यागी होता है। अर्जुन के पूछने पर कि यदि निषिद्ध तथा काम्य कर्मों के समान अन्य समस्त कर्मों का स्वरूप से ही त्याग कर देनेवाला पुरुष भी सच्चा त्यागी है तो नैष्कर्म्य भाव से कर्म में लीन पुरुष ही सच्चा त्यागी क्यों कहा गया है। श्रीभगवान् कहते हैं—

न हि देहभृता शक्यं त्यक्तुं कर्माण्यशेषतः।
यस्तु कर्मफलत्यागी स त्यागीत्यभिधीयते॥ 11॥

"निःसंदेह कोई भी जो देहधारी है, उसके द्वारा समस्त कर्मों का पूर्णतया त्याग किया जा पाना संभव नहीं होता है। इसीलिए जिसने कर्म को न त्याग कर मात्र उसके कर्म के फल का त्याग किया हो वही सच्चा त्यागी कहा जाता है।"

वस्तुतः तेईस तत्त्वों से बनी यह देह प्रकृति जन्य होने के कारण उसके त्रिगुणों-सत-रज-तम को किसी-न-किसी रूप में अपने में समाए रहती है, क्योंकि जब तक शरीर है, तब तक ये गुण भी किसी-न-किसी सम्मिश्रण या रूप में विद्यमान तो रहेंगे ही। गुणातीत होने पर ही शरीर का बंधन छूट परम स्थिति की प्राप्ति होती है; उससे पहले नहीं। जब तक देह के कारण जीवित रहते हैं, तब तक शरीर किसी-न-किसी रूप में परिवर्तन की प्रक्रिया में बँधा रहता है। इसीलिए कर्मों का निःशेष या पूर्णतया त्याग होना संभव नहीं है। अतएव कर्म को न त्याग कर केवल कर्म के फल की आसक्ति को त्यागने वाला ही वास्तव में त्यागी है।

अनिष्टमिष्टं मिश्रं च त्रिविधं कर्मणः फलम्।
भवत्यत्यागिनां प्रेत्य न तु संन्यासिनां क्वचित्॥ 12॥

"मृत्यु के उपरांत ऐसा पुरुष जो त्यागी नहीं है, उसे इष्ट या इच्छित, अनिष्ट या अनिच्छित तथा कुछ इष्ट कुछ अनिष्ट ऐसे मिश्रित, ये तीनों प्रकार के कर्मफल मिलते हैं, लेकिन संन्यासी के लिए, अर्थात् जो कर्मफल की आसक्ति का त्याग करता है, उसके कर्म बंधनकारी नहीं होते। उसे किसी भी काल में ऐसे फल का सुख-दुःख नहीं भोगना पड़ता।"

'अत्यागिनां' अर्थात् जिन्होंने कर्मफल को त्यागा नहीं, कामिनी तथा कंचन के सुख-भोग की स्पृहा नहीं त्यागी, उनके कर्म अपना फल दिए बिना; चाहे वे फल इष्ट,

अनिष्ट या मिश्रित किसी भी प्रकार के क्यों न हों; उन्हें संसार के भवसागर में पटकते रहते हैं, क्योंकि वर्तमान जन्म में मनुष्य पूर्व संचित कर्मों से बँधे प्रारब्ध का ही भोग करता है। इसलिए जिन्होंने अपनी समस्त इंद्रिय जनित तृष्णाओं का न्यास (अर्थात् संन्यास) कर, फलाशा का त्याग कर दिया है, वही कर्मबंधन से मुक्त हो परम पद को पा सकते हैं।

पञ्चैतानि महाबाहो कारणानि निबोध मे।
सांख्ये कृतान्ते प्रोक्तानि सिद्धये सर्वकर्मणाम्॥ 13॥

"हे महाबाहो! सांख्य शास्त्रों में समस्त कर्मों की पूर्ति के ये पाँच कारण कर्मों का अंत करने के लिए उपाय बताने वाले कहे गए हैं। उनको तुम मुझसे भलीभाँति सुनो।"

जिस प्रकार प्रत्येक क्रिया की प्रतिक्रिया होती है, उसी प्रकार प्रत्येक कर्म का भी कोई-न-कोई प्रतिफल होता है। फिर यह कैसे संभव है कि परमात्मा के प्रति समर्पण के भाव से किए गए कर्म बधंनकारी न हों? सांख्य दर्शन का उदाहरण देते हुए भगवान् कहते हैं कि समस्त कर्मों की सिद्धि के जो पाँच कारण सांख्य सिद्धांत में बताए गए हैं, वे उनसे सुनो। सांख्य का अर्थ ज्ञान है। उसी से कहा गया है, 'सम्यक् ख्यायते ज्ञायते परमात्माऽनेनेति साख्यं तत्त्वज्ञानम्'—कि जिस शास्त्र में ज्ञानयोग को तत्त्व ज्ञान के साधन रूप में बताया गया हो, उसे सांख्य कहते हैं, क्योंकि इसमें समस्त कर्मों को त्रिगुणातीत प्रकृति द्वारा किया हुआ तथा आत्मा को सर्वथा अकर्ता मानकर, कर्मों का अभाव करने का उपाय बताया गया है। आत्मा के अकर्तव्य को स्पष्ट करने हेतु श्रीकृष्ण उन पाँचों कारणों को बताते हैं, जिनके संबंध से समस्त कर्म बनते हैं।

अधिष्ठानं तथा कर्ता करणं च पृथग्विधम्।
विविधाश्च पृथक्चेष्टा दैवं चैवात्र पञ्चमम्॥ 14॥

"कर्म का स्थान या अधिष्ठान, कर्ता, भिन्न-भिन्न करण या साधन, (कर्ता की) भिन्न-भिन्न प्रकार की चेष्टाएँ तथा उसके साथ-ही-साथ पाँचवाँ कारण दैव है।"

चाहे मनुष्य इस जगत् में हो या न हो; प्रकृति के स्वभाव के अनुरूप; जगत् के समस्त कार्य-कलाप सदैव बिना रुके गतिमान रहते हैं। जिस कर्म को मनुष्य अपनी करनी समझता है, वह केवल उसके द्वारा किए गए प्रयत्नों तथा चेष्टाओं का ही परिणाम नहीं होता है। एक किसान जब खेती करता है तो उसके लिए उसे अच्छी उर्वरा-शक्ति प्राप्त भूमि, बोने के लिए अच्छी किस्म के बीज, फसल के अनुरूप उचित मात्रा में सूर्य का ताप तथा चंद्रमा की शीतलता, फसल के अनुरूप पानी की सिंचाई या वर्षा की उपलब्धता, अच्छी उर्वरक तथा खेती के लिए सुचारु उपयंत्र चाहिए होते हैं। फिर फसल को उगाने के लिए प्रयत्न तथा उसकी पशु-पक्षियों से तथा मौसम की प्रतिकूलता

से रक्षा करने के लिए किसान को यथोचित चेष्टाएँ भी करनी होंगी, साथ ही आवश्यक हो तो कीट-नाशक पदार्थों का भी समुचित प्रयोग करना होगा। इतना सब करने पर भी फसल अच्छी तथा उत्तम होगी; इसकी कहीं कोई प्रतिबद्धता नहीं होती है, क्योंकि मनुष्य के प्रयत्नों की सफलता के लिए संसार के जिन विविध उपायों की आवश्यकता होती है, उनमें से कुछ उपायों को जानकर, उनकी अनुकूलता पाकर ही मनुष्य यत्न करता है; परंतु हमारे प्रयासों के लिए अनुकूल या प्रतिकूल, सृष्टि के और भी कई कृत्य ऐसे होते हैं जिनका हमको ज्ञान नहीं होता है। इसी को 'दैव' कहते हैं और कर्म के घटित होने का यह पाँचवाँ कारण कहा गया है। मनुष्य के प्रयासों तथा चेष्टाओं के सफल होने के लिए जब इतनी सब बातों की आवश्यकता होती है तथा इनमें से कई या तो हमारे वश में भी नहीं होती हैं या उनके अत्यधिक सूक्ष्म या अदृष्ट होने के कारण वे हमको ज्ञात नहीं होती हैं। इससे यह बात स्वत: सिद्ध हो जाती है कि मनुष्य का यह अभिमान करना कि अमुक फल मेरे कर्म का फल है, मूढ़ता का लक्षण होता है। मनुष्य के जन्म-जन्मांतरों में किए गए कर्म ही तदनुरूप उसके संस्कार निर्मित करते हैं तथा उसका प्रारब्ध भी इसी में निहित रहता है। इसीलिए 'दैवम' को 'दैवं चैवात्र पञ्चमम्' कह पाँच कारणों में से चार कारण तो दैव के पहले अलग से उल्लिखित किए गए हैं तथा पाँचवाँ हेतु 'दैव' पृथक् से कहा गया है। प्रश्नोपनिषद् (4.9) में इसी को उल्लेखित करते हुए कहा गया है—"एष हि द्रष्ट स्प्रष्टा श्रोता घ्राता रसयिता मंता बोद्धा कर्ता विज्ञानात्मा पुरुषः स परेऽक्षर आत्मनि संप्रतिष्ठत्ते"- कि "ये जो देखनेवाला, स्पर्श करनेवाला, सुननेवाला, सूँघनेवाला, रस लेनेवाला, मनन करनेवाला, जाननेवाला तथा कर्म करनेवाला विज्ञान स्वरूप पुरुष है, वह भी अविनाशी परमात्मा में भलीभाँति स्थित है। अतएव प्रत्येक कर्म के लिए पृथक् चेष्टा होते हुए भी सबके परम कारण परमात्मा ही हैं।" अब भगवान् आगे बताते हैं कि इन पाँच कारणों के वश ही मनुष्य कर्म करता है—

शरीरवाङ्मनोभिर्यत्कर्म प्रारभते नरः।
न्याय्यं वा विपरीतं वा पञ्चैते तस्य हेतवः ॥ 15 ॥

"मनुष्य अपने मन, वाणी या शरीर से जो भी कर्म करता है, चाहे वह न्याय अर्थात् शास्त्रानुकूल हो या विपरीत, अर्थात् अन्याय हो—उसके ये पाँच कारण हैं,"

'प्रारभते नरः' कि मनुष्य योनि में ही जीव पाप-पुण्य रूपी नवीन कर्म अर्जित कर सकता है। अन्य योनियाँ, जैसे पशु-पक्षी या यक्ष-राक्षस, देव योनियाँ तो मूलतः भोग योनियाँ होती हैं, जिनमें जीव अपने पूर्व संचित कर्मों को भोगता है। अन्य नवीन सकारात्मक या नकारात्मक कार्य जीव के अधिकार में नहीं आते। इसीलिए मनुष्य योनि में 'मनसा-वाचा-कर्मणा' किए जानेवाले पाप या पुण्य कर्मों का फल जीव को अपने अगले जन्म-जन्मांतरों में भुगतना पड़ता है। उसके ये पाँच कारण बताए गए हैं, जिनके

संयोग के बिना कोई कर्म घटित नहीं होता। अत: कर्मों की पूर्ति के इन पाँच कारणों का निरूपण करने से यह स्पष्ट हो जाता है कि आत्मा का कर्मों से कोई संबंध नहीं होता है, अपितु आत्मा सर्वथा शुद्ध, विकार रहित एवं अकर्ता होती है।

तत्रैवं सति कर्तारमात्मानं केवलं तु यः।
पश्यत्यकृतबुद्धित्वान्न स पश्यति दुर्मतिः॥ 16॥

"परंतु ऐसा होने पर भी जो मनुष्य कुबुद्धि के कारण उस विषय में अर्थात् कर्मों के होने में केवल-विशुद्ध रूप से आत्मा को कर्ता मानता है, वह दुर्मति वाला अज्ञानी यथार्थ नहीं समझता।"

अधिष्ठानादि पाँच कारणों का ही समस्त कर्मों का हेतु होने से आत्मा का कर्मों से कोई संबंध नहीं है, तो भी अज्ञानी जन अपने को कर्मों का कर्ता मान लेते हैं। ऐसे पुरुष 'अकृतबुद्धि' वाले हैं, क्योंकि आत्मा का वास्तविक स्वरूप सर्वथा शुद्ध एवं निर्विकार है तथा आत्मा को कर्ता समझनेवाला मनुष्य 'दुमर्ति' कहा गया है।

यस्य नाहंकृतो भावो बुद्धिर्यस्य न लिप्यते।
हत्वापि स इमाँल्लोकान्न हन्ति न निबध्यते॥ 17॥

"जिस पुरुष में यह भावना नहीं है कि मैं कर्ता हूँ तथा जिसकी बुद्धि सांसारिक भोग-पदार्थों व कर्मों में लिप्त नहीं होती है, वह पुरुष इस संसार में लोगों को मार भी डाले तो यह समझना चाहिए कि उसने उन्हें नहीं मारा है और वह कर्म उसे बंधन में नहीं बाँधता।"

इस कथन का अभिप्राय यह कदापि नहीं समझ लेना चाहिए कि जिसकी फल के प्रति आशा समाप्त हो गई हो वह जो चाहे वैसा दुष्कर्म कर सकता है। साधारण मनुष्य जो कुछ करते हैं, वह स्वार्थ-वश किसी-न--किसी लोभ से करते हैं। इसीलिए उनका आचरण व कर्म अनुचित हुआ करता है, परंतु जिसका स्वार्थ या लोभ नष्ट हो गया है, जिसमें कर्म के कर्तापन का सर्वथा विलोपन हो गया है, जिसमें फल की कामना भी पूर्णतया शून्य हो गई है और जिसे समस्त प्राणी मात्र समान भाव व दृष्टि से साम्य प्रतीत होते हैं; ऐसे पुरुष से किसी का भी अहित नहीं हो सकता। इसका कारण यह है कि दोष बुद्धि में होता है न की कर्म में। इसीलिए यहाँ यह कहा गया है कि जिसकी बुद्धि पहले से शुद्ध तथा पवित्र हो गई हो, उसका किया हुआ कोई कर्म; यद्यपि लौकिक दृष्टि से विपरीत भले ही प्रतीत होता हो; तो भी न्यायत: उसके कर्म का बीज शुद्ध ही होगा। इसीलिए ऐसी शुद्ध-बुद्धि, निष्काम अंत:करण तथा स्वकर्म में कर्तव्य भावना से किए

गए उस काम के लिए उसे दायित्व से मुक्त समझना चाहिए। भगवान् श्रीकृष्ण स्वयं कह चुके हैं, "संपूर्ण जगत् मेरी इच्छा से बारंबार स्वत: प्रकट तथा नष्ट होता है (गीता 9.8) तथा ये सारे कर्म मुझे नहीं बाँध पाते हैं। सृष्टि के सृजन, पालन तथा संहार आदि कार्य करते हुए भी मैं वास्तव में उनका कर्ता नहीं हूँ। मैं उदासीन की भाँति इन सारे कर्मों से सदा विरक्त रहता हूँ" (गीता 9.9)। इसी सत्य को उन्होंने यहाँ पुन: उजागर करते हुए स्पष्ट किया है कि परमार्थ एवं लोकसंग्रहार्थ दृष्टि भाव से समस्त कर्म करता हुआ भी ऐसा मनुष्य उन कर्मों से सर्वथा बंधन रहित रहता है। श्रीकृष्ण यहीं अर्जुन को भी यह स्पष्ट करा रहे हैं कि वह स्वकर्म से विरत हो, स्वयं को कर्ता मान, युद्ध की अवहेलना कर रहा है। इसीलिए अर्जुन के प्रश्न करने पर संन्यास तथा त्याग की विवेचना द्वारा उन्होंने यह स्पष्ट कर दिया है कि स्वधर्मानुसार जो कर्म स्वाभाविक परिस्थितिवश प्राप्त होते जाएँ, उनका अहंकार, बुद्धि तथा फल की आसक्ति तीनों का त्याग करते हुए निर्वहन करना ही सात्त्विक या सच्चा त्याग है। कर्मों को छोड़कर बैठना सच्चा त्याग नहीं है।

ज्ञानं ज्ञेयं परिज्ञाता त्रिविधा कर्मचोदना।
करणं कर्म कर्तेति त्रिविधः कर्मसंग्रहः ॥ 18 ॥

"ज्ञान, ज्ञेय तथा परिज्ञाता (जाननेवाला ज्ञाता), ये तीनों कर्म करने की प्रेरणा देनेवाले कारण हैं। करण (इंद्रियाँ), कर्म तथा कर्ता, ये तीनों कर्म-संग्रह के संघटक हैं।"

किसी भी वस्तु के स्वरूप का निश्चय करनेवाला 'ज्ञाता' तथा जिस वृत्ति के द्वारा वस्तु का स्वरूप निश्चय किया जाता है वह 'ज्ञान' है तथा जिस वस्तु के स्वरूप का निश्चय किया जाए वह 'ज्ञेय' है। इंद्रियों के द्वारा कोई कर्म होने से पूर्व, उसका निश्चय करना पड़ता है। इसीलिए इस मानसिक विचार को कर्म करने की प्राथमिक प्रेरणा कहते हैं—अर्थात् कर्म योजना या कर्म की अनुप्रेरणा। यह ज्ञान, ज्ञेय तथा ज्ञाता के रूप में स्वभावतया तीन प्रकार का होता है, जिसे एक दृष्टांत से समझा जा सकता है। प्रत्यक्ष घड़ा निर्मित करने के पूर्व कुम्हार (ज्ञाता) अपने मन में निश्चय करता है कि अमुक बात (ज्ञेय) करनी है तथा वह अमुक विधि से (ज्ञान) होगी। यह क्रिया कर्म योजना या कर्म की अनुप्रेरणा हुई। इस प्रकार मन में मिट्टी से घड़ा निर्मित करने का निश्चय हो जाने पर वह कुम्हार (कर्ता) मिट्टी, घड़ा बनाने का चाक, जल इत्यादि साधन (करण) एकत्रित करके मिट्टी को जल से आवश्यकतानुसार गीला करके उसे चाक पर चढ़ाकर प्रत्यक्ष घड़ा (कर्म) तैयार करता है। यह कर्म संग्रह हुआ। कुम्हार का कर्म घड़ा निर्मित करना तो है, पर उसके इस कार्य को मिट्टी का कार्य भी कहते हैं। इस प्रकार कर्म की प्रेरणा शब्द से मानसिक क्रिया का बोध होता है तथा कर्म संग्रह शब्द से उसी मानसिक क्रिया को बाह्य क्रियाओं से युक्त करने का बोध होता है। इसी से स्पष्ट हो जाता है कि किसी

भी कर्म का पूर्ण विचार करने के लिए कर्म की 'प्रेरणा' तथा कर्म का 'संग्रह' दोनों पर विचार करना चाहिए।

ज्ञानं कर्म च कर्ता च त्रिधैव गुणभेदतः।
प्रोच्यते गुणसंख्याने यथावच्छृणु तान्यपि॥ 19॥

"'गुणसंख्या शास्त्र' अर्थात् संख्या शास्त्र में कहे गए प्रकृति के तीन गुणों के अनुसार ही ज्ञान, कर्म तथा कर्ता (प्रत्येक के सत, रज तथा तम) तीनों के तीन-तीन प्रकार के भेद हैं। उनको तुम मुझसे भलीभाँति सुनो।"

यहाँ 'गुणसङ्ख्याने' से वह शास्त्र अभिप्रेरित है, जिसमें प्रकृति के त्रिगुणों (सत्-रज-तम) की दृष्टि से समस्त पदार्थों के भिन्न-भिन्न भेदों की गणना की गई है। पूर्व श्लोक में श्रीकृष्ण ने ज्ञान, कर्म, तथा कर्ता के त्रिविध कर्म-प्रेरणा को स्पष्ट करने का जो संकेत दिया था उसके क्रम में ही, प्रथम सात्त्विक ज्ञान की विशेषता बताते हुए श्रीकृष्ण कहते हैं—

सर्वभूतेषु येनैकं भावमव्ययमीक्षते।
अविभक्तं विभक्तेषु तज्ज्ञानं विद्धि सात्त्विकम्॥ 20॥

"जिस ज्ञान से जीव अनंत रूपों में विभक्त, समस्त जीवों में एक ही अविभक्त, अव्यय, शाश्वत परमात्म भाव को समभाव से स्थित देखता है, उस ज्ञान को तुम सात्त्विक जानो।"

भगवान् श्रीकृष्ण पूर्व में कह चुके हैं कि एक ही आकाश समस्त सृष्टि में व्याप्त है, फिर भी वह भिन्न-भिन्न स्थानों व पदार्थों से देखने पर अलग-अलग सा प्रतीत होता है। उसी प्रकार जगत् के समस्त भूत-प्राणियों में स्थित जीवनी शक्ति की अभिव्यक्ति परमात्मा की परा प्रकृति के कारण होती है। उस एक पराप्रकृति; उस जीवनी शक्ति; को लोक दृष्टि से भिन्न-भिन्न प्रतीत होनेवाले समस्त चराचर भूतादिकों में समान रूप से व्याप्त देखना ही सात्त्विक ज्ञान है, क्योंकि भले ही शरीर या पदार्थ अलग-अलग हों, किंतु परमात्म तत्त्व अविभक्त है। शरीर तो मरणधर्मा होता है पर उसमें व्याप्त जीवनी शक्ति अविनाशी होती है। ऐसा सात्त्विक ज्ञान आत्मसाक्षात्कार का ही एक आयाम है।

पृथक्त्वेन तु यज्ज्ञानं नानाभावान्पृथग्विधान्।
वेत्ति सर्वेषु भूतेषु तज्ज्ञानं विद्धि राजसम्॥ 21॥

"जिस ज्ञान के द्वारा मनुष्य समस्त जगत् के प्राणियों में, भिन्न-भिन्न प्रकार के विविध भावों को, पृथक्-पृथक् देखता है; ऐसे पृथकत्व बोध ज्ञान को तुम राजस ज्ञान जानो।"

जगत् पर्यंत जलचर, पशुचर, नभचर, मनुष्य, यक्ष, राक्षस, गंधर्व, देव, कीट, पतंग आदि कोटि-कोटि योनियों में जीवों में सबकी आत्मा को उनके शरीरों के स्वरूप, रूप, रंग, आकार आदि के आधार पर पृथक्-पृथक् व विलक्षण समझना यही मनुष्य द्वारा विविध भूतादिकों को अलग-अलग भाव से देखना है। ऐसा ज्ञान वास्तविक न होकर नाममात्र का ही है। इसीलिए यह राजस ज्ञान है। सर्वत्र व्याप्त एक ही आकाश को अलग-अलग समझना वास्तव में भ्रमजाल में फँसना है। शरीर को स्वयं आत्मा जानना, शरीर के नष्ट हो जाने पर यह समझना की प्राणचेतना भी नष्ट हो गई है, जीवों में चेतना का भिन्न स्तरों का विकास मानना—ऐसी समस्त धारणाएँ रजोगुणी, होने से ऐसा ज्ञान राजस ज्ञान है।

यत्तु कृत्स्नवदेकस्मिन्कार्ये सक्तमहैतुकम्।
अतत्त्वार्थवदल्पं च तत्तामसमुदाहृतम्॥ 22॥

"तथा ऐसा ज्ञान जिससे मनुष्य सत्य और तत्त्वार्थ को बिना समझे-बूझे, किसी एक ही प्रकार के कार्य को; जो अति तुच्छ हो, सबकुछ मानकर उसी में लिपायमान रहे, ऐसा ज्ञान तामसी कहा जाता है।"

जब मनुष्य प्रकृति जन्य शरीर में ही सर्वथा आसक्त हो जाता है तथा इसी को अपना ध्येय, अपना स्वरूप तथा अपना चरम लक्ष्य समझ, इसी की आवश्यकताओं की पूर्ति में ही लिप्त रह, अपने कुटुंब व बंधु-बाँधवों के कल्याण व विकास में ही अपने को बाँधकर इस शरीर की तथा रिश्ते-नातों की क्षणभंगुरता को न देख उसी में आसक्त रहता है; तो यह बिना युक्ति वाला अज्ञान है, क्योंकि ऐसा व्यक्ति शरीर की जड़ता व क्षणभंगुरता को न तो देख पाता है, तथा न ही आत्मा के चेतन व शाश्वत स्वरूप को समझ पाता है। इसीलिए जीवात्मा की ऐसी स्थिति त्याज्य, क्षुद्र एवं तामसी कही गई है। इस श्लोक में 'तु' पद का प्रयोग, इसी भाव में, तामसी ज्ञान को पूर्वोक्त सात्त्विक तथा राजस ज्ञान से निम्न कोटि का दिखाने के लिए किया गया है। ये पृथक्-पृथक् ज्ञानों के भेद व लक्षण अत्यंत व्यापक हैं। स्वयं अपने तथा अपने कुटुंब को ही सारा संसार समझना तामस ज्ञान है। इससे ऊँची श्रेणी इसकी कुछ ऊपरी सीढ़ी है, जहाँ दृष्टि की संकीर्णता कुछ व्यापक हो जाती है। जब मनुष्य गाँव, शहर या राष्ट्र के लोगों को भिन्न-भिन्न देखने लगता है तो यह ज्ञान राजस कहलाता है, परंतु इससे ऊपरी श्रेणी में, ऊँचाई से देखने पर जब मनुष्य को सभी भूतादिकों में एक ही अव्यक्त आत्मा के दर्शन होने लगते हैं तो उसका ज्ञान पूर्ण सात्त्विक ज्ञान की स्थिति को पा लेता है। बृहदारण्यकोपनिषद् में उल्लेख है—

'मनसैवानुद्रश्टव्यं नेह नानास्ति किञचन।
मृत्योः स मृत्युमाप्नोति य इह नानेव पष्यतिं, (4.4.19)

कि "परमात्मा को परमार्थ ज्ञान से संयुक्त हुए मन से ही शास्त्र तथा सद्गुरु के उपदेश के अनुसार ही देखना चाहिए। उस दर्शन के विषयभूत परमात्मा में नाना कुछ भी नहीं है। नानात्व के न रहते हुए भी अविद्या से जो उसमें नानात्व का आरोप लगाता है, वह एक मृत्यु से दूसरी अनेक मृत्युओं को प्राप्त करता है।" वस्तुतः इस नश्वर संसार में जो कुछ ज्ञान प्राप्त करना है वह यही है कि परमार्थतः द्वैत नहीं है। यही ज्ञान का चरम है। सभी के एक हो जाने पर फिर एकीकरण की, अविभक्तः की ज्ञान क्रिया का आगे कोई स्थान शेष नहीं रहता। भगवान् श्रीकृष्ण पूर्व में भी कह आए हैं, "मम योनिर्महद्ब्रह्म" अर्थात् "यह प्रकृति मेरी योनि या मेरा एक स्वरूप है (गीता 14.3) तथा जीव या आत्मा मेरा ही अंश है। (गीता 15.7) पृथ्वी, गगन, जल, समीर, अग्नि, मन, बुद्धि तथा अहंकार, ये अष्टधा प्रकृति मेरी ही है।" (गीता 7.4) इसके अतिरिक्त श्रीकृष्ण ने कहा, "अपरेयमितस्त्वन्यां"— "वह जीव भी मेरी ही दूसरी प्रकृति है"। (गीता 7.5) सृष्टि के पदार्थों का जो ज्ञान हमें अपनी ज्ञानेंद्रियों से प्राप्त होता है वही हमारी सृष्टि है। इसीलिए प्रकृति या सृष्टि को श्रीभगवान् ने कई स्थलों पर 'ज्ञात' कहा है तथा इसी दृष्टि से पुरुष 'ज्ञाता' कहा गया है, परंतु जो सच्चा ज्ञेय है वह प्रकृति और पुरुष अर्थात् ज्ञान तथा ज्ञानी से भी परे है। इसीलिए गीता में उस सच्चे ज्ञेय को परम पुरुष कहकर संबोधित किया गया है। तीनों लोकों को व्याप्त कर उन्हें धारण करनेवाला वह परम पुरुष एक है, नित्य है, अक्षर है, अव्यक्त है। यही सत्य समस्त उपनिषदों, ब्रह्मसूत्रों व वेदांतों में भी निर्विवाद रूप से वर्णित किया गया है। अब आगे श्रीकृष्ण सात्त्विक कर्म के विषय में बताते हैं—

नियतं सङ्गरहितमरागद्वेषतः कृतम्।
अफलप्रेप्सुना कर्म यत्तत्सात्त्विकमुच्यते॥ 23॥

"कर्म-फल की इच्छा या आसक्ति न रखने वाला जीवात्मा, मन में राग-द्वेष न रखता हुआ, अनासक्त भाव से, स्वधर्मानुसार जो कर्म नियत हो, उसे करता है, उसको सात्त्विक कर्म कहा जाता है,"

'संगरहितमरागद्वेषतः' कर्म के कर्तव्यभाव का अभिमान ही 'संग' है। जिन कर्मों में कर्तापन तथा देहाभिमान नहीं है, वे ही संगरहित कर्म हैं। जो कर्म बिना प्रेम या घृणा भाव के परमार्थ से किया जाए तथा 'अफलप्रेप्सुना', जो फल की इच्छा से रहित हो, तथा जो कर्म 'नियतम्'—शास्त्र एवं स्वधर्म के अनुसार परिस्थितियों के अनुरूप किया जाए, वह कर्म 'सात्त्विक' बताया गया है। जो कर्म सहज प्राप्त हैं उन्हीं के फल का त्याग हो सकता है। जो कर्म सहज तथा स्वाभाविक रूप से प्राप्त न हुए हों तथा मन उनको करने की इच्छा करता है तो भी उन्हें नहीं करना चाहिए, भले ही उन कर्मों में आपको लाखों अच्छाइयाँ दिखाई दें। अगर सात्त्विक कर्मों का भी लोभ होने लगे तो वह लोभ भी दूर से

ही त्याग देना चाहिए, क्योंकि ऐसे सात्त्विक कर्म जो सहज व स्वाभाविक रूप से नहीं, अपितु लोभवश किए जाएँ, उनमें भी राजसता तथा तामसता आ जाएगी।

यत्तु कामेप्सुना कर्म साहङ्कारेण वा पुनः।
क्रियते बहुलायासं तद्राजसमुदाहृतम्॥ 24॥

"परंतु जो कर्म कामना या फल की इच्छा एवं मिथ्या अहंकार की भावना से, मनुष्य द्वारा बड़े परिश्रम से किया गया हो, ऐसा कर्म राजस कर्म कहलाता है।"

जब किसी कर्म की प्रवृत्ति ऐसी हो, जिसमें विविध प्रकार की क्रियाओं को करना आवश्यक हो तथा जिसका कर्ता के द्वारा अत्यंत परिश्रम एवं कष्ट उठाकर; देहाभिमान और अहंकार के साथ निर्वहन किया जाए, तो ऐसा कामना युक्त कर्म 'बहुलायासम्' (कठिन परिश्रम) कहलाता है। ऐसे कर्मों को रजोगुणी बताते हुए श्रीकृष्ण ने सात्त्विक कर्मों से उनकी भिन्नता प्रकट की है, क्योंकि पिछले श्लोक में स्पष्ट किया गया है कि सात्त्विक कर्म सहज व स्वाभाविक रूप से प्राप्त होते हैं तथा उनको करते समय कर्ता में अहंकार तथा कर्तापन का भाव नहीं होता है। इसीलिए उन्हें करने में किसी कष्ट का बोध नहीं होता है। इसके विपरीत राजस कर्म में कर्ता को देहाभिमान तथा अहंकार के कारण शरीर के परिश्रम एवं कष्ट का बोध बना रहता है तथा वह असहज व अस्वाभाविक रूप से नए-नए कर्मों को प्रतिदिन प्रारंभ करता रहता है, जिससे अनावश्यक रूप से कर्मों का विस्तार हो जाता है। तब ऐसे कर्म बहुलायासम् (कठिन परिश्रम) कारी हो संगदोष से ग्रसित हो जाते हैं।

अनुबन्धं क्षयं हिंसामनपेक्ष्य च पौरुषम्।
मोहादारभ्यते कर्म यत्तत्तामसमुच्यते॥ 25॥

"जो कर्म मोहवश इन बातों पर ध्यान दिए बिना किया जाता है कि इस कर्म का भविष्य में क्या परिणाम होगा, इस कर्म को क्रियान्वित करने के लिए कितना पौरुष या सामर्थ्य आवश्यक होगा, क्या इससे हिंसा होगी या अन्य लोगों को दुःख पहुँचेगा, ऐसा कर्म तामसी कहा जाता है।"

इस प्रकार कर्मों के तीन भेदों में सभी प्रकार के कर्मों का समावेश हो जाता है। इन भेदों में जो सिद्धांत निहित है वह है कि कर्म की अपेक्षा बुद्धि श्रेष्ठ होती है। इसीलिए कर्म के लक्षणों का वर्णन करते समय स्थान-स्थान पर कर्ता के बुद्धि-विवेक पर बल दिया गया है कि कर्म की सात्त्विकता या तामसता केवल कर्म के बाह्य परिणाम से ही नि श्चित नहीं की जा सकती। फल की आशा त्यागने पर भी यह नहीं समझना चाहिए कि कर्म का सार क्या है। वर्तमान तथा भविष्य में इसके परिणाम क्या होंगे; इसके लाभकारी

या हानिकारक प्रभाव क्या होंगे? इन सब तत्त्वों का विचार किए बिना ही जो कर्म किया जाता है, वह कर्म तामसी होता है न कि सात्त्विक, क्योंकि उत्तरदायित्व से हीन ऐसा कर्म अपने निजी अनुभव के आधार पर ही करना मोह है, जो तमोगुण का मूल होता है।

मुक्तसङ्गोऽनहंवादी धृत्युत्साहसमन्वितः।
सिद्ध्यसिद्ध्योर्निर्विकारः कर्ता सात्त्विक उच्यते॥ 26॥

"जो पुरुष संसार के काम-विषयों में निःसंग रहता है, अहंकार रहित आचरण करता है, संकल्प तथा उत्साहपूर्वक अपना कर्म करता है तथा कार्य के सिद्ध होने या न होने के हर्ष-विषाद के विकारों से रहित रहता है, वह सात्त्विक कर्ता कहलाता है।"

जो कर्ता प्रकृति के गुणों से अतीत, सुख-दुःख में सम रहता है, मिथ्या अहंकार से रहित, धैर्य तथा उत्साह से अपने कर्म में तत्पर, सफलता-विफलता में निर्विकार रहता है, वही मनुष्य सात्त्विक है। जिस भाव का उसमें अभाव होगा, उतनी ही उसकी सात्त्विकता में अल्पता रहेगी।

रागी कर्मफलप्रेप्सुर्लुब्धो हिंसात्मकोऽशुचिः।
हर्षशोकान्वितः कर्ता राजसः परिकीर्तितः॥ 27॥

"जो कर्ता, कर्म तथा कर्मों के प्रतिफल के प्रति आसक्ति रखते हुए काम्य कर्मों को भोगना चाहता है, जो लालची है, दूसरों के प्रति ईर्ष्या व राग-द्वेष रखने वाला है, जो अपवित्र आचरण में रत तथा सुख-दुःख में विचलित होनेवाला है, वह राजसी कर्ता कहा जाता है।"

ऐसा पुरुष सांसारिक विषय-वासनाओं की तृप्ति तथा घर-बार आदि के लिए ही अनुरक्त रहता है तथा सुख-साधनों के संग्रह के लिए उचित-अनुचित सब प्रकार की आय में रुचि रखता हुआ लोलुपता, ईर्ष्या, अपवित्रता में ही आकंठ डूबा हुआ इन नश्वर सुखों को ही स्थायी व हितकारी मानता है। इस रजोगुण की बाहुल्यता से ही ऐसा कर्ता राजसी कहा गया है। इसलिए वह संसार के भव-सागर से पार न पाकर, जन्म-जन्मांतरों में नाना प्रकार की अशुभ व हीन योनियों में भटकता रहता है।

अयुक्तः प्राकृतः स्तब्धः शठो नैष्कृतिकोऽलसः।
विषादी दीर्घसूत्री च कर्ता तामस उच्यते॥ 28॥

"जो अपने स्वच्छंद मन तथा इंद्रियों के वशीभूत चंचल बुद्धिवाला है, असभ्य, घमंडी, धूर्त, हठी, कपटी, दूसरों को हानि पहुँचाने वाला, आलसी, शोक-विषाद से पूरित तथा कार्य करने में दीर्घसूत्री अर्थात् थोड़ी देर में पूर्ण होनेवाले कार्य को लंबी अवधि तक

खींचनेवाला है, ऐसा कर्ता तामसी है।"

उपरोक्त अवगुणों के कारण ऐसे पुरुष को तमोगुण प्रधान तामस कर्ता ही समझना चाहिए। इस प्रकार तत्त्वज्ञान में कर्म को प्रेरित कर कर्म संग्रह में से ज्ञान, कर्म तथा कर्ता के सत्-रज-तम के त्रिविध भेदों का वर्णन कर श्रीकृष्ण अब आगे बुद्धि, धृति तथा सुख के भी क्रमश: त्रिविध भेद बताते हैं।

बुद्धेर्भेदं धृतेश्चैव गुणतस्त्रिविधं श्रृणु।
प्रोच्यमानमशेषेण पृथक्त्वेन धनञ्जय॥ 29॥

"हे धनंजय! प्रकृति के तीनों गुणों के कारण बुद्धि तथा धृति के भी जो तीन प्रकार के भिन्न-भिन्न भेद होते हैं; उनके विषय में विस्तार से बताऊँगा। तुम इसको सुनो।"

वस्तुत: 'बुद्धि' अंत:करण की निश्चय करने की शक्ति की सूचक है। बुद्धि से उत्पन्न होनेवाला ज्ञान भी बुद्धि का ही वृत्ति विशेष है। 'धृति' भी बुद्धि की ही वृत्ति है, जो धारण करने की शक्ति विशेष का सूचक है। छब्बीसवें श्लोक में सात्त्विककर्ता के लक्षणों में 'धृति' शब्द प्रयोग किया गया है, जिससे यह संशय हो सकता है कि क्या 'धृति' केवल सात्त्विक ही होती है। इसी को स्पष्ट करने के लिए धृति के भी तीन भेद बताए गए हैं।

प्रवृत्तिं च निवृत्तिं च कार्याकार्ये भयाभये।
बन्धं मोक्षं च या वेत्ति बुद्धिः सा पार्थ सात्त्विकी॥ 30॥

"हे पार्थ! जो बुद्धि प्रवृत्ति अर्थात् किसी कर्म के करने और निवृत्ति अर्थात् किसी कर्म के न करने को जानती है तथा यह जानती है कि कार्य अर्थात् करने के योग्य काम क्या है तथा अकार्य अर्थात् न करने के योग्य कार्य क्या है, किस कर्म से बंधन प्राप्त होता है और किससे मोक्ष, ऐसी बुद्धि सात्त्विक है।"

जैसे हंस नीर तथा क्षीर को पृथक्-पृथक् कर देता है, वैसे ही सात्त्विक बुद्धि भी जीवात्मा को यह प्रेरणा देती है कि कौन से कर्म करने से तथा कौन से कर्म त्यागने से भगवत प्राप्ति सिद्ध होती है; कौन से कार्य कर्तव्य जानकर करने योग्य हैं तथा कौन से अकर्तव्य जानकर त्यागने योग्य हैं; कौन से कार्य बंधनकारी हो जीव को जन्म-मृत्यु के बंधन से भटकाते हैं तथा कौन से कार्य कर्म बंधनों को काटकर मोक्ष की ओर ले जाते हैं। सत् तत्त्व से प्रेरित बुद्धि देश-काल, परिस्थिति, प्रकृति, वर्ण, आश्रम के अनुरूप सम्यक् तत्त्वों का यथायोग्य निर्णय कर साधक को परम कल्याण के मार्ग पर अग्रसर करती है।

यया धर्ममधर्मं च कार्यं चाकार्यमेव च।
अयथावत्प्रजानाति बुद्धिः सा पार्थ राजसी॥ 31॥

"हे पार्थ! जो बुद्धि, धर्म तथा अधर्म का तथा कर्तव्य और अकर्तव्य के भेद का, यथार्थ निर्णय नहीं कर पाती, वह राजसी है।"

भारतीय सनातन धर्म के शास्त्रों ने इंद्रिय निग्रह को ही मानसिक उन्नति तथा समस्त सुखों का मूल कारण माना है। इंद्रियों पर नियंत्रण न होने पर काम, क्रोध, मोह, स्मृतिनाश, बुद्धिनाश, ये सब विकार एक के बाद एक उत्पन्न होते जाते हैं तथा मनुष्य का पतन कर देते हैं (गीता 2. 62-63)। धर्म-अधर्म की व्याख्या भी अत्यंत विशद है, परंतु इस धर्म-अधर्म का विचार करते समय बुद्धि की आंतरिक भावना तथा बाह्य क्रिया दोनों की ओर ध्यान देना आवश्यक है; क्योंकि जब तक उद्देश्य की ओर दृष्टि न डाली जाए, तब तक न्याय नहीं हो पाएगा। पुण्य तथा पाप कर्मों को करने की प्रवृत्ति अनेक कारणों से उत्पन्न होती है। यश-कीर्ति बढ़ाने की इच्छा, पुण्य अर्जित करना, शास्त्रोक्त सांसारिक स्वार्थों की सिद्धि तथा निष्काम भाव से दुःखी-पीड़ित जीवों के कष्ट दूर करने की चेष्टा आदि अनेकों आंतरिक कारणों से मनुष्य की बुद्धि पुण्य कर्म में प्रवृत्त होती है। इसी प्रकार काम-विषयों के भोग, सांसारिक पदार्थों में आसक्ति, कुटुंबियों तथा संबंधीजनों के प्रति मोह, पराधीनता, अज्ञान (पाप कर्म को पुण्य मानकर प्रवृत्त होना, जैसे कुछ धर्म संप्रदाय के लोग अपने मत को बढ़ाने के लिए लाखों निरपराध नर-नारियों को मृत्यु के घाट उतारकर बल व कपटपूर्वक अन्य मतों के लोगों का मतांतरण करने की चेष्टा करते हैं आदि) प्रमाद तथा दूसरों को कष्ट पहुँचाने की चेष्टा, आदि कारणों से मनुष्य पाप कर्मों में प्रवृत्त होता है। जिस प्रकार अधर्म तथा निषिद्ध कर्मों को करने से विभिन्न प्रकृति के पुरुषों को अपने-अपने भाव के अनुसार मानसिक कष्ट न्यून या अधिक होता है, उसी प्रकार शास्त्र निहित धार्मिक कर्मों में भी लक्ष्य भेद होने से विभिन्न पुरुषों की मानसिकता, उन्नति, आनंद तथा व्यावहारिक लाभ रूपी परिणामों में भिन्नता होती है। उदाहरणार्थ एक परोपकारी वैद्य ने बुढ़ापे में एक अस्पताल बनवाया तथा उसके द्वारा वह निष्काम भाव से धर्मपरायण हो दीन-दुःखियों की बड़े प्रेम से सेवा करने लगा। एक बार एक धनी पुरुष का पुत्र, जिसे कुष्ठ रोग हो गया था, वह अस्पताल में भरती हुआ। उसके माता-पिता ने उसकी देखभाल के लिए अपने गृह-वैद्य को भी नियुक्त कर दिया। उसकी चिकित्सा तथा सेवा सुश्रूषा वहाँ होने लगी। उसकी धर्मपत्नी भी स्वेच्छा से उसकी सेवा करने के लिए वहीं रहने लगी। माता-पिता भी बीच-बीच में आकर उसे देख लेते थे, परंतु इन सब सेवा करनेवाले लोगों के मन-बुद्धि में विभिन्न प्रकार के भाव काम कर रहे थे। अस्पताल का मालिक लोक कल्याण के भाव से; प्राणीमात्र में अपनी आत्मा का दर्शन कर, निःस्वार्थ भाव से सेवा करता था। गृह वैद्य अपने स्वार्थ (धन-लाभ) के कारण सेवा

करता था। धर्मपत्नी पति-सेवा के रूप में स्वधर्म व कर्तव्य का पालन करने के लिए सेवा करती थी। माता-पिता लोक-लज्जा के भय से उसे देखने आते थे। इस प्रकार भावना में बुद्धि-भेद होने से सब के फलों में भी विभिन्नता आ जाती है। निष्काम भावनावाला पुरुष सभी को नारायण मान, बिना किसी भेदभाव के, सबकी सेवा करता है तथा सात्त्विक बुद्धि का होता है। सकाम पुरुष जहाँ स्वार्थ सिद्धि न हो वहाँ सहायता या सेवा के लिए तत्पर नहीं होता और जहाँ केवल स्वार्थ की भावना होती है वहाँ पूर्ण संतोष नहीं मिल सकता, क्योंकि प्रसन्नता तो अंत:करण के प्रेम से जनित होती है। उपर्युक्त दृष्टांत में गृह-वैद्य केवल अर्थलाभ को दृष्टि में रखकर देखभाल कर रहा था, इसलिए उसे अंत:करण की शुद्धि प्राप्त नहीं हुई। इसी प्रकार लोक लज्जा के कारण सेवा करनेवालों को भी पूर्ण संतोष नहीं मिल सकता। इस दृष्टांत में माता-पिता को अपकीर्ति का अभाव रूपी फल ही प्राप्त होता है। इसी प्रकार पति-सेवा की दृष्टि से परिचर्या करनेवाली धर्मपत्नी से यद्यपि रोगी प्रसन्न रहता है, तथापि सेवा भावना मात्र पति या संबंधी तक ही संकुचित होने से जनसामान्य की सेवा में वह प्रवृत्त नहीं हो सकती। इसलिए भावना संकुचित होने के कारण फल भी संकुचित या एकदेशीय ही होता है। यही कारण है कि भगवान् श्रीकृष्ण ने कर्ता तथा बुद्धि के सत-रज-तम गुणों के अनुसार भेद बताए हैं।

अधर्मं धर्ममिति या मन्यते तमसाऽऽवृता।
सर्वार्थान्विपरीतांश्च बुद्धिः सा पार्थ तामसी॥ 32॥

"हे पार्थ! जो बुद्धि मोह तथा भ्रम से आच्छादित होकर अधर्म को धर्म तथा धर्म को अधर्म मानती है तथा सदैव विपरीत दिशा में प्रयत्न करती है, वह तामसी है।"

भगवान् श्रीकृष्ण पहले कह आए हैं—'मनसस्तु परा बुद्धि:'—कि मन की अपेक्षा बुद्धि श्रेष्ठ है एवं उससे परे है (गीता 3.42)। बुद्धि तथा मन का भेद बताने के लिए कहा गया है, 'व्यवसायित्मका बुद्धि मनो व्याकरणात्मकम्' (महाभारत शांतिपर्व 251.11) कि बुद्धि व्यवसाय करती है, अर्थात् सार-असार-विचार करके कुछ निश्चय करती है और मन व्याकरण अर्थात् विस्तार अथवा अगली अवस्था प्रदान करनेवाली प्रवर्तक इंद्रिय है अर्थात् बुद्धि व्यवसायात्मिका है तथा मन व्याकरणात्मक है। गीता (2.44) में भी व्यवसायात्मिका बुद्धि शब्द का प्रयोग हुआ है, जो इसी अर्थ में सार-असार-विचार करके कुछ निश्चय करनेवाली इंद्रिय ही है। यह अब केवल शास्त्रीय तथा सूक्ष्म-विवेचन के लिए उपयोगी है। सामान्य व्यवहार में 'बुद्धि' शब्द का प्रयोग निर्णय करनेवाली इंद्रिय तथा उस इंद्रिय के व्यापार से मनुष्य के मन में उत्पन्न होनेवाली वासना या इच्छा, इन दो अर्थों में किया गया है। जिस प्रकार व्यवहार में कटहल के पेड़ और फल के लिए कटहल, इस एक शब्द का प्रयोग किया जाता है, उसी प्रकार

व्यवसायात्मिका बुद्धि के लिए और उस बुद्धि की इच्छा आदि फलों के लिए भी 'बुद्धि' इस एक शब्द का ही प्रयोग व्यवहार में किया जाता है। किसी भी बात का विचार करके निर्णय करनेवाली बुद्धि केवल एक ही होती है, परंतु मन के समान बुद्धि भी शरीर का धर्म है। अतएव पूर्व कर्म के अनुसार या पूर्व परंपरा या आनुवांशिक संस्कारों के कारण या शिक्षा-अशिक्षा आदि कारणों से यह बुद्धि कम या अधिक सात्त्विक, राजसी एवं तामसी हो सकती है। इसी कारण से किसी एक ही विषय में एक की बुद्धि ग्राह्य प्रतीत होती है, वहीं दूसरे की बुद्धि अग्राह्य प्रतीत होती है। जिस बुद्धि से काला-गोरा, गेहूँ-चावल-दाल, हीरे या कोयले का भेद जाना जाता है, उसी बुद्धि से सार-असार-विवेक की क्रियाओं के तारतम्य का विचार कर यह निर्णय लिया जाता है कि किसमें लाभ है या हानि, कहाँ भय है, कहाँ नहीं, क्या कार्य है, क्या अकार्य, क्या धर्म है, क्या अधर्म। इसी अभिप्राय की ओर विचार कर यहाँ एक ही बुद्धि के सात्त्विक, राजसी तथा तामसी भेद बताए गए हैं; जिनका भावार्थ यही है कि बुद्धि एक ही है तथा उचित-अनुचित का निर्णय करने का सात्त्विक गुण इसी एक बुद्धि में पूर्वजन्म-जन्मांतरों के संस्कारों, शिक्षा, इंद्रिय-संयम आदि के कारण उत्पन्न हो जाता है। इन्हीं कारणों से वही बुद्धि जैसे कार्य-अकार्य निर्णय के विषय में वैसे ही अन्य दूसरी बातों में भी राजसी अथवा तामसी हो सकती है। इस विवेचन से यह भलीभाँति ज्ञात हो जाता है कि चोर-डाकू या न्यायाधीश की बुद्धि में अथवा भिन्न-भिन्न भौगोलिक परिस्थितियों तथा धर्म-संप्रदायों के देशों के मनुष्यों की बुद्धि में भिन्नता क्यों हुआ करती है। प्रत्येक मनुष्य का कर्तव्य है कि वह अपनी बुद्धि को सात्त्विक बनाए तथा यह कार्य इंद्रिय-संयम के बिना नहीं हो सकता। जब तक व्यवसायात्मिका बुद्धि यह समझने में समर्थ नहीं है कि मनुष्य का हित किस बात में है तथा जब तक उसकी इंद्रियाँ हित-अहित, उचित-अनुचित का सम्यक् निर्णय किए बिना अपनी इच्छानुसार आचरण करती रहेंगी, तब तक उसकी बुद्धि शुद्ध नहीं कही जा सकती। इसीलिए गीता में श्रीभगवान् ने स्थान-स्थान पर मन तथा इंद्रियों को बुद्धि के अधीन रख उन्हें संयमित करने पर बल दिया है। इसीलिए कठोपनिषद् में प्रथम अध्याय के तृतीय से नवम मंत्र तक शरीर को रथ की उपमा दी गई है तथा यह रूपक लिया गया है कि उस शरीर रूपी रथ में जुते हुए इंद्रियों रूपी घोड़ों को काम-विषय भोगों के मार्ग में नियंत्रित व संयमित रूप से चलाने के लिए बुद्धि रूपी सारथी को मन की लगाम धीरता से खींचे रहनी चाहिए। बुद्धि की शुद्धि के लिए ध्यान, समाधि, भक्ति और ज्ञान से परमात्मा के यथार्थ स्वरूप को विदित कर यह सत्य बुद्धि में पूर्णता से स्थापित हो जाना चाहिए कि सभी प्राणियों में एक ही आत्मा है। इसी को आत्मनिष्ठ बुद्धि कहते हैं। इस प्रकार जब बुद्धि आत्मनिष्ठ हो जाती है तथा मनोनिग्रह के द्वारा मन तथा इंद्रियाँ उसके नियंत्रण में रहकर सही आचरण करना सीख जाते हैं, तब इच्छा,

वासना आदि मनोधर्म भी अपने आप शुद्ध व पवित्र हो जाते हैं तथा शुद्ध सात्त्विक कर्मों की ओर देहेंद्रियों की सहज ही प्रवृत्ति होने लगती है।

धृत्या यया धारयते मनःप्राणेन्द्रियक्रियाः।
योगेनाव्यभिचारिण्या धृतिः सा पार्थ सात्त्विकी॥ 33॥

"हे पार्थ! जिस अव्यभिचारिणी अर्थात् इधर-उधर न डिगने वाली धारण शक्ति से मनुष्य; योगाभ्यास के द्वारा; मन, प्राण तथा इंद्रियों के कार्यकलापों को वश में रखता है, वह धृति सात्त्विक है।"

धृति का शाब्दिक अर्थ 'धैर्य' है, परंतु यहाँ पर इसका अर्थ शारीरिक धैर्य की अपेक्षा मन का दृढ निश्चय है। यद्यपि निर्णय करना तो बुद्धि का कार्य होता है, परंतु यह भी आवश्यक है की बुद्धि के अनुरूप ही मन की स्थिति भी हो। इसीलिए यह कहना सम्यक् होगा कि धृति अथवा मानसिक धैर्य का गुण; मन तथा बुद्धि; दोनों की सहायता से उत्पन्न होता है, परंतु मात्र इतना ही सात्त्विक लक्षण को पूर्ण करने के लिए पर्याप्त नहीं होता है, क्योंकि अव्यभिचारी अर्थात् इधर-उधर विचलित न होकर धृति को एकाग्र करके दृढतापूर्वक मन, प्राण तथा इंद्रियों की क्रियाओं (इंद्रियों का व्यापार) को धारण करना चाहिए, साथ ही यह भी बताना चाहिए कि ये व्यापार किस लिए होते हैं अथवा इन व्यापारों का कर्म क्या है? तद्नुसार योग शब्द का अर्थ चित्त को एकाग्र करने तक ही सीमित न हो, इसलिए इसमें कर्मफल-त्याग रूपी योग क्रिया को भी समाहित किया गया है। सात्त्विक कर्म के तथा सात्त्विक कर्ता आदि के गुण बताते समय जैसे 'फल की आसक्ति के त्याग' को प्रधान गुण माना गया है, वैसे ही सात्त्विक धृति का लक्षण बताते समय भी उसी को प्रधान माना गया है।

यया तु धर्मकामार्थान् धृत्या धारयतेऽर्जुन।
प्रसङ्गेन फलाकाङ्क्षी धृतिः सा पार्थ राजसी॥ 34॥

"लेकिन हे पार्थ! जिस धृति से मनुष्य कर्मफल की इच्छा के प्रति आसक्त हो धर्म, अर्थ तथा कर्मों को धारण करता हुआ लिप्त बना रहता है, वह राजसी है।"

चूँकि कर्मों के फल के प्रति मोह तथा आसक्ति मूलतः रजोगुणी है तथा इस प्रकार की धृति मनुष्य को जन्म-जन्मांतरों के कर्म-बंधनों में बाँधनेवाली होती है, इसीलिए जो मनुष्य धर्म-अर्थ आदि में, विषय-भोगों को ही अपना उद्देश्य बना कर, उनमें लिपायमान हो, दृढतापूर्वक इंद्रिय-तृप्ति में ही जकड़ा रहता है, उसकी धारण शक्ति राजसी है।

यया स्वप्नं भयं शोकं विषादं मदमेव च।
न विमुञ्चति दुर्मेधा धृतिः सा पार्थ तामसी॥ 35॥

"हे पार्थ! जिस धृति से मनुष्य दुर्बुद्धिवाला होकर निद्रा, स्वप्न, भय, शोक, विषाद तथा मद को नहीं छोड़ता तथा उन्हें धारण किए रहता है, ऐसी धारण शक्ति तामसी है।"

'स्वप्न' तो स्वाभाविक प्राकृतिक घटना है, किंतु व्यक्ति की जैसी प्रवृत्ति होती है, उसी प्रकार का स्वप्न वह देखता है। तामस वृत्ति की दुर्बुद्धि वाला व्यक्ति सांसारिक भोग-वासनाओं में लिप्त हो नित्य नई कामनाओं की पूर्ति हेतु आतुर रहता है तथा लिप्सा के कारण उसे उसी प्रकार की निद्रा व स्वप्न आते हैं। वह अधिक-से-अधिक धन एवं प्रभुत्व प्राप्ति की ओर उन्मुख रहता है। इसी से अनिष्ट की आशंकाएँ भी उसके मनोजगत् में आकुलता, घबराहट तथा भोग-सुखों के नाश की संभावनाएँ पैदा करती रहती हैं। उसके मन में उत्पन्न अनिश्चिंतताओं के कारण उसके अंत:करण में असंतोष, खिन्नता, शोक तथा विषाद व्याप्त रहता है। वह अपने धनबल-बाहुबल के मद में चूर हो उसी में आकंठ डूबा रहता है। फलस्वरूप उसका मन, बुद्धि तथा इंद्रियाँ तमो गुणों में विचरते हुए तामस धृति को प्राप्त होते हैं। वस्तुतः निश्चय की दृढता तो पूर्णतया मानसिक प्रक्रिया है तथा उसके भला या बुरा होने का विचार उसके उद्देश्य को देखकर किया जाता है कि जिस कार्य के लिए जिस क्रिया का प्रयोग किया गया है वह कैसी है? निद्रा, आलस्य, मद, भय, शोक आदि कामों में ही यदि दृढ निश्चय किया गया हो तो वह तामस है। फल की आशा में किया गया कार्य-व्यवहार राजस है। कर्मफल को त्याग, निष्काम भाव से किए गए योग में, दृढ निश्चय से परमात्मा की प्राप्ति के भाव में सदा स्थिर रहनेवाली धृति सात्त्विक होती है।

सुखं त्विदानीं त्रिविधं श्रृणु मे भरतर्षभ।
अभ्यासाद्रमते यत्र दुःखान्तं च निगच्छति॥ 36॥
यत्तदग्रे विषमिव परिणामेऽमृतोपमम्।
तत्सुखं सात्त्विकं प्रोक्तमात्मबुद्धिप्रसादजम्॥ 37॥

"अब हे भरतश्रेष्ठ! सुख के भी तीन भेद बताता हूँ। उसे तुम सुनो। अभ्यास से जिस चिंतन-मनन व भजन में साधक का चित्त रम जाता है तथा जहाँ उसके दुःखों का अंत होता है, जो आरंभ में विष के समान प्रतीत होता है, परंतु परिणाम में अंततः अमृत-तुल्य है, जो आत्मनिष्ठ बुद्धि की तुष्टि से उत्पन्न मनुष्य में आत्मसाक्षात्कार जगाता है, वह सात्त्विक सुख कहलाता है।"

'आत्मबुद्धि' शब्द का प्रयोग विशिष्ट है, क्योंकि 'बुद्धि' एक ऐसी इंद्रिय है जो एक ओर तो त्रिगुणात्मक प्रकृति के तीनों गुणों के विस्तार को लक्षित करती है और

दूसरी ओर आत्म स्वरूपी परमात्मा का बोध भी सुलभ कराने का महत्त्वपूर्ण साधन बन जाती है। बुद्धि इस प्रकृति के विस्तार के मूल में अर्थात् प्राणी मात्र में समानता से व्याप्त है। इसीलिए इंद्रिय-संयम के द्वारा बुद्धि को त्रिगुणात्मक प्रकृति के विषय-विकारों से हटाकर; आत्मनिष्ठ योग क्रिया को नियत विधि से कर; साधक परमात्म प्राप्ति के चरम आनंद की स्थिति को प्राप्त कर सकता है, जहाँ साधक को सत्य एवं दिव्य आत्मिक सुख की अनुभूति होने लगती है। इसी को भगवान् श्रीकृष्ण ने गीता (5.21) में कहा है कि सांसारिक बाह्य-विषयों में अनासक्त पुरुष अंतरात्मा में स्थित सुख को प्राप्त होता है तथा पुनः (गीता 5.24 में), कहा कि जो अंतःकरण में सुख का अनुभव करता है, वही अंततोगत्वा ब्रह्म को प्राप्त होता है। इसी प्रकार पुनः (गीता 6.21 में) श्रीकृष्ण ने स्पष्ट किया है कि यह परम सुख आत्मनिष्ठ बुद्धि द्वारा ग्रहण किए जाने योग्य है। इसीलिए सांसारिक राग-द्वेषों, सुख भोगों की क्षणिकता समझकर इंद्रिय निग्रह के द्वारा यम, नियम, आसन, प्राणायाम, प्रत्याहार, धारणा, ध्यान, समाधि, शम, दम, वैराग्य तथा विवेक आदि साधनों से सच्चा साधक निरंतर सच्चिदानंद परमात्मा के स्वरूप के चिंतन का अभ्यास करता है। उक्त अभ्यास भले ही प्रारंभ में कुछ कष्टप्रद या विष के समान कष्टकारी प्रतीत हो, किंतु सतत चिंतन-ध्यान के अभ्यास से जो सुख प्राप्त होता है, वह ब्रह्म पीयूष के ब्रह्मानंद तुल्य होता है, जो साक्षात् अमृत-पान के सुख को अनुभूत करानेवाला होता है, जहाँ मनुष्य आधि दैविक, आधि भौतिक तथा आध्यात्मिक दुःखों से सदा के लिए मुक्त हो, शुद्ध सात्त्विक परमात्म सुख को प्राप्त करता है। इस सुख के समक्ष संसार के समस्त सुख अत्यंत क्षुद्र, नगण्य व दुखःस्वरूप प्रतीत होने लगते हैं। श्रीकृष्ण अब राजस सुख का स्वरूप बताते हैं—

विषयेन्द्रियसंयोगाद्यत्तदग्रेऽमृतोपमम्।
परिणामे विषमिव तत्सुखं राजसं स्मृतम्॥ 38॥

"जो सुख इंद्रियों तथा उसके विषयों के संसर्ग से प्राप्त होता है और प्रारंभ में अमृत के समान लगता है, उसका अंतिम परिणाम विष के समान होता है। ऐसा सुख रजोगुणी या राजस कहलाता है।"

सांसारिक भोग-विषयों में आसक्त इंद्रियों को प्राप्त होनेवाला सुख मात्र क्षणिक होता है। मनुष्य की भोग लिप्सा कभी शांत नहीं होती। एक कामना पूर्ण होते ही अनेकानेक अन्य कामनाएँ उसे घेर लेती हैं तथा इन्हीं की तृप्ति में लिप्त ऐसा पुरुष स्वयं को जन्म-मृत्यु के भव-बंधन में बाँधकर उसी प्रकार नष्ट हो जाता है जैसे कीट-पतंगें जलते दीपक की लौ से आकर्षित हो उससे टकराने में ही सुख मानते हैं, किंतु परिणाम में जलकर कष्ट भोगते हैं तथा नष्ट हो जाते हैं।

यदग्रे चानुबन्धे च सुखं मोहनमात्मनः।
निद्रालस्यप्रमादोत्थं तत्तामसमुदाहृतम्॥ 39॥

"जो सुख प्रारंभ में तथा परिणाम में भी आत्मा को मोह जाल में फँसाता है तथा जो निद्रा, आलस्य एवं प्रमाद के वशीभूत हो कर्तव्य से विमुख हो जाने से उत्पन्न होता है, उसे तामस सुख कहते हैं।"

सार्वभौम रूप से आनंद-उल्लास की प्राप्ति ही जीवन का उद्देश्य है, किंतु यह क्षणिक न होकर चिरकाल तक रहनेवाला हो तभी अर्थपूर्ण है। तामस की प्रबलता उसे निद्रा, आलस्य, प्रमाद तथा मोह से ग्रसित कर उसे स्वकर्म पालन से प्राप्त होनेवाले कर्तव्य पथ से च्युत कर देती है। राजस सुख में पुरुष धन-संपत्ति, पद, यश-मान-अभिमान में ही सुख ढूँढ़ता है तथा अंत में कष्ट को प्राप्त होता है। सच्चा सुख बाह्य जगत् के आकर्षणों में नहीं, अपितु आत्मसंयम के द्वारा परम तत्त्व के चिंतन-मनन के साधनों का अनुसरण करने में है, जिसमें वह परमात्म में लीन हो चिद्-सद्मय आनंद की अनुभूति करता है। जब तक चित्त और चित्त की लहरों में ही मोह रहेगा तो सुख कहाँ मिलेगा? निरूद्ध चित्त के परमात्म में विलीन होने पर आत्म साक्षात्कार होता है तथा परमात्मा के सच्चिदानंद स्वरूप के गुण-धर्मे से युक्त आनंदानुभूति जीव अपनी ही आत्मा में पाता है, जिसके आगे कोई स्थिति नहीं, क्योंकि यही तो आत्मा का स्वरूप है और यही उसके आनंद की पराकाष्ठा है।

न तदस्ति पृथिव्यां वा दिवि देवेषु वा पुनः।
सत्त्वं प्रकृतिजैर्मुक्तं यदेभिः स्यात्त्रिभिर्गुणैः॥ 40॥

"पृथ्वी में या आकाश में या देवताओं में अर्थात् देवलोक में भी ऐसा कोई भी सत्त्व नहीं है जो इस त्रिगुणमयी प्रकृति के इन तीनों गुणों (सत-रज-तम) से मुक्त हो।"

समस्त चराचर ब्रह्मांड में पृथ्वी पर्यंत, समस्त पाताल आदि लोक तथा उनमें स्थित समस्त स्थावर व जंगम भूत-पदार्थ आदि, आकाश पर्यंत समस्त पृथ्वी से ऊपर के लोक तथा उनमें स्थित समस्त पदार्थ एवं प्राणीजन और देवलोक सहित समस्त उच्चतर लोक तथा उनसे संबंधित समस्त पदार्थ व जीव एवं इसके अतिरिक्त भी जो भी वस्तु या जीव ब्रह्मांड में विद्यमान हैं, वे सभी प्रकृति के तीनों गुणों से व्याप्त हैं तथा इन्हीं गुणों में आपसी सामंजस्य बनाए रखते हैं। इसलिए वे नश्वर एवं अनित्य हैं। अर्जुन के द्वारा संन्यास एवं त्याग को तत्त्व से जानने की जिज्ञासा को शांत करने के लिए श्रीकृष्ण ने त्याग एवं त्यागी के लक्षण, संन्यास का स्वरूप तथा ज्ञान, कर्म, कर्ता आदि के गुणों सहित भेद यहाँ बताए हैं। इसी अध्याय के सातवें श्लोक में श्रीकृष्ण ने बताया है कि नियत कर्म का स्वरूप से त्याग उचित नहीं होता है तथा नवें श्लोक में बताया है कि नियत कर्मों को आसक्ति तथा

फलाशा सहित त्यागना ही वास्तविक त्याग है, किंतु किस जीव के लिए कौन सा कर्म नियत है, इसको स्पष्ट करने के लिए वे चातुर्वर्ण्य व्यवस्था में गुण-कर्म के विभागशः भेद बताते हैं—

ब्राह्मणक्षत्रियविशां शूद्राणां च परंतप।
कर्माणि प्रविभक्तानि स्वभावप्रभवैर्गुणैः ॥ 41 ॥

"हे परंतप! ब्राह्मणों, क्षत्रियों, वैष्यों तथा शूद्रों में प्रकृति के गुणों के अनुसार, उनके स्वभाव द्वारा उत्पन्न गुणों के अनुरूप भेद किया जाता है।"

भगवान् श्रीकृष्ण पूर्व में कह आए हैं कि "चातुर्वर्ण्यं मया सृष्टं गुणकर्मविभागश" (4.13) कि "चार वर्णों की रचना मैंने की, किंतु जन्म के आधार पर नहीं, अपितु गुणों के माध्यम से कर्म को चार भागों में बाँटा।" महाभारत शांति पर्व, 188, में भीष्म श्रीभगवान् की स्तुति करते हैं—

"ब्रह्म वक्रं भुजौ क्षत्रं कृत्स्नमरूदरं विशः
पादौ यस्याश्रिताः शूद्रस्तस्यै वर्णात्मने नमः।"

कि "ब्राह्मण जिनका मुखस्वरूप हैं, क्षत्रिय जिनकी भुजा हैं, वैश्य जिनके ऊरू तथा उदरस्वरूप हैं तथा शूद्र जिनके चरणों में आश्रय लेकर स्थित हैं, उन चतुर्वर्णी परमात्मा को मैं नमन करता हूँ।" वर्णों की चतुर्थ-स्तरीय व्यवस्था व्यवस्थित समाज का स्वरूप दिखाती है। प्राणियों के अनेकानेक जन्मों के कर्मों से जो संस्कार बनते हैं, उन्हीं के अनुरूप उसका स्वभाव ढल जाता है तथा उस स्वभाव के अनुरूप ही प्रकृति के सत-रज-तम गुणों की उसके अंतःकरण में वृत्तियाँ उत्पन्न होती हैं। 'गुणैः' तथा 'स्वभावप्रभवैः' शब्दों के द्वारा यही भाव प्रस्तुत किया गया है। यह सामाजिक व्यवस्था मात्र हिंदू समाज में ही नहीं है, अपितु संसार के सभी भागों में विद्यमान है। भेद-व्यवस्था व्यक्ति विशेष के स्वभाव व गुण के आधार पर की जाती है, क्योंकि प्रत्येक वर्ण के अपने स्वभाव-गुण-वश कुछ विशिष्ट लक्षण होते हैं, जो उन विभेदों में मूलतः परिलक्षित होते हैं। उन्हीं के आधार पर भेद-विभेद होता है, न कि जन्म के आधार पर। इसीलिए गीता में भगवान् श्रीकृष्ण ने चारों वर्णों के लक्षण-गुण-स्वभाव बताते हुए जो व्यवस्था दी है, वो कहीं भी जन्म के आधार पर नहीं बताई गई है। यदि समाज एक शरीर है तो चारों वर्ण उसके अंग। भीष्म पितामह ने श्रीभगवान् की स्तुति में कहा है कि इस समाज रूपी शरीर में प्रत्येक अंग का अपना विशेष महत्त्व होता है। यदि सिर तथा मुख न हों तो न तो बुद्धि होगी न ही शरीर को भोजन प्राप्त होगा। यदि आँख, नाक, कान, भुजा नहीं होंगे तो कर्म कैसे होगा? यदि पेट व जाँघ न हों तो शरीर की पाच्य-अपाच्य क्रियाएँ कैसे होंगी तथा शरीर त्याज्य अवशेषों को त्यागेगा कैसे? यदि पैर न हों तो शरीर चलेगा-फिरेगा कैसे?

एक भी अंग के बिना शरीर अपंग हो जाएगा। ये चारों वर्ण भगवत-प्राप्ति पथ की चार सीढ़ियों के समान हैं। जैसे-जैसे प्राणी अपने अंतर्मन में आराधना स्तर का विकास करता जाता है, वैसे-वैसे इन सीढ़ियों के अगले सोपान को चढ़ता जाता है।

शमो दमस्तपः शौचं क्षान्तिरार्जवमेव च।
ज्ञानं विज्ञानमास्तिक्यं ब्रह्मकर्म स्वभावजम्॥ 42॥

"मन को संयमित करना, इंद्रियों के विषय-विकारों का दमन करना, तपस्या, पवित्रता जो आंतरिक तथा बाह्य दोनों प्रकार की हो, सहिष्णुता, स्वभाव की सरलता, धर्म शास्त्रों के तत्त्वों का ज्ञान, तत्त्व से परमात्मा को आत्मानुभूत करने का विज्ञान, धार्मिकतापरक आस्तिक बुद्धि, ये सब ब्राह्मण के स्वाभाविक गुण हैं, जिनके द्वारा ब्राह्मण कर्म करते हैं।"

इस प्रकार ब्राह्मणत्व वह स्थिति है जहाँ पुरुष की बौद्धिक तथा नैतिक स्थिति अति श्रेष्ठ होती है। मनुष्य सिर के बालों के प्रकार या माथे की रेखाओं या जन्म के आधार पर ब्राह्मणत्व प्राप्त नहीं करता, अपितु सत्य एवं कर्मपरायणता की कठिन डगर पर चल, समाज को उत्थान के पथ पर चलाता है। ब्राह्मण मनुष्य अपनी विद्वत्ता, शम-दम-तप-निष्ठा तथा नैतिकता के बल पर समाज की सत्ता व शक्ति के केंद्र में बैठे नेतृत्व को, समाज के व्यापक हित हेतु, आग्रहपूर्वक पथ-प्रदर्शक का कर्तव्य निभा, निरंकुश होने से बचाता है। ब्राह्मण व्यक्तिगत स्तर पर सत्य के ज्ञान व अनुभव से प्राप्त विज्ञान से परमात्मा की प्राप्ति हेतु सतत प्रयासरत रहता है।

शौर्यं तेजो धृतिर्दाक्ष्यं युद्धे चाप्यपलायनम्।
दानमीश्वरभावश्च क्षात्रं कर्म स्वभावजम्॥ 43॥

"शौर्य-वीरता, तेजस्विता, धैर्य, दक्षता, युद्ध से विमुख न होना, दान व उदारता के साथ प्रजा को कुशल नेतृत्व देना, ये सब स्वभाव से प्राप्त क्षत्रियों के स्वाभाविक गुण हैं।"

यहाँ क्षत्रियों के स्वभाविक गुण दो प्रकार के बताए गए हैं—'युद्ध-काल या संकट-काल' में शौर्य-पराक्रम, तेज तथा धैर्य से दक्षता व कुशलतापूर्वक न्याय के लिए युद्ध करना तथा युद्ध से विमुख न हो रण में डटे रहना तथा 'शांतिकाल' में दान, वीरता व उदारता के साथ शासन द्वारा प्रजा को अन्याय पूर्ण आचरण से बचाने के लिए शासक वर्ग को सदाचार में प्रवृत्त करना, न्याय की रक्षा करना, निःस्वार्थ प्रजा का हित-संवर्धन करते हुए यथा आवश्यक सुरक्षा प्रदान करना। आध्यात्मिक रूप से क्षत्रिय अवस्था के साधक को अपनी इंद्रियों के शमन-दमन के साथ ही सतत संयम

रूपी संघर्ष के द्वारा परमात्म प्राप्ति हेतु तत्पर रहते हुए, ब्राह्मण श्रेणी के सोपान को प्राप्त करने हेतु सर्वथा लगे रहना चाहिए, क्योंकि क्षत्रियों के स्वभाव में सत्त्वमिश्रित रजोगुण की प्रधानता होती है।

कृषिगौरक्ष्यवाणिज्यं वैश्यकर्म स्वभावजम्।
परिचर्यात्मकं कर्म शूद्रस्यापि स्वभावजम्॥ 44॥

"कृषि अर्थात् खेती, बागवानी आदि, गोरक्षा अर्थात् पशुपालन का उद्यम तथा वाणिज्य अर्थात् उद्योग-व्यापार, वैश्य का स्वभावजन्य कर्म है। उसी प्रकार परिचर्या या सेवा करना शूद्र का स्वाभाविक कर्म है।"

वैश्य के स्वभावजन्य कर्म कृषि, गोरक्षा तथा वाणिज्य बताए गए हैं, जो समाज के संचालन व अस्तित्व के लिए अत्यंत महत्त्वपूर्ण हैं। विविध प्रकार के अन्न, फल, सब्जियों, मसालों, नमक में से कुछ वस्तुएँ पृथ्वी के किसी भाग में उत्पन्न होती हैं तो कुछ कहीं अन्यत्र। हजारों वर्षों से भूमि से उत्पादन करने हेतु, कृषि आदि कार्यों से जो भूमि की उर्वरक क्षमता का ह्रास हो रहा है, उसकी प्रतिपूर्ति भी आवश्यक होती है। बैलों द्वारा हल चलाने या ट्रैक्टर से जुताई करने से सूर्य के प्रकाश की ऊर्जा का भूमि में संचार होता है। पानी की सिंचाई से भूमि में तरलता व नमी बनी रहती है, जिससे पौधे जीवन रस लेते हैं। कृषि उत्पादन से भू-क्षेत्र के विभिन्न हिस्सों में उसकी आपूर्ति, व्यवसाय तथा क्रय-विक्रय बाजार या हाट में संपादित होते हैं। वस्त्रों के लिए कपास की खेती तथा रुई की बुनाई-कताई का कार्य भी आवश्यक है। वैश्य गौ-पालन तथा पशुपालन से दूध, दही, घी आदि का उत्पादन कर समाज को मांसाहार का विकल्प देकर पौष्टिक पेय तथा खाद्य पदार्थों की आपूर्ति सुलभ कराता है तथा समाज रूपी शरीर की महत्त्वपूर्ण आवश्यकताओं को पूरित करता है। वैश्य के स्वभाव में तमोमिश्रित रजोगुण की प्रधानता होती है। शरीर ही खेत रूपी क्षेत्र है जिसकी चिंतन-भजन रूपी निराई-गुड़ाई करके, परमात्म रूपी बीज को स्थापित कर, उसकी रक्षा करते हुए, फल का संवर्धन कर रजोगुणी विकारों का निराकरण करते हुए ईश-साधना के मार्ग पर प्रशस्त होते जाना ही कृषि आदि कर्म हैं, जिसके फल-अन्न को शास्त्रों में परमात्मा-तुल्य बताया गया है, जो मनुष्य-शरीर को तुष्ट, पुष्ट और तृप्त कर, मनुष्य को साधना के पथ पर उस मंजिल पर पहुँचा देता है, जहाँ पहुँचकर उसे फिर वापस नहीं जाना पड़ता। परिचर्या या सेवा कर्म शूद्र का स्वभावजन्य स्वाभाविक कर्म कहा गया है। कृषि, पशुपालन और वाणिज्य में श्रमदान के साथ-साथ समाज में सबके लिए उपयोगी वस्तुओं को हाथ की कारीगरी द्वारा तैयार करना यथा लोहारगिरी, बुनाई, कताई, सिलाई, शिल्पकारी, बुनकारी, चर्मकारी, काष्ठकारी, निर्माण-कार्य आदि सहस्त्रों कार्य ऐसे हैं, जो शूद्रों के द्वारा किए जाते हैं और समाज की

जीवंतता के लिए अत्यंत आवश्यक हैं। आधुनिक काल में सेवा वर्ग में राजकीय सेवाओं में लगे सिविल सेवा तथा अन्य सहायक सेवाओं के अधिकारियों के साथ-साथ ऊपर से निचले स्तर तक के सभी कार्मिक आते हैं। इसी प्रकार उद्योग-वाणिज्य तथा कल-कारखानों में कार्यरत मैनेजर, अभियंता, लेखा-अधिकारी, बैंक व बीमाकर्मी, यातायात-परिवहन क्षेत्र के कर्मी, होटल-रेस्तराँ आदि विभिन्न प्रकार की सेवा में लगे कर्मी, चिकित्सा सेवा क्षेत्र के लोग तथा अन्य सहस्त्रों सेवाओं में कार्यरत विशेषज्ञ तथा श्रमकर्मी इस वर्ग में शामिल हैं। इसी प्रकार, अनादिकाल से अब तक युग के अनुरूप विविध कर्म किए जा रहे हैं, जहाँ कोई कर्म न तो उच्च है और न ही निम्न। जगत् के नानात्मक विधि व्यवहार स्वभावजन्य प्रकृति के द्वारा संचालित हो रहे हैं। शूद्र के स्वभाव में रजोमिश्रित तमोगुण का प्रधान्य होता है, जिसके कारण सेवा-संबंधी कार्यों में उसकी स्वाभाविक प्रवृत्ति हो जाती है तथा स्वभाव के अनुकूल होने से उसे किसी कठिनाई का बोध नहीं होता। मूलतः यह सेवाभाव इतना महत्त्वपूर्ण है कि ये परम तत्त्व को अल्पज्ञ रूप से जाननेवाले साधक के अंत:करण में भी; अपने से उन्नत अध्यात्म प्राप्ति वाले गुरुजनों की सेवा के माध्यम से; परम तत्त्व के बीज रूपी संस्कारों का सृजन-प्रजनन-संस्करण कर; उसे वैष्य-क्षत्रिय-ब्राह्मण श्रेणी की उत्तमता से पोषित करते हुए; सच्चिदानंद परमात्मा में प्रवेश करा देता है। यदि सृष्टि व संपूर्ण जगत् परिवर्तनशील है, उसकी स्थिति व गुणात्मकता में नित्य व निरंतर परिवर्तन ही प्रकृति का स्वभाव है तो कोई भी पुरुष यदि परमात्म-प्राप्ति के क्रमिक रूप से उच्चतर सोपानों में उन्नति पाना चाहे तो प्रकृति के स्वाभाविक नियम उसे भला कैसे रोक सकते हैं! अतः वह उक्त व्यवस्था के तहत उच्च अवस्था पाने के अधिकार से वंचित नहीं हो सकता। परमात्म प्राप्ति का यह सहज मार्ग है, जिसमें साधक जिस भी स्थिति व अवस्था में हो, उसी योग्यता से वह आगे पथगामी हो जाएगा।

स्वे स्वे कर्मण्यभिरतः संसिद्धिं लभते नरः।
स्वकर्मनिरतः सिद्धिं यथा विन्दति तच्छृणु॥ 45॥

"अपने-अपने स्वभावजन्य गुणों के अनुसार प्राप्त होनेवाले कर्मों में प्रवृत्त रहनेवाला मनुष्य, अपने स्वभावजनित कर्मों के गुण-धर्मों का पालन करते हुए परमात्म प्राप्ति रूपी सिद्धि को पाता है। अब तुम सुनो कि अपने स्वभावजन्य कर्मों में तत्पर रहने से परमसिद्धि किस विधि से मिलती है।"

परमात्मा ही समस्त संसार के कर्ता-धर्ता हैं। परमेश्वर ही इस सृष्टि को रचता है तथा उसके रचित विधान के अनुरूप अपने स्वभावजन्य व्यवहारों को सभी जीव करते भी हैं। उसी सृष्टि के व्यवहारों को गतिमान रखने तथा सरलता से चलाने के लिए ही चातुर्वर्ण्य आदि व्यवस्थाएँ परमात्मा द्वारा सृजित की गई हैं। "चातुर्वर्ण्यं मया सृश्टं

गुणकर्मविभागष:" (4.13) अर्थात् यह परमात्मा ही की इच्छा है कि प्रत्येक मनुष्य अपने-अपने अधिकार के अनुसार, समाज के इन कामों को लोक कल्याण के लिए करता रहे। इसी व्यवहार क्रम से यह सत्य भी स्वत: सिद्ध हो जाता है कि जगत् के जो व्यवहार परमात्मा की इच्छानुसार संचालित एवं गतिमान हैं, उनमें से कुछ विशेष अंश किसी मनुष्य विशेष के द्वारा संपादित करने के लिए ही परमात्मा ने उस मनुष्य विशेष को समय, स्थान एवं परिस्थितियों के अनुरूप उत्पन्न किया है। यदि मुनष्य परमात्मा के द्वारा नियत कार्य न करें तो सृष्टि के चक्र में तद्नुसार व्यवधान की स्थिति आ जाएगी तथा मनुष्य परमात्मा की अवज्ञा का दोषी बन जाएगा। यदि मनुष्य के अंत:करण में यह अहंकार-भाव पैदा होता है कि यह काम उसका है या इस कर्म को करने से उसके अमुक स्वार्थ की पूर्ति होगी, तो वह कर्म उसके लिए बंधनकारी बन जाएगा तथा उस कर्म के अच्छे-बुरे परिणाम उसे भोगने पड़ेंगे, परंतु यदि इन्हीं कार्यों को मनुष्य मात्र अपना स्वभावजन्य स्वधर्म जान कर, उसके परिणाम को परमात्मा के प्रति समर्पित करते हुए, इस भाव से करेगा कि परमात्मा की इच्छानुसार जो कुछ भी करना है, वह उसका निमित्त मात्र है, तो उस काम के करने में, कोई संगदोष नहीं लगता। ऐसे कार्य का निर्वहन करने में कुछ भी अनुचित नहीं है, क्योंकि स्वधर्म के अनुरूप, स्वाभाविक गुणों के अनुसार प्राप्त कर्मों में प्रवृत्त-आचरण से ही सर्वभूतों में स्थित परमात्मा की सात्त्विक भक्ति होती है तथा मनुष्य इसी आचरण से परमात्म रूपी सिद्धि को प्राप्त कर सकता है। मनुष्य का यह मिथ्या भ्रम है कि वह अमुक कर्म को करता है या अमुक कर्म को छोड़ता है। इसीलिए कर्म के फल की आशा का त्याग कर नैष्कर्म्य भाव से परमात्मा में फल को अर्पण करने के भाव से कार्य में सजग रहना चाहिए। यदि कोई मनुष्य ऐसा निग्रह करेगा कि मैं इन कर्मों को नहीं करता, तो भी प्रकृति-धर्म के अनुसार उसे उन कर्मों को करना ही होगा। इसी हेतु से परमात्मा में ही अपनी समस्त इच्छा-कामनाओं को लय करके स्वधर्मानुसार प्राप्त व्यवहार को, परमार्थ-बुद्धि वैराग्य भाव से लोकसंग्रह के लिए अवश्य करना चाहिए। यही परमात्मा स्वयं भी करते हैं। इसीलिए तो भगवान् श्रीकृष्ण ने कहा है कि "यदि मैं नियत कर्म न करूँ तो सारे लोक नष्ट हो जाएँगे तथा मैं वर्णसंकर का कर्ता, सारी प्रजा का हनन करनेवाला बनूँगा।" (गीता 3.24)इसीलिए इस श्लोक में वे स्पष्ट करते हैं कि "मैं भी यही करता हूँ तथा तद्नुसार तुम भी स्वभावजन्य कर्मों में प्रवृत्त हो परमात्म सिद्धि को प्राप्त करो, अर्थात् अपने स्वाभाविक कर्म में रत रहो।" इसी को श्रीकृष्ण आगे कहते हैं—

यत: प्रवृत्तिर्भूतानां येन सर्वमिदं ततम्।
स्वकर्मणा तमभ्यर्च्य सिद्धिं विन्दति मानव: ॥ 46 ॥

"जो समस्त प्राणियों का उद्गम है तथा जिसमें समस्त जगत् व्याप्त हो विस्तार

पाता है, ऐसे परमात्मा की अपने स्वधर्मानुसार प्राप्त होनेवाले कर्मों के द्वारा पूजा-उपासना करने से ही मनुष्य को परम सिद्धि प्राप्त होती है।"

परमात्मा में ही जगत् की सृष्टि, पालन तथा विलय होता है। वह ही सर्वव्याप्त, अलौकिक, अव्यक्त, अचिंत्य, निर्गुण, निर्विशेष परमात्मा जगत् का कर्ता होते हुए भी अकर्ता है। (गीता 4.13) उसका कर्तापन सामान्य जीव की भाँति न होकर सर्वथा अलौकिक है। वह सर्वरूप होने में समर्थ होकर भी सबसे सर्वथा अतीत और असंग है। वह सर्वगुण संपन्न होते हुए भी निर्गुण है तथा समस्त विशेषणों से युक्त होकर भी निर्विशेष है। इसी आशय से मनुष्यों को अपने स्वभावजनित कर्मों द्वारा परमात्मा की उपासना की विधि बताने से पूर्व उसे परमात्मा के सर्वव्यापी स्वरूप को बताते हुए उनकी विशेषताएँ, प्रभाव व गुणों को बताते हुए श्रीकृष्ण कहते हैं, "समस्त जगत् मेरे अव्यक्त रूप द्वारा व्याप्त है। समस्त जीव मुझमें है, किंतु मैं उनमें नहीं हूँ।" (गीता 9.4) इसीलिए जीव को अपने 'कार्यम्-कर्म' का निर्वहन करते समय यह ध्यान रखना चाहिए कि समस्त भूतादिकों की उत्पत्ति उसी परमात्मा से है तथा वह भी परमात्मा का ही एक भिन्नांश है। उसके कर्म भी परमात्मा के ही हैं तथा वह भी परमात्मा का ही है। उपरोक्त भाव से स्वाभाविक कर्म करना ही परमात्मा की उपासना है। यही जीवन की सच्ची सिद्धि है, क्योंकि "तेशामहं समुद्धर्ता"—(गीता 12.7), "ऐसे भक्तों का मैं स्वयं उद्धार करता हूँ।" यहाँ स्वयं परमात्मा मानव जाति को आश्वासन दे रहे हैं।

श्रेयान्स्वधर्मो विगुणः परधर्मात्स्वनुष्ठितात्।
स्वभावनियतं कर्म कुर्वन्नाप्नोति किल्बिषम्॥ 47॥

"भले ही परधर्म के अनुसार कार्य का आचरण कितना ही सहज क्यों न प्रतीत हो, फिर भी उसकी अपेक्षा अपने स्वधर्म के स्वभाव के अनुकूल कार्य करना ही उचित है, चाहे स्वधर्मजनित कार्य कितना ही त्रुटिपूर्ण ढंग से किया जाए या उसमें कितने ही दोष क्यों न प्रतीत होते हों, क्योंकि गुण-स्वभाव के अनुसार नियत किया हुआ अपना कर्म करने से मनुष्य को कोई पाप प्रभावित नहीं करता है।"

स्वभावजनित स्वकर्मों को समस्त कर्म-फल की आशा के त्याग भाव से किया जाए तो सृष्टि का कर्म-चक्र सुचारू रूप से चलता रहेगा। कर्ता के द्वारा निष्काम भाव से कर्म करने से उसके ये कर्म मोक्ष-प्राप्ति में भी बाधा नहीं डाल सकेंगे। स्वभावजनित स्वधर्म के कर्म का आचरण अप्रिय, असहज या दोषपूर्ण सा प्रतीत होने पर भी, पराए धर्म की अपेक्षा, अधिक श्रेष्ठ होता है। नैष्कर्म्य-सिद्धि प्राप्ति के लिए कर्म को छोड़ने की आवश्यकता नहीं है। सृष्टि के चक्र के निर्धारित रूप से चलने तथा लोक-कल्याण के लिए; समाज के धारण-पोषण के निमित्त; ज्ञान-विज्ञान से युक्त पुरुष, युद्ध में वीरता

व पराक्रम दिखाने वाले वीर, क्षत्रिय तथा किसान, व्यवसायी, उद्यमी, लोहार, बढ़ई, कुम्हार आदि सभी की आवश्यकता होती है। यदि ये सब लोग अपने-अपने कर्म त्याग कर संन्यासी बन जाएँ तो समाज कैसे चलेगा? इसीलिए यहाँ इस श्लोक में स्पष्ट किया गया है कि अपने स्वभावजनित गुणों के अनुसार प्राप्त हुए व्यवसाय को छोड़कर, दूसरे के व्यवसाय को श्रेष्ठ समझकर; करना उचित नहीं है। वृत्ति परधर्म-कर्म या परवृत्तिभेदन आदि दोष के कारण त्यागने योग्य हैं। मनुष्य की लघुता या महत्ता उसके व्यवसाय पर निर्भर नहीं होती है, अपितु वह जिस बुद्धि-भाव से कर्म करता है, उस पर निर्भर करती है। इसीलिए पहले 3.35 में भी श्रीकृष्ण भगवान् कह चुके हैं कि अपने नियत कर्मों को दोषपूर्ण ढंग से करना भी अन्य के कर्मों की अपेक्षा अधिक श्रेयस्कर है, क्योंकि अन्य किसी के मार्ग का अनुसरण भयावह होता है।

सहजं कर्म कौंतेय सदोषमपि न त्यजेत्।
सर्वारम्भा हि दोषेण धूमेनाग्निरिवावृताः ॥ 48 ॥

"जिस प्रकार अग्नि धुएँ से आवृत्त रहती है, उसी प्रकार प्रत्येक कर्म किसी-न-किसी दोष से युक्त होता है। अतएव हे कौंतेय! मनुष्य को स्वभाव से उत्पन्न सहज कर्म कभी भी त्यागना नहीं चाहिए, भले ही वह दोष युक्त क्यों न हो।"

स्वभावतया प्राप्त होनेवाला सहज नियत कर्म कदाचित अलाघ्य, कठिन, अप्रिय या दोषयुक्त भी प्रतीत हो सकता है, जैसे क्षत्रिय-कर्म के अनुसार युद्धभूमि में युद्ध के दौरान विरोधी पक्ष के लोगों की मृत्यु भी होगी ही, तो क्या हत्या का दोष लगेगा। ब्राह्मण के लिए मान्य क्षमाशील व्यवहार में भी एक दोष प्रतीत होता है कि क्षमावान पुरुष को लोग दुर्बल समझते हैं या व्याध या बहेलिए के द्वारा अपने पेशे के अनुरूप, मांस बेचना भी दोषयुक्त होता है, किंतु इन कारणों से इन कर्मों का त्याग उचित नहीं है। इसी को श्रीकृष्ण भगवान् ने अग्नि को जलाने पर धुएँ से आवृत्त होने का सुंदर उदाहरण प्रस्तुत कर समझाया है कि जगत् में प्रकृति के कल्मश से कोई भी पूर्णतः मुक्त नहीं है। एक बार एक व्यक्ति को अपने घर में कुछ दोष प्रतीत हुए तो वह दूर एक गाँव में चला गया। इस गाँव में भी उसको गंदगी दिखाई दी तो वह जंगल में एक पेड़ के नीचे बैठ गया। जैसे ही वह बैठा, वैसे ही पेड़ की एक डाल पर बैठे एक पक्षी ने उसके सिर पर बीट कर दी। बड़बड़ाता हुआ वह वहाँ से चला तो एक नदी दिखाई दी। उसके किनारे बैठा तो देखा कि नदी में बड़ी मछलियाँ छोटी मछलियों को खा रही हैं। उसे बड़ी घृणा हुई। उसने सोचा यह सारी प्रकृति ही दोषपूर्ण है। इससे तो अच्छा है कि मर ही जाया जाए। जब वह जलने के लिए लकड़ियाँ इकट्ठी कर जलाने लगा तो उधर से निकल रहे एक सज्जन ने पूछा कि यह मरने की तैयारी क्यों? वह आदमी बोला यह समस्त संसार अमंगल है इसीलिए। तो उस सज्जन ने कहा कि "तुम्हारा

यह गंदा शरीर यहाँ जलेगा तो चरबी जलने से कितनी दुर्गंध फैलेगी। पास में ही मेरा घर है।" तो वह आदमी बोला कि "इस संसार में न जीने की सुविधा, न मरने की, तो अब मैं क्या करूँ?" जैसे धुआँ अग्नि से अलग नहीं हो सकता, वैसे ही जब तक प्रकृति का आवरण विद्यमान है, तब तक दोष विद्यमान हैं। इसीलिए अपना स्वाभाविक कर्म करना चाहिए। नैष्कर्म्य-सिद्धि पाने के लिए कर्म छोड़ने की आवश्यकता नहीं है। यह वह दोष नहीं है, जिसे छोड़ने के लिए भगवान् ने कहा है। मनुष्य के किसी कर्म को जिस अर्थ में हम अच्छा या बुरा कहते हैं, वह अच्छापन या बुराई यथार्थ में उस कर्म में नहीं होती है, वह कर्म करनेवाले मनुष्य की बुद्धि पर निर्भर रहती है।

असक्तबुद्धिः सर्वत्र जितात्मा विगतस्पृहः।
नैष्कर्म्यसिद्धिं परमां संन्यासेनाधिगच्छति॥ 49॥

"अतएव जो आसक्ति रहित बुद्धिवाला है, जो सर्वत्र मन पर संयम रखता है तथा भौतिक इच्छाओं से रहित है, वह निष्काम बुद्धि से चलने पर कर्मफल के संन्यास द्वारा सर्वोच्च सिद्धि की अवस्था प्राप्त कर लेता है।"

जो देहेंद्रिय के विकार तथा कर्तव्य भाव को संपूर्ण रूप से तिरोहित कर स्वयं को परमात्मा का अंश मानता हुआ, स्वभाव-जनित कर्म को ईश्वरार्पण बुद्धि से करता है, वह कर्मबंधन से मुक्त हो यथार्थ परमात्म तत्त्व को प्राप्त हो जाता है। यह मनोदशा ही योग की सिद्धावस्था कहलाती है।

सिद्धिं प्राप्तो यथा ब्रह्म तथाप्नोति निबोध मे।
समासेनैव कौंतेय निष्ठा ज्ञानस्य या परा॥ 50॥

"हे कौंतेय! इस प्रकार सिद्धि प्राप्त होने पर वह पुरुष ज्ञान की परम निष्ठा अर्थात् परमात्मा को; जो ज्ञान प्राप्ति की परम उत्कृष्ट अवस्था है; जिस रीति से प्राप्त करता है, उसको मैं संक्षेप में तुमको बताऊँगा, उसे तुम जानो।"

श्रीकृष्ण भगवान् द्वितीय अध्याय के प्रारंभ में ही कहते हैं, "अंतवन्त इमे देहा नित्यस्योक्ताः शरीरिणः"—"यह शरीर नश्वर है तथा आत्मा शाश्वत, यही ज्ञान का गुह्य अंश है" (2.18)। यह ज्ञान समस्त कार्यों का शुद्धतम रूप है। वेदांतसूत्र में भी उल्लेख हुआ है, "प्रकाशश्च कर्मण्यभ्यासात्" (वे.सू. 3.2.25) अर्थात् "प्रकाश भी कर्म में अभ्यास करने से ही प्रकट होता है", जैसे अग्नि तथा बिजली आदि तत्त्व प्रकाश और ऊष्णता जैसे गुणों से युक्त होते हैं। व्यक्त तथा अव्यक्त दोनों ही स्थितियों में स्वाभाविक गुणों से युक्त होने में कोई अंतर नहीं आता। परमात्मा; उपासना के पश्चात्; प्रत्यक्ष प्रकट होने के समय जिस प्रकार समस्त कल्याणमय विशुद्ध दिव्य गुणों से संपन्न रहते हैं, वैसे

ही वे अप्रकट अवस्था में भी रहते हैं। इसीलिए भगवान् अर्जुन को समझाते हैं कि व्यक्ति केवल अपने स्वभावजन्य कर्म में रत रहकर ही परम सिद्धावस्था को प्राप्त कर सकता है, जिसकी विधि श्रीकृष्ण आगे अंग-प्रत्यंग सहित बताते हैं—

बुद्ध्या विशुद्धया युक्तो धृत्याऽऽत्मानं नियम्य च।
शब्दादीन् विषयांस्त्यक्त्वा रागद्वेषौ व्युदस्य च॥ 51॥

"अपनी बुद्धि से नितांत शुद्ध होकर, धैर्यपूर्वक अपने मन को आत्मसंयमित करते हुए, शब्द आदि इंद्रिय विषयों को त्याग कर, राग-द्वेष को एक तरफ रखकर"

विविक्तसेवी लघ्वाशी यतवाक्कायमानसः।
ध्यानयोगपरो नित्यं वैराग्यं समुपाश्रितः॥ 52॥

"विविक्त सेवी अर्थात् एकांत स्थल में वास करनेवाला, अल्प-भोजन करनेवाला, अपनी काया-मन तथा वाणी को वश में रखने वाला, जो सदैव समाधि में वैराग्य भाव से लीन रहता है,"

अहङ्कारं बलं दर्पं कामं क्रोधं परिग्रहम्।
विमुच्य निर्ममः शान्तो ब्रह्मभूयाय कल्पते॥ 53॥

"जो मिथ्या अहंकार, मिथ्या शक्ति-बल, मिथ्या दर्प, काम, क्रोध तथा सांसारिक वस्तुओं के संग्रह के भाव से मुक्त है, जो मिथ्या स्वामित्व की भावना से रहित तथा शांत है, वह पुरुष निश्चय ही परब्रह्म परमात्मा से एकीभूत होने के लिए समर्थ होता है।"

उपर्युक्त साधनों से संपन्न होने पर ही मनुष्य ब्रह्मभूत होने के लिए समर्थ होता है। इन साधनों में प्रधान साधन मन को नितांत शुद्ध करना है। यदि बुद्धि में काम-क्रोध-मद-लोभ के विकार होते हैं तो अंत:करण की शुद्धता संभव नहीं होती। इसके साथ-ही-साथ धैर्य, आत्मसंयम, एकांत सेवन, मिताहारी, मनसा-वाचा-कर्मणा वैराग्य भाव तथा कर्तव्यभाव का अभाव आदि ऐसी प्रमुख विधियाँ बताई गई हैं, जिनमें रमनेवाला पुरुष विस्तृत दृष्टि में आत्मा तथा परमात्मा में पृथकत्व के भाव को तिरोहित कर, अपने में ही जगत् को तथा जगत् में ही स्वयं को पूरित पाता है। ऐसा पुरुष एक ऐसे विशाल सागर की भाँति होता है, जिसमें नदियों का जल निरंतर प्रवेश करता रहता है, पर वह तब भी शांत व स्थिर बना रहता है। जैसे सागर में नदियाँ आती रहती हैं, वैसे ही अनेकानेक इच्छाएँ-तृष्णाएँ उसके समीप आती रहती हैं, लेकिन वह अपने कर्म पथ पर स्थिर रहता है तथा इंद्रिय तृप्ति की इच्छा से रंच भर भी विचलित नहीं होता।

ब्रह्मभूतः प्रसन्नात्मा न शोचति न काङ्क्षति।
समः सर्वेषु भूतेषु मद्‌भक्तिं लभते पराम्॥ 54॥

"ब्रह्मभूत हो जाने पर अर्थात् ब्रह्म से तदाकार होकर, पूर्णतया प्रसन्नचित्त हो, वह न किसी की आकांक्षा या कामना करता है और न ही किसी से कोई राग-द्वेष का भाव ही रखता है तथा समस्त प्राणियों के प्रति समभाव रखता हुआ, वह मेरी परम भक्ति को प्राप्त कर लेता है।"

ब्रह्मभूत अवस्था की प्राप्ति अर्थात् ब्रह्म से तदाकार होना ज्ञानियों का परम लक्ष्य होता है, लेकिन शुद्ध भक्त को इससे भी आगे जाकर शुद्ध भक्ति में प्रवृत्त होना होता है। जो भगवद्‌भक्ति में रत है, वह पहले ही मुक्ति की अवस्था; जिसे ब्रह्मभूत या ब्रह्म से तादात्म्य कहते हैं; प्राप्त कर चुका होता है, चूँकि ईश्वर पूर्ण है, इसीलिए ईश्वर में लीन जीव भी अपने में पूर्ण रहता है। "तत्त्वमसि" (छा.उप. 6.8)—"वह तू है", "ब्रह्म वा इदमग्र आसीत्तदात्मानमेवावेत् अहं ब्रह्मास्मीति" (बृह0उप0 1.4.10) "अपने को ही जाना कि मैं ब्रह्म हूँ", "अन्योऽसावन्योऽहमस्मीति न स वेद" (बृह.उप. 1.4.10) "एक अन्य है और मैं अन्य हूँ, ऐसा जो जानता है, वह नहीं जानता" इत्यादि शास्त्रों के कथनों को भगवान् श्रीकृष्ण ने अर्जुन से गीता में भी कहा है, "समं सर्वेशु भूतेषु"(13.28) अर्थात् "जो समस्त भूतों में मुझे समभाव में स्थित देखता है;" "शुनि चैव श्वपाके च" (गीता 5.18)—"कुत्ते या चांडाल सभी में अपने को ही देखता हूँ।" यही वह भाव है, वह दृष्टि है जिसमें परमात्मा से पृथक् किसी भी वस्तु की सत्ता की कल्पना भी नहीं की जाती। ऐसे परम भक्त को हीरा या कोयला, कुत्ता या चांडाल, समस्त चराचर, ब्रह्मभूत ही प्रतीत होते हैं। फलतः वह परमात्मा के यथार्थ तत्त्व को जान, उन्हीं में एकीभाव प्राप्त कर, उन्हीं में लय हो जाता है।

भक्त्या मामभिजानाति यावान्यश्चास्मि तत्त्वतः।
ततो मां तत्त्वतो ज्ञात्वा विशते तदनन्तरम्॥ 55॥

"केवल परमभक्ति से वह मुझ परमात्मा को, मैं जैसा हूँ, मैं जितना हूँ, उसी के अनुरूप मुझे वैसा ही, तत्त्व से जान लेता है तथा इस प्रकार भक्ति से मेरी तात्विक पहचान हो जाने पर मुझमें ही प्रवेश करता है।"

परमात्मा का दिव्य सच्चिदानंद रूप योगामाया से आवृत्त है, जिसके फलस्वरूप मूढ़ लोग उनको नहीं जान पाते। इसीलिए वे सप्तम अध्याय में कह चुके हैं—"नाहं प्रकाशः सर्वस्य" (गीता 7.25) कि "मैं सबके समक्ष प्रकाशित नहीं होता।" यदि कोई परमेश्वर को अपने बुद्धि-कौशल या मनोधर्म से विदित करना चाहे तो भी उन्हें समझा नहीं जा सकता। जो परमात्मा की भक्ति में, अनन्य भाव से सराबोर हो, आकंठ उनके प्रेम रस

में डूब गया हो तथा जिसकी भक्ति का कोई पार नहीं हो, केवल वही परमात्मा को तत्त्व से जान सकता है। शुद्ध परमात्म भावना के अमृत में ही 'विषते' शब्द का तात्पर्य है, 'मुझमें प्रवेश करता है', क्योंकि भक्ति के निर्मल प्रकाश में ही परमात्मा की दिव्य अलौकिक शाश्वत विभूतियों को मनुष्य तत्त्वष: यथार्थ रूप में देखकर उनमें प्रवेश कर सकता है। वेदांतसूत्र में उल्लेख है, "आ प्रायणात् तत्रापि हि दृष्टम्" (4.1 .12) कि "मृत्युपर्यंत परमात्मा की निरंतर साधना करनी चाहिए।" जिसको जीवनकाल में ही परमात्मा का साक्षात्कार हो जाता है, उसका तो उस परमात्मा से कभी वियोग ही नहीं होता, क्योंकि वह स्वभाव से ही उसमें संयुक्त हो जाता है। वह जो मृत्युपर्यंत नित्य निरंतर उपासना करता है, वह उसके अन्य कर्मों की भाँति लोकसंग्रह के निमित्त जगत् के कल्याण के लिए होती है। इसीलिए अर्जुन को भक्ति प्रधान कर्मयोग की महत्ता समझाने के लिए श्रीकृष्ण आगे कहते हैं—

सर्वकर्माण्यपि सदा कुर्वाणो मद्व्यपाश्रयः।
मत्प्रसादादवाप्नोति शाश्वतं पदमव्ययम्॥ 56॥

"मेरे ही आश्रय हो, समस्त प्रकार के कर्मों को करता हुआ भी वह कर्मयोगी भक्त, मेरे अनुग्रह से, मेरे शाश्वत एवं अव्यय परमधाम को प्राप्त होता है।"

जो अपने कर्म तथा उसके फल को, संपूर्ण ममत्व व आसक्ति से, त्याग कर, अपनी देहेंद्रियों व कर्तव्यभाव को तिरोहित कर, पूर्ण रूप से परमात्मा के ही आश्रय हो गया है, ऐसा 'मद्व्यपाश्रयः' कर्मयोगी स्वभावजन्य कर्मों को करता हुआ भी परम दिव्य धाम को प्राप्त करता है। स्पष्ट है कि संन्यास का अर्थ कर्म त्याग नहीं है, अपितु कर्म के फल की आसक्ति का त्याग है। कर्म तो करना ही है। इसीलिए यज्ञ, दान, तप आदि चाहे काम्य हों चाहे नित्य या नैमित्तिक, उनको अन्य सब कर्मों के समान ही अनासक्त भाव से; फल की इच्छा का त्याग कर; पूर्ण उत्साह तथा समभाव से करते रहना चाहिए। इन जड़-कर्मों के मूल में अच्छे-बुरे का बीज होता ही नहीं है। यह बीज तो मनुष्य की अपनी ममत्व बुद्धि से उत्पन्न होता है तथा उसका नाश करना भी मनुष्य के ही हाथ में होता है। इसीलिए समस्त भूतादिकों के विषय में समत्व बुद्धि रखकर अपने सब कार्य-व्यापारों के इस ममत्व बीज को जिसने जला दिया, वही धन्य है, वही मुक्त है।

चेतसा सर्वकर्माणि मयि संन्यस्य मत्परः।
बुद्धियोगमुपाश्रित्य मच्चित्तः सततं भव॥ 57॥

"अपने अंत:करण से समस्त कर्मों को मुझमें समर्पित करके, मेरे ही परायण होता हुआ ऐसा भक्त सम-बुद्धि-रूप-योग के आश्रय से सदैव मुझमें ही चित्त वाला होता है।"

अपने मन-बुद्धि तथा अंतःकरण में, अपनी चेतना-अवचेतना में, परमात्मा को एक रूप स्थिर तथा व्याप्त कर मनुष्य को; समस्त कर्म परमात्मा को अर्पित करते हुए; मात्र निमित्त बन; यह भाव रखना चाहिए कि 'मुझमें कुछ भी करने की शक्ति या योग्यता नहीं है। परमेश्वर ही समस्त साधनों से शक्ति प्रदान करके मुझे निमित्त बनाकर अपनी इच्छानुसार सारे कर्म संपन्न कराते हैं। मैं स्वयं में कुछ भी नहीं करता।' इस प्रकार परमात्मा की नियामक सत्ता को आत्मसात् कर, उनके विधान में ही संतुष्ट रहते हुए, समस्त कर्मों को करते हुए तथा सबमें परमात्मा के ही दर्शन करते हुए, वह स्वयं परमात्मा के समरूप हो जाता है।

मच्चित्तः सर्वदुर्गाणि मत्प्रसादात्तरिष्यसि।
अथ चेत्त्वमहङ्कारान्न श्रोष्यसि विनङ्क्ष्यसि॥ 58॥

"अपने चित्त को मेरे परायण करके, तुम मेरे अनुग्रह से, मन तथा देह में व्याप्त इंद्रियों के अवरोधों एवं बाधाओं को सहज, सरल रूप से पार कर जाओगे, लेकिन यदि तुम मिथ्या अहंकार के वशीभूत होकर ऐसी चेतना से कर्म नहीं करोगे तथा मेरे वचनों को नहीं सुनोगे तो तुम निश्चय ही नष्ट हो जाओगे।"

मनुष्य का यह शरीर तेईस तत्त्वों से बना ऐसा दुर्ग है जिससे बाहर निकल वह स्वतंत्र नहीं हो पाता। वह इस शरीर रूपी दुर्ग में कैद हो, इसकी इंद्रिय जनित कामनाओं, वासनाओं, तृष्णाओं को तृप्त करने में ही लगा रहकर अपने जीवन को व्यर्थ गँवा, जन्म-मृत्यु के भवसागर से पार नहीं लग पाता है, किंतु यदि वह अपने मन को संयमित कर, उसको परमात्मा के प्रति परायण कर, उन्हीं से अपने मन की डोर बाँध लेता है, तो वह अनायास ही प्रभु कृपा से मुक्तिधाम में प्रवेश पा जाता है तथा जीवन-मृत्यु के भयंकर अवरोधों से तर जाता है, क्योंकि भगवान् के भक्त का कभी पतन नहीं होता। "न मे भक्तः प्रणश्यति" (गीता 9.31) अर्थात् "मुक्ति या पतन स्वयं मनुष्य के कर्म ही निश्चय करते हैं।" यदि वह मिथ्या अहंकारवश; परमात्मा के प्रति दुराशय रख, उनकी अवहेलना व अवज्ञा करता है तो वह निश्चय ही भयंकर विनाश व पतन को प्राप्त होता है।

यदहङ्कारमाश्रित्य न योत्स्य इति मन्यसे।
मिथ्यैष व्यवसायस्ते प्रकृतिस्त्वां नियोक्ष्यति॥ 59॥

"यदि तुम अहंकार का आश्रय लेकर यह निश्चय करते हो कि मैं युद्ध नहीं करूँगा तो तुम्हारा यह निश्चय व्यर्थ है, क्योंकि तुम्हारी प्रकृति अर्थात् स्वभाव तुम्हें बाध्य कर, युद्ध करने हेतु प्रवृत्त कर देगा।"

कर्म को छोड़ देना भ्रम है, क्योंकि कर्म किसी के भी छोड़े नहीं छूटता। श्रीकृष्ण

भगवान् पहले भी कह आए हैं, "प्रकृतिं यान्ति भूतानि निग्रहः किं करिष्यति" (गीता 3.33) अर्थात् "सभी प्राणी अपनी प्रकृति का ही अनुसरण करते हैं", तो भला प्रकृति के दमन से क्या लाभ हो सकता है! इसी को यहाँ भी कहा गया है, "मिथ्यैश व्यवसायस्ते प्रकृतिस्त्वां नियोक्ष्यति" अर्थात् "तेरा निश्चय व्यर्थ है। जिधर तू न चाहेगा, उधर भी तेरी प्रकृति तुझे खींच लेगी।" स्पष्ट है कि इस प्रकृति में जो भी विविध प्रकार के पदार्थ दृष्टिगोचर होते हैं, उनमें जो तत्त्व आधारभूत रूप से स्थित होते हैं, वही तत्त्व मनुष्य की जड़ देह में भी आत्म रूप से विद्यमान होते हैं। इसीलिए मनुष्य के कर्मों का विचार शरीर तथा आत्मा दोनों से किया जाना चाहिए। परमात्मा नित्य, शुद्ध, सर्वव्यापी, अनंत तथा मुक्त हैं, परंतु इन परमात्मा की ही अंश रूप जीवात्मा की स्थिति भिन्न है। यद्यपि वह मूल में शुद्ध, मुक्त स्वभाववाली निर्गुण तथा अकर्ता है तथापि शरीर तथा बुद्धि आदि इंद्रियों के बंधन में जकड़ा होने के कारण मनुष्य के मन में स्फूर्ति पैदा करते हैं, जिसका प्रत्यक्ष अनुभव उसे आत्मज्ञान से हो सकता है। उदाहरण के लिए, पानी को गरम करने पर निकलनेवाली भाप खुली जगह पर अपना प्रभाव नहीं छोड़ पाती, परंतु यदि बरतन को प्लेट से ढक दिया जाए तो भाप का बरतन की प्लेट पर पड़ता हुआ प्रभाव दिखाई देने लगता है तथा भाप-चालित इंजन पूरी रेल दौड़ा देता है। ठीक इसी प्रकार जब परमात्मा का ही अंशभूत प्राणी, अनादि काल के अपने अर्जित कर्म-संस्कारों से युक्त, इस जड़ शरीर तथा इंद्रियों के बंधनों से बद्ध हो जाता है, तब इस बद्धावस्था से उसे मुक्त कर, मोक्ष के अनुकूल बनाने के लिए उपयुक्त कर्म करने की प्रवृत्ति देहेंद्रियों में होने लगती है। यही आत्मा की स्वतंत्र प्रवृत्ति कही जाती है, क्योंकि तात्विक दृष्टि से आत्मा इच्छारहित तथा अकर्ता है। सब कर्तव्य केवल प्रकृति का है। प्रकृति का यह कर्तव्य ही, बाध्य कर, उससे प्रकृति प्रदत्त कार्य करा लेता है। इसीलिए अर्जुन को अपने स्वकर्म को पहचान कर, उसके मार्ग पर चलने की प्रेरणा दी गई है। साथ ही भगवान् ने आत्मस्वातंत्र्य का तत्त्व भी समझाया है कि "मनुष्य को चाहिए कि वह अपना उद्धार स्वयं ही करे। निराशा से अपनी अवनति न करे, क्योंकि मनुष्य स्वयं अपना बंधु है तथा स्वयं अपना शत्रु" (गीता 6.5)। जो मनुष्य इस तत्त्व को जानकर आचरण करता है कि समस्त प्राणियों में एक ही आत्मा है, उसका यह आचरण ही सदाचरण तथा मुक्ति के अनुकूल आचरण कहलाता है। बद्ध जीवात्मा का यही स्वतंत्र धर्म है कि ऐसे आचरण के प्रति देहेंद्रियों को प्रवृत्त करे। इसीलिए स्वभावजन्य कर्म का त्याग उचित नहीं है। जन्म-जन्मांतरों में किए गए कर्मों से अर्जित संस्कार ही मनुष्य को वर्तमान जन्म में स्वभावजन्य प्रकृति के अनुरूप ही भिन्न-भिन्न कर्मों को करने के लिए प्रवृत्त करते हैं। इसीलिए श्रीकृष्ण कहते हैं, "अर्जुन तुम्हारी इच्छा न होने पर भी, तुम्हारी प्रकृति व गुणजन्य स्वभाव; बलपूर्वक; तुम्हें युद्ध हेतु प्रवृत्त कर देंगे।"

स्वभावजेन कौंतेय निबद्धः स्वेन कर्मणा।
कर्तुं नेच्छसि यन्मोहात्करिष्यस्यवशोऽपि तत्॥ 60॥

"हे कौंतेय! अपने स्वभावजन्य कर्म से बद्ध होने के कारण, जिस कर्म को तू मोह के कारण करना नहीं चाहता, प्रकृति के अधीन होने के कारण परवश होकर तुझे वही करना पड़ेगा।"

मोह रूपी विकार मनुष्य के विवेक तथा न्यायप्रियता को हर लेता है तथा वह स्वभावजन्य कर्म से विमुख हो जाता है, किंतु जिस प्रकार नदी के प्रवाह के विरुद्ध तैरने का प्रयास कभी भी सफल नहीं होता है, बल्कि मनुष्य की शारीरिक ऊर्जा का ह्रास कर देता है तथा नदी उसे बलपूर्वक अपने प्रवाह के अनुकूल बहाकर ले जाती है, उसी प्रकार युद्ध की नैसर्गिक परिस्थितियों के उत्पन्न हो जाने पर आक्रमणकारियों के विरुद्ध युद्ध से विमुख होने की अर्जुन की मोह रूपी प्रवृत्ति भी अंततः उसे अपने स्वभावजनित कर्म को करने के लिए बाध्य कर ही देगी। निर्धारित नियत-कर्म करना ही होता है। यदि मनुष्य इस कार्य को कर्तापन के अहंकार और आसक्त भाव से करेगा, तो भवबंधन में फँसकर पतन को प्राप्त होगा। यदि वह अपना यही कर्म अनासक्त भाव से ईश्वरार्पण बुद्धि से करेगा तो मुक्तिधाम को पाएगा। इसी को श्रीभगवान् आगे कहते हैं—

ईश्वरः सर्वभूतानां हृद्देशेऽर्जुन तिष्ठति।
भ्रामयन्सर्वभूतानि यन्त्रारूढानि मायया॥ 61॥

"हे अर्जुन! परमात्मा समस्त जीवों के हृदय में स्थित हैं, किंतु मनुष्य माया के जाल-पाश में फँसकर, सांसारिक विषय-विकारों की माया के भौतिक शरीर रूपी यंत्र पर आरूढ़ हो; कर्मों के अनुसार यत्र-तत्र, भ्रम में लिप्त हो, घूमता रहता है।"

सृष्टि के परिवर्तन के अनादि चक्र में अपनी अवस्था के अनुरूप शरीर परिवर्तन होते रहते हैं, किंतु शरीर परिवर्तन के साथ जीव अपने विगत जन्मों के कर्मों को भूल जाता है तथा अपने पूर्वार्जित कर्म-संस्कारों के अनुसार नाना प्रकार की योनियों में उत्पन्न होता है, लेकिन परमात्मा जो प्रत्येक जीव के भूत, वर्तमान व भविष्य के ज्ञाता एवं साक्षी हैं, वे अपने विधान के अनुसार प्राणियों को, उनके पूर्व संचित कर्मों के अनुसार, उनकी विभिन्न स्थितियों में भ्रमण कराते रहते हैं। इसी भाव को शरीर को यंत्र का रूपक देकर भगवान् ने यह भाव दिखाया है कि जैसे मोटर कार आदि यंत्रों पर बैठा प्राणी स्वयं नहीं चलता, तो भी वह मोटर गाड़ी आदि यंत्रों के चलने से जो दूरी तय करता है, वह उस प्राणी का भी चलना माना जाता है। समस्त प्राणियों और उनकी चैतन्यता के मूल में स्वयं परमात्मा स्थित हैं जो प्राणियों के ज्ञाता भी होते हैं तथा उनके कर्मों के साक्षी-दृष्टा भी; किंतु आत्मा रूपी परमात्मा निश्चल व अकर्ता होते हैं। जो भी क्रिया घटती है, वह उस प्राणी के पूर्व

अर्जित संस्कारों के फलस्वरूप ही प्रतिक्रियात्मक रूप से घटती है। इसीलिए कर्म करने या न करने में उसका प्रारब्ध क्रियाशील रहता है। मनुष्य कार्य अपने स्वभाववश या प्रकृतिवश करता है या परमात्मा की इच्छा के अनुकूल, ये दोनों बातें मूलत: एक ही हैं। इसी को तुलसीदास भी इस प्रकार बताते हैं, "उमा दारू जोषित की नाईं, सबहिं नचावत रामु गोसाईं" (रामचरितमानस) अर्थात् सारे जीव संसार रूपी नाटक-मंच के पात्र हैं। करता-कराता तो कोई दूसरा है। इस नाटक के सूत्रधार स्वयं परमेश्वर हैं।" हम तो अपने अहंकार में डूब कर्म के कर्तव्य के भार को अपने सिर पर थोप रहे हैं। यही हमारे बंधन का कारण है। परमात्मा अपने बनाए विधि के विधान के नियंता हैं, किंतु उनका यह विधान जीव को उसके स्वभाव से विचलित करने या स्वभाव विरुद्ध कर्म कराने के लिए नहीं है। उनका उद्‌देश्य तो मनुष्य को भ्रमजनित इंद्रिय तृप्ति की कामनाओं को पूर्ण करने के कर्मों का त्याग करवाकर; न्यायोचित नैष्कर्म्य कर्मों के द्वारा; लोकसंग्रह में उसको प्रवृत्त करने से है, जिससे उसका उद्धार हो सके। वह परम दयालु परमात्मा, जो समस्त सृष्टि-जगत् का सृजन, पालन, पोषण करते हैं, वही प्राणीमात्र के अस्तित्व के मूल में भी विद्यमान हैं। प्राणी का प्रत्येक कार्य-कलाप उसकी चैतन्यता और ऊर्जा, उसकी प्रत्येक साँस उस परमपिता परमेश्वर की कृपा पर ही निर्भर है। इस सत्य का ज्ञान भले ही प्राणी को हो या न हो; लेकिन यह अटल सत्य ही शाश्वत है। इसीलिए श्रीकृष्ण भगवान् आगे दिव्य परम धाम प्राप्ति का सहज मार्ग बताते हैं—

तमेव शरणं गच्छ सर्वभावेन भारत।
तत्प्रसादात्परां शान्तिं स्थानं प्राप्स्यसि शाश्वतम्॥ 62॥

"हे भारत! तुम समस्त भावों के साथ उसी परमात्मा की शरण में जाओ। उसकी कृपा से निश्चय ही तुम परम धाम तथा परम शांति को प्राप्त करोगे।"

इसीलिए प्रत्येक जीव को चाहिए कि वह अपने हृदय में स्थित उस सर्वव्यापी, सर्वंतर्यामी, अनंत, अगोचर, अचिंत्य परम पिता परमात्मा की ही; अपने सर्वभावों के साथ; शरण ग्रहण करे, क्योंकि जगत् में जो भी कार्य-व्यवहार घटित होता हुआ दृष्ट हो रहा है, उसे परमात्मा ही, सृष्टि के चक्र के विधान के अनुरूप करवा रहे हैं। इसलिए विवेकशील ज्ञाता को समस्त प्रकार के अहंकार-विकार को छोड़कर अपने आपको मनसा-वाचा-कर्मणा, तन-मन-धन से सर्वथा परमात्मा को ही समर्पित कर देना चाहिए। फिर आगे की स्थिति तो परमात्मा स्वयं सँभाल लेंगे।

इति ते ज्ञानमाख्यातं गुह्याद्‌गुह्यतरं मया।
विमृश्यैतदशेषेण यथेच्छसि तथा कुरु॥ 63॥

"इस प्रकार मैंने गुह्य से गुह्यतर ज्ञान तुमको बता दिया है। इस पर पूर्ण विचार एवं मनन कर जो तुम्हें यथेष्ट या उचित प्रतीत हो वैसा करो।"

यद्यपि आत्मा स्वयं स्वतंत्र है तथापि जगत् में प्रकृति के कार्य-व्यवहार के परिशीलन से ज्ञात होता है कि कर्म के चक्र पर आत्मा का कोई अधिकार नहीं है। यह चक्र तो अनादि काल से चल रहा है, क्योंकि जीवों के जन्म-जन्मांतरों में किए गए कर्म ही कालांतर में उनके संस्कार-बद्ध कर्मों में परिणीत होते हैं जिन्हें स्वेच्छा या अनिच्छा से जीवों को करना ही पड़ता है। ऐसे अवसरों पर ज्ञानी-विवेकी पुरुष अपनी बुद्धि को निर्मल कर तथा सुख-दुःख में समभाव रखते हुए सब कर्म करता है, किंतु मूढ़ अज्ञानी उन कर्मों के जाल में फँस जाता है। यही दोनों प्रकार के मनुष्यों के आचरण में महत्त्वपूर्ण भेद है। चूँकि प्रकृति भी परमात्मा का ही अंश है इसी से परमात्मा में समस्त कर्तव्य भाव निहित कर यह बताया गया है कि जगत् में जो भी घटना-क्रम तथा कार्य-व्यवहार घटित हो रहे हैं उन्हें परमात्मा जैसा चाहता है, वैसे ही संपादित करवा रहा है। अतः ज्ञानी-विवेकी पुरुष के लिए यह उचित है कि स्वयं को परमात्मा में समर्पण भाव से अर्पित करते हुए अपना स्वकर्म करे। इस श्लोक में श्रीकृष्ण भगवान् ने कहा है, "तुम जैसा उचित समझो, ठीक वैसा ही करो।" किंतु उनके इस वाक्य का अर्थ अत्यंत गंभीर है, क्योंकि ज्ञान अथवा भक्ति के द्वारा जहाँ बुद्धि साम्यावस्था में पहुँचती है वहाँ फिर दुर्भाव या अहितकर इच्छा शेष ही नहीं रहती। इसीलिए ऐसी साम्यावस्था को प्राप्त विवेकी पुरुष का 'इच्छा-स्वातंत्र्य' उसके अथवा संसार के लिए अहितकर हो ही नहीं सकता। इसीलिए श्रीकृष्ण भगवान् ने अपने दिए गए उपदेशों को अत्यंत गोपनीय बताते हुए स्पष्ट कर दिया है कि जैसे ही जीव इस ज्ञान को विदित कर लेगा वैसे ही उसके अंतःकरण में सत्य का प्रकाश फैल जाएगा, जिसमें वह जो उचित समझते हुए इच्छा-कर्म करेगा, वही श्रेष्ठ एवं धर्मसंगत होगा। उस जीव को स्थिरप्रज्ञ की स्थिति प्राप्त हो जाने से; उसकी न्याय व धर्म से पूर्ण इच्छा को होने से रोकने की कोई आवश्यकता ही नहीं रहेगी। जिसकी बुद्धि समभाव हो गई हो उसका निर्णय उचित एवं न्यायोचित ही होगा।

सर्वगुह्यतमं भूयः श्रृणु मे परमं वचः।
इष्टोऽसि मे दृढमिति ततो वक्ष्यामि ते हितम्॥ 64॥

"सभी गोपनीय रहस्यों से भी अधिक गोपनीय मेरे परम वचनों को तुम फिर से सुनो, क्योंकि तुम मुझे अत्यंत प्रिय हो। इसलिए मैं परम हितकर वचन तुम्हारे लिए कह रहा हूँ।"

भगवान् श्रीकृष्ण ने संपूर्ण गीता में अर्जुन के समक्ष गुह्य से भी गुह्यतर ज्ञान के रहस्य प्रकट किए, क्योंकि भगवान् का हृदय अपने भक्त के लिए इतना विशाल व असीम

है कि वे सखा भाव से अर्जुन को अपना दिव्य अलौकिक विश्वरूप दिखाने के साथ ही गोपनीय ज्ञान की परत-दर-परत उसके कल्याण के लिए प्रकट करते जा रहे हैं। यही भक्त तथा भगवान् का संबंध है। भगवान् के स्नेह का जो पात्र बन जाता है, भगवान् उसके कल्याण के लिए प्रत्येक स्थिति में सदैव तत्पर रहते हैं।

मन्मना भव मद्भक्तो मद्याजी मां नमस्कुरु।
मामेवैष्यसि सत्यं ते प्रतिजाने प्रियोऽसि मे॥ 65॥

"सदैव मुझमें मन लगाकर मेरा चिंतन करो, मेरा भक्त बनो, मेरी ही पूजा-वंदना करो। मैं तुम्हें पूर्ण रूप से वचन देता हूँ कि इससे तुम मुझमें ही आ मिलोगे, क्योंकि तुम मुझे अत्यंत प्रिय हो।"

भगवान् श्रीकृष्ण ने पूर्व में भी स्वयं ही यह बताया है कि मात्र उनके अनन्य चिंतन से उनकी प्राप्ति सुलभ हो सकती है, क्योंकि एक ही परमात्मा अखिल ब्रह्मांड में सर्वज्ञ व्याप्त हैं। जो उन एक ही परब्रह्म की लीला को नाना नामों तथा रूपों से प्रकाशित देखकर, मोहवश उनमें नानात्व की कल्पना करता है; उसे बार-बार मृत्यु के अधीन हो, भवबंधन के अधीन होना पड़ता है। उसका जन्म-मरण चक्र सहज ही नहीं छूटता। इसीलिए दृढतापूर्वक यह विश्वास रखना चाहिए कि एक ही परमात्मा अपनी अचिंत्य शक्ति के सहित नाना रूपों में विद्यमान हैं तथा यह समस्त संसार अंदर व बाह्य सभी जगह उन एक परमात्मा से व्याप्त होने के कारण उन्हीं का स्वरूप है। इसीलिए श्रीकृष्ण जो साक्षात् अर्जुन के समक्ष उपस्थित हैं; उसे अनन्य चिंतन भाव व समर्पण से; अपने प्रति ही पूर्ण रूप से आश्रित होने को कह रहे हैं। वस्तुतः जो भी भक्त अनन्य भाव से परमात्मा के शरणागत हो जाता है, उसे भगवत प्राप्ति की सिद्धि होना अवश्यंभावी है।

सर्वधर्मान्परित्यज्य मामेकं शरणं व्रज।
अहं त्वा सर्वपापेभ्यो मोक्षयिष्यामि मा शुचः॥ 66॥

"समस्त धर्मों का परित्याग करके तुम केवल मेरी शरण में आ जाओ, मैं तुम्हें समस्त पापों से मुक्त कर दूँगा। तुम कोई शोक न करो, डरो मत।"

महाभारतकालीन भारत में, परमात्मा प्राप्ति के लिए समाज में अनेक मार्ग बताए गए थे, जैसे संन्यास धर्म, अहिंसा धर्म, सत्य धर्म, मातृ-पितृ-सेवा धर्म, यज्ञयोग धर्म, गुरु सेवा धर्म, दान धर्म आदि तथा शास्त्रों में भी धर्म शब्द से मोक्ष के इन्हीं साधनों का वर्णन किया गया है, किंतु गीताकार ने यहाँ निश्चयात्मक उपदेश दिया है कि "उक्त नाना धर्मों को; विविध साधनों के मतभेद में न पड़कर; मुझ परमात्मा को अनन्य एकाग्र भाव से भजते हुए करो। मैं तेरा उद्धार कर दूँगा। इसलिए संशयी मत हो।" अर्जुन को निमित्त

बनाकर भगवान् ने गीता का उपसंहार करते हुए स्पष्ट कर दिया है कि "जो भी भक्त अनन्य भाव से (एक ही परमात्मा, अनेक नहीं) मेरी दृढ भक्ति करते हुए, मत्परायण बुद्धि से, स्वधर्मानुसार प्राप्त होनेवाले कर्म करता जाएगा, उसका इस संसार तथा इससे परे शाश्वत परमधाम, दोनों जगह कल्याण होगा। इसलिए बिना किसी चिंता के मेरे कथन का अनुसरण करो।" गीता में भगवान् ने मनुष्यों के मध्य कोई भेद नहीं माना है। उनके अनुसार वर्ण व्यवस्था में चारों वर्णों में से जो भी अनन्य भक्ति-समर्पण भाव से उन्हें भजेगा वह परम मुक्ति का अधिकारी होगा। गीता वास्तव में संपूर्ण मानव जाति को कल्याण पथ पर ले जानेवाला वह अमृत उपदेश है, जिस पर संपूर्ण मानव जाति का अधिकार है। यह कृति किसी धर्म या संप्रदाय विशेष का शास्त्र नहीं है। इसमें श्रीकृष्ण भगवान् ने कहीं भी 'हिंदू' शब्द का प्रयोग नहीं किया है। जहाँ तक गीता में वेद-उपनिषद् आदि शास्त्रों के उल्लेख की बात है तो ये समस्त शास्त्रोक्त कृतियाँ, समस्त मानव जाति के मेधावी पुरखों का मानवजाति को अमूल्य उपहार ही तो हैं जो मनुष्य को वास्तव में मनुष्य होना सिखाती हैं तथा मानवीय मूल्यों को मानव-समाज के कल्याण के लिए ऊँचे सोपानों तक ले जाकर, मनुष्य को परम मुक्ति का मार्ग भी दिखाती हैं। गीता में भगवान् कृष्ण के अमृत वचन मानव को आधुनिक समाज में व्याप्त; असंतोष, भय-आतंक, लालच, अहंकार, भेदभाव के विकारों से दूर ले जाकर उसे परमात्मा की इच्छा के अनुरूप उनमें समर्पण करने तथा उनके वात्सल्य-अमृत की शरण लेने को प्रेरित करते हैं। यदि मानव अपने अहंकार के दुर्ग को तोड़, बाहर निकल, परमात्मा में विश्वास सँजोएगा तो उसे परमात्मा का सायुज्य अवश्य प्राप्त होगा। तब परमात्मा उसे समस्त पापों तथा दुःखों से हमेशा-हमेशा के लिए मुक्त करके, अपना शाश्वत चिदानंद धाम प्रदान कर देंगे। वस्तुतः समाज का कल्याण तथा उत्थान ही प्रत्येक महापुरुष का लक्ष्य होता है। संसार में विगत हजारों वर्षों में जहाँ-जहाँ भी जो महापुरुष हुए हैं, उन्होंने मानव समाज के अभ्युदय एवं कल्याण के निमित्त ही अपने प्रयास किए हैं। श्रीमद्भागवत गीता में पद्मनाभ भगवान् श्रीकृष्ण के अमृत वचन उन सभी महापुरुषों में भास्कर तुल्य शिरोमणि हैं।

इदं ते नातपस्काय नाभक्ताय कदाचन।
न चाशुश्रूषवे वाच्यं न च मां योऽभ्यसूयति॥ 67॥

"यह गोपनीय ज्ञान कभी भी, किसी भी काल-परिस्थिति में उसको नहीं बताया जाना चाहिए जिसे अपनी इंद्रियों पर संयम न हो, जो भक्ति-भाव से रहित हो, जो सुनने की इच्छा नहीं रखता हो तथा जो मेरे प्रति द्वेष भाव रखता हो।"

गीता के प्रारंभ से लेकर उपर्युक्त श्लोक तक, श्रीभगवान् ने जो अमृत उपदेश दिए हैं, उसके लिए 'इदं' शब्द का प्रयोग करते हुए, इस गोपनीय ज्ञान को मात्र अधिकारी

को ही देने का निर्देश दिया गया है, क्योंकि महापुरुष; संपूर्ण मानवजाति के कल्याण हेतु; जब कोई शास्त्र रचते हैं तो प्रथमदृष्टया यह प्रतीत होता है कि वह सभी के लिए है, किंतु वास्तव में वह होता है मात्र अधिकारी के लिए ही, जो सात्त्विक दैवी संपद से युक्त संयमी, समर्पित, श्रद्धा से सुनने को तत्पर तथा द्वेष रहित भक्त हो। इसी को श्रीकृष्ण आगे कहते हैं—

य इमं परमं गुह्यं मद्भक्तेष्वभिधास्यति।
भक्तिं मयि परां कृत्वा मामेवैष्यत्यसंशयः ॥ 68 ॥

"जो इस परम गोपनीय रहस्य को मेरे भक्तों को बता देगा, वह मेरी परम भक्ति को प्राप्त करेगा तथा अंत में मुझको प्राप्त करेगा, इसमें कोई भी संदेह नहीं है।"

भगवत प्राप्ति में धर्म-जाति-लिंग-रंग आदि का कोई भेद नहीं होता है। जो भी भगवान् का अनन्य भक्त होगा, उसमें पूर्व श्लोक में वर्णित चारों दोषों का स्वयमेव ही अभाव रहता है। श्रीकृष्ण कहते हैं कि इसीलिए ऐसा भक्त अनासक्त भाव से उनके उपदेशों का पात्र व्यक्तियों में स्वतः ही प्रसार करता है। ऐसा भक्त भगवत भक्तों में गीता शास्त्र का वर्णन करने से परमात्मा तथा परम धाम को स्वतः ही प्राप्त कर लेगा, क्योंकि परमात्मा के अमृत वचन को सुनकर जो भी उसे हृदयंगम कर लेगा तथा उसे भाव-स्वरूप में विचारेगा, वही परम मुक्ति का अधिकारी बन जाएगा।

न च तस्मान्मनुष्येषु कश्चिन्मे प्रियकृत्तमः।
भविता न च मे तस्मादन्यः प्रियतरो भुवि ॥ 69 ॥

"तथा ऐसे भक्त की अपेक्षा मुझे अधिक प्रिय लगनेवाला समस्त मनुष्यों में कोई भी नहीं है तथा इस पृथ्वी पर मुझे उसकी अपेक्षा अधिक प्रिय और कोई दूसरा नहीं होगा।"

चूँकि गीता में भगवान् श्रीकृष्ण के दिव्य अमृत-वचन संपूर्ण मानव जाति के उत्थान एवं कल्याण के लिए प्रदत्त परम गोपनीय रहस्य हैं, इसी से जो भी भक्त इन अमृत-वचनों के सार को हृदयंगम करके, पूर्ण श्रद्धा एवं अनंत भक्ति के साथ, इस दिव्य-संदेश को प्रभु भक्तों में प्रसारित करेगा, उसके तुल्य न तो कोई परमात्मा का प्रिय है तथा न ही उससे बढ़कर उनका प्रिय कोई हो सकेगा। इसीलिए परमात्म-प्राप्ति के जो भी साधन श्रीकृष्ण भगवान् द्वारा बताए गए हैं, उन सबमें प्रभु भक्तों में भगवान् के दिव्य अमृत संदेश को भक्तिपूर्वक उद्घाटित करने का कार्य सर्वोत्तम साधन है।

अध्येष्यते च य इमं धर्म्यं संवादमावयोः।
ज्ञानयज्ञेन तेनाहमिष्टः स्यामिति मे मतिः ॥ 70 ॥

"हम दोनों के मध्य हुए इस धर्ममय पवित्र संवाद का जो भी अध्ययन या पठन करेगा, उसकी यह मेरी ज्ञानयज्ञ के द्वारा पूजा होगी, ऐसा मेरा मत है।"

पद्मनाभ भगवान् श्रीकृष्ण के द्वारा अर्जुन को दिए गए अमृत-उपदेश वास्तव में अमृत का साक्षात् सागर हैं। जो भक्त इसमें जितनी डुबकी लगाता है उसका हृदय उतना ही आत्मसंतोष तथा दिव्य ज्ञान की अनुभूति से भर जाता है। इसी रहस्य की पुष्टि इस श्लोक में की गई है कि गीता के दिव्य संदेश को हृदयंगम कर उसमें विचरना व चिंतन करना ही परमात्मा की ज्ञानयज्ञ द्वारा आराधना है।

श्रद्धावाननसूयश्च श्रृणुयादपि यो नरः।
सोऽपि मुक्तः शुभाँल्लोकान्प्राप्नुयात्पुण्यकर्मणाम्॥ 71॥

"जो श्रद्धालु पूर्ण मनोभाव तथा द्वेष रहित होकर इस पुण्य शास्त्र का श्रवण करता है, वह भी अपने समस्त पापों से मुक्त होकर उन शुभ लोकों को प्राप्त करता है, जो पुण्यवान लोगों को प्राप्त होते हैं।"

जो इसका अध्ययन या अध्यापन नहीं कर पाएँ, परंतु श्रद्धा भाव से, द्वेष रहित मन से, श्रवण भी कर लें, वे श्रेष्ठ लोकों को प्राप्त करते हैं। मैस्मेरिज्म (Mesmerism) का सिद्धांत है कि प्रत्येक मनुष्य के शरीर में से एक प्रकार का ओजस-तत्त्व निकलता है, जो उसके शरीर के चारों ओर के प्रभामंडल (Aura) से सूक्ष्म संबंध रखता है। योगशास्त्र इसे तन्मात्रा या सूक्ष्म पदार्थ कहता है। किसी के शरीर में से पवित्र तथा किसी के शरीर से अपवित्र सूक्ष्म तन्मात्राओं का प्रवाह ढेर-का-ढेर निकलता रहता है। हम जहाँ जाते हैं, वहीं अपने चारों ओर इन तन्मात्राओं के द्वारा स्थान भर देते हैं। शरीर में से जो तन्मात्राएँ बाहर निकलती हैं वे मनुष्य को प्रभावित करती हैं, उदाहरणार्थ एक चोर के शरीर में से चोरी की भावना, काम-विषयों में आसक्त जीव के शरीर से विषयों की भावना तथा महापुरुषों-संतों के शरीर से निकलने वाले तन्मात्रा से आत्म ज्ञान की भावना का प्रसार होता है। परमात्मा के भक्तजनों का संसर्ग व सत्संग भी पवित्र आचार-विचार, सद्गुण तथा ईश्वरीय भक्ति के कारण श्रेष्ठ है तथा उसका प्रभाव उनके संसर्ग में आने वाले श्रद्धालु जनों पर पड़े बिना नहीं रहता है। इसी से श्रीभगवान् ने ऐसे संतजनों व भक्तों के गीता के अमृत-वचनों के श्रवण को भी अत्यंत पुण्यदायी बताकर; सुनने मात्र से; ऐसे पुरुषों को पुण्यलोकों की प्राप्ति का विधान बताया है।

कच्चिदेतच्छ्रुतं पार्थ त्वयैकाग्रेण चेतसा।
कच्चिदज्ञानसंमोहः प्रनष्टस्ते धनञ्जय॥ 72॥

"हे पार्थ! तुमने इस (शास्त्र) को एकाग्रचित्त होकर सुन तो लिया है न! और हे

धनंजय! अब तुम्हारा अज्ञान रूपी मोह सर्वथा नष्ट हो गया है कि नहीं?"

भगवान् श्रीकृष्ण ने 'एतत्' शब्द का प्रयोग करते हुए; अर्जुन से कहे गए दिव्य अमृत वचनों का अत्यंत दुर्लभ महत्त्व प्रकट करते हुए यह प्रश्न किया है कि "तुमने मेरे इन दुर्लभ वचनों को एकाग्रचित्त हो सुन तो लिया है न", क्योंकि अर्जुन मोह तथा अज्ञानजनित विषाद से ग्रस्त हो, धर्म की अस्वाभाविक व्याख्या करते हुए; अपने स्वधर्मजन्य-कर्म से विमुख हो गया था। अन्याय व आततायियों के समर्थन में खड़े स्वजनों को युद्ध में मारने के स्थान पर स्वयं को ही नष्ट करने के निश्चय से अर्जुन मूढ़चित्त को प्राप्त हो गया था और उसके ऐसे विकराल मोह को नष्ट करना आवश्यक हो गया था, क्योंकि जब तक अज्ञानजनित मोह का आवरण नहीं हटता तब तक प्राणी अपने स्वकर्म को मूलतः पहचान नहीं पाता है। सद्‌गुरु तथा महापुरुष सदैव ऐसे भटके लोगों को उनके कर्तव्य पथ पर चलाने के लिए सत्य का प्रकाश प्रदीप्त करते हैं, जिससे वे भटके पथिक अंधकार रूपी अज्ञान से जनित मोह को त्याग कर अपना यथार्थ स्वरूप पहचान सकें। यही भूमिका भगवान् श्रीकृष्ण ने निभाई। वे लोग अत्यंत भाग्यशाली होते हैं जिन्हें सद्‌गुरु की संगत में ऐसे अमृत-ज्ञान की प्राप्ति होती है। यहाँ तो अखिल लोकों के स्वामी स्वयं अच्युतानंद परमात्मा श्रीकृष्ण अर्जुन के समक्ष उपस्थित थे। श्रीमद्‌गीता कोई साधारण ग्रंथ नहीं है जिसे किसी कवि या साहित्यकार ने सृजित किया हो। यह तो वेद-उपनिषदों व पुराणों से भी परे साक्षात् परमात्मा का अमृत-उपदेश है, जिसमें श्रीकृष्ण ने ब्रह्मज्ञान को सार सहित उड़ेल दिया है।

अर्जुन उवाच

नष्टो मोहः स्मृतिर्लब्धा त्वत्प्रसादान्मयाच्युत।
स्थितोऽस्मि गतसन्देहः करिष्ये वचनं तव॥ 73॥

"अर्जुन ने कहा, 'हे अच्युत! आपके अनुग्रह एवं कृपा वचनों से मेरा मोह दूर हो गया है तथा मुझे अपने स्वकर्म-कर्तव्य पालन की स्मृति पुनः प्राप्त हो गई है। मेरी संशयावस्था समाप्त हो गई है तथा मैं आपके उपदेशात्मक वचनों के अनुरूप कर्म करने को उद्यत हूँ।'"

परमपिता परमात्मा की योगमाया से संपूर्ण सृष्टि का प्रत्येक चराचर जीव व्याप्त है। इसलिए तो माया रूपी यंत्र पर आरूढ़ वह यत्र-तत्र-सर्वत्र सुख, काम, ऐश्वर्य, यश व वैभव की खोज में भटकता रहता है तथा अपने यथार्थ कर्तव्य को विस्मृत कर; प्रचलित रूढ़ियों के पालन को ही अपना सच्चा धर्म समझ बैठता है। सच्चे सद्‌गुरु या महापुरुष; परमार्थ के लिए, जीवों के कल्याण हेतु, उन्हें सच्चे मार्ग पर चलाते हैं, जिससे वे पतन के मार्ग को त्याग कर आत्ममुक्ति के पथ का अनुयायी बन सकें। अर्जुन ने प्रारंभ में कहा

कि वह अपनी कृपण-दुर्बलता के कारण अपना कर्तव्य भूल गया है तथा सारा धैर्य खो चुका है। ऐसी अवस्था में वह श्रीकृष्ण से एक शिष्य के रूप में समर्पण करते हुए पूछता है कि जो उसके लिए श्रेयस्कर हो, वह उसे निश्चित रूप से बताएँ, जिससे उसको सही मार्ग मिल सके (गीता 2.7)। अब भगवान् श्रीकृष्ण के अमृत तुल्य उपदेशों को सुनकर उसे अपने कर्तव्य धर्म की स्मृति हो आई है। इसीलिए वह शिष्य भाव से समर्पण करता हुआ कहता है कि वह अब श्रीकृष्ण भगवान् की आज्ञानुसार ही कर्म-मार्ग पर प्रवृत्त होगा। वस्तुतः अर्जुन अपने स्वकर्म के अनुरूप निर्धारित दायित्व के निर्वहन के लिए उन्मुख होता है। इस समय उसके चित्त में कोई अहंकार भाव नहीं है, अपितु वह आत्मज्ञान के दिव्य आलोक से प्रकाशित है, क्योंकि उसके भ्रमों का सम्यक् निवारण हो चुका है तथा उसके संदेह व संशय मिट चुके हैं। वह जान चुका है कि वह परमात्मा की दिव्य सृष्टि-संरचना में किसी विशिष्ट ध्येय की पूर्ति के लिए एक निमित्त मात्र ही है। दायित्व के निर्वहन में निहित भावना सकाम हो या निष्काम; ऐसा बुद्धि भेद ही उसका अपना स्वातंत्र्य है।

सञ्जय उवाच

इत्यहं वासुदेवस्य पार्थस्य च महात्मनः।
संवादमिममश्रौषमद्भुतं रोमहर्षणम्॥ 74॥

"संजय ने धृतराष्ट्र से कहा, 'इस प्रकार मैंने श्रीकृष्ण वासुदेव तथा अर्जुन इन दोनों महाआत्माओं का संवाद सुना, जो इतना अद्भुत है कि मेरे शरीर में महान् रोमांच हो रहा है।'"

महर्षि वेदव्यास की कृपा से प्राप्त दिव्य दृष्टि के द्वारा संजय ने महाभारत युद्ध के प्रत्येक दृश्य को अपनी आँखों से साक्षात् देखा था। इसीलिए उसने भगवान् श्रीकृष्ण तथा अर्जुन जैसे महापुरुषों के मध्य हुए गीता के अमृत संवाद को प्रत्यक्ष रूप से देखा व सुना। स्वयं परमपिता परमात्मा द्वारा श्रीकृष्ण रूप में; संवाद के माध्यम से; जो दिव्य ज्ञान अर्जुन सरीखे जीव को प्रदान किया गया वह इतना अद्भुत तथा अलौकिक था कि संजय को महान् रोमांच हो आया। इसी को संजय आगे कहते हैं—

व्यासप्रसादाच्छ्रुतवानेतद्गुह्यमहं परम्।
योगं योगेश्वरात्कृष्णात्साक्षात्कथयतः स्वयम्॥ 75॥

"व्यास देव की कृपा प्रसाद से प्राप्त दिव्य दृष्टि से मैंने इस परम गोपनीय योग को साक्षात् योगेश्वर कृष्ण के श्रीमुख से अर्जुन के प्रति कहा जाता हुआ सुना।"

संजय महाराज धृतराष्ट्र का सारथी होते हुए भी अत्यंत विद्धान एवं परम ईश्वर भक्त था। इसीलिए उसे महर्षि व्यास ने जो दिव्य दृष्टि प्रदान की थी, उसी के बल पर

वह परमात्मा तथा जीव के मध्य हुए साक्षात् दिव्य संवाद का साक्षी बन पाया। यह सब इतना अद्भुत, अलौकिक तथा विशिष्ट था कि संजय स्वयं यह विश्वास नहीं कर पाया कि उसने ऐसा गोपनीय, दिव्य संवाद स्वयं साक्षात् श्रवण किया है। यही उसके यहाँ कहे गए उद्गारों का भावार्थ है। इसी को संजय आगे भी कहता है—

राजन्संस्मृत्य संस्मृत्य संवादमिममद्भुतम्।
केशवार्जुनयोः पुण्यं हृष्यामि च मुहुर्मुहुः ॥ 76 ॥

"हे राजन! मैं भगवान् श्रीकृष्ण तथा अर्जुन के इस अद्भुत, गोपनीय तथा पवित्र संवाद को बार-बार स्मरण करके हर्ष से आह्लादित तथा गद्गद हो रहा हूँ।"

भगवद्गीता का अमृत-ज्ञान दिव्य है। इसको जानना व श्रवण करना अत्यंत पुण्यकारी व अद्भुत है। संजय ने तो गीता को ज्ञान के मूल स्रोत; साक्षात् परब्रह्म परमात्मा से सुना तथा यह स्थिति उसके लिए इतनी रोमांचकारी है तथा केशव-अर्जुन के संवाद उसके मन-मंदिर में इतना गहरे उतर गए हैं कि वह उनको बार-बार स्मरण करके अत्यंत प्रफुल्लित हो रहा है। सृष्टि के कालचक्र में कभी-कभी विरला कोई क्षण ऐसा आता है, जब इस प्रकार की दिव्य घटना घटती है। इसीलिए संजय ऐसी ऐतिहासिक घटना का साक्षात् साक्षी बनने के कारण अपार हर्ष अनुभूत कर रहा है।

तच्च संस्मृत्य संस्मृत्य रूपमत्यद्भुतं हरेः।
विस्मयो मे महान् राजन् हृष्यामि च पुनः पुनः ॥ 77 ॥

"हे राजन! भगवान् श्रीकृष्ण के श्रीहरिरूप के दिव्य विश्व-विराट् दर्शन की अपार अद्भुत अलौकिकता का स्मरण करके मैं अधिकाधिक विस्मित व आश्चर्यचकित होता हूँ तथा पुनः-पुनः हर्षित होता हूँ।"

श्रीकृष्ण भगवान् का विराट् स्वरूप जिसमें समस्त ब्रह्मांड में व्याप्त उनकी अपार विभूतियों, सूर्य, चंद्र समस्त नक्षत्र मंडलों, समस्त लोकों, चराचर जगत् का समावेश था, जो काल के सृदश्य प्रतीत हो रहा था, का वर्णन शब्दों से अतीत है। परम परमात्मा श्रीहरि का वह अद्भुत रूप संजय के चित्त से उतर ही नहीं पा रहा है तथा उसका बारंबार स्मरण करके उसे यह सुखद आश्चर्य हो रहा है कि परम विभूति पद्मनाभ श्रीकृष्ण के अतिशय दुर्लभ रूप के दर्शन उसे कैसे प्राप्त हो गए? इसीलिए वह उस दिव्यता को स्मरण कर हर्ष एवं निश्चल भगवद् प्रेम से भावविह्वल हो अपार आनंद का अनुभव कर रहा है।

यत्र योगेश्वरः कृष्णो यत्र पार्थो धनुर्धरः।
तत्र श्रीर्विजयो भूतिर्ध्रुवा नीतिर्मतिर्मम ॥ 78 ॥

"जहाँ योगेश्वर भगवान् श्रीकृष्ण हैं तथा जहाँ महान् धनुर्धर पृथापुत्र अर्जुन है, वहीं पर श्री, ऐश्वर्य, विजय, शाश्वत विभूति तथा नीति भी निश्चित रूप से वास करती हैं, ऐसा मेरा अटल मत है।"

मूलत: ईश्वर की समस्त लीलाएँ धर्म की विजय को ही स्थापित करने के लिए होती हैं। इसी परिप्रेक्ष्य में श्रीमद्गीता का शुभारंभ; अन्याय पक्ष के प्रमुख; धृतराष्ट्र की युद्ध भूमि में चल रहे घटनाक्रम को जानने की जिज्ञासा से हुआ है, क्योंकि धृतराष्ट्र अपने सैन्य बल के महारथी भीष्म, द्रोणाचार्य, कर्ण, अश्वत्थामा जैसे दुर्धर, अजेय योद्धाओं की सहायता से अपने पुत्रों की विजय के प्रति आशावान था, किंतु संजय भगवान् श्रीकृष्ण के दिव्य-विराट् स्वरूप का साक्षात् दर्शन कर चुका है तथा कौरव पक्ष के महान् योद्धाओं को विराट् कालपुरुष के मुख का ग्रास बनते हुए देख चुका है। वह भगवान् श्रीकृष्ण के दिव्य स्वरूप को देखकर समझ चुका है कि जिस पक्ष को स्वयं परमात्मा निर्दिष्ट कर रहे हों, वही सत्य एवं न्याय का पक्ष है। इसीलिए न्याय एवं सत्य की विजय अवश्यंभावी है। संजय ने धृतराष्ट्र को यह सत्य प्रत्यक्ष कर दिया है कि यद्यपि महाराज धृतराष्ट्र कौरव पक्ष की विजय के प्रति आशान्वित हैं, किंतु स्वयं श्रीकृष्ण की पांडव पक्ष की ओर से उपस्थिति से ही अर्जुन के पक्ष की विजय सुनिश्चित है। दूसरा सूक्ष्म पक्ष अध्यात्म का है। गीता के समस्त संवादों में योग की शिक्षा है, जो स्वयं योगेश्वर द्वारा प्रदत्त की गई है। जहाँ जीव की आत्मा परमात्म तत्त्व के ज्ञान से अभिभूत हो, पूर्ण समर्पण भाव से, दिव्य परमात्मा से एकीकार हो जाती है, वहीं श्री, विजय, ऐश्वर्य तथा कल्याण का स्वयमेव प्रादुर्भाव हो जाता है। साधारण अर्थ में 'योग' शब्द का अर्थ कर्म करने की युक्ति, दक्षता या कला होता है, जिसके अनुसार कहा जा सकता है कि कोई भी कलाकार योग से अर्थात् कुशलता से, अपनी कला या स्वाँग का प्रदर्शन करता है, परंतु गीता में 'योग' तथा 'योगेश्वर' शब्द अत्यंत व्यापक अर्थ धारण किए हुए हैं। इसी परिप्रेक्ष्य में देखते हुए यदि हम कर्म करने की प्रचलित युक्तियों में श्रेष्ठ युक्ति को खोजते हैं, तब हमें यह कहना पड़ता है कि परमात्मा अपने मूल रूप में अव्यक्त व सर्वव्याप्त होते हुए भी जिस युक्ति से अपने आपको व्यक्त स्वरूप में धारण कर लेते हैं, वह युक्ति ही श्रेष्ठतम योग है। यह अलौकिक योग जिसे साध्य हो जाए, उसे अन्य सब युक्तियों की भला क्यों अपेक्षा होगी। परमपिता परमात्मा इन सब योगों के अधिपति हैं तथा अपनी परा-अपरा माया के द्वारा वे ही उसे व्यक्त या अव्यक्त स्वरूप देते हैं। इसी से उन्हें योगेश्वर अर्थात् योगों का स्वामी कहा गया है। जहाँ युक्ति तथा शक्ति का समन्वय हो और जहाँ योग हो, वहीं श्री, ऋिद्धि-सिद्धि और विजय निवास करते हैं। शक्ति का न्याय व नीति के साथ संयमित प्रयोग धर्म रक्षा के लिए आवश्यक होता है अन्यथा वह अनीति बन अन्याय व अधर्म में परिणत हो जाएगी। जब जीवात्मा आत्मज्ञान के प्रकाश से अभिभूत हो दिव्य परम तत्त्व

के साथ, एकीकार हो जाती है तो उसे यश, श्री, विजय, सौभाग्य तथा परम मुक्ति स्वत: प्राप्त हो जाती है।

ॐ तत्सदिति श्रीमद्भागवदगीतासूपनिषत्सु ब्रह्मविधायाँ योगशास्त्रे श्रीकृष्णार्जुन संवादे मोक्षसंन्यासयोगो नाम नामाश्टादशोऽध्याय: ।

अतएव श्रीमद्भागवद उपनिषद् के ब्रह्ममविद्यांतर्गत योग शास्त्र में श्रीकृष्ण-अर्जुन के संवाद में 'मोक्षसंन्यासयोगो' नामक अठारहवाँ अध्याय पूर्ण हुआ।

अमृत सार

गीता में भगवान् श्रीकृष्ण ने स्थान-स्थान पर कहा है कि कर्म तो सतत करो, किंतु कर्म के फल में आसक्ति न रख, उसके फल को परमात्मा में अर्पित कर दो। इसी परिप्रेक्ष्य में अर्जुन ने जिज्ञासा व्यक्त की कि कुछ कर्म त्यागने योग्य तथा कुछ कर्म कर्तव्यवश करने योग्य होते हैं। इनमें संतुलन कैसे बनाया जाए? श्रीकृष्ण ने इस सूक्ष्म भेद को स्पष्ट करते हुए बताया कि जो काम्य कर्म हैं, जिनमें कामनाओं की पूर्ति निहित है, उनकी फलाशा त्याग दो। कर्म के फल का त्याग करते ही स्वत: स्पष्ट हो जाता है कि कौन से कर्म किए जाएँ तथा कौन से नहीं। उन्होंने त्याग तीन प्रकार का बताया—सात्त्विक, राजसी तथा तामसी तथा कहा कि यज्ञ, दान, तप रूपी कर्मों का परित्याग कभी भी न करके उन्हें ईश्वरार्पण बुद्धि भाव से संपादित किया जाना चाहिए। मोहवश अपने स्वकर्म का त्याग तामसी त्याग है। कर्मों को क्लेश कारक समझ; शरीर व इंद्रियों को आराम पहुँचाने की भावना से; कर्म का त्याग राजस त्याग है। जो कर्म सहज स्वाभाविक रूप से प्राप्त है, ऐसे नियत कर्म को फल संग दोष का त्याग करते हुए करना सात्त्विक त्याग है, क्योंकि इससे सृष्टि का चक्र सुचारू एवं व्यवस्थित रूप से गतिमान रहता है। जो कर्म सहज, स्वाभाविक रूप से प्राप्त न हों, तथा ऐसा प्रतीत हो कि उन्हें भली प्रकार किया जा सकता है तो भी उन्हें मत करो, क्योंकि परधर्म निर्वहन की गति भयावह कही गई है। जो कर्म सहज रूप से प्राप्त हों उन्हीं के फल का त्याग संभव है अन्यथा जीव यदि किसी कर्म को अच्छा समझकर उसके निर्वहन में रत हो जाए तो कैसा फल त्याग! यदि सात्त्विक कर्मों का भी लोभ होने लगे तो वह लोभ भी दूर करना चाहिए अन्यथा उनमें भी राजसिकता तथा तामसता आ जाएगी। जिन कर्मों को मनुष्य अपनी करनी समझता है, वह केवल उसके द्वारा किए गए प्रयत्नों का ही परिणाम नहीं होते, अपितु कर्मों की सिद्धि के पाँच कारण होते हैं, प्रथम—कर्म का अधिष्ठान या स्थान (शरीर), द्वितीय—कर्ता, तीसरा—भिन्न-भिन्न कारण या साधन, चतुर्थ—नाना प्रकार की चेष्टाएँ तथा पाँचवाँ

कारण दैव या प्रारब्ध होता है। मनुष्य के प्रयत्नों की सफलता के लिए संसार के जिन विविध उपायों की आवश्यकता होती है, उनमें से कुछ उपायों को जानकर तथा उनकी अनुकूलता पाकर मनुष्य प्रयास करता है, परंतु इसके अतिरिक्त सृष्टि के भी कई अदृष्ट कृत्य ऐसे होते हैं, जिनका मनुष्य को ज्ञान नहीं होता; जो उसके पूर्व जन्म-जन्मांतरों में किए गए कर्मों के अनुरूप निर्मित संस्कारों या प्रारब्ध के वश में होते हैं। इसी को दैव कहते हैं, जो कर्म के घटित होने का पाँचवाँ कारण कहा गया है। इसीलिए मानव योनि में मनसा-वाचा-कर्मणा किए गए पाप या पुण्य उसके अगले जन्मों का प्रारब्ध निश्चित करते हैं। अत: आत्मा का कर्मों या प्रारब्ध से कोई संबंध नहीं होता, अपितु आत्मा शुद्ध व अकर्ता रहती है। सत्रहवें अध्याय में कर्म के सात्त्विक आदि भेदों का जो निरूपण किया गया, उसी को कर्मयोग की दृष्टि से पूरा करते हुए कहा गया कि दोष बुद्धि में होता है न कि कर्म में। इसीलिए शुद्ध बुद्धि से परमार्थ एवं लोक संग्रहार्थ दृष्टि भावना के साथ किया गया कर्म मनुष्य को कर्मों के बंधन में नहीं बाँधता। स्वधर्मानुसार किए गए कर्म का; अहंकार, बुद्धि तथा फल की आसक्ति का त्याग करते हुए; निर्वहन करना ही सात्त्विक त्याग है। कर्मों को छोड़कर बैठना सच्चा त्याग नहीं है। ज्ञान, ज्ञेय तथा परिज्ञाता, ये तीनों कर्म की प्रेरणा देनेवाले कारण हैं तथा प्रकृति के सत-रज-तम गुणों के अनुसार ही ज्ञान, कर्म तथा कर्ता के तीन-तीन भेद बताए गए हैं। जिस ज्ञान से जीव समस्त भूतादिकों में एक ही अविभक्त शाश्वत परमात्मा को समभाव से देखता है, वह ज्ञान सात्त्विक है। जिससे वह जीवों को पृथक्-पृथक् देखता है, वह राजस ज्ञान है तथा जिसमें जीव स्वयं अपने तथा अपने कुटुंब को ही सारा संसार समझता है वह तामस ज्ञान है। अर्जुन को त्याग तथा संन्यास को तत्त्व से समझाने के लिए भगवान् श्रीकृष्ण ने ज्ञान, कर्म, कर्ता, बुद्धि, धृति तथा सुख के भेदों को सत-रज-तम त्रिगुणों के आधार पर अर्जुन के समक्ष चित्र सा खींचकर यह स्पष्ट कर दिया कि इस सृष्टि के भिन्न-भिन्न व्यापारों में गुण-भेद से किन-किन प्रकार की विभिन्नताएँ स्वरूप लेती हैं तथा इन सबमें सात्त्विकता ही श्रेष्ठ एवं मोक्ष प्रदान कराने वाली है। अर्जुन के द्वारा संन्यास एवं त्याग को तत्त्व से जानने की जिज्ञासा के निराकरण के लिए श्रीकृष्ण ने त्याग एवं त्यागी के लक्षण, संन्यास का स्वरूप बताते हुए स्पष्ट किया कि नियत कर्म का स्वरूप से त्याग उचित नहीं है तथा नियत कर्मों में आसक्ति तथा फलाशा को त्यागना ही सच्चा त्याग है। वर्णों की चतुर्थ स्तरीय व्यवस्था समाज का व्यवस्थित रूप दिखाती है, जिसमें भेद जन्म के आधार पर न होकर व्यक्ति के स्वभाव व गुण के आधार पर होता है, क्योंकि प्राणियों के अनेकानेक जन्मों के कर्मों से जनित संस्कारों के अनुरूप ही उनका स्वभाव ढल जाता है तथा स्वभाव के अनुसार ही प्रकृति के सत-रज-तम गुणों से उनकी अंत:करण की वृत्तियाँ उत्पन्न होती हैं। 'गुणै' तथा 'स्वभावप्रभवै' शब्दों के द्वारा यही आशय व्यक्त किया गया है। प्रत्येक

वर्ण के अपने स्वभाव-गुण-वश कुछ लक्षण होते हैं। उन्हीं के आधार पर भेद-विभेद होता है न कि जन्म के आधार पर। यदि समाज एक शरीर है तो चारों वर्ण उसके अंग हैं। प्रत्येक अंग व्यवस्थित समाज के लिए आवश्यक है। एक भी अंग के बिना शरीर अपंग हो जाएगा। परमात्मा ही समस्त सृष्टि के कर्ता-धर्ता व रचयिता हैं। सृष्टि के व्यवहारों को सहजता से गतिमान रखने के लिए ही चातुर्वण्य आदि व्यवस्थाएँ परमात्मा द्वारा सृजित की गईं तथा उसके ही अनुकूल स्वभावजन्य व्यवहारों को सभी जीव संपादित करते हैं। स्वभावजन्य स्वकर्मों को कर्म-फल की आशा के त्याग भाव से करने से सृष्टि का कर्म-चक्र भी सुचारू रूप से चलता रहेगा। स्वभावजन्य स्वकर्म का आचरण अप्रिय या दोषपूर्ण सा प्रतीत होने पर भी पराये धर्म की अपेक्षा श्रेष्ठ है। जैसे प्रज्वलित अग्नि के साथ धुआँ भी निकलता है, किंतु धुएँ की उपस्थिति से अग्नि की श्रेष्ठता कम नहीं हो जाती, क्योंकि दोष कर्म में नहीं, कर्म करनेवाले की बुद्धि पर निर्भर करता है। यदि बुद्धि में काम-क्रोध, मद-लोभ आदि विकार विद्यमान हैं तो अंत:करण की शुद्धता संभव नहीं, किंतु धैर्य, आत्मसंयम, एकांत सेवन, मिताहारी और वैराग्य भाव से पूरित हो आत्मा तथा परमात्मा में पृथकत्व की भावना को तिरोहित कर जो परमात्मा के प्रति पूर्ण समर्पित हो उनके प्रेम रस में डूब गया हो, उसका तो उस परमात्मा से कभी वियोग ही नहीं होता। परमात्मा के परायण ऐसा भक्त; समस्त प्रकार के कर्म करता हुआ भी; ईश्वर के अनुग्रह से; उनके शाश्वत व अव्यय परमधाम को प्राप्त करता है।

कर्म को छोड़ देना भ्रम मात्र है, क्योंकि कर्म किसी के छोड़े नहीं छूटता। जड़ प्रकृति के क्षेत्र में और साधारण चेतना के स्तर पर जीव हर ओर से बँधा हुआ है। प्रकृति की यांत्रिकता का गुलाम होने के कारण जीव कर्म की जंजीर से जकड़ा हुआ है और इस जंजीर के बंधन में जो भी घटनाएँ घटती हैं, वे अचूक रूप से जीव के पूर्व कर्मों के परिणाम स्वरूप होती हैं। इस अवस्था में जीव का ये आभास कि उसकी गति स्वतंत्र है, मात्र एक भ्रम है। ये सब प्रकृति की संपूर्ण गतियाँ हैं जिनमें, विश्व चक्र में, माया रूपी यंत्र पर आरूढ़ हो वह अपने पूर्व-कर्म-संस्कारों के वशीभूत हो अज्ञानता में भटकता है। जीवों के जन्म-जन्मांतरों में किए गए कर्म ही कालांतर में उनके संस्कार-बद्ध कर्मों में रूपांतरित होते हैं, जिन्हें स्वेच्छा या अनिच्छा से उन्हें करना ही पड़ता है। ज्ञानी पुरुष अपनी बुद्धि को निर्मल कर; सुख-दु:ख में समभाव रखते हुए; कर्म करता है, किंतु मूढ़ अज्ञानी उन कर्मों में मोहजनित अहंकार एवं आसक्ति भाव के कारण कर्मबंधन में उलझ जाता है। फलस्वरूप उसका जन्म-मरण-चक्र सहज ही नहीं छूटता तथा वह अपने शरीर रूपी यंत्र पर आरूढ़ हो नाना योनियों में भटकता रहता है। यही ज्ञानी व अज्ञानी के आचरण में महत्त्वपूर्ण भेद है। यह समस्त जगत; अंदर व बाह्य दोनों स्थानों पर; सभी जीवों के हृदय में उस एक ही अचिंत्य परमात्मा से व्याप्त है। अत: भगवान्

श्रीकृष्ण समस्त मानव जाति को; अर्जुन को निमित्त बनाकर; यह आश्वासन देते हैं कि समस्त धर्मों को भेद से त्याग कर मात्र उनकी अनन्य भाव से जो शरण प्राप्त करेंगे, वे चाहे कैसे भी पापी क्यों न हों, वे उनको पापों से मुक्त कर परमगति प्रदान करेंगे। मूलत: संसार का कल्याण व उत्थान ही प्रत्येक महापुरुष का लक्ष्य होता है तथा वे मानव जाति के अभ्युदय के लिए ही प्रयासरत रहते हैं। इसी का प्रमाण गीता के अमृतमयी उपदेश हैं, जिनमें अर्जुन के माध्यम से समाज में प्रचलित रूढ़ियों, संशयों एवं भ्रमों का समूल निवारण करते हुए मानव को पतन के मार्ग को त्याग कर, आत्ममुक्ति के मार्ग का अनुसरण करने का, गोपनीय रहस्य उद्घाटित किया गया है।

□

तृतीय खंड

गीता के दिव्य रहस्य-निष्कर्ष

एक बार संत गौरांगदेव कहीं जा रहे थे। मार्ग में उन्होंने देखा कि एक पंडितजी आसन लगाए बैठे हैं, उनके सामने भगवान् की एक मूर्ति रखी हुई है तथा वे गीता का पाठ कर रहे हैं और उनकी आँखों से निरंतर अश्रुधारा बह रही है। उन्हें देखकर संत गौरांगदेव वहीं पंडितजी के पास बैठ गए और जब गीता का पाठ समाप्त हुआ, तब उन्होंने पंडितजी से पूछा, "महाराज, आपने गीता के पाठ में क्या समझा?" पंडितजी ने उत्तर दिया, "महाराज, मैंने समझा तो कुछ नहीं, परंतु देख रहा था कि भगवान् श्रीकृष्ण गीता सुना रहे हैं और अर्जुन बड़े प्रेम से सुन रहे हैं।" यह सुनकर संत गौरांगदेव गद्गद हो उस पंडित के पैरों पर गिर पड़े और कहा "महाराज, गीता को तो वास्तव में आपने ही समझा है। व्याकरण और साहित्य के बड़े-बड़े विद्वानों ने भी इससे कुछ नहीं समझा।" वस्तुतः चाहे समझ में आए या न आए, किंतु प्रेम, श्रद्धा तथा विश्वास से जो भी इस गीतामृत का पाठ करता या सुनता है तथा कुछ भी न समझकर केवल यही समझता है कि इसमें परमात्मा की चर्चा हो रही है, तब भी वह परम कल्याण का भागी होता है। जिसमें यह भाव नहीं कि 'मैंने यह कर्म किया' और जिसकी बुद्धि कर्म में लिप्त नहीं होती, वह तीनों लोकों के वध जैसा जघन्य कर्म करके भी हिंसक नही बनता एवं हिंसा के फल का भागी नहीं होता। 'यह मैं हूँ, यह मेरा है; यह तुम हो, यह तुम्हारा है', यही जीव की अविद्या है और यही अज्ञान उसके बंधन का कारण है, क्योंकि पंचभूत तत्त्वों से बना यह शरीर तथा इस संसार की समस्त वस्तुएँ परमात्मा की परा व अपरा शक्तियों से सृष्ट एवं विनिष्ट होती रहती हैं। उनमें किसी भी प्रकार की आसक्ति या निजता का भ्रम दूर होते ही जीव बंधन से मुक्ति प्राप्त कर लेता है।

जीव, ईश्वर तथा प्रकृति का अंतर्संबंध

गीता, जीव, ईश्वर तथा प्रकृति का स्वरूप स्पष्ट रूप से विश्लेषित करती हुई मानव को मुक्ति का मार्ग दिखाती है। भगवान् श्रीकृष्ण मनुष्य का उसके मूल स्वरूप से

परिचय कराते हुए कहते हैं कि यह शरीर परमात्मा की अष्टधामूल प्रकृति से आवृत्त हो; नश्वर होने के कारण; अवश्य ही नष्ट होगा, किंतु उस मरणधर्मा भौतिक शरीर में व्याप्त चेतन तत्त्व आत्मा शाश्वत सत्य एवं अप्रमेय है, जिसका नाश करने की शक्ति प्रकृति में किसी की भी नहीं है। आत्मा तो नाशरहित, अजन्मी और अव्यक्त है। उसे छेदा, जलाया, धोया या गीला भी नहीं किया जा सकता। जल-वायु-अग्नि, अस्त्र-शस्त्र आत्मा के मूल रूप को परिवर्तित नहीं कर सकते, किंतु शरीर नश्वर होने के कारण पूर्व संस्कार-जनित प्रारब्धवश जीर्णता को प्राप्त करता है तथा आत्मा पुरानी जीर्ण देह को त्याग; संस्कारों के अनुरूप; नवीन देह उसी प्रकार धारण करती है, जैसे मनुष्य पुराने जीर्ण वस्त्रों को त्याग कर नवीन वस्त्र धारण करता है। कुछ भौतिक शास्त्री व विद्वान्, आत्मा या पुनर्जन्म को कोरा झूठ समझ अविश्वास करते हैं। ऐसे भौतिक विज्ञानियों के अनुसार, भौतिक पदार्थ से प्रत्येक पल अनेकानेक प्राणियों की उत्पत्ति एवं विनाश होता रहता है। इसीलिए वे आत्मा के एक शरीर से दूसरे शरीर में रूपांतरण व पुनर्जन्म को नहीं मानते हैं, किंतु यह तो सत्य ही है कि जिस जीव ने जन्म लिया है उसकी मृत्यु भी अवश्य होगी। इसलिए आत्मा के सत्य व शाश्वत पक्ष को अनदेखा करने पर भी मृत जीवों के लिए शोक करना कदापि उचित नहीं है। वस्तुतः आत्मज्ञान का विषय अत्यंत गूढ़ प्रकृति का है, जिसे समझने के लिए तत्त्वदर्शियों की दृष्टि आवश्यक होती है, भौतिक विज्ञान शास्त्रियों की नहीं। बद्ध जीव, मन तथा इंद्रियों सहित, भौतिक शरीर से आवृत्त है। जब जीवात्मा देहांतरण कर दूसरी देह धारण करती है तो आत्मा मन सहित इंद्रियों को एक शरीर से दूसरे शरीर में उसी प्रकार ले जाती है, जैसे वायु सुगंध को ग्रहण कर एक स्थान से दूसरे स्थान पर ले जाती है। इस प्रकार जीवात्मा का मन तथा इंद्रियाँ जिन विषयों में लिप्त रहती हैं, वही जीवात्मा के अगले जन्मों का आधार बनती है, क्योंकि चैतन्यता या आत्मा न तो कर्मों की कर्ता है और न ही कर्मों के फलस्वरूप जनित विषयों एवं सुख-दुःख की भोक्ता ही है, अपितु प्रकृति तथा उसके कार्यों के साथ जीव का जो अज्ञान मूलक अनादि संबंध है, उसी के कारण वह कर्ता तथा भोक्ता दोनों बना रहता है। सूक्ष्म स्वातंत्र्य के साथ जीव का यही मूल स्वरूप है।

परमात्मा का स्वरूप तो अव्यक्त, अकथनीय, अकल्पनीय है। परमात्मा एक होते हुए भी सर्वव्याप्त, सर्वशक्तिशाली और सर्वोत्तम हैं। वे न दिखाई देते हुए भी सब जगह उपस्थित रहते हैं। वे अजर, अचिंत्य, अज, अव्यय, अनिर्देश्य, अरूप, पाणि-पादादिशून्य, व्यापक, सर्वगत, नित्य, भूतों का आदिकरण, स्वयं कारणहीन हैं। उनसे संपूर्ण ब्रह्मांड व्याप्त और व्यापक है। इनकी इस रहस्यमयी कार्य प्रणाली का नाम ही विज्ञान है। भगवान् श्रीकृष्ण ने स्वयं को गीता में प्रथम पुरुष में संबोधित करते हुए अर्जुन को आश्वासन दिया, "मैं परमात्म संबंधी ज्ञान को विज्ञान सहित पूर्ण संपूर्णता से तुम्हें

बताऊँगा, जिसे जानकर संसार में फिर और कुछ जानने को शेष नहीं रहता है (गीता 7.2)।" जिस प्रकार मिट्टी के गोले के भीतरी भेद को जान लेने से यह ज्ञात हो जाता है कि शेष मिट्टी के पदार्थ उसी मिट्टी के विभिन्न नाम रूप वाले हैं और कुछ भी नहीं, इसी प्रकार ब्रह्म को स्वरूप से जान लेने के पश्चात् और कुछ जानने को शेष नहीं रहता। यदि परमात्मा स्वयं ही अपने बारे में न बताएँ तो भला उनके अप्रमेय, अनंत स्वरूप को कौन बता सकता है। इसीलिए भगवान् श्रीकृष्ण अपने भक्तों के ऊपर कृपा करने के लिए; अर्जुन को निमित्त बनाकर; बताते हैं, "यद्यपि मैं अविनाशी, अजन्मा हूँ तथा सृष्टि के समस्त प्राणियों का ईश्वर हूँ तथापि मैं अपनी अंतरंग शक्ति योगमाया से प्रकृति को अधीन करके; शरीर का आधार लेकर; धर्म की रक्षा व दुष्टों के संहार के लिए अवतरित होता हूँ तथा मेरा यह अवतरण तथा कर्म, दिव्य एवं अलौकिक है। उनकी यह लीला एवं माया, अपार तथा बड़े-बड़े ज्ञानियों की बुद्धि से भी परे है। ईश्वर कोई दूर बैठी सत्ता नहीं है अपितु सर्वज्ञ, समस्त भूतादिकों के शुभ-अशुभ कर्मों के अनुरूप उनका नियंता, सूक्ष्म से भी अति सूक्ष्म, जगत् का सृष्टा-पालनकर्ता व संहारकर्ता, समस्त भौतिक अविद्या से परे नित्य चेतन आनंदस्वरूप है। सृष्टि का सूत्रपात करनेवाले ब्रह्मा भी उस परम सत्ता के अधीन रहकर प्रकट एवं विलय होते रहते हैं, किंतु उत्पन्न एवं नष्ट होने की निरंतर प्रक्रिया से अत्यंत परे 'परम अव्यक्त परब्रह्म' हैं, जो सर्वदा अपरिवर्तनीय, अक्षर एवं शाश्वत हैं। वे ही सर्वरूप होकर सर्वथा पृथक् हैं। वे ही कण-कण में व्याप्त होते हुए भी बिना किसी त्रुटि के समस्त ब्रह्मांड की क्रियाएँ सुचारू रूप से संचालित करते हैं। फिर भी ऐसा महान् परमात्मा अनन्य व अविचल भक्ति के द्वारा प्राप्त किए जाने हेतु सुलभ है।

प्रकृति का स्वभाव स्पष्ट करने के लिए जीव तथा परमात्मा का अंतर्संबंध बताते हुए भगवान् श्रीकृष्ण कहते हैं कि यह भौतिक जगत् परमात्मा की अनंत शक्तियों में से एक का क्षणिक प्राकट्य है। जीव का चेतन तत्त्व आत्मा, परमात्मा की परा-प्रकृति हैं। पंच स्थूल तत्त्व—पृथ्वी, जल, अग्नि, वायु, आकाश तथा तीन सूक्ष्म तत्त्व—मन, बुद्धि तथा अहंकार इन आठ प्रकार के भेदों वाली अष्टधा प्रकृति तो अपरा शक्ति की अभिव्यक्ति मात्र है। जिसमें प्रथम पंचभूत तत्त्व स्थूल है, जिसके पाँच इंद्रिय विषय—शब्द, स्पर्श, रूप, रस व गंध हैं। भौतिक विज्ञान शास्त्री मात्र इन दस पंचभूत तत्त्वों तथा पंच इंद्रिय विषयों का ही ज्ञान रखते हैं तथा अन्य तीन तत्त्व—मन, बुद्धि तथा अहंकार; जो जीव के अंत:करण एवं मानसिक अनुभूतियों से संबंध रखते हैं, उनको समझ न पाने के कारण वे भौतिक शास्त्री व दार्शनिक गुण, अध्यात्म के वास्तविक स्वरूप व भारतीय सनातन परंपरा के वेद-उपनिषदों में उल्लेखित तत्त्व-ज्ञान के मर्म को समझ नहीं पाते, जबकि ये तो परमात्मा की अपरा-प्रकृति-जन्य शक्ति का एक क्षुद्र अंश मात्र है। इस दृष्टिमान भौतिक जगत् में चाहे जो कुछ हो, कार्य करने की शक्ति तब तक

नहीं आती जब तक जीव गतिशील नही होता। यह गतिशीलता प्रदान करनेवाली ऊर्जा या प्राणशक्ति या चैतन्यता, संसार के समस्त प्राणियों में; परमात्मा की परा शक्ति से ही आती है। अपनी पराशक्ति से परमात्मा समस्त भौतिक प्रकृति के नियंता एवं नियामक हैं। संपूर्ण सृष्टि के समस्त भूत-प्राणी, चर-अचर सभी कुछ परमात्मा की परा व अपरा प्रकृति के ही स्वरूप हैं तथा उनकी उत्पत्ति तथा प्रलय का मूल कारण ईश्वर ही हैं। श्रीकृष्ण स्पष्ट करते हैं कि विभिन्न योनियों में विचरण करनेवाले जीवों के वे परम पिता हैं। वे आपकी चितवन मात्र से ही जब परा-अपरा या अष्टधा मूल त्रिगुणमयी माया से प्रकृति पर दृष्टिपात करते हैं तो प्रकृति क्रियाशील हो उठती है और उसके गर्भ से सारे जड़-जंगम जीव उत्पन्न हो जाते हैं। वे अपनी अंतिम इच्छाओं और कर्मों के तद्रूप विभिन्न रूपों और योनियों में प्रकट होते हैं। आवागमन का चक्र घूमता रहता है जिसमें काल का परिवर्तन चलायमान रहता है तथा परमात्मा के विधान के अनुसार प्रकृति स्वयं ही परिवर्तित होती रहती है, किंतु परमात्मा इस सृजन-विध्वंस के प्रति उदासीन ही रहते हैं। इस जगत् में क्षर (नश्वर) तथा अक्षर (अविनाशी) ये दो प्रकार के पुरुष हैं। समस्त भूतादिकों को नश्वर होने के कारण 'क्षर' कहते हैं तथा इन जीवों के मूल में गुह्य रहनेवाले अव्यक्त, अविनाशी तत्त्व को 'अक्षर' कहते हैं। जीव परमात्मा का सनातन पृथक्कीकृत अंश हैं। जब उनका संसर्ग भौतिक जगत् से होता है तो वे 'क्षर' कहलाते हैं, लेकिन जो जीव परमात्मा से एकत्व स्थापित कर लेते हैं, वे 'अक्षर' कहलाते हैं। इन दोनों से परे सर्वव्यापी परमात्मा हैं जिन्हें वेदों में पुरुषोत्तम कहा गया है।

कर्म के बिना मुक्ति संभव नहीं

इस विश्व का मूल है कर्म। परब्रह्म, पुरुष-प्रकृति या परमाणु में गति, कर्म, क्रिया या व्यापार होने से ही सृष्टि की उत्पत्ति होती है। कर्म अनादि है और इसके अखंड व्यापार में परमात्मा कोई हस्तक्षेप नहीं करता। कर्म के द्वारा ही जगत् की स्थिति, गति और अंत होते रहते हैं। कर्म का प्रवाह सृष्टि के आदि से प्रलय तक चलता रहता है। एक बार जीव के अंत:करण पर कर्म के संस्कार पड़ गए तो विश्व के चक्र में फँस उस जीव को आज का किया हुआ कर्म कल भोगना पड़ता है। ये कर्म-बीज रूपी संस्कार असंख्य जन्म बीत जाने पर भी बिना फल प्रदान किए नष्ट नही होते। जिस प्रकार सहस्त्रों गायों के बीच में भी बछड़ा अपनी माता के पास पहुँच ही जाता है, उसी प्रकार जाव के किए गए शुभाशुभ कर्म उसके पीछे-पीछे चलते हैं। भगवान् श्रीकृष्ण कहते हैं कि समस्त कर्मों की सिद्धि के लिए पाँच कारण हैं-अधिष्ठान (स्थान), कर्ता, भिन्न-भिन्न करण या साधन, कर्ता की भिन्न चेष्टाएँ अथवा प्रयास तथा उसके साथ-साथ पाँचवाँ दैव (प्रारब्ध) (गीता 18.14)। अत: किसी भी कर्म की सफलता इन पाँच कारणों पर निर्भर रहती है।

इसलिए मनुष्य का यह अभिमान करना की अमुक फल मेरे कर्म का फल है, उसकी मूढ़ता का लक्षण है। पाँचवाँ कारण 'दैव' ही मनुष्य के पूर्वजनित संस्कारों के अनुरूप उसका 'प्रारब्ध' नियत करता है। इसीलिए तो श्रीकृष्ण ने कहा कि जीव को मात्र कर्म करने का अधिकार है, कर्म के फल पर उसका कोई अधिकार नहीं। उक्त पाँच कारणों का समस्त कर्मों का हेतु होने से आत्मा का कर्मों से कोई संबंध नहीं है वरन् आत्मा का वास्तविक स्वरूप सर्वथा शुद्ध एवं निर्विकार है। मनुष्य योनि में ही जीव पाप-पुण्य आदि नवीन कर्म अर्जित कर सकता है—'प्रारभते नर:' (गीता 18.15)। सद्भाव व अनासक्त स्वकर्म निर्वहन मात्र मनुष्य योनि में ही संभव है, क्योंकि अन्य योनियाँ यथा पशु-पक्षी, यक्ष-राक्षस या देव योनियाँ तो मूलत: भोग योनियाँ हैं जिनमें जीव अपने पूर्व संचित कर्मों को ही भोगता है। कर्म के संस्कार अंत:करण में बने रहते हैं। कर्म बंधक नहीं, जीव का अहं भाव बंधक है। कर्म का यह नियम है कि जहाँ एक बार उसका प्रारंभ हो गया, फिर अखंड प्रवाह चलता रहता है। इस सृष्टि में प्रलय होने पर भी कर्म-प्रवाह का आत्यंतिक नाश नहीं होता। सब भूतादिकों के संस्कार-युक्त मन प्रकृति के आश्रय से सुप्तावस्था में शेष रह जाते हैं। पुन: सृष्टि का आविर्भाव होने पर उन्हीं जीवों का पुनरागमन होता है और वे मन तथा इंद्रियों से युक्त होकर पूर्व संस्कारों के अनुसार अपने कर्मों को भोगते हैं (गीता 9.8, 8.19)। कर्म किस रीति से किया जाए, इस संबंध में गीता की शिक्षा बड़ी मूल्यवान है। इतना ही नहीं, यह विश्व के समस्त आध्यात्मिक साहित्य में अपूर्व है। प्रथम तो यह बताती है कि हम अपना कर्तव्य-कर्म करते हुए भी कर्म के प्रति आसक्ति छोड़ दें। हम कर्म इसलिए न करें कि वह हमें अच्छा लगता है, अपितु इसलिए करें कि वह हमारा कर्तव्य है। "तस्मादसक्त: सततं कार्यं कर्म समाचर" (3.19) अर्थात् 'सदैव सतत अनासक्त होकर कर्तव्य-कर्म करो।" दूसरी आवश्यक बात यह है कि हमें अपने कर्मों के फल का भी त्याग कर देना होगा। "युक्त: कर्मफलं त्यक्त्वा शांतिमाप्नोति नैष्ठिकीम्"(5.12)। जीविकोपार्जन के लिए किए जानेवाले कार्य को किस प्रकार 'कर्म' की श्रेणी में लाया जा सकता है, इस संबंध में गीता ने एक चमत्कार किया है तथा कहा है कि स्वभावजन्य स्वकर्मों को तो करना अपरिहार्य है ही, वे तो त्यागने से भी नहीं त्यागे जा सकते तथा प्रकृति जीव से उसके स्वभावजन्य स्वकर्म तो बलात् करा ही लेगी, चाहे जीव चाहे या नहीं, कर्म को तो त्यागा ही नहीं जा सकता, किंतु कर्म करते समय उसके फल में कोई आसक्ति न रख उसे ईश्वर को समर्पित करने से ही कर्म बंधनकारी नहीं होता। जीव मात्र कर्म के करने में रत रहकर उसका आनंद ले। फल तो उसे भगवान् स्वयं उसके पूर्व जन्मों के संस्कारों के अनुरूप दे ही देंगे। गीता का यह महान् उपकार है कि उसने दैनिक कार्यों तथा जीविकोपार्जन के साधनों को भी मोक्ष का माध्यम बना दिया, मात्र एक शर्त लगा दी कि हम अपने कार्यों को, उसके फल को परमात्मा को

अर्पित करते हुए करें। इसी को भगवान् श्रीकृष्ण ने कहा, "मामनुस्मर युध्य च" (8.7) कि "मन में मेरा स्मरण रखते हुए युद्ध करो।" मात्र ईश्वर परायण होकर कर्म करने से कर्म बंधन के नहीं, बल्कि मुक्ति के साधन बन जाएँगे। वे पुनः कहते हैं, "सहजं कर्म कौंतेय सदोशमपि न त्यजेत्" (18.48), कि "तुम्हारे सहज कर्म, जो तुम्हारे साथ ही स्वभाविक रूप से उत्पन्न हुए हैं, उन्हें दोषपूर्ण भी प्रतीत होने पर नही छोड़ना चाहिए।' इस कर्म योग का वास्तविक उद्देश्य जीव को कर्म के चक्र से बाहर निकाल कर भगवत गति में प्रवेश दिलाना है तथा इसी योग की कला का निरूपण अत्यंत सहज व सरल रूप में भगवान् श्रीकृष्ण ने किया है जिसके द्वारा जीव प्रकृति की कूट रचित माया से आवृत्त यांत्रिक गति से मुक्ति पा सकता है।

सांख्य दर्शन तथा गीता

'संख्य' शब्द संख्या धातु से उद्भव होने के कारण, शाब्दिक अर्थ में संख्या गिनने से लिया जाता है, जैसे पंचभूत तत्त्व, पाँच ज्ञानेंद्रियाँ, पाँच कर्मेंद्रियाँ आदि। कपिल शास्त्र के अनुसार पच्चीस तत्त्व गिने गए हैं, किंतु इसका अर्थ इतना संकीर्ण न होकर तत्त्वज्ञान के बृहद् आयामों से है। सांख्यवादियों के अनुसार संसार में कोई मनुष्य सुखी है, तो कोई दुःखी। प्रत्येक जीव का जन्म, मृत्यु व जीवन-व्यवहार पृथक्-पृथक् हैं। इसीलिए प्रत्येक आत्मा या पुरुष मूल से ही भिन्न हैं तथा उनकी संख्या भी अनंत है। मात्र प्रकृति तथा पुरुष ही समस्त सृष्टि के मूल तत्त्व हैं, किंतु सांख्य दर्शनवादियों के अनुसार, उनमें से पुरुष से आशय 'असंख्य पुरुषों के समूहों' से है। इन असंख्य पुरुषों तथा त्रिगुणात्मक प्रकृति के भिन्न-भिन्न परस्पर संयोगों से सृष्टि में समस्त व्यवहारों का चलन हो रहा है। प्रकृति जड़ या अचेतन है तथा पुरुष सचेतन है। प्रकृति सब कार्य करती है तथा पुरुष अकर्ता व उदासीन है। इस प्रकार जगत् में ये दो भिन्न-भिन्न अनादि व स्वतंत्र तत्त्व हैं। यही सांख्यवादियों का मत है, किंतु गीता में प्रकृति व पुरुष को अनादि तो बताया गया (गीता 13.19), किंतु सांख्यवादियों के समान ये दोनों तत्त्व स्वतंत्र नहीं माने गए, अपितु भगवान् श्रीकृष्ण ने गीता में प्रकृति को अपनी माया (गीता 7.14) कहा है तथा पुरुष को "ममैवांषो जीवलोके" (गीता 15.7) कहकर अपना ही सनातन अंश बताया है। इसी विशेषता के कारण गीता सांख्यवाद से आगे बढ़ गई है। गीता में प्रकृति व पुरुष के द्वैत भेद को मान्य नहीं माना गया है, इसमें सांख्यदर्शन के द्वैत पर अद्वैत परब्रह्म के सिद्धांत का ही सर्वत्र निरूपण हुआ है।

संन्यास तथा कर्म

श्रीकृष्ण ने कर्म के महत्त्व पर बल देते हुए कहा कि संन्यास का अर्थ संसार को छोड़ देना या अपने स्वभावजन्य कर्मों को छोड़ देना नहीं है। ज्ञानमार्ग उचित लगे या

निष्काम कर्म मार्ग, कर्म तो दोनों ही स्थितियों में करना होगा, क्योंकि न तो कर्मों को छोड़ने से ज्ञानी बना जा सकता है और न ही कर्म का आरंभ ही न करने से निष्कामी। संन्यास का अर्थ कर्म से जनित फल के त्याग से है। इस प्रकार कर्मों का संन्यास तथा निष्काम कर्म योग यह दोनों ही परम कल्याणकारक हैं, किंतु इन दोनों में भी कर्मों के संन्यास (ज्ञानमार्ग) की तुलना में निष्काम कर्मयोग का आचरण सुगम होने से श्रेष्ठ है, क्योंकि त्याग कर्म का नहीं, अपितु कर्म से जनित कामना का करना चाहिए। कर्म तो किसी भी स्थिति में त्याग करने योग्य नहीं है। मन, इंद्रियों तथा शरीर के द्वारा समस्त कर्मों में कर्तापन का त्याग तथा समत्व बुद्धि से भगवत अर्थ कर्मों का आचरण अर्थात् निष्काम कर्म योग दोनों ही श्रेष्ठ हैं। सबकुछ करके भी कुछ न करना तथा कुछ भी न करते हुए सबकुछ करना, ये दोनों ही योग हैं, परंतु तुलना की दृष्टि से एक को कर्मयोग तथा दूसरे को संन्यास कहा गया। इसीलिए 'एकं सांख्यं च योगं च य पश्चति स पश्चति' (5.5) कहकर स्पष्ट किया गया कि एक न करके करता है और दूसरा कर्म करते हुए भी नहीं करता। दोनों ही लोक कल्याण हेतु आचरण में लीन रहते हैं। फिर भी भगवान् श्रीकृष्ण कहते हैं कि संन्यास से कर्मयोग श्रेष्ठ है। इसका रहस्य यही है कि बिल्कुल कर्म न करते हुए भी सब कर्म करने की युक्ति एक महापुरुष या तत्त्वदर्शी स्तर के व्यक्ति के लिए तो उपयुक्त हो सकती है, परंतु सामान्य साधक के लिए नहीं, क्योंकि बिल्कुल कर्म न करते हुए भी कर्म कैसे करना है, यह युक्ति साधक के विवेक के लिए पहेली ही बनी रहेगी। इसीलिए कर्मयोग साधक के लिए प्राप्ति का मार्ग भी है तथा लक्ष्य भी, किंतु संन्यास तो केवल अंतिम लक्ष्य है। वह मार्ग में नहीं है। न करके करना, साधक की समझ में नहीं आ सकता, किंतु करके न करना यह युक्ति समझ में आ सकती है; क्योंकि कर्मयोग साधन भी है तथा निष्ठा भी, जबकि संन्यास मात्र निष्ठा है। इसीलिए कर्मयोग को संन्यास से श्रेष्ठ बताया गया है। संन्यास मार्ग में ज्ञान को प्रधान मान लेने पर भी, उस ज्ञान की सिद्धि बिना कर्म के नहीं होती। निष्काम कर्म के पथ में भी जो कर्म किया जाता है, वह भी ज्ञानपूर्वक ही होते हैं। फिर संन्यास तब तक नहीं हो सकता जब तक जीव का मन सांसारिक विषयों से विरत नहीं हो जाता, किंतु मन की चंचलता पर नियंत्रण करना कठिन है। इसीलिए श्रीकृष्ण ने कहा, "मनो दुर्निग्रहं चलम्" (गीता 6.35) अर्थात् "जब तक मन असंयत है, योग की प्राप्ति संभव नही"; "असंयतात्मना योगो दुष्प्राप" (गीता 6.36) अर्थात् "असंयमित मन ही जीव को विषयों में उलझाकर संशयों में लिप्त कर देता है, जिसके कारण जीव सत्य को पहचान नहीं पाता। अर्जुन भी रूढ़ियों का शिकार हो संशय में फँस गया। अपने कर्तव्य को छोड़कर संन्यास की बातें करने लगा। अर्जुन तो इस नश्वर संसार के उन जीवों का एक प्रतिनिधि मात्र है, जो संशय तथा सही-गलत के माया जाल में फँसकर विकल हो जाते हैं। इन संशयों व भ्रमों

का कारण एक ही है–सच्चे ज्ञान का अभाव। इसीलिए श्रीकृष्ण कहते हैं, "न हि ज्ञानेन सदृशं पवित्रमिह विद्यते"(4.38)—कि, "ज्ञान के समान पवित्र अन्य कोई वस्तु नहीं है।" मिथ्या ज्ञान मन को संशय युक्त कर विकल करता है। इसलिए ज्ञान, संन्यास तथा कर्म का स्वरूप स्पष्ट करके, जीवन को संशयों, विषादों तथा तनावों से मुक्त करके, उसे आनंद से परिपूर्ण कर देना, गीता का एक अद्‌भुत चमत्कार है।

गीता वेदों, उपनिषदों, ब्रह्मसूत्रों आदि सभी शास्त्रों का निचोड़

गीता में समस्त शास्त्रों का सार निचोड़कर प्रस्तुत किया गया है। सृष्टि के सृजन, पालन एवं संहार तक ही परमात्मा का कार्य सीमित नहीं रहता, अपितु वे अपनी संतानों के कल्याण एवं मुक्ति के लिए उन उपायों व विधानों को भी उद्‌घाटित करते हैं, जिससे जीव संसार में उन परमात्मा की परा-अपरा योगमाया से रचित मायाजाल को काटकर स्वयं का उद्धार कर सकें। इसीलिए श्रीकृष्ण ने कहा कि सृष्टि के कल्प के आरंभ में उन्होंने ही दिव्य ब्रह्मज्ञान के गुह्य रहस्य को विवस्वान सूर्य से कहा, विवस्वान सूर्य ने मनु से कहा तथा मनु ने इक्ष्वाकु से कहा (गीता 4.1)। यदि स्वयं परमात्मा इस गुह्य ब्रह्मज्ञान को प्रकाशित न करें, तो भला कौन कर सकता है। इसीलिए श्रीकृष्ण ने यह भी स्पष्ट किया कि 'कर्म को वेद से उत्पन्न हुआ जानो तथा वेदों को अविनाशी परमात्मा से उत्पन्न हुआ'(गीता 3.15)। श्रीकृष्ण के द्वारा प्रदत्त इस ज्ञान को ही कालांतर में ऋषियों-मनीषियों ने वेद-उपनिषद्-स्मृतियों, सूत्रों में विभिन्न अवयवों में सँजोया, जो गुरु-शिष्य परंपरा में श्रुति-स्मृति की व्यवस्था के रूप में चलती रही तथा समय-समय पर महान् ऋषियों ने तत्त्वदृष्टा के रूप में दिव्य अध्यात्म तत्त्वों की अनुभूतियों को भी भिन्न-भिन्न प्रकार से शास्त्रों में पिरो दिया, परंतु अनेक ऋषियों व तत्त्वदर्शियों के द्वारा भिन्न-भिन्न काल एवं परिस्थितियों में स्फुरित अध्यात्म विचारों से जिन शास्त्रों की रचना हुई उनमें उनके विचार कहीं-कहीं पारस्परिक विरोधी एवं संकीर्ण हो गए। जिसके कारण समाज में अनेकानेक वैचारिक संप्रदाय उत्पन्न हो गए इसीलिए भगवान् श्रीकृष्ण ने प्रचलित सिद्धांतों व वैचारिक मान्यताओं में विद्यमान सत्य को अपना समर्थन देकर स्पष्ट कर दिया तथा निर्मूल व भ्रमात्मक सिद्धांतों का खंडन किया। इसीलिए उन्होंने सकाम कर्मकांडों को स्वर्ग प्राप्ति तक ही सीमित रखनेवाले पुरुषों को वेदवाद में रत एवं अविवेकी बताते हुए कहा (गीता 2.43) कि वेद प्रकृति के तीन गुणों तक ही प्रकाश डालते हैं तथा उससे आगे नहीं जा पाते। इसीलिए जीव को चाहिए कि वह इन तीन गुणों से ऊपर उठ वेदों के कार्यक्षेत्र से आगे बढ़े तथा सुख-दुःखों के द्वंद्वों से रहित हो, नित्य सत्य वस्तु में स्थित होता हुआ तथा योगक्षेम को न चाहता हुआ; निष्काम भाव से आत्मपरायण हो (गीता 2.45)। श्रीकृष्ण ने धार्मिक कर्मकांडों तथा बलि प्रथा की

जगह त्याग भावना से कर्म पर बल दिया तथा यज्ञ को स्वयं अपना स्वरूप बताते हुए कहा, "अधियज्ञोऽहमेवात्र देहे देहभृतांवरं" 'अर्थात' "देहधारियों की देह में मैं ही यज्ञ हूँ।" वेद-उपनिषदों में परमात्मा के निराकार अव्यक्त स्वरूप की साधना पर अधिक बल था। श्रीकृष्ण ने कहा कि जिन पुरुषों के मन परमात्मा के अव्यक्त एवं निराकार स्वरूप के प्रति उपासना में 'अनुरक्त' हैं उनको प्राप्ति में अधिक क्लेश होते हैं, क्योंकि व्यक्त देहधारियों के लिए अव्यक्त निराकार निर्गुण की ध्यान-उपासना का मार्ग अत्यंत कठिन होता है। वैदिक शास्त्रों को सम्मान देते हुए श्रीकृष्ण ने उन्हें अपना स्वरूप बताते हुए कहा कि सब वेदों के द्वारा वे परमात्मा ही जानने योग्य हैं। वेदांत का कर्ता अर्थात् 'वेदस्य अंत: स वेदांत' यानी कि वेद की अंतिम स्थिति का कर्ता भी परमात्मा ही हैं तथा 'वेदवित्' अर्थात् वेद का ज्ञाता भी वे ही हैं (गीता 15.1) जगत् के कारण रूप परब्रह्म को जगत् के वास्तविक स्वरूप से तत्त्वश: विदित करना ही वेदों का अभीष्ट है। जो बातें वेदों, वेदांतों, ब्रह्मसूत्रों में विभागपूर्वक कही गई हैं उनको सम्यक् विश्लेषण के साथ आदरपूर्वक गीता में भी स्थान दिया गया (गीता 13.4)।

कर्म करते हुए भी ईश-प्राप्ति की कला

निश्चय ही मनुष्य अपने काम छोड़कर भजन-ध्यान में लीन नहीं हो सकता, फिर गीता तो कर्म को प्रत्येक स्थिति में अपरिहार्य बताती है न कि कर्म से पलायन करके संन्यास धारण करने को। श्रीकृष्ण ने स्पष्ट कहा, "तस्मात्सर्वेषु कालेषु मामनुस्मर युध्य च" (गीता 8.7) कि "तू समस्त समय मेरा स्मरण कर तथा युद्ध कर।" अर्जुन के समक्ष स्थूल रूप से महाभारत के युद्ध की स्थिति उत्पन्न थी, किंतु मानव जीवन में तो सदैव भौतिक सुख-साधनों की कामनाएँ मन को चलायमान कर, ऊर्ध्व गति से खींचकर, निकृष्ट गतियों में उन्मुख करती ही रहती हैं। काम-वासनाओं से मन को खींचकर ईश्वर परायण करने का संघर्ष तो जीव के हृदय पटल पर चलता ही रहता है। इसी से श्रीकृष्ण इंद्रियों को संयमित करने के इस संघर्ष को सदैव परमात्मा की स्मृति व उपस्थिति के भाव से करते रहने की युक्ति बताते हैं तथा कहते हैं, "मेरे परायण हुआ कर्मयोगी तो संपूर्ण कर्मों को सदा करता हुआ भी मेरी अहर्निश कृपा से मेरे अविनाशी सनातन पद को प्राप्त हो जाता है" (गीता 18.56)। परंतु यह कैसे हो कि काम भी करते रहें तथा भगवत स्मृति भी बनी रहे। आरंभ में कठिनाई हो सकती है। इसलिए इसका उपाय श्रीभगवान् ने बताया कि सतत अभ्यास व वैराग्य से ऐसा करना बिल्कुल वैसे ही संभव है, जैसे नटनी अपने करतब दिखाने के लिए बाँस पर चढ़ते समय ढोल भी बजाती है तथा गायन भी करती रहती है, किंतु इन सब क्रियाओं को करते हुए भी उसका ध्यान निरंतर बाँस पर बँधी रस्सी पर चलते कदमों की तरफ ही लगा रहता है। इसी तरह जीव को अपने

सब काम करने चाहिए, किंतु अपना मन सतत ईश्वर के परायण कर, उनके नाम-रूप व लीलाओं में लगाए रखना चाहिए। काम करते समय यह भाव रखना चाहिए कि 'यह काम परमात्मा का है तथा उन्हीं की अनुकंपा से, मैं, उन्हीं की प्रसन्नता के लिए कर रहा हूँ। मेरे बाँके बिहारी मेरे पास खड़े हुए मेरे कार्य को देख रहे हैं'—इस प्रकार सदा मन में यह भाव रखकर प्रसन्नचित्त रहना चाहिए। ऐसा अभ्यास करने में प्रारंभ में कुछ असहजता हो सकती है। इसीलिए भगवान् श्रीकृष्ण ने कहा कि बार-बार मन को अभ्यास से स्थिर करने का प्रयास करना चाहिए। स्मृति में परमात्मा के नाम-रूप-गुण-लीला व धाम को सँजोकर, तेल की धारा की तरह अखंड बनाने के लिए, चलते-फिरते, उठते-बैठते, खाते-पीते व प्रत्येक कार्य करते हुए परमात्मा को अपने साथ समझना चाहिए। कठपुतली जिस प्रकार सूत्रधार के इशारे पर करतब करती है, उसी प्रकार हमें परमात्मा के हाथों में ही अपनी बागडोर सौंपकर काम करना चाहिए। जब कोई कर्म हमारे मन के प्रतिकूल हो तो यह समझना चाहिए कि इसमें निश्चय ही ईश्वर का हाथ है तथा वे ही हमें पापों से मुक्त करके विशुद्ध करने व सहनशील तथा धैर्यवान होने के लिए, हमारे मन के प्रतिकूल स्थिति उत्पन्न करके, हमारे हित के लिए, हमारी परीक्षा ले रहे हैं। अब हमें सावधान रहना चाहिए कि कहीं हम उस परीक्षा में अनुत्तीर्ण न हो जाएँ। जो मन में ऐसा भाव रखता हुआ, ऐसी स्थिति में भी आनंद का अनुभव करता है, वही सच्चा ज्ञानी है, वही कर्मयोगी है तथा वही वास्तविक भक्त है। भगवान् के प्रत्येक विधान में आनंद व सुख का अनुभव करना ही तो सच्चे ज्ञानी, कर्मयोगी व भक्त का परम कर्तव्य है। इसी से भगवान् श्रीकृष्ण कहते हैं, "जिसके कारण कोई भी जीव उद्वेग को प्राप्त नहीं होता और स्वयं भी जो किसी जीव से उद्वेग को प्राप्त नहीं होता तथा हर्ष, अमर्ष, भय तथा उद्वेग आदि से रहित रहता है, वह भक्त मुझे प्रिय है।" (गीता 12.15) इस प्रकार गीता खेल-खेल में ही सामान्य कर्मों को भी परम मुक्ति का साधन बनाकर जीव के कल्याण का रहस्य सहज रूप से प्रस्तुत कर देती है।

चातुर्वर्ण्यं भेद गुण-कर्म के अनुसार

भगवान् श्रीकृष्ण ने कहा कि चार वर्णों का सृजन उन्होंने किया है, किंतु गुण तथा कर्मों के भेद द्वारा (4.13)। उन्होंने चार वर्णों में भेद का पैमाना गुण एवं कर्म को माना, न कि जन्म को। गुणों के आधार तत्त्व तीन हैं—सत, रज तथा तम। इन तीनों तत्त्वों में से किसी एक का अधिक होना या न्यून होना या उनके विभिन्न सम्मिश्रण ही प्रत्येक मनुष्य में रहते हैं, जिनके अनुरूप उसका स्वभाव-जनित होता है तथा उसी स्वभाव के अनुरूप प्रासंगिक कर्म को स्वभाव-जनित स्वकर्म कहा गया है। यह वर्ण व्यवस्था भारतीय समाज में अत्यंत महत्त्वपूर्ण है, जिसका सृजन परमात्मा के द्वारा किया गया है। इस संबंध

में ऋग्वेद (8.10.90) में पुरुषसूक्त के ग्यारहवें श्लोक में उल्लेख है कि परमात्मा के विराट् पुरुष रूप के मुख से ब्राह्मण, बाहुओं से क्षत्रिय, ऊख से वैश्य तथा चरणों से शूद्र वर्ण की उत्पत्ति हुई। ये चारों वर्ण समाज रूपी विराट् शरीर के विभिन्न अवयव विशेष हैं। सभी विराट् पुरुष से उत्पन्न हुए हैं तथा विभिन्न कर्मों के लिए विभिन्न सत्वादि गुणों की प्रधानता के साथ, विभिन्न वर्णों के रूप में परमात्मा ही प्रकाशित होते हैं। शत्पथ ब्राह्मण तथा बृह्दारण्यक उपनिषद् (1.4.11) में उल्लेख है कि सृष्टि के पूर्व-जगत् के व्यवहार में आने से पहले केवल एक ब्रह्म ही था जो ब्राह्मण रूप में विद्यमान था, परंतु मात्र ब्राह्मण से विश्व के समस्त कार्यों का निर्वाह नहीं हो सकता था। इसी कारण कर्म करने की इच्छा से परमात्मा प्रशस्त रूप से क्षत्रिय भाव से युक्त हुए। इंद्र, वरुण, सोम, रूद्र, पर्जन्य, यम, मृत्यु और ईषान आदि देवगण क्षत्रिय वर्ण के हुए। केवल ब्राह्मण तथा क्षत्रिय देवता के द्वारा भी सब कार्य नहीं चल सके, धन अर्जन करनेवाले देवताओं की भी आवश्यकता थी। इसी कारण धन अर्जन करने में दक्ष वैश्य जाति की सृष्टि हुई। अष्ट वसु, एकादश रूद्र, द्वादश आदित्य, त्रयोदष विश्वेदेव, उनचास वायु इत्यादि देवतागण वैश्य हैं (वृहद. उप. 1.4.12), किंतु इससे भी व्यवस्था पूर्ण नहीं हुई तथा परिचार के बिना वे भी असमर्थ रह गए। इसी कारण शूद्र वर्ण की सृष्टि हुई। तमोगुण बहुला पृथ्वी शूद्र देवता हैं। यह पृथ्वी ही 'पूशा' नाम से प्रसिद्ध है, क्योंकि जो कुछ जगत् में देखने में आता है, सबका पोषण यही करती है (बृहदारण्यक उप. 1.4.13), लेकिन इन त्रिगुणों के आधार पर जीव के वर्ण का स्वरूप पहचाने कैसे? तो भगवान् श्रीकृष्ण ने ब्राह्मण का स्वभावजन्य कर्म, शम, दम, तप, पवित्रता, शांति, सरलता, तत्त्व से परमात्मा को अनुभूत करने का ज्ञान-विज्ञान (18.42 गीता) बताया। उन्होंने शूरता, तेज, धैर्य, युद्ध से न भागना, दान, प्रजा पालन को क्षत्रिय का स्वाभाविक गुण बताया (गीता 18.43) तथा कृषि, गोरक्षा, वाणिज्य आदि वैश्य तथा परिचर्या या सेवा शूद्र का स्वाभाविक कर्म बताया (गीता 18.44)। इस प्रकार गीता के चारों वर्णों के लक्षण, गुण एवं स्वभाव बताते हुए श्रीकृष्ण ने जो व्यवस्था दी, उसमें जन्म को कहीं भी वर्ण का आधार नहीं बताया। जाति शब्द का प्रयोग गीता में कहीं किया ही नहीं गया है। ऋग्वेद (8.10.90) में पुरुषसूक्त में भी यही भाव है कि यदि समाज विराट् शरीर है तो चारों वर्ण उसके अंग, जिसमें प्रत्येक अंग का विशेष महत्त्व है। यदि सिर तथा मुख न हों तो न बुद्धि-विवेक होगा तथा न ही शरीर को ऊर्जा हेतु भोजन प्राप्त होगा। यदि आँख, नाक, कान, भुजा ही नहीं होंगे तो कर्म कैसे होगा? यदि पेट व जाँघ न हों तो शरीर की पाच्य-अपाच्य क्रियाएँ कैसे होंगी तथा शरीर त्याज्य अवशेषों को त्यागेगा कैसे? यदि पैर न हों तो शरीर चलेगा-फिरेगा कैसे? एक भी अंग के बिना शरीर अपंग हो जाएगा। यही स्थिति समाज की भी है। जब तक इस सिद्धांत पर व्यवस्था चलती रही, तब तक समाज में सर्वत्र सुख-शांति

रही, किंतु जब गुण-कर्म के भेद का पैमाना त्याग कर वर्ण व्यवस्था जन्म-आधारित जाति व्यवस्था में बदल गई तो देश-समाज में कलह, राग-द्वेष व अशांति का विस्तार हो गया। इसीलिए इस कुरीति को दूर करने के भाव से भगवान् श्रीकृष्ण ने इस वर्ण-व्यवस्था के प्रश्न को गीता में कई स्थानों पर उठाकर अंतिम अध्याय में इसका स्वरूप भी स्पष्ट कर दिया कि कोई भी कर्म उच्च या निम्न नहीं होता है, अपितु जगत् के नानात्मक विधि व्यवहार स्वभावजन्य प्रकृति के द्वारा संचालित होते हैं। ये चारों वर्ण भगवत-प्राप्ति के पथ के विभिन्न सोपान हैं। कोई भी जीव यदि परमात्म-प्राप्ति के लिए उच्चतर सोपानों में उन्नति पाना चाहे तो प्रकृति के स्वाभाविक नियम उसे भला कैसे रोक सकते हैं? इसीलिए श्रीकृष्ण ने अर्जुन से भी कहा कि वह भी तत्त्व को विदित कर; नियत कर्म के द्वारा; ब्राह्मण श्रेणी को प्राप्त करे।

परमात्मा मात्र एक

भगवान् श्रीकृष्ण ने 'बहुदेववाद' को गीता में सिरे से नकारते हुए 'परमतत्त्व' के एकत्व को स्पष्ट करते हुए कहा कि परमात्मा तत्त्वतः अविभक्त होकर भी सभी चराचर भूतादिकों में नाना रूप से विभक्त से प्रतीत होता है तथा वे सर्वशक्तिमान श्रेय स्वरूप परमात्मा ही संपूर्ण चराचर जगत् की उत्पत्ति, पालन तथा संहार करनेवाला है (गीता 13.16)। अज्ञानी, मूढ़ एवं परम तत्त्व को सही रूप में न जाननेवाले लोग हिंदू-धर्म पर यह आक्षेप लागाते हैं कि इसमें कोई एक ईश्वर नहीं है तथा इसमें अनेक देवी-देवता हैं और वैदिक काल से लेकर पुराणों तक में अनेकानेक आराध्य इष्टों का उल्लेख किया गया है, किंतु इस सनातन धर्म के बहिरंग पक्ष को देखकर ही ऐसा बहुदेववाद उन्हें प्रतीत होता है। जिस प्रकार बादलों से बरसने वाला एक ही जल भिन्न-भिन्न तालाबों में उनके आकार-प्रकार तथा पार्थिव परमाणुओं के कारण भिन्न-भिन्न नाम, रूप, स्वाद, गुण वाला प्रतीत होता है उसी प्रकार भूतादिकों तथा समस्त पदार्थों की अधिष्ठान भूत सत्ता तो एक ही है। यही स्थिति अग्नि तथा वायु की भी है तथा इन पृथक्-पृथक् से प्रतीत होनेवाले पदार्थों में वास्तव में एक ही अविभक्त सत्ता समाहित है। आभूषणों के नाम, रूप व आकार भले ही भिन्न हों, किंतु उनमें निहित धातु स्वर्ण एक ही है। इसी प्रकार सृष्टि के समस्त नाम-रूपात्मक पदार्थों के रूप में एक अखंड आत्मतत्त्व ही सर्वत्र विद्यमान है। यही गीतोक्त सात्त्विक ज्ञान है तथा यही ज्ञान की पराकाष्ठा है। वेदों, उपनिषदों, सूत्रों आदि में परमात्मा का अद्वैत पक्ष ही प्रस्तुत हुआ है। श्वेता. उप. में उल्लेख है, "एको देवः सर्वभूतेष गूढः सर्वव्यापी सर्वभूतांतरात्मा" (6.11) कि वह एक देव ही सब प्राणियों में छिपा हुआ, सर्वव्यापी और समस्त प्राणियों का अंतर्यामी परमात्मा है। वही सबके कर्मों का अधिष्ठाता, संपूर्ण भूतादिकों का अधिवास, सबका साक्षी,

चेतनस्वरूप, सर्वथा विशुद्ध तथा गुणातीत है। ऋग्वेद के षष्ठ मंडल में उल्लेख है, "य एकएत् तमुष्टुहि वृष्टीना विचर्षणि पतिर्यज्ञो वृषक्रतुः" कि "परमात्मा एक है। तू उसी की स्तुति कर। वह परमात्मा सब जीवों की देखभाल करनेवाला है।" इसीलिए भगवान् श्रीकृष्ण कहते हैं कि जो अल्पज्ञानी, विषयों में आसक्त हो, जिस-जिस देवता को श्रद्धा से पूजता है, वे ही उस जीव की उस देवता के प्रति श्रद्धा स्थिर कर उसे उसके प्रारब्ध के अनुरूप फल प्रदान करते हैं, क्योंकि देवता नाम की कोई सक्षम सत्ता है ही नहीं। जब स्वयं ब्रह्मा आदि समस्त देवता, पितर, दैत्य-दानव, ऋषि, सूर्य, चंद्र, इंद्र, वरुण, मारुति, नक्षत्र-मंडल आदि; परमब्रह्म के द्वारा सृजित सृष्टि के ही अंश होते हुए भी स्वयं मरणधर्मा हैं तो उनके द्वारा प्रदत्त वस्तुएँ भला कैसे शाश्वत हो सकती हैं? इसीलिए जहाँ लोगों की श्रद्धा विनयवत होती है वहाँ पर श्रीभगवान् ही उस देवता के स्वरूप में उनकी श्रद्धा व कामना को पुष्ट करते हैं। वे अविभक्त परमात्मा ही रज गुण की प्रधानता से ब्रह्मा, तम गुण की प्रधानता से रूद्र तथा सत् गुण की प्रधानता से विष्णु बन उत्पत्ति, पालन एवं संहार करते हैं अन्यथा सर्वशक्तिमान विष्णु से पालित जगत् का संहार दूसरा कोई कैसे कर सकता है? यदि सर्वसंहारक रूद्र महादेव को ही परब्रह्म मानें तो फिर जगत् का पालनकर्ता कौन हो सकता है? यदि रूद्र विष्णु से भिन्न हों तो सर्वसंहारक रूद्र के द्वारा विष्णु के संहार की ही स्थिति आ जाएगी। कोई भी संहारक अपनी आत्मा का संहार नहीं कर सकता। यदि दो ईश्वर होंगे तो मतभेद की स्थिति में विरुद्ध आशय के संकल्प होंगे। यदि परस्पर के विरुद्ध संकल्प होने से दोनों के ही संकल्प असत्य हो जाएँ तो दोनों ही अनीश्वर सिद्ध होंगे। यदि एक के संकल्प से दूसरे का संकल्प कट गया तो जिसका संकल्प सिद्ध होगा वही परमेश्वर होगा; दूसरा नहीं। इसलिए उत्पत्ति, स्थिति तथा लय का कारण एक ही है, उसमें नानात्व नहीं है। भले ही किसी भी नाम रूप या रीति से व्यवहार हो, किंतु परमात्मा एक ही हैं। उनके नाम, रूप व लीला अपार हैं। वर्षों पूर्व कहे गए गीता के एकेश्वरवाद को ही कालांतर में आनेवाले अनेकानेक धर्म-संप्रदायों ने तथा आधुनिक काल में प्रचलित नाना धर्म-संप्रदायों यथा इस्लाम, ईसाई आदि धर्मों ने भी माना तथा परमात्मा के एकत्व पर कोई संशय नहीं किया। श्वेताश्वतर उपनिषद् में कहे गए सूक्त यथा, "एको देवः सर्वभूतेषु गूढ़ः सर्वव्यापी सर्वभूतांतरात्मा" को ही श्रीकृष्ण ने 'अविभक्त विभक्तेषु' (कहकर) पुष्ट कर दिया।

गुरु का स्वरूप

भगवान् श्रीकृष्ण ने कहीं भी 'गुरु' शब्द का प्रयोग नहीं किया, अपितु 'गुरु' के स्थान पर 'तत्त्वदर्शिन' या 'ज्ञानिन' शब्दों का समान अर्थ में प्रयोग करते हुए कहा कि परम तत्त्व को अनुभूत कर जाननेवाले ज्ञानी महापुरुष के समीप जा प्राणिताप से, जिज्ञासा

करने से तथा सेवा करने से तत्त्ववेत्ता पुरुष उस ज्ञान का उपदेश करेंगे (गीता 4.34), जिस ज्ञान को पाकर जीव मोह व अज्ञान से मुक्त हो जाएगा तथा समस्त जगत् के चराचर भूतादिकों में स्वयं को तथा परमात्मा में ही समस्त जगत् को देखेगा (गीता 4.35)। भगवान् के साथ जीव का विश्वास तथा भक्ति मूलक साक्षात् संबंध है तथा जीव अनुग्रह योग्य होने पर ही उनका अनुग्रह प्राप्त करता है, किंतु जब तक जीव स्वयं में परमात्मा की अनुभूति नहीं कर पाता तब तक उसको तत्त्वदर्शी ज्ञानीजनों के पथ प्रदर्शन में उनके उपदेशों के अनुकूल आचरण करना चाहिए तथा अपनी विनयवत की गई जिज्ञासाओं का तत्त्वदर्शियों से समाधान प्राप्त कर ज्ञानोपदेश में आस्था व निष्ठा के साथ व्यवहार करना चाहिए। तत्त्वदर्शी ज्ञानी महापुरुष की संगत में जिज्ञासाओं व आंतरिक परीक्षणों के साथ तत्त्वों की युक्तिपरक अनुभूति आवश्यक है न कि किसी उपेदश का अंधानुपालन, क्योंकि आज अनेकों लोग ऐसे भी हैं जो अपने शिष्यों से उनकी आज्ञाओं का अक्षरशः अंधानुपालन व अतार्किक श्रद्धा की अपेक्षा रखते हैं तथा वे शिष्यों की जिज्ञासा व तर्क ज्ञान को समाप्त कर देना चाहते हैं। इसीलिए भगवान् श्रीकृष्ण ने सच्ची जिज्ञासा, मनन व चिंतन अर्थात् 'प्रणिपातेन परिप्रश्नेन' (4.34) पर पर्याप्त बल देते हुए ऐसे तत्त्वदर्शी ज्ञानी पुरुषों को महत्त्व दिया है जिन्होंने अपने अनुभवों में परमात्म तत्त्व का प्रत्यक्ष साक्षात्कार कर लिया है। ऐसे स्वरूप सिद्ध तत्त्वदर्शी से सत्य ज्ञान को विदित करने से शिष्य कभी भी अज्ञानजनित मोह को प्राप्त नहीं होगा। ऐसे सिद्ध ज्ञानीजन अपने योग्य शिष्य के लिए ज्ञान का उपदेश कर उसे साधना-पथ पर चलाएँगे तथा समर्पित सेवा भाव से सतत जिज्ञासा के द्वारा साधक में इसको सीखने की क्षमता का उद्भव व विकास कर देंगे।

विभूतियों का वर्णन व विश्वविराट् स्वरूप का निहितार्थ

श्रीकृष्ण ने अर्जुन के अनुरोध पर अपनी इक्कयासी विभूतियों का वर्णन करते हुए स्पष्ट किया की उनकी दैवी विभूतियों का कोई अंत नहीं है, ये तो मात्र कुछ उदाहरण हैं, क्योंकि सृष्टि के पूर्व में केवल वे ही थे, उनके अतिरिक्त न कुछ स्थूल था न ही सूक्ष्म, सृष्टि में जो कुछ प्रतीत होता है, वह सब वे ही हैं। शून्य-अशून्य में भी वे ही हैं। सृष्टि में जो भी ऐश्वर्य, तेज, सौंदर्य या उत्कृष्ट दिखाई देता है, वे सब उनके तेज के एक अंश मात्र से उद्भूत है। वस्तुतः आत्मा के उन्नयन के द्वारा जो भी सर्वोच्च स्थिति प्राप्त हो सकती है, वह सब उनके तेज के एक अंश से ही उद्भूत है। जो कुछ भी श्रेष्ठ हो सकता है, वह सब उन्हीं की कृपा का प्रसाद है। जो भी उत्कृष्ट या निकृष्ट स्थितियों की संभावनाएँ हो सकती हैं, वे उन सबमें साक्षात् रूप से उपस्थित हैं। इस जगत् के नाना प्रकार के जीव अपने अंतःकरण में जैसे-जैसे भाव रखते हैं, उसी के अनुरूप वे एक ही परमेश्वर, उन जीवों को उनके भावों के अनुरूप सुलभ होते हैं। अर्जुन की जिज्ञासा

इसलिए नहीं है कि भिन्न-भिन्न विभूतियों का ध्यान या पूजन उन्हें देवता समझकर किया जाए, अपितु उन सभी विभूतियों में परमात्मा की सर्वव्यापकता की भावना को सहज रूप में स्वयं परमात्मा से ही विदित करने के लिए है, क्योंकि स्वयं परमात्मा ही चाहें तो अपनी कृपा वर्षा से अपनी दिव्य विभूतियों का परिचय करा सकते हैं अन्य कोई भी नहीं। अर्जुन को परमात्मा की माया, उनकी परा-अपरा शक्तियों के गुह्य-तत्त्व, रहस्य व विभूतियों को श्रीकृष्ण से सुनकर परमात्मा के दिव्य विश्वस्वरूप को देखने की उत्कंठा हुई, क्योंकि भगवान् श्रीकृष्ण ने अपनी कतिपय विभूतियों को बताकर कहा था कि उनकी अनंत विभूतियों के वर्णन से भला क्या प्रयोजन पूर्ण होगा, क्योंकि वे तो समस्त ब्रह्मांड को मात्र अपने एक अंश से धारण करते हैं। श्रीकृष्ण ने स्वयं स्वाभाविक रूप से यह संकेत दे दिया कि भौतिक इंद्रियों से परमात्मा को देख, सुन व समझ पाना संभव नहीं, जैसा कि आधुनिक युग में भौतिक व दर्शन शास्त्री नानारूपेण इस विषय में तर्क करते हैं। श्रीकृष्ण ने अपनी महिमा दिखाई तथा अर्जुन से कहा, "लो, मेरे सैकड़ों, हजारों, नाना प्रकार के वर्ण, रंग और आकृतिवाले अलौकिक रूपों को देखो। बारह आदित्यों, आठ वसुओं, एकादश रुद्रों, अश्विनी कुमारों, उन्यासी मारुतियों तथा और भी इसके पूर्व न देखे गए अनेकों नाना प्रकार के आश्चर्यमय रूपों को देखो, जिन्हें न पहले किसी ने देखा, न सुना, तुम जो भी देखना चाहते हो उसे एक ही स्थान पर जहाँ चराचर समस्त जगत् है, उसे तुम मेरे इस शरीर में तत्क्षण देखो। तुम वर्तमान तथा भविष्य में जो भी देखना चाहते हो इस विराट् रूप में देखो।" आज का विज्ञान अभी भी आकाशगंगा के नक्षत्रों को लेकर ही अटकलें लगा अपनी नवीनतम उपलब्धियाँ गिना रहा है, किंतु श्रीकृष्ण अपने अकल्पनीय और अकथनीय स्वरूप को साक्षात् दिखा रहे हैं। अर्जुन अभी तक आँखें फाड़कर देखने का प्रयास कर रहा है। इसीलिए श्रीकृष्ण कहते हैं, "अर्जुन, तुम अपनी इस स्थूल पार्थिव दृष्टि से मेरे अलौकिक स्वरूपों को देखने में समर्थ नहीं हो। इसलिए मैं तुम्हें दिव्य दृष्टि देता हूँ।" गीता का यह प्रकरण अकथनीय एवं विशेष महत्त्व का है। श्रीकृष्ण ने अर्जुन को अपने दिव्य स्वरूप के अनंत आयामों को दिखाना प्रारंभ कर दिया, किंतु अर्जुन को कुछ दिखा नहीं। क्या श्रीकृष्ण यह नहीं जानते थे? वे तो हर जीव के हृदय में बसते हैं तथा पल-पल का हाल जानते हैं। फिर उन्होंने अर्जुन को दिव्य-दृष्टि अपना विराट्-स्वरूप दिखाने से पूर्व क्यों नहीं दी? ऐसा इसलिए कि अर्जुन भी अन्य लोगों की भाँति उन्हें सामान्य मानव देहधारी ही समझ रहा था। प्रथम अध्याय में उसके तर्क यही तो थे कि वे दोनों समझदार होकर भी युद्ध के द्वारा सनातन कुल-धर्म परंपरा को नष्ट ही तो करने जा रहे हैं और फिर भक्त जब तक सत्य को मात्र सुनता है देखता नहीं, तब तक उसके हृदय में विश्वास उत्पन्न नहीं होता। श्रीकृष्ण ने परमात्मा के दिव्य तत्त्व तथा विभूतियों का जो वर्णन किया, उसे कोई संसारी व्यक्ति उपहास न समझे,

इसलिए अर्जुन के माध्यम से संसार को उनके परमगुह्य अलौकिक तत्त्व का साक्षात् प्रकट रूप में दर्शन कराना भी आवश्यक था, जिससे मनुष्य उसे गंभीरता से ग्रहण कर उनके दिखाए पथ का अनुशीलन व अनुसरण कर सकें। इसके अतिरिक्त इस लीला का निहितार्थ यह भी है कि अर्जुन को दिव्य दृष्टि मिली तो विराट् स्वरूप की अलौकिक परतें खुलती हुईं उसे दिखाई देने लगीं तो क्या दिव्य-दृष्टि मिलने से पहले श्रीकृष्ण का वह दिव्य-विराट् स्वरूप वहाँ नहीं था? परमेश्वर तो हर पल ब्रह्मांड के हर कण में दिव्य स्वरूप में सतत विद्यमान हैं, किंतु हमारी पार्थिव संसारी आँखें उन्हें देख नहीं पातीं। अर्जुन को दिव्य रूपों की लीलाएँ देखकर रोमांच हो आया तथा वह भय से काँपता हुआ गिड़गिड़ाकर पुन: भगवान् से अपने सौम्य रूप को दिखाने की याचना करने लगा। भगवान् ने अपनी लीला समेट ली तथा कहा, "अर्जुन, जिस दिव्य स्वरूप के तुमने दर्शन किए वे देवता, ऋषिगणों और वेदाचारियों द्वारा कठिन जप-तप, दान और पूजन से भी देखा जाना संभव नहीं है।" अर्जुन के समक्ष तो श्रीकृष्ण थे तथा उन्होंने कृपा कर दिव्य दृष्टि दे उसे अपना अलौकिक दिव्य विराट् रूप दिखा दिया तो क्या अन्य कोई उनके दर्शन तदारूप नहीं कर पाएगा? तो भगवान् ने इसका उपाय भी बताया कि वे अनन्य भक्ति व समर्पित बुद्धि-भाव से प्रत्यक्ष देखने, तत्त्व से विदित होने व प्रवेश करने के लिए साक्षात् सुलभ हैं। इसलिए जो उनके प्रति कर्म में रत हो, उन्हें ही सर्वत्र व्याप्त देखता तथा समस्त भूतादिकों को समदृष्टि से देखता हुआ, उनको ही अपने जीवन का एकमात्र लक्ष्य निश्चित कर उनकी अनन्य भक्ति को प्राप्त होता है, वही इस प्रत्यक्ष दर्शन एवं परम तत्त्व में प्रवेश को सुलभ कर पाता है।

कर्म-ज्ञान-भक्ति का समन्वय ही केंद्र-बिंदु

प्रत्येक चराचर जीव का कर्म उसके पूर्व जन्म संस्कारों के अनुरूप ही घटित होता है, किंतु कर्म करने की भी युक्ति होती है। यदि प्राणी कर्म के निष्पादन करने में कर्तापन का भाव न रखे, कर्म के प्रतिफल के प्रति कोई आसक्ति न रखे, अपितु कर्म के प्रतिफल को परमात्मा के प्रति समर्पण भाव से करता जाए तो वह परम पद का अधिकारी बन जाएगा तथा उसका कर्म विकर्म में लीन हो अकर्म बन जाएगा, किंतु ऐसा होता नहीं है। इसके लिए जीव को ज्ञान होना चाहिए कि अपने पूर्व-कर्म संस्कारों से, परमात्मा की अष्टधा मूल परा-अपरा माया से सृजित सृष्टि चक्र में, वह मात्र एक क्षुद्र पात्र है। उसकी प्रकृति तथा स्वभाव बलात उससे कर्म करवा लेते हैं। उसका स्वातंत्र्य मात्र उसकी भावना का है। यदि वह ज्ञान से पूरित हो; स्वयं को कर्म करता हुआ भी, उस कर्म का कर्ता नहीं मानता तथा कर्म के फल के प्रति कोई लगाव या कामना न रख उसे परमात्मा के प्रति अर्पित करता जाता है तो उसके ऐसे कर्म उसके लिए कोई बंधन उत्पन्न नहीं

करते, अपितु वे उसकी मुक्ति का मार्ग प्रशस्त कर परम पद प्राप्ति का प्रदाता बन जाते हैं, किंतु इस तत्त्व-ज्ञान के अभाव में जीव स्वयं को देहधारी समझता हुआ स्वयं को ही कर्म का कर्ता मानता है तथा उसके फल की यथेष्ट कामना रखता हुआ संसार के विषय-वासनाओं की पूर्ति में लगा रहता है। उसके मन की ये कामनाएँ तथा कर्तत्त्व का अहंकार ही मूलत: उसके कर्म-बंधन का कारण हैं, जो उसको उसके कर्मों के अनुरूप नाना-योनियों के भवसागर में भटकाते रहते हैं। इसीलिए भगवान् श्रीकृष्ण ने गीता में सर्वप्रथम कर्म के स्वरूप को लेते हुए; जीव की आत्मा की शाश्वतता व नित्यता का उल्लेख करते हुए; ज्ञान के द्वारा जीव को अपने वास्तविक स्वरूप को जानने का आह्वान किया तथा कर्म को नियत विधि से ज्ञानपूर्वक करते हुए कर्म की भावना को निष्काम वृत्ति के साथ परमात्मा में समर्पित करने का रहस्य उजागर किया, जिससे जीवात्मा अपने वास्तविक आत्म स्वरूप को जानकर परमात्मा से मिलन कर सके। यह योग ही गीता का केंद्रीय विषय भी है, जिसके कारण गीता को ऐसा योगशास्त्र कहा गया है, जो जीव की आत्मा का उसके मूल उद्गम 'परमात्मा' से मिलन व योग कराता है। इस प्रकार यह योग का मार्ग तीन प्रकार का है-एक कर्म का जिसे कर्म मार्ग कहते हैं; दूसरा ज्ञान का जिसे ज्ञान मार्ग कहते हैं तथा तीसरा भक्ति का जिसे भक्ति मार्ग कहते हैं। इन तीन मूल योगों के मार्गों को प्रतिपादित करने का निहित कारण है कि मन के भी तीन अंग होते हैं-क्रियात्मक, ज्ञानात्मक तथा भावात्मक। जो जीव जिस अंग को विशेष महत्त्व देता है, उसका आचरण उस योग के अनुरूप ही ढलता है, परंतु ये तीनों योग मार्ग एक ही केंद्र की ओर ले जाते हैं और वह है परम तत्त्व से योग या मिलन। इसीलिए ये तीनों अलग-अलग से प्रतीत होते हुए भी एक ही में समन्वित हैं तथा तीनों को भगवान् श्रीकृष्ण ने गीता में प्रारंभ से लेकर अंत तक एक ही में समन्वित किया है। तीनों ही जीव अपनी-अपनी रुचि के अनुरूप हैं। किसी को परमात्मा के लिए निवृत्ति मार्ग अच्छा लगता है तो किसी को प्रवृत्ति मार्ग, किंतु हैं सभी फलदायक। बारहवें अध्याय में अर्जुन के द्वारा श्रेष्ठ योगी के संबंध में जिज्ञासा करने पर भगवान् श्रीकृष्ण ने भक्त को ही श्रेष्ठ योगी बताते हुए यह स्पष्ट किया है कि जो ज्ञान-कर्म से युक्त होकर भक्ति करता है, वह शत्रु और मित्र को समान समझता है और विषयों की तृप्ति में आनंद का अनुभव नहीं करता है। अत: अनासक्त कर्म करना कर्म-योग है, ज्ञान निष्ठा को प्राप्त करना ज्ञानयोग है तथा भक्ति का उत्कर्ष ही भक्ति योग है। बिना ज्ञान के निष्काम कर्म नहीं हो सकता तथा बिना कर्म के भक्ति नहीं हो सकती। "योगिन: कर्म कुर्वन्ति सङंगं त्यक्त्वाऽत्मशुद्धये"—कि "कर्म को नि:स्पृह भाव से करने से सत्त्व की शुद्धि होती है तथा सत्त्व से ज्ञान प्राप्त होता है" (गीता 5.11)। "सत्वात्सञ्जायते ज्ञानं" (14.17) अर्थात् "ज्ञान के सतत ध्यान से अनन्य भक्ति रूपी आनंद की उपलब्धि होती है।" इस अनंत ज्ञान की उत्पत्ति सत्त्व से है, किंतु

यदि सत्त्व श्रद्धा मिश्रित नहीं हो तो आनंद की प्राप्ति नहीं हो सकती। "श्रद्धावाँल्लभते ज्ञानम्" (4.39) कि "श्रद्धावान जीव को ही ज्ञान की प्राप्ति होती है।" इसलिए भले ही ये कर्म, ज्ञान, भक्ति पृथक्-पृथक् प्रतीत होते हों, किंतु मूलतः वे एक ही हैं। क्रियात्मक पक्ष का अनुसरण करनेवालों के लिए कर्म योग है, ज्ञानात्मक विचारधारा से प्रेरित जीवों के लिए ज्ञानमार्ग है तथा भावनात्मक पहलू के लिए भक्तियोग है। ये तीनों एक ही माला में गुँथे हैं। यह योग समन्वय ही गीता का केंद्रीय दर्शन भी है।

परमात्मा की शरण सर्वोत्तम साधन

गीता में ज्ञान, कर्म तथा भक्ति का अद्भुत संगम होने के पश्चात् भी भक्ति को सर्वोत्तम कहा गया है। भगवान् श्रीकृष्ण ने अर्जुन को अपने विराट् विश्वरूप का साक्षात् दर्शन कराने के पश्चात् कहा, "तुमने जो मेरा रूप देखा है उसके दर्शन दुर्लभ हैं। मात्र अनन्य भक्ति एवं श्रद्धा द्वारा मुझे उस दिव्य विश्वरूप में समझा जा सकता है।" अंत में भी भगवान् श्रीकृष्ण ने पुनः कहा है, "केवल भक्ति से मुझ भगवान् को यथारूप में जाना जा सकता है। जब मनुष्य मुझे तत्त्व से जानकर, भक्ति से पूर्ण मेरे प्रति भावनामृत होता है तो वह मुझको सत्य जानकर परम धाम में प्रवेश कर जाता है (गीता 18.55)।" इसी को 'सर्वगुह्यतमं भूयः श्रृणु मे परमं वचः' (18.64) कहकर गीता में कही गई समस्त साधना विधियों में से श्रेष्ठतम विधि बताते हुए कहा, "सर्वधर्मान्परित्यज्य मामेकं शरणं व्रज"(18.66) कि "सब प्रकार के धर्म या साधनों का परित्याग कर मात्र मेरी शरण में आ जाओ।" यह भक्ति की सर्वोत्तम सफलता स्वयमेव सिद्ध कर देती है। श्रीकृष्ण अर्जुन को यह भी स्पष्ट कर देते हैं कि इन गुह्यतम रहस्यों को उन्होंने उसे इसीलिए दिया है, क्योंकि वह उनका प्रिय और अनन्य भक्त और सखा है। सगुण तथा निर्गुण भक्ति के भेद को भी श्रीकृष्ण ने स्पष्ट करते हुए कहा कि दोनों ही प्रकार के भक्तों के लिए वे सुलभ हैं। यद्यपि सगुणोपासना व निर्गुणोपासना दोनों का साध्य एक ही है फिर भी साधना की दृष्टि से सगुणोपासना सहज, सरल व सुखद है तथा निर्गुणोपासना क्लेशपूर्ण, कठिन व टेढ़ी है, क्योंकि सर्वज्ञ, सर्वव्यापी, निराकार स्वरूप परमात्मा के निर्गुण भाव की प्रतीति के बुद्धिगम्य न होने व अव्यक्त होने के कारण इंद्रियों द्वारा उसकी अनुभूति सहजता से नहीं होती। अतः निराकार व निर्गुण ब्रह्म की भक्ति ज्ञानी के द्वारा भी कठिनाई से की जा पानी संभव है, किंतु सगुण भक्ति सर्वसाधारण द्वारा साध्य होने के कारण श्रेष्ठ है। इसका अर्थ यह नहीं है कि भक्ति में ज्ञान की आवश्यकता नहीं होती, अपितु व्यक्त तथा अव्यक्त रूप को ग्रहण करने के अर्थ में ही ज्ञान का उल्लेख है। इसी से गीता में चार प्रकार के भक्तों-आर्त, जिज्ञासु, अर्थार्थी तथा ज्ञानी का भेद कर प्रथम तीन की अपेक्षा चौथे अर्थात् ज्ञानी को ही श्रेष्ठ बताया गया है, क्योंकि आर्त की भक्ति का उद्देश्य दुःख से मुक्ति होता

है, जिज्ञासु ज्ञान-प्राप्ति के उद्देश्य से भक्ति करता है और अर्थार्थी परमार्थ की प्राप्ति की इच्छा से भक्ति करता है, किंतु ज्ञानी भक्त निष्काम भाव से भक्ति करता हुआ परमात्मा में ही समभाव व समरसता से स्थित रहता है।

परमात्मा सबके लिए सुलभ

परमात्मा की प्राप्ति के पथ पर कहीं भी जाति, नस्ल, लिंग या रंग आदि के आधार पर कोई भेदभाव या पक्षपात नहीं है। भगवान् ने स्पष्ट कहा कि वे समस्त भूत प्राणियों में समान भाव से व्याप्त हैं। न तो वे किसी के प्रति कोई द्वेष या अप्रिय भाव रखते हैं तथा न ही किसी से कोई भेदभाव करते हैं (गीता 9.29)। यदि कोई जघन्य से जघन्य दुराचारी भी उन्हें अनन्य भक्ति भाव से भजता है तो वह साधु मानने योग्य है (गीता 9.30)। स्त्री हो, वणिक हो, नीच या पाप योनि वाला, कोई भी क्यों न हो, जो भी अनन्य शरणागत भाव से उनकी भक्ति को प्राप्त होता है, वह परमगति प्राप्त कर इस सांसारिक भव सागर से तर जाता है। परमात्मा तो प्रत्येक मनुष्य के अत्यंत निकट उसके हृदय क्षेत्र में निवास करते हैं। इसलिए सभी जाति, वर्ण, देश, संप्रदाय आदि के लोग भगवत-प्राप्ति के पूर्ण अधिकारी हैं। बृह.उप. (3.2.13) में उल्लेख है-'पुण्यों वे पुण्येन कर्मणा भवित पापः पापेन' अर्थात् पुण्य कर्म से पुण्य की उत्पत्ति होती है तथा पाप कर्म से पाप की। रमणीय आचरण करनेवाले श्रेष्ठ योनियों में जन्म लेते हैं तथा निहित कर्म करनेवाले निकृष्ट योनियों में। जीव के कर्म ही उसके भविष्य का आधार बनते हैं। इसीलिए भगवान् के शरणागत हो जाना ही संपूर्ण साधनों का सार है। सर्व-समर्थ परमात्मन की शरण हो गए तो फिर चिंता कैसी और यदि चिंता का अभी भी हृदय में वास है तो फिर शरण कैसी? जैसे धागे का सूक्ष्म सा रेशा भी शेष रहने से धागा सुई के छेद में घुस नहीं पाता, उसी तरह मन में लेशमात्र भी संशय या आसक्ति रहने पर समर्पण का भाव पूर्ण नहीं हो पाता। परमात्मा तो मात्र जीव की भावना देखते हैं। परमात्मा के दरबार में सब बराबर हैं। सुदामा के सूखे चावल हों या शबरी के जूठे बेर, वे तो सभी को प्रेम से ग्रहण करते हैं।

और एक निवेदन

गीता के रहस्य अनंत हैं, जो जीवन के प्रत्येक पहलू को छूते हैं। श्रीहरिविष्णु के चरणों से निकली गंगा हमारे पापों का क्षय करती है। उनके ही परमावतार श्रीकृष्ण के मुखारविंद से निःसृत गीता की ज्ञान गंगा हमारे मानस को झकझोरती हुई हमारी आत्मा की शुद्धि कर; हमें परमात्मा का सायुज्य प्राप्त करने का सहज पथ दिखाती है। एक बार रामभक्त हनुमानजी से किसी ने पूछा, "समय क्या है?" तो उन्होंने कहा, "राम।"

"संवत क्या है?"

"राम।"

"मैं क्या कह रहा हूँ?"

"राम।"

"तुम क्या सुन रहे हो?"

"राम।"

उस व्यक्ति ने कहा, "बड़े आश्चर्य का विषय है कि मैं पूछता कुछ हूँ और आप उत्तर कुछ दे रहे हैं।" हनुमानजी ने हँसकर कहा, "तुम राम संबंधी बातें ही पूछ रहे हो न? अगर ऐसा नहीं है तो कृपया दूसरी बातें किसी और से जाकर पूछो। मेरा मन तो इस समय सिवा राम के और कुछ नहीं देखता।" वस्तुतः प्रेम में तर्क नहीं होता। तर्क मनुष्य को नास्तिक बना सकता है, आस्तिक नहीं। आस्तिक का हृदय तो प्रेम से भरा होता है। इसीलिए भक्त और भगवान् का मिलन हमेशा हृदय में होता है, उनका मिलन कभी भी मस्तिष्क में नहीं होता। अतः हमें भगवान् श्रीकृष्ण के इन शब्दों पर ही ध्यान देना चाहिए,

"मन्मना भव मदभक्तो मद्याजी माँ नमस्कुरू।
मामेवैश्यसि सत्यं ते प्रतिजाने प्रियोऽसि मे॥"

"तू केवल मुझ परमात्मा में ही अनन्य प्रेम से स्थिर मनवाला हो और मुझ परमात्मा को ही अतिशय श्रद्धा और भक्ति सहित, निष्काम भाव से भजनेवाला हो। मन, वाणी और शरीर के द्वारा मुझे अपना सर्वस्व अर्पण करके तू अतिशय प्रेम से भाव-विभोर हो, पूजन करनेवाला हो और मुझ सर्वशक्तिमान सर्वगुण-ऐश्वर्य-संपन्न परमात्मा को ही विनय-भाव-पूर्वक भक्ति सहित साष्टाँग दंडवत प्रणाम कर। ऐसा करने से तू मुझको ही प्राप्त होगा। यह मैं तेरे लिए सत्य प्रतिज्ञा करता हूँ, क्योंकि तू मेरा अत्यंत प्रिय सखा है।" इसलिए परमात्मा से कुछ माँगना है तो उन्हें ही माँगो। यदि संसार की वस्तुएँ, सुख व पद माँगोगे तो वे मिलेंगे तो अवश्य, परंतु उनका उपयोग व उपभोग सीमित काल के लिए ही रहेगा। अर्जुन ने तो अंत में स्वीकार कर लिया कि उसका मोह समाप्त हो गया है तथा वह अपनी स्मृति को प्राप्त कर सत्य का स्वरूप पहचान गया है, किंतु क्या सुधी पाठक जन का मोह समाप्त हुआ? क्या वे परमात्म-स्मृति को प्राप्त हुए? वे भी जिस क्षण अनन्य भक्ति व विश्वास के साथ परमात्मा का आश्रय ग्रहण कर उनके वचनों को अपने आचरण में उतार लेंगे, निश्चय ही उसी क्षण वे भी परम मुक्ति के अधिकारी बन उनके शाश्वत आनंद धाम में प्रविष्ट हो जाएँगे।

"हरि ॐ तत्सत्"॥

□□□